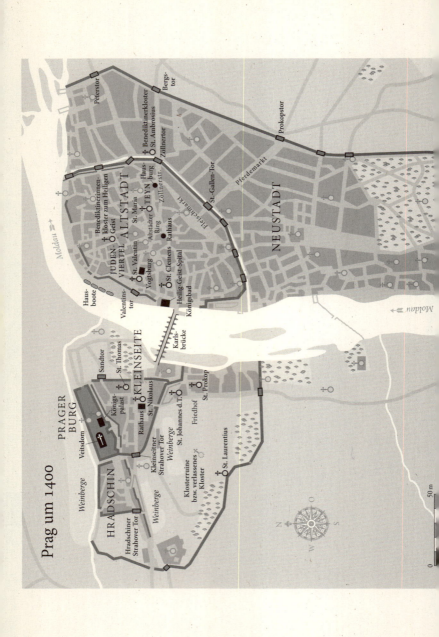

Wolf Hector

DIE BRÜCKE DER EWIGKEIT

Historischer Roman

Ullstein

Besuchen Sie uns im Internet:
www.ullstein.de

Wir verpflichten uns zu Nachhaltigkeit
- Klimaneutrales Produkt
- Papiere aus nachhaltiger Waldwirtschaft und anderen kontrollierten Quellen
- ullstein.de/nachhaltigkeit

Originalausgabe im Ullstein Taschenbuch
1. Auflage Dezember 2021
© Ullstein Buchverlage GmbH, Berlin 2021
Umschlaggestaltung: zero-media.net, München
Titelabbildung: Lebrecht Music Arts / Bridgeman Images
(Bückenmotiv); © Brooklyn Museum of Art / Bridgeman Images
(Schmuckelemente); © FinePic®, München (Hintergrund)
Karte: © Peter Palm
Gesetzt aus der Quadraat Pro powered by pepyrus.com
Druck und Bindearbeiten: CPI books GmbH, Leck
ISBN 978-3-548-06407-9

Für Judith Mandt

Keine Ebene, auf die nicht ein Abhang folgt,
kein Hingang, auf den nicht die Wiederkehr folgt.
Ohne Makel, wer beharrlich bleibt in Gefahr.
Beklage dich nicht über diese Wahrheit,
genieße das Glück, das du noch hast.

I Ging, Das Buch der Wandlungen

Personen

Historische Figuren sind mit einem Sternchen markiert.
Ein Glossar befindet sich am Schluss des Buches

Jan Otlin★ Steinmetz und Baumeister
Mathias von Nürnberg Maler
Maria-Magdalena seine Tochter
Peter Parler★ Steinmetz und Baumeister
Gertrud★ »Druda«, seine Frau
Agnes von Bur★ Edelfrau
Rudolph von Straßburg »Rudo«, Steinmetz und Baumeister
Ricarda Scorpio Astrologin, Heilerin und Frauenwirtin
Eva eine ihrer Frauen
Rübelrap ihr Sekretär, Kutscher und Beichtvater
Karl IV.★ Kaiser, Taufname: Wenzel
Gallus von Strahov★ Arzt, Astronom und Karls Hofastrologe
Militsch von Kremsier★ Priester und Prediger
Laurenz alter Waffenknecht
Giselher von Stettin kaiserlicher Ritter
Marian von Zittau kaiserlicher Ritter
Sigismund sein Knappe
Ambrosius Priester
Meister Jakob Zimmermann
Friedrich sein Geselle

Zeittafel

1316 – Wenzel, der spätere Kaiser Karl IV., wird als Sohn des Königs Johann von Luxemburg und Elisabeth von Böhmen geboren.
1319 – Johann trennt den dreijährigen Wenzel von der Mutter und schickt ihn zur Erziehung an den französischen Königshof, wo man ihm den Namen Charles (Karl) gibt.
1341 – Der böhmische Landtag bestätigt Karl als Thronfolger.
1342 – Im Februar zerstört ein Jahrhunderthochwasser, die sogenannte Magdalenenflut, die Prager Judithbrücke.
1344 – Der Baumeister Matthias von Arras legt den Grundstein des Veitsdoms.
1347 – Karl wird in Prag zum römisch-deutschen König gewählt.
1348 – Tod der Königin Blanche von Valois, Karls erster Frau.
1348 – Gründung der Prager Neustadt und der Prager Universität.
1352 – Tod des Baumeisters Matthias von Arras.
1353 – Tod von Karls zweiter Frau Anna von der Pfalz.
1353 – Karl heiratet Anna von Schweidnitz.
1355 – Karl IV. wird in Rom zum Kaiser gekrönt.
1356 – Karl beruft den jungen Peter Parler aus Gmünd zum Dombaumeister.
1357 – 9. Juli: Grundsteinlegung für die neue steinerne Brücke über die Moldau.
1359 – Eine Hochwasserflut beschädigt den Brückenneubau.
1360/61 – Karls Hof auf Reisen im Reich.

1362 – Tod der Kaiserin Anna.

um 1363 – Militsch von Kremsier predigt in Prag und beginnt, als Reformator zu wirken.

1363 – Karls Vermählung mit Elisabeth von Pommern-Wolgast.

1367 – Eine Hochwasserflut beschädigt erneut den Brückenneubau.

1370 – Eine Hochwasserflut beschädigt zum dritten Mal den Brückenneubau.

1377 – Peter und Michael Parler beginnen, den Altstädter Brückenturm auszuschmücken.

1378 – Tod von Karl IV.

1380 – Zum ersten Mal überquert ein Fuhrwerk auf der noch unvollendeten »Steinernen Brücke« die Moldau.

um 1394 – Vollendung des Brückenturms.

1399 – Tod Peter Parlers am 13. Juli.

um 1405 – Vollendung der »Steinernen Brücke« über die Moldau; in den folgenden Jahrzehnten und Jahrhunderten entstehen die Skulpturen, die sie heute schmücken.

1870 – Die »Steinerne Brücke«, lange auch »Prager Brücke« genannt, erhält offiziell den Namen »Karlsbrücke«.

Das Ende

Königlicher Wald bei Prag, Karfreitag 1367

Im Morgengrauen weckte ihn das Geschrei des Kindes. Er legte es trocken, wickelte es in die letzte saubere Windel, die er noch fand, danach in eine Wolldecke und zuletzt in ein Lammfell, denn es war kalt. Das Kind schrie die ganze Zeit, wollte sich weder durch gutes Zureden noch durch Grimassenschneiden trösten lassen. Tränen der Verzweiflung quollen ihm aus den Augen und tropften dem Säugling ins Gesicht.

Das Kind schrie, während er Feuer machte, es schrie, während er Brot und geräucherten Fisch mit Dünnbier herunterspülte, es schrie, während im Wald rings um die alte Köhlerhütte die Vögel zu singen begannen. Es schrie, bis er ihm den frisch mit honigsüßem Haferbrei gefüllten Lutschbeutel ins Mündchen stopfte. Endlich gab es Ruhe, riss die Augen auf und saugte gierig.

Er trat aus der Tür, wischte sich die Tränen aus dem Gesicht und blinzelte ins erste Licht des neuen Morgens. So stand er eine Zeit lang, atmete schwer und lehnte im Türrahmen, denn Erschöpfung und Angst machten ihm die Knie weich; er meinte zu spüren, wie die Erde unter seinen Sohlen bebte. Sie bebte, als wollte sie bald ebenso zerbrechen, wie Glück und Zukunft ihm bereits zerbrochen waren.

Er lauschte dem Rauschen des Windes in den frühlingsgrünen Wipfeln, lauschte den Vögeln, blinzelte zur Lichtung hinauf, wo der Pfad abzweigte, der zur Köhlerhütte herabführte. Im wechselnden Schattenspiel der vom Wind bewegten Eichbüsche dort oben glaubte er, schon die Umrisse der Reiter zu erkennen, auf die er so sehnlich wartete. Doch erst für die zweite Stunde nach Sonnenaufgang hatte Meister Parlers Frau ihre Rückkehr angekündigt. Gleich nach der Karfreitagsmesse wollte sie aufbrechen, und eine Amme wollte sie mitbringen; beides hatte sie am Abend zuvor versprochen.

Später, während er Holz hackte, spuckte das Kind den Lutschbeutel aus und fing von Neuem an zu quäken. Er hinkte in die Hütte, tunkte das zerquetschte, ausgesaugte Ding in Wein und Honig und drückte es zurück in das hungernde Mäulchen. Eine Weile half das, sodass er Zorn und Verzweiflung wieder in die Holzscheite dreschen konnte, jedoch nicht lange. Bald schrie sein kleines Mädchen erneut und so durchdringend, dass er die Axt sofort in den Hackklotz hieb, zurück in die Hütte wankte und den untröstlichen Säugling vom Strohsack nahm.

Das schreiende Bündel an die Brust gedrückt und eine Melodie summend, trottete er zwischen Feuerstelle und offener Tür hin und her. Das Kind lief ganz rot an im Gesichtchen, so laut schrie es, da nützte kein Summen, kein Wiegen, kein Küssen. Die quäkende Stimme ging ihm durch und durch, und seine anfangs noch beruhigenden Weisen gerieten ihm allmählich zu verzweifelten Gebetsrufen.

Jedes Mal, bevor er an der offenen Tür kehrtmachte, spähte er sehnsüchtig zur Lichtung hinauf, doch kein lebendes Wesen zeigte sich dort oben, keine Reiterin, kein Pferd. Indessen flutete die Märzsonne den Wald mit dem Glanz des neuen Tages, und als sie sich schließlich auf der Lichtung hinter den Birkenwipfeln heraus in den Himmel schob, sah er, wie sich ihr Licht dort oben in Helmen und Lanzenspitzen brach.

Sie kamen! Endlich.

Ein Ritter in Harnisch und Wappenrock und sein Knappe bildeten die Vorhut. Auf dem Schild des Ritters und auf seinem langen blauen Waffenmantel prangte ein schneeweißer Schwan, an der Lanze des Knappen flatterte die Fahne des Prager Erzbischofs. Den beiden Frauen dahinter folgten fünf weitere Reiter. Er stutzte: Gleich fünf? Und prangte nicht das Wappen des Kaisers auf ihren Schilden, der schwarze Doppeladler? Er blinzelte der Schar entgegen, und während sie sich näherte, erkannte er, dass auf dem Schimmel an ihrem Ende ein Fremder ritt. Der trug einen langen schwarzen Mantel, und der Wind zerwühlte ihm den grauen Bart und das lange graue Haar.

Wer war dieser Mann, und was hatte er hier verloren?

Er wich in den Schatten des Türrahmens zurück, spähte voller Misstrauen aus der Deckung und drückte das schreiende Kind fester an sich. Dessen rotes Gesichtchen und seine um sich greifenden, wie nach Halt suchenden Händchen waren schweißnass.

Was um alles in der Welt sollte dieser Leichtsinn? Warum verrieten sie sein Versteck an einen Fremden?

Er schielte in die Hütte hinein und zur Wand hin, an der sein Jagdbogen hing. Kämpfen? Flüchten? Doch der quäkende Säugling an seiner Brust trieb ihm solche Gedanken gleich wieder aus – wohin denn fliehen mit dem Schreihals? Außerdem war es sowieso zu spät, die beiden Reiter der Vorhut nämlich erreichten bereits die Rodung mit der Köhlerhütte und rissen an den Zügeln.

Da trieb die Frau des Meisters Parler ihr Pferd an, überholte Ritter und Fahnenträger und brachte ihr Tier erst kurz vor der Hütte zum Stehen.

Den plärrenden Säugling in den Armen bückte er sich aus der Tür und eilte ihr entgegen.

»Endlich!«, rief er. »Einen gesegneten Tag wünsche ich Euch, Frau Agnes.« Misstrauisch spähte er zu dem Schimmelreiter hin. »Wer ist dieser Fremde?«

»Bei der Heiligen Jungfrau, das Kind ist ja ganz außer sich vor Hunger!« Die zierliche Edelfrau stieg von ihrem Sattel, lief zu ihm und nahm ihm das quäkende Bündel ab. Das weiße Spitzentuch rutschte ihr vom Kopf auf die Schultern und enthüllte ihr goldblondes, zu einem Zopf geflochtenes Haar. »Ganz feucht und heiß ist es vor lauter Geschrei!« Voller Erbarmen beugte sie sich über den Säugling, stieß zärtliche Laute aus und schälte ihn aus dem Lammfell.

»Wer ist dieser Fremde?«, zischte er. »Warum bringt Ihr ihn zu unserem Versteck?«

»Sorgt Euch nicht, Meister Otlin«, sagte sie mit gesenkter Stimme. »Er ist der Letzte, der Euch verraten würde.« Sie drehte sich um und bedeutete der zweiten Frau mit hektischen Gesten, sich zu sputen. »Schnell doch! Das Würmchen verhungert uns noch!«

Die kaum Sechzehnjährige glitt aus ihrem Damensattel und öffnete bereits im Herbeieilen Mantel und Kleid. Die Edelfrau drückte ihr das plärrende Kind in die Arme, woraufhin die blutjunge Amme im Halbdunkeln der Hütte verschwand. Kurz darauf verstummte das durchdringende Säuglingsgeschrei.

»Danke, Frau Agnes!« Meister Otlin seufzte erleichtert. »Gott vergelte Euch Eure Treue.« Er zögerte, musterte sie beinahe ängstlich und schluckte unentwegt. Endlich wagte er, die Frage auszusprechen, die ihm auf dem Herzen brannte. »Habt Ihr mit meiner Frau reden können?«

Neben ihnen sprang eben der grauhaarige Fremde aus dem

Sattel, denn auch er hatte seinem Pferd die Sporen gegeben und die Waffenträger überholt. An der Edelfrau und Meister Otlin vorbei wollte der große, kräftig gebaute Mann hinter der Amme her in die Hütte laufen, doch Frau Agnes hielt ihn am Ärmel fest. »Bitte geduldet Euch, bis sie das Kind gestillt hat!«

»Lasst mich!« Der Graubart – er hatte die Augen eines alten Wolfes – streifte ihre Hand ab. »Ich muss doch meine Enkelin sehen!« Schon hastete er weiter und bückte sich in die Behausung hinein.

Meister Otlin erbleichte. »Seine Enkelin?« Der erschrockene Blick des Erschöpften richtete sich auf die Edelfrau. »Dieser Fremde ist …?« Fassungslos schüttelte er den Kopf. »Das kann nicht sein.«

»Oh doch!« Traurig und sehr ernst musterte sie ihn aus ihren großen hellblauen Augen. »Er ist der Vater Eurer Gattin und der Großvater Eures Kindes, Meister Otlin. Wie hätten wir ihm da den Wunsch abschlagen können, seine Enkeltochter in den Armen zu halten?«

Als könnte er es noch immer nicht glauben, schaute Meister Otlin zur Hüttentür hin. Der Großvater seines Kindes? Der Vater seiner geliebten Frau? In der Hütte hörte er die Amme singen und den Graubart flüstern. Betete er?

Meister Otlin wandte sich wieder der Edelfrau zu. »Sagt, Frau Agnes, habt Ihr mit ihr sprechen können?«

»Ja, wenn auch nur kurz.« Sie hielt seinem Blick stand, was ihr nicht leichtfiel, wie er sofort merkte. »Sie sendet Euch Grüße und Küsse – und Ihr mögt darauf achten, nicht nur kalten Fisch und kaltes Fleisch zu essen, sondern auch warmen Haferbrei.« Sie trat näher zu ihm und sprach leiser. »Und sie bittet Euch, der Amme das Kind anzuvertrauen.«

»Hat man ihr etwas angetan?« Schier brach ihm die Stimme. »Um Jesu willen, Frau Agnes – so sagt es mir doch!«

»Ihr könnt der Amme und ihrer Familie vertrauen, Meister Otlin.« Die Edelfrau legte ihm die Hand auf den Arm. »Es sind fromme Leute, ich kenne sie gut ...«

»Hat man meiner geliebten Frau etwas angetan, Frau Agnes?« Er wurde lauter, seine Stimme zitterte.

»Sie lebt und ist wohlauf«, wich sie aus. »Mein Gatte hat sich beim Erzbischof für sie verwendet, damit keiner sie anrührt und sie eine Kerkerzelle erhält, in die Sonnenlicht fällt.«

»Gütiger Jesus Christus ...!« Meister Otlin bekreuzigte sich.

»Weil Karfreitag ist, wird der Priester Militsch ihr heute die Beichte abnehmen und die Kommunion spenden. Auch dafür hat mein Peter gesorgt.«

Meister Otlin konnte nicht aufhören, sich zu bekreuzigen. »Gütiger Vater im Himmel, sei ihr gnädig.«

Agnes drückte stumm seinen Arm und ging dann an ihm vorbei zur Hütte.

»Und wann muss sie vor den Richter?«, rief er ihr nach.

»Schon bald«, sagte sie und verschwand im Halbdunkel der Tür.

Der verzweifelte und entkräftete Mann sank auf den Hackklotz und begann, bitterlich zu weinen.

Inzwischen waren auch die anderen Reiter von ihren Pferden gestiegen. Der Ritter des Erzbischofs, ein großer, noch sehr junger Mann mit langem blondem Haar, und die fünf Kaiserlichen ließen den Bierschlauch kreisen oder packten Würfel aus oder stapften ins Unterholz, um sich zu entleeren. Unweit der Hütte rammte der Knappe mit der Fahnenlanze seine Stange in den Waldboden, und während er an einen Baum pisste, beobachtete er Meister Otlin.

»So viele schöne Frauen in Böhmen«, sagte er. »Und Ihr heult einer gottlosen Hure hinterher? Nicht eine Träne ist sie wert.«

Der Weinende fuhr hoch, langte nach einem Holzscheit und schleuderte es auf den Fahnenträger. Der duckte sich weg, sprang zur Seite, stolperte und schlug lang hin ins Unterholz. Unter dem spöttischen Gelächter der anderen Waffenträger rappelte er sich gleich wieder auf, zog sein Schwert und stapfte fluchend auf den Meister zu.

Den hatten Zorn und Verzweiflung längst überwältigt, sodass er, ohne zu zögern, das Beil aus dem Hackklotz riss und dem anderen entgegenstürmte. Weit kam er nicht, denn jäh sprang ein Dritter ihm in den Weg, packte seine Handgelenke und hielt ihn fest.

»Ruhig Blut, Meister«, sagte der Mann. »Lasst es gut sein.«

Durch den Tränenschleier hindurch blinzelte Meister Otlin in das kantige und verwitterte Gesicht des grauhaarigen Fremden. Es war bleich, seine Wangen wirkten eingefallen, und dunkle Schatten lagen unter seinen schmalen, leicht schräg stehenden Augen. Obwohl seine Lider wie entzündet aussahen – oder rot geweint? –, war der Blick seiner eisgrauen Wolfsaugen doch hellwach. Dieser Blick reichte, um Meister Otlins Zorn zu zügeln und seine Verzweiflung zu dämpfen.

»Nichts ist gut.« Er entwand dem anderen seine Hände, ließ aber das Beil sinken. »Gar nichts.«

»Oh doch – das Kind wird gestillt. Das ist gut.« Wolfsauge nahm ihm das Beil aus der Hand und warf es auf den Holzhaufen. »Ich bin dein Schwiegervater und habe Hunger und Durst.« Er fasste ihn am Oberarm und zog ihn mit sich zur Hütte. »Drinnen habe ich Bier und Räucherfisch gesehen. Gib mir davon.«

Während hinter ihm der blonde Schwanenritter seinen Fahnenträger zurechtwies und vor ihm die Edelfrau aus dem Hüttenfenster lehnte und die Männer beobachtete, ließ Meister Otlin sich von dem Älteren und Größeren zur Köhlerhütte führen. Dessen unnachgiebigen Griff am Arm zu spüren und seine kräftige Gestalt neben sich zu wissen, tröstete ihn plötzlich. Wie aufgefangen kam er sich auf einmal vor, wie gehalten. Und nicht mehr ganz so allein.

Der Graubart schob ihn vor sich her in die Hütte, und das Knacken des Feuers, die wohlige Wärme, der leise Gesang der Amme und das Schlucken und Stöhnen des saugenden Kindes umgaben ihn wie eine bergende Decke. Er schnitt ein Stück Brot vom restlichen Laib, legte ein Stück geräucherten Karpfen darauf, holte eine Zwiebel aus dem von der Decke hängenden Netz und legte alles vor den Graubart hin, der bereits neben dem Ofen am Tisch Platz genommen hatte. Dort hockte er lächelnd und betrachtete mit zärtlich-mildem Blick den Säugling.

»Ist sie schon getauft?«, fragte das Wolfsauge. Meister Otlin nickte. »Auf welchen Namen?«

»Marianne.«

»Marianne ...« Beinahe andächtig wiederholte der Graubart den Namen, wobei ihm die Stimme heiser wurde und seine Augen feucht. »So hat mein Weib geheißen. Hat sie sich also noch an den Namen ihrer Mutter erinnert.«

»Oh ja, das hat sie.« Meister Otlin schenkte ihm Dünnbier ein, bevor er sich zu ihm setzte. Eine Weile sah er schweigend zu, wie sein Schwiegervater einen Dolch aus dem Gurt zog, Karpfen und Brot damit zerschnitt und nach einem stummen Tischgebet davon aß.

Seine geliebte Frau hatte ihm so manche Geschichte über ihre Eltern erzählt. Die Mutter und die Geschwister waren an der Pest gestorben, als sie noch ein kleines Mädchen gewesen war, und vom Vater hatten sie die Wirren im Gefolge der Seuche getrennt.

Diesem Mann jetzt so unverhofft gegenüberzusitzen, machte Meister Otlin seltsam scheu, sodass ihm die Worte fehlten. Niemals hätte er es für möglich gehalten, eines Tages seinen Schwiegervater kennenzulernen.

Die Edelfrau Agnes nahm die Holzpuppe, die auf dem Fass neben der Feuerstelle saß, und legte sie in die leere Kinderkrippe. Dann ließ sie sich auf dem Fass nieder, und ihr Blick wanderte zwischen den beiden Männern hin und her. Der Säugling fing wieder an zu quäken, als die junge Amme, ohne ihr leises Lied zu unterbrechen, ihn von der linken Brust nahm und an die rechte legte. Das Kind verstummte sofort und saugte seufzend und gierig grunzend weiter. Der Grauhaarige leerte seinen Bierbecher auf einen Zug und schob ihn über den Tisch zu Meister Otlin.

»Man nennt mich Mathias von Nürnberg. Am Morgen des Tages, an dem ich meine Tochter zuletzt sah, brach ich nach Mailand auf, um dort die Decke der Kathedrale zu bemalen. Es war der Montag nach Ostern anno 1348 gewesen.«

»Sie hat es mir erzählt.« Meister Otlin schenkte ihm Bier nach.

»Und manches mehr wahrscheinlich. Danke!« Der Graubart griff nach dem gefüllten Becher und trank.

»Woher kommt Ihr zuletzt, Meister Mathias, und wie habt Ihr Eure Tochter gefunden?«

»Mit Gottes Hilfe.« Der Graubart knallte den Becher auf den Tisch und schnitt das nächste Stück Fisch ab. »Und weil ich niemals auch nur einen Augenblick daran gezweifelt habe, dass sie noch lebt. Also habe ich sie gesucht, Tag für Tag, mehr als zwanzig Jahre lang. Zuletzt im Königreich Bayern. Von Passau hat ihre Spur nach Amberg geführt und von Amberg nach Prag. Und jetzt, da ich sie endlich gefunden habe, kann ich sie nicht in die Arme schließen, weil sie in Ketten liegt. Und ich kann kein Wiedersehen mit ihr feiern, denn in wenigen Tagen wird sie sterben.«

Die Amme hörte auf zu singen, die Edelfrau Agnes schlug schluchzend die Hände vors Gesicht, und Meister Otlin wich alle Kraft aus den Gliedern. Wie gelähmt vor Erschütterung starrte er den Älteren an. Der kaute und schmatzte und musterte ihn dabei aufmerksam. Der Blick seiner grauen Wolfsaugen war ruhig und zugleich durchdringend. Meister Otlin kam es vor, als wäre seine Miene ein offenes Buch für diesen graubärtigen Mann.

»Ich will von Euch wissen, wie es dazu kam.« Mathias von Nürnberg griff nach dem Becher und spülte den Bissen mit Bier herunter. »Ich will von Euch wissen, warum meine Tochter in Ketten liegt und sterben muss.«

Meister Otlin konnte nicht gleich antworten, denn Trauer und Verzweiflung schnürten ihm die Kehle zu. Auch ergriff ihn Schwindel, sodass er glaubte, Hocker und Boden schwankten unter ihm. Er hielt sich am Tisch fest und atmete tief.

»Ihr antwortet nicht?« Der ruhige Wolfsblick des Graubarts ließ ihn nicht los. »Wenn man dem Tratsch auf dem Marktplatz der Neustadt glauben will, müsste sie vor keinen Richter und keinen Henker treten, wenn sie Euch nicht begegnet wäre, Otlin.«

»Das ist nicht wahr!«, entfuhr es der Edelfrau. »Verlogener Tratsch, weiter nichts!«

Meister Otlin zog den Bierkrug und seinen Becher heran, um sich mit zitternder Hand einzuschenken. Er trank den Becher zur Hälfte leer, stand dann auf und wankte zur Feuerstelle.

»Was sagt Ihr dazu, Otlin?«, sprach ihn sein Schwiegervater von hinten an.

»Frau Agnes hat recht, Meister Mathias.« Meister Otlin legte Holz nach, ging auf die Knie und blies in die Glut. »Das Gegenteil ist richtig: Wäre Eure Tochter mir nicht begegnet, wäre sie längst tot.«

Die Edelfrau nickte heftig, als der Graubart seinen fragenden

Blick auf sie richtete. »Hätte er sie nicht beschützt, hätten grausame Mörder sie schon vor Jahren umgebracht.« Mit einer Kopfbewegung deutete Frau Agnes auf den Säugling. »Und weder Ihr noch wir hätten jemals dieses schöne Kind sehen können.«

»Das stimmt, weiß Gott.« Zurück am Tisch leerte Meister Otlin den Rest seines Bieres. »Reitet nach Prag und fragt Eure Tochter: Sie wird Euch nichts anderes erzählen.«

Der Blick des Malers wanderte zwischen Agnes und Otlin hin und her, bis er misstrauisch nur noch den Baumeister belauerte. »Ich will alles wissen.« Seine Augen waren nun sehr schmal. »Erzählt. Erzählt mir alles.«

Meister Otlin stützte die Ellenbogen auf den Tisch und das Gesicht in die Hände. So saß er eine Zeit lang, rieb sich die Augen und seufzte.

»Die Brücke ist schuld«, sagte er endlich und nahm die Hände vom Gesicht. Er seufzte tiefer und schenkte sich abermals Bier nach. »Oder nein – die Magdalenenflut ist schuld. Ohne das schlimme Hochwasser damals würde die Judithbrücke heute noch stehen, und ich hätte niemals jenen Schwur getan.«

Der Graubart neigte den Kopf zur Schulter und runzelte die Brauen. »Welchen Schwur?«

Erstes Buch

Die Baumeister

1
Schwur

Prag, 3. Februar 1342

Was für eine Nacht! Platzregen, Gewitter und Sturm suchten die Stadt heim, es prasselte, rauschte, trommelte, heulte und pfiff.

Dämonen!, dachte Jan, Dämonen schleudern Feldsteine und Kiesel auf Prag, und die Erzengel halten mit Fanfaren dagegen. Wenn sich so nicht der Weltuntergang anhört, wie dann?

Das Haus bebte, der Bretterverschlag vor dem Fenster klapperte, Blitze zuckten durch die Nacht, grelles Licht schoss durch Holzfugen und Türritzen und riss für Augenblicke das kahle Mauerwerk der Schlafkammer aus der Dunkelheit. Oben in der Burgkapelle tönte die vom Sturm gebeutelte Glocke, unten am Fluss krachte es wie von Axthieben eines Riesen. Das konnten nur Eisschollen sein, die das Hochwasser gegen die Brücke warf.

Steif und mit geballten Fäusten lag Jan, starrte zum Fensterverschlag hin, lauschte mit klopfendem Herzen und offenem Mund. Hatte er jemals so ein Unwetter erlebt? Jahr für Jahr ging er in seiner Erinnerung durch, bis er sicher war, niemals zuvor während seines zwölfjährigen Lebens Zeuge eines solchen Tosens, Lärmens und Bebens gewesen zu sein, niemals zuvor so viel Angst verspürt zu haben.

Ein paar Wimpernschläge lang ebbte das Toben und Brüllen

ab, wie um Luft zu holen für den nächsten Wutausbruch, und in diesen wenigen Augenblicken hörte er hinter sich die Mutter schnarchen, neben sich die Schwester flüstern und draußen das Pfeifen eines Vogels.

Ein Vogel? Er stemmte sich im Strohsack hoch und lauschte mit angehaltenem Atem – wahrhaftig, eine Nachtigall! War es denn möglich, dass trotz des Höllenlärms die Nachtigall sang? Dann ging die Welt vielleicht doch noch nicht unter!

Wieder zuckte ein Blitz, wieder dröhnte der Donner. Der Regen trommelte härter aufs Dach, Sturmböen rüttelten wilder an Bretterverschlag, Haustür, Kapellenglocke und Hoftor, heulten zorniger durch Fugen, Ritzen und den Rauchabzug über der Kochstelle. Einen Atemzug lang übertönten dumpfe Schläge vom Fluss her den wütenden Chor und löschten das Lied der Nachtigall aus. Nicht nur Eisschollen, dachte Jan, die Flut wirft auch Holzstämme gegen die Brücke.

Die Schwester betete lauter, sodass einige Satzfetzen an sein Ohr drangen – Libussa flehte die Heilige Jungfrau an, den Vater zu beschützen.

Der Vater! Die Angst packte Jan bei der Kehle – der Vater war am Abend nicht aus der Stadt zurückgekehrt. Aus irgendeinem Grund hatte er es nicht mehr herüber auf die Kleinseite geschafft. Vielleicht stand das Hochwasser in der Altstadt schon zu hoch, vielleicht hatten sie die Brücke gesperrt, vielleicht hatte er auch nur in der Schenke wieder einmal zu viel Wein gesoffen.

»Gütiger Heiland im Himmel!« Jetzt drängte das Beten auch aus Jans ängstlichem Herzen und bewegte ihm Zunge und Lippen. »Beschütze uns den Herrn Vater!«

Plötzlich bellte draußen der Hund, und im selben Moment ächzte das Hoftor in den Angeln. Jan und Libussa verstummten, die Mutter hörte auf zu schnarchen, und die Ziegen unten im Stall begannen zu meckern. Von einem Augenblick auf den anderen riss das Gekläff des Hofhundes ab.

Und dann knarrte die Stalltür.

Jan saß jetzt kerzengerade auf dem Strohsack. War der Vater doch noch zurückgekehrt? So spät? Doch warum ging er in den Stall, statt ins Haus hinaufzukommen? Und warum hatte dann der Hund gekläfft?

Jähes Licht eines Blitzes riss Libussas Gestalt aus der Dunkelheit – mit hochgezogenen Schultern kniete sie auf ihrem Nachtlager und presste eine Decke gegen den Mund. Die Mutter richtete sich auf, und unten im Stall meckerten die Ziegen, als würde ihnen einer an die Gurgel gehen.

»Diebe!« Die Mutter sprang hoch, als hätte sie Feuer gerochen. »Komm schnell ...!«

Was sie ihm sonst noch zurief, verstand Jan nicht, denn Donner und Sturmgeheule übertönten ihr Geschrei. Er sah, wie sie den Mantel umwarf, zur Kochstelle eilte, nach dem Schürhaken langte und zur Treppe hastete.

»Warte, Mutter!« Jan, endlich auch auf den Beinen, riss seine Jacke vom Wandhaken und sprang hinter ihr her die Stiege hinunter. »Geh nicht allein in den Stall!« Zu spät – sie stürzte bereits aus dem Haus, verschwand in Regen und Nacht, und schon hörte er sie draußen gegen den Sturm anbrüllen.

Der peitschte ihm Regen ins Gesicht, als er selbst aus dem Haus stürmte. Sofort fiel sein Blick auf die Umrisse des Hundes: Reglos lag er mitten im Hof, und weil im selben Moment wieder ein Blitz durch den Nachthimmel zuckte, konnte Jan auch den Pfeil erkennen, der aus der Flanke des Tieres ragte. Der Anblick schnürte ihm das Herz zusammen.

»Räuberpack!« Im offenen Hoftor schimpfte die Mutter und

ruderte mit den Armen. »Hol den Sauspieß!«, schrie sie. »Komm schon, komm mit!«

Jan, dem die Tränen in die Augen stiegen, riss sich vom Anblick des geliebten Hundes los und hetzte in den Stall – die Ziegen waren weg! Vor Wut schrie er auf, stürzte zur Rückwand und nahm den Sauspieß von den Haken. Um die Waffe auf Anhieb zu finden, brauchte er kein Licht, denn seit zwei Jahren, seit seinem zehnten Geburtstag, pflegte er dem Vater den Spieß zu tragen, wenn der Erzbischof zur Wildschweinjagd rief.

Zurück im Hof sah er die Schwester durchs Hoftor huschen.

»Bleib hier!«, schrie er. »Einer muss das Haus hüten!« Vielleicht konnte Libussa ihn wegen des Sturms und des Donners nicht hören, vielleicht wollte sie nicht – jedenfalls tauchte sie in die Dunkelheit der Gasse ein und lief hinter der Mutter her.

Jan hetzte ebenfalls auf die Gasse, stieß das Tor hinter sich zu, sah Libussas Umrisse und ihr rotes Haar im Licht des nächsten Blitzes aufscheinen. Er lud den Sauspieß auf die Schulter und rannte hinter ihr her zum Fluss hinunter.

Die Ziegen mussten wieder her! Der Bock, die Geiß, die Lämmer – ohne Ziegen keine Milch, kein Käse, kein Fleisch. Der Dieb musste um jeden Preis aufgehalten werden!

Der Sturm riss an Jans Kleidern und zerwühlte sein Haar – wie warm die Luft war! Warm wie im Frühsommer, und das schon seit Tagen. Darum auch die frühe und rasche Schneeschmelze, darum das Hochwasser und die Eisschollen – überall im Reich seien Flüsse und Bäche über die Ufer getreten, erzählten Heimkehrer aus Österreich, Bayern und der Lausitz.

Er sprang durch Pfützen, rutschte im Schlamm aus und schlug lang hin. Fluchend stand er wieder auf, langte die Waffe aus dem feuchten Dreck, dachte an den toten Hund, schwor sich, dem Dieb den Spieß in den Leib zu rammen. Weiter!

Er hetzte an Hütten, Ställen, Hausburgen und Klostermauern vorbei. Die Schwester konnte er nirgendwo mehr erkennen, dafür eine Schar Mönche mit Fackeln und Laternen, die dicht an die Fassaden gedrängt zur Moldau hinunterhuschten.

»Nimm das hier, Jan Otlin!« Einer, der ihn erkannte, drückte ihm eine Fackel in die Hand. »Deine Mutter ist den Ziegendieben dicht auf den Fersen!« Wussten die frommen Brüder also Bescheid.

»Bleibt in Gottes Namen weg von der Brücke!«, schrie der Mönch ihm hinterher.

Jan bog in die Gasse ein, die zur Judithbrücke und zur Moldau hinunterführte. Wie in einem Bachbett stürzte das Wasser hier bergab. Er rutschte im Schlamm aus, hielt die Fackel über den Kopf, damit sie ihm ja nicht im Sturzbach erlosch, zog sich am Sauspieß wieder hoch und rannte weiter durchs knöchelhohe Wasser. Er keuchte, fluchte und betete.

Endlich, endlich öffnete sich die Gasse zum Fluss hin. Laute Rufe mischten sich in das Sturmgeheul und den Donner, und der nächste Blitz zeichnete die Konturen des Turmes über dem Brückenaufgang in die Nacht.

»Mutter!«, schrie er. »Libussa!«

Leute mit Öllampen und Fackeln liefen vor dem Brückenaufgang zusammen, strömten aus allen Gassen, Höfen und Gärten herbei – Bauern, Mönche, Waffenknechte, Edelmänner, Hirten, Burgwächter und Priester. Zwei trugen ein riesiges Kruzifix, andere schwenkten Weihrauchfässer und Bilder von Heiligen. Frauen schleppten eine Madonnenstatue zur Brücke und stellten sie am Aufgang in die Wogen, die der Fluss über die Ufer spülte.

Aufgeregtes Stimmengewirr und Gebetsrufe drangen an Jans Ohren, während er durch kniehohes Wasser watete. Wieder und wieder hallte dumpfes Krachen und Poltern durch die Nacht, wenn die Strömung Eisschollen und Treibgut gegen die Brückenpfeiler warf. Und jedes Mal ging ein Aufschrei durch die betende Menge.

Sie fürchten um die Brücke!, schoss es Jan durch den Kopf. Sie fürchten tatsächlich, die Flut könnte die Brücke einreißen!

Konnte eine steinerne Brücke denn einstürzen? Niemals! Da war Jan sich ganz sicher. Und dennoch – dennoch flogen seine ängstlichen Gedanken wieder zum Vater: Hoffentlich versuchte er nicht, herüberzugelangen! Hoffentlich hatte er genug gesoffen, um den Heimweg zu vergessen! Hoffentlich war er drüben in der Altstadt geblieben!

Ein Lamm irrte blökend durch die Menge und wurde von einer Woge überspült. Im selben Moment, als Jan es sah, erstickte eine regennasse Sturmbö seine Fackel. Auch die Fackeln anderer erloschen in Sturm und Regen, sodass es die Leute zu denen hinzog, die Öllampen und Laternen mitgebracht hatten. Im Schein einer flackernden Lampe beobachtete Jan, wie jemand das Lamm aus dem Wasser hob – Libussa! Durch den Tümpel hindurch sprang er zu der Menschenschar hin, in der er seine Schwester entdeckt hatte.

Und da, neben ihr, die Mutter! Mit dem Schürhaken schlug sie auf einen Mann ein, der den Bock am Strick hielt. Ein Mädchen leuchtete ihr mit seiner Laterne, Männer traten nach dem Ziegendieb oder schlugen mit Fäusten nach ihm, sodass er zu Boden ging und ins Wasser stürzte.

Doch hatte der Mönch nicht von mehreren Ziegendieben gesprochen? Und wo waren die Geiß und das zweite Lämmchen?

Die prügelnde Mutter ließ es gut sein, warf Libussa den Halsstrick des Bockes hin und hatte es eilig, sich durch die Menge zur Brücke hinzudrängen. Ein Waffenknecht mit einem Spieß und ein Mönch mit einem Knüppel wateten ihr hinterher.

Endlich bei der palavernden und wild gestikulierenden Menge angekommen, wollte Jan der Schwester das Lamm abnehmen, doch Libussa deutete aufgeregt zum Brückenaufgang hin.

»Zur Mutter«, schrie sie. »Schnell! Sonst entkommt noch der zweite Hundsfott mit der Geiß!«

Jans Blick folgte ihrem ausgestreckten Arm und sah einen blonden Mann in dunklem Wams an der Madonna und den Frauen vorbei zum Brückenaufgang hinaufrennen. Er trug das zweite Lamm über der Schulter und prügelte die Ziege mit einem Stecken vor sich her.

»Du musst der Mutter helfen, ihn zu kriegen!«, brüllte Libussa unter Tränen. »Lauf schon, Jan, lauf!«

Jan überließ ihr Bock und Lamm, stakste durch kniehohes Wasser um die Menschenmenge herum und sprang, als der Hochwasserteich flacher wurde, hinter der Mutter und den beiden Männern her zum Brückenturm. Ein Steinwurf etwa trennte ihn da noch von den dreien, während der Ziegendieb, dreißig Schritte vor ihnen, gerade den Torbogen erreichte.

Ein Wächter trat mit Fackel und Spieß aus dem Turm, ließ jedoch Ziege und Räuber an sich vorbeilaufen, begriff wohl nicht recht, was sich hier abspielte. Die Mutter und die beiden Männer an ihrer Seite dagegen versuchte er aufzuhalten, doch der Waffenknecht stieß ihn einfach zur Seite und rannte mit der Mutter hinter dem Dieb her. Den Mönch bekam der Wächter zu fassen, allerdings nur, weil der sich nicht auf die Brücke wagte und sowieso stehen blieb.

Jan ließ die betenden Frauen mit ihrer Statue hinter sich, gelangte endlich auf noch nicht überflutetes Pflaster und rannte die letzten Schritte des Brückenaufgangs hinauf.

»Bloß nicht auf die Brücke, Otlin!«, hörte er eine der Frauen rufen.

»Hiergeblieben, Bürschchen!« Mit ausgebreiteten Armen stellte sich ihm der Torwächter in den Weg. »Die Brücke ist gesperrt!« Jan schlug einen Haken, duckte sich, riss dem überraschten Mann die Fackel aus der Hand und rannte unter dem Torbogen des Turmes hindurch.

»Willst du denn schon sterben, Jan Otlin, du Narr?«, hörte er den Mönch schreien, während dicht hinter ihm die Schritte des Turmwächters aufs nasse Brückenpflaster klatschten. Jan rannte, was er konnte, der Herzschlag pochte ihm in den Ohren.

Ein Dutzend Ruten weit blieb ihm der Wächter dicht auf den Fersen und forderte ihn unter Flüchen auf, stehen zu bleiben und sein Leben nicht aufs Spiel zu setzen. Doch der Zwölfjährige war schneller, und endlich blieben die keuchenden Atemzüge des Verfolgers zurück.

Jan hob den Sauspieß auf die andere Schulter, wobei er langsamer machte, um ein paar Atemzüge lang zu verschnaufen. Von links peitschte ihm der Sturm Regen ins Gesicht, rechts rauschten und tobten die Fluten des reißenden Flusses, und unentwegt krachte es gegen die Brückenpfeiler. Einmal glaubte er sogar zu spüren, wie die Brücke unter dem Anprall des Treibgutes erbebte.

»Mutter«, stöhnte er und rannte wieder schneller, dabei schlug ihm das Herz jetzt schon bis zum Hals. »Gott, steh uns bei!«

Trotz des höllischen Lärms hörte er irgendwo vor sich Geschrei aus der Dunkelheit über der Brücke, und als der nächste Blitz den nächtlichen Himmel entflammte, erkannte Jan die Silhouetten der Mutter und des Waffenknechtes – und die des Ziegendiebes.

Hatten sie den Galgenstrick erwischt? Kämpften sie mit ihm? Beim nächsten Wimpernschlag verhüllte ihm wieder finsterste

Nacht, was dort – dreißig oder vierzig Schritte vor ihm – geschah; auch die Ziegen hatte er nicht erkennen können.

Der Donner rollte dröhnend über den Himmel, es hörte sich an, als würden dämonische Titanen einen ganzen Steinbruch zertrümmern und den zersplitternden Fels auf Stadt, Brücke und Fluss hinabschleudern. Panik drohte Jan zu lähmen, doch die Angst um die Mutter setzte sich durch und trieb ihn weiter voran. Mit der Linken umklammerte er den Stiel des Sauspießes auf seiner Schulter, mit der Rechten hielt er die Fackel neben sich auf Hüfthöhe, damit keine Sturmbö ihm die Flamme löschte.

Wie im Licht einer jäh aufgehenden Sonne erstrahlten plötzlich der Horizont, die Brückenzinnen, die Silhouette der Stadt, der wild gurgelnde Fluss – und auf seinen schäumenden Wogen ein wahres Gebirge aus Eisschollen, Tierkadavern, Unrat und entwurzelten Bäumen.

Jan stockte der Atem, starr vor Schrecken hielt er an. Und ehe er begriff, was geschah, bebte die Brücke unter einer gewaltigen Erschütterung, schwankte, dass es ihn von den Beinen riss. Hart schlug er auf dem Brückenpflaster auf, verlor Sauspieß und Fackel. Er wagte nicht zu atmen, versuchte, sich im Steinpflaster festzukrallen. Doch das wollte ihm nicht gelingen, denn die steinerne Brückenbahn schien auf einmal Wellen zu schlagen und wogte, als würde sie sich verflüssigen. Todesangst schnürte Jan die Kehle zu.

In den Höllenlärm mischten sich nun Schreie, Glockengeläut, Gemecker und das Stapfen schneller Schritte. Jan hob den Kopf, griff nach der nur noch schwach glimmenden Fackel, riss sie hoch und tastete nach dem Sauspieß.

Jämmerlich blökend hoppelte das Lamm vorüber, und gleich darauf rannte mit raschem Schritt ein blonder Mann heran – der

Ziegenräuber! Jan sprang auf, brüllte und stieß mit aller Kraft, zu der er noch fähig war, mit der Waffe nach ihm.

Der andere war viel zu überrascht, um an Gegenwehr auch nur zu denken. Mit aufgerissenen Augen starrte er auf die Wunde herab, die zwischen zwei Rippenbögen klaffte und Blut aus seinem Körper spie. Auch Jan glotzte darauf, doch ehe er sich entschließen konnte, ein zweites Mal zuzustoßen, machte der Dieb kehrt und hastete davon. Die meckernde Geiß galoppierte in entgegengesetzter Richtung an dem Jungen vorüber.

»Mutter«, flüsterte Jan. »Mutter, wo bist du?!«, brüllte er. Die wieder aufgeflammte Fackel vor sich ausgestreckt, stolperte er in die Richtung, in die der Dieb verschwunden war.

Ein zweiter Mann wankte ihm entgegen, der Waffenknecht – aschfahl und mit blutendem Gesicht sah er aus wie der Tod.

»Wo ist meine Mutter?!«, schrie Jan ihn an, doch stumm taumelte der Entsetzte gegen die Brüstung und tastete sich an ihr entlang in die Dunkelheit und der Kleinseite entgegen.

»Gütiger Gott!« Brüllend stürzte Jan weiter der Altstadt entgegen. »Gütiger Gott, behüte die Mutter!« Er stolperte über Trümmer, immer weiter voran. »Allmächtiger Gott, rette mir die Mutter!«

Er strauchelte erneut, diesmal über den Spieß des Waffenknechtes. Wasser rauschte irgendwo vor ihm, während er auf allen vieren durch Pfützen und Geröll kroch. »Vater, Sohn und Heiliger Geist – rette mir die Mutter, und mein Leben gehört dir auf ewig!«

Plötzlich griff er ins Leere und schlug mit der Brust auf dem Pflaster auf. Er ließ den Sauspieß los, streckte die Linke nach vorn – kein Pflaster mehr, nichts als Leere und unter der Leere ein Rauschen und Brausen und Krachen.

Ein Blitz zuckte und noch einer, gleißendes Licht spiegelte sich in den gurgelnden Fluten, die sich zwischen Jan und einem aus der reißenden Strömung ragenden Brückenpfeiler nach Norden wälzten. Auf einer Länge von mehr als zehn Ruten war die Judithbrücke eingestürzt.

»Rette mir die Mutter, heiliger Jesus Christus!« Jan streckte die Fackel über den Rand des abgebrochenen Brückenweges, und da hing sie – vier oder fünf Ellen unter ihm klammerte sie sich an den zerklüfteten Resten des Brückenpfeilers fest, während das schäumende Wasser, in dem sie bis unter die Achseln steckte, sie umtoste, an ihr zerrte, sie überspülte.

Wieder dröhnte, krachte und knallte es, als wollte die Welt zerbersten, und die Brücke erbebte unter dem nächsten Anprall von Treibholz und Eismassen. Das Splittern und Scharren, das dem Krachen und Beben folgte, trieb Jan einen kalten Schauer nach dem anderen durch die Glieder.

Er fuhr herum, denn diesmal toste der Höllenlärm hinter ihm. Der nächste Blitz enthüllte ihm die entsetzliche Wahrheit: Keine zwanzig Schritte entfernt hatte die reißende Strömung eine zweite Bresche ins Bauwerk geschlagen. Die gepflasterte Brückenbahn hinter Jahn neigte sich bereits zu den brausenden Wogen hin.

Aus und vorbei, dachte er, die Mutter und ich sind verloren. Doch statt sich seinem Schicksal zu ergeben, brüllte er dem Unabwendbaren sein Gebet entgegen: »Rette uns, o Gott!« Zugleich langte er hinter sich und zog den Spieß heran, den der Waffenknecht zurückgelassen hatte, denn der war dreimal so lang wie Jans Sauspieß. »Ich flehe dich an, heiliger Jesus, errette uns!« Er schob die lange Waffe über den Bruchrand und mit der Klinge voran zur Mutter hinunter. »Wenn du uns rettest, Allmächtiger, dann baue ich dir eine neue Brücke, das schwöre ich dir! Das schwöre ich dir bei meinem Leben und beim Leben meiner Mutter!«

2
Fremde

Gmünd, Spätsommer 1356

Der Bischof und zwei Priester wandelten gemessenen Schrittes durch den Chorraum. Ihre farbenprächtigen Messgewänder waren schön anzusehen, und ihr dreistimmiger Psalm hallte feierlich durch den Kirchenneubau. Bei jedem Schritt stieß der Bischof seinen Bischofsstab in Geröll, Holzspäne und getrockneten Mörtel, während er segnend Kreuze vor Wänden, Säulen, Fensteröffnungen und unvollendeten Skulpturen schlug. Einer der Priester schwenkte ein Weihrauchfass, der andere tauchte wieder und wieder ein Bündel aus getrockneten Birkenzweigen in einen silbernen Henkeltopf und besprizte das Gemäuer und die Bildwerke des Chores mit Weihwasser.

Eine schöne, eine ergreifende Zeremonie, die selbst dem eher kühlen Rudolph Tränen der Rührung in die Augen trieb. Immerhin hatte auch er wie die meisten hier die letzten fünf Jahre seines Lebens sechs Tage in der Woche von Sonnenaufgang bis Sonnenuntergang am Chor der Heilig-Kreuz-Kirche von Gmünd mitgebaut. Und wie sie geschuftet hatten!

Warum aber wartete der Bischof mit der Weihe nicht, bis der Chor vollendet war? Warum zog er sie vor? Nicht, dass Rudolph oder irgendjemand sonst sich über den unverhofften freien Arbeitstag mitten in der Woche beklagt hätte, aber seltsam fand der Straßburger Steinmetz es doch.

Rudolph wusste, dass der Rohbau des Chores frühestens am Tag des heiligen Nikolaus fertig werden würde; die meisten der andächtig lauschenden und schauenden Bauleute hier wussten es. Sogar die Kinder und Dorftrottel von Gmünd wussten es, denn es war nicht zu übersehen: Gerüste umgaben noch die vorderen Säulen, den Wächter- und Frauenstatuen an der Skulptur des Heiligen Grabes in der Scheitelkapelle fehlten die Gesichter, und hoch über den Köpfen der Andächtigen hingen noch Schalungsbretter in den Kreuzrippengewölben. Und ob der Nürnberger Glasermeister die bestellten Fenster wirklich bis zum Osterfest liefern würde, konnte nicht einmal der Baumeister Heinrich sagen.

Doch trotz des unvollendeten Werkes hatte der Bischof darauf bestanden, den Chorraum der neuen Heilig-Kreuz-Kirche bereits heute zu weihen, und zwar höchstpersönlich. Warum? Keiner, dem Rudolph diese Frage gestellt hatte, kannte eine Antwort darauf. Auch Meister Heinrich und seine Söhne nicht.

Der junge Steinmetz und Bildhauer Rudolph von Straßburg hegte allerdings einen Verdacht. Er vermutete, dass die ungewöhnliche Eile des Bischofs mit den drei Fremden zu tun hatte, die ganz vorn in der ersten Reihe beim Grafen, dem Burgvogt und der Familie des Baumeisters standen. Einer war ohne Zweifel ein Ritter, denn er trug Helm, Schwert, Kettenhemd und einen prachtvollen Wappenrock. Allerdings konnte Rudolph das Wappen – einen rot-weiß karierten Adler mit Krone und ausgebreiteten Schwingen – keinem Fürstentum und keiner Grafschaft zuordnen. Das ärgerte ihn, denn er glaubte, die halbe Welt zu kennen; oder jedenfalls das halbe Heilige Römische Reich deutscher Nation.

Der zweite Fremde war ein Kleriker und kein geringer, das

schien Rudolph auf der Hand zu liegen, auch wenn der Mann einen staubigen Wollmantel und einen alten Hut trug. Die schwarzseidene Soutane unter dem groben Mantel jedoch verriet den geistlichen Herrn; und das schwere silberne Kreuz auf der Brust sowieso.

Der Mann zwischen den beiden, der dritte Fremde, ließ sich beim besten Willen keinem Stand zuordnen. Dieser Herr war kleiner als die anderen beiden und trug weder Schwert noch Wappenmantel, weder Hut noch Kreuz, war weder elegant noch schäbig gekleidet. Wegen seines langen schwarzen Haupthaars und des dunklen Bartes hielt Rudolph ihn für höchstens vierzig Jahre alt, seiner erschöpften und kränklichen Züge wegen für mindestens fünfzig.

Ein Pole? Oder ein Lette? Hatten die nicht auch diese hochstehenden Wangenknochen, diese runden Gesichter und stumpfen Nasen?

Unauffällig kam dieser fremde Mann dem jungen Bildhauer vor, unauffälliger noch als die anderen beiden. Allerdings hatte er sich nach seiner Ankunft mit einer Selbstverständlichkeit durch den Kirchenneubau bewegt, wie Rudolph sie nur von Edelleuten kannte. Als würde ihm die Kirche gehören, als wäre sie sein Eigentum und ganz Gmünd gleich dazu.

Im Durchgang zum Chor hatten sich an die hundert Männer, Frauen und Kinder versammelt – neben Mitgliedern des Magistrats vor allem Bauleute und ihre Familien. Die Frau, die seine Blicke von Anfang an gesucht hatten, die schwarzhaarige Druda, entdeckte Rudolph leider nicht in der Menge.

In den ersten beiden Reihen knieten die Leute bereits nieder und bekreuzigten sich. Ein großer schwarzer Hund stieß einem der Knienden winselnd die Schnauze in den Hals. Pollux hieß das Tier, und der Kniende, sein Herr, war Peter von Gmünd; oder

Peter Parler, wie er sich selbst nannte. Er war einer der beiden Söhne des Baumeisters Heinrich, und den Hund, also den Pollux, mochte Rudolph ganz gern.

Hinter einer Halbwüchsigen drängte eine Kinderschar durchs Nordportal in den Neubau. Das junge Mädchen schaffte es nur drei Schritte weit in die Hallenkirche hinein, denn es zog ein störrisches Mutterschaf an einer Leine hinter sich her. Zwei Lämmlein hoppelten zwischen den Säulen herum, ein Kater lauerte den Spatzen auf, die sich vor dem Seitenaltar des Täufers um ein Stück Brot stritten, und noch immer huschten Gmünder in die Kirche und stellten sich zu den Schauenden und Lauschenden, um endlich einmal wieder den Bischof zu sehen. Dessen Weg führte nur selten von Augsburg herauf nach Gmünd, und dass er bereits heute Mittag den Chor weihen würde, war erst nach und nach in die Häuser, Hütten und Höfe der Stadt durchgedrungen.

Rudolph selbst stand in der letzten Reihe und dort auf den Stufen zum Chor, und zwar ganz außen nahe der Südsäule und rechts des Zimmermannsmeisters und seiner Gesellen. Die etwa vierzigjährige Frau, die sich plötzlich zwischen ihn und die Säule drängte, roch nach einem blumigen Duftwasser, wie er feststellte, als sie sich an sein Ohr beugte.

»Hast du die drei Fremden da vorn bei Meister Heinrich gesehen, Rudo?«, flüsterte sie. Er nickte stumm, und sie machte eine wichtige Miene und fuhr so leise flüsternd fort, dass er sich beinahe an sie lehnen musste, um ihre Worte zu verstehen: »Ich habe diese Männer schon heute Nacht gesehen.«

Der dreistimmige Psalmengesang verklang nach und nach und verstummte schließlich. Der Bischof kündigte ein Gebet an, und nun knieten auch die in den hinteren Reihen nieder und bekreuzigten sich, auch Rudolph von Straßburg und Ricarda Scorpio; so hieß die hochgewachsene, schwarzhaarige Frau, die behauptete, die Fremden bereits in der Nacht gesehen zu haben. Sie war eine Heilerin und Sterndeuterin.

Rudolph schaute sie staunend an, denn die drei Unbekannten vorn in der ersten Reihe waren erst am Vormittag in Gmünd eingetroffen, das hatte er mit eigenen Augen gesehen. Deswegen hatte der Bischof ja so spät mit der Weihe begonnen, weil er auf sie gewartet hatte.

Ricarda guckte wie eine, die ein bedeutendes Ereignis anzukünden hatte, eine Fürstenhochzeit, ein Himmelszeichen oder einen Krieg. Mit geheimnisvoller Miene beugte sie sich erneut an sein Ohr. »Ich habe diese Männer in deinem Horoskop gesehen. Komm zu mir, sobald das hier vorbei ist.«

Rudolph spürte, wie sein Herz von einem Augenblick auf den anderen schneller schlug. Er schloss die Augen und tat, als würde er in fromme Andacht versinken. Seinetwegen waren die Fremden nach Gmünd gekommen? Konnte das wahr sein?

Unsinn, dachte er, die Sterndeuterin berauscht sich an ihren eigenen Fantastereien.

Er öffnete die Augen wieder, beugte sich ein wenig zur Seite und blinzelte an Köpfen und Schultern vorüber zu den Fremden in der ersten Reihe. Der mittlere, der mit dem langen schwarzen Haar, hatte sich auf den Knien aufgerichtet und den Kopf in den Nacken gelegt, sodass Rudolph seine geschlossenen Lider sehen konnte und die stummen Bewegungen seiner Lippen.

Warum sollten Männer wie dieser da seinetwegen nach Gmünd heraufreiten? Er mochte es nicht glauben, denn was hatte er mit diesen Unbekannten zu schaffen! Doch nun war seine Neugier geweckt, und er wollte unbedingt erfahren, wer die drei Männer waren und wie sie hießen.

Der Bischof sang den Schlusssegen, sang das Amen, und während das hundertfache Echo noch durch die Kirchenhalle schallte, erhoben sich alle. Ricarda wandte sich zum Gehen und forderte Rudolph mit herrischem Blick auf, ihr zu folgen. Sie hatte ein langes, scharf geschnittenes Gesicht und dunkelbraune Augen. Eine schwarze Robe und ein gelber Überwurf verhüllten ihre schlanke, geradezu dürre Gestalt, und auf ihrem zu einem hochgetürmten Zopf geflochtenen Haar saß ein hoher gelber Hut.

Der blonde Steinmetz nickte nur, blieb jedoch stehen, nachdem die ungewöhnliche Frau davongerauscht war. Es musste nicht jeder sehen, dass er hinter ihr herlief, sonst würden die Gmünder sich bald auch über ihn die Mäuler zerreißen. Ricarda Scorpio, die im Ruf stand, eine erfahrene Heilerin und Astrologin und zudem edler Abstammung zu sein, reiste nämlich nicht allein.

Vor drei Tagen war sie zusammen mit sechs Hübschlerinnen nach Gmünd gekommen, jungen Frauen mit fahlgelben Bändern an den Knöcheln und roten Kappen. Aus Metz, wie man sich hinter vorgehaltener Hand erzählte, vom Reichstag, und man wisse ja, welches Gewerbe Frauen trieben, die ohne Männer reisten und gelbe Bänder und rote Hüte trugen. Dabei reisten sie gar nicht ohne Männer, jedenfalls nicht ganz: Ein dicker Hüne in Mönchskutte hatte ihnen Wagen und Gespann von Metz über den Rhein und bis nach Gmünd heraufgelenkt. Jedenfalls erzählten sich das die Leute auf dem Marktplatz. Und angeblich konnte oder wollte dieser Begleiter nicht sprechen.

Ricarda und ihre Frauen waren im *Goldenen Auerhahn* abgestiegen, einem großen Gasthof neben dem Tor in der östlichen Stadtmauer. Und als Rudolph am zweiten Tag dorthin ging, um sich in seinem Herzenskummer trösten zu lassen – die Frau, die er begehrte, war verheiratet –, traf er dort den Zimmermannsmeister, den Schmiedegesellen, drei Steinmetze, einen Priester und einen Ratsherrn.

Wirklichen Trost fand er nicht in den Armen seiner Hure, aber dafür ein offenes Ohr bei der Frauenwirtin. Wegen seiner Liebesnot hatte Ricarda ihm angeboten, sein Horoskop zu berechnen, und er hatte ihr erzählt, was sie zu diesem Zweck von ihm wissen musste.

Rudolph wartete also, bis Ricarda den Kirchenneubau verlassen hatte. Peter Parler und sein Bruder Michael nickten ihm grüßend zu, als sie mit einigen Maurern und Mörtelmischern ebenfalls dem Nordausgang zustrebten. Der große Pollux trottete zu Rudolph und leckte ihm die Hand, bevor er seinem Herrn nach draußen und in die Bauhütte auf dem Kirchplatz folgte.

Erst als das Volk von Gmünd den Bischof umringte, wandte sich auch Rudolph zum Gehen. Anders als die meisten Leute verlangte es ihn nicht danach, des Bischofs Ring zu küssen und die segnende Bischofshand auf seinem Kopf zu fühlen. Alle anderen jedoch erheischten Blick und Berührung des Augsburger Oberhirten, und keiner achtete auf den jungen Steinmetzen.

Während er ohne Eile zum Portal ging, kamen mit dem Grafen, dem Burgvogt und ihrem Gefolge auch die drei Fremden an Meister Heinrichs Seite aus dem Chor, schritten durch die Kirchenhalle und bewunderten Fenster, Säulen, Gewölbe und Heiligenstatuen. Vor allem der unauffällige Mann mit dem langen schwarzen Haar war voll des Lobes.

»Eine herrliche Fügung aus Bögen, Pfeilern und Gewölben habt Ihr hier erschaffen, Meister Heinrich!«, hörte Rudolph ihn im Vorübergehen rufen. »Aus Stein habt Ihr einen wahren Lobpreis Gottes errichtet! Sehr gute Arbeit.« Der Mann sprach Niederdeutsch mit lateinischen Brocken, und das in einem Akzent, den Rudolph aus seiner Heimat, dem Königreich Frankreich, kannte. »Doch am besten gelungen ist Euch der herrliche Chor! Für dieses Kunstwerk kann man Euch nicht genug danken.«

»Nicht mir gebühren Lohn und Dank!« Abwehrend streckte Meister Heinrich die Hände aus. »Der Entwurf geht auf meinen ältesten Sohn zurück, und die Wächter am Grab des Herrn, die Euch so gefallen haben, hat ebenfalls Peter Parler gemacht.«

Rudolphs Schritt stockte, und ein Stich ging ihm durch die Brust, denn den mittleren der Wächter hatte ganz allein er aus dem Stein gehauen; wenn auch nach einem Entwurf des Parler-Sohnes.

»Dieser noch so junge Mensch kann bereits derart herrliche Bildwerke erschaffen?!«, entfuhr es dem geistlichen Herrn mit dem großen Silberkreuz auf der Brust. »Der zählt doch sicher kaum dreißig Jahre!«

»Mein Peter ist dreiundzwanzig Jahre alt, Herr Medikus.«

Mehr konnte Rudolph nicht hören – mehr wollte er nicht hören! –, denn er eilte eben durch das Portal, um die Kirche hinter sich zu lassen.

»Ist der Große mit dem Schwert der Fürst?« Die Halbwüchsige mit dem Mutterschaf an der Leine versperrte ihm den Weg. »Oder ist's der mit dem Kreuz?«

»Fürst?« Rudolph blieb stehen und sah ihr mürrisch ins runde Gesicht. »Von welchem Fürsten schwatzt du da?«

»Weiß ich's?« Das Mädchen zuckte mit den Schultern. »Ich hörte nur, dass einer der deutschen Fürsten nach dem Reichstag zu Metz aus dem Königreich Frankreich zu uns ins Schwäbische heraufgezogen ist. Ein mächtiger, wie es heißt, ein berühmter. Ich komme, um ihn anzuschauen, welcher ist's denn?«

»So?« Rudolph wandte den Kopf und spähte zurück. »Der mit dem Kreuz auf der Brust muss wohl ein Medikus sein. Doch einen Fürsten sehe ich nicht.«

Die Fremden bewunderten inzwischen den Johannis-Altar, und Meister Heinrich machte sie auf kunstvolle Einzelheiten aufmerksam, wobei er wahrscheinlich wieder von seinem ältesten Sohn schwärmte. Dass er, Rudolph von Straßburg, Bart und Umhang des Täufers gemeißelt hatte, würde der Meister vermutlich nicht einmal andeuten.

»Da bist du wohl einem Ammenmärchen aufgesessen«, sagte er unwirsch. »Ich jedenfalls weiß nichts von einem berühmten Fürsten, der durch Schwaben ziehen soll. Was hätte so ein edler Herr schon in Gmünd verloren?«

Er ließ das Mädchen stehen und eilte an der Bauhütte vorüber zum Marktweg. Ein Fürst hier in Gmünd? Das hätte er doch erfahren! Ein mächtiger noch dazu? Dann würden sie doch in allen Gassen und an allen Marktständen davon schwatzen!

Sein Schritt stockte, und er schabte sich nachdenklich die blonden Bartstoppeln. Was aber, wenn nun wirklich ein Fürst unter den drei Fremden war, womöglich einer, der einen Steinmetz für seine geplante Kathedrale suchte? Und was, wenn Ricarda die drei tatsächlich in seinem Horoskop gesehen hatte?

Ein Ruck ging durch Rudolphs bullige Gestalt, und er lief los. Das Herz schlug ihm plötzlich höher, und er konnte es kaum erwarten, der Sterndeuterin gegenüberzustehen.

3
Knospen und Blut

Königlicher Wald bei Prag, Spätsommer 1356

Die Schweine weideten und wühlten rings um die Lichtung im Unterholz. Das Kerlchen mochte es, die Tiere schmatzen und grunzen und die Eicheln zwischen ihren Zähnen knacken zu hören. Die meisten Ferkel hielten sich dicht bei den Muttersäuen, nur den kleinen Eber mit dem schwarzen Kopf zog es ständig weg von der Herde und in die Richtung, aus der das Kerlchen den Bach rauschen hörte. Ob er dort Pilze erschnüffelt hatte?

Den kleinen, eigensinnigen Schwarzkopf hatte das Kerlchen besonders gern. Und waren sie einander nicht sogar ein bisschen ähnlich? Immer weg von den anderen, immer auf der Suche nach Neuem, immer allein – war das nicht sein Leben, seit es denken konnte? Und war nicht sein Haar schwarz wie der Schädel des kleinen Ebers und sein Leib ähnlich drahtig und klein?

Schon wieder musste der Hund dem vorwitzigen Ferkel hinterherspringen und es zurück zur Lichtung treiben. Und wirklich – ein großer Schirmling hing ihm unter dem erdigen Rüssel aus dem Maul.

Bei dem Anblick des Pilzes flammte dem Kerlchen Heißhunger durchs Gedärm. Plötzlich knurrte ihm der Magen, und Durst hatte es auch. Es schielte erst zum zweiten Schweinehirten, der im

Moos hockte und gegen eine Eiche gelehnt mit halb geschlossenen Lidern vor sich hin döste, und dann zum rauchenden Meiler hinunter. Keine Spur mehr vom Köhler. Und vom ersten Schweinehirten, der eben noch beim Köhler gestanden und mit ihm Bier getrunken hatte, genauso wenig.

Folglich waren die Männer in die Hütte zur Köhlerin gegangen. Und folglich hatte diese bereits die Abendsuppe zubereitet. Und ging nicht sowieso bald die Sonne unter? Das Kerlchen runzelte unwillig die schönen schwarzen Brauen unter der hohen, schmutzigen Stirn.

»Und warum sagt uns keiner Bescheid?«, murmelte es.

Wieder spähte es zur Eiche hin. Üblicherweise ging der zweite Schweinehirte zuerst zum Essen hinunter, einer musste ja bei den Schweinen bleiben. Doch der alte Säufer döste, hatte schon zu viel Bier getrunken, um sich noch wach und auf den Beinen halten zu können. Selbst schuld.

Noch einen Blick auf die wühlenden, weidenden, schmatzenden Schweine – denen ging es gut. Und einen letzten auf den Hund – der jagte schon wieder über die Lichtung und kläffte dem kleinen schwarzköpfigen Eber hinterher.

Entschlossen packte das Kerlchen seinen kurzen Spieß und ging zu der jungen Birke, in deren Astgabel es sein Bündel einzuklemmen pflegte. Es nahm die zusammengeschnürte Rolle aus dem Baum und zog eine Puppe halb heraus, bunt und mit schwarzem Wollschopf.

»Es gibt Essen, Herr Vater, und niemand ruft mich, aber ich habe Hunger.« Als würde es ihr zuhören, schaute es die Puppe an, nickte schließlich, klemmte das Bündel unter den Arm, machte kehrt und rannte zur Köhlerhütte hinunter.

Das Kerlchen selbst war der dritte Schweinehirte und für die Ferkel zuständig. Deswegen meinten die anderen beiden wohl, es müsse sich auch mit den kleinsten Portionen begnügen. Doch heute Abend würde es mehr als nur die Reste abbekommen.

Der feuchte Boden unter seinen nackten Füßen flog nur so dahin, das Licht der Abendsonne leuchtete in den Baumwipfeln, der Eichelhäher krächzte einen Warnschrei, weil ein Sperber durchs Geäst schoss, und Waldtauben flatterten erschrocken auf. Das Kerlchen sprang auf die Schwelle der Hütte, aus der es nach Mehlsuppe und Speck roch.

»Herein mit dir, Max«, sagte die Köhlerin. »Iss dich satt.«

Sie und die Töchter der Bäuerin waren die Einzigen, die »Max« zu ihm sagten, alle anderen nannten es »Kerlchen«. Gut so. Es stand im vierzehnten Jahr, das Kerlchen, und Prag war weiß Gott nicht die erste große Stadt, in der es den Winter überleben würde. Es hatte unter Schmerzen lernen müssen, seinen wahren Namen zu verschweigen.

Fünf Wochen zuvor war das Kerlchen aus Amberg nach Prag gekommen. Da hatten die böhmischen Bauern längst mit der Ernte begonnen, und eine Holzbrücke führte von der Altstadt über die Moldau zur Kleinseite hinüber. Dass man fünfzehn Jahre zuvor noch auf einer steinernen Brücke hin- und herlaufen konnte, wusste das Kerlchen nicht. Ebenso wenig hatte es eine Ahnung davon, dass die Arbeiten auf der Baustelle des Veitsdoms seit Jahren ruhten, weil der Dombaumeister gestorben war, oder davon, dass der Kaiser seit Monaten durch das Römische Reich reiste. Angeblich hielt er in Metz Hof, auf dem Reichstag, so tratschte man auf dem Markt und in den Gassen. Doch was ging das Kerlchen solches Gerede an?

Der erste Schweinehirte zog eine unwirsche Miene und blitzte es unwillig an, als es die Hütte betrat. »Wieso du schon? Wieso nicht erst Xaver?«

»Hat noch keinen Hunger.« Das Kerlchen hängte sein Bündel

an einen Wandnagel neben der Tür, bückte sich nach einem Holzlöffel, der vor der Feuerstelle am Boden lag, und stellte sich so an den Tisch, dass es seine Habe im Auge behalten konnte. Dann wischte es seinen Löffel am langen, kittelartigen Hemd ab und tunkte ihn in die dampfende Suppe. Der Köhler neben ihm, der jeden Montag von der Bäuerin Rüben, Mehl, Schweinefleisch und fünf Heller dafür erhielt, dass er ihre Schweinehirten beherbergte und verköstigte, beachtete es nicht.

Der erste Schweinehirte schlug dem Kerlchen die Mütze vom Kopf. »Wirst du wohl beten vor dem Essen!«

Die Köhlerin zischte den Grobian an, fuhr dem Kerlchen zärtlich übers schwarze, drahtige Haar und lächelte, während es die Hände zum Gebet faltete. Sie hatte keine Kinder mehr, die waren alle gestorben. Das Kerlchen mochte sie sehr gern. Jede Berührung dieser Frau machte es froh, jeder freundliche Blick, jede Geste.

Schweigend löffelten sie die Suppe aus der großen Schüssel. Als er genug hatte, stand der Köhler auf, streckte sich neben der Feuerstelle aus und wickelte sich in ein zerknautschtes Kuhfell. Sein Gesicht war rußig, seine Schneidezähne braun. Nicht lange, dann erfüllte sein Schnarchen die Hütte.

»Es dämmert bald, Kerlchen«, sagte der erste Schweinehirt. »Komm mit, wir treiben die Schweine in die Koppel.« Er leerte noch seinen Bierkrug, da hörten sie oben auf der Lichtung den Hund bellen. Alle außer dem schnarchenden Köhler horchten sie auf, denn das Gebell klang anders als sonst.

Dass der Hund anschlug und kläffte, war nicht ungewöhnlich, denn dafür war er ja da; zum Bellen, wenn die Schweine sich zu weit von der Herde entfernten oder wenn er Gefahr witterte. Doch so laut und verzweifelt, wie er jetzt Alarm schlug, hatte das Kerlchen ihn noch nie bellen hören. Ganz heiser klang er schon, als kläffte er um sein Hundeleben.

»Der Bär!«, rief die Köhlerin.

»Komm, schnell!« Der erste Schweinehirt fuhr hoch, schlug dem Kerlchen auf den Hinterkopf und stürzte zur Hüttentür hinaus, wobei er Köcher und Bogen von der Wand riss. Das Kerlchen packte seinen Spieß und rannte ihm hinterher.

Auf dem ansteigenden Weg zur Lichtung hinauf überholte es den Älteren und Schwereren und ließ ihn mit jedem Schritt, den es voranstürmte, ein Stück weiter hinter sich. Die Sonne ging bereits unter, oben auf der Lichtung quiekten und stampften die Muttersäue, und der Hund bellte so heiser und angstvoll, als hätte sich einer in seiner Kehle verbissen.

Ein Bär? Das Kerlchen rannte schneller, packte den Spieß fester. Wirklich ein Bär? Angst und Freude zugleich brannten in seiner Brust, denn in den Städten, durch die es im Laufe der Jahre bis nach Prag gezogen war, hatte es bisher nur erlegte Bären gesehen oder gefangene Tanzbären, niemals jedoch einen lebendigen in freier Wildbahn.

Einige Säue und Ferkel sprangen ihm entgegen und an ihm vorbei zur Hütte hinab, und als es atemlos oben auf der Lichtung ankam, bellte der Hund schon nicht mehr. Das Kerlchen erschrak, seine Blicke suchten das Tier vergeblich.

Im Wald auf der anderen Seite der Lichtung fluchte der zweite Schweinehirt und schlug mit Knüppel und Spieß nach drei Wölfen, die sich in eine Muttersau verbissen hatten. Die anderen Wölfe – fünf, sechs oder sieben – jagten die Schweine in den Wald. Einer, ein hellgrauer, den kleinen Eber mit dem schwarzen Kopf.

Einen Atemzug lang stand das Kerlchen stocksteif, denn die Angst lähmte ihm die Glieder, und Freude spürte es keine mehr.

Wölfe kannte es, Wölfe waren gefährlich, vor allem, wenn ein ganzes Rudel angriff.

Es wollte schon kehrtmachen und zurück zur Hütte laufen, als ihm die harte Miene der Bäuerin vor den Augen aufflammte und das Schnalzen ihrer Ochsenpeitsche in den Ohren klang, mit der sie die Knechte und Mägde zu prügeln pflegte, genauso wie ihre Töchter und das Kerlchen. Es blieb stehen und drehte sich wieder um. Die Bäuerin hatte ihm die Obhut über die Ferkel anvertraut. Die Tiere zu hüten, verschaffte ihm Essen und Trinken und einen trockenen Platz zum Schlafen.

Es lauschte in den Wald hinein, glaubte, das klägliche Quieken des Schwarzköpfchens zu hören. Die Angst vor der Peitsche, dem Hunger und dem bevorstehenden Winter half ihm schließlich, sich zu überwinden und dem Hellgrauen und dem kleinen Eber hinterherzurennen.

Das Kerlchen machte es wie der zweite Schweinehirt und schrie und fluchte, so laut es nur konnte, während es durch das Unterholz hetzte. Das half ein bisschen gegen die Angst. Schreiend umklammerte es seinen leichten Spieß mit beiden Fäusten und zog ihn dicht an seine schmale Brust. Das Herz klopfte ihm wie verrückt, pochte in Kehle und Schläfen.

Bald ging es bergab, denn es hatte längst den Hang erreicht, über den ein Wildpfad zum Bach hinunterführte. Plötzlich, gar nicht weit vor ihm, quiekte das Eberferkel, quiekte so kreischend und jämmerlich, dass dem Kerlchen das Blut gefrieren wollte; und dann erstarb das Geräusch.

Das Kerlchen stand still und wagte nicht, sich zu rühren. An Büschen und Baumstämmen vorbei blinzelte es ins Unterholz. Und erspähte den Hellgrauen.

Zehn Schritte vor ihm beschnupperte der das Ferkel mit dem schwarzen Kopf, das eigensinnige, das vorwitzige, das das Kerlchen so gernhatte, weil es ihm so ähnlich war. Es blutete aus dem Hals und zuckte noch ein bisschen. Der Hellgraue hob den Schädel und äugte zum Kerlchen herüber.

Das umklammerte den Spieß so fest, dass seine Fäuste weiß wurden. Seine Arme zitterten, seine Knie wurden weich, und das Herz flatterte ihm in der Kehle. Es schluckte, wich zurück, Schritt um Schritt, und die Angst trieb ihm die Tränen in die weit aufgerissenen Augen.

»Bitte, bitte, lieber Jesus«, flüsterte es, während seine Fersen sich durchs Gestrüpp tasteten. War es denn schon so weit? »Bitte, bitte, Heilige Jungfrau Maria.«

Seine Füße verfingen sich in einem Ast, es strauchelte und stürzte rücklings ins Unterholz. Im nächsten Moment schon war der Hellgraue über ihm, fletschte die Zähne, riss den Rachen auf, und stinkender Atem wehte dem Kerlchen ins Gesicht. Es schrie, und mit aller Kraft stemmte es den hölzernen Schaft seines Spießes gegen den Hals des Wolfes. Seine Arme zitterten und wollten nachgeben unter der Raserei des Raubtieres.

Das Kerlchen namens Max sah sein letztes Sekündlein verrinnen. Da sirrte ein Pfeil, schlug dumpf in Fell und Fleisch ein – der Wolf jaulte auf, ließ ab vom Kerlchen, fauchte und knurrte. Ein zweiter Pfeil traf ihn in der hinteren Flanke. Heulend fuhr der pelzige Räuber herum und versuchte, danach zu schnappen. Das Kerlchen aber stemmte sich hoch, holte aus und stieß dem Angreifer den Spieß zwischen die Rippen, in den Rücken, in den Hals, wieder und wieder, bis der Wolf sich im Unterholz streckte und keinen Laut mehr von sich gab.

Auf dem Weg zurück zur Köhlerhütte schimpfte der erste Schweinehirt mit dem zweiten und mit dem Kerlchen. Mal schlug er mit dem Jagdbogen nach dem einen, mal mit der Hand nach dem anderen. Das Kerlchen weinte still vor sich hin, denn es wusste: Diese Prügel waren nur ein Vorgeschmack dessen, was es von der Ochsenpeitsche der Bäuerin zu erwarten hatte. Der junge Eber nämlich war ein gesundes und starkes Tier gewesen, dass die Bauern für die Schweinezucht hatten verwenden wollen.

An der Hütte warteten der Köhler und seine Frau, beide mit Fackeln in den hocherhobenen Fäusten, denn die Dämmerung war eingebrochen. Als die Schweinehirten vor ihnen standen, senkte der Köhler seine Fackel, sodass deren Schein auf Hüfte und Schenkel des Kerlchens fiel. Blut glänzte im Sackstoff seines langen Hemdes, Blut lief ihm an den nackten Beinen herab.

»Hat der verfluchte Isegrim dich also doch erwischt«, sagte der erste Schweinehirt, spuckte aus und fluchte.

»Zum Bach.« Mit einer knappen Kopfbewegung deutete der Köhler auf seine Frau. »Sauber machen. Waschen. Verbinden.«

Das Kerlchen sah an sich herunter – Blut, wahrhaftig. Hatte der Wolf tatsächlich zugebissen? Tief erschrocken wartete es auf den Schmerz, doch es spürte keinen, fühlte nur, wie ihm unter dem Hemd das Blut an der Innenseite der Schenkel und der Knie hinabrann.

Die Köhlerin ging in die Hütte und kehrte mit Tüchern und dem langen Hemd eines ihrer toten Kinder zurück. »Kommt mit mir, Max, wir gehen an den Bach.« Und an ihren Mann gewandt: »Und du holst deine Armbrust und gehst mit.«

An ihr vorbei huschte das Kerlchen in die Hütte, riss das Bündel vom Nagel und zog die Puppe bis zu den Schultern heraus. »Ein Wolf hat mich gebissen, und ich hab's nicht gespürt. Kann das sein?« Es hängte sich das Bündel um und starrte an sich hinunter, während es wieder aus der Hütte trat. Nein, das kann nicht sein, dachte es, als es sein blutgetränktes Kittelhemd feucht im Fackelschein glänzen sah.

Die Köhlerin gab dem Kerlchen die Fackel, nahm seine Hand,

und während die anderen beiden Hirten die verbliebenen Schweine in die Koppel trieben, zog sie das Kerlchen hinter sich her zur Lichtung hinauf. Das Blut an seinen Beinen fühlte sich warm an, doch noch immer spürte es keinen Schmerz. Das machte ihm irgendwie Angst.

Der Köhler lief vor ihnen her, wobei er seine gespannte Armbrust in die Hüfte stemmte, in deren Sehne er einen Pfeilbolzen gelegt hatte. Meistens schwenkte er die Fackel zu beiden Seiten des Weges und beobachtete wachsam den halbdunklen Wald. Manchmal drehte er sich nach ihnen um und ließ seinen misstrauischen Blick zwischen den blutigen Beinen des Kerlchens und seinem speckigen schwarzen Haar hin- und herwandern. Und einmal sagte er: »Es hinkt nicht mal.«

Zwei Säue und fünf Ferkel rannten grunzend und quiekend an ihnen vorbei zur Hütte hinunter. Den toten Hund hatten die Wölfe bis zwischen die Birken auf der anderen Seite der Lichtung gezerrt.

»Die verfluchten Räuber werden den Köter nicht den Raben überlassen«, knurrte der Köhler. »Wir müssen ihn verscharren.«

Das Kerlchen zog die Köhlerin zum Kadaver hin und beugte sich darüber. Das Genick war zerbissen, die Kehle aufgerissen, und das Hundeblut hing in dicken Tropfen an Blaubeerbüschen und Farn oder versickerte im Moos. Das Kerlchen dachte an das heisere Gebell und das jämmerliche Jaulen zuletzt.

»Es muss ihm sehr wehgetan haben«, sagte es leise und blickte erneut staunend an sich hinunter. »Mir tut gar nichts weh.«

»Nicht rumstehen«, brummte der Köhler, »weiter!« Und als sie den toten Hellgrauen hinter sich ließen und über den Wildpfad zum Bach hinunterstapften, sagte er, ohne sich umzudrehen: »Sieht nach Speerwunden aus. Hast du den Wolf erledigt?«

»Na klar, wer sonst?« Das Kerlchen nickte grimmig.

Am Bach kurz darauf schritt der Köhler mit erhobener Fackel und schussbereiter Armbrust an der Uferböschung entlang, während die Köhlerin Tücher und Hemd ins Gras legte, bevor sie das Kerlchen ins seichte Wasser schob. Sie raffte ihr Kleid hoch, band es über den Schenkeln fest, dann stieg sie zu ihm ins Nass stieg. Das Kerlchen warf das Bündel ins Ufergras.

Als die Köhlerin ihm die Fackel abgenommen hatte und das blutige Hemd über den Kopf ziehen wollte, hielt das Kerlchen ihre Hände fest und drückte sie an seine Hüften. Einen Moment schauten sie einander in die Augen, bevor das Kerlchen dem Köhler am Ufer den Rücken zuwandte und dann doch zuließ, dass seine Frau ihm das lange Hemd auszog. Wahrscheinlich ahnte sie sein Geheimnis längst.

»Und?«, brummte der Mann. »Sieht es sehr böse aus?«

Die Köhlerin staunte die entblößte Brust des Kerlchens an und bekam den Mund kaum noch zu.

»Nein«, antwortete sie endlich, »nicht besonders böse.«

»Wird's überleben, was?«

»Ja, ich denke schon.« Ungläubig schaute sie dem Kerlchen namens Max in die großen grauen Augen und blinzelte dann noch einmal auf seine schmale Brust: Unter den Stielchen der Brustwarzen wölbte es sich wie von Knospen junger Quittenblüten. Schnell bückte sie sich ins Ufergras, riss das frische Hemd hoch und zog es Max über den Kopf und über die Knospen.

»Beeilt euch gefälligst«, kam es von der Böschung, wo Zweige unter den Stiefelsohlen des Köhlers zerbrachen.

Die Köhlerin langte eines der Tücher aus dem Ufergras und wusch erst das Blut von den Beinen des dünngliedrigen, halbwüchsigen Geschöpfes, dann von seinem Geschlecht. Dabei seufzte sie und schüttelte beständig den Kopf.

»Er hat mich nicht gebissen«, flüsterte das Kerlchen, »das Blut kommt aus mir heraus.« Seine Augen waren weit aufgerissen, seine Haut aschfahl unter dem Schmutz.

Die Köhlerin nickte. »Max?«, flüsterte sie. »Mäxchen? Maximilia? Wie heißt du wirklich?«

»Was gibt's zu flüstern da unten?«, rief der Köhler unwirsch und hob die Fackel.

»Kümmere dich um den Wald und die Wölfe, Mann!«, blaffte die Köhlerin zurück, bevor es dem Kerlchen tief und fragend in die Augen schaute.

»Maria-Magdalena«, flüsterte es, legte den schmutzigen Finger auf die Lippen und verdrehte die Augen zum Köhler hin. »Pst ...«

4
Pergament

Avignon, Spätsommer 1356

Jan, sagte eine Frauenstimme von irgendwoher, Jan Otlin, du starker Mann, du tapferer Kämpfer, du wilder Löwe, du zärtlicher Engel, du Köstlicher, du Großer, du Wunderbarer …

Es war die Stimme seiner Lieblingsnonne – unter tausend anderen hätte er sie erkannt! Woher sie kam, konnte er nicht sagen. Doch er lauschte entzückt und ergötzte sich an jedem ihrer Worte wie an einem Gebet, dessen Erhörung gewiss war.

Deine schönen sehnigen Hände rauben mir jeden Schutz, deine grünen Augen machen meine Seele wehrlos …

Sie sagte noch viel mehr, doch das verstand er nicht genau, weil ihre Stimme sich nach und nach entfernte. Bald überlagerte das Rauschen der Moldau die liebliche Frauenstimme, die ihn jedes Mal aufs Neue entzückte und erregte, und dann erstickten das Grollen des Donners und das Heulen des Sturms sie endgültig.

Und schon war er wieder in den Traum gestürzt, den alten immer gleichen bösen Traum.

Er begriff es sofort, konnte sich aber nicht dagegen wehren. Kaum wusste er noch, ob er die süße Frauenstimme ebenfalls nur geträumt oder ob er sie tatsächlich vernommen hatte. Doch dass er das Rauschen, Donnern und Heulen wirklich gehört hatte, das wusste er, denn das würde er niemals vergessen.

Wie so oft schon griff er nach dem kalten Handgelenk der Mutter, ließ den Spieß an ihr vorbei in die drängenden Wogen fallen, in Treibgut und Eis, und griff auch mit der zweiten Hand nach der Mutter. Im Traum schaffte er es immer viel schneller, die völlig Entkräftete zu sich heraufzuziehen, als damals in jener wirklichen Nacht auf der wirklichen Judithbrücke. Und im Traum waren die Mutter und er viel schneller auf den Beinen und flogen über die Brücke und der Kleinseite entgegen, anstatt zu kriechen, torkeln und stolpern, wie sie es damals in jener stürmischen Gewitternacht getan hatten.

Seltsamerweise träumte er nie von den drei Tagen, die seine Mutter und er nass, frierend, durstig und hungrig auf der Brückenruine ausharren mussten, bevor der Vater und drei mutige Fischer es wagten, von der Altstadt aus mit einem Boot auf den Hochwasser führenden Fluss hinauszurudern; bis zum mittleren Teil der Brückenruine, auf dem Jan mit der Mutter auf Rettung wartete. Mit Seilen stiegen sie zu ihnen herauf und halfen ihnen, vom stehen gebliebenen Brückenpfeiler hinunter ins Boot zu klettern.

Von dem Hunger und dem schrecklichen Durst, unter dem er damals gelitten hatte, träumte er ebenfalls nie. Auch in dieser Nacht nicht; der Nacht, bevor der Brief kam.

Stattdessen sah er im Schlaf manchmal, wie die Mutter und er auf einer Art Steg von einem Ruinenteil zum anderen über die schäumenden Wogen balancierten und auf diese Weise schließlich das rettende Ufer der Kleinseite erreichten.

Das träumte er auch in dieser Nacht, nur zeigte der Traum ihm nun den Steg viel deutlicher als sonst, so deutlich, dass der Träumer erkennen konnte, aus welchem Baustoff er bestand: nicht aus

Holz oder Stein, wie er in den früheren Träumen immer geglaubt hatte, sondern aus Pergament. Wahrhaftig – es war eine lange, riesenhafte Rolle, die als Brücke zum rettenden Ufer der Kleinseite hinführte und sich fast bis zur reißenden und gurgelnden Moldau hinunter durchbog, während die Mutter und er Hand in Hand darüberbalancierten.

Jan Otlin spürte den federnden Untergrund und das raue Pergament noch unter den Fußsohlen, als er aufwachte und in das schummrige Licht einer Öllampe blinzelte. Er fuhr hoch und griff neben sich – der leere Platz an seiner Seite war warm.

»Du hast wieder geschrien.« Die Frau, aus deren Kehle er in dieser Nacht so viele erregende Worte herausgeküsst hatte und deren Stimme er so liebte, kauerte neben der Bettstatt und machte eine Miene, als fürchtete sie sich vor ihm. »Du hast wieder schwer geträumt, nicht wahr, mein Jan?« Der Flammenschein der Öllampe, die neben ihr auf dem Hocker brannte, spiegelte sich in ihrem blonden Haar und flackerte auf ihrem schönen Gesicht. Sie hieß Mathilde und stammte aus Paris.

Der Böhme nickte, brummte zustimmend und tastete nach dem Weinkrug auf der anderen Seite der Bettstatt. Den restlichen Wein darin leerte er mit einem Zug. Der Donner, das Heulen des Sturmes und das Rauschen der Fluten gellten ihm noch durch den Kopf und kamen ihm wirklicher vor als der Geschmack des Weines auf der Zunge oder das Krachen, als er den Krug zurück auf die Fliesen knallte.

Was um alles in der Welt hat diese Notbrücke aus Pergament in meinem Albtraum verloren?, fragte er sich und rieb sich Augen und Schläfen.

Schwester Mathilde – genau wie er war sie nackt – langte seufzend nach dem schwarzen Stoff, der neben ihr auf dem Boden lag, und erhob sich. Jan Otlin hielt den Atem an, während sie sich aufrichtete, denn ihr weißer Leib kam ihm jedes Mal wie eine Offenbarung vor. Auch jetzt noch, nach einer langen Liebesnacht, vermochte er nicht, seinen Blick von ihrer schmalen Taille, ihren schönen Schenkeln und ihrem wippenden Busen loszureißen. Er sog ihren Anblick in sich auf, bevor der schwarze Habit über ihre Schultern und Hüften fiel und all die Herrlichkeit verhüllte.

»Du musst jetzt gehen, mein Geliebter«, sagte sie und zog sich den Schleier über das Blondhaar.

Er stand auf, schlüpfte in seine Beinkleider, sein Wams, seinen Rock und stieg in seine Stiefel. Noch als er den Waffengurt mit seinem Schwert anlegte, musste er an die Pergamentrolle denken, über die er mit der Mutter balanciert war, an den Traumsteg, an die Notbrücke.

Er warf seinen dunkelroten Umhang um, setzte seinen großen schwarzen Hut auf und ging zu der Gefährtin der zurückliegenden Liebesnacht, um sie zum Abschied auf den Mund zu küssen. Er fragte sie nicht, wer sie als Nächstes besuchen würde; das tat er nie. Ihr Lächeln, als sie ihn zur Tür schob, wirkte unsicher, fast ein wenig aufgesetzt, und überzeugte ihn nicht. Doch auch das kannte er schon von vielen Abschieden.

Mathildes Zellentür fiel hinter ihm zu, und seine Beine wurden schwerer mit jeder Stufe, die er ins Untergeschoss hinabstieg. Herrliche Bilder schossen ihm durch den Kopf – seine Geliebte, wie sie sich in seinen Armen wand, wie sie ihm die Schenkel öffnete, wie sie ihm ihren weißen Hintern darbot. Und ihre Stimme erhitzte sein Blut aufs Neue: *Deine schönen sehnigen Hände rauben mir jeden Schutz, deine grünen Augen machen meine Seele wehrlos ...*

Mit jeder Biegung der Wendeltreppe verblassten die Bilder mehr, wurde die geliebte Frauenstimme undeutlicher.

Vorbei, dachte er, all die Lust, all der Zauber – schon wieder vorüber. Ist Mathilde mir nicht eben erst in die Arme gesunken?

Er schüttelte den Kopf und hämmerte die Faust gegen die Wand. Dass die schönsten Stunden so schnell vorübergingen, so flüchtig waren – wie hasste er das!

Ein Schmerz durchzuckte seine Brust, ein Brennen und Stechen. Das war nicht neu, das kannte er schon, bereits mehrmals hatte es ihn überfallen. In letzter Zeit sogar häufiger, ohne dass er sich die Ursache erklären konnte. Er hielt den Atem an, lauschte in sich hinein; irgendwo hinter seinem Brustbein fühlte es sich an wie ein Krampf. Er wartete, bis der Schmerz sich zurückzog, schluckte den sauren Geschmack hinunter, der ihm auf die Zunge gekrochen war, und ging weiter.

Unten erwartete ihn bereits die Äbtissin, und wie immer wünschte sie ihm in vollendeter Höflichkeit einen gesegneten Morgen, wobei sie wie beiläufig die silberne Schatulle auf dem kleinen Madonnenaltar vor dem Durchgang zur Klosterkirche öffnete. Und wie immer bekreuzigte sie sich, als er den Hurenlohn hineinlegte, und reichte ihm danach den grauen Mantel.

Er warf ihn sich um die Schulter und verhüllte, nachdem er den Hut abgenommen hatte, seine kastanienbraunen Locken und sein kantiges Gesicht mit der Kapuze. Wie jedes Mal – und wie alle anderen Herren es auch zu tun pflegten – verließ er das Kloster über das Refektorium und die Klosterküche und schließlich durch das kleine Gartentor neben dem Schweinestall.

Bis in die höchsten kirchlichen Kreise von Avignon war bekannt, wie und mit wem manche Nonnen sich hier ihre erzwungene Klausur erleichterten – die wenigsten Frauen lebten aus freien Stücken in diesem Kloster –, doch nach außen hin versuchten alle, die Form zu wahren.

Hier, in Avignon, wo seit über zwanzig Jahren der Heilige Vater residierte – oder einer der beiden Männer, die das zu sein beanspruchten –, geschahen Dinge, die Jan Otlin sonst nirgends gesehen hatte; in Prag nicht, in Regensburg nicht und nicht einmal im sündigen Paris. Nun, ihm sollte es recht sein.

Außerhalb der Mauer überquerte er den Klostergraben auf der überdachten Steinbrücke, die er im Auftrag des Heiligen Vaters gebaut hatte. Wie oft wohl mochte dieser selbst sie schon betreten haben, um unerkannt in den klösterlichen Sündenpfuhl der Liebeswonne zu gelangen? Jan wollte es lieber nicht so genau wissen.

Auf der anderen Seite des Grabens, vor der Rinderkoppel und der Baracke der Viehhirten, zog er den Kapuzenumhang aus und reichte ihn durch eine kleine Fensteröffnung – mitsamt dem Lohn für den Hirten, der sein Pferd versorgt und gehütet hatte.

Als er im Sattel saß, drehte er sich noch einmal nach dem Kloster um. Der hohe Giebel der Klausur mit seinen Spitzbogenfenstern und der Turm der Klosterkirche überragten die Mauer. Beides hatte er gebaut. Er trieb sein Pferd an und ritt durch die Weinberge ins Rhonetal hinunter.

...

Warmer Westwind wehte, als Jan Otlin zwei Stunden später vor der Bauhütte die erste Mahlzeit des Tages einnahm. Gemeinsam mit den Meistern der Steinmetze, Maurer, Schreiner, Schmiede und Zimmermänner saß er an einem langen Tisch aus Brettern und Holzböcken. Auch zwei Mönche, die den Bau der Kapelle als geistliche Berater begleiteten, speisten mit ihnen.

Im Auftrag des Bauherrn, des Kardinals Grimaldi, brachten die Küchenmägde ein ungewöhnlich reichhaltiges Frühstück aus der Burgküche: einen gesottenen Hecht, zwei Aale, vier Wachteln, Zwiebeln, Feigen, frühe Zwetschgen, Kürbisbrei und weißes Brot. Dazu gab es Milch, Dünnbier und jungen Wein. Meister Otlin hielt sich an den Wein.

Voller Genugtuung und mit glücklichem Strahlen auf den braun gebrannten Gesichtern erzählten der Zimmermeister und der oberste Steinmetz, wie sie den Kardinal am Abend zuvor über die Baustelle geführt hatten, kurz vor der Dämmerung, als ihr junger Baumeister schon auf dem Weg zum Kloster war. Kardinal Grimaldi sei voll des Lobes gewesen über die Arbeit der Bauleute, habe Grüße an den Baumeister ausrichten lassen und vor dem Abschied als Dank die großzügige Morgenmahlzeit angekündigt.

»Damit auch Dachstuhl und Turm zügig von der Hand gehen«, habe er gesagt.

Jan Otlin nahm den Bericht zufrieden zur Kenntnis. Er wusste ja, dass der Kardinal große Stücke auf ihn hielt. Außerdem hatte er in der Woche zuvor neben ihm an der Tafel seines Bruders, des Heiligen Vaters, gespeist und sich auch dort allerhand Schmeichelhaftes über den Neubau anhören dürfen.

Er spähte zum Rohbau der Kapelle hinüber. Weil die Türflügel noch unvollendet in der Werkstatt des Schnitzers lagen, konnte er durch die Portalöffnung ins Innere des kleinen Gotteshauses schauen – die Maurer, Mörtelmischer, Schreiner, Steinmetze und Zimmermänner hockten auf Steinen, Holzstapeln und den unteren Gerüstplanken und aßen ebenfalls.

»Und was hat der Kardinal unseren Bauleuten spendiert?«, wollte er wissen.

»Gebratene Hühner, gebratene Kaninchen, geräucherten Speck und Roggenbrot«, sagte einer der Mönche, ein junger Magister der Theologie.

»Dazu zwei Kisten frühe Äpfel und ein großes Fass Bier«, fügte der Maurermeister hinzu.

»Dann seht nur zu, dass nach dem Essen keiner mehr Bier trinkt, der aufs Gerüst oder in den Dachstuhl muss.«

Die Männer nickten und warfen einander verstohlene Blicke

zu. Sie kannten die Angst ihres Baumeisters vor jenem möglichen Unglück, das noch auf keiner seiner Baustellen geschehen war; nichts schien Meister Otlin mehr zu fürchten, als dass einer der Bauleute vom Gerüst stürzen könnte.

Sieben Jahre zuvor hatte der Kardinal Grimaldi den Erzbischof von Avignon bewogen, den jungen Steinmetzen und Bildhauer Jan Otlin aus Paris an den südlichen Rhonelauf zu berufen, damit er ihm eine Burgkapelle baute. Wenige Jahre danach fiel der alte bischöfliche Baumeister in Ungnade, und weil Jan Otlin inzwischen dem Nonnenorden die Klosterkirche und die Klausur vollendet hatte – und das in meisterlicher Weise –, hatte man ihm vor zwei Jahren die bischöfliche Bauhütte anvertraut; und das trotz seiner damals erst vierundzwanzig Jahre.

Inzwischen stand der drahtige Mann mit den breiten Schultern und den kastanienbraunen Locken in seinem siebenundzwanzigsten Jahr und in der Blüte seines Lebens. Sein geistlicher Bauherr bezahlte ihn gut, gewährte ihm einen Platz an der Tafel seiner Kurie und ließ ihm alle Freiheit bei der Erschaffung der Burgkapelle. Und daran hatte er weiß Gott gut getan, denn es war ein hübsches Bauwerk geworden, ganz in dem modernen Stil gehalten, mit dem die Baumeister des Zisterzienserordens hundertfünfzig Jahre zuvor begonnen hatten, möglichst viel Licht in die Gotteshäuser einzulassen.

Vor wenigen Tagen erst hatten Otlins Bauleute die Westfassade der Kapelle mit dem Eingangsportal vollendet. Der Rohbau war nun so gut wie fertig, und bis der Winter einbrach und den ersten Schnee brachte, wollte Jan auch den Dachstuhl aufgerichtet haben. Die ersten Querbalken hatten die Zimmerleute bereits eingesetzt und verstrebt.

Nach dem Essen räumten die Küchenmägde Platten und Schüsseln weg und wischten die Bretter ab. Der ältere der beiden

Mönche breitete den Bauplan vor Otlin aus, und der beschwerte die Ränder mit den Insignien seines Amtes, mit Winkeleisen, Zirkel und Senkblei, damit das Pergament sich nicht wieder zusammenrollte. Die Handwerksmeister versammelten sich um ihn und beugten sich gemeinsam mit ihm über den Plan, um die Arbeiten der nächsten Tage zu besprechen.

»Das Chorgewölbe muss heute noch eingeschalt werden«, verlangte Jan Otlin. »Die letzten Eichenbalken für den Dachstuhl bringt ein Lastkahn im Laufe des Nachmittags. Die Fuhrwerke sollten sich bald auf den Weg zum Hafen machen. Wenn das Wetter weiter mitspielt, könnte der Dachstuhl bis Erntedank aufgeschlagen sein.« Er wandte sich an den Zimmermeister. »Oder was meinst du, Meister Jakob?«

Während der Angesprochene, ein kleiner weißbärtiger Mann, der sich sein langes Haar mit einem roten Tuch hinter die Ohren gebunden hatte, zweifelnd den Kopf wiegte und seine Einwände vorbrachte, trabte eine Reiterschar in den Burghof herein. Nur flüchtig blickten die Bauleute zu ihr hin – zwei Ritter, ein Dutzend Waffenknechte und fünf Augustinermönche, deren Habit grau von Staub war. Einer der Ritter fiel Jan Otlin wegen seines langen weißblonden Haares auf und einer der Mönche wegen seiner kleinen Gestalt und seiner Hakennase. Ein langer Weg schien hinter den Reitern zu liegen.

Sie stiegen aus den Sätteln, und die beiden Ritter und die Mönche verschwanden hinter dem Portal des Hauptgebäudes der Burg, des Palas. Jan Otlin achtete nicht weiter auf die Neuankömmlinge und wandte sich wieder der Arbeitsplanung zu. Keine zwei Stunden mehr, bis er den Brief in Händen halten würde.

Nach der Besprechung wandten die Handwerksmeister sich ab und gingen zu ihren Arbeitern auf die Baustelle. Während Jan Otlin seinen Weinbecher leerte, schweiften seine Gedanken ab – zu

Schwester Mathilde, seiner Lieblingsnonne. Zwei Atemzüge lang stand ihm ihr weißer Leib so lebensecht vor Augen, dass er den Daubenbecher von den Lippen nahm und wie abwesend in den Spätsommerhimmel starrte. Eine weiße Wolke schwebte vorüber, und hatte sie nicht die Form ihrer Hüften, ihrer Taille? Konnte er nicht auch ihre Brüste und sogar das Dreieck ihrer köstlichen Vulva in dem hellen Gewölk entdecken?

Ihre Stimme war ihm so gegenwärtig, als würde er sie hier und jetzt hören: *du starker Mann, du tapferer Ritter, du wilder Löwe, du zärtlicher Engel ...*

Er musste wieder zu ihr, bald, er musste – das war sein Gedanke, als er aufstand, um hinüber zum Neubau und zu seinen Bauleuten zu gehen, ein Gedanke, aus brennender Lust geboren. Noch halb in seinem schönen Tagtraum versunken, nahm er Senklot und Zirkel vom rechten Rand des Bauplans, und bevor er zum Winkeleisen am linken Rand greifen konnte, hatte das Pergament sich schon zusammengerollt.

Jäh durchzuckte es ihn wie die Ahnung bevorstehenden Verhängnisses. Er stand reglos, wagte kaum zu atmen und starrte die Pergamentrolle an. Ähnelte sie nicht der Notbrücke aus dem Traum der vergangenen Nacht? Sah sie nicht aus wie der Steg, der sich unter ihm und der Mutter bis zu den gurgelnden Wassermassen der Moldau durchgebogen hatte?

Was aber hatte ein Bauplan in seinem Albtraum zu suchen? Was, bei allen Aposteln und Heiligen, hatte dieser Notsteg aus zusammengerolltem Pergament zu bedeuten?

Im selben Moment, als er sich diese Frage stellte, rief vom Kapellenportal her der Steinmetzmeister nach ihm. Jan Otlin verscheuchte das Traumbild und mit ihm die aufbrandende Unruhe. Seine Gestalt straffte sich; er nahm Winkeleisen, Lot und Plan und lief zum Neubau.

Und wieder überfiel ihn der Schmerz hinter dem Brustbein, brannte und stach hinauf bis in seine Kehle. Er legte die Faust mit dem Winkeleisen auf die Brust und ging langsamer. Die Worte des Medikus fielen ihm ein, der am Nordrand von Avignon am Rhoneufer wohnte und den er regelmäßig besuchte. Der hatte ihn zur Ader gelassen und ihm eingeschärft, Dünnbier statt Wein zu trinken. Jan Otlin verabscheute Dünnbier und hatte den medizinischen Rat bislang in den Wind geschlagen.

Kaum war er im Neubau angelangt, wollte der oberste Steinmetz, dass er die Bogensteine für das Kreuzrippengewölbe prüfte, bevor sie eingesetzt und verschalt wurden. Danach begutachtete Otlin die Winkel der Maßwerke für die Fenster, überwachte ihren Einbau, fällte das Lot vom Deckel auf den Sockel des Sarkophags, den er für den Kardinal gemacht hatte, maß noch einmal den Türsturz des Westportals aus und schimpfte mit den Maurern, als er eine Gerüstplanke entdeckte, die wackelte und zu kippen drohte, weil seiner Meinung nach die Traghölzer der Planken zu nachlässig in der Kapellenwand verankert worden waren. Ohne zu murren, stiegen die Maurer vom Gerüst der Südwand und überprüften und verbesserten die Stabilität des Gerüstes.

Jan Otlin schaute ihnen aufmerksam zu, besah, als sie fertig waren, selbst noch einmal Loch, Tragleisten und am Schluss die Festigkeit der Gerüstplanken. Was niemand wusste: Die ganze Zeit stand ihm dabei sein Vater vor Augen.

Mit ihm hatte Jan acht Jahre zuvor in Paris an einer Brücke über die Seine gebaut. Weil er in Paris noch viel mehr Wein getrunken hatte als zuvor schon in Prag, hatte der Vater den Aufbau der Gerüste für die Brückentürme nicht sorgfältig genug überwacht, und als er eines Tages auf der obersten Planke stand, um einen Wasserspeier anzubringen, löste sich das Gerüst aus der

Verankerung und stürzte mitsamt dem Vater in die Tiefe. Der schlug hart auf dem Pflaster auf und brach sich das Genick.

Für nicht mehr als zwei Stunden versank der junge Baumeister ganz und gar in seiner Arbeit, vergaß die begehrte Nonne, vergaß seinen Traum, dachte nicht mehr an den Vater. Erst als er seinen Bauplan wegen des Dachstuhls auf einem Steinstapel wieder ausbreiten musste, fragte er sich erneut, was das Traumbild wohl zu bedeuten hatte. Auf einmal stand ein Augustiner vor ihm und sprach ihn an.

»Jan!«

Otlin hob den Blick. Es war einer der Mönche, die zwei Stunden zuvor mit der Reiterschar in den Burghof geritten waren – der mit der Hakennase, ein kleiner, hagerer Mann. »Ich freue mich so, Jan!« Er legte Otlin die Hände auf die Schultern und lachte ihm ins Gesicht. »So schön, dich wiederzusehen!«

»Militsch, du?« Erst an seiner rauen und tiefen Stimme und seinem breiten mährischen Dialekt erkannte der Baumeister Militsch von Kremsier, den Kameraden seiner Kindheit und frühen Jugend! »Was beim heiligen Mauritius führt denn dich nach Avignon?« Und jetzt erst, auf den zweiten Blick, sah Otlin, dass Militschs schmutziges Gewand keine Augustinerkutte war, sondern der Habit eines Priesters der römischen Kirche.

»Ich habe Wenzel zum Reichstag nach Metz begleitet, als Sekretär. Von dort hat er mich mit Botschaften für den Heiligen Vater und Kardinal Grimaldi hierhergeschickt.«

In der Klosterschule hatte Otlin tagtäglich neben Militsch Prügel bezogen und dennoch rechnen, schreiben und lesen gelernt. Seit er vor zwölf Jahren begonnen hatte, dem Vater bei den Steinmetzarbeiten am Veitsdom zu helfen, hatten sie sich kaum noch gesehen, und als er vor acht Jahren mit dem Vater nach Paris gezogen war, hatte Jan den Militsch ganz aus den Augen verloren. Er war noch dürrer als damals, außerdem hohlwangig und knochig, und seine scharf geschnittene Nase schien gewachsen zu sein und erinnerte Jan Otlin an den Schnabel eines Habichts. Seine blauen Augen jedoch leuchteten, als brennte ein Feuer in ihnen.

»Vor der Abreise nach Metz habe ich dem König Wenzel bereits die Briefe für Avignon entworfen.« Die Böhmen und Mähren nannten den böhmischen König und römischen Kaiser Karl bei seinem Geburtsnamen Wenzel. »Da wusste ich also schon, dass ich die Rhone hinabreiten werde. Deswegen hat deine Schwester Libussa mir einen Brief an dich mitgegeben.« Mit diesen Worten überreichte Militsch dem Baumeister ein versiegeltes Kuvert.

Jan Otlin bedankte sich, fragte den alten Freund nach seinem Ergehen und erzählte, was ihm widerfahren war, seit er Prag verlassen hatte. Sie verabredeten sich für den Abend des nächsten Tages, und Militsch ging zurück in den Burgpalas zu den Augustinern, mit denen er reiste. Jan aber trat aus dem Neubau, brach das Siegel seiner Schwester, die in der Prager Altstadt lebte und mit einem deutschen Tuchhändler verheiratet war, und betrachtete das eng beschriebene Pergament.

Die innere Unruhe, die ihn seit dem Albtraum der vergangenen Nacht befallen hatte, verstärkte sich wieder. Könnte die Pergamentrolle in seinem Traum womöglich ein Vorbote auf diesen Brief gewesen sein? Mit zitternden Händen entfaltete er ihn und las ihn im Licht der Vormittagssonne.

Die Mutter ist bettlägerig, schrieb ihm Libussa, *seit Ende der Erntezeit schon*. Sie schilderte die Gebrechen der Mutter und wie sie täglich nach ihm, ihrem Sohn, fragte. *Sie nimmt kaum noch Speisen zu sich*, berichtete Libussa, *nicht mehr lange, und sie wird nur noch Haut und Knochen sein*.

Über mehr als eine Seite widmete die Schwester ihrem eigenen Ergehen und erzählte von ihrer Familie und ihrem Gatten.

Ihre inzwischen vier Kinder gediehen prächtig, und die Geschäfte ihres Mannes mehrten den Wohlstand der Familie. Sie schloss mit den Worten: *Deine Mutter verzehrt sich vor Sehnsucht nach dir. Willst du sie noch einmal lebend sehen, liebster Bruder, dann solltest du Avignon sofort den Rücken kehren und nach Hause an die Moldau kommen.*

5
Berufung

Gmünd, Spätsommer 1356

Die Reiter und Fußgänger, die Rudolph auf dem Marktweg begegneten, nickten ihm zu, die Frauen an den Fenstern und in den Hofeingängen grüßten ihn. Der Straßburger Steinmetz war bekannt in Gmünd, lebte und arbeitete schließlich schon fast fünf Jahre in der Stadt. Die Leute achteten ihn, selbstverständlich, immerhin baute er an ihrem neuen Gotteshaus mit. Die Gmünder sprachen mit Respekt und Anerkennung von ihm, das hatte man Rudolph mehr als einmal zugetragen.

Meister Heinrich und seine Söhne allerdings achteten die Gmünder weitaus mehr – vor den Parlers zogen sie die Hüte und neigten die Köpfe, wenn sie ihnen auf den Gassen begegneten, und ihre Frauen machten manchmal Knickse oder lächelten wenigstens ergeben. Dergleichen erlebte er so gut wie nie. Schmerzte ihn das nicht vollkommen zu Recht?

Er musste an die Parlers denken, während er den Marktweg zur Ostmauer hinunterging, er konnte nicht anders. Noch immer hallten Meister Heinrichs Worte in seiner gekränkten Seele nach: *Die Wächter am Grab des Herrn, die Euch so gefallen haben, hat ebenfalls Peter Parler gemacht.* Und noch immer brannte der Stich in seinem Herzen.

War er denn ein schlechterer Steinmetz als Peter Parler? Gelangen ihm nicht genauso gute Bildwerke? Schlug von allen Steinmetzen der Parler'schen Bauhütte nicht er die besten Bogensteine?

Gegen seinen Willen kreisten seine Gedanken um den Parler-Sohn, kreisten unaufhörlich, während das Osttor und der Gasthof zum *Goldenen Auerhahn* in sein Blickfeld rückten, kreisten, bis Bitterkeit in seiner Brust nagte. Es war kein Spaß, an der Seite eines Mannes zu arbeiten, dem Kunstfertigkeit und Geschick in den Schoß zu fallen schienen und der manchmal wie ein Schlafwandler wirkte, wenn er Kleiderfalten, Hände und Gesichtszüge aus dem Stein schlug und dabei sich selbst und der Welt vollkommen entrückt schien.

Im Hof des Gasthauses kniete ein hünenhafter Kerl in ehemals weißer Mönchskutte vor der Vorderachse eines aufgebockten Wagens und steckte ein nagelneues Vorderrad auf den Achsendorn. Offenbar war das alte Rad gebrochen. Und war das nicht der große Reisewagen, mit dem Ricarda und ihre Hübschlerinnen nach Gmünd eingefahren waren?

Rudolph wechselte einen stummen Blick mit dem massigen Kerl, dem das Haar rötlich rund um die Tonsur wucherte und dessen fassartiger Brustkorb seinen schmutzigen Habit zwischen den breiten Schultern spannte. Traurige Augen leuchteten in seinem breiten Kindergesicht.

Dieser massige Kerl konnte eigentlich nur der große Schweiger sein, der Ricarda und ihren Frauen Wagen und Gespann aus Metz durch das Königreich Frankreich über den Rhein und bis nach Gmünd herauf gelenkt hatte. Der Hüne beobachtete Rudolph unablässig, während der über den Hof lief. Schließlich nickte er ihm zu.

Der Straßburger achtete nicht darauf, betrat missmutig den

Goldenen Auerhahn und durchquerte den Schankraum des Gasthauses. Hier hatten sich bis vor sieben Jahren die Juden zu ihrem Gottesdienst versammelt, bevor die Gmünder sie verprügelt und getötet oder verjagt hatten, weil die Stadt angeblich ihnen die Pest verdankte. Rudolph hatte die Geschichte der Judenvertreibung von Meister Heinrichs Frau gehört; unter Tränen hatte sie ihm davon erzählt.

Zielstrebig sprang er die Stiege hinauf, denn er wusste ja, wo die edle Ricarda Scorpio residierte. Hinter den Türen des Obergeschosses hörte er Gekicher und Lustgestöhne. Dass ihr Gotteshaus in diesen Tagen als Hurenhaus diente, hätte den Juden sicher mehr als nur einen Stich im Herzen verursacht. Rudolph ging langsamer und lauschte dem Liebeslärm aufmerksamer.

Da stand ihm auf einmal das Bild der Frau vor Augen, die er begehrte, die Gestalt der schönen Druda, und heiß schoss es ihm durch die Glieder. Zugleich jedoch kroch ihm die Bitterkeit aus der Brust in die Kehle herauf und bis auf die Zunge – Druda würde seine Liebe niemals erwidern, da machte sich der junge Steinmetz nichts vor; die Druda würde in alle Ewigkeit unerreichbar für ihn bleiben!

Die Heilerin und Sterndeuterin öffnete ihm, bevor er überhaupt klopfen konnte. Sie winkte ihn zu sich herein, ließ sich mit dem Rücken gegen die wieder geschlossene Tür fallen.

»Du hast lange gebraucht, Rudo. Hat man dich aufgehalten?«

Rudolph neigte den Kopf und lauschte, denn ein Geräusch, das er nicht kannte, drang aus dem Hof zum Fenster herauf. Es klang ein wenig, als würde eine eiserne Kröte quäken. »Was ist das?«

Er lief zum Fenster und schaute hinaus – der Hüne hockte auf dem Kutschbock des Wagens, hielt etwas am Mund fest und bewegte die Finger der rechten Hand.

»Wie macht der riesige Kerl da unten im Hof diese Töne?« Plötzlich erinnerte er sich, solche Klänge schon in Straßburg von einem Steinmetz aus dem Königreich England gehört zu haben. »Der spielt ja auf einem Brummeisen!«

»Ja.« Sie nickte. »Rübelrap kann die Maultrumme spielen.«

»Gehört der zu dir?«

»Er ist mein Sekretär, Kutscher, Pferdeknecht und Beichtvater.«

»Und Wagenräder kann er auch flicken.« Rudolph wandte sich vom Fenster ab.

»Mein Priestermönch Rübelrap kann vieles. Er nimmt mir die Beichte ab, er sammelt mir Kräuter, er hält mir die Lasterbalge und Galgenschwengel von den Mädchen fern. Und er ist zu manchem mehr in der Lage, was sonst nicht viele zustande bringen.« Ricarda Scorpio verschränkte die Arme vor der Brust. Aufmerksam und mit nachdenklicher Miene betrachtete sie Rudolph von Kopf bis Fuß.

Der Straßburger war von stämmiger mittelgroßer Gestalt, und sein mächtiger Brustkorb und seine kräftigen Schultern zeichneten sich deutlich unter seinem staubigen Arbeitsgewand ab. Das dichte blonde Haar hing ihm tief in die Stirn seines runden Gesichts, das eine scharf geschnittene Nase und ein kantiges Kinn beherrschten.

Ricardas forschender Blick blieb schließlich an seinen wasserblauen Augen hängen. »Du kommst mir irgendwie verdrossen vor, Rudo. Welche Laus ist dir über die Leber gelaufen auf dem kurzen Weg von der Kirche zu mir?«

»Den drei Fremden gegenüber, die du in meinem Horoskop gesehen haben willst, prahlt Meister Heinrich mit der Kunstfertigkeit seines Sohnes, doch mich erwähnt er mit keinem Wort.« Seufzend ließ Rudolph sich auf einen Hocker vor einem großen

Tisch fallen, auf dem eine Sternkarte ausgebreitet lag. Daneben sah er zwei Zirkel, einige kleine Holzwinkel, ein langes Sehrohr und eine große goldglänzende Scheibe, ein Astrolabium. »Dabei war ich es, der den mittleren Wächter ins Heilige Grab hauen hat, und auch über dem Johannisaltar habe ich meinen Schweiß vergossen.«

»Oh ja, Rudo, du verstehst deine Kunst, ich weiß schon.« Ricarda stieß sich von der Tür ab, ging zu einem hohen Schreibpult und deutete auf ein Pergament, das sie darüber ausgerollt hatte. »Du bist mindestens so gut wie der Peter Parler.«

»Meinst du das im Ernst?« Sein dürstender Blick hing an ihren Lippen.

»Das weiß ich, Rudo, und sollte Peter Parler es jemals zu Ruhm und Reichtum bringen, wird es dir zuvor zweimal gelungen sein.«

»Wie kommst du darauf?« Rudolph war nun ganz Ohr. »Woher willst du das wissen?«

»Das verraten mir der Mond und der Jupiter, die in deinem Geburtshoroskop im zwölften Haus stehen.«

»Wirklich?« Rudolphs griesgrämige Miene glättete sich endgültig. »Und was sagen die Sterne zu meinen Liebesdingen?« Er sprang auf und eilte zur Astrologin ans Schreibpult.

»›Geduld‹, sagen sie.« Ricarda rollte das Pergament zusammen, sodass darunter ein zweites zum Vorschein kam; auch auf ihm waren Tierkreis, Sterne, Planeten und Zahlen eingezeichnet. Außerdem Symbole, die Rudolph nicht kannte. »Das ist dein Horoskop für den heutigen Tag. In ihm steht die Venus noch im Quadrat zum Mars und in Konjunktion zu Saturn, dem mächtigen Störenfried. Doch habe nur Geduld, es kann sich in deiner Herzensangelegenheit noch alles zum Guten verschieben.«

»Wahrhaftig?« Rudolphs Mienenspiel schwankte zwischen Enttäuschung und Hoffnung.

»Wenn ich's dir sage, junger Herr!« Die Heilerin und Sterndeuterin fasste seinen Arm, um ihn näher zu sich zu ziehen. »Viel wichtiger für dich jedoch ist das hier.« Sie deutete in die rechte, untere Hälfte des Tierkreises. »Merkur, Neptun, die Sonne und dein Schicksalspunkt stehen in deinem sechsten Haus in Konjunktion.« Jetzt tippte sie mit dem Zeigefinger auf den Scheitelpunkt in der oberen Hälfte des Tierkreises. »Und nun achte hierauf: Diese drei Planeten, Merkur, Neptun und Saturn, stehen in einem günstigen Aspekt zu Jupiter, dem Glücksplaneten, und noch dazu genau an der höchsten Mitte des zehnten Hauses. Dass Jupiter und Saturn hier in Konjunktion stehen, weist nicht nur auf einen zusätzlichen Glücksaspekt hin, sondern auch auf die Macht eines Fürsten, der in diesen Stunden unter uns in Gmünd weilt.«

Rudolph schaute ein Weilchen angestrengt hin, begriff aber rein gar nichts von dem, was er sah. Das Horoskop erschien ihm wie ein Buch mit sieben Siegeln, und sein Respekt vor der rätselhaften Sterndeuterin wuchs.

»Merkur, Neptun, mein Schicksalspunkt und die Sonne im Haus meiner Geburt – sind das die Fremden, die du gesehen haben willst?« Ricarda nickte. »Und die sind wirklich meinetwegen nach Gmünd gekommen?«

»Nicht nur, doch auch deinetwegen. Das wissen sie natürlich nicht, aber die Sterne wissen es. Und du weißt es jetzt auch.«

Er schaute Ricarda ins geheimnisvoll lächelnde Gesicht. »Ich habe heute schon einmal jemanden sagen hören, einer von ihnen sei ein Fürst, und nun hast du es gerade ebenfalls behauptet.«

»Weil es wahr ist, Rudo. Er kommt vom Reichstag in Metz, und du solltest dich an ihn halten.«

»Reichstag? Ich habe keinen Fürsten unter den Fremden erkannt, weder den Herzog Ludwig von Bayern noch einen der schwäbischen Herrscher. Und wer sollte sich sonst die Mühe machen, von Metz aus durch Schwaben bis nach Gmünd zu reiten?«

»Die Schwaben und der Bayer sind längst wieder nach Hause in ihre Burgen gezogen. Doch einer wollte drei Tage nach mir von Metz aufbrechen und durchs schwäbische Land reiten: Wenzel, der König von Böhmen und der Kaiser des Heiligen Römischen Reiches deutscher Nation.«

»Der Kaiser?« Rudolph riss die Augen auf und schnitt eine ungläubige Miene. »Aber der heißt doch Karl!«

»Am französischen Königshof, wo er aufgewachsen ist, hat man seinen böhmischen Taufnamen gegen den fränkischen Namen des großen Carolus eingetauscht.« Sie runzelte tadelnd die Stirn. »Weißt du das wirklich nicht?«

»Der Kaiser? Hier in Gmünd?« Rudolph wich einen Schritt zurück und brachte auf einmal nur noch ein Flüstern zustande. »Der Kaiser ist unter den drei Fremden?«

»Der Kaiser leibhaftig, Rudo.« Ricarda lächelte triumphierend, während ihr Zeigefinger rhythmisch auf Rudolphs Horoskop tippte. »Und wenn du dein Glück nicht versäumen willst, bleibe in seiner Nähe!«

...

Am selben Abend brannten sieben Feuer rund um die Heilig-Kreuz-Kirche. Das Volk von Gmünd strömte auf dem Kirchplatz zusammen – Alt und Jung, Groß und Klein, Arm und Reich. Auch Gertrud Parler, die alle nur Druda nannten, mit ihren drei Kindern und ihrer Amme entdeckte Rudolph in der Menge.

Der Bischof habe zur Feier der Chorweihe eingeladen, hieß es. Und wie viel Bier und Wein auch ausgeschenkt werde, es gehe alles auf seine Rechnung. Ebenso die Früchte, das Brot und das Fleisch, das der Geistliche unter dem Volk verteilen ließ.

Rudolph, der mit einem frisch gefüllten Becher zwischen dem Nordportal und der Bauhütte auf einer Bank neben einem Weinfass hockte, blickte in lauter vergnügte Gesichter. Die Gmünder waren begeistert: Ein Kalb, drei Lämmer, zwei Schweine und ein halbes Dutzend Gänse brieten an Spießen über der Glut, und als die Dämmerung anbrach, erfüllten Gelächter und Gesang die Luft, und Fanfarenbläser, Trommler, Sackpfeifer und Flötisten spielten zum Tanz auf.

Rudolphs Blick wanderte zwischen dem Reigen der Frauen vor dem Hauptportal und der kleinen Männergesellschaft bei der Bauhütte hin und her. Dort zechten Heinrich Parler und seine Handwerksmeister mit den drei fremden Herren, von denen laut Ricarda einer der Kaiser sein sollte; und hier vergnügten sich die Töchter Gmünds.

Unter den Frauen, die sich zu der Melodie der Musikanten drehten, erkannte er auch Ricardas Hübschlerinnen. Sie trugen rote Kleider mit gelben Bändern und lächelten herausfordernd nach allen Seiten. Die Heilerin und Sterndeuterin selbst stand hinter den Musikanten, dicht am Kirchengemäuer. Und vor ihr, unübersehbar in seiner Größe und Masse, hockte ihr Hüne und schlug sein Brummeisen. Ob Rübelrap sein wirklicher Name war?

Mehr noch jedoch als dieser eigenartige Mönch – jedenfalls hielt Rudolph den Hünen wegen seiner Kutte und seiner Tonsur für einen Mönch – und mehr noch als Ricardas Huren, war es die Gestalt Drudas, deren Reize Rudolphs Aufmerksamkeit fesselten.

Peter Parlers Weib stammte aus Köln am Rhein und war die Tochter des berühmten Baumeisters Bartholomäus von Hamm. Peter Parler hatte sie geheiratet, als er eine Zeit lang mit seinem Vater am Kölner Dom gearbeitet hatte. Ihre Amme saß mit den drei kleinen Kindern des jungen Paares auf einer Bank hinter den Musikanten.

Wie eine Römerin sah die Druda aus mit ihrer gebräunten Haut, ihren feinen Gesichtszügen und ihrem schwarzen Haar. Und wie anmutig sie ihren herrlich gewachsenen Leib zur Musik bewegte! Und wie ihre dunklen Augen im Feuerschein glühten!

Wie so oft schon, wenn er die begehrte Frau heimlich beobachtete, bereute es Rudolph, nach seiner Zeit in Regensburg, wo er geholfen hatte, die Steinerne Brücke auszubessern, zu seinem Vater nach Straßburg zurückgekehrt zu sein, um zwei Jahre lang an den Türmen des Münsters mitzubauen. Wäre er damals, vor sechs Jahren, dem Ruf an die Dombaustelle in Köln gefolgt, hätte er Druda wahrscheinlich vor Peter Parler getroffen, hätte vor ihm um sie werben können, und ohne Zweifel hätte der Meister Bartholomäus sie ihm zur Frau gegeben, denn schließlich stammte er aus einer besseren Familie als der Parler. Rudolphs Mutter nämlich war die jüngste Tochter eines burgundischen Grafen.

Er schaute wieder zur Bauhütte hinüber. Wenn Ricarda recht hatte und einer der Fremden der Kaiser war – er vermochte noch immer nicht, es zu glauben –, dann konnte es eigentlich nur der kleinste der drei Männer sein, der unauffällige mit dem langen schwarzen Haar. Er müsse sich in seiner Nähe halten, hatte die Astrologin ihm eingeschärft. Doch wie nur, wenn Meister Heinrich ihn nicht zu seiner Runde vor der Bauhütte lud?

Zu der Männergesellschaft dort hatten sich inzwischen auch der Bürgermeister, der Graf, ein paar Schöffen und der Bischof gesellt. Peter und Michael Parler waren nicht darunter – die Brüder arbeiteten noch an den Grabfiguren im Chorraum. Dabei hatte ihr Vater einen Feiertag ausgerufen, doch vor allem Peter konnte nicht anders als arbeiten – sogar bei Fackel- und Talglicht hieb er noch die Linien und Muster aus dem Stein, die aus seiner Seele drängten.

Rudolph nippte an seinem Wein und spähte erneut zum Reigen der Tänzerinnen hinüber, zu Druda. Und diesmal sah er so lange zu ihr, bis er einen Blick von ihr erhaschte, und der ging ihm durch und durch. Glücksgefühle perlten ihm aus der Brust in die Kehle, doch wie ein bitterer Schmerz würgte ihn zugleich die Gewissheit, diese Frau niemals besitzen zu können. Seine Hand schloss sich so fest um den Daubenbecher, als wollte er ihn zwischen den Fingern zerquetschen.

Rasch wandte er den Blick von den Tänzerinnen ab und stierte traurig in seinen Wein. Jemand stapfte mit lauten Schritten an ihm vorüber, sodass er den Kopf wieder hob: Ein Knappe des Grafen hastete ins Nordportal. Hatten sie ihn in die Kirche geschickt, um Peter Parler heraus zu seinem Vater zu holen? Wahrscheinlich hatte Meister Heinrich wie üblich von seinem Ältesten geschwärmt, und der angebliche Kaiser wollte ihm nun sein fürstliches Lob persönlich zuteilwerden lassen. Rudolph sog scharf die Luft durch die Nase ein, bevor er den Becher an die Lippen setzte und trank.

Kurz darauf eilte Peter Parler tatsächlich an der Seite des Knappen aus dem Kirchenneubau und an Rudolph vorbei zur Bauhütte. Der älteste Parlersohn war ein Mann von hagerer Gestalt und mittlerer Größe. Langes braunes Haar rahmte sein rundes, bärtiges Gesicht ein, das meist mild und gütig wirkte. Unter seiner hohen Stirn schauten zwei helle Augen wach und heiter in die Welt.

»Hast du schon gehört, Rudo?« Jemand beugte sich zu Rudolph herab. »Es heißt, der Kaiser sei mitten unter uns.« Es war Peter Parlers jüngerer Bruder Michael. »Kannst du das glauben?« Mit einer Kopfbewegung deutete der Bursche zur Bauhütte hinüber, wo Peter Parler sich vor den drei Fremden verbeugte, die rechts und links von Meister Heinrich auf Holzklötzen saßen. »Er hat meinen Bruder zu sich rufen lassen. Komm mit mir, Rudo, wir wollen hören, was er ihm zu sagen hat.«

Rudolph zögerte keinen Augenblick – er stand auf und ging an Michaels Seite zur Bauhütte. Schon von Weitem hörte er, wie der Fremde mit den langen schwarzen Haaren Peter Parler in höchsten Tönen lobte. Der neue Chor sei ein Kunstwerk zur Ehre Gottes, das seinesgleichen suche, und nie zuvor habe er derart schöne Bildwerke gesehen wie am Grabmal in der Scheitelkapelle und am Johannisaltar, nicht einmal in Prag.

Peter Parler senkte den Kopf und bedankte sich artig. Die Leute rühmten ihn für seine Bescheidenheit und weil er so wenig Aufhebens um seine Person machte. Rudolph fand seine scheue Art eher wunderlich. War sie nicht ein Zeichen innerer Schwäche?

Auf dem Markt von Gmünd munkelte man, die schöne Druda mache ihrem Gatten häufig Vorhaltungen, weil er jedem Auftrag seines Vaters allzu willig nachkomme und seine Arbeit mehr liebe als sie und ihre gemeinsamen Kinder. Rudolph glaubte derartige Gerüchte gern.

Dem begeisterten Fremden jedoch, dem angeblichen Kaiser, schien Peter Parler – er war zwei Jahre jünger als Rudolph – zu gefallen, denn er betrachtete ihn lächelnd und mit leuchtenden Augen.

»Ich weiß gute Männer von Taugenichtsen zu unterscheiden, Peter Parler.« Bei diesen Worten erhob sich der Fremde und sah dem Angesprochenen in die Augen. »Und ich brauche Männer wie dich in Böhmen, denn in Prag an der Moldau will ich die schönste Stadt im ganzen Reich erblühen lassen.«

»Welch ein herrlicher Gedanke, mein Herr!« Nun erhob sich auch Meister Heinrich. »Der allmächtige Gott in seiner Güte und

Gnade schenke Euch Gelingen! Meinen Sohn jedoch benötige ich hier in Gmünd, das werdet Ihr sicher verstehen. Und wenn wir die Heilig-Kreuz-Kirche vollendet haben, müssen wir nach Ulm ziehen, um dort ein Gotteshaus zu bauen.«

»Mein Dombaumeister Matthias von Arras ist vor vier Jahren verstorben – Gott habe ihn selig! –, und unsere neue Kathedrale, der Dom des heiligen Veits, ist noch lange nicht fertig.« Rudolph wunderte sich, denn der Fremde schien Meister Heinrich gar nicht zugehört zu haben. »Die Arbeit ruht schon viel zu lange, und der Bau wartet auf seinen Vollender. Und für die steinerne Brücke, die ich über die Moldau bauen lassen will, gibt es noch nicht einmal einen Plan.«

Rudolph horchte auf – eine steinerne Brücke über die Moldau wollte dieser Fürst bauen? In Prag? Seit der Straßburger Steinmetz in Regensburg die Steinerne Brücke über die Donau gesehen hatte, träumte er davon, eine Flussquerung wie diese zu konstruieren.

Immer mehr Männer, Frauen und Kinder sammelten sich um die Parlers und die Fremden vor der Bauhütte. Nur wenige standen noch an den Feuern oder hockten an den Tischen auf dem Kirchplatz. Auch Ricarda und ihre Hübschlerinnen mischten sich in die Menschentraube; hinter ihnen ragte der hünenhafte Brummeisenspieler auf.

»Du sollst zu mir nach Prag kommen, Peter Parler.« Der Fremde legte seine Hand auf Parlers Schulter. »Du sollst mir die Stadt verschönern, die Kathedrale des heiligen Veits weiterbauen und mir eine Brücke über die Moldau errichten. Ich will, dass du deine Kunst künftig in Böhmen ausübst. Deine wunderbare Kunst, die mir aus dem Chor und jedem Bildwerk dieser Kirche hier ins Auge gesprungen ist.« Der begeisterte Mann wies auf den von Fackeln und Feuern erleuchteten Kirchenneubau. »Niemand wird dir hineinreden, und du wirst deine Kunstfertigkeit entfalten können, wie der Heilige Geist es dir eingeben wird.«

Als wollte er ihn festhalten, legte er dem Parler die andere Hand auch noch auf die Schulter, und auf einmal war es merkwürdig still vor der Bauhütte. Peter Parler stand steif und stumm und schaute an dem Fürsten vorbei zu seinem Vater. Der machte ein unglückliches Gesicht.

»Um das Geld mach dir keine Sorgen, Meister Parler.« Nun stand der Fremde mit dem silbernen Kreuz auf. »Wir wirtschaften gut in Prag, alles, was du brauchst, wird unser Kaiser dir geben.« Ein Raunen ging durch die Menge. »Habe ich recht, Herr Wenzel?«, fügte der Kreuzträger hinzu, und der Fremde, der den jungen Parler festhielt, nickte.

Die Nachtluft knisterte jetzt nicht mehr allein von den Feuern ringsum, und Rudolph glaubte, die Spannung, die über allen lag, mit Händen greifen zu können. Er hielt den Atem an.

Plötzlich drängte sich eine Frau an ihm vorbei und zu dem immer noch stummen Peter Parler hin. Druda! Offenbar hatte man ihr zugetragen, welche Entscheidungen sich hier an der Bauhütte anbahnten, denn sie hakte sich bei ihrem Gatten unter und flüsterte ihm ins Ohr. Rudolph ahnte, was sie ihm zu sagen hatte, denn auf dem Marktplatz munkelte man, dass die lebenslustige Frau sich langweile in Gmünd.

Nun stand auch der dritte Fremde auf, der Schwertträger. »Prag ist eine gute Stadt in der lieblichsten Landschaft, die das Reich zu bieten hat. Wer einmal bei uns an der Moldau stand, will sein Haus nirgendwo anders mehr bauen und seine Kinder nirgendwo sonst großziehen!«

»So ist es, junger Meister!« Der mit dem langen schwarzen Haar schlug Peter Parler auf die Schultern. »So ist es wirklich. Komm nach Prag und überzeuge dich selbst.«

»Es ehrt mich sehr, mein Herr, dass Ihr mich in Eure Stadt berufen wollt, und es beschämt mich arg.« Peter Parler verbeugte sich so tief, dass der Fremde die Hände von seinen Schultern nehmen musste. »Doch wenn mein Herr Vater mich hier und in Ulm braucht, dann gebietet mir das göttliche Gebot, *seinem* Ruf zu folgen.«

»Es ehrt dich, deinem Vater gehorchen zu wollen«, sagte der Fremde. »Doch muss ein Vater seinen Sohn nicht für das mächtigere Wort und Gebot freigeben?« Bei diesen Worten drehte er sich nach Meister Heinrich um. »Muss er ihn nicht dorthin ziehen lassen, wo das Heilige Römische Reich und der Kaiser selbst ihn hinberufen?« Und wieder an Peter gewandt: »Und ist dieser Ruf nicht lauter und dem Herzen noch dringender als der des Vaters?«

Drei Atemzüge lang herrschte erneut eine gebannte Stille über der Menge, die an der Bauhütte zusammengelaufen war. Rudolph hörte keine Musik mehr auf dem Kirchplatz, kein Gelächter, kein Geschrei. Es war so still, dass ihm das Knistern der Flammen und das Zischen des auf die Glut tropfenden Bratensaftes wie Peitschenhiebe in den Ohren dröhnten.

Wie alle anderen spürte auch er, dass etwas Wichtiges geschehen würde, etwas Unwiderrufliches. Die Leute lauschten mit offenen Mündern, die Handwerksmeister und die Fremden hingen mit ihren Blicken an Peter Parlers Lippen, und seine Frau Druda hing an seinem Arm und hatte sich so fest daran geklammert, dass Rudolph damit rechnete, dass sie ihn gleich schütteln würde.

Peter Parler aber schaute unverwandt zu seinem Vater hin. Reglos und so lange, bis dieser schließlich den Kopf senkte und nickte.

Druda umarmte ihren Gatten und drückte ihr Gesicht in seine Halsbeuge. Gestalt und Miene des Kaisers entspannten sich, Stimmengewirr wurde wieder vernehmbar, und unter manchen

Bauleuten erhob sich sogar Jubel – unter denen nämlich, die so eng und vertraut mit dem jungen Parler zusammenarbeiteten, dass sie sicher waren, von ihm mit nach Prag genommen zu werden.

Rudolph von Straßburg jedoch blieb stumm und stand reglos; er fühlte sich leer und traurig in diesem Moment. Er und der junge Parler waren nicht besonders vertraut. Was würde aus ihm werden? Warum gewährte das Schicksal immer nur anderen solch glückliche Stunden und niemals ihm?

Der Kaiser ließ sich zwei frisch gefüllte Becher reichen. »Gott sei Lob und Dank für diese Stunde«, sagte er lächelnd, und es klang wie ein Seufzer. »Lass uns darauf trinken, Meister Parler, auf diese Stunde, auf deine Zukunft in Prag.«

Er wollte mit dem frischgebackenen Dombaumeister anstoßen, doch Peter Parler wies den Becher zurück und drehte sich nach seinem Bruder um. »Ich kann das Werk, das Ihr mir anvertraut, nicht allein in Angriff nehmen, mein Herr und Kaiser, mein Bruder Michael muss mit mir nach Prag kommen. Und einige Männer unserer Bauhütte ebenfalls.« Er richtete seinen Blick auf Rudolph. »Etwa unser bester Steinmetz Rudolph von Straßburg. Dort hat er am Münster mitgebaut und in Regensburg vor sechs Jahren die berühmte Steinerne Brücke nach dem schweren Eisgang studiert und ausgebessert.«

»Alle Angehörigen deiner Bauhütte, die du mit nach Prag nehmen willst, sind mir willkommen, Meister Parler.« Der Kaiser reichte ihm den Weinbecher, sie stießen an und tranken, und Rudolph wusste kaum, wie ihm geschah.

6
Mädchenaugen

Prag, Herbst 1356

Tausende von Pragern strömten an jenem Abend am Prokopstor zusammen, um ihren König und Kaiser zu begrüßen. Heute kehre er mit dem gesamten Hof zurück, hieß es schon seit dem Vormittag, und sein Tross komme aus Richtung Kuttenberg. Manche wollten sogar gehört haben, dass er einen neuen Dombaumeister mitbringe.

Nur wenige unter den aufgeregt wartenden Menschen hatten ein Auge für Maria-Magdalena. Sie fiel ja auch nicht weiter auf unter all dem bunten Volk, den Mönchen, Hirten, Kindern, Schaustellern, Bauern, Bäuerinnen, Bettlern und Edelleuten. Und diejenigen, die doch von Zeit zu Zeit zu ihr hinschauten – vielleicht wegen ihres grünen Hutes mit den langen Schwanenfedern oder wegen ihrer ärmellosen Jacke aus blau gefärbtem Schafsfell –, die sahen einen dürren, schmutzigen Jungen mit langem schwarzen Haar, der neben der Viehtränke auf seinem Bündel vor einem Holzteller hockte, ständig hustete und hin und wieder eine Holzpuppe ans Gesicht drückte, um mit ihr zu flüstern.

»Wie heißt du?«, wandte sich ein alter Waffenknecht mit einem vernarbten Gesicht an sie, der neben ihr auf dem Rand der

Tränke Platz genommen hatte. Er stützte sich auf eine Lanze, die er wohl als Krücke benutzte.

»Max. Und du?«

»Laurenz. Warum hustest du immerzu, Max?«

»Weil ich muss.«

Aufmerksam beäugte der Alte den Jungen, der ein Mädchen war. »Bist du krank, Max?«

»Ich weiß es nicht.«

»Natürlich ist er krank«, sagte ein Mann im Priesterornat. »Im Kopf.« Der Priester, der hinter der Viehtränke auf den Kaiser wartete und sich mit der Linken auf eine Krücke stützte, tippte sich an die Stirn, wobei er Maria-Magdalena verächtlich musterte. »Oder was hat er ständig mit dem Stück Holz zu flüstern?«

»Das ist kein Stück Holz.« Maria-Magdalena hob die rot, gelb und blau bemalte Puppe mit dem langen schwarzen Wollschopf hoch. »Das ist mein lieber Herr Vater.«

»Und was hat dein Herr Vater zu verkünden?«, fragte der Priester halb mitleidig, halb amüsiert.

»Er erklärt mir die Welt.«

»Sag ich's nicht, dass er krank im Kopf ist?« Der Priester, ein großer, dürrer Mann mit gelblicher Haut und langem Gesicht, rümpfte die spitze Nase.

»Was hat dir dein Herr Vater denn gerade eben erklärt, Max?«, wollte der alte Soldat wissen.

»Dass ich den Herrn Kaiser lieb haben und ehren muss, weil Gott ihn zum Herrscher über alles eingesetzt hat.« Treuherzig blickte sie vom Narbengesicht zum Priester. »Und dann noch, dass der Herr Kaiser der Allerhöchste in der Welt ist.«

»Der Allerhöchste nach Gott und dem Heiligen Vater«, korrigierte der Priester mit säuerlicher Miene, und ringsum nickten ein paar Nonnen und Mönche. »Merk dir das, Bürschlein. Und merk dir auch, dass es der Heilige Vater ist, der den Kaiser einzusetzen pflegt.« Er räusperte sich. »Im Auftrag Gottes natürlich.«

Maria-Magdalena wusste nichts zu antworten. Sie wandte dem Priester den Rücken zu und hielt sich die Holzpuppe ans Ohr. Während die ihr zuflüsterte, dass es klug sei, Männern wie dem Priester lieber nicht zu widersprechen und sich von solchen fernzuhalten, nickte sie, denn das leuchtete ihr ein.

»Und was hat dein Herr Vater dir jetzt wieder erklärt?« Das Narbengesicht des alten Waffenknechtes verzog sich zu einem Lächeln.

»Dass ich den Menschen aufmerksam zuhören soll, wenn ich lernen will, die Welt zu verstehen.«

»Gut!« Der Priester wirkte ein wenig verblüfft. »Sehr gut sogar.«

»Jetzt hast du den hochnäsigen Ambrosius glücklich gemacht«, flüsterte der Waffenknecht. Laut erkundigte er sich: »Was treibt denn dein Herr Vater für ein Handwerk, Max?«

»Er ist ein berühmter Maler.«

»So berühmt, dass er dir kein anständiges Gewand kaufen kann, was?«, feixte der Priester.

»Hochwürden Ambrosius wird dir sicher ein neues kaufen, wenn bald der Winter kommt.« Mit schelmischem Lächeln blickte der alte Waffenknecht zum Priester. »Er betreut eine reiche Gemeinde auf der Kleinseite. Und seine größte Sorge sind die Armen in der Stadt, nicht wahr, Hochwürden?«

Der Angesprochene presste die Lippen aufeinander.

»Und wo steckt dein Vater, Bürschlein?«, fragte eine Bäuerin, die dem Gespräch neugierig gelauscht hatte.

»Vielleicht in Mailand? Vielleicht in Paris?« Maria-Magdalena zuckte mit den Schultern. »Oder in Rom? Ich weiß es nicht. Wahrscheinlich kommt er heute endlich nach Prag, wahrscheinlich reitet er im Tross des Kaisers mit.«

»Was hat er denn in Mailand oder Paris verloren?«, wollte der Priester wissen, der nun wieder misstrauisch und verächtlich auf Maria-Magdalena herabguckte.

»Er muss mich doch suchen!« Aus großen, traurigen Augen schaute sie zu ihm hoch.

Der Priester schnalzte mit der Zunge und schüttelte den Kopf. »Sage ich's nicht, dass er krank im Kopf ist?«

Der alte Waffenknecht aber ließ erst seinen plötzlich sehr ernsten Blick zwischen dem Geistlichen und dem vermeintlichen Jungen hin- und herwandern, kramte dann einen Heller aus seinem Wams und legte ihn in Maria-Magdalenas Holzteller. Sie bedankte sich artig. Hochwürden Ambrosius aber schaute weg und so aufmerksam zur anderen Straßenseite hin, als hätte er einen Bekannten dort entdeckt.

In der Menge außerhalb des Tores hatte sich unterdessen Geschrei erhoben, und nun rannten junge Männer und halbwüchsige Burschen aus dem Torbogen und in die Stadt herein. »Er kommt!« Viele blieben am Wegrand stehen, einige drängten sich unter die Wartenden bei der Viehtränke, während andere weiter den Pferdemarkt hinunterrannten. »Er kommt! Er kommt!«

Alle tuschelten, alle reckten die Hälse, und bald hörte Maria-Magdalena Hufschlag näher rücken. Eine Schar Ritter preschte durch das Prokopstor in die Stadt herein, die vorderen drei trugen große Fahnen mit prächtigen Wappen. Maria-Magdalena staunte mit offenem Mund.

»Der schwarze Doppeladler in der Mitte ist das Wappen des Heiligen Römischen Reiches *deutscher Nation*.« Der alte Waffenknecht hatte wohl den fragenden Ausdruck in ihren Zügen wahrgenommen und sich zu ihr heruntergebeugt. »Der rot-weiß karierte ist der mährische Adler, und der weiße Leu auf rotem Grund ist das Wappentier des Königreichs Böhmen.« Er lächelte ihr freundlich ins Gesicht. »Nur falls dein Herr Vater sich grad nicht erinnert.«

Dankbar und ein wenig scheu erwiderte Maria-Magdalena das Lächeln des alten Mannes namens Laurenz, bevor sie sich wieder den Reitern zuwandte. Deren Kolonne nahm kein Ende, und die von Hunderten Pferdehufen aufgewirbelte Staubwolke hüllte die jubelnde und winkende Menge ein, sodass Maria-Magdalena noch heftiger husten musste.

Den Rittern und Knappen folgten die ersten Höflinge, und als außerhalb des Tores Jubel und Hochrufe anschwollen, wussten die Prager innerhalb des Tores, dass der Kaiser selbst nicht mehr weit sein konnte. Oben, bei den Zinnen der Tormauer, ertönten Fanfaren, und die Halbwüchsigen rechts und links der Viehtränke klatschten in die Hände und hüpften auf und ab.

Maria-Magdalena aber presste die Holzpuppe an die Brust, richtete sich auf den Knien auf und spähte zum Torbogen hin. Die Aufregung ringsum ergriff nun auch sie.

»Du erkennst ihn sofort«, rief der alte Waffenknecht ihr ins Ohr.

Er hatte recht, auch wenn der Kaiser weder einen roten Mantel mit weißem Pelzsaum und -kragen noch eine Krone trug – beides hatte Maria-Magdalena erwartet –, wusste sie sofort: Nur jener Mann mit den weichen Gesichtszügen und dem langen schwarzen Haar, der da auf dem weißen Pferd mit der roten, von Goldfransen gesäumten Schabracke ritt und freundlich lächelnd nach rechts und links winkte, nur er konnte der böhmische König und deutsche Kaiser sein: Wenzel, der sich Karl nennen ließ.

Und das junge Mädchen an seiner Seite, das so starr geradeaus blickte? Es hatte kohlrabenschwarzes Haar und trug weiße Seide unter himmelblauem Mantel. Maria-Magdalena wandte sich an den narbengesichtigen Waffenknecht. »Der Kaiser hat schon eine so große Tochter?«

Während die Halbwüchsigen, die das hörten, lachten, schüttelte der Alte den Kopf. »Das ist die Kaiserin, Anna von Schweidnitz.« Ein bekümmerter Zug trieb die Heiterkeit aus seiner Miene. »Bereits Wenzels dritte Frau, die anderen beiden sind gestorben.« Er zuckte mit den Schultern, und Maria-Magdalena fragte sich, ob es womöglich gefährlich war, mit einem Kaiser verheiratet zu sein.

Das Kaiserpaar ritt vorüber, und es folgten weitere Ritter, Hofdamen, geistliche Herren und Höflinge in prächtigen Kleidern, an die dreihundert Menschen alles in allem, viele zu Pferde; etliche Dutzend jedoch saßen auch in glanzvoll geschmückten Reisewagen, die von Gespannen aus sechs oder acht Pferden gezogen wurden. Manche winkten dem Volk zu, das den Weg säumte, die meisten jedoch schienen die Gaffenden gar nicht zu sehen.

Bald folgten wieder einige Reiter, doch deren Kleider kamen Maria-Magdalena nicht halb so elegant vor wie die der Höflinge. Hinter ihnen holperten sieben schwere schmucklose Wagen in die Stadt herein, die Ochsen zogen und zum Teil mit Kisten und Körben beladen waren. Die Männer darauf sahen aus wie Handwerker – sonnenverbrannt, kräftig und derb –, und aus den Körben zwischen ihnen ragten Axtstiele, Schaufeln, Hacken und Latten.

»Die sollen dem Kaiser den Veitsdom zu Ende bauen«, rief hinter der Viehtränke der Priester. Drei weitere große Ochsenwagen schlossen sich an, auf denen sich Hausrat stapelte und zahlreiche Frauen und Kinder saßen; die Familien der Bauleute, wie Maria-Magdalena dem Getuschel der Leute entnahm.

»Der da muss es sein!« Erneut hatte der alte Waffenknecht sich zu ihr herabgebeugt. »Das muss der neue Dombaumeister sein!« Er deutete auf einen jungen Reiter in braunem, ärmellosem Wams über grauem Leinengewand und mit einer hohen schwarzen Kappe auf dem langen braunen Haar. Sein bärtiges Gesicht war rund und weich, seine Stirn hoch und der Blick seiner wachen Augen freundlich und neugierig.

»Der auf dem Apfelschimmel«, tuschelte und murmelte es bald von allen Seiten: »Seht ihr den großen Zirkel und das Winkeleisen an seinem Sattel? Das ist Peter von Gmünd, der neue Baumeister!«

»Der hat mit seinem Vater schon am Kölner Dom gebaut!«, wusste der Priester Ambrosius hinter der Viehtränke. »Peter Parler nennt er sich, und der auf dem Pferd hinter ihm, das ist sein Bruder Michael!«

»Beim heiligen Veit!« Die Bäuerin schlug die Hände zusammen. »So jung und schon Dombaumeister! Und die schöne Frau neben dem Peter Parler, die mit den dunklen Augen und den schwarzen Zöpfen, ist das sein Weib?«

»Jawohl!«, rief einer der halbwüchsigen Burschen. »Eine Kölnerin!«

Eine Marktfrau wollte gehört haben, dass die Kölnerin Gertrud hieß und bereits drei Kinder habe und dass der blonde, kräftige Reiter, der neben Michael Parler ritt, ein Franzose sei und ebenfalls ein Meister der Steinmetzkunst. Bald hörte Maria-Magdalena irgendjemanden den Namen des blonden Franzosen nennen: Rudolph von Straßburg.

Sie stand auf, reckte den Hals und blickte zu den Reitern und Reiterinnen hinauf, zu den Bauleuten und ihren Frauen. Kaum konnte sie den Blick abwenden vom Baumeister Parler und seiner Gattin, der Kölnerin. Wie schön sie war, wie feurig der Blick ihrer dunklen Augen! Und was für eine graue Tunika sie trug unter ihrem grünen, mit schwarzen Rüschen gesäumten Umhang – strahlend weiß mit abgenähten Falten und goldfarbenem Saum. Und erinnerte das weit ausladende weiße Gebände auf ihrem schwarzen Haar nicht an eine Krone?

Nicht nur Maria-Magdalena bewunderte die schöne Frau – fast alle, die am Tor und am Rand des Pferdemarktes den Einzug des kaiserlichen Hofes begafften und bejubelten, staunten sie an, vor allem die Männer.

»Was für ein Anblick!«, entfuhr es dem alten Waffenknecht neben Maria-Magdalena. »Was für ein betörender Anblick, weiß Gott!« Er schnalzte mit der Zunge, zog sich an seiner Lanze hoch und guckte sich schier die Augen aus dem Kopf. »Die Heilige Jungfrau stehe ihr bei!«

Maria-Magdalena stutzte, als sie diesen Ausruf des alten Laurenz hörte, wollte ihn fragen, was er damit meinte – da begegnete ihr Blick dem der fremden Kölnerin. Die schöne Frau des Baumeisters hob die Brauenbögen und zog am Zügel ihres Rappens. Dann neigte sie den Kopf, lächelte Maria-Magdalena zu und lenkte ihr Pferd aus der Kolonne zu ihr hin.

»Eine schöne bunte Puppe hast du da«, sagte sie, während sie unter ihren grünen Umhang griff und zwei Münzen aus einem Täschchen kramte. »Gott segne dich, mein Kind.« Zielsicher warf Gertrud von Köln die Münzen in Maria-Magdalenas Teller. »Lange habe ich nicht so wache und klare Mädchenaugen gesehen.« Sprach's, nickte lächelnd und lenkte ihren Rappen zurück in die Kolonne neben den Apfelschimmel ihres Gatten.

Maria-Magdalena stand wie festgewachsen und schaute ihr mit offenem Mund und großen Augen hinterher. Wann hatte zuletzt jemand sie so freundlich angesprochen? Wie lange war es her, dass ein Mensch ihr etwas derart Nettes gesagt hatte?

Die gerunzelten Stirnen und gerümpften Nasen ringsum bemerkte sie kaum. Und als der narbengesichtige Waffenknecht sagte: »Sei nicht beleidigt, Max, nur weil sie ›Mädchenaugen‹ gesagt hat«, begriff sie nicht, was er meinte.

So will ich auch einmal werden, dachte sie, während die bezaubernde Reiterin neben dem Baumeister nach und nach ihren Blicken entschwand, so wie diese Frau – schön von Antlitz und Gestalt, elegant gekleidet, auf einem Rappen reitend und mit einem freundlichen und ehrbaren Mann an der Seite. So will auch ich einmal unter dem Jubel der Menschen in eine große Stadt hineinreiten.

Der Wunsch erfüllte plötzlich jede Faser ihres Mädchenleibes, und jene vertraute und zugleich schmerzliche Sehnsucht ergriff sie, die sie so oft empfand, wenn sie im nächtlichen Wald unter freiem Himmel wachte oder sich in einem Stall beim Vieh im Stroh hin und her warf, weil sie keinen Schlaf fand.

»Habt ihr gehört, was sie zu dem kleinen Tellerlecker gesagt hat?«, rief einer der Halbwüchsigen. »›Mädchenaugen‹, hat sie gesagt.«

Die anderen lachten, und Maria-Magdalena äugte verstohlen zu dem hin, der sie als *Tellerlecker* beschimpft hatte, nur weil sie einen Bettelteller vor sich stehen hatte. Er war groß, hatte dunkles kurzes Haar, und Bartflaum wucherte ihm bereits um das Kinn. Herausfordernd blickte er sie an, sodass sie unwillkürlich nach dem Dolch tastete, den sie unter dem blauen Schafsfell im Gürtel trug.

Schnell wandte sie den Blick ab und schaute zu ihrer Puppe hinunter. Auch einer von denen, die du meiden solltest, schien die ihr sagen zu wollen.

Die Kolonne bewegte sich weiter über den Pferdemarkt, vorbei an den vielen Baustellen dort, durch die Neustadt und schob sich achtzig Ruten weiter unter dem St.-Gallen-Tor hindurch in die Altstadt hinein. Aus dem Prokopstor trabten nun die letzten Pferde und rollten die letzten Wagen.

Auf einem besonders großen, den sechs grobknochige Pferde zogen, saßen zwischen Truhen und Kisten sechs junge Frauen in meist roten Gewändern. Manchen flatterten fahlgelbe Bänder im Gebände, anderen an den Kleiderärmeln. Aus irgendeinem Grund, den Maria-Magdalena nicht zu erkennen vermochte, begannen die Frauen rings umher zu tuscheln und zu zischen, und als sie um sich blickte, sah Maria-Magdalena so viel Verachtung, ja Abscheu in den Mienen der Leute, dass sie erschrak.

»Loses Sünderpack!«, zischte der Priester und spuckte aus. »Was haben die in unserer Stadt zu suchen?«

»Das Gleiche wie Ihr und ich, schätze ich, Hochwürden Ambrosius«, sagte Laurenz, der die jungen Frauen höchst aufmerksam betrachtete. »Ihr Glück.«

Auf einem der beiden vorderen Pferde ritt ein hünenhafter Kutscher in hellgrauer Mönchskutte, und auf dem Kutschbock saß eine hochgewachsene, dünne Frau mit großen goldenen Ohrringen und in schwarzer Robe mit gelbem Überwurf. Ein hoher gelber Hut thronte auf ihrem schwarzen, zu einem Kranz aus Zöpfen geflochtenen Haar. Ein dunkelgrauer Schleier hing davon über ihre Schultern herab und verdeckte ihr schmales, knochiges Gesicht zur Hälfte.

Neben ihr, an der Wagenwand über dem Kutschbock, prangte ein Wappenschild. Darauf erkannte Maria-Magdalena einen roten Ritter zu Pferde, der mit seiner Lanze einen Drachen erstach, und über ihm einen Stab, um den sich eine Schlange wand.

»Eine Heilerin«, sagte der alte Waffenknecht, und als Maria-Magdalena ihn fragend anschaute, fügte er hinzu: »Siehst du nicht den Äskulapstab? Der Leibarzt des Königs Johann von Böhmen trug ihn im Wappen. Daran erkennt man einen Medikus.«

Von ihrem langen Wagen herab schaute die Heilerin direkt zu Maria-Magdalena, schob ihren Schleier zur Seite und starrte ihr so unverwandt ins Gesicht, dass das Mädchen den Blick abwenden und die Schultern hochziehen musste.

»Seit wann kann denn eine Frau ein Medikus sein?«, zischte der Priester Ambrosius verächtlich. »Und weißt du nicht, dass Äskulap ein heidnischer Gott war? Wenn sie sein Zeichen im Wappen trägt, ist sie im Herzen wohl eine Heidin geblieben.«

»Dann müsste der königliche Leibarzt ja ebenfalls ein Heide gewesen sein!« Laurenz winkte ab. »Wehe Euch, wenn Gott über Euch einst so streng urteilen wird wie Ihr über Eure Mitmenschen.« Der alte Waffenknecht schüttelte tadelnd den Kopf. Und dann an Maria-Magdalena gewandt: »Das war's, Max.« Er zog sich an seiner Lanze hoch, kaum dass der letzte Wagen vorbeigerollt war und die Menge der Prager sich auflöste, um sich der Kolonne anzuschließen. »Komm, wir gehen mit den anderen hinter ihnen her. Vielleicht kriegen wir noch was zu sehen und zu hören.« Unternehmungslustig grinste er Maria-Magdalena ins Gesicht. »Und mach dir bloß keinen Kopf, weil das fremde Weib dir ›Mädchenaugen‹ angedichtet hat.« Wieder lachten und feixten die Halbwüchsigen, die noch an der Viehtränke geblieben waren.

»Mädchenaugen?« Maria-Magdalena spürte eine Hand auf der Schulter. »Lass sehen.« Der Priester packte sie, drehte sie zu sich um und schaute ihr prüfend ins Gesicht. »Mädchenaugen, man könnte es meinen, wahrhaftig!«

Maria-Magdalena wischte Ambrosius' Hand von ihrer Schulter, packte Bündel und Teller und lief in die Menge, die sich am Ende des Trosses gebildet hatte.

...

Später, als schon nach und nach die Dämmerung hereinbrach, streifte sie auf der Suche nach einem Schlafplatz durch die Altstadt. Ein Knecht der Bäuerin hatte ihr von Bootshäusern mit alten Kähnen erzählt, die man in den Moldauauen oberhalb der Holzbrücke finden konnte. Angeblich gab es dort auch Schafskoppeln mit zerfallenen Hütten an den Zäunen. Also wanderte sie durch Gassen, von denen sie inzwischen – nach mehr als zwei Monaten in Prag – wusste, dass sie zur Moldau hinführten.

Ein großer bärtiger Mann trat aus einem Haus und machte sich an einer Fensteröffnung zu schaffen. Wie festgewachsen blieb Maria-Magdalena stehen und hielt den Atem an – ihr Herr Vater? Doch dann drehte der Mann sich nach ihr um, musterte sie mit gleichgültigem Blick und verschwand wieder im Haus. Nein, das war nicht der Herr Vater gewesen. Mehr als eine blasse Erinnerung an die große Gestalt ihres Vaters, an seinen wilden Bart und seinen gütigen Blick war ihr nicht geblieben, und dennoch! Dennoch würde sie ihn sofort wiedererkennen; dessen war sie sich sicher.

Traurig ging sie weiter. Die abendliche Oktoberkühle kroch ihr in die Kleider, ihr Magen knurrte laut, und wie ein Schmerz wühlte der Hunger in ihren Eingeweiden. Bei den Bauersleuten, denen sie vier Wochen lang die Ferkel gehütet hatte, wäre sie längst in der Gesindekammer neben dem Viehstall ins Stroh gesunken, und das mit dem Bauch voller Getreidebrei. Doch die Bäuerin hatte Maria-Magdalena mit der Ochsenpeitsche vom Hof gejagt, denn die Schweinehirten hatten es verstanden, die vier durch die Wölfe verlorenen Ferkel ganz allein ihr anzukreiden.

Ein Hund kläffte, und ein Huhn gackerte gar nicht weit vor ihr in einem der Höfe. Maria-Magdalena blieb stehen, spähte in die Dämmerung und lauschte. Einen Atemzug später jagte ein großer schwarzer Hund ein Huhn über die Gasse und in eine Hofeinfahrt hinein.

Vielleicht tötet er es, dachte sie, vielleicht kann ich es ihm abjagen. Sie klemmte ihr Bündel unter den Arm und lief los. Vögel jeder Größe zu rupfen und zu schlachten, war sie gewohnt, und in der Flussaue würde sich schon genügend Brennholz für ein Feuerchen finden. Sie rannte zum Torbogen, hinter dem Hund und Huhn verschwunden waren, huschte hindurch und schlich in den Hof hinein.

Dort flatterte im selben Moment ein Schwarm Tauben auf und rettete sich vor dem Hund auf das flache Dach eines Stalles, auf dem schon das immer noch aufgeregt gackernde Huhn saß und mit den Flügeln schlug. In den Fängen des Hundes aber zappelte jetzt eine weiße Taube.

Eine Taube reicht, um satt zu werden, dachte Maria-Magdalena, her damit!

Sie bückte sich nach zwei Steinen, schleuderte einen nach dem Hund und traf. Das Tier jaulte auf und trollte sich winselnd, Maria-Magdalena stürzte sich auf die verletzte Taube, packte ihren Kopf und drehte ihr den Hals so weit um, bis es knackte. Zufrieden richtete sie sich auf, langte ihr Bündel aus dem Dreck und nahm die tote Taube an den Füßen. Im Stall, auf dem das Huhn und die anderen Tauben hockten, blökten Kühe und meckerten Ziegen. Der vom Stein getroffene Hund kläffte wie verrückt, wagte aber nicht, Maria-Magdalena anzuspringen. Höchste Zeit zu verschwinden.

Sie wandte sich dem Torbogen zu.

»Guckt euch das bekackte Tellerleckerchen an!«, tönte es von dort. »Es will eine unserer Tauben rauben.«

Erschrocken blieb Maria-Magdalena stehen – drei halbwüchsige Burschen lösten sich aus dem Halbdunkel des Torbogens und kamen auf sie zu.

»Das arme Täubchen ist tot«, sagte der zweite mit gespieltem Entsetzen. »Der Hundsfott von Mädchenauge hat es getötet.«

»Ein Wolf in blauem Schafsfell. Packen wir ihn!« Mit diesen Worten stürmte der dritte und kleinste los, doch die anderen beiden überholten ihn schnell.

Maria-Magdalena machte kehrt und rannte in die Schatten des Hofes hinein. Samt Taube und Bündel sprang sie über einen Zaun, spurtete durch einen Obstgarten und kletterte dort auf eine Mauer, um zum nächsten Hof zu flüchten. Doch im nächsten Augenblick fühlte sie, wie einer sie am Knöchel packte und an ihr zerrte. Da half alles Strampeln und Treten nichts, und als der zweite Bursche die Mauer erreichte und zugriff, rutschte sie ab und stürzte zurück ins feuchte Gras.

Sie ließ Bündel und Taube los, um nach ihrem Dolch zu greifen, aber schon prallte der Größte der drei auf sie, ein Flaumbärtiger, und das mit seinem ganzen Gewicht. Die Luft blieb ihr weg, und sie konnte die anderen beiden nicht daran hindern, sie an Armen und Beinen zu packen, nach ihr zu schlagen und an ihr zu zerren.

»Halt!«, zischte der Flaumbart plötzlich, der ihr mit der Rechten den Mund zuhielt und dessen Linke auf ihrer Brust lag. »Mädchenauge?« Er kniff sie in den Busen. »Der Gottseibeiuns soll mich holen, wenn das nicht auch ein Mädchenbusen ist!« Und gleich griff er ihr in den Schritt. »Na prächtig!«

Trotz der bereits weit fortgeschrittenen Dämmerung konnte Maria-Magdalena sein Feixen sehen. Ihr war, als würde eine Eisklaue nach ihrem Herzen greifen.

Sie nahmen ihr den Dolch weg, rissen ihr die Kleider vom Leib, und während die beiden jüngeren Burschen sie kichernd festhielten, rutschte der Flaumbart über sie. Maria-Magdalena biss, spuckte, strampelte und kratzte nach Leibeskräften. Nur das nicht!, schrie alles in ihr. Nur nicht das noch einmal erleben. Der Flaumbart schlug ihr die Faust gegen die Schläfe, bis ihr schwindlig und schwarz vor Augen wurde.

Da hörte sie Zweige knacken und Laub unter schweren Schritten rascheln, und ein fremdartiger Klang hallte durch die Nachtluft, ein Klang, den Maria-Magdalena noch nie zuvor vernommen hatte. Es hörte sich an wie das Quäken einer blechernen Kröte.

7
Brücken

Königreich Frankreich und Schwarzwald, Spätherbst 1356

Nach Jan Otlin entschlossen sich auch Meister Jakob und dessen jüngster Zimmermannsgeselle, Avignon und der unvollendeten Burgkapelle den Rücken zu kehren. Anders als der junge Baumeister allerdings für immer und angeblich deswegen, weil sie gehört hatten, dass es für Bauleute in Prag viel und gut bezahlte Arbeit gebe, seit Kaiser Karl dort residierte.

Meister Jakobs Geselle hieß Friedrich, stammte aus der Markgrafschaft Durlach und war ein lustiger Bursche mit strohblondem Haar, listigen blauen Augen und weichem Akzent. Jan Otlin mochte ihn. Gemeinsam schlossen die Männer sich Militsch, den Augustinern und der kaiserlichen Eskorte an. Deren Anführer, die beiden Ritter, hießen Marian von Zittau und Giselher von Stettin; der hochgewachsene Giselher war der Ritter, der Jan Otlin schon am ersten Tag wegen seines langen weißblonden Haares aufgefallen war. Marian hatte rötliches Haar, war von eher gedrungener und bulliger Gestalt und brauste leicht einmal auf.

Sie zogen das Rhonetal hinauf, ritten durch den Sundgau und erreichten nach zwei Wochen Colmar. Bei jeder der unzähligen Brücken, an denen sie vorüberkamen, musste Otlin an die Pergamentbrücke seines Traumes denken. Und jedes Mal ergriff ihn eine Unruhe, die er sich nicht erklären konnte.

In Colmar übernachteten sie im Dominikanerkloster, wo Militsch darum bat, dass man ihm zwei Holzböcke ins Dormitorium schaffte und ein Brett darüberlegte. Die Klosterbrüder staunten ihn ehrfürchtig an, als er sich darauf zur Nachtruhe ausstreckte.

Jan Otlin dagegen wunderte sich über nichts mehr – bereits in Avignon, in der Burg des Kardinals, hatte der alte Freund die Nächte auf einem Brett statt auf einem Strohsack verbracht; und in den Gasthöfen des Rhonetals ebenfalls.

Diese unbequeme Art zu schlafen war nicht die einzige Härte, mit der Militsch seinen Leib zu quälen pflegte, wie Otlin während der Reise merkte: So trug der mährische Priester ein Gewand aus grobem Sackstoff unter seinem Habit, wachte die halbe Nacht, um zu beten, fastete an jedem Montag, Mittwoch und Freitag und aß an den übrigen Tagen nur trockenes Brot, Obst, Gemüse, Honig und dergleichen.

»Dem Leib Zügel anlegen, um den Geist zu stärken«, nannte er das.

Durch die gemeinsamen Jugendjahre hatte Otlin den mährischen Freund als Tänzer, Weintrinker, Spieler und Schürzenjäger in Erinnerung behalten. Davon fand er nun nicht einmal noch Spuren bei Militsch, nicht in seinen Worten, nicht in seinen Taten. Aus dem Genießer von früher war ein strenger Asket geworden.

Am Morgen sprachen sich die kaiserlichen Ritter, ihre Knappen und die Waffenknechte der kaiserlichen Eskorte dafür aus, zwei weitere Tage in Colmar zu bleiben, um sich auszuruhen, wie sie sagten, und gerieten mit Militsch in Streit, der das ablehnte, weil er Marian und Giselher unterstellte, die Ruhetage für Bordellbesuche nutzen zu wollen. Auch Jan Otlin bestand auf die Weiterreise, denn es wehte ein kühler Ostwind, der den nahenden Winter ankündigte, und Otlin wollte seine Mutter um jeden Preis noch lebend antreffen.

Weil die Augustiner es mit Militsch und Meister Jakob und sein Geselle es mit Otlin hielten, mussten die Ritter und ihre Waffenknechte schließlich nachgeben. Murrend und mit mürrischen Mienen beugten sie sich dem Willen der anderen und sorgten dafür, dass die Pferde gesattelt und bepackt wurden.

Weit kam die kleine Reisegesellschaft allerdings nicht an jenem Tag – schon am Marktplatz lenkte Militsch seinen kräftigen braunen Wallach zu einem Ochsenkarren voller Kohlköpfe, kletterte hinauf und begann zu predigen. Bereits nach den ersten Sätzen blieben die Leute stehen, um ihm zuzuhören.

Wohl oder übel mussten die Gefährten ebenfalls gleich wieder rasten; Jan Otlin zähneknirschend, weil es ihn mit Macht nach Hause zog, die vier Augustiner mit Freude, weil sie Militsch gern hörten. Die beiden Ritter und ihre Knappen und Waffenknechte nutzten die Gelegenheit, den Mädchen und Frauen an den Marktständen ringsum schöne Augen zu machen.

Obwohl Militsch mit tiefer und donnernder Stimme, teils auf Deutsch, teils auf Böhmisch, fürchterliche Sachen verkündete – das nahe bevorstehende Erscheinen des Antichristen und das baldige Ende der Welt samt Finsternis, Feuerstürmen, Blutströmen und Jüngstem Gericht –, hingen die Leute an seinen Lippen. Ein Augustiner übersetzte, welch unangenehme Dinge Militsch von seinen Zuhörern forderte: Keuschheit, Armut, Fasten und Wachen; doch auch das schreckte die Menschentraube nicht, die sich um den Kohlkarren bildete und rasch anwuchs. Im Gegenteil, viele Colmarer heulten vor Ergriffenheit oder Beschämung, reiche Frauen schenkten ihren Kopfschmuck und ihre Halsketten den

Armen, und manche Männer baten an Ort und Stelle diejenigen um Vergebung, die sie bestohlen oder betrogen hatten.

Ähnliches hatte Jan Otlin bereits in Avignon und im Rhonetal erlebt, und er verdrehte ungeduldig die Augen, als die Leute den Bußprediger auch hier geradezu belagerten und anflehten, seine Predigt um Himmels willen noch nicht zu beenden.

Der junge Baumeister beobachtete das Spektakel voller Staunen, denn ihn selbst berührten die Worte des alten Freundes keineswegs so tief wie die Menschen hier und anderswo. Das gab ihm durchaus zu denken.

Als sie endlich weiterziehen konnten, begleitete eine große Schar frommer und bußfertiger Leute sie zum Stadttor. Noch dort versuchten Abt und Bürgermeister, den Militsch zum Bleiben in ihrer Gegend zu bewegen, und boten ihm sogar an, sich beim Bischof für ihn einzusetzen, damit er Gott künftig als Priester und Prediger in Colmar dienen könne. Der kleine Mähre lehnte energisch ab – Jesus Christus habe ihm seinen Platz in Prag zugewiesen, außerdem habe er Verpflichtungen als Sekretär des Kaisers.

So kam es, dass sie erst gegen Abend zur Festung Breisach gelangten, dort übernachten mussten und früh am nächsten Morgen den Rhein überquerten, am letzten Oktobertag im Jahre des Herrn 1356.

In Freiburg besuchten sie am Morgen darauf die Messe zum Allerheiligen-Fest. Jan Otlin warf den Bettlern am Eingang des Münsters mehr Münzen in ihre Schüsseln, als er es gewöhnlich zu tun pflegte, denn seit sie in Colmar aufgebrochen waren, plagte ihn wieder der stechende Schmerz hinter dem Brustbein, und zwar so ausdauernd, dass er es mit der Angst zu tun bekam.

Während der Messe betete er inbrünstig dafür, seine Mutter noch lebend antreffen zu dürfen, und den Priestern des Freiburger Münsters bezahlte er ein paar Messen, um sich den Segen Gottes für eine schnelle und sichere Reise über den Schwarzwald und durch das Herzogtum Bayern zu sichern.

Obwohl er es eilig hatte und Militsch zum Aufbruch drängte, nahm Jan Otlin sich nach der Messe zwei Stunden Zeit, um die Bauweise des Freiburger Münsters zu studieren. In sein Werkbuch trug er ausführliche Notizen ein und fertigte zahlreiche Skizzen an. Am frühen Nachmittag schließlich verließen sie Freiburg und zogen in den Schwarzwald hinauf.

»Es war Gottes Wille, dass der Kaiser mich nach Avignon geschickt hat«, sagte Militsch, der wie meist neben ihm ritt, »und dass wir beide uns dort getroffen haben. Der Allmächtige hat einen Plan mit uns, du wirst sehen. Und was deine Mutter betrifft: Sei unbesorgt – der Herr wird sie am Leben erhalten, bis du an ihrem Sterbelager stehst.«

Jan Otlin hörte es gern, war jedoch alles andere als beruhigt und zündete in jeder noch so kleinen Kapelle, an der sie vorbeiritten, eine Kerze für seine Mutter an. Weil er sich ein wenig Linderung seiner Schmerzen davon versprach, ging er in der Klosterkirche von St. Peter außerdem zur Beichte und redete sich von der Seele, was sein Gewissen plagte: die sündigen Nächte mit Mathilde, dass er der Mutter seit drei Jahren nicht geschrieben hatte, dass er die unvollendete Burgkapelle des Kardinals verlassen hatte und seine Gleichgültigkeit gegenüber Militschs Predigten. Nachdem der Priestermönch auf der anderen Seite des Sprechgitters ihm die Buße auferlegt – zwei Dutzend Gebete – und ihm die Absolution erteilt hatte, waren die Schmerzen wie weggeblasen.

Im Kloster von St. Peter gab man ihnen ein Nachtquartier im Stall bei den Viehhirten. Als Otlin sich in der Abenddämmerung an der Viehtränke wusch, sah er eine Nonne vorübergehen – blond, jung und anmutig wie die geliebte und unkeusche Schwester Mathilde in Avignon. Der schöne Anblick fuhr ihm durch die

Glieder wie eine heiße Flamme, und Beichte und schlechtes Gewissen waren vergessen.

Später in der Nacht, als das Schnarchen der Gefährten durch die Stallung hallte, zu allen Seiten Schafe und Kühe furzten und er auf seinem Strohsack lag und in die Dunkelheit starrte, verzehrte er sich nach der liebeslustigen Schwester Mathilde.

In den Tagen vor dem Aufbruch hatte er seine Lieblingsnonne nicht mehr besucht – und war dennoch schlaflos geblieben. Stundenlang lief er zwischen zwei Fackeln in der nächtlichen Baustelle auf und ab, grübelte und las unzählige Male Libussas Brief. Hin- und hergerissen war er zwischen dem Willen, die Burgkapelle zu vollenden, und dem brennenden Wunsch, noch ein letztes Mal die Mutter zu küssen und zu umarmen.

Bei Sonnenaufgang schließlich hatte er sich beim Kardinal melden lassen.

»Meine Mutter ist schwer erkrankt«, erklärte er dem italienischen Edelmann. »Ich muss zu ihr, bevor sie stirbt. Bitte vertraut das Baumeisteramt bis zu meiner Rückkehr meinem Stellvertreter an, dem Steinmetzmeister.«

»Kommt überhaupt nicht infrage!«, hatte Grimaldi gerufen. »Lass die Toten ihre Toten begraben und vollende du Gottes Werk!«

Zwei Tage lang flehte Otlin und redete mit Engelszungen, doch erst, als Militsch sich für ihn einsetzte, gab der Kardinal nach, gestattete Otlin sogar, den Meister Jakob und dessen jüngsten Gesellen, den Friedrich, mitzunehmen.

So also war es gekommen, dass der junge Baumeister die Stadt Avignon doch noch verlassen durfte, und nun lag er hier mit verwirrtem Gewissen im Schwarzwald in einem Viehstall und sehnte sich nach den Küssen seiner geliebten Nonne.

Als er im Morgengrauen endlich in einen unruhigen Schlaf

fiel, träumte er wieder den allzu vertrauten Albtraum: Seine Mutter und er in Sturm, Gewitter und Hochwasser rund um die zerbrochene Judithbrücke, und einmal mehr balancierten sie über den fragilen Steg aus Pergament dem Ufer der Kleinseite entgegen. Diesmal jedoch gab die Pergamentbrücke unter ihnen nach, und sie stürzten in die schäumenden Fluten der Moldau. Schreiend und schweißgebadet wachte Otlin auf.

Als sie zwei Tage später durch ein Flusstal vor der letzten Bergkette des Schwarzwaldes ritten, geschah es dann: Der Winter brach ein. Durch dichtes Schneetreiben lenkten sie die Pferde einen Waldhang hinauf und konnten gerade noch den Weg erkennen, der nach Militschs Erinnerung zu einem Gehöft mit einem Gasthof führte. Da sah Jan Otlin schon kaum noch die Waffenknechte, die doch ihre Pferde nur vier oder fünf Ruten vor ihm und hinter ihm durch den verschneiten Wald trieben. Hin und wieder hörte er Militsch rufen, der heute vorn zwischen Marian und Giselher ritt.

»Nur Mut!«, schrie er. »Gott ist mit uns!« Laut und kräftig drang sein breiter mährischer Dialekt aus dem Schneetreiben. »Nur Mut! Wir sind bald da!«

Und er behielt recht: Noch vor Einbruch der Dunkelheit erreichten sie das Gehöft – allerdings war es samt Gasthof niedergebrannt, und das nahezu vollständig. Keine Menschenseele lebte dort mehr, auch kein Tier – kein Schwein, keine Katze, kein Huhn.

Die beiden Ritter gerieten in Zorn. Besonders der kleine, stämmige Marian fluchte wüst und beschimpfte Militsch, als hätte der das Anwesen persönlich angezündet. Während ihre Waffenknechte die Trümmer nach brauchbaren Hinterlassenschaften der ehemaligen Bewohner durchsuchten, entdeckten Friedrich und Meister Jakob in der Brandruine des Gasthofes einen teilweise erhaltenen Raum zwischen Herdstelle und Braukesseln, in den es nicht hineinschneite. Die Augustiner räumten die Trümmer beiseite und schichteten Holz darin auf. Mit einem Drillbogen gelang es Jakobs jungem Zimmermann, daraus ein kleines Feuer zu entzünden.

Militsch sprach ein Dankgebet, und Marians Knappe, ein blonder Bursche namens Sigismund, packte seine Laute aus und spielte eine tröstliche Melodie, während die Männer sich um das Feuer zusammendrängten. Immerhin hielt die Glut sie die Nacht über so warm, dass keiner erfror.

In dieser Nacht träumte Jan Otlin sich zunächst in die warmen Arme Mathildes, bevor er sich gegen Morgen ein weiteres Mal auf der bebenden Judithbrücke wiederfand. Als im Traum die Wogen der Moldau über ihm zusammenschlugen und Eis und Treibgut ihn erdrückten, wachte er erneut schreiend auf.

Sein Gebrüll ließ auch die anderen Männer aus dem Schlaf hochfahren. Die Mönche betrachteten ihn ängstlich, der weißblonde Giselher mit kaltem, neugierigem Blick und der schimpfende Marian wütend und verächtlich. Der stechende Schmerz flammte Jan Otlin hinter dem Brustbein bis zur Kehle hinauf.

Militsch schien es zu merken, denn er machte ein sorgenvolles Gesicht, rutschte zu ihm und fühlte ihm den rasenden Puls.

Während sie später vor dem neu entfachten Feuer ihre letzte Wegzehrung verschlangen, erklärte Militsch, Gott habe ihm im Traum den Weg durch den Winterwald bis in die nahe Reichsstadt Villingen gezeigt, und wenn alle nur fest genug glaubten und beteten, würde der Engel Gottes sie dorthin führen, so wie er einst den Daniel aus dem Feuerofen und der Löwengrube geführt hatte.

Er selbst aß nur Schnee und teilte sein letztes Brot und sein getrocknetes Fleisch unter den Waffenknechten auf. Danach betrachteten die Kaiserlichen ihn nicht mehr ganz so verächtlich;

Jan Otlin wollte es sogar scheinen, als würden manche Männer endlich Zutrauen zum Prediger fassen.

Obwohl es aufgehört hatte zu schneien, fühlte sich der Baumeister später, als sie ihre Pferde tief in den verschneiten Wald lenkten, wie in einem weißen Labyrinth, aus dem es keinen Ausweg gab, und er wünschte, sie müssten den Weg nach Villingen durch einen Feuerofen statt durch diese Schneewüste suchen.

Militsch ritt an der Spitze, von wo Jan Otlin ihn zu den beiden Rittern predigen hörte. Jesus Christus, der Herr der Welt, komme bald wieder, um Gericht zu halten, verkündete er im Brustton der Überzeugung, und Marian und Giselher müssten so leben, als könnte das bereits morgen geschehen.

Manchmal lachten die Ritter ihn aus, manchmal verspotteten sie ihn. Vor allem Marian tat das sehr großmäulig und lautstark. Wozu denn Gott Speise, Wein und Weiber geschaffen habe, wenn ein Mann sie nicht genießen dürfe?, fragte er. Das viele Fasten und Beten bekomme Militsch wohl nicht, so tönte er, und er selbst würde über kurz oder lang sicherlich ähnlichen Unsinn reden wie der Prediger, wenn er wie dieser auf Holzbrettern schlafen müsste.

Der fromme Asket ließ sich nicht beirren, predigte unentwegt weiter und führte die kleine Schar dabei so zielstrebig, als wäre der Weg gut sichtbar und nicht unter einer drei Fuß hohen Schneedecke verborgen. Und tatsächlich sahen sie nach zwei Stunden einen Wegweiser aus dem Schnee ragen, auf dem Jan Otlin den Namen der Reichsstadt las.

»Villingen«, sagte er an die Augustiner gewandt. »Drei Wegstunden noch bis zur Reichsstadt. Gott sei Lob und Dank!«

»Gott und unserem klugen Führer«, antwortete der Ritter Giselher mit scheuem Blick auf Militsch.

Selbst in Marians mürrischer Miene las Jan Otlin nun so etwas wie Respekt. Einige Männer bekreuzigten sich, andere blickten einfach nur tief seufzend in den Winterhimmel. Danach flogen die dankbaren und bewundernden Blicke der Mönche und Waffenträger einen Atemzug lang zu Militsch hin. Und wieder fragte Jan Otlin sich, wie es dem unscheinbaren Mann gelang, eine derartige Überzeugungskraft zu entwickeln.

Er strich das Schneehäubchen von der Pfahlspitze des Wegweisers und steckte es in den Mund. Der kalte Schnee linderte seinen Schmerz, der mittlerweile gar nicht mehr abebben mochte und beharrlich in seinem Inneren loderte.

Als sie weiterritten, ließ Militsch sein Pferd zurückfallen, bis er sich neben Jan Otlin befand.

»Es ist schon das dritte Mal, dass ich erlebe, wie du schreiend erwachst«, sagte er und schaute ihm ins Gesicht. »Was ist das für Traumbild, das dich so erschreckt?«

Jan Otlin zögerte, beschrieb dem Freund dann aber doch die immer wiederkehrenden Bilder und schilderte auch die Pergamentrolle, die erst seit jüngerer Zeit auftauchte. Während er davon sprach, war ihm, als würde er die reißende Flut rauschen hören und als bedrängten ihn von allen Seiten Eis und Treibholz. Die Angst, die er im nächtlichen Albtraum gespürt hatte, schnürte ihm die Brust ein.

»Du allein weißt, was Gott dir mit diesem Traum sagen will«, behauptete Militsch, der ihm aufmerksam zugehört hatte. »Erforsche dein Herz, achte auf deine heimlichsten Gedanken, dann wirst du es erfahren.« Er trieb seinen Wallach an und ritt wieder nach vorn an die Spitze des Trosses, wo er mit der Bußpredigt fortfuhr, die er den beiden Rittern hielt, seit sie am Morgen aufgebrochen waren. Doch weder hörte Jan Otlin sie spotten, noch machte sich einer über ihn lustig.

Er selbst blieb mit seiner Angst allein, und die Schreckensbilder seines Albtraums ließen ihn nun gar nicht mehr los, sondern umschlichen ihn den ganzen Tag wie hungrige Wölfe.

»Gott sei gepriesen!«, rief der böhmische Ritter Marian, als in der Abenddämmerung endlich der Schneefall nachließ und sich in der Ferne Rauchsäulen über Dachfirsten aus der glitzernden Luft herausschälten. »Das kann doch nur die Stadt Villingen sein!«

»Habe ich euch nicht gesagt, dass ihr nur glauben müsst?« Militsch drehte sich im Sattel um und lachte nach allen Seiten. »Habe ich es euch nicht gesagt?«

Die Waffenknechte und die Augustiner bekreuzigten sich, lachten ebenfalls oder klatschten so kräftig in die Hände, dass die Pferde erschrocken die Schädel hochwarfen. Der Schnee aus der Mähne seines Reittieres flog Jan Otlin ins Gesicht, sodass er aus seinen Gedanken hochschreckte und aufschrie, als hätte jemand ihn geschlagen.

Mit brennendem Blick schaute Militsch zu ihm hin. Der Ritter Giselher aber spornte sein Pferd an, winkte die anderen hinter sich her und schrie: »Auf geht's!« Seine unter dem Helm hervorquellende weißblonde Mähne sah aus wie ein Kranz aus Schnee und Eiszapfen. »Wir müssen die Stadt erreichen, bevor die Dunkelheit einbricht! Auf geht's im Galopp!«

Alle peitschten sie nun den Gäulen die Zügel um die Hälse, alle hieben den Tieren die Sporen in die Flanken, und alle beugten sich tief über die vereisten Pferdemähnen. Eine Schneewolke erhob sich rund um den kleinen Tross, so wild galoppierten die Männer den fernen Rauchsäulen und Firsten entgegen.

Jan Otlin, der nicht schnell genug reagierte, fand sich plötzlich am Ende der Reiterschar wieder. Im Schneegestöber erschienen ihm die Rücken der Gefährten und die Hintern ihrer Pferde wie Umrisse von verschneiten Büschen im Sturmwind. Angst, den Anschluss zu verlieren, ergriff ihn.

»Ein Fluss!«, hörte er plötzlich Marians Stimme vor sich.

»Die Brigach!«, schrie sein Knappe Sigismund, und seinen alten Freund Militsch hörte Otlin im breitesten mährischen Dialekt rufen: »Vorsicht, ihr Brüder! Die Brücke ist baufällig! Hinüber mit euch, doch einer nach dem anderen! Gemach, gemach, und dass mir jeder aus dem Sattel steigt!«

Jan Otlin hörte die alte Holzbrücke knarren und ächzen, noch bevor er im dichten Schneetreiben ihre Umrisse erkennen konnte. Dann sah er Militsch den letzten Augustiner auf die Flussquerung winken, sah, wie der Mönch sein Pferd hinter sich herzerrte, sah auch noch, wie Militsch ihm zunickte, bevor er seinen eigenen Wallach auf die Brücke zog. Jan war der Letzte, der sie erreichte, und als er sich aus dem Sattel stemmte, verschwamm der kleine Mähre bereits auf der Mitte der Brücke in einem Vorhang aus Schneeflocken.

Den Zügel seines Tieres umklammernd, trat Jan Otlin auf die Holzbretter, Sturmböen bliesen ihm Schnee in die Augen, die schneebedeckten Planken unter seinen Stiefelsohlen knarrten und knirschten, und täuschte er sich, oder schwankte das alte Brückengestell? Unwillkürlich griff er nach dem Geländer.

Er wusste nicht, wie lang die Brücke war, er wusste nicht, in welcher Höhe sie den Fluss namens Brigach überspannte, und am allerwenigsten wusste er, warum sie schwankte und so entsetzlich knarrte. Wie mit eisiger Klaue griff plötzlich die Todesangst nach seinem Herzen, und es wunderte ihn nicht einmal, dass im nächsten Moment die Gefährten aufschrien wie ein Mann. Auch dass die Planken unter ihm nachgaben und seine Sohlen von jetzt auf gleich den Halt verloren, hatte er fast erwartet.

Es knirschte, es krachte, es splitterte – die Brücke brach zusammen.

Der junge Baumeister ließ den Zügel los, um sich auch mit der

Linken am Geländer festzuhalten, eine Wasserfontäne klatschte ihm gegen den Rücken. Irgendwie gelang es ihm, das inzwischen steil abfallende Geländer mit den Beinen zu umklammern.

Irgendwo unter ihm wieherte und schnaubte in höchster Not sein Pferd. Er vermied den Blick hinunter, wandte den Kopf stattdessen nach oben. War es Militsch, der da sieben oder acht Fuß über ihm hockte, dort, wo die Planken abbrachen und die Brücke steil nach unten hing? Nein, das war nicht der Mähre, der war viel kleiner und schmächtiger – da oben kauerte ein weißhaariger Fremder, den er nie zuvor gesehen hatte! Irgendetwas hielt der in der ausgestreckten Faust. Einen Prügel? Ein Zepter? Eine zusammengerollte Pergamentrolle!

Schlagartig sprudelten Jan Otlin Erinnerungen ins Hirn, Einzelheiten aus jener Nacht auf der zerbrechenden Judithbrücke, die er vergessen oder denen er keine Bedeutung beigemessen hatte: die ungläubige Miene des Ziegenräubers, den er mit dem Sauspieß verletzt hatte; das aschfahle Gesicht des Wächters, der ohne die Mutter aus dem Dunkeln gewankt war; die abgestürzte Mutter, die von schäumenden Wogen umtost im zerbrochenen Brückenpfeiler hing; ihre von Todesangst verzerrten Züge und wie er in seiner Not zu Gott geschrien hatte. Ein Stoßgebet hatte er in die Nacht gebrüllt, in das ohrenbetäubende Rauschen der Moldau, in das Heulen des Gewittersturms: *Vater, Sohn und Heiliger Geist – rette mir die Mutter, und mein Leben gehört dir auf ewig!*

Nun, ein zweites Mal über einer tödlichen Flut hängend, starrte Jan Otlin nach oben auf die Gestalt, blinzelte die Schneeflocken weg, die in seinen Augen landeten, versuchte zu erkennen, wer dort über ihm hockte und die Faust mit dem Pergament über ihm, der Brückenruine und dem Fluss ausstreckte.

Nein, das war niemals der kleine Militsch! Vielleicht der weißblonde Giselher? Gewiss nicht. Dort kauerte weder ein Augustiner noch ein Waffenknecht und auch sonst niemand, den Jan kannte. War es überhaupt ein Mensch?

Die um das Geländer verkrampften Finger schmerzten Jan Otlin, die Beine drohten, vom nassen Holz zu rutschen, das Herz schlug ihm in der Kehle, doch viel wirklicher als die brennenden Finger, das glitschige Geländerholz und sein wild pochendes Herz stand dem jungen Baumeister plötzlich die Zeichnung auf dem Pergament vor Augen. Obwohl sie zusammengerollt in der Faust des Fremden verborgen war, *wusste* er, was jedermann sehen würde, käme die unheimliche Erscheinung dort oben auf den Gedanken, die Rolle zu entfalten: den Konstruktionsplan für eine steinerne Brücke über die Moldau.

Jan wusste es mit schmerzhafter Klarheit, erinnerte sich an jenen Augenblick, in dem er zwischen Himmel und Hölle hing. Erinnerte sich an später, an jeden Strich, jeden Buchstaben, jede einzelne Zahl, die er mit Hilfe seines Vaters gezeichnet, geschrieben und berechnet hatte, damals, als Heranwachsender, in den Jahren nach der Magdalenenflut, die das halbe Reich überschwemmt hatte.

Er hatte sie entworfen, eine neue Brücke, stabiler als die zerstörte, hatte sich überlegt, wie man sie konstruieren müsste, damit sie künftigen Fluten standhielt. Hatte probiert, verworfen, gerechnet und gezeichnet, den Plan schließlich fertiggestellt – und in den Jahren danach vergessen.

Wo war dieser Plan? In welcher Truhe des Elternhauses hatte er ihn versteckt? In welcher Wandnische, unter welcher Bodenfliese? Gab es ihn überhaupt noch?

Jan wollte um Hilfe rufen, wollte schreien, doch kein Ton kam über seine gefrorenen Lippen. Hinter dem Brustbein und in der Kehle spürte er keine Schmerzen mehr, nur die um das Geländer geklammerten Finger taten ihm weh.

Wie gebannt starrte er auf die wuchtige, weißhaarige Gestalt über ihm – auf sie und auf die Pergamentrolle in ihrer Faust. Die Ohren gellten ihm von dem Schwur, den er damals herausgeschrien und irgendwann vergessen hatte: *Wenn du uns rettest, Allmächtiger, dann baue ich dir eine neue Brücke, das schwöre ich dir! Das schwöre ich dir bei meinem Leben und beim Leben meiner Mutter!*

8
Ewigkeit

Prag, Dezember 1356

Rudolph von Straßburg ließ Hammer und Meißel sinken, hustete sich den Steinstaub aus der Kehle, spuckte zur Seite in den alten Mörtel und betrachtete dann sein Werk, das vor ihm im Geröll lag: einen Drachenflügel. Den hatte er der kleinen Teufelsskulptur aus dem Stein gehauen, an der er seit einer Woche arbeitete. Sein von Staub bedecktes Gesicht verzog sich zu einem Lächeln – er war zufrieden mit seinem Tagewerk.

In einer zärtlichen Geste fuhr er mit dem Zeigefinger über die Ränder der gelungenen Schwinge. Als würde der Stein ihm etwas zuflüstern, nickte er und ließ Blick und Fingerbeeren über die Linien der unvollendeten Skulptur gleiten. Unterleib und Beine des Gottseibeiuns und der Mann, den dieser umarmte, waren noch unbehauener Stein, nahmen vorerst nur in Rudolphs Vorstellung Gestalt an. Das kindskopfgroße Gesicht des Bösen jedoch, die Fratze mit dem aufgerissenen Maul, dem Ziegenbart und den halb herrischen, halb wahnsinnigen Zügen um die Augenpartie wirkten so echt, dass es dem Straßburger einen kalten Schauer über den Rücken jagte. Ja, er war zufrieden mit seiner Arbeit.

Am Ärmel seines grauen Arbeitsgewandes wischte sich der Steinmetz den schmutzigen Schweiß von der breiten Stirn, richtete sich auf den Knien auf und ging nach draußen, wo Bauholz und Steinblöcke sich stapelten – es begann zu schneien. Zum Glück hatte Peter Parler die Lücken im Domdach mit einer vorläufigen Holzdecke schließen lassen, sodass die Arbeiten trotzdem weitergehen konnten.

Rudolph spähte hinüber zum anderen Ende des Chores, wo in einer großen Seitenkapelle der Baumeister und sein Bruder Michael an der Skulptur des heiligen Wenzels arbeiteten, eines der drei Schutzpatrone des neuen Doms. Nach ihm sollte die prachtvolle Kapelle benannt werden. Ein junger Geselle entzündete Fackeln an einem Gerüst rings um den Arbeitsplatz der Parlerbrüder, denn das Tageslicht, das durch die großen Fensteröffnungen fiel, reichte nicht mehr aus, um Falten und Barthaare sorgfältig genug aus dem Stein hauen zu können.

Rudolph war dem Parler dankbar, weiß Gott! Nie und nimmer hätte er gedacht, dass der Gmünder seine Arbeit so hoch schätzte, wie er es vor dem Kaiser ausgesprochen hatte! Nie und nimmer hatte er erwartet, dass dieser Mann ihn mit in die große Stadt an der Moldau nehmen würde! Und nun kniete er hier im Geröll des Veitsdoms und haute Bildwerke aus dem Stein.

Wahrhaftig, er war dem Parler dankbar, doch ...

Nur: Wenn der ihn so gut fand, warum ließ er ihn dann nicht mit an der Kapelle des heiligen Wenzels arbeiten, die dem Kaiser doch ganz besonders am Herzen lag? Warum durfte dieser junge Bursche dort an seiner Seite, der jetzt auch noch Öllampen rund um die Parlers und ihren Steinbrocken aufstellte, warum durfte dieser Hermann – fast noch ein Halbwüchsiger! – dort den Stein schlagen und nicht er, Rudolph von Straßburg, der Ältere und Erfahrenere?

Rudolphs Stimmung verdüsterte sich. Er wandte sich von der Wenzelkapelle ab und ließ seinen Blick durch den Rohbau des

Kirchenschiffs schweifen. Obwohl bereits die Dämmerung einbrach, arbeiteten noch überall Zimmerleute, Schreiner, Maurer, Mörtelmischer und Steinmetze. Der Winterwind blies durch den Veitsdom und wirbelte kleine Staubwolken auf. Eiskalt kroch der Abend durch Fensteröffnungen und offene Portale, es roch nach Mörtel, Kalk, Schnee, Feuer und frisch gesägtem Holz.

Um die im Mittelschiff verteilten Glutpfannen standen Bauleute und wärmten sich die Hände. Dünne und krumme Rauchsäulen stiegen aus den Pfannen auf. Auf den Gerüsten und in den Treppenaufgängen ließen Zimmerleute und Schreiner ihre Sägen kreischen, das Gehämmer der Steinmetze und das Knarren und Quietschen der Trommelkräne erfüllten den Rohbau. Und zu allen Seiten lachte jemand, sang jemand, schimpfte jemand, schrie jemand Befehle.

Rudolph strich sich eine blonde Haarsträhne aus dem nassen Gesicht, legte den Kopf in den Nacken und blinzelte zu den noch eingeschalteten Deckengewölben des Domes hinauf, unter denen lang gezogene Rauchschwaden wogten. Schwindel ergriff ihn, denn ihm war, als würde er in einen hölzernen und von zahllosen Säulen abgestützten Himmel blicken, der jeden Augenblick aus über neunzig Fuß Höhe auf ihn herabstürzen konnte. Er wusste ja, wie man solche Gewölbe konstruierte und wie man die Kräfte bändigte, die sie auf die Wände und tragenden Säulen ausübten, doch manchmal, in Momenten wie diesen, erschien es ihm unbegreiflich, dass sie feststanden und nicht zusammenbrachen.

Rudolphs zweiter Monat in Prag neigte sich dem Ende zu. Die Stadt war weitaus größer als Gmünd, größer sogar noch als Straßburg. In den drei Vierteln der kaiserlichen Residenz, also in Altstadt, Neustadt und auf der Kleinseite, wohnten angeblich über fünfzigtausend Menschen. Größer waren nur Paris, Mailand und Venedig. Kaufleute, Geistliche und Gelehrte aus ganz Europa gingen hier ein und aus. Das bunte Menschengewimmel gefiel Rudolph.

In der Stadt lebten viele Deutsche, meist Händler, Ritter und Kleriker. Die Böhmen und Mähren mochten sie nicht besonders, und es gab regelmäßig Streitereien, bei denen hin und wieder auch Blut floss. Und alle drei Bürgergruppen verachteten die Bewohner des Judenviertels. Dort sei schon viel zu lange kein Blut mehr geflossen, hatte Rudolph erst gestern einen Schweinehändler auf dem Marktplatz raunen hören.

Er selbst wohnte drüben in der Altstadt, im Hinterhaus eines reichen Kaufmanns, dessen Hausburg nur ein paar Schritte entfernt von der Holzbrücke stand, die herüber zur Kleinseite führte. Jeden Morgen überquerte Rudolph auf ihr die Moldau, um hinauf zum Domneubau zu steigen. Und jeden Morgen dachte er daran, dass der Kaiser es sich in den Kopf gesetzt hatte, das schwankende Gestell durch eine Steinbrücke zu ersetzen. Erste Planungen seien in vollem Gang, hieß es.

Er langte nach dem Korb hinter sich, zog eine mit Fell bespannte Blechflasche heraus und entkorkte sie. Kühler Wein strömte ihm durch die Kehle. Beim heiligen Veit, tat das gut! Feierabend, dachte er, während er den Korken zurück in den Flaschenhals klopfte, genug Stein gehauen für heute.

Das Stimmengewirr um ihn herum ebbte auf einmal ab, und Gehämmer und Gesäge verstummten einen Atemzug lang. Rudolph stutzte, wandte den Kopf nach den neuen Stimmen um, die sich vom Hauptportal her näherten – Männer und Frauen in eleganten vielfarbigen Kleidern hatten den Neubau betreten, und mitten unter ihnen: der Kaiser.

Überall auf den Gerüsten, in den Krantrommeln, an den Säulen und in den Seitenkapellen lüfteten die Bauleute ihre Hüte, rissen sich ihre Mützen von den Köpfen und verbeugten sich. Der

Kaiser der Deutschen und König der Böhmen, der Bauherr Karl also, winkte väterlich lächelnd in die Runde und bedeutete den Männern, kein Aufhebens zu machen und weiterzuarbeiten.

Hämmer, Sägen, Trommelkran, Flaschenzüge und Stimmen begannen wieder zu lärmen, Rudolph aber durchzuckte es heiß, denn unter den Frauen im Gefolge Karls entdeckte er die anmutige Gestalt und den von einer weißen Haube bedeckten schwarzen Schopf seiner heimlich Angebeteten. Auch Druda sah ihn sofort, und ihre Blicke begegneten sich. Wie Fieberschauer durchfuhr es Rudolph.

Der Kaiser und sein Gefolge schritten durch den Neubau und staunten nach links und rechts. Die Männer trugen Tuniken oder kurze, enge Wamse unter prachtvollen Mänteln und Gewändern. Ihre Beinkleider lagen eng an, die Hosenbeine waren aus verschiedenfarbigen Stoffen gewebt und die Schuhe spitz. Die meisten hatten kurz gestutzte Bärte und alle außer dem Kaiser lockiges Haar, sogar der Erzbischof. Rudolph beobachtete diese Mode, seit er in Prag wohnte, und spielte selbst mit dem Gedanken, sich Locken in sein blondes Haar drehen zu lassen, das ihm inzwischen bis auf die Schultern reichte.

Unter den pelzbesetzten Mänteln der Frauen und angestrahlt von Fackeln und Laternen leuchteten die Farben ihrer langen Kleider in der einsetzenden Dämmerung. Das sah schön aus, fand Rudolph. Die Kaiserin Anna war in Seide gehüllt, ihre Hofdamen in Leinen oder Wolle. Die Jungfrauen trugen weiße Haarbänder, die anderen Gebände wie Druda oder hatten sich, wie die Kaiserin, einfach nur ihre farbenprächtigen Umhänge als Schleier über Zöpfe und Haartürme gezogen.

Man zeigte hierhin, deutete dorthin und bewunderte wortreich den Fortschritt der Arbeit an der neuen Kathedrale, und wirklich: Seit Peter Parlers Bauhütte sie im Herbst wiederaufgenommen hatte, ging es sichtbar voran. Parler hatte viele Polen, Böhmen und Mähren eingestellt – an die hundertachtzig Bauleute arbeiteten inzwischen am Veitsdom.

Während Karl und seine Höflinge näher kamen, erkannte Rudolph diesen oder jenen: den Erzbischof Arnestus von Pardubitz etwa, der auf seinen Bischofsstab gestützt zur Rechten des Kaisers ging; oder den ritterlich gekleideten Mann zu seiner Linken, der schon an jenem denkwürdigen Tag in Gmünd an Karls Seite gewesen war, seinen Kanzler Johannes von Neumarkt.

Auch jener mit der schwarz-seidenen Soutane unter dem groben Mantel und dem schweren silbernen Kreuz auf der Brust begleitete den Kaiser heute Abend. Er nannte sich Gallus von Prag und war kein geistlicher Herr, wie Rudolph in Gmünd noch angenommen hatte, sondern Karls Leibarzt und Hofastrologe. Außerdem galt er in Prag als hochgelehrter Astronom.

In der hochgewachsenen Frau an Gallus' Seite erkannte Rudolph zu seiner Überraschung Ricarda Scorpio. Die Heilerin und Sterndeuterin war ganz in Dunkelblau gekleidet und trug ihr langes Haar offen unter einem weißen, mit Perlen besetzten Gebände, von dem ein Seidenschleier herabhing, der ihr Gesicht halb bedeckte. Ricarda unter den Höflingen des Kaisers? Rudolph mochte es nicht glauben.

Und ganz in der letzten Reihe trottete der Hüne mit der Tonsur, jener Priestermönch mit dem Brummeisen, der Ricarda samt ihren Huren zu kutschieren pflegte und dem sie alle möglichen Fähigkeiten zusprach. Wahrscheinlich diente er ihr auch als Leibwächter, denn in der Stadt erzählte man sich, dass er Fäuste und Dolch wirkungsvoll zu gebrauchen wusste. Seine Mönchskutte kam Rudolph frisch gewaschen vor und wirkte beinahe weiß.

Die Parlers waren dem Kaiser und den Seinen entgegengegangen und begrüßten ihn nun. Während die edle Schar sich dem

Durchgang zum Chor und Rudolphs Arbeitsplatz näherte, berichtete Peter Parler vom Fortgang der Arbeit und beantwortete die Fragen Karls und seiner engsten Berater. Vor allem Gallus erkundigte sich nach den neusten Änderungen des alten Bauplans.

Rudolph hörte nur mit halbem Ohr zu, sein Blick suchte immer wieder den Drudas. Und der ihre suchte seinen. Sie waren sich ein paarmal begegnet in den beiden Monaten seit ihrer Umsiedlung nach Prag. Und musste man nicht sogar sagen: Sie waren einander nähergekommen? Das Herz des Straßburgers schlug höher, wenn er daran dachte.

Einmal hatten sie sich abends zufällig auf der Holzbrücke getroffen, als Rudolph von der Arbeit nach Hause ging; einmal an einem Sonntag, als er am Moldauufer von einem Bootssteg aus die Angel ausgeworfen hatte; und vor Kurzem erst wieder im Badehaus am Altstadtring. Jedes Mal hatten sie miteinander gesprochen, und jedes Mal ein wenig länger.

Vom Pferdeknecht der Parlers wusste Rudolph, dass Druda sich einsam fühlte in der fremden Stadt und dass Heimweh nach dem Rhein und nach Köln sie plagte. Und jeder, der ihren Gatten kannte, wusste auch dies: Peter Parler arbeitete von Sonnenaufgang bis Sonnenuntergang auf der Dombaustelle. Und wenn er abends nach Hause kam, zog er sich nicht etwa mit seiner schönen Gattin in die gemeinsame Schlafkammer zurück, sondern ging in seine Arbeitsstube und beugte sich im Schein der Öllampen über Baupläne und Entwürfe für neue Skulpturen.

Das jedenfalls hatte Rudolph die Frau eines Fischers auf dem Marktplatz erzählen hören, hinter vorgehaltener Hand selbstverständlich. Dass gewisse Andeutungen von Parlers Pferdeknecht in ähnliche Richtung gingen, hatte Rudolphs Hoffnung neue Nahrung gegeben, und er fragte sich inzwischen, ob die Begegnungen auf der abendlichen Holzbrücke und am sonntäglichen Moldauufer wirklich nur dem Zufall zu verdanken waren.

Der blonde Steinmetz stand auf, nahm seine staubige Arbeitskappe ab und verneigte sich, denn an der Spitze seines Gefolges kam der Kaiser nun auf den Tisch mit den Bauplänen zu, und der stand nur wenige Schritte entfernt von Rudolphs Arbeitsplatz.

»Nächstes Jahr werden wir den Grundstein für die neue Brücke über die Moldau legen, Meister Parler«, hörte er Karl sagen, und augenblicklich fiel jede Spur von Müdigkeit von ihm ab. »Habt Ihr den Entwurf für den Brückenturm tatsächlich schon gezeichnet?«

Peter Parler bejahte und wollte den Kaiser zum Tisch mit den Plänen führen, doch dessen Blick richtete sich auf die Skulptur zu Rudolphs Füßen.

»An was arbeitest denn du da, mein lieber Straßburger?« Karl nahm einem Pagen die Laterne ab und hielt sie über Rudolphs Arbeit. »Schön grässlich dieser Dämon, wahrhaftig!« Er schaute dem Steinmetz ins Gesicht. »In welchem Albtraum hast du den denn gesehen, Rudolph?«

»In keinem, mein Herr und Kaiser.« Rudolph war entzückt, weil der Kaiser seinen Namen kannte und sich sogar seiner Herkunft erinnerte. »So ähnlich wie dieser Gottseibeiuns hier hat mich einmal ein Schankwirt in Straßburg angeschaut, als ich ihm die Zeche verweigerte, weil der Wein sauer gewesen ist.«

Der Kaiser und sein Gefolge brachen in Gelächter aus, sogar die meist ernste Kaiserin kicherte, und Drudas Lachen klang so hell und klar, dass Rudolphs Herz höherschlug. Auch Peter Parler schmunzelte. Alle drängten sich nun um Rudolph, alle wollten seinen Teufel sehen. Ricarda beobachtete ihn, nickte dabei kaum merklich und lächelte wissend.

In dem kurzen Gedränge tauchte auf einmal Druda so dicht neben ihm auf, dass Rudolph den Duft ihres Haares riechen konnte. Ganz schwindlig wurde ihm. Doch die Frau des Baumeisters würdigte ihn keines Blickes mehr, sondern beugte sich zwischen den anderen über die Teufelsskulptur, tat erschrocken wie die Frauen neben ihr, schwatzte über die monströse Fratze wie alle anderen.

Zugleich aber schoben sich ihre Finger in Rudolphs Faust und steckten ihm ein Stück Pergament hinein, sodass er wie festgewachsen dastand, nicht wusste, wie ihm geschah, und kaum zu atmen wagte.

»Und welches Gesicht willst du in den Stein neben dem Bösen hauen?«, wollte der Kaiser wissen, und sofort löste das Gedränge sich wieder auf, und Druda glitt weg von Rudolph in die Menge der Höflinge hinein.

»Das des Verräters«, antwortete der Steinmetz, während er die Faust um das zusammengefaltete Pergament ballte. Ein Brief? Konnte diese Frau denn schreiben und lesen? »Das Gesicht Judas Ischariots.« Seine eigene Stimme erschien ihm wie die Stimme eines Fremden, denn er glaubte zu träumen.

»Luzifer wird ihm die Seele aus dem Mund zerren.« Peter Parler, nach dessen Idee Rudolph die Skulptur entworfen hatte, griff hinter sich, langte Rudolphs Skizze vom Tisch und reichte sie Karl. »Das Figurenpaar soll einst die rechte Seite des Nordportals zur Wenzelkapelle schmücken.«

Der Kaiser betrachtete die Skizze, ließ seinen anerkennenden Blick zu Rudolph hinfliegen und nickte. »Sehr gut, wirklich sehr gut.«

Im Stillen musste der Straßburger Steinmetz bei sich selbst einräumen, dass er ja doch an der Wenzelkapelle mitbaute, wenn auch vorerst nur am Nordportal. Er schämte sich wegen seiner missgünstigen und verärgerten Gedanken, denen er sich zuvor hingegeben hatte, doch nur ein wenig, denn das Pergament in seiner Faust versetzte ihn geradezu in Hochstimmung.

Der Kaiser nickte nachdenklich. »Man könnte auch sagen, der Gottseibeiuns öffnet dem Judas den Mund, damit dieser unseren Herrn und Heiland verrät, nicht wahr?« Ein Schatten huschte über Karls sonst so heiteres Gesicht. »So wie er damals jenem Manne den Mund öffnete, der den heiligen Wenzel an seinen mörderischen Bruder verriet.«

»Ja, das könnte man«, gab Peter Parler zu, und fast alle nickten. Die Höflinge verstanden natürlich, dass der Herrscher auf den Brudermord anspielte, dem der heilige Wenzel, der frühere König der Böhmen, zum Opfer fiel. Da Kaiser Karl ursprünglich auf den Namen des böhmischen Landesheiligen getauft war, hatte er diesen zu einem der drei Schutzpatrone des neuen Doms erklärt. In der Chorkapelle, die Peter Parler zu Wenzels Ehren erbaute, wollte der Kaiser zusammen mit den Waffen, dem Helm und den Gebeinen des Heiligen auch die böhmische Königskrone aufbewahren.

»Lasst mich nun Euern Entwurf für den Brückenturm sehen, Meister Parler.« Der Monarch gab dem Baumeister die Skizze der Skulptur zurück.

Peter von Gmünd entrollte einen anderen Pergamentbogen, strich ihn glatt und beschwerte ihn an den Ecken mit Steinen. Der Kaiser und der Erzbischof beugten sich über den Bauplan, der Kanzler und der Hofastrologe schauten ihnen über die Schulter.

Rudolph, dem Drudas Botschaft in der Faust brannte, wusste nicht, was er dringender zu wissen begehrte: was die Angebetete ihm mitzuteilen hatte oder welche Brückenpläne der Kaiser hegte. Er drängte sich näher an die Höflinge, die jetzt dicht um den Tisch standen. Hier, vor aller Augen, würde er Drudas Brief sowieso nicht entfalten können.

Auf einmal merkte er, dass er zwischen Ricarda und ihrem mönchischen Hünen stand. Er schaute dem massigen Mann in die traurigen Knabenaugen. Was hatte dieser Kerl unter den Höflingen des Kaisers verloren? Der seltsame Name fiel ihm ein, Rübelrap – welche Eltern, beim heiligen Veit, tauften ihren Sohn auf einen solchen Namen? Oder war das am Ende gar nicht sein Taufname?

Auf der Baustelle, in den Gassen der Altstadt und auf dem Markt hatte man in den letzten Tagen viel über den schweigsamen Hünen mit dem Brummeisen getratscht. Er hatte nämlich, so hieß es, einige halbwüchsige Burschen verprügelt, die er dabei überraschte, wie sie ein Mädchen schänden wollten, das beinahe noch ein Kind war. Dem Ältesten dieser Strolche hatte der Mönch mit dem Brummeisen angeblich ein Ohr abgeschnitten.

Rudolph wandte den Kopf und blickte in die dunklen Augen der Sterndeuterin und Heilerin. Er konnte kaum fassen, dass der Kaiser sie, die Frauenwirtin, in seinem Gefolge duldete. Wusste man denn in Prag nicht, dass Ricarda Scorpio ihre Dukaten mit der Sünde der Fleischeslust verdiente?

Sie übersah seine Verblüffung höflich und neigte sich zu ihm. »Pass gut auf, Rudo«, flüsterte sie ihm zu. »Deine Stunde naht.«

Er begriff nicht, was sie ihm sagen wollte, und runzelte fragend die Brauen. Doch Ricarda schien nur noch Ohren für Peter Parler zu haben, der seinem Kaiser und Bauherrn den Plan des Brückenturms erklärte. Das Bauwerk sollte am Altstadtufer stehen, etwa zehn Ruten südlich der Stelle, an der jetzt die Holzbrücke und früher die Judithbrücke ans Westufer führten.

»Wer unter dem Torbogen dieses Turmes hindurch auf die Brücke tritt, soll in seiner Fassade sofort den Glanz und die Gerechtigkeit Eurer Herrschaft lesen können, mein Herr und Kaiser.« Der Baumeister beschrieb die Skulpturen, die er und sein

Bruder Michael für die Turmfassaden entworfen und auf dem Plan eingezeichnet hatten. »Bildnisse Eurer Ahnen werden den Turm schmücken, dazu der böhmische Löwe und natürlich Euer eigenes Bildnis.«

Karl blieb sprachlos vor Staunen, und der Erzbischof sagte: »Ich segne den Tag, an dem Gott uns nach Gmünd in den Chor der Heilig-Kreuz-Kirche und an den Altar des Täufers geführt hat, damit wir Eure Kunst kennenlernen, Meister Parler.« Mit ausladender Geste wies Arnestus von Pardubitz erst ins Kirchenschiff hinein und dann auf den Bauplan für den Brückenturm. »Einen würdigeren Nachfolger für den seligen Meister Arras hätten wir nicht finden können.«

Auch andere Höflinge priesen den Plan, die meisten wohl, weil er dem Kaiser und dem Erzbischof so gut gefiel, vermutete Rudolph. Er selbst konnte sich kein Urteil darüber bilden, denn zu viele Männer und Frauen versperrten ihm die Sicht auf das Pergament. Was ihn außerdem weit mehr interessierte als der Entwurf für den Turm, war der Bauplan für die eigentliche Brücke. Und brennender als beides zusammen interessierte ihn das Pergament, das ihm die schöne Gattin des Baumeisters zugesteckt hatte.

Weil in diesem Moment aller Blicke an den Lippen des Erzbischofs und an Peter Parler hingen, wagte Rudolph es nun doch: Er senkte den Kopf, öffnete die Faust und entrollte den kleinen Pergamentsfetzen in seiner Handwölbung. Seine Zweifel bestätigten sich – Druda konnte nicht schreiben. Kein einziges Wort stand auf dem dünnen Leder. Dafür ein paar Ziffern; und eine Zeichnung, mit der Rudolph nichts anzufangen wusste.

»Der Grundstein für diesen Turm wird zugleich der Grundstein für die neue steinerne Brücke sein«, erklärte der Kaiser nach einigem Hin und Her. »Wir haben beschlossen, ihn am neunten

Juli des nächsten Jahres zu legen, und zwar noch vor Ende der sechsten Stunde nach Mitternacht.«

Rudolph schloss die Faust wieder um das Pergament und horchte auf. Er war nicht der Einzige, der sich über diese präzise Festlegung wunderte. Überall sah er erstaunte Gesichter unter den Höflingen, und in allen las er dieselbe Frage: Warum ausgerechnet an diesem Tag und zu dieser Stunde?

Ricarda Scorpio neben ihm allerdings und der Medikus und Hofastrologe Gallus von Prag schienen zu den wenigen zu gehören, die die Ankündigung offensichtlich nicht überraschte. Ricarda nämlich schaute mit einer gewissen Genugtuung in die Runde, gerade so, als wüsste sie mehr als alle anderen. Und Gallus räusperte sich lautstark.

»Wir haben natürlich Berechnungen angestellt«, erklärte der Gelehrte. »Sie haben ergeben, dass an diesem Tag und zu jener Stunde nicht nur Sonne und Mond, sondern auch alle anderen Planeten am östlichen Horizont über Prag stehen werden.« Er wies auf die Sterndeuterin. »Ricarda Scorpio hat das mit ihren eigenen Berechnungen bestätigt und das Horoskop dieses Tages erstellt. Bitte, edle Ricarda, Ihr habt das Wort.«

Rudolph traute seinen Ohren nicht: Ricarda galt am Hof als Edelfrau? Und hatte es geschafft, in nur zwei Monaten in den Kreis der Hofastrologen aufzusteigen?

»Der frühe Morgen dieses Tages wird uns eine magische Stunde bescheren.« Als wäre es das Selbstverständlichste der Welt, ergriff Ricarda das Wort. »In der Mitte der sechsten Stunde nach Prager Zeit nämlich wird der letzte Planet aufgehen, der Mars. Mit Sonne, Mond und allen anderen Planeten wird er Zeuge eines wahrhaft göttlichen Augenblicks werden. Denn im Aszendenten dieser Konstellation wird das Sternbild des Löwen stehen.

Und ist der Löwe nicht das Zeichen des böhmischen Reiches?« Sie blickte in die Runde, und alle nickten ergriffen.

Das Selbstvertrauen, mit dem die Sterndeuterin sprach, und die Wirkung, die sie bei den Zuhörern erzielte, erschütterten Rudolph. Woher nahm Ricarda diese Gewissheit? Woher diese Überzeugungskraft?

»Wichtiger noch ist jedoch Folgendes«, fuhr sie fort. »Genau an diesem Tag und zu dieser Stunde kommt es zur vollkommenen Konjunktion von Sonne und Saturn.«

Manche sahen sich ratlos an, andere flüsterten kopfschüttelnd, und den wenigen in die Geheimnisse der Astrologie Eingeweihten – etwa dem Kaiser – entfuhr ein Ausruf des Staunens. Rudolph entfuhr nichts, denn er wusste keineswegs, wovon hier die Rede war.

Ihm und seinesgleichen half Gallus auf die Sprünge, indem er erklärte: »Der Tag, an dem die Sonne und der Saturn in Konjunktion stehen, gilt von alters her als glücklichster Tag des Jahres.« Raunen und Getuschel erhob sich unter den Höflingen.

»Dazu kommt die einzigartige Zahlenfolge dieses Datums.« Der Medikus und Hofastrologe entfaltete ein Papyrus, auf das er das Datum der geplanten Grundsteinlegung in üblicher Schreibweise und in großen Ziffern notiert hatte, und hielt es hoch. 1357, 9, 7, 5, las Rudolph. »Jahr, Tag, Monat und Stunde ergeben eine auf- und absteigende Ziffernfolge«, erklärte Gallus. »Eine derart vollkommene gab es in noch keinem Datum seit der Geburt unseres Herrn Jesus Christus und wird es vor seiner Wiederkunft auch nie wieder geben.«

Rudolph, der gut mit Zahlen umgehen konnte, kombinierte im Kopf die ja immer wiederkehrenden Ziffern von Monaten, Tagen und Stunden mit den Jahreszahlen der Zukunft und der Vergangenheit; und musste Karls Hofastrologen schließlich recht geben.

»Vollkommen wäre die Zahlenreihe doch nur, wenn sie endete, wie sie beginnt«, wandte der Kanzler Johannes von Neumarkt ein, »nämlich mit der Drei und der Eins.«

»Diese zwei Zahlen werden die Ziffernfolge dieses Tages in der Tat vervollständigen«, ergriff wieder Ricarda das Wort. »Dann nämlich, wenn wir uns an die Zählweise der alten Babylonier erinnern. Bekanntlich teilten sie den Tag in vierundzwanzig Stunden ein, und jede Stunde in sechzig weitere Zeiteinheiten. Wenn unser Herr und Kaiser beschließt, den Grundstein der neuen Brücke kurz nach Mitte der sechsten Stunde zu legen, können wir der fünften Stunde die Einunddreißig leicht hinzufügen.«

Viele bewundernde Blicke hingen an den Lippen der Sterndeuterin, aber auch einige skeptische; der des Erzbischofs zum Beispiel.

»Sollten wir wirklich die Zählweise von Heiden heranziehen, um das Datum für ein Werk zu Ehren unseres Gottes zu bestimmen?«, bemerkte er mit säuerlicher Miene.

»Im Dom zu Magdeburg haben sie sogar Säulen aus heidnischen Tempeln des alten Roms verbaut, um unseren Gott zu ehren«, wischte der Kaiser Arnestus' Einwand zur Seite. »In der Mitte der fünften Stunde pflege ich aufzustehen, in der Mitte der sechsten gehe ich gewöhnlich an die Arbeit, also wollen wir zu diesem Zeitpunkt auch den Grundstein für die neue Moldaubrücke legen.« Er wandte sich an Ricarda Scorpio und Gallus von Prag. »Könnt ihr ihn bis auf den einunddreißigsten Teil einer Stunde berechnen?«

Beide nickten, und Gallus sagte: »Ich lasse ein Stundenglas bauen, in dem während einer Morgenstunde nach Prager Zählung sechzig Steinchen nach unten fallen. Wenn während der sechsten

Stunde das einunddreißigste Steinchen fällt, soll auch der Grundstein in die Erde gesenkt werden.«

»Warum ist das denn so wichtig?«, platzte es aus Rudolph heraus, der kaum die Hälfte des Gesagten begriffen hatte.

Ricarda trat ihm auf den Fuß, und Gallus schaute ihn so nachsichtig an, wie er wohl einen Dorfnarren angeschaut hätte, der einen medizinischen Begriff nicht verstand. »Weil wir damit die Vollkommenheit dieses noch nie da gewesenen und nie wiederkehrenden Datums erreichen«, erklärte er mit herablassendem Lächeln und begann einen Vortrag über die mystische Bedeutung einzelner Zahlen.

Rudolph nickte, als würde er das Erläuterte endlich nachvollziehen, verstand jedoch nicht viel und gab es schließlich auf. In seiner Faust brannte etwas, das zu verstehen ihm wichtiger war. Da die Aufmerksamkeit aller nun auf dem mit beschwörenden Gesten vortragenden Gallus ruhte, nutzte Rudolph die Gelegenheit, einen zweiten Blick auf Drudas Botschaft zu werfen.

Dicht vor der Brust öffnete er die Faust und entrollte das kleine Pergament abermals. Die kindlich gemalten Ziffern bezeichneten ein Datum, das begriff er nun; und zwar das Datum des Sonnabends vor dem Christfest, das in der übernächsten Woche bevorstand. Die Zeichnung jedoch musste er mehrmals betrachten, bis ihm endlich aufging, was sie darstellen sollte: einen Badezuber, aus dem der Schaum quoll.

Einen Badezuber? Am kommenden Sonnabend? Rudolph schloss die Faust und ließ sie sinken. Unter seinem Zwerchfell begann ein ganzer Schwarm Sperlinge mit den Flügeln zu schlagen.

Unterdessen nahm der Hofastrologe und kaiserliche Medikus einen Stift vom Tisch, ergänzte die Zahlenreihe und hielt das Papier dann so hoch, dass alle sie lesen konnten – 1357, 9, 7, 5, 31.

»Es ist übrigens ein Palindrom.« Gallus tat sehr wichtig. »Denn es kann rückwärts wie vorwärts gelesen werden.«

»Ein Symbol der Vollkommenheit, das wie ein Schutzsegen über Turm und Brücke liegen wird«, behauptete Ricarda neben Rudolph, der tief atmete, um seine Gedanken zu beruhigen und zu ordnen.

Am nächsten Sonnabend wieder im Badehaus also, doch diesmal nicht zufällig. Rudolph schluckte. Druda würde einen Ehebruch wagen? Sollte das wirklich wahr sein? Und er – würde er es ebenfalls wagen? Erst neulich hatten sie ein Paar öffentlich enthauptet, das die Ehe gebrochen hatte.

»Dieses Palindrom ist ein Symbol der Ewigkeit.« Die Stimme des Kaisers drang in seine aufgescheuchten Gedanken, und drei Atemzüge lang herrschte fast vollkommene Stille im Veitsdom. Das half Rudolph, seine Aufmerksamkeit zurück auf das zu richten, was um ihn her verhandelt wurde: auf die geplante Brücke über die Moldau.

Endlich brach Karl das Schweigen und erklärte feierlich: »Ja, ein Symbol der Ewigkeit.« Er nickte in die Runde. »Und ich, hört mir zu!« Der Herrscher schlug sich mit der Faust auf die Brust. »Ich, Karl, euer Kaiser, werde eine Brücke für die Ewigkeit bauen!«

In diesem Moment erschauerte sogar Rudolph, und es kam ihm vor, als würden selbst die unvollendeten steinernen Skulpturen im Neubau den Atem anhalten.

»Noch in tausend Jahren sollen über diese Brücke wandeln, die nach uns kommen«, fuhr der Kaiser fort. »Noch am Tag, wenn unser Herr und Heiland Jesus Christus wiederkehrt, um Gericht zu halten, soll meine Brücke die Moldau überspannen.« Wieder blickte er in die Runde. Langsam und mit feierlicher Miene schaute er jedem ins Gesicht, auch Rudolph. Schließlich wies er auf Peter Parler. »Unser neuer Baumeister hat darum gebeten, die neue Brücke nicht selbst bauen zu müssen.«

Rudolph horchte auf und vergaß einen Atemzug lang sogar Drudas Einladung in seiner Faust.

»Und wir werden ihm diesen Wunsch erfüllen, denn mit dem Ausbau unserer Burg Karlstein und der Planung und Erbauung verschiedener anderer Kirchen in und um Prag hat er bereits mehr Arbeit, als ein gewöhnlicher Mann zu leisten imstande ist.« Er wandte sich an den Baumeister. »Die Erbauung des Brückenturms allerdings lege ich in Eure Hände, Meister Parler, denn dann könntet Ihr während der Arbeit stets auch ein Auge auf die Brückenbaustelle haben.«

Peter Parler verneigte sich und murmelte einen Dank.

Wieder an alle gewandt, fuhr der Kaiser fort: »Einen Baumeister, der uns die Brücke der Ewigkeit baut, müssen wir noch suchen. Gleich morgen werden unsere Herolde ins Reich hinausziehen – wer uns bis zum Ende der Fastenzeit den besten Entwurf bietet, der soll es werden.«

Rudolph spürte, wie Ricarda nach seiner Hand griff und sie drückte. Ihm selbst schlug das Herz auf einmal bis herauf in die Kehle.

9
Zu spät

Prag, Dezember 1356

Es schneite. Es schneite jeden Tag. Den ganzen weiten Weg vom Schwarzwald durch das Herzogtum Schwaben und das Herzogtum Bayern schneite es. Und es fielen auch dann noch Flocken vom Himmel, als sich eines Dezemberabends im letzten Tageslicht vor ihnen die Konturen erst des Hradschins aus dem schneegesättigten Dämmerlicht schälten, danach die der Burg und zuletzt die des Veitsdoms.

Die Stadtmauer rückte näher und immer näher, und Jan Otlin, der zuletzt vor sechs Jahren nach dem Tod des Vaters zu Hause in Prag gewesen war, liefen die Tränen übers Gesicht, so sehr rührte es ihn, die geliebte Heimatstadt wiederzusehen. Er weinte noch immer, als zwei Torwächter sich zwischen den Zinnen zeigten und nach ihren Namen fragten; er konnte nichts gegen die Tränen ausrichten.

Ritter Giselher von Stettin nannte seinen und Militschs Namen, das reichte den Torwächtern, um die Zugbrücke hinabzulassen.

Gleich nach dem Hradschiner Tor verabschiedete Jan Otlin sich von Militsch und den anderen, und während die Gefährten zum Augustinerkloster ritten, galoppierte er selbst durch die verschneiten Weinberge hinüber zum Osthang der Kleinseite, wo sein Elternhaus stand. Die Mutter schrie laut auf, als er die Tür zu ihrer Kammer öffnete und zu ihr eintrat.

Libussa, zwei ihrer Kinder, einige Nachbarsfrauen und ein Priester saßen oder standen am Krankenlager. Sie machten Jan Platz, und er sank vor dem Bett in die Knie, nahm die Mutter in die Arme und küsste sie. Beide weinten so laut und lang, dass irgendwann alle in der Kammer Tränen vergossen.

»Ich danke Gott«, schluchzte die Mutter wieder und wieder, »ich danke Gott, ich danke Gott.«

Jan Otlin brachte kein Wort über die Lippen, so überwältigt war er vor Freude und Dankbarkeit, seine Mutter doch noch lebend anzutreffen.

»Sie hat auf dich gewartet«, flüsterte Libussa ihm zu. »Sie war ganz sicher, dass du kommen würdest. Diese Gewissheit hat sie am Leben erhalten.«

Die halbe Nacht lang musste Jan erzählen, wie es ihm in der Fremde ergangen war, denn nur wenige seiner Briefe hatten in all den Jahren den Weg an die Moldau gefunden. Auch Libussa erzählte – von ihren Kindern und ihrem Mann, von den Veränderungen in den Stadtteilen links und rechts des Flussufers und von den Neuigkeiten aus der kaiserlichen Familie. Bei Jans letztem Besuch war Karl noch kein Kaiser, sondern nur König gewesen, und seine zweite Frau Anna von der Pfalz hatte noch gelebt.

Die Mutter war zu schwach, um mehr als zwei Sätze am Stück zu reden. Manchmal nickte sie, und immer hing ihr tränennasser Blick an ihrem heimgekehrten Sohn. Hin und wieder winkte sie Jan zu sich herunter, um ihm etwas Liebevolles ins Ohr zu flüstern.

Am nächsten Tag kamen sie aus vielen Klöstern, Häusern und Hütten der Kleinseite und wollten Jan Otlin sehen, wollten hören, welche Städte und Königreiche er kennengelernt und was er wo gebaut hatte. Auch einige alte Augustinermönche, die Jan schon als kleinen Jungen gekannt hatten, kamen aus dem Eremitenkloster, um zu schauen, was aus ihm geworden war. Sie brachten Militsch, Meister Jakob und dessen Gesellen Friedrich mit.

»Wenn nicht oben im Veitsdom, dann bekommen wir auf irgendeiner anderen Kirchenbaustelle Arbeit«, sagte Jakob beim Abschied. »Hier in Prag oder irgendwo in der Umgebung.«

»Der Herr Karl lässt Kirchen bauen, als hinge die Rettung seiner Seele davon ab«, bestätigte der strohblonde Friedrich. »Er vergrößert die Neustadt, und sogar eine steinerne Brücke über die Moldau will er bauen.«

»Eine Brücke?« Wie ein Stich durchfuhr es Jan, und seine Gestalt straffte sich. »Wann? Mit wem?«

Beide zuckten mit den Schultern. »Es heißt, er suche noch einen Baumeister«, erklärte Meister Jakob.

»Dabei hat der Herr Karl den Peter Parler aus Gmünd zu seinem neuen Baumeister an den Veitsdom berufen«, sagte Friedrich. »Doch daneben noch die Brücke zu planen und zu bauen, sei zu viel für einen einzelnen Mann und eine einzige Bauhütte.«

»So erzählen sie's im Kloster.« Meister Jakob schaute zu Militsch, und der nickte. »Wer bis zum Ende der Fastenzeit den besten Entwurf vorlegt, der soll die neue steinerne Brücke bauen.«

»Ach ...?« Jan blickte ebenfalls zu Militsch hin, doch der sagte kein Wort, schaute ihm nur mit brennendem Blick in die Augen. Genau so hatte der alte Freund ihn vor sechs Wochen angesehen – als die Kaiserlichen Jan aus den Trümmern der Brigachbrücke gezogen hatten und er sich vor dem Freund im Schnee krümmte.

Am Abend stieg der Priester der Pfarrkirche St. Benedikt die Treppe herauf, spendete der Mutter das Sterbesakrament und feierte mit ihr, Libussa und Jan die Eucharistie. Als der Priester und die Schwester gingen, war die Mutter entkräftet eingeschlafen und schnarchte. Jan – einerseits zufrieden und dankbar, andererseits aufgewühlt – blieb allein bei ihr zurück.

In den friedlichen Zügen der Schlafenden las er, dass sie nun bereit war zu sterben. Also zog er einen Strohsack an ihre Bettstatt, drehte den Lampendocht herunter, streckte sich neben ihr aus und nahm ihre Hand. So lag er Stunde um Stunde, und während er in die Dunkelheit lauschte, kreisten seine Gedanken um die Brücke, die der Kaiser bauen wollte.

Die Nachtigall kam ihm in den Sinn, die er vor vierzehn Jahren zwischen Donnerschlägen und Sturmgeheule gehört hatte, als er hier in der Dunkelheit wach gelegen hatte. Seine aufgescheuchten Gedanken wanderten zurück in seine Kindheit, zu seinem toten Vater, zu dem Brückenbauplan und zu dem Abend, als die Flut und die Ziegenräuber kamen.

Der Bauplan! Den musste es doch noch geben! Irgendwo im Haus musste der Vater ihn aufgehoben haben!

Jan spürte die Mutterhand, die sich anfühlte wie eine kalte, feuchte Feder, hörte den röchelnden Atem der Sterbenden, und halb träumend, halb wachend lag er zum tausendsten Mal im Gewittersturm auf der zerbrechenden Judithbrücke und zog zum tausendsten Mal die entkräftete Mutter am langen Spieß des Waffenknechtes zu sich herauf.

Dieses Mal schreckte ihn die Erinnerung allerdings nicht, sondern trieb ihm im Halbschlaf ein Lächeln ins Gesicht und ein paar Tränen in die Augen, denn genau so hatten sie ihn selbst wenige Wochen zuvor an der eingestürzten Brigachbrücke gerettet: hochgezogen am Spieß eines Waffenknechtes und im letzten Augenblick, bevor auch der Brückenaufgang zerbrach und dreißig Fuß tief in die eisigen Fluten des Flusses stürzte.

Ihm war plötzlich, als würde das Krachen und Splittern durch das nächtliche Haus dröhnen, und nun fuhr er doch erschrocken hoch. Doch nichts krachte und splitterte, Stille herrschte; lediglich die Mutter atmete röchelnd. Er griff erneut nach ihrer Hand und lauschte. Ihre Atemzüge hörten sich anders an als noch zu Beginn der Nacht: tiefer, mühsamer, rasselnder.

Abermals kehrten Jans Gedanken zurück zu jener Stunde an der eingebrochenen Brigachbrücke – zu seinem Schrecken, seiner Todesangst. Hatte es nicht genau so kommen müssen? Hatte er nicht erst abstürzen und wie die Mutter zwischen Leben und Tod hängen müssen, damit er sich endlich seines Gelübdes erinnerte?

Vor sechs Wochen an der Brigach hatte er lachen und heulen müssen zugleich, als er endlich gerettet zwischen den Augustinern und Kaiserlichen im Schnee vor dem knienden Militsch lag. Den Spieß wie ein Kruzifix umklammert, hatte er sich am Rand der verschneiten Böschung gekrümmt und gelacht und geheult wie ein Wahnsinniger. Genau so hatten die Männer auf ihn herabgeschaut – wie auf einen Wahnsinnigen.

Nur Militsch nicht. Der betrachtete ihn mit stillem Ernst und so lange, bis Jan nicht mehr lachen, bis er nur noch schluchzen konnte. Da hatte Militsch sich zu ihm heruntergebeugt, sein nasses Gesicht zwischen die Hände genommen und geflüstert: »Jetzt hast du deinen Traum verstanden, nicht wahr?«

Ja, wahrhaftig, das hatte er.

»Wer hat da auf den gebrochenen Brückenbalken gesessen?«, hatte Jan den priesterlichen Freund unter Tränen gefragt. »Welcher der Männer hat mit der Pergamentrolle gewunken?«

»Keiner.«

Entsetzen verschloss Jans Lippen, als er begriff, was diese Antwort bedeutete, und auch in Militschs Miene grub sich tiefer Schrecken.

»Gott sei dir gnädig, Jan«, flüsterte er mit bebender Stimme. »Du hast den Engel des Herrn gesehen.«

Beinahe täglich gellte ihm seit seiner Rettung dieser Satz in den Ohren; und keine Nacht seitdem, in der er nicht schlaflos in die Dunkelheit starrte und den Fremden mit dem harten Gesicht über sich in der Brückenruine hocken und mit der Pergamentrolle winken sah. Auch jetzt dachte er an ihn, während er hier neben der Mutter auf seinem Strohsack kauerte, dachte an die unheimliche Gestalt und dachte an die Brücke, die der Kaiser bauen wollte.

Was sollte er nur tun?

Jan Otlin ließ sich auf den Rücken fallen. Sein Gelübde hatte er sträflich gebrochen, hatte lieber Schlösschen und Kapellchen für gut zahlende Kirchenfürsten errichtet statt eine neue Moldaubrücke für seine Stadt und seinen Gott. Wie sollte er diese Sünde jemals wiedergutmachen? War nicht längst alles zu spät?

Der Schmerz hinter dem Brustbein kehrte zurück. Zum ersten Mal, seit er das Herzogtum Bayern hinter sich gelassen hatte, brannte und stach er Jan wieder bis zur Kehle herauf. Er legte die Hand auf die Brust.

Eine Geißel Gottes hatte Militsch diesen Schmerz genannt, als Jan im Villinger Münster bei ihm die Beichte abgelegt hatte. »Wie dein Albtraum ist auch dieser Schmerz eine gnädige Geißel Gottes«, hatte der Mähre durch das Sprechgitter des Beichtstuhls geraunt. »Mit beidem peitscht er dich heraus aus träger Vergessenheit und hin zur Erinnerung an deinen Schwur.«

»Aber wenn es nun zu spät ist, mein Gelübde noch zu erfüllen?«, hatte Jan verzweifelt gerufen. »Wenn der Kaiser bereits einen Plan für die Brücke hat? Wenn er sie mit einem anderen bauen will? Wenn ich nun schon todkrank bin? Wenn ich bald sterben muss!«

Auch darauf hatte der alte Freund eine Antwort gehabt, gewiss, doch die hatte Jan ratlos zurückgelassen.

Er ließ die Hand der Mutter los und fuhr erneut hoch. »Muss ich bald sterben?«, flüsterte er in die Dunkelheit. »Muss ich sterben wie die Mutter?« Er schluckte, schnappte nach Luft, hielt sich die schmerzende Brust und den Hals. »Ist es zu spät, meinen Schwur noch einzuhalten?«

Auf einmal war ihm, als würde Militsch ihm antworten wie vor sechs Wochen an der Brigach, als würde er seine Stimme aus der Dunkelheit raunen hören: »Finde es heraus.«

10
Venus und Mars

Prag, Dezember 1356

Es hatte aufgehört zu schneien, und die Wintersonne schien aus einem beinahe wolkenlosen Himmel auf die Türme, Dächer und Zinnen der Stadt herab. Hinter dem Schweiger her stapfte Maria-Magdalena durch den Schnee auf dem Platz vor dem Zöllnertor. Trotz der Kälte hatten dort ein paar Bauern und Händler ihre Stände aufgebaut. Prager Frauen und Kinder standen davor, hier und da auch junge Männer aus den benachbarten Universitätskollegs. Eine Gruppe Mönche vom nahen Benediktinerkloster schob sich aus dem Tor; die Hunde der Zöllner sprangen kläffend neben ihnen her.

Maria-Magdalena wunderte sich, denn die edle Frau Ricarda hatte befohlen, Kohl, Fleisch und Milch zu kaufen, doch der hünenhafte Schweiger mit dem seltsamen Namen Rübelrap ließ sowohl den Wagen des Kohlhändlers als auch die Stände des Knochenhauers und des Milchbauern links liegen. Den schlaffen Sack über der Schulter, den Henkel der leeren Blechkanne in der Faust, stapfte er zielstrebig auf eine kleine Felljurte zu, aus deren Spitze eine blasse Rauchfahne quoll und vor deren offenem Eingang Trommeln, Flöten, Jagdhörner und Fanfaren auf einem aufgebockten Brett lagen. Neben der Jurte stand ein zweiachsiger Wagen, vor dem zwei Ochsen im Schnee lagen und Heu aus einem Weidenkorb zupften.

Maria-Magdalena hatte ihren grünen Hut mit den Schwanenfedern tief in die Stirn gezogen und trug einen langen dunklen Wollmantel über ihrer blauen Felljacke und ihren Beinkleidern aus grauem Filz; aus der rechten Manteltasche ragte der schwarze Wollschopf ihrer Puppe heraus. Die edle Frau Ricarda hatte ihr Frauenkleider geschenkt, doch vergeblich versucht, sie zu überreden, die Sachen anzuziehen, dabei hatten die frisch gewaschen geduftet und durchaus hübsch ausgesehen.

Genau wie den zu großen Mantel, den Maria-Magdalena seit ein paar Wochen trug, hatte Rübelrap auch die zu großen Stiefel an ihren Füßen einem der Halbwüchsigen abgenommen, die sie überfallen hatten.

»Dein Schmerzensgeld«, hatte er gesagt.

Obwohl es schon fast zwei Monate her war, krampfte sich jedes Mal ihr Herz zusammen, wenn sie an diesen schrecklichen Abend dachte.

Drei mit Bauholz beladene Pferdewagen rollten an ihnen vorüber, die Männer auf den Kutschböcken winkten Rübelrap zu. Reiter, die in ihrer Nähe vorbeiritten, neigten die Köpfe in seine Richtung, und wer immer ihnen entgegenkam, ob Mann oder Frau, grüßte den Hünen ebenfalls ausgesucht höflich, wie Maria-Magdalena bemerkte; manche sogar mit einem Anflug von Furcht in den Zügen, während dagegen der massige Mönch die Höflichkeiten nur flüchtig nickend erwiderte.

Es hatte sich in der Altstadt herumgesprochen, wie übel er den jungen Burschen mitgespielt hatte, die in jenem düsteren Hinterhof über Maria-Magdalena hergefallen waren. Und nicht nur in der Altstadt.

Der Händler beim Stand vor der Jurte schien Rübelrap gut zu

kennen, denn er begrüßte ihn wie einen alten Freund, und das in einem hart rollenden Dialekt, den Maria-Magdalena im ganzen Reich noch nicht gehört hatte, und sie war ziemlich weit herumgekommen. Er mochte vierzig oder fünfzig Jahre alt sein, war ein wenig schlitzäugig und dazu knochig und klein, sodass Rübelrap neben ihm wie ein klobiger Felsbrocken aussah; das jedenfalls war es, was Maria-Magdalena in den Sinn kam, als sie die beiden Männer so voreinander stehen sah: ein Felsbrocken.

Der Händler winkte sie hinter sich her in die Jurte und dort zu einem kleinen Weidenkorb, der unter einem Dutzend anderen, meist größeren, auf einem langen, aufgebockten Brett stand. Scheu grüßte Maria-Magdalena eine grauhaarige Frau, die in der Jurtenmitte neben einer Glutpfanne hockte und Saiten in eine Laute einspannte.

In dem kleinen Weidenkorb, über den die Männer und Maria-Magdalena sich schließlich beugten, lagen gut und gern zwanzig Brummeisen. Einige von der Art, wie Rübelrap selbst eines spielte, also mit dünner Erzzunge und hufeisenförmig gebogenem Rahmen, andere schlüsselförmig mit kupfernen Zungen und manche länglich mit Bambuszungen.

Der hünenhafte Mönch trat zur Seite und bedeutete Maria-Magdalena mit stummer Geste, sich ein Brummeisen auszusuchen. Sie schaute ihn ungläubig an, doch er nickte, als wollte er sagen: Du hast schon richtig verstanden, und wandte sich dann einem Brett auf zwei Holzklötzen zu, das mit Tintenfässchen, Federn, Papierblöcken und dergleichen beladen war.

Also traute sie sich, in den Korb zu greifen, ein Brummeisen nach dem anderen herauszuholen und jedes zu betrachten. Der kleine Händler wusste allerhand zu erzählen, während sie an den Zungen der verschiedenen Instrumente zupfte. Wegen seines fremdartigen Dialekts verstand sie ihn kaum, hörte allerdings heraus, dass er die Brummeisen als Maultrommeln bezeichnete und manche aus einem Land am Ufer des Schwarzen Meeres mitgebracht hatte. Ob er dort geboren war? Sie schaute zu seiner Frau hin – die nickte ihr mit aufmunterndem Lächeln zu.

Maria-Magdalena entschied sich schließlich für ein Brummeisen aus Messing, das die Form eines großen Schlüssels hatte. Rübelrap nickte zufrieden, als sie es ihm zeigte, und bezahlte das Instrument zusammen mit einer Wachstafel, einem Griffel, einer Feder und Papier, die er sich ausgesucht hatte. Als sie an der Frau mit der Laute vorbei zum Jurtenausgang gingen, sagte diese in klar verständlichem Niederdeutsch: »Ich wünsche dir Frieden und den Segen des Allmächtigen, du gutes Mädchen.«

Einen Atemzug lang blieb Maria-Magdalena stehen, staunend und auch ein wenig erschrocken; staunend über den freundlichen Abschiedsgruß und erschrocken, weil die Frau des Händlers sie trotz ihrer burschenhaften Kleidung als Mädchen erkannt hatte.

»Möge Gott auch dich segnen«, murmelte sie, bevor sie Rübelrap auf den Platz hinausfolgte.

Ich freu mich, dachte sie und langte zu ihrer Manteltasche hinunter, um nach dem Kopf des Herrn Vaters zu fassen, ich freu mich so. Und wahrhaftig: Sie konnte ihr Glück kaum fassen – nicht allein wegen des Brummeisens, sondern auch wegen der Schreibgeräte. Die edle Frau Ricarda bestand nämlich darauf, dass Rübelrap Maria-Magdalena lesen und schreiben beibrachte.

»Schau diesem Mädchen ins Gesicht«, hatte sie zu ihm gesagt, »siehst du nicht, wie klug es ist?«

Während der Hüne stumm nickte, war ein Leuchten durch seinen meist traurigen Blick gegangen.

Sie freute sich darauf, von diesem seltsamen Mönch etwas Neues zu lernen, sogar lesen und schreiben, was doch kaum eine konnte. Sie war gern mit ihm zusammen; lieber als mit der edlen

Frau Ricarda und viel lieber als mit den meisten ihrer Hausgenossinnen.

Auf dem Weg zum Stand des Bauern hielt sie ihr neues Brummeisen in der hohlen Hand und betrachtete es beinahe ehrfürchtig.

Vor ihnen geriet ein junges Paar, das ebenfalls Kohl kaufen wollte, in Streit – sie fauchte ihn an, er brüllte zurück. Und plötzlich ergriff sie einen Kohlkopf und schleuderte ihn ihrem Mann gegen den Kopf. Der holte aus, um sie zu schlagen.

Blitzschnell packte Rübelrap sein Handgelenk, hielt seinen Arm fest und schaute ihm mit seinem traurigen Kinderblick tief in die Augen. Der Mann ließ die Schultern sinken, und Rübelrap bückte sich nach dem in den Schnee gefallenen Kohlkopf, hob ihn auf und drückte ihn der Frau in die Hand, wobei er tadelnd den Kopf schüttelte. Danach drehte er sich zu den Körben um, zeigte hierhin und dorthin und reichte dem Händler wortlos den Sack. Der packte ein, was der Hüne kaufen wollte.

Mit scheuem Blick zu dem zerstrittenen Paar setzte Maria-Magdalena das Brummeisen an die geöffneten Lippen und begann zu zupfen. Es gelang ihr nicht gut, aber es gelang. Sie hatte ja schon auf Rübelraps Brummeisen spielen dürfen.

Ein seltenes, ein fremdartiges Instrument – nicht besonders schön, nicht gerade wohlklingend und beinahe so karg in seiner Klangfülle wie Rübelrap in der Anzahl seiner Worte. Doch Maria-Magdalena mochte es, dem riesenhaften Mönch zuzuhören, wenn er darauf spielte. Ja, sie liebte diese metallenen eintönigen Klänge, was gewiss damit zu tun hatte, dass solche Klänge an jenem Abend vor zwei Monaten ihrer Rettung vorausgegangen waren.

Wie der Erzengel Gottes einst zu seinen Posaunenstößen beim Jüngsten Gericht erscheinen würde, so unverhofft war Rübelrap zum Klang seines Brummeisens aus der Dämmerung aufgetaucht und hatte Maria-Magdalenas Albtraum ein schnelles und blutiges Ende bereitet.

Er hatte die Kerle verdroschen, bis sie aus Mund und Nase bluteten. Der, der schon auf ihr gelegen hatte, war töricht genug gewesen, mit ihrem Dolch nach dem Mönch zu stechen. Maria-Magdalena konnte gar nicht so schnell gucken, wie der Hüne dem Burschen die Klinge entwunden und ihm damit das linke Ohr abgehauen hatte.

»Damit du diese Stunde nie mehr vergisst«, hatte Rübelrap ihm in die blutende Wunde geflüstert. Und dann hatte er dem Kerl zwischen die Beine gegriffen und so lange zugedrückt, bis der Flaumbart jammernd und schreiend schwor – und zwar bei der Seele seiner Mutter –, Maria-Magdalena nicht einmal mehr anzuschauen, wenn er ihr auf Prags Gassen und Plätzen begegnen sollte.

Sie kauften Milch und beim Knochenhauer drei Hasen und eine geräucherte Schweinekeule und stapften danach zurück in die Zöllnerstraße, wo das Haus der edlen Frau Ricarda stand. Rübelrap trug die Milchkanne und den Sack mit dem Kohl und dem Fleisch, Maria-Magdalena das Schreibzeug und ihr Brummeisen. Kinder bauten Schneemänner am Straßenrand, und im großen Hof einer Schmiede bewarfen Männer, Kinder, Frauen und Halbwüchsige einander mit Schneebällen. Ein junger Bursche und ein junges Mädchen wälzten sich kichernd herum, und für Maria-Magdalena war es schwer zu erkennen, ob sie sich gegenseitig Schnee ins Gesicht reiben oder einander küssen wollten.

Es war ein Eckhaus, das die edle Frau Ricarda gemietet hatte, um mit den anderen Frauen und Rübelrap darin zu wohnen und die vielen Gäste zu empfangen, die sie und vor allem die Frauen Tag für Tag besuchten. Mit seinem runden Turm, seinem befestigten Tor und seinen Hofmauerzinnen sah es aus wie eine kleine Burg. Das Hauptportal unter dem Turm ging auf die Zöllnerstraße hinaus, die Längsseite des Hauses mit der Hofmauer lag an einer Gasse, die zum Teyn führte. *Teyn* – so nannten die Prager das alte Stadtviertel, wo die Minderen Brüder, die den heiligen Franziskus verehrten, sich ein Kloster gebaut hatten.

Das Haus gehörte einem Höfling des Kaisers, einem italienischen Kaplan aus Florenz. Weil die edle Frau Ricarda es kaufen wollte, kam dieser geistliche Herr zweimal in der Woche, um mit ihr über den Preis zu verhandeln und sich sein Horoskop stellen zu lassen; und um sich mit einer der jungen Frauen für einige Zeit in deren Kammer zurückzuziehen.

Manchmal kam es Maria-Magdalena so vor, als erschiene der Herr Kaplan ausschließlich deswegen.

Vor dem Tor der Hausburg, an der Stange bei der Viehtränke, waren zwei Pferde festgebunden, auf deren Schabracken das kaiserliche Wappen prangte. In der kleinen Vorhalle trafen sie auf die edle Frau Ricarda und zwei Besucher. Die drei standen unter dem großen kronenartigen Kerzenleuchter mit den sechzig Kerzen – Maria-Magdalena hatte sie gezählt –, der von der Decke des zweiten Obergeschosses tief in die Halle herabhing.

Ricarda unterhielt sich mit den beiden Männern, einem Ritter und seinem Knappen. Auf den Stufen zur Treppe ins Obergeschoss lauschten zwei der jungen Hausgenossinnen der Unterhaltung, und Maria-Magdalena merkte sofort, dass sie den beiden Besuchern schöne Augen machten.

Der Knappe war sehr jung, und blonde Locken rahmten sein hübsches Gesicht ein. Den Ritter sprach die edle Frau Ricarda mit »Herr Marian von Zittau« an, und im Vorüberhuschen nahm Maria-Magdalena seine kleine, stämmige Gestalt, sein kurzes rötliches Haar und den grausamen Zug um seinen schmalen Mund wahr. Ein Blick auf ihn reichte, und sofort war er ihr widerwärtig.

Der hübsche Lockenkopf ging zu den beiden Frauen auf der Treppe und stieg mit ihnen ins Obergeschoss hinauf; Maria-Magdalena sah es, als sie sich auf der Schwelle zur Küche noch einmal umdrehte.

Rübelrap zog sie in die Küche herein und warf die Tür hinter sich zu. Der Blick seiner lieben Augen schwankte zwischen Mitleid und Strenge, während er ihr ins Gesicht schaute. Drei Atemzüge lang standen sie einander gegenüber – sie sah zu ihm hoch und er zu ihr herunter.

»Niemals«, sagte er leise, während er zur Decke zeigte. »Gleichgültig, was du Ricarda zu verdanken hast, so etwas wirst du niemals tun. Verstanden?«

Maria-Magdalena hätte keine Worte gehabt, um jemandem oder sich selbst zu erklären, was genau er meinte, doch sie fühlte es und nickte.

Gemeinsam brachten sie die Kohlköpfe und das Fleisch in den Keller, schürten anschließend Feuer in der Küche und setzten Milch auf den Herd, um sie aufzukochen und haltbar zu machen. Danach fütterten sie im Stall die Hühner, Ziegen und Pferde, und als das erledigt war, wäre es eigentlich Maria-Magdalenas Aufgabe gewesen, das Haus zu fegen, doch Rübelrap bedeutete ihr mit ein paar Gesten – er redete nur dann, wenn er einen wirklich bedeutsamen Anlass dazu sah –, dass er gleich fortfahren wolle, ihr lesen und schreiben beizubringen, und schickte sie los, um das Tintenfass und den Napf mit dem Sand aus dem Kontor der edlen Frau Ricarda in die Küche zu holen.

Da Rübelrap das Fegen für weniger wichtig hielt als Lesen- und Schreibenlernen, wagte Maria-Magdalena es, ihre Arbeit aufzuschieben. Vor zwei Monaten noch hätte sie dafür Schläge riskiert.

Bis auf eine namens Eva hatten die Hausgenossinnen der edlen Frau Ricarda – von manchen Gästen wurden sie *Hübschlerinnen* genannt – Maria-Magdalena anfangs ausgenutzt, wo sie nur konnten. Sie musste die Schuhe der Frauen putzen, ihre Kammern aufräumen, ihnen beim Anziehen helfen, ihre Wäsche waschen und vieles mehr. Wie eine Haussklavin hatten die meisten Frauen sie behandelt. Bis Rübelrap ihnen mit strengen Blicken und unmissverständlichen Gesten zu verstehen gegeben hatte, dass Maria-Magdalena unter seiner Obhut stand und ihnen keinerlei Gehorsam schuldete. Selbst gegenüber der edlen Frau Ricarda, die anfangs überaus streng und abweisend mit Maria-Magdalena umgegangen war, hatte der hünenhafte Mönch sie in Schutz genommen.

Lenchen hatte die harte Frau sie während der ersten Zeit genannt und sie geschlagen, wenn sie darauf nicht reagierte. Sie heiße Max, darauf bestand Maria-Magdalena mit eisernem Willen, Max und nicht Lenchen. Und nachdem Rübelrap sie ein paarmal laut genug Max gerufen hatte – er, dem sonst kaum ein Wort über die Lippen kam –, da hatten die edle Frau Ricarda und ihre jungen Hausgenossinnen aufgegeben. Seitdem hieß sie bei allen im Haus Max; sogar bei einigen Gästen.

Nur wegen Rübelrap hatte sie überhaupt im Haus der Edelfrau wohnen und essen dürfen. Und war es in den ersten Wochen die Angst vor der Rache jener schlimmen Prager Burschen gewesen, die sie davon abhielt, Ricardas Hausburg fluchtartig zu verlassen, so lag es jetzt einzig und allein am Hünen selbst, dass sie bleiben wollte. Manchmal fühlte es sich so an, als würde sie ihn beinahe so liebhaben wie das undeutliche Bild ihres Vaters, das sie täglich aus ihrer Erinnerung heraufbeschwor.

Als Maria-Magdalena durch die Eingangshalle huschte, standen der Ritter Marian und die edle Frau Ricarda noch immer unter dem Kerzenleuchter und hatten einander viel zu erzählen. Das, was sie aufschnappte, klang ganz so, als wollte der Ritter die Frau Ricarda bewegen, ihr sein Schicksal aus den Sternen zu weissagen.

»Der Gedanke an meine Schöne raubt mir den Schlaf«, hörte sie ihn sagen, und: »Ich muss wissen, ob sie mich wirklich noch immer liebt.«

Doch die Edelfrau zierte sich; jedenfalls kam es Maria-Magdalena so vor.

Leise öffnete sie das Portal zu Ricardas Kontor, huschte durch den kleinen Saal, in dem die Tische mit den Sternkarten standen, die Regale mit den Folianten, Büchern und Atlanten und die Truhen, in denen unzählige Gläser mit Heilkräutern lagerten. Am Ende des Raumes betrat sie schließlich Ricardas kleines Schreibzimmer.

Sie fand das Tintenfass nicht auf Anhieb und den Sand zum Trocknen der Tinte erst, nachdem sie sich dreimal in der Kammer umgeschaut hatte. Als sie beides endlich in Händen hielt und zurück in die Küche gehen wollte, hörte sie im Saal nebenan plötzlich die Stimmen des Ritters Marian und der edlen Frau Ricarda.

Maria-Magdalena drückte sich an die Wand neben die nur angelehnte Tür und wusste erst nicht, was tun. Sie lauschte ein paar Atemzüge lang, und dann – war es Neugier? War es Scheu? –, dann beschloss sie, im Verborgenen zu bleiben und zu warten, bis Frau Ricarda und der Ritter den Saal wieder verlassen würden.

»Ich bin lange unterwegs gewesen«, hörte sie Marian sagen, »musste einen Botschafter des Kaisers durchs Königreich Frankreich bis nach Avignon hinunter eskortieren. All die Wochen quälte mich eine einzige Frage: Ist meine Herzensdame mir treu geblieben in dieser Zeit? Wird sie meine Liebe noch erwidern, wenn ich zurückkehre? Und nun, da ich zurückgekehrt bin, will es mir scheinen, als halte sie mich hin, ja, als gehe sie mir sogar aus dem Weg. Ich finde kaum noch Schlaf, so sehr plagt mich die Ungewissheit! Ich muss endlich erfahren, ob ich ihre Liebe für immer und ewig gewinnen werde, Frau Ricarda! Bitte befragt die Sterne nach meinem Schicksal! Es soll Euch reich belohnt werden, das schwöre ich Euch.«

»Ich will es ja versuchen, Herr Marian«, hörte Maria-Magdalena die edle Frau Ricarda antworten. »Doch versprecht Euch nicht zu viel, denn die Stellung der Sterne ist manchmal schwer zu deuten, wisst Ihr?« Schritte erklangen nebenan, Ricarda ging wohl zu einem Schreibpult. »Ihr seid in Zittau geboren, sagtet Ihr? Am elften Mai anno 1327? Im Sternbild des Stieres also. Wisst Ihr die Stunde Eurer Geburt?«

Auch die kannte der Ritter, und danach hörte Maria-Magdalena eine Zeit lang nur noch das Rascheln von Pergament, das Kratzen einer Feder und die Schritte des unruhig hin und her laufenden Ritters.

»Sagte ich es nicht?«, erklang nach einiger Zeit wieder die Stimme der Hausherrin. »Die Konstellation Eures Horoskops erscheint mir durchaus geheimnisvoll ...«

»Ist das wahr?«

Weil sie inzwischen durch den Türspalt spähte, konnte Maria-Magdalena den Ritter zum breiten Schreibpult eilen sehen, wo Ricarda sich über einen Pergamentbogen und eine Sternkarte beugte.

»Immerhin sehe ich, dass die Venus zurzeit im ersten Haus steht, das ist Eures. Und in Liebesdingen bedeutet das tatsächlich Gutes für Euch ...«

»Ist das wirklich wahr?« Der Ritter klang atemlos.

»… zumal eine Konjunktion von Mond und Sonne näher rückt. Ihr braucht einfach nur ein wenig Geduld, scheint mir, Herr Marian …«

»Geduld, Frau Ricarda? Wie lange denn noch Geduld?« Für einen Moment konnte Maria-Magdalena das Gesicht des Ritters sehen – es sah so gequält aus wie auf manchen Kruzifixen das Gesicht des Herrn Jesus Christus.

»… Geduld, ja, denn auch der Uranus steht in Eurem Haus, und dort wird er noch ein Jahr lang stehen bleiben.«

»Bedeutet das Unheil?«

»Gewalt oder wenigstens Streit. Und da Uranus Euer Geburtshaus nächstes Jahr verlassen wird, auch große Veränderungen.« Maria-Magdalena sah die edle Frau Ricarda sorgenvoll nicken. »Im Augenblick kann das tatsächlich Verletzung, Streit oder gar Kampf bedeuten, genau, zumal auch der Mars demnächst in Euer Haus treten wird. Grämen müsstet Ihr Euch deswegen jedoch nur dann, wenn Ihr die Geduld verliert. Andererseits steht die Venus in Konjunktion mit dem Mars, und Sonne und Mond werden es auch bald tun, wie gesagt, und das stimmt mich hoffnungsvoll für Eure Liebesdinge. Zügelt also Euren Tatendrang ein wenig, dann wird Euer Horoskop bald günstiger aussehen, was die Herzensangelegenheiten betrifft. Wartet vier oder fünf Wochen ab …«

»So lange?!«

»… oder wenigstens zwei oder drei, bevor Ihr Eurer Dame erneut Eure Liebe beteuert. Wenn Ihr diese Wochen verstreichen lassen könntet, warten, bis die Zeit reif ist, dann wird sie Euch erhören, wenn ich die Stellung der Sterne richtig verstehe.«

»Also gut, Frau Ricarda, also gut.«

Maria-Magdalena beobachtete, wie sich die gequälte Miene des Ritters glättete und wie in einem Anflug hoffnungsvollen Lächelns der grausame und harte Zug wieder die Oberhand in seinem runden Gesicht gewann.

Angst beschlich sie beim Anblick dieses Gesichtes – Angst, der Ritter könnte doch die Geduld verlieren; Angst, die edle Frau Ricarda könnte die Stellung der Sterne falsch verstanden haben. Denn dann würde dieser Mann böse werden, dessen war Maria-Magdalena sich sicher. Sehr böse.

11
Eva

Prag, Vorweihnachtszeit 1356

Die Mutter starb in der Abenddämmerung des folgenden Tages. Jan Otlin und seine Schwester beerdigten sie an einem verschneiten Freitag in der Woche vor dem Christfest auf dem Friedhof der Kleinseite. Kaum hatten die letzten Trauergäste nach dem Festschmaus das Haus verlassen, fing Jan an zu suchen.

Jeden Mauerwinkel, jede Nische, jede Truhe durchsuchte er nach dem alten Pergament mit dem Bauplan, stöberte in jedem Schrank, hinter jeder Luke, unter jeder losen Bodenplanke. Im Ziegenstall unten begann er, im Stiegenhaus machte er weiter, in den Kammern und Stuben durchforstete er jedes denkbare Versteck zweimal, und als er den alten Bauplan dennoch nicht finden konnte, stieg er schließlich mit einer Öllampe zum Speicher hinauf.

Dort leerte er die Kiste mit dem Werkzeug des Vaters, wühlte in der Truhe mit dessen übrig gebliebenen Kleidern, Gurten und Hüten und leuchtete in Fässer, unter zersprungene Schüsseln und umgedrehte Eimer. Nirgendwo auch nur die Spur eines Pergaments.

Ganz am Ende des Dachbodens fesselte irgendwann ein röhrenartiges Etwas seine Aufmerksamkeit, ein langes rundliches

Ding, das halb unter die Firstsparren geklemmt war. Er hob die Lampe, bis ihr Schein auf zwei alte lederne Köcher fiel, einer mit der Öffnung voran in den anderen gesteckt. Sein Herz schlug höher.

Hastig hängte er die Lampe an einen Nagel, der aus einem Dachbalken ragte, drückte die Köcher zwischen Sparren und Dachfirst heraus und drehte sie auseinander – ein Jubelschrei entfuhr ihm: In den Köchern steckte eine mit Leinenlumpen umwickelte und in ein Wachstuch eingeschlagene Pergamentrolle! Der Bauplan! Er hatte ihn gefunden!

Zurück in der Stube, packte er ihn aus und entrollte das Pergament behutsam; keine Maus hatte daran genagt, kein Wurm es angefressen, kein Schimmel es verdorben.

»Gott sei Lob und Dank!« Jan bekreuzigte sich, drehte die Dochte dreier Öllampen höher und begann, in ihrem Schein die Zeichnung zu studieren.

Schnell merkte er, dass der Plan so, wie der Vater und er ihn damals, vor mehr als vierzehn Jahren, gezeichnet hatten, nicht als Grundlage für die Erbauung einer Steinbrücke taugte. Zu vieles war skizzenhaft geblieben, zu vieles würde er mit seinem heutigen Wissen und seiner Erfahrung anders konstruieren. Doch immerhin taugte der alte Plan als erster Entwurf, als guter erster Entwurf sogar. Auf den würde er aufbauen können.

Aber wozu? Jan legte die Hand auf Brust und Hals, denn stechender Schmerz fuhr ihm erneut in die Kehle herauf. Wozu einen neuen Plan entwerfen, wenn Gottes Strafe sich bereits an ihm vollzog? Wenn er sowieso schwer krank war und sterben musste? Wozu die Mühe, wenn der Kaiser womöglich längst einen Baumeister bestimmt und sich für dessen Plan entschieden hatte?

Mutlosigkeit und Verzweiflung packten ihn. Er seufzte tief,

löschte die Lichter und streckte sich auf dem leeren Bett der Mutter aus.

Länger als drei Stunden schlief er nicht in dieser Nacht, und in diesen drei Stunden träumte er schwer: von den Ziegenräubern, vom abgestürzten Vater, von dem entsetzlichen Fremden, der über ihm und der Brigach gelauert hatte. Konnte denn ein Engel so aussehen wie dieser und so gucken? So hart und furchterregend?

Innere Unruhe und eine unbestimmte Sehnsucht trieben Jan am nächsten Morgen in die Stadt und unter Menschen. Er nahm den Weg zur Moldau hinunter, den er auch vor vierzehn Jahren genommen hatte, als er mit dem Sauspieß auf der Schulter zur Judithbrücke gerannt war, um mit Mutter und Schwester die Ziegenräuber zu verfolgen. Es schneite längst nicht mehr.

Bitterer Geschmack kroch ihm auf die Zunge, während er den gepflasterten Aufgang zum alten Brückenturm hinauflief. Unter dem Torbogen blieb er stehen, betrachtete prüfend das Gemäuer, schaute in die untere Wachkammer hinein, aus der damals der Wächter getreten war, der vergeblich versucht hatte, ihn aufzuhalten.

Schritte wurden laut, und ein bewaffneter Mönch stapfte aus den oberen Stockwerken herunter. Er gehörte der Bruderschaft an, die für die Wartung der Holzbrücke zuständig war und bei der Kutscher den Zoll entrichten mussten, wenn sie ihre Fuhrwerke über die Flussquerung lenken wollten. »Was gibt es zu gucken, Mann?«

Jan antwortete nicht, zog sich zurück und schritt über die Planken zur Altstadt hinüber. Von der Brüstung der Brückengeländer hingen Eiszapfen jeder Länge.

In ihrem Bauplan damals hatten der Vater und er den Turm der Judithbrücke, der seit der Magdalenenflut einsam auf der Kleinseite stand, in ihre Konstruktion miteinbezogen. Das Mauerwerk schien Jan gut erhalten, und wahrscheinlich würde er den alten Turm restaurieren und zu einem Teil der neuen Brücke machen, wenn er sie zu bauen hätte.

In einem Gasthaus in der Altstadt frühstückte er ein wenig Hirsebrei mit Speck. Und weil seine Schmerzen nachgelassen hatten, bestellte er hinterher eine Kaninchenkeule und einen Bratapfel dazu.

Beim Verlassen des Gasthauses fiel sein Blick auf drei junge Frauen, die ihm ungewöhnlich freundlich zunickten. Eine war blond und auf eine Weise hübsch, die Jan sofort an seine so herrlich unkeusche Nonne Mathilde erinnerte, und obwohl er sich nach der schlimmen Nacht wie gerädert fühlte, konnte er nicht anders, als ihr Lächeln zu erwidern.

Mit verführerischen Blicken forderten die Frauen ihn auf, ihnen zu folgen. Und als er sah, dass fahlgelbe Bänder an ihren Fußgelenken oder Armen flatterten, hielt ihn nichts mehr – es waren Huren, und weil er trostbedürftig war und sich in Schwester Mathildes Arme sehnte, eilte er ihnen hinterher.

Am Altstädter Ring bogen sie zwischen der Schenke *Zur Steinernen Glocke* und dem Minoritenkloster St. Jakob in eine Gasse ein und zwei Dutzend Ruten weiter in einen Torbogen zum Hinterhof eines großen Gasthauses, das Jan nicht kannte. Zwei der Frauen verschwanden im schneebedeckten Hof, die dritte, die blonde, blieb stehen und wartete auf ihn.

Als er bei ihr ankam, sah er die anderen beiden im Eingang eines Badehauses verschwinden. Er wechselte ein paar belanglose Worte mit der Blonden, stellte sich vor, erklärte ihr, wie hübsch er sie finde, und fragte sie nach ihrem Namen.

»Eva«, antwortete sie. Ihre Stimme klang so unschuldig wie die eines Mädchens, und im Blick ihrer dunkelblauen Augen lag etwas Wehmütiges und zugleich Gütiges. Sie zierte sich ein bisschen und nannte ihm schließlich ihren Preis.

Sie wurden sich schnell einig, woraufhin Jan ihr ein paar Münzen in die Hand drückte, während sie auf dem freigeräumten Schneepfad über den Hof liefen. Er fühlte sich beobachtet, und als er sich deswegen umblickte, entdeckte er einen hünenhaften Mönch, der zwischen den Fensteröffnungen des Badehauses auf einem Fass hockte. Als ihre Blicke sich trafen, setzte er, ohne Jan aus den Augen zu lassen, ein Brummeisen an den Mund und begann, es zu schlagen.

Eva zählte die Münzen sorgfältig, mimte die Verschämte, während sie ihm zunickte und sagte: »Nach dem Bad im Ruheraum.«

Bevor Jan ihr ins Gebäude folgte, wandte er sich noch einmal nach dem großen Mönch um. Ein Dominikaner wohl, denn er trug einen weißen Habit. Er saß kerzengerade auf seinem Fass, neben dem sich Schneehaufen auftürmten, spielte auf seinem Brummeisen und spähte seltsam lauernd zu Jan herüber. Links und rechts von ihm quollen Dampfschwaden aus den Fensteröffnungen der Baderäume, sodass die Eiszapfen tropften, die von der Dachkante hingen.

Etwas Rätselhaftes, ja Bedrohliches ging von dem massigen Klosterbruder aus. Wie er da an der Fassade hockte, wie er guckte, wie selbstverständlich er sein Eisen zupfte – fast kam es Jan so vor, als gehörte ihm das Badehaus, als wollte er darüber wachen, dass kein unwürdiger Gast es betrete.

Der stechende Schmerz hinter seinem Brustbein meldete sich, sodass er sich abwandte und in den Vorraum des Badehauses trat. Feuchte Hitze und Stimmengewirr schlugen ihm entgegen.

Wenig später stieg er in einen großen Zuber, in dem schon ein altes Paar saß. Das Bad war nur mäßig besucht, was an der frühen Stunde liegen mochte; es ging ja erst auf die Mittagszeit zu.

Sechs sehr große und neun etwas kleinere Zuber fassten die beiden hallenartigen Räume des Badehauses. An den mit Schnitzereien verzierten Holzsäulen, die das Deckengebälk trugen, steckten Fackeln. Die Zuber waren von ovalem Grundriss, und in den großen fanden bis zu sechs Badende Platz. Nur in knapp der Hälfte jedoch lagen Prager Bürger und genossen ein Bad, etwas mehr als ein Dutzend Frauen und Männer insgesamt. Die hatten viel zu schwatzen und zu lachen. Währenddessen schleppten Bademägde und -knechte Eimer und Krüge von Zuber zu Zuber und füllten heißes Wasser nach oder schruppten denjenigen den Rücken, die danach verlangten.

An zwei Wänden standen vier lange Reihen Holzbänke für das Dampfbad, terrassenförmig angeordnet. Auch hier lagen einige Leute, schwitzten und ließen sich Glieder, Bäuche und Rücken von Badeknechten mit trockenen Tüchern abreiben. An der Stirnwand, über einer breiten Treppe von vier Stufen, verschloss ein schwerer roter Vorhang den Durchgang zum Ruheraum.

Gast- und Badehaus waren neu; vor sechs Jahren jedenfalls, als Jan Otlin zuletzt in der Stadt gewesen war, hatte es an dieser Stelle weder das eine noch das andere gegeben. Wahrscheinlich betrieb es ein heimgekehrter Kreuzfahrer, der irgendwo im Morgenland das Vergnügen und die Wohltat kennengelernt hatte, die sich die Heiden mit ihren Badehäusern schon seit jeher gönnten, wie Jan in Paris und Avignon gehört hatte.

Er schaute sich um. In der Mitte der beiden großzügig gebauten Badesäle standen Krüge, Eimer und Kuhlen für die Waschungen und Güsse bereit. An der Türseite, flankiert von zwei großen Glutpfannen, fanden sich die Liegen und Hocker, an denen zwei Bader ihrer Heilkunst nachgingen, und die Regale mit den Gerätschaften, die sie dafür brauchten: Schröpfgläser, Messer, Wundlöffel, Zahnzangen, Schüsseln und dergleichen.

Das Stimmengewirr ebbte ein wenig ab, als die drei Hübschlerinnen den Badesaal betraten. Zwei der Grazien ließen ihre Tücher vor dem Nachbarzuber fallen, in dem ein blonder, kräftig gebauter Mann in Jans Alter saß. Die Frauen setzten sich zu ihm und räkelten sich behaglich im warmen Wasser. Der Mann guckte irritiert, zumal sie ihn wie einen alten Bekannten begrüßten, was er offenbar nicht war.

Eva stieg zu Jan und dem alten Paar in den Zuber. Das vernarbte Gesicht des Alten verzog sich zu einem heiteren Grinsen, und nicht einmal der gestrenge Blick seiner Gattin vermochte ihn davon abzuhalten, die Blonde zu betrachten und ihr einen besonders launigen Segensgruß zu entbieten.

Weitere Badegäste traten ein, und die Knechte und Mägde mussten sich sputen, um einige noch leer stehende Zuber mit heißem Wasser zu füllen. Es wurde lauter im Badesaal, mehr Geplauder, mehr Gelächter, mehr Geplätscher. Irgendjemand stimmte ein Lied an.

Eine auffallend schöne Frau mit dunklem Teint, feinen Gesichtszügen und schwarzem Haar schritt zum Zuber neben dem Blonden und den beiden Gefährtinnen Evas. Ein weißes, mit blauen Blumen besticktes Tuch verhüllte ihren Leib, und sie bewegte sich so anmutig und war so gut gewachsen, dass Jan gar nicht anders konnte, als sie zu betrachten. Die Schöne mochte in den frühen Zwanzigern sein, und ihre dunklen Augen glühten im Licht der Fackeln. Lachend begrüßte sie die beiden Greisinnen, in deren Badewasser sie stieg, und machte es sich bei ihnen bequem.

Obwohl die Hübschlerinnen in seinem Zuber durchaus ansehnliche Frauenzimmer waren, hatte der Blonde ab sofort nur noch Augen für die Schwarzhaarige im Nachbarzuber. Die erwiderte sein Lächeln und nickte ihm zu. Jan merkte schnell, dass die beiden sich kannten.

Unter Schaum und Wasser streckte Eva derweil die Beine aus, berührte seine Hüfte und liebkoste seine Schenkel mit dem Fuß. Er konnte es allerdings nicht genießen, denn davon abgesehen, dass seine Schmerzen ihn quälten, drehte sich in seinem Kopf ein mit Sorgen besetztes Karussell: sein gebrochenes Gelübde, des Kaisers Brückenbaupläne, die ängstliche Gewissheit, bald an einer tödlichen Krankheit sterben zu müssen – all das plagte Jan, und plötzlich war ihm so gar nicht nach Liebe zumute.

Er fragte sich, welcher Dämon ihn geritten haben mochte, als er den Hübschlerinnen ins Badehaus gefolgt war.

Ein Mann, den er schnell als den Wirt des Gasthauses ausmachte, ging von Zuber zu Zuber und bot den Badegästen eine Mahlzeit an – es gab Spanferkel oder Aal, beides mit Kohl, oder aber Getreidebrei mit eingekochten Früchten. Der Alte mit dem vernarbten Gesicht und seine Frau wählten das Spanferkel, Eva wollte den Brei, und Jan war noch vom Frühstück satt.

Eine junge Magd schleppte zwei Eimer heran, aus denen es dampfte, und goss heißes Wasser nach. Wohlige Wärme umwogte Jans Bauch, Hoden und Hintern.

»Wunderbar, mein Kind«, sagte der Alte neben ihm und erntete erneut einen strengen Blick seiner Gattin. »Das machst du ganz wunderbar. Danke auch.«

»Aber gern doch, Laurenz.« Lächelnd wuchtete das Mädchen den zweiten Eimer zum Nachbarzuber und erhitzte dem Blonden und den Hübschlerinnen das Wasser. Dessen Blick ließ die Schwarzhaarige überhaupt nicht mehr los. Sie plauderten von Zuber zu Zuber, und Jan fiel der französische Akzent des Mannes auf.

Seufzend rutschte er bis zum Hals in duftenden Schaum und dampfendes Wasser und stemmte seine Beine neben Evas Hüfte gegen die andere Seite des Zubers. Seine Schmerzen ließen allmählich nach, die Wärme entspannte seinen Körper und beruhigte seinen Geist, und die Frauenhaut an seinen Schenkeln und Füßen zu spüren, tat ihm auf einmal doch gut.

»Du kommst mir bekannt vor«, sagte der vernarbte Alte namens Laurenz, während eine Magd ein Tafelbrett zwischen ihn und Jan über die Mitte der Zuberlängsseiten legte und Messer, Brotscheiben und Weinbecher darauf arrangierte. »Aber glaubst du, dein Name will mir einfallen?«

»Das ist der Jan Otlin von der Kleinseite, Grindskopf!«, rief seine Frau. »Wieso erkennst du nicht den Sohn des Mannes, dem du zweimal im Jahr Lämmer und Wildfleisch abgekauft hast?« Die Leute wohnten eine Gasse weiter – jetzt erst erkannte Jan die Frau. Den Mann hatte er in seiner Kindheit selten gesehen, denn er war meistens mit König Johann auf irgendeinem Kriegszug gewesen.

»Der Steinmetz Otlin? Du bist sein Sohn, der Jan?« Der Alte staunte ihn an. »Ihr habt doch unter Meister Arras zusammen im Veitsdom den Stein gehauen! Wo hast du die ganze Zeit gesteckt?«

»Im Königreich Frankreich.« Jan merkte, wie der Blonde im Nachbarzuber die Ohren spitzte. »In Paris und Avignon.«

»Du bist in der Stadt des Heiligen Vaters gewesen?«, rief eine der Greisinnen, die bei der schönen Schwarzhaarigen im Zuber badeten; offenbar waren es Nonnen. »Los, erzähle!«

Während Jan von seinen Reisen und von seiner Arbeit in den französischen Städten berichtete, schenkte ein Knecht Wein ein und servierte eine Magd das Essen auf dem Tafelbrett, das über dem Schaum lag. Und Eva schob ihren zärtlichen Fuß in Jans Schritt. Seine Erzählung stockte, denn was sie da tat, ließ ihn durchaus nicht kalt.

»Gut, dass du zurück in dein gutes altes Prag gekommen bist«, tönte der alte Waffenknecht. »Denn gerade in diesen Wochen sucht der Wenzel jemanden, der uns eine Steinbrücke über die Moldau baut!«

»Unser Kaiser heißt Karl!«, korrigierte seine Frau keifend.

»Sie ist eine Deutsche«, feixte der Waffenknecht, den Gott mit einer Eselsgeduld gesegnet zu haben schien.

»Ich habe davon gehört«, murmelte Jan.

»Du kannst doch Brücken bauen, oder?« Der Alte runzelte die vernarbte Stirn.

»Ich denke schon.« Unter Wasser begann die blonde Hübschlerin, Jans Fußsohlen zu massieren.

»Er war auf der Judithbrücke, als das Eis der Magdalenenflut sie eingerissen hat«, sagte die Frau des alten Waffenknechtes. »Das stimmt doch, oder? Du hast den Ziegenräuber verjagt und deine Mutter gerettet.«

»Das ist wahr.« Die Erinnerung überfiel Jan so plötzlich wie vorhin der Schmerz, und seine Stimme klang auf einmal ziemlich heiser. »Wir haben sie gestern beerdigt.«

In diesem Moment wandte der Blonde im Zuber nebenan sich zum ersten Mal von der schönen Schwarzhaarigen ab und sah ihm ins Gesicht. Jan erschrak, denn im Blick der wasserblauen Augen glitzerten Kälte und Feindseligkeit. Als hätte dieser Blick ihn durchbohrt, flammte ihm in Brust und Kehle der Schmerz mit unerwarteter Heftigkeit auf, und er griff sich an den Hals. Der blonde Franzose im Nachbarzuber aber wandte sich wieder der schönen Schwarzhaarigen zu und fuhr fort, mit ihr zu schwatzen.

Im anderen Saal, wo inzwischen in jedem Zuber Badende hockten, ebbten Stimmengewirr und Gelächter ab, und auf den Stufen vor dem Vorhang zum Ruheraum erhob sich ein in Leintuch gehüllter Mann, klein und stämmig und mit kurzem rötlichen Haar, und stimmte ein Lied an. Ein junger blond gelockter Bursche trat, nur mit Hüfttuch bekleidet, neben ihn und begann, die Laute zu zupfen.

Obwohl sie weder Harnisch noch Helm trugen, erkannte Jan

die beiden sofort wieder: den Ritter Marian von Zittau und seinen Knappen Sigismund. Marian trug ein Liebeslied vor, und während er sang, suchte sein Blick den einer sehr jungen Frau, die mit einem noch nicht sehr alten Mann in einem kleinen Zuber vor der unteren Bank des Dampfbades saß. Als sie merkte, dass der Minnesang für sie bestimmt war, senkte sie verschämt das mädchenhafte Haupt.

Von irgendwoher tönte ein »Bravo!«, und als Jan genauer hinschaute, erkannte er den zweiten kaiserlichen Ritter, der ihn und Militsch nach Prag eskortiert hatte: den weißblonden Giselher. Der teilte sich den großen Zuber mit einem anderen Herren und drei Frauen, die Jan für Hofdamen hielt.

Kaum verklang der letzte Akkord, applaudierte die gesamte Badegesellschaft. Oder nein, nicht die gesamte, wie Jan bemerkte: Die Frau, der Marians Liebeslied gegolten hatte, war längst aus dem Zuber gestiegen, und der bei ihr gebadet hatte, ebenfalls. Sie warf dem ritterlichen Sänger einen kühlen Blick zu, bevor sie den Badesaal schnellen Schrittes verließ. Ihr Zubergefährte begleitete sie. Der Blick, mit dem er dabei Marian bedachte, flammte vor Zorn. Marian aber stand stumm und wie geprügelt. Jan konnte zusehen, wie er erbleichte.

In diesem Moment erhob sich die schöne Schwarzhaarige, stieg aus dem Zuber und hüllte sich in ihr weißes, mit blauen Blumen besticktes Handtuch. Während sie durch die Dampfschwaden schritt, vorbei an dem bedauernswerten Ritter zum Ruheraum hinauf, wunderte Jan sich, weil sie nur so kurze Zeit gebadet hatte.

Im Zuber nebenan sprachen die Hübschlerinnen Französisch mit dem Blonden, wollten einen Preis mit ihm aushandeln, doch der eigenartige Franzose – er konnte nur aus dem Königreich jenseits des Rheins stammen, so gut wie er Französisch sprach –, der Blonde also hatte nur Augen für die Schwarzhaarige, die gerade hinter dem Vorhang verschwand. Er schien maßlos verliebt zu sein, und Jan beneidete ihn ein wenig.

Eva mit ihren Unterwasserzärtlichkeiten brachte ihn auf andere Gedanken. Er nahm den Weinbecher, den sie ihm reichte, und trank. Der Wein tat ihm gut, linderte sogar seinen Schmerz. Aus irgendeinem Grund schaute sie ihn mitleidig an, während er den Becher leerte. Als er ihn zum Essen auf das Tafelbrett stellte, sah er, wie der blonde Franzose ebenfalls aus dem Zuber stieg, in seine Sandalen schlüpfte und in ein Leintuch gehüllt in den Ruheraum ging. Jeder, der Augen im Kopf hatte, wusste, wohin es ihn zog.

Die Frau des vernarbten Waffenknechtes rutschte in die Mitte des Zubers und legte die Arme auf das Tafelbrett. »Ein Steinmetz aus Straßburg«, flüsterte sie über die Brotscheibe mit ihrem Aal hinweg. »Der Peter Parler hat ihn mit in die Stadt gebracht, damit er unter ihm oben im Veitsdom den Stein haut.«

»Kennt ihr auch die Frau mit den schwarzen Haaren?«, fragte Jan, während er aus dem Augenwinkel Marian beobachtete, der mit hochrotem Gesicht und gefolgt von seinem Knappen zu seinem Zuber zurückkehrte.

»Peter Parlers Weib«, sagte die Alte. »Ihre drei Kinder hat sie wohl bei der Amme gelassen.«

»Wie heißt der Straßburger?«

»Rudolph«, sagte der Alte, »hab vor zwei Tagen in der Schenke mit ihm und den Maurern aus Peter Parlers Bauhütte gezecht. Im Suff hat er behauptet, ein Engel habe ihm im Traum den Plan für die neue Steinbrücke eingegeben.«

Jan schluckte.

»Wer weiß!« Misstrauen verzog das faltige Gesicht seiner Frau. »Vielleicht war es auch der Gottseibeiuns.«

Jan, der schon von dem neuen Baumeister gehört hatte, erkundigte sich nach dessen Bauhütte und den Arbeiten im Veitsdom. Unterdessen stellte die blonde Eva ihre nur zur Hälfte geleerte Breischüssel auf das Tafelbrett, lächelte Jan verführerisch zu und stemmte sich aus Schaum und Wasser. Daraufhin erhob auch er sich, beide hüllten sich in Tücher und stiegen hinauf zum Ruheraum.

Als er den Vorhang zur Seite schob, hörte Jan hinter sich Lärm. Eva und er drehten sich um – der Mann, für dessen Badegenossin Marian gesungen hatte, war in den Saal zurückgekehrt, und zwar in Harnisch und Kettenhemd. Schimpfend stapfte er zum Zuber des Ritters, holte aus und schleuderte einen Handschuh mit so viel Wucht hinein, dass Marian Schaum und Wasser ins Gesicht spritzten. Wüste Schimpfworte ausstoßend, fuhr der Wüterich herum und marschierte davon.

»Das hat der Minnesänger nun von seinem miserablen Lied«, sagte Eva halb mitleidig, halb spöttisch, während sie Jan vor sich herschob. Als sich hinter ihnen der Vorhang des Durchgangs schloss, griff sie nach seiner Hand.

»Du bist krank, nicht wahr?«, fragte sie und bedachte ihn mit einem teilnehmenden Blick.

Jan erschrak bis ins Mark. »Woher weißt du das?« Konnte dieses hübsche Geschöpf denn hellsehen?

»Ständig greifst du dir an die Brust oder an den Hals.« Sie flüsterte, denn hinter den Leinbahnen, die den Ruheraum in einzelne Kammern unterteilten, tuschelten Leute oder schnarchten oder seufzten. »Und wenn du es tust, schlägt dein Herz schneller.«

»Unsinn!« Jan mimte den Entrüsteten.

»Ich habe es doch gespürt.« Sie blieb stehen, nahm sein Gesicht zwischen die Hände und küsste ihn sanft auf die Lippen.

»Mit meinem Fuß an deiner Leiste. Du hast starke Schmerzen, nicht wahr?«

Jan wusste nicht, was antworten – diese feinfühlige und zärtliche Hure machte ihn sprachlos.

»Ich weiß von einer guten Heilerin«, raunte Eva, während sie ihm Wangen, Hals und Brust streichelte. »Die kennt alle Geheimnisse der Sterne und uralte Heilkünste. Wenn du magst, nehme ich dich nachher mit zu ihr.« Sie fasste seine Hand und führte ihn bis zu einem Abschnitt des Ruheraumes, vor den noch kein Vorhang gezogen war. Ohne ihn loszulassen, rutschte sie auf den Strohsack und wollte ihn zu sich hineinziehen. Doch Jan stutzte, denn aus der Nachbarkammer drang lautes Seufzen und Stöhnen.

»Liebeslärm«, flüsterte Eva, lächelte einladend und zog ihn zu sich herunter.

Als er nach der Leinenbahn griff, um ihre Nische zu verhüllen, fiel Jans Blick auf die Sandalen, die vor der Nachbarkammer lagen. Ein weißes, mit blauen Blumen besticktes Tuch bedeckte sie halb.

12
Zerberus

Prag, Vorweihnachtszeit 1356

Maria-Magdalena hockte vor der Kochstelle in der Küche, auf der in einem Topf gewürzter Wein langsam heiß wurde. Brennendes Holz knackte, Flammen züngelten, Rauch stieg in den Abzug, Rübelrap stapfte zwischen Küchentür und Hoffenster hin und her, und Maria-Magdalena kerbte mit einem Griffel ihren Namen in die Wachstafel, neben sich den Herrn Vater, der ihre Arbeit mit dem listigen Blick seiner hölzernen Augen begleitete.

Jener späte Nachmittag brach an, an dem Eva einen Mann mit in die Hausburg an der Zöllnerstraße brachte, der Maria-Magdalenas Schicksal prägen sollte wie davor und danach nur die mädchenhafte Liebe zu Rübelrap.

Drei Tage war es her, dass der Schweiger ihr ein Brummeisen geschenkt hatte. Sie ritzte den letzten Buchstaben ihres Namens in das Wachs, stand auf und reichte ihrem Lehrer die Tafel. Der blieb stehen, warf einen flüchtigen Blick darauf und nickte. Dann deutete er nacheinander auf jeden einzelnen Buchstaben ihres Namens und verlangte mit knappen Gesten und zwei Halbsätzen, dass sie daraus andere Worte formen solle. Er gab ihr die Wachstafel zurück und fuhr fort, hin- und herzulaufen.

Maria-Magdalena setzte sich wieder auf die Kienholzkiste,

zeigte dem Herrn Vater, was sie geschrieben hatte, und betrachtete dann selbst die Buchstaben ihres Namens. In Gedanken versuchte sie, die Zeichen auf alle denkbaren Weisen miteinander zu verbinden. Dabei bewegte sie Zunge und Lippen und flüsterte vor sich hin. Rübelrap blieb am Fenster zum Hof stehen und begann, sein Brummeisen zu zupfen. Das brachte Maria-Magdalenas Gedanken in Fluss, und schon fielen ihr drei Worte ein, die sie sogleich in die Wachstafel ritzte: *Ei*, *Lid*, *Name*.

Jemand stieß die Küchentür auf und steckte seinen Blondschopf herein. »Ist die Herrin nicht hier?« Es war Eva, die einzige Hausgenossin der edlen Frau Ricarda, die Maria-Magdalena von Anfang an ins Herz geschlossen hatte.

»Sie hat am Vormittag die Kutsche anspannen lassen und sich in die Universität zu Meister Gallus fahren lassen«, sagte Maria-Magdalena, »vor der Vesper wollte sie zurück sein.« Rübelrap am Fenster unterbrach nicht einmal sein Brummeisenspiel.

»Komm herein.« Eva wandte sich nach einem um, der hinter ihr stand, und winkte ihn an sich vorbei in die Küche. »Setz dich, wir werden auf die Herrin warten.«

An der blonden Eva vorbei trat ein Mann von ungefähr fünfundzwanzig Jahren in die Küche, schaute sich um und blieb stehen wie festgewachsen, als der Hüne sein Brummeisen absetzte, sich umdrehte und ihn musterte.

Jetzt ist er gegen Rübelraps Blick geprallt, dachte Maria-Magdalena und lächelte in sich hinein. Mit einer Kopfbewegung wies der Hüne auf die Bank neben dem Brennholzstapel, wandte sich ab und setzte das Brummeisen erneut an die Lippen. Der Fremde nahm Platz und verschränkte die Arme vor der Brust, wie einer, der fror oder sich aus sonst einem Grund unwohl fühlte.

Maria-Magdalena schaute neben sich ins lustige Gesicht ihrer

Puppe. Es geht ihm nicht gut, Herr Vater, dachte sie. Dann ritzte sie *Amme* in das Wachs und gleich darauf *Made*.

Die Haustür knarrte und quietschte, und Eva, noch immer in der halb geöffneten Tür, horchte auf. »Vielleicht ist das schon die Herrin«, sagte sie. »Bitte schenke unserem Gast Glühwein ein, Max, ich bin gleich zurück.« Und an den Fremden gewandt: »Trink nur, das wird deinem Magen guttun.« Sprach's, schloss die Tür, und Maria-Magdalena hörte, wie ihre Schritte sich rasch entfernten.

Rad und *Garn* ritzte sie ins Wachs, bevor sie die Tafel beiseitelegte und aufstand, um heißen Wein in einen Tonbecher zu schöpfen. Der Fremde nahm ihn ihr dankend ab und schaute sie über dessen Rand an, während er trank. Er lächelte sogar ein wenig zu ihr herauf. Vielleicht blieb sie deswegen stehen, um ihn zu betrachten.

Er war mittelgroß, von drahtiger Gestalt und hatte breite Schultern. Kastanienrote Locken hingen ihm von der hohen Stirn ins kantige Gesicht, und in seinen grünen Augen las sie eine Anspannung und Ruhelosigkeit, die sie nicht fühlen wollte, aber deutlich fühlte.

Dabei hat er so schöne Augen, Herr Vater, dachte sie und schaute zu ihrer Puppe hinunter, wunderschöne sogar.

In den folgenden Jahren, wenn sie an diesen Augenblick zurückdachte – und sie dachte oft an ihn zurück –, wühlte die Erinnerung jedes Mal ihre Seele auf, und sie fragte sich, ob wirklich all das hatte geschehen müssen, was bald zu geschehen anfangen würde, ob das wirklich alles hatte sein müssen, damit einer dem anderen ins Herz sehen konnte, damit sie einander erkannten.

Rübelrap setzte das Brummeisen ab, drehte sich nach ihr und dem Fremden um und ließ seinen Blick zwischen Maria-Magdalena und der Wachstafel auf ihrem Hocker hin- und herwandern. Sie nahm die Tafel und setzte sich wieder.

Der Blick des Hünen ließ den Wein schlürfenden Fremden nicht los. So lange schaute er ihn an, bis dieser den Weinbecher von den Lippen nahm und sagte: »Ich heiße Jan Otlin. Dich habe ich heute Vormittag beim Badehaus schon gesehen.«

Der Mönch nickte, wandte sich erneut zum Fenster und fuhr fort, sein Brummeisen zu zupfen.

»Er heißt Rübelrap«, erklärte Maria-Magdalena, senkte jedoch sofort wieder den Blick und ritzte weitere Worte in das von der Nähe des Feuers weich gewordene Wachs: *Lied, Gier, Magen*.

Aus irgendeinem Grund hatte sie selbst sich nicht vorgestellt, hatte ihr der Name Max nicht über die Lippen gewollt.

Draußen näherten sich Schritte aus der Halle. Eva öffnete die Küchentür, trat beiseite und wies auf den Fremden, der sich als Jan Otlin vorgestellt hatte.

»Das ist der Baumeister«, sagte Eva, »er leidet unter starken Schmerzen in der Brust.«

Die edle Frau Ricarda kam herein, stellte sich vor ihn hin, musterte ihn eine Zeit lang und fragte schließlich: »Seit wann?«

»Seit Monaten.« Er winkte ab. »Ach was – schon seit zwei Jahren.«

»Beschreibt mir Eure Schmerzen, Meister Otlin.«

Er schilderte stechende und brennende Pein, die ihn anfallartig überfiel, hinter dem Brustbein in die Kehle heraufstieg und ihn manchmal über Stunden und Tage nicht mehr loslassen wollte.

»Kommt mit!« Die edle Frau Ricarda wandte sich zur Küchentür und bedeutete dem Fremden mit einer Kopfbewegung, ihr zu folgen. »Wenn Gott mir gnädig ist, werde ich Euch helfen können.«

Der Mann namens Jan Otlin erhob sich, reichte Eva seinen

Weinbecher und folgte der Edelfrau in die Halle. Eva zog die Tür zu, und dann war er weg.

Laden, Saal, Leim, ritzte Maria-Magdalena, während sie seiner Stimme nachlauschte, *Land, Geld, Rind.*

Eine Stunde später etwa, als sie nach den Obergeschossen auch die Eingangshalle fegte, öffnete sich die Tür zum Kontor der edlen Frau Ricarda. Der Mann namens Jan Otlin kam heraus und wankte zum Hausportal. Er sah aus, als hätte jemand ihn unablässig geschlagen während der letzten Stunde. Seine Miene war düster, seine Haut aschfahl, und er bewegte sich wie auf dünnem Eis.

...

Tiefe Traurigkeit hatte ihn ergriffen, er kam sich vor, als watete er durch Teer. Jeder Schritt erschien ihm überflüssig, mühsam und lächerlich. Wozu noch weitergehen? Es gab doch sowieso keinen Weg mehr. Wozu noch leben? Es war doch sowieso vorbei.

In einer Schenke unweit des Zöllnertores trank er einen Becher Wein und danach gleich noch einen. Beim dritten wusste er schon nicht mehr, wie er vom Haus der Sterndeuterin und Heilerin in die Schenke gekommen war. Was hatte er überhaupt hier in Prag zu suchen? In Avignon gab es einen Friedhof, da hätte man schön an einem Südhang ruhen können, gleich unterhalb eines Weinberges. Und seine Lieblingsnonne Mathilde hätte sein Grab pflegen können.

Als er das Haus der Heilerin verlassen hatte, war es bereits dunkel gewesen, und als er die Schenke verließ, herrschte finstere Nacht. Wintersonnenwende, dachte er, der kürzeste Tag des Jahres, natürlich. Schicksalswende, dachte er, der schlimmste Tag meines Lebens, natürlich.

Schlimmer als die Nacht auf der Judithbrücke? Oh ja, viel

schlimmer, denn dieses Mal würde keine noch so brüchige Notbrücke aus Pergament an irgendein rettendes Ufer führen. Es war vorbei.

Nach der Schenke fand er sich im Teyn wieder. Die Klosterkirche der Minderen Brüder läutete zur Vesper. Er ging hinein, stellte sich in die Menge der Betenden vor den Lettner und lauschte dem Gesang der Mönche im Chorraum. Sie sangen nicht schlecht, weiß Gott nicht, doch selbst wenn die Engel im Himmel hundertmal schöner sängen, wäre jeder Tag, an dem er ihnen künftig zuhören müsste, ein verlorener, denn er würde immer nur an eines denken müssen: dass er die Brücke nicht gebaut hatte. Doch vielleicht würde er ja auch in die Hölle kommen.

Weil seine Gedanken ihm lästerlich erschienen, verließ er die Klosterkirche noch vor dem Ende der Vesper. Besser sich in einem himmlischen Chor langweilen, als in der Hölle zu braten, dachte er und wankte durch die nächtlichen Gassen.

In einer Schenke trank er noch einen Krug Wein und fand sich danach fast übergangslos am Altstadtring wieder. Vor einer Baugrube, groß und schwarz wie ein ausgetrockneter See. Fackeln brannten ringsum an Pfählen, und Waffenknechte des Magistrats bewachten Dutzende Stapel aus Bauholz und Steinquadern.

Eine Kirche sollte hier entstehen, der Heiligen Jungfrau Maria sollte sie geweiht werden, der neue Baumeister Peter Parler sollte sie bauen. Die große Grube immerhin war ihm gut gelungen, stellte Jan fest, vielleicht würde dem Parler ja auch die Brücke gut gelingen, sollte er sie am Ende doch selbst bauen müssen.

Ein großer schwarzer Hund stand plötzlich vor ihm und äugte zu ihm herauf.

»Du schon?«, fragte er mit schwerer Zunge. »Willst mich schon abholen? Ja, ich bin's – Jan Otlin. Geh voraus, ich wehr mich nicht, ich werde dir in die Hölle folgen.«

Der Hund wandte sich ab, trottete zu einem Stapel Bauholz und hob das Bein.

»Was geht mich des Kaisers neue Brücke noch an?«, rief Jan Otlin ihm zu. »Für mich ist's vorbei! Nimm mich mit, Höllenhund, wenn's unbedingt sein muss.«

Die Augen hatte die Heilerin ihm untersucht, er hatte dazu unter einer hellen Öllampe sitzen müssen. Die Zunge hatte sie ihm untersucht, die Sterndeuterin, den Puls gefühlt, wieder und wieder, und dann den Brustkorb abgetastet, den Hals gedrückt, die Sterne befragt.

»Ich kann nichts finden«, hatte sie ihm am Ende erklärt, »ich weiß nichts. Geh nach Hause, du musst mir nichts bezahlen.«

»Du weißt etwas«, hatte er geantwortet, denn sie konnte noch so gleichgültig gucken, den Schrecken in ihrem Blick hatte Jan dennoch gesehen. »Du weißt etwas, und was du nicht weißt, haben die Sterne dir verraten. Sag es mir.« Sie schwieg. »Sag es mir!« Sie wandte den Blick ab und sagte keinen Ton. Er sprang auf, packte sie bei den Schultern und stieß seine Stirn gegen ihre. »Ich beschwöre dich, sag es mir!«

»Ein Geschwür wuchert in deiner Brust«, flüsterte sie schließlich. »Bestell dein Haus, du musst sterben.«

Als er den Saal verließ, in dem sie ihn untersucht und sein Horoskop berechnet hatte, war er ein anderer als jener, der das Haus und den Saal betreten hatte.

Es war vorbei.

Der Hund hatte genug gepisst, kam zurück zu ihm, äugte erneut zu ihm herauf.

»Hau ab!«, zischte er. »Ich gehe nicht mit in die Hölle, ich will in den Himmel.« Seine Zunge gehorchte ihm kaum noch, seine Brust schien prallvoll mit kaltem, spitzem Stein. »Da singen sie zwar tagaus, tagein, doch da werde ich wenigstens die Mutter und den Vater wiedersehen.«

Ein Geschwür in der Brust. Sollte doch die Brücke bauen, wer wollte. Für ihn war es vorbei. Ein Geschwür.

Der große schwarze Zerberus stand noch immer vor ihm, blinzelte noch immer zu ihm herauf und begann nun, kläglich zu winseln.

»Hau ab!« Jan gab ihm einen Fußtritt. »Ich geh nicht mit in die Hölle!«

Zweites Buch

Der Bauplan

1
Das Ende

Königlicher Wald bei Prag, Karfreitag 1367

Mathias von Nürnberg schenkte sich Bier nach, trank hastig und ließ den Erzähler nicht aus den Augen dabei. Hundert Fragen lagen ihm auf der Zunge, das las Jan in seinen Zügen, seinen Gesten, seinem Blick. Dennoch sprach er nicht weiter – er konnte nicht, denn die Erinnerung hatte ihn überwältigt, und seine Kehle war wie zugeschnürt.

An Mathias vorbei schaute er zu seinem Kind hin, das in den Armen der Amme schlief. Würde es jemals wieder in den Armen seiner Mutter schlafen? Er schluckte die aufsteigenden Tränen hinunter und blinzelte ins verglimmende Feuer. In der sich kräuselnden Rauchfahne glaubte er, den Schädel des Höllenhundes zu erkennen, und saß plötzlich aufgerichtet und starr, weil er fürchtete, der alte Schmerz könnte ihm plötzlich aus der Brust in die Kehle heraufflammen.

»Weiter, Otlin«, drängte der Nürnberger. »Ihr seid also todkrank gewesen, sagt Ihr, und lebt dennoch bis zu dieser Stunde? Wie kann das sein? Erzählt schon!«

»Ich wünschte, ich wäre gestorben damals.« Jans Stimme drohte zu brechen.

»Niemals dürft Ihr so etwas sagen!«, begehrte Agnes von Bur auf. »Nicht einmal denken dürft Ihr so etwas.«

»Wenn es doch wahr ist?«

»Gott allein bestimmt uns Zeit und Stunde.« Energisch schüttelte die Edeldame den Kopf. »Und wenn er damals beschlossen hat, Euch weitere Lebensjahre zu schenken, dann deswegen, weil er einen guten und gnädigen Plan mit Euch hatte.«

»›Einen guten und gnädigen Plan‹ …« Jan stieß verächtlich die Luft aus.

»Warum hat dieses Geschwür Euch nicht umbringen können, Otlin?« Meister Mathias gab keine Ruhe. »Ich will's wissen! Seid Ihr bei einem anderen Medikus gewesen? Erzählt endlich weiter!« Aus seinen eisgrauen Wolfsaugen belauerte der Nürnberger Jan misstrauisch.

»Lasst mir ein wenig Zeit, Meister Mathias.« Jans trauriger Blick richtete sich erneut auf seine Tochter, die sich nun im Arm der Amme räkelte und zu quengeln begann. Würde dieses Kind sich jemals wieder an die Brust seiner Mutter schmiegen dürfen? Der Gedanke an seine Frau schnitt Jan ins Herz wie eine scharfe Klinge.

»Wir haben nicht mehr viel Zeit, Meister Otlin«, ergriff Agnes von Bur das Wort. »Deswegen sagt mir eines: Werdet Ihr den Wunsch Eurer Gattin erfüllen und Eure Tochter diesem jungen Weib anvertrauen?« Weil er schwieg und sie nur mit leerem Blick anstarrte, deutete sie mit einer Kopfbewegung zu der blutjungen Amme hin. »Ihr müsst eine Entscheidung treffen, Meister Otlin, denn das brave Weib muss zurück zu seinem eigenen Kind.«

Die Amme guckte sehr bekümmert und nickte.

Jan seufzte. »»Wir haben nicht mehr viel Zeit‹ …« Jede Silbe betonend und wie sinnierend wiederholte er Agnes' Worte. »Meine Frau hat nicht mehr viel Zeit.« Er nickte nachdenklich und wandte sich an den Nürnberger Meistermaler. »Eure Tochter hat nicht mehr viel Zeit.«

»Als wüsste ich's nicht selbst, Otlin!«, entgegnete der Maler scharf. »Erzählt mir lieber, wie es weiterging mit ihr und Euch.«

»Ich habe Angst um sie und denke nur laut. Versteht doch, Mathias: Es zerreißt mir das Herz, sie im Kerker und auf dem Weg zu Richter und Henker zu wissen, und ich frage mich …« Jan stierte in seinen leeren Bierbecher, schluckte und nickte und schluckte. » … ich frage mich, ob ich es nicht doch wagen soll, bei Wenzel vorzusprechen. Vielleicht lässt er ja Gnade walten.«

»Zu spät, Meister Otlin.« Agnes von Bur schüttelte den Kopf. »Der Kaiser hält Hoftag über das Osterfest, Prag erwartet Tausende Gäste aus dem ganzen Reich. Mehr als hundert sind schon gestern auf dem Hradschin eingetroffen, viele Fürsten und Erzbischöfe darunter. Was glaubt Ihr denn, wie viele davon um Audienz beim Kaiser gebeten haben?«

Die Amme stand auf und ging mit dem plärrenden Kind zur anderen Hüttenseite, wo eine Truhe und ein Korb mit Wäsche standen. »Ich muss sie trockenlegen.«

»Und wenn ich ihn frühmorgens gleich nach der Andacht vor der Burgkapelle abpasse?« Jan Otlin beobachtete, wie die mädchenhafte Frau den Säugling aus Decken und Windeln schälte. »Gewöhnlich steht der Kaiser vor der fünften Stunde auf, da wird noch kein Höfling ihn sprechen wollen.«

»Da wird er auch Euch nicht empfangen, Meister Otlin«, entgegnete die Edelfrau. »Außerdem: Wie wollt Ihr in die Burg gelangen, ohne bei Karl gemeldet zu sein?«

Jan hob ratlos die Achseln.

»Und selbst wenn Ihr es versuchen solltet – wird man Euch nicht ebenfalls einkerkern?«, warf der Nürnberger ein. »Oder aus welchem Grund versteckt Ihr Euch hier?«

»Eure Tochter hat mich darum gebeten, Meister Mathias. Sie fürchtet, dass sie uns das Kind wegnehmen.« Jan zuckte erneut mit den Schultern. »Doch wer weiß, vielleicht habt Ihr recht, und die Rache ihrer Feinde wird mich ebenso treffen wie sie.«

»Wagt es lieber nicht, Meister Otlin.« Die Edelfrau seufzte tief. »Ihr wisst um die Strenge der Prager Richter; und dass ihre Henker keine Gnade kennen, wisst Ihr auch.«

Mit durchdringendem Blick schaute Jan ihr ins Gesicht. »Sagt mir die Wahrheit: Hat man meine liebe Frau bereits gefoltert?« Er umklammerte den Bierbecher und beugte sich weit über den Tisch. »Sagt es mir freiheraus, ich bitt Euch, Frau Agnes!«

Der Nürnberger ballte die Fäuste, biss die Zähne zusammen und blickte zum Fenster hinaus, wobei seine Kaumuskeln bebten. Die vor der Truhe und dem nackten, strampelnden Kind kniende Amme verharrte in ihrer Bewegung. Für bange Augenblicke hielten alle den Atem an.

Bis Agnes den Blick senkte und leise antwortete: »Man hat sie geschlagen und auf die Streckbank geschnallt, ja.«

Wie aus einer Kehle stöhnten die beiden Männer auf.

»Doch Euer Beichtvater Militsch hat davon gehört und konnte das Schlimmste verhindern.«

»Das Schlimmste …« Jan saß jetzt kerzengerade auf der Kante seines Hockers und sog scharf die Luft durch die Nase ein. »Der treue Militsch also, Gott segne ihn.« Genauso plötzlich, wie er sich aufgerichtet hatte, sank er wieder zusammen.

Der Nürnberger aber schlug mit den Fäusten auf den Tisch, dass die Becher hochsprangen und die Messer klapperten. »Was hat mein Kind denn verbrochen, dass man ihm so übel mitspielt?!«, brüllte er.

Jan zuckte hoch, Agnes hob erschrocken den Kopf, die Amme

zog die Schultern bis zu den Ohren, und der Säugling fing an zu plärren. »Erzählt es mir! Ich will's wissen! Jetzt!«

»Nicht so laut.« Die Amme drehte sich um und warf ihnen flehende Blicke zu. »Denkt doch an das Kind, ich bitt Euch, Ihr Herren.«

Eine Zeit lang herrschte betretenes Schweigen. Das Kind schrie, der Meister Mathias atmete rasselnd, und draußen stritt der Ritter des Erzbischofs mit einem seiner Waffenknechte. Irgendwann räusperte sich Agnes und sagte leise: »Man beschuldigt Meister Otlins Gattin, gemordet zu haben.«

Mathias von Nürnberg wurde aschfahl. »Gemordet?« Die Stimme versagte ihm, sodass er nur noch flüstern konnte. »Meine Tochter?« Sein entsetzter Blick flog zwischen Jan und der Edelfrau hin und her. »Das glaube ich nicht. Das glaube ich niemals!«

»Es stimmt auch nicht.« Jan räusperte sich. »Es ist jedenfalls nicht die ganze Wahrheit.«

»Und was ist die ›ganze Wahrheit‹? Raus damit!«

Wieder drehte die Amme sich um und legte den Zeigefinger auf die Lippen.

»Meine Frau ist ein guter Mensch.« Kopfschüttelnd sprach Jan wie mit sich selbst. »Eine wie sie ist doch keine Mörderin.« Flehend blickte er zu Agnes. »Oder?«

»Was ist die ›ganze Wahrheit‹?«, wiederholte der Nürnberger. »Ich will sie hören.«

»Ihr sollt sie erfahren, Meister Mathias.« Jan hob beschwichtigend die Hände, während das Kind immer lauter plärrte. »Geduldet Euch noch ein wenig, Ihr sollt alles erfahren.« Und an die Edelfrau gewandt, fügte er hinzu: »Mein Verstand stimmt Euch zu, Frau Agnes, doch mein Herz gebietet mir, alles zu wagen, was meiner geliebten Frau helfen könnte.«

»Dann tut es!«, zischte Mathias von Nürnberg.

»Ihr wisst, dass man Euch ebenfalls beim Kaiser verleumdet hat.« Die Edelfrau schüttelte den Kopf. »Tut es lieber nicht, Meister Otlin. Wenn Ihr Euch auf dem Hradschin blicken lasst, riskiert Ihr, dass Euer Kind auch noch den Vater verliert.«

»Was kann man mir schon vorwerfen?«

»Dass Ihr sie geheiratet habt, obwohl Ihr wusstet, was sie getan hat.«

»Was um Himmels willen hat sie denn getan?« Der brennende Blick des Nürnbergers irrte von einem zum anderen.

»Vielleicht kann ich wenigstens erwirken, dass ihr die hochnotpeinliche Befragung erspart bleibt.« Jan überhörte die Frage des Wolfauges einfach. »Oder dass man ihr die Gnade eines schnellen Todes gewährt. Immerhin bin ich des Kaisers …«

»Sie muss am Dienstag nach dem Osterfest vor dem Richter erscheinen«, schnitt die Edelfrau ihm das Wort ab. »Bis dahin wird der Henkersknecht seine gewohnte Arbeit tun. Wie, bei der Heiligen Jungfrau, wollt Ihr das verhindern?«

»Versucht es!« Noch einmal hieb Meister Mathias auf den Tisch, wobei er aufsprang. »Wenn Ihr auch nur die geringste Hoffnung habt, etwas für meine Tochter erreichen zu können, dann tut es, Otlin!« Er stemmte die Fäuste auf den Tisch und beugte sich zu Jan herüber. »Ich beschwöre Euch, dann macht Euch auf den Weg und tut alles, was in Eurer Macht steht, um sie zu retten!«

»Ja.« Auch Jan erhob sich. »Ich will es wenigstens versuchen. Komme ich um, so komme ich um.«

»Ihr werdet es bereuen, Meister Otlin.« Agnes von Bur seufzte und murmelte ein Stoßgebet, während sie das Kreuz schlug. »Doch wenn es denn sein muss, dann lasst uns einen Boten zum Erzbischof vorausschicken und einen zweiten zu meinem Gatten, damit wir wenigstens erfahren, wie die Stimmung bei Hof ist. Vielleicht weiß der Erzbischof zu sagen, wie der Kaiser inzwischen über den Fall denkt.« Agnes von Bur stand auf und eilte aus der Hütte zu den Waffenträgern hinaus. Jan hörte ihre beschwörende Stimme, als sie vor der Hüttentür mit dem Schwanenritter sprach, der im Dienst des Erzbischofs stand. Wenig später entfernte sich der Hufschlag zweier Pferde.

Als die Edelfrau zurückkam, blieb sie auf der Schwelle stehen, schaute zum Kind, sah Jan ins Gesicht, schaute wieder zum Kind im Arm der Amme. »Und was wird aus Eurer Tochter, Meister Otlin? Ihr müsst Euch entscheiden.«

Jan trat zu der jungen Frau und nahm ihr den frisch gewickelten Säugling aus den Armen. Er drückte ihn an sich, küsste seine Stirn, neigte den Kopf und presste sein Gesicht auf den warmen Körper. Kein Wort wollte ihm über die Lippen, denn ihm blutete das Herz.

»Meine Enkelin wird vorläufig im Hause dieses jungen Weibes leben.« Zwei energische Schritte, und der Nürnberger stand vor der Amme. »Es soll dir reich belohnt werden, Weib.« Er kramte zwei Silbermünzen aus dem Wams und drückte sie ihr in die Hand. »Das mag als Anzahlung reichen.«

Die junge Frau starrte auf das Silber und bekam den Mund nicht mehr zu.

Jan hob den Blick und sah ins lächelnde Gesichtchen seiner Tochter. »Gehen wir«, flüsterte er unter Tränen und übergab das Kind der Amme.

»Aber nein, noch lange nicht!« Die Edelfrau guckte ganz erschrocken. »Wir warten natürlich, bis die Boten zurück sind. Je nachdem, welche Nachrichten sie ...«

»Wir reiten ihnen entgegen«, fiel Jan Otlin ihr ins Wort, und der Nürnberger nickte grimmig.

Jan packte das Nötigste zusammen – Proviant, Decken, Windeln fürs Kind und was er selbst brauchte –, und um die Mittagszeit stiegen sie auf die Pferde und ritten los, der Schwanenritter mit seinem Knappen an der Spitze. Schon oben auf der Lichtung angekommen, riss Jan an den Zügeln seines Apfelschimmels und hielt ihn an. »Wartet einen Moment, ich habe etwas vergessen.«

Er lenkte den alten Hengst zurück zur Köhlerhütte, sprang dort aus dem Sattel und stürzte über die Schwelle zur Truhe neben dem Korb mit der alten Wäsche. Er öffnete sie und langte eine Holzpuppe heraus. Aus irgendeinem Grund war er sicher, dass seine Frau sich darüber freuen würde.

»Was habt Ihr da?«, entfuhr es dem Nürnberger, als Jan zurück auf der Lichtung war. »Zeigt her!«

Jan reichte ihm die bunte Holzpuppe mit dem schwarzen Wollschopf. »Meine Frau ging nur selten ohne den Herrn Vater aus dem Haus.«

Meister Mathias' Kaumuskeln bebten, und seine Augen füllten sich mit Tränen, während er die verblichenen Farben, die verfilzte Wolle und das grinsende Gesicht des alten Spielzeugs betrachtete.

»Die hab ich meinem Kind gemacht«, sagte er leise. »Ein paar Tage, bevor ich nach Mailand aufbrach. Ein paar Wochen, bevor die Pest kam.« Er schluckte hörbar, gab Jan die Puppe zurück, wandte sich ab und gab seinem Pferd die Sporen.

Jan knöpfte sein Wams auf und steckte die Holzfigur mit Namen Herr Vater darunter. Danach trieb er seinen Apfelschimmel an, überholte die Waffenknechte und die beiden Frauen und lenkte den Hengst neben das Tier seines Schwiegervaters, der inzwischen an der Spitze ritt, damit niemand seine Tränen sah.

Eine Weile trabten sie schweigend Seite an Seite durch das Gehölz des Königs. Die Vögel sangen, zwischen den Wolken zeigte sich die Sonne, und es wurde allmählich wärmer. Die Waffenknechte und der Schwanenritter hinter ihnen scherzten und lachten, die Frauen unterhielten sich gedämpft, sodass es klang, als würden sie Geheimnisse austauschen. Jan hörte, wie der Nürnberger sich neben ihm räusperte, und bald spürte er dessen Blick von der Seite.

»Erzählt weiter«, verlangte Meister Mathias. »Verschweigt mir nichts.«

»Wie Ihr wollt.« Jan atmete tief ein und ließ seine Gedanken zurück in die Vergangenheit schweifen. »Drei Tage lang soff ich mich voll und versuchte, die Verzweiflung über meinen nahen Tod zu betäuben und auch die rasenden Schmerzen in der Brust. Meine Schwester Libussa und mein Freund Militsch redeten mir beharrlich ins Gewissen, bis ich aufhörte zu trinken und eine Grabstelle kaufte neben der meiner Mutter. Das war am fünften Tag, nachdem ich im Haus der Sterndeuterin gewesen war.«

»Wo Ihr zum ersten Mal meiner Tochter begegnet seid.«

»Ohne zu wissen, wer dieses Mädchen war, das sich als halbwüchsiger Bursche namens Max ausgab.« Jan Otlin nickte. »Danach machte ich mein Testament und bezahlte die Seelenmessen, die ich nach meiner Bestattung gelesen wissen wollte.« Er lachte bitter auf. »Ich habe keine Ahnung, welcher gute Geist mich damals trieb, dennoch an dem Bauplan zu arbeiten. Und ob Ihr es glaubt oder nicht: Wann immer ich das Pergament vor mir ausrollte, waren die Schmerzen wie weggeblasen. Im folgenden März – ich hatte mich schon daran gewöhnt, noch immer am Leben zu sein –, eines Tages im folgenden März ging ich durch die Stadt zur alten Holzbrücke, und da sah ich schon von Weitem das Feuer.«

»Das Feuer?« Neugierig zog der Nürnberger die Brauen hoch. »Was für ein Feuer?«

2
Feuer

Prag, Mitte März 1357

Zärtlich wie sonst nur über Drudas Haut fuhr er mit den Fingerbeeren über das Pergament und zeichnete die mit Rötelstift gezogenen Linien nach – die fünfzehn Brückenbögen, die Eisbrecher davor, die drei Türme darüber, das steinerne Geländer. Er richtete sich auf, trat zwei Schritte vom Schreibpult zurück und betrachtete die Zeichnung auf dem alten Pergament aus fünf Fuß Entfernung – ein guter Bauplan, wahrhaftig!

Jede Einzelheit der neuen Brücke hatte Rudolph von Straßburg bedacht und sorgfältig in den Entwurf eingetragen. Die Brückenpfeiler und die drei Türme – der höchste würde nach seinem Plan in der Brückenmitte aufragen – waren der berühmten steinernen Donaubrücke in Regensburg nachempfunden, Form und Verlauf hingegen ähnelten der alten Judithbrücke.

Rudolph hatte gut zugehört auf dem Marktplatz, in den Schenken, auf der Baustelle: Die Zerstörung der Judithbrücke vor bald fünfzehn Jahren war von den Böhmen und ihren Fürsten als böses Omen für die böhmische Krone empfunden worden, als Demütigung des stolzen Königreiches. Deswegen sollte sie nach Rudolphs Vorstellungen wiedererstehen; schöner noch, als Augenzeugen sie ihm geschildert hatten; höher, breiter und fester, als die alten Schriften sie beschrieben.

Er trat zurück ans Pult und strich mit beiden Händen über das vielfach beschriebene und wieder abgeschabte Pergament. Ein genialer Plan! Und schon beinahe vollendet! Scharf und tief sog Rudolph die Luft durch die Nase ein, Stolz erfüllte seine Brust. Würde irgendein anderer Entwurf irgendeines anderen Baumeisters diesen in so vielen mühsamen Arbeitsstunden erdachten Bauplan übertreffen können? Rudolph schüttelte den Kopf – unvorstellbar.

Viel musste er nicht mehr tun – die Ergebnisse einiger Berechnungen waren noch einzutragen, einige Abflussrinnen und Turmzinnen noch zu zeichnen und die Querschnitte der Pfeilerfundamente einer letzten Prüfung zu unterziehen. Und ganz zum Schluss, wenn er alles überprüft, ergänzt und noch einmal durchgerechnet haben würde, ganz zum Schluss musste er den Entwurf mit Tinte und Feder auf ein frisches Pergament zeichnen.

Mehr als drei Wochen blieben ihm für diese Arbeit; drei Wochen, bis am Ostersonntag die Fastenzeit enden würde. Am Ostermontag wollte der Kaiser zusammen mit Peter Parler die eingereichten Pläne sichten. Rudolph würde nicht einmal hetzen müssen, um seinen Bauplan bis dahin zu vollenden. In seinem Kopf war er ja längst fertig. Ein Lächeln entspannte seine Züge – er war zufrieden, sehr zufrieden.

Er löschte die beiden Öllampen auf dem Pult, drehte sich zu den Fenstern seiner großen, von Licht durchfluteten Dachstube um und schaute hinaus. Im Westen über der Kleinseite sank die Nachmittagssonne bereits den Türmen der Burg und der Silhouette des Kathedralenneubaus entgegen.

Meine Tage dort drüben sind gezählt, dachte Rudolph. Wenn der Kaiser und Peter Parler meinen Brückenplan gutheißen, werde ich nicht länger in der Wenzelkapelle Bildwerke hauen müssen, die ein anderer entworfen hat. Dann werde ich nur drei Steinwürfe entfernt von diesem Fenster am Altstadtufer der Moldau meinen eigenen Entwurf verwirklichen. Er presste die Fäuste auf die Brust und sagte laut: »Als Baumeister der neuen Brücke!«

Fast dreißig Fuß unter ihm, im Hof, schossen Kinder mit Steinschleudern nach den Schweinen, die sich in der Schlammkuhle neben dem Misthaufen suhlten und quiekend aufsprangen, wenn ein Geschoss sie traf. Die Frau des Kaufmanns, dem Hinterhaus und Anwesen gehörten, stürmte zeternd aus dem Haupthaus und ging mit einer Peitsche auf das tobende und kreischende Völkchen los. Auf dem Misthaufen unter Rudolphs Fenstern pickten die Hühner, und hinter der Mauer zum Nachbargrundstück, wo ein Bäcker einen seiner Backöfen im Hof betrieb, stieg eine Rauchsäule auf.

Rudolph versuchte, die Sonnenuhr auf der Fassade des Haupthauses über dem Torbogen der Hofausfahrt zu erkennen. Die neunte Stunde war längst angebrochen, so viel konnte er immerhin sehen; höchste Zeit, sich auf den Weg zu machen. Nicht mehr lange, dann würde er seine Geliebte endlich wieder umarmen und küssen können. Wie eine Flamme durchzuckte ihn die Lust, als Drudas Bild ihm vor Lebendigkeit leuchtend vor Augen stand.

Er streifte Hausmantel und Hemd ab, wusch sich gründlich, stutzte vor einer blank polierten Kupferplatte seinen blonden Bart mit einer Bügelschere, bürstete die frisch gedrehten Locken in Form und legte seine silbernen Ohrringe an. Er wollte etwas hermachen, wollte hübsch aussehen für Druda – immerhin war sie die Gattin seines Baumeisters. Sparsam träufelte er das teure Duftwasser auf die Handfläche, das er von seinem letzten Wochenlohn bei einem jüdischen Händler gekauft hatte, und rieb es sich an den Hals und in den Bart.

Im Sitzen streifte er sich die engen zweifarbigen Beinkleider über und stieg schließlich in die spitzen Hirschlederschuhe. Nachdem er in das grüne Wams geschlüpft war, warf er sich den grauen wollenen Kapuzenmantel über, denn der März war noch einmal kühl geworden.

Während er den breiten schwarzen Hut mit dem roten Federbusch auf seine blonden Locken drückte, schaute er ein letztes Mal zum Schreibpult hin. Nein, er würde den Bauplan nicht zusammenrollen wie sonst immer, wenn er morgens zur Arbeit auf die Kleinseite oder abends zur Weinschenke am Altstadtring ging. Er wollte das ausgebreitete Pergament dort liegen sehen, wenn er bei seiner Heimkehr die Öllampen aufflammen ließ, wollte von seinem Meisterwerk empfangen und sofort wieder an die Arbeit gerufen werden.

Rudolph riegelte seine Kammer ab und stieg die enge Wendeltreppe des vierstöckigen Hauses hinunter. Es roch nach Kohl und geräuchertem Speck. Hinter der nur durch einen Vorhang verschlossenen Türöffnung zum dritten Obergeschoss weinten Kinder, schrie ein Säugling und stritt ein Paar. Rudolph rümpfte die Nase, als er das Geräusch von Schlägen hörte.

»Hundsfott!«, zischte er.

Der Kaufmann, dem Anwesen und Hinterhaus gehörten, hatte im Februar seine Schwester hier einquartiert – mit Kindern und Gatten, einem brutalen Tunichtgut, dem der Wein besser schmeckte als die Arbeit. Die Eheleute stritten oft, fast so oft, wie die Kinder schrien. Beinahe jeden Tag musste Rudolph sich warmes Wachs in die Ohren stecken, um in Ruhe an seinem Bauplan für die Brücke arbeiten zu können. Na, das würde anders werden, wenn er erst mal Baumeister war und diese Bleibe hinter sich lassen konnte!

Unten im Hof scharten sich Kinder um die Kaufmannsfrau

und einen großen, kräftigen Mann, in dem Rudolph den Knochenhauer erkannte, bei dem er auf dem Fleischmarkt seine Wurst kaufte. Die Kaufmannsfrau deutete auf eines der Schweine, die sich friedlich und nichts ahnend im Schlamm neben dem Misthaufen suhlten. Gleich nach Ende der Fastenzeit sollte hier im Hof ein Schlachtfest gefeiert werden. Der Kaufmann hatte Rudolph von Straßburg dazu eingeladen; es hatte sich herumgesprochen, wie gut dem Kaiser die Bildwerke des Steinmetzen gefielen, und dem wiederum gefiel der Respekt, den ihm sein Ruf einbrachte.

Durch den Torbogen unter der Sonnenuhr verließ Rudolph das Anwesen, eilte auf der anderen Straßenseite in eine Gasse hinein und auf ihr nach Norden zum Valentinstor. Dort bog er in die breite Straße ein, die entlang der Mauer des Judenviertels nach Osten führte. Die Kirchen läuteten bereits zur Vesper.

An der Synagoge holte er eine Schar Frauen ein, zumeist Nonnen. Mitten unter ihnen entdeckte er Druda mit ihrer Amme und den Kindern. Die Frauen waren unterwegs zum Kloster der Benediktinerinnen, in deren neuer Kirche sie die Vesper beten wollten. Druda schaute unruhig nach allen Seiten; ihre Gestalt straffte sich, und ihre Brauen zuckten nach oben, als ihre Blicke sich trafen.

Sie hätte das Abendgebet auch in einer der Kirchen singen können, die am Marktplatz rund um ihr Haus viel schneller zu erreichen waren als die neue Klosterkirche. Doch seit der Schneeschmelze Ende Februar zog es sie zu den Benediktinerinnen – seit Rudolph in der Sakristei dort zweimal in der Woche die Stunden zwischen Vesper und Dämmerung an einem Bildwerk arbeitete.

Er blieb im Eingangsbereich der Klosterkirche, während die Nonnen ihre Plätze im Chorgestühl einnahmen und etwa drei Dutzend Prager Frauen und Mädchen sich vor dem Lettner versammelten. Ihn, den Mann, duldete man hier nur, weil man wusste, dass er in der Sakristei den Deckel eines Sarkophages aus dem Stein zu schlagen hatte. Im Sarkophag sollte die verstorbene Äbtissin zur letzten Ruhe gebettet werden, und Peter Parler hatte Rudolph beauftragt, das Bildwerk zu hauen.

Im Chor stimmte eine Nonne das Gotteslob an, andere fielen mit ein, erst die Benediktinerinnen, dann nach und nach auch einige der Laien vor dem Lettner. Rudolph beobachtete seine Geliebte – keinen Augenblick stand Druda still, ständig trat sie von einem Bein auf das andere. Und war ihre Unruhe ein Wunder? Woher sollte denn eine Ehebrecherin, die ihr Gewissen stach, Seelenruhe nehmen, noch dazu in einem Gotteshaus?

Bald wogte ein Klangteppich aus lieblichen Frauenstimmen durch die neue Kirche, und wann immer Rudolph vertraute Verse des lateinischen Psalms aus dem Gesang heraushörte, sprach er sie flüsternd mit. Er selbst empfand kaum Gewissensqualen, schließlich war es Druda gewesen, die mit ihrem Pergamentfetzen ihr erstes sündiges Beisammensein herbeigeführt hatte. Außerdem geschah es dem Parler ganz recht. Würde der Baumeister seinen ehelichen Pflichten nachkommen, müsste er, Rudolph, sich nicht um seine Frau kümmern.

Er hatte sich in die Seitenkapelle des heiligen Castorius zurückgezogen, eines Schutzpatrons der Steinmetze und Bauhütten. Die geflüsterten Psalmverse auf den Lippen, nahm er dort die Fackel aus der Wandhalterung und entzündete sieben Kerzen auf dem kleinen Altar des Heiligen. Immer wenn er den Faden des gesungenen Gotteslobes verlor, flüsterte er sein persönliches Bittgebet: »Lege ein gutes Wort für mich ein, heiliger Castorius, ich bitte dich. Sprich für mich bei der Gottesmutter und unserem Herrn Jesus Christus vor, damit sie den Kaiser bewegen, mich zum Brückenbaumeister zu machen. Ich bitte dich! Amen.«

Als die letzten Psalmverse gesungen waren und die Frauenstimmen nach und nach verhallten, lugte Rudolph zum Lettner hin: Die ersten Frauen und Mädchen strömten bereits dem Ausgang zu, die Nonnen verließen den Chor durch das Südportal in den Klosterhof, um sich die letzten zwei Stunden bis Sonnenuntergang wieder ihrem Tagwerk zu widmen. Druda, die Amme und die Kinder sah er mitten in der Nonnenschar auf der Klosterseite hinausgehen.

Die Frau des Baumeisters Parler hatte es so eingerichtet, dass ihr sechsjähriger Sohn seit der Schneeschmelze bei der neuen Äbtissin lesen und schreiben lernte, und das an zwei Stunden in der Woche nach der Vesper; während derselben Spätnachmittage, die Rudolph am Sarkophag arbeitete. Drudas kleinere Töchter vergnügten sich derweil mit der Amme in der Stallung oder der Backstube. Und Druda selbst gab jedes Mal vor, in dieser Zeit ihren Beichtvater in der nahen Pfarrkirche Sankt Kastulus aufzusuchen.

Rudolph bekreuzigte sich und trat aus der Seitenkapelle. Nachdem er das Knie in Richtung des Kruzifixes auf dem Hochaltar gebeugt hatte, ging er zur Sakristei, die an der Südseite des Kirchenschiffs zum Klostergarten hin angebaut war und zu der kurz vor dem Chorraum eine kleine Tür führte. Die verriegelte er hinter sich und lauschte dann an einer der beiden verhängten Fensteröffnungen zum Garten hinaus. Noch hörte er ihre Schritte nicht, doch sein Herz klopfte bereits, als stände Druda dicht vor ihm.

Die kapellenartige Sakristei hatte zwar schon Türen und Fenster, befand sich aber noch weitgehend im Rohbau. Sie diente Priestern und Messdienern, die an hohen Feiertagen hier die Festliturgien feierten, als Andachts- und Ruheraum. Hinter einer schweren und niedrigen Holztür lag die Kammer mit den Truhen für die liturgischen Gewänder, den festlichen Altarschmuck und das Messgeschirr. Eine Wendeltreppe führte ins Grabgewölbe hinab.

Die Bodenplatte, die sie künftig verschließen sollte, war noch nicht fertig, und neben der Öffnung lag auf Brettern und drei Holzböcken die Grabplatte, an der Rudolph seit Ende Februar arbeitete. Peter Parler hatte sie und den zugehörigen Sarkophag als Dank für seine Berufung nach Prag gestiftet und Rudolph für die Zeit, in der er das Bildwerk schuf, von der Arbeit an der Wenzelkapelle freigestellt. Obwohl ihm der Straßburger Steinmetz in diesen Stunden oben im Veitsdom fehlte, zahlte er ihm einen Lohn dafür. Der Parler war ein ungewöhnlich großzügiger Mann, das musste selbst Rudolph sich eingestehen.

Einen Atemzug lang stand er reglos und lauschte zum Garten hin. Noch immer keine Schritte. Er steckte die Fackel in eine Wandhalterung, nahm Holzschlägel und Eisen aus dem Werkzeugkorb und begann, den Stein der Grabplatte zu behauen. Von Zeit zu Zeit unterbrach er seine Arbeit und lauschte. Weil er weiterhin nichts hörte, warf er einen Blick auf den Papierbogen, der neben der Fackel an der Wand hing und auf den Peter Parler die Totenmaske der verstorbenen Äbtissin gezeichnet hatte. Er besaß eine ungewöhnliche Begabung, Gesichter zu porträtieren und in den Stein zu hauen, der Parler, auch das musste Rudolph zugeben.

Die Umrisse eines menschlichen Körpers wölbten sich aus dem Buntsandstein der Grabplatte. Die bereits vollendeten Hände lagen auf der Brust, und hinter den Schultern waren die Bögen von Flügeln zu erkennen. Das Gesicht des Engels sollte die Züge der Äbtissin tragen. Rudolph beugte sich darüber und setzte das kleine Eisen an der Nasenwurzel an.

Eine Zeit lang schlug er behutsam den Nasenansatz der Toten aus dem Stein, lauschte zwischendurch zum Garten hin, warf einen Blick auf das Porträt an der Wand, arbeitete weiter, lauschte.

Bis er Gras unter Sohlen rascheln hörte – er richtete sich auf und schaute zu dem Fenster hin, das zur Gartenlaube führte. Der Sackstoff, der die Öffnung verhüllte, bewegte sich, eine sehnige Frauenhand griff nach der Stoffkante und schob den Vorhang zur Seite.

Für einen Moment verharrte Druda vor der Fensteröffnung in der Laube und schaute ihn an. Die Lippen ihres schönen Mundes halb geöffnet, der Blick ihrer dunklen Augen sehnsüchtig und ängstlich zugleich. Rudolph stand wie festgewachsen.

»Niemand hat mich gesehen.« Ein Lächeln glitt über Drudas feine Züge. »Wir haben nicht viel Zeit.« Sie raffte ihr dunkles Kleid hoch und stieg über den niedrigen Fenstersims in die Sakristei. Hinter ihr fiel der Sackstoff vor die Öffnung, während sie zu ihm stürzte. Rudolph warf Eisen und Schlägel in den Korb und breitete die Arme aus.

»Mein Geliebter!« Sie warf sich an seine Brust, fasste seinen Kopf und zog ihn zu sich herunter. Ihre Lippen wühlten sich in Rudolphs Bart und die Haut seines Halses, tasteten sich zu seinem Gesicht hinauf, fanden seinen Mund und saugten sich an seinen Lippen fest.

Das seit Tagen aufgestaute Verlangen nach ihr schoss ihm durch alle Glieder, als er ihre Zunge in seinem Mund tanzen spürte. Sie küsste ihn, als hätte sie seit ihrem letzten Zusammensein Anfang der Woche von nichts anderem geträumt, als ihn endlich von Neuem mit gierigen Zärtlichkeiten zu bedenken.

Sie küssten sich lange, so lange, bis ihre Gesichter nass und ihre Lippen taub waren. Unter dem Stoff ihres Kleides spürte er ihre Schulterblätter auf- und abwippen. Und nicht nur ihre Schulterblätter, ihr ganzer Körper war in Bewegung – ihr Becken drängte sich an ihn, zuckte weg von ihm, um sich im nächsten

Moment erneut an seinen Lenden zu reiben, sodass er den festen Hügel ihrer Scham spüren konnte.

Sein Herz schlug schneller, und sein Atem flog, und kurz spielte er mit dem Gedanken, sie hier auf dem unvollendeten Sarkophagdeckel zu nehmen, auf dem Engel. Er fasste schon ihre Taille, um sie hinaufzuheben, da löste sie sich schwer atmend von seinen Lippen und griff nach seiner Hand.

»Komm«, flüsterte sie und zog ihn mit sich zur Holztür, hinter der die Kammer mit den Utensilien der Priester und Messdiener lag. »Ich wünschte, wir hätten stundenlang Zeit.« Sie drückte die Tür auf und schlüpfte in den winzigen Raum. »Ich wünschte, wir könnten uns nächtelang den süßen Wonnen der Liebe hingeben.«

Sie setzte ihr Gebände ab, legte es auf eine der Truhen und löste ihr rabenschwarzes Haar. Rudolph half ihr aus Kleid und Unterkleidern, während sie sich die Schuhe von den Füßen stieß. Schließlich zog sie ihn auf den Strohsack und in die Felle hinunter, die er hierhergeschafft hatte, als er mit der Arbeit an dem Sargdeckel begann. Wie eine verspielte Katze wand sie sich in seinen Armen und unter seinen Küssen, während sie den wilden Tanz der Liebe tanzten. Manchmal lachte sie dabei, manchmal knurrte sie wie eine hungrige Bärin, die sich über ihre Beute hermachte.

Sie spielten mit dem Feuer und wussten es beide: Allzu leicht konnte der Preis für dieses Spiel der Tod sein. Doch obwohl das Gesetz die Hinrichtung für alle vorsah, die dieses Spiel wagten, spielten es viele in Prag: in den Klöstern, in den Bordellen, bei Hof, in den Wäldern, in den Heuschobern, in den Bädern. Selten kam es in jenen Jahren zu Anklagen, Prozessen und Verurteilungen. So selten, dass viele den möglichen Höchstpreis des Spieles vergaßen. Auch Rudolph und Druda.

Später, als sie erschöpft vom Flug zum Gipfel der Lust um

Atem rang, zog er sie über sich und biss sie zärtlich in die weiche Haut ihres Halses.

»Du ahnst nicht, wie allein ich mich fühle«, seufzte Druda. »Du ahnst nicht, wie satt mich diese Stunden mit dir machen.« Sie zerwühlte sein Haar, küsste seine Schläfen, seine Augen. »Mein Leben in dieser Stadt und an der Seite dieses Mannes wäre unerträglich ohne deine Liebe.«

Rudolph streichelte ihre Taille, die so schmal war, dass er sie fast ganz mit seinen großen Händen umfassen konnte, und flüsterte ihr Liebesschwüre ins Ohr. Er strich über die straffen, kühlen Wölbungen ihres Hinterns und wünschte sich zum tausendsten Mal, diese schöne, liebeshungrige Frau würde ihm ganz allein gehören.

Und zum tausendsten Mal wünschte er sich Peter Parlers Tod.

»In den Moldauauen liegen ein paar Hausboote vor Anker«, sagte Druda, während sie in ihre Kleider stieg. »Schon seit Jahren. Zwei gehören einem alten Schäfer, den ich beim Kräutersammeln kennengelernt habe, einem Juden.« Sie flocht ihr Haar und ließ sich von Rudolph helfen, das Gebände aufzusetzen. »Die Boote liegen kurz vor den Mühlen auf der Höhe des Judenviertels. Eines habe ich ihm abgekauft. Um dort mit den Kindern Kräuter zu sammeln und zu fischen, wie ich dem Parler erklärt habe.« Sie seufzte tief und verdrehte die Augen. »Mein Herr Gatte glaubt mir alles; der ist froh, wenn ich ihn in Ruhe lasse.«

Sie verabredeten sich für einen Tag der kommenden Woche in jenem Hausboot, und nach dem Abschiedskuss trat Rudolph als Erster aus der Sakristei. In der Klosterkirche überzeugte er sich davon, dass niemand im Chor hockte, der Druda sehen würde, wenn sie das Gebäude verließ. Zurück in der Sakristei, küsste er sie noch einmal zum Abschied, bevor er sie hinausschob.

Er selbst ging von der Klosterkirche aus nicht in die Weinschenke am Altstadtring, wie er es eigentlich geplant hatte. Am nächsten Tag, als das Unglück geschehen und nichts mehr zu retten war, konnte er sich nicht erklären, warum er sein Vorhaben geändert hatte.

Er dachte an Druda, während er die Gasse zum Haus des Kaufmanns hinunterschlenderte – an ihre Küsse, ihre Worte, ihren Leib. Ganz durchtränkt von ihren Zärtlichkeiten war er, ganz verzaubert. Wie schön wäre es, sie jeden Tag zu sehen, jeden Tag die Süße ihrer Küsse zu schmecken und ihren köstlichen Leib zu spüren!

Rudolph musste an sich halten, um Gott nicht darum zu bitten, dem Peter Parler eine schwere Krankheit zu schicken oder ihm einen Steinblock oder ein Gerüst auf den Kopf fallen zu lassen. Außerdem hatte Druda drei Kinder, und für die müsste Rudolph sorgen, wenn er die Witwe heiraten würde ...

Es dämmerte bereits, als er unter dem Torbogen hindurch in den Hof schritt, in dem sein Hinterhaus lag. Die vielen Leute dort irritierten ihn; und der Geruch von Rauch erst recht. Aus irgendeinem Grund läuteten die Glocken der Kirchen ringsum.

»Was ist los hier?«, fragte er einen der Nachbarn, die sich unter der Sonnenuhr versammelt hatten, doch da sah er es schon selbst: Die Bäckerei auf dem Nachbaranwesen stand in hellen Flammen. Die Funken stieben herüber in den Hof – und hatten bereits das Dach seines Hinterhauses in Brand gesetzt.

Mit kalter Hand griff das Entsetzen nach Rudolphs Herz. »Meine Dachstube ...«, murmelte er. Er konnte blinzeln, soviel er wollte, doch die Flammen hörten nicht auf, aus dem Gebälk über seinem Zimmer zu züngeln.

»Mein Bauplan!«, schrie er.

3
Rache

Der hünenhafte Mönch saß auf einem umgedrehten Kübel neben dem Brunnen. Der Frühlingswind zerwühlte das rötliche Haar rund um seine Tonsur. Zu seinen nackten Füßen badeten zwei Ferkel in einer Pfütze, um ihn herum pickten die Hühner. Eine der Katzen lag auf seinem Schoß, die schwarze, und über dem Brunnen, auf dem Querholz mit dem Zugseil, hockte die junge Elster, die er am Tag des heiligen Silvester dem Fuchs entrissen und den Winter über gesund gepflegt und durchgefüttert hatte.

»Er muss nur sein Brummeisen zupfen, gleich ist sie da.« Staunend schüttelte Eva den Kopf. »Sie kommt sogar, wenn er sie beim Namen ruft. Weißt du, wie er sie nennt?«

»Marianne«, antwortete Maria-Magdalena. »So hieß meine Frau Mutter.« Sie und die Blonde beobachteten Rübelrap vom Küchenfenster aus; und der Herr Vater – der lehnte im Rahmen der Fensteröffnung. Aus der Eingangshalle hörten sie manchmal laute Stimmen und Schritte auf der Treppe. Über ihnen, im Obergeschoss, kreischte hin und wieder eine der Frauen, und ein Mann lachte laut.

»Seine Großmutter auch.« Eva nickte. »Marianne. Die hat den großen Kerl aufgezogen. Sein Vater war Kapitän eines Walfängers und ist mit seinem Schiff in einem Seesturm gesunken. Seine Mutter hat ein weißer Bär gefressen.«

»Ein weißer Bär?« Davon hatte Maria-Magdalena noch nichts gehört. Ihr gegenüber hatte Rübelrap lediglich seine Großmutter erwähnt, und auch das wohl nur deswegen, weil sie und Maria-Magdalenas Mutter auf denselben Namen getauft worden waren. »Woher weißt du das alles?« Auf ihren Knien lag die Wachstafel, und in der Rechten hielt sie ihren Dolch. Alles, was sie im Hof sah, sollte sie aufschreiben, hatte Rübelrap verlangt. Weil irgendjemand den Griffel verlegt hatte, benutzte sie die Klinge, um die Worte ins Wachs zu ritzen.

»Er schläft manchmal bei mir.« Die Blonde lächelte verlegen. »Wenn er zu viel Wein getrunken hat. Dann erzählt er.«

»In welcher Sprache?«

»Manchmal Französisch, manchmal Englisch. Er ist ja in Irland geboren. Im Königreich Frankreich ist er ins Kloster eingetreten, in den Orden der Dominikaner.«

»Mit der Elster spricht Rübelrap Niederdeutsch. Mit mir auch – wenn er mal spricht.«

»Mit mir spricht er Französisch, Englisch und Lateinisch, das ich gar nicht verstehe; aber nur, wenn ich Wein mit ihm trinke und mich von ihm ...« Eva unterbrach sich und guckte verstohlen zu Maria-Magdalena herunter. »Wenn ich mich von ihm liebhaben lasse.« Sie seufzte und zuckte mit den Schultern. »Er behauptet, der Vogel würde jedes Wort verstehen.« Zweifelnd runzelte sie die Brauen.

Maria-Magdalena hatte eine nebelhafte Vorstellung von dem, was Eva mit *sich liebhaben lassen* meinte, denn manchmal lauschte sie oben an den Türen der Frauenkammern. »Rübelrap hat gesagt, die Elster sei klüger als er.«

»Was für ein Unsinn, Max! Kein Tier kann klüger sein als ein Mensch!«

»Bist du sicher?« Jetzt war es Maria-Magdalena, die skeptisch schaute.

Die Tür wurde aufgestoßen, eine der anderen Frauen steckte den Kopf in die Küche und schaute ungnädig von Eva zu Maria-Magdalena. »Habt ihr nichts zu tun? Wir brauchen Wein oben, und die Herrin verlangt nach frischer Tinte. Beeilt euch!« Und schon entfernten die Schritte sich wieder; die Tür hatte die Frau offen gelassen.

Maria-Magdalena legte die Wachstafel neben sich auf die Bank, stand auf und schaute sich nach dem Weinkrug um.

»Lass nur, Max.« Die Blonde lief bereits los und war vor ihr beim Weinfass und dem Regal mit dem Tongeschirr. »Du musst da nicht hoch, da siehst du zu viel, das deiner Seele schadet.« Eva nahm einen großen Tonkrug vom Brett, ging in die Hocke und zapfte Wein. »Kümmere du dich um die Tinte für die Herrin.« Mit dem vollen Weinkrug in den Händen verließ sie die Küche.

»Wenn du wüsstest«, flüsterte Maria-Magdalena, während sie den Schritten der anderen auf der Treppe lauschte. »Wenn sie wüsste, was ich schon alles sehen musste, seit Ihr mich verlassen habt, nicht wahr, Herr Vater?« Sie steckte den Dolch unter ihre blaue Fellweste in den Gurt und stützte sich auf die Fensterbank. »Es gibt so überaus dumme Menschen«, sagte sie an die Puppe gewandt. »Schwer zu glauben, dass es Tiere geben soll, die noch dümmer sind. Was meint Ihr?« Fragend schaute sie den Herrn Vater an und nickte schließlich, als hätte er ihr geantwortet.

Im Hof draußen jagte die Muttersau dem Hahn hinterher. Vor Rübelraps Kübel machte sie halt und blinzelte zu ihm hinauf. Die Elster hockte inzwischen auf dem Brunnenrand, weswegen die Katze sich aufgerichtet hatte, einen Buckel machte und fauchte. Rübelrap drückte sie behutsam zurück auf seine Schenkel, während er mit der Elster sprach.

»Er kommt mir entschieden klüger vor als Marianne, klüger als alle, die ich kenne.« Ein wenig erschrocken schaute Maria-Magdalena auf die bunte Puppe. »Abgesehen natürlich von Euch, Herr Vater.« Und dann wieder mit Blick auf Rübelrap und die Tiere rings um ihn: »Überhaupt kommt mir der Bruder Rübelrap vor wie einer, der nicht von dieser Welt ist. Ja, wie ein Engel kommt er mir vor.«

Sie holte ihr Brummeisen aus der Gurttasche, setzte es an den Mund und begann, es zu zupfen. Die Elster flatterte vom Brunnenrand auf, flog krächzend über den Hof und landete im Rahmen der Fensteröffnung. Rübelrap, der ihr hinterherschaute, erkannte Maria-Magdalena und winkte. Sie lächelte und winkte zurück.

»Wie schön, in dieser großen Stadt jemanden zu kennen, dem man zuwinken kann«, sagte sie zum Herrn Vater. »Und den man gern sieht.« Seit sie dem rätselhaften Hünen begegnet war, fühlte sie sich nicht mehr allein in Prag. »Kluge Marianne«, murmelte sie und streute dem Vogel ein paar Brotkrumen hin.

Danach wandte sie sich ab und ging zur Tür, denn Tinte gab es in der Vorratskammer, und die lag im Keller. Auf der Schwelle drehte sie sich noch einmal nach dem Hoffenster und ihrer Puppe um. »Lieb von Eva, dass sie mich Max nennt, obwohl sie weiß, dass ich ein Mädchen bin, nicht wahr, Herr Vater?« Sie lächelte versonnen, und jeder, der sie in diesem Augenblick gesehen hätte – mit diesem sanften Lächeln und dieser kindlichen Freude im Blick –, hätte ihr die Burschenkleider nicht länger geglaubt. »Gott segne sie.« Maria-Magdalena seufzte und sprang in den Keller hinunter.

Wenig später stand sie mit der Tintenamphore und einem in Tuch gehüllten Trichter vor der Tür zum Kontor der edlen Frau Ricarda. Aufmerksam betrachtete sie das Wappen, das die Hausherrin inzwischen auf einem der Türflügel hatte anbringen lassen. Es zeigte einen roten Ritter auf einem Schimmel, der mit seiner Lanze nach einem roten Drachen unter den Pferdehufen stach. Darüber, in einem kleineren weißen Wappen, sah man einen schwarzen Stab, um den sich eine Schlange wand. Und über das gesamte Wappen schwang sich leicht bogenförmig und in großen dunkelroten Buchstaben der Name der Hausherrin: *Ricarda Scorpio*.

Es sei das Familienwappen der edlen Frau Ricarda, hatte Eva Maria-Magdalena erklärt, das Wappen eines alten Geschlechts, das von einer Insel in der Ostsee stammte. Immer wenn Maria-Magdalena es sah, bekam sie Fernweh und wünschte, sie könnte einmal an der Küste der Ostsee stehen.

Auf dem anderen Türflügel prangte mitten in einem Kreis aus Sternen ein goldfarbener Skorpion, und entlang des Sternenringes hatte die Edelfrau in verschiedenen Farben die Zeichen des Tierkreises aufmalen lassen. Das sah geheimnisvoll aus, fand Maria-Magdalena. Und jedes Mal, wenn sie durch diese Tür ging, beschlich sie das aufregende Gefühl, in die Wunderkammer einer Zauberin zu treten. Sie mochte das.

Aus dem Obergeschoss drang Männergelächter und hysterisches Frauengeplapper. Der Kaplan hielt sich dort oben in einer der Frauenkammern auf, das wusste Maria-Magdalena. Der geistliche Herr vom Kaiserhof hatte der edlen Frau Ricarda das Haus verkauft. Bis zum Pfingstfest genoss er dafür Gastrecht, wann immer er wollte, und musste keinen Heller bezahlen, wenn er kam; ganz egal ob er sich dann von einer oder, wie heute Nachmittag, von gleich zwei Hübschlerinnen verwöhnen ließ. *Verwöhnen lassen* – diesen Ausdruck gebrauchte die Eva häufiger als *liebhaben lassen*.

Hinter der schweren Tür mit den Prachtbildern hörte Maria-Magdalena Ricardas Stimme und zwischendurch auch die eines

Mannes. Sie räusperte sich, klopfte mitten auf den roten Drachen und trat ein, als Frau Ricarda rief.

Den kleinen, hageren Mann, der neben der Hausherrin am breiten Tisch mit den Sternkarten stand, kannte sie vom Sehen: ein Zimmermannsmeister aus dem Königreich Frankreich. Er trug ein graues Arbeitsgewand, und auf seinem langen weißen Haar eine dunkelblaue Mütze mit einer weißen Feder. Auch sein Bart war weiß und kurz gestutzt.

Ricarda deutete aufs Schreibpult und das leere Tintenglas dort. Maria-Magdalena schob einen Hocker ans Pult, stieg hinauf, steckte den Trichter ins Glas und goss Tinte hinein. Während die blauschwarze Flüssigkeit durch den Trichter perlte, flog ihr Blick über die Pergamente, die auf dem Schreibpult lagen. Ziffern, Buchstaben, Linien, Winkelbögen und Symbole bedeckten die Bögen beinahe vollständig.

Ein paar Schritte weiter, am großen Tisch mit all den Sternenkarten und aufgeschlagenen Büchern, hantierte die edle Frau Ricarda mit einer goldfarbenen Scheibe von den Ausmaßen eines Speisetellers, die aus mehreren übereinanderliegenden Kreisformen bestand, die man alle um denselben Mittelpunkt drehen konnte. Astrolabium hieß diese Scheibe, wie Maria-Magdalena von Rübelrap wusste. Damit könne man den Lauf von Sonne, Sternen und Planeten berechnen und Tag und Stunde ihrer Stellungen am Himmel voraussagen, hatte der Mönch ihr erklärt.

Frau Ricarda legte das Astrolabium auf eine Sternkarte und griff nach einem Zirkel. Sie und der Zimmermann sprachen Französisch miteinander, wechselten nur hin und wieder ins Mitteldeutsche. Den Mann hatte Maria-Magdalena auf einer Baustelle am Teyn arbeiten sehen, wo eine neue Kirche entstand, die der Heiligen Jungfrau Maria geweiht werden sollte. Auf dem Weg zum Markt schaute sie dort manchmal den Bauleuten zu.

Weil das Tintenglas voll war, steckte sie den Korken auf die Amphore und wickelte den Trichter wieder in seine fleckige Stoffhülle.

»Alles, was ich hier erkennen kann, spricht dagegen, dass du Prag verlässt und zurück nach Avignon gehst, Meister Jakob«, hörte sie die Edelfrau sagen, als sie vom Hocker stieg. »Einfach alles.«

Neugierig geworden ließ Maria-Magdalena sich Zeit. Der Zimmermann antwortete auf Französisch, und seinem hastig ausgestoßenen Wortschwall hörte man an, dass er eine Menge Fragen hatte.

»Ja, doch – auch was die Liebe betrifft, wartet eine günstige Stunde auf dich! Gewiss.« Ricarda Scorpio winkte ungeduldig ab. »Doch viel wichtiger scheint mir, dass hier in Prag ein Werk deiner harrt, mit dem du dir einen Namen machen wirst.«

Maria-Magdalena schlug einen großen Bogen um den Kartentisch und ging langsam zur Tür. Aus dem Augenwinkel behielt sie die beiden Erwachsenen im Blick. Der Zimmermann schien der Sterndeuterin nicht recht zu glauben, denn ein misstrauischer Zug sorgte für tausend Falten in seinem Gesicht. Französische Sätze quollen ihm aus dem Mund, und alle hörten sich an wie ungläubige Fragen.

»Jawohl, Meister Jakob, eine gut bezahlte Arbeit, selbstverständlich!« Schon fast an der Tür, sah Maria-Magdalena wie Frau Ricarda die Augen verdrehte. »Nein, nein, keine langweilige Kirche! Und ja, ein besserer Baumeister als der, unter dem du jetzt arbeiten musst – es wird wohl ein Franzose sein.«

»Ein Franzose?« Vor lauter Staunen fiel der Zimmermannsmeister ins Deutsche. »Auch das könnt Ihr in meinen Sternen sehen, Frau Ricarda?«

»Verlass dich drauf, Meister Jakob. Die Sterne, falls einer sie zu deuten versteht, können dir sogar ...« Die Hausherrin unterbrach sich, weil ihr Blick auf Maria-Magdalena fiel. Sie guckte halb erschrocken – beinahe so, als würde sie die Anwesenheit der Halbwüchsigen jetzt erst bemerken – und zugleich so streng, dass Maria-Magdalena ihre Schritte beschleunigte und zusah, dass sie schnellstens aus dem Kontor gelangte und die Tür hinter sich schloss.

Gleich darauf stieg sie mit einer Fackel in der Rechten die Kellertreppe hinunter, um Tinte und Trichter in die Vorratskammer zurückzubringen. Und als ahnte sie, dass schon bald Gewalt und Bosheit ans Portal klopfen würden, bekam sie es unvermittelt mit der Angst zu tun, während auf der Treppe die Düsternis des unterirdischen Gewölbes mit jeder Stufe schwärzer wurde.

War nicht ihr Leben wie diese Treppe?, schoss es ihr durch den Kopf. Wohin würde ihr Weg sie denn führen? Ihre Zukunft, so dachte sie plötzlich, musste doch genauso dunkel wie diese Treppe und das Gewölbe sein, in das hinunter die Stufen führten.

Durch Rübelrap hatte Maria-Magdalena unerwartet viel Glück erlebt in den letzten Monaten: Der Mönch hatte sie aus der Gewalt von Galgenstricken gerettet und in dieses Haus gebracht, wo sie einen trockenen und warmen Schlafplatz hatte und jeden Tag satt wurde. Er war ihr Lehrer und auf seine Art sogar ihr Freund und Beschützer geworden. Doch konnte dieses bescheidene Glück von Dauer sein? Musste es sich nicht irgendwann zurück ins Unglück verkehren? So war doch das Leben, so hatte sie es doch kennengelernt! Meist glich es dieser Kellertreppe, die abwärts in die Dunkelheit führte.

Plötzlich glaubte sie, jene Menschen zu verstehen, die den Rat einer Sterndeuterin suchten, Menschen wie diesen weißhaarigen Zimmermannsmeister. Es war nicht einfach, am Leben zu sein, wahrhaftig nicht! Zu leben tat weh, oder etwa nicht? Und so viel wie möglich über die eigene Zukunft zu wissen, konnte diesen Schmerz vielleicht lindern.

Andererseits – was war, wenn die Stellung der Sterne auf eine unglückliche Zukunft schließen ließ? Auf Armut etwa oder auf Krankheit und frühen Tod womöglich? Musste jemand, dem eine Sterndeuterin dergleichen voraussagte, nicht noch ängstlicher durch seine Tage gehen?

Von solchen Gedanken aufgewühlt brachte Maria-Magdalena die Tintenamphore und den Trichter zurück in den Vorratskeller. Beine und Herz waren ihr seltsam schwer, als sie Augenblicke später wieder hinaufstieg. Sie fragte sich, ob die edle Frau Ricarda auch ihr ein Horoskop stellen würde. Doch wovon sollte sie es bezahlen? Und wollte sie wirklich wissen, was die Zukunft für sie bereithielt?

In der Küche fand sie Eva erneut am Fenster stehen und hinaus zum Brunnen schauen, zu Rübelrap und den Tieren. »Manche der Juden nennen ihn Elia«, sagte sie nachdenklich.

»Elia?« Maria-Magdalena verstand nicht gleich. »Wen?« Sie nahm den Herrn Vater vom Fenstersims, drückte ihn an ihre Brust und setzte sich zu ihrer Wachstafel auf die Bank neben der Feuerstelle.

»Rübelrap. Er hat Freunde im Judenviertel.«

Das stimmte. Rübelrap ging öfter ins Judenviertel, und manchmal begleitete Maria-Magdalena ihn. Oft am Sonnabend, der bei den Juden *Sabbat* hieß, und meistens besuchte er gemeinsam mit einem geistlichen Herrn namens Militsch einen jüdischen Priester, den die Juden *Rabbi* nannten. Die Männer blätterten dann in der Bibel und führten Streitgespräche. Bei solchen Gelegenheiten hatte Maria-Magdalena den Rübelrap, dem sonst kaum ein Wort über die Lippen kam, schon ganze Sätze sagen hören.

»Ich habe noch nie erlebt, dass einer ihn Elia ruft«, wunderte sie sich. »Elia? Was ist das überhaupt für ein seltsamer Name?«

»Einer der Propheten hieß so. Die Heilige Schrift berichtet von ihm. Wild und stark sei er gewesen, hat meine alte Base mir erzählt, eine Nonne. Er sei keinem Kampf aus dem Weg gegangen, und traurig sei er auch manchmal gewesen, genau wie Rübelrap.« Eva schaute zu Maria-Magdalena hinunter. »Sind dir noch nie seine traurigen Augen aufgefallen, Max?«

»Oh doch!« Maria-Magdalena drückte die Puppe an ihre Wange.

»Einer der Juden, ein Schäfer, erzählte mir auch, dass Rübelrap ein Ritter gewesen sei, bevor er Mönch wurde«, fuhr Eva fort. »Seine Feinde fürchteten ihn, wenn er auf dem Schlachtfeld sein Schwert kreisen ließ. Damals diente er dem König von Irland.« Eva seufzte tief. »Ich wünschte, er würde den Habit ablegen und wieder ein Ritter werden.«

Maria-Magdalena ließ den Herrn Vater in ihren Schoß sinken und betrachtete die Blonde aus großen Augen und mit forschendem Blick. Eva schien es nicht zu merken, schaute wehmütig und zärtlich in den Hof hinaus, schaute wie eine Frau, die dort draußen Schmerzliches und Schönes zugleich sah.

»Du liebst den Bruder Rübelrap, nicht wahr?«

Abrupt drehte Eva den Kopf und guckte Maria-Magdalena verblüfft an. »Wie kommst du denn darauf?« Weil sie schluckte und ihre Stimme heiserer klang als zuvor, wusste Maria-Magdalena, dass sie recht hatte. Trotzdem schüttelte Eva halb empört und halb verlegen den Blondschopf und richtete ihren Blick wieder auf den Hof hinaus. »Was weißt denn du von Liebe? Außerdem ist er ein Mönch.«

»Muss ein Mönch denn für immer ein Mönch bleiben?«

Eva öffnete den Mund, um zu antworten, doch in diesem Moment hallte lautes Pochen durch die Eingangshalle. Beide fuhren erschrocken herum und starrten zur Küchentür. Es wollte gar nicht mehr aufhören zu pochen, und es klang dringend – irgendwer stand vor dem Hausportal und schmetterte den eisernen Ring mit dem Löwenkopf so heftig gegen das Klopfeisen, als wollte er das Portal zertrümmern. Auch hörte Maria-Magdalena eine aufgebrachte Männerstimme rufen, eine Stimme, die ihr bekannt vorkam, die sie aber niemandem zuordnen konnte.

Sie sprang auf, doch Eva war vor ihr an der Küchentür. In der Eingangshalle knarrte die Tür vom Kontor der edlen Frau Ricarda, und die Schritte der Hausherrin scharrten durch die Halle.

»Wer begehrt Einlass?«, rief die Sterndeuterin.

»Der Ritter des Kaisers Marian von Zittau hat Euch etwas zu sagen!«, tönte es von draußen, und im Geist sah Maria-Magdalena ihn sofort vor sich, den kleinen, stämmigen Mann mit dem rötlichen Haar, dem die edle Frau Ricarda Glück in der Liebe aus den Sternen geweissagt hatte. Beim rauen und herrischen Klang seiner Stimme wünschte sie von ganzem Herzen, die Hausherrin würde ihm heute nicht ihr Haus öffnen.

Sie lauschten mit klopfendem Herzen, und zwei Atemzüge lang geschah nichts. Lediglich rasche Schritte auf der Treppe waren zu hören. Offenbar stiegen die Hübschlerinnen, die noch keinen Besuch hatten, aus dem Obergeschoss die Stufen herunter. Oder war es der Herr Kaplan?

»Kommt morgen wieder, Herr Marian«, hallte schließlich die dunkle Stimme der edlen Frau Ricarda durch die Eingangshalle. »Wir haben Gäste und können Euch leider nicht empfangen.«

»Ich werde Euch bestimmt nicht lange aufhalten!«, hörte Maria-Magdalena den Ritter tönen. »Es ist nicht viel, das ich Euch zu sagen habe.« Wieder krachte der Türöffner gegen das Eingangsportal. »Sofort öffnet Ihr mir! Oder soll ich mit meinen Waffenknechten durch Hof und Hintertür in Euer Haus eindringen? Glaubt mir, das würdet Ihr bitter bereuen, Ricarda Scorpio!«

Eva und Maria-Magdalena fuhren herum und schauten erschrocken auf den Hof hinaus: Dort näherten sich vier Männer mit drohend erhobenen Schwertern und Spießen dem Brunnen und Rübelrap. Die Elster flatterte auf und davon, die Katze sprang vom Schoß des Mönchs, und Muttersau und Ferkel flohen zum Stall.

Eva schrie auf. »Mein Rübelrap!« Sie schlang die Arme um Maria-Magdalena und umarmte sie so fest, als suchte sie Halt. »Wer wird ihm nun beistehen? Heilige Jungfrau, hilf!«

Maria-Magdalena hielt den Atem an, denn nun hörte sie, wie Frau Ricarda erst nach dem Kaplan und dem Zimmermannsmeister rief und dann den Riegel des Eingangsportals aufzog. Als sich im nächsten Moment die Tür knarrend öffnete, streckten sie die Köpfe aus der Küche, um zu sehen, was draußen in der Eingangshalle geschehen mochte.

Auf der Schwelle zur Hausburg stand der Ritter Marian.

»Verfluchte Lügnerin!«, brüllte er die Hausherrin an; hinter ihm drängten sich vier Waffenknechte herein. Auch seinen Knappen, den blonden Sigismund, erkannte Maria-Magdalena unter ihnen. Schimpfend stapfte Marian in die Eingangshalle, und die Hausherrin wich erschrocken vor ihm zurück.

»Glück und Liebe habt Ihr mir verheißen, Ricarda Scorpio, doch Blut und Schmerzen musste ich schmecken! Treulos und kalt blieb meine Dame, und das Schwert ihres Auserwählten hat mich im Duell so hart getroffen, dass ich viele Wochen lang auf dem Krankenlager liegen und gegen das Wundfieber kämpfen musste. Jetzt ist die Zeit der Abrechnung!« Er trat zur Seite und winkte seinen Knappen und die Waffenknechte in die Eingangshalle. »Ich habe nicht bekommen, wofür ich bezahlt habe, du falsche Prophetin!« Mit der Faust schlug er nach der edlen Frau Ricarda und stieß sie zu Boden. »Jetzt nehme ich mir, was ich bezahlt habe!«

Mit nichts als einem Schürhaken bewaffnet, trat Meister Jakob ihm in den Weg, doch der stämmige Ritter hatte längst sein Schwert gezogen und schlug dem Franzosen damit den Haken aus den Händen.

»Aus dem Weg!«, brüllte er ihn an. »Oder willst du einen sinnlosen Tod sterben?«

Angeführt von Sigismund stürzten Marians Waffenknechte zur Treppe, wo die Hübschlerinnen zu kreischen und zu flehen begannen. Manche waren wie der Kaplan nur in Decken gehüllt und ließen sie jetzt fahren, als sie in wilder Flucht die Stufen hinauf ins Obergeschoss stürmten.

Maria-Magdalena zog Eva mit sich zurück in die Küche. Als sie auf den Hof hinausschauten, presste Eva die Fäuste auf den Mund und begann laut zu weinen, denn sie mussten erkennen, dass die vier Waffenknechte Marians den Brunnen und Rübelrap umzingelt hatten und sich ihm mit drohend gezückten Klingen näherten.

4
Misthaufen

Die Vesper war vorüber, knapp zwei Dutzend Mönche verließen den Chorraum der kleinen, Johannes dem Täufer geweihten Kirche durch das östliche, zum Moldauufer hin gelegene Portal. Die raue und tiefe Stimme des mährischen Priesters übertönte das Scharren ihrer Schritte und hallte durch das kleine Kirchenschiff wie die Stimme eines machtbewussten Herrschers. Jan Otlin kniete vor dem Altar der Seitenkapelle, und Militsch sprach auf Lateinisch die nach der Beichte übliche Absolutionsformel.

Insgeheim rechnete der junge Baumeister damit, dass dies die letzte Beichte gewesen war, die er abgelegt hatte, denn die Schmerzen quälten ihn nahezu täglich und manchmal viele Stunden am Stück. Er hatte mit dem Leben abgeschlossen, glaubte nicht einmal mehr daran, die Arbeit am Bauplan für die Brücke noch vollenden zu können. Und warum sollte er sie auch vollenden? War denn nicht alles bedeutungslos für ihn?

Weil es damals noch keinen Beichtstuhl in der Johanneskirche unter dem Laurenziberg gab und weil Militsch ein glühender Verehrer des Täufers war, hatte er Jan die Beichte hier in der Seitenkapelle am Altar des Johannes abgenommen. Eigentlich hatten sie vorgehabt, danach gemeinsam die Vesper mitzusingen, doch Jans Bekenntnis war unerwartet lang ausgefallen, zu einer regelrechten Lebensbeichte geraten, sodass er dem priesterlichen Freund noch während der Vesper Sünden ins Ohr flüsterte, die er bislang sorgfältig in seinem Herzen verschlossen gehalten hatte. Sogar die wollüstigen Stunden im Bett der unkeuschen Schwester Mathilde hatte er sich von der Seele geredet.

Militsch legte ihm die Hände auf den Lockenkopf und sprach den Schluss der Absolutionsformel auf Böhmisch: »Der Herr schenke dir Verzeihung und Frieden. So spreche ich dich los von deinen Sünden im Namen des Vaters und des Sohnes und des Heiligen Geistes. Amen.«

Eine lange nicht empfundene Erleichterung erfüllte Jans Brust und strömte ihm warm durch alle Glieder. Er machte Anstalten, sich zu erheben, doch zu seinem Erstaunen drückte Militsch ihn zurück auf die Knie. Der kleine, drahtige Mann schlug sein schwarzes Priestergewand zurück und griff in den Beutel, den er darunter an einer schweren Hüftkette über seinem groben Sackstoffhemd trug, und zog ein Fläschchen heraus.

Jan schaute fragend zu ihm auf, und Militsch bedeutete ihm, sich einfach gefallen zu lassen, was nun geschehen würde. Während er eine lateinische Gebetsformel murmelte, entkorkte er das Fläschchen, träufelte Öl auf seine Fingerspitzen und strich es kreuzförmig auf Jans Stirn. Als dieser endlich begriff, was sich hier, unter den steinernen Augen des Täufers, abspielte, wich die Erleichterung in seiner Brust einer großen Angst, ja Erschütterung.

Währenddessen schlug Militsch von Kremsier das Kreuz über dem Knienden und sprach – nun wieder auf Böhmisch – einen Segen.

Eine Zeit lang verharrte Jan wie gelähmt auf den Knien; bis der priesterliche Freund sich zu ihm herunterbeugte, ihn am Arm packte und aufrichtete.

Jan bekreuzigte sich mit zitternder Hand und sagte: »Jetzt

glaubst du es also endlich auch.« Vergeblich versuchte er, seine Stimme fest klingen zu lassen, damit ihm Militsch die Erschütterung nicht anmerkte.

»Was glaube ich jetzt auch?« Militsch wandte sich dem Westportal zu.

»Dass ich bald sterben werde.« Jan schlurfte hinter ihm her.

»Wie kommst du denn darauf?«

»Da fragst du noch?« Jan wurde fast ein wenig wütend. »Du hast mir eben das Sakrament der letzten Ölung gespendet, wie man es Sterbenden angedeihen lässt.«

»Rede keinen Unsinn, Jan Otlin!« Militsch hielt ihm einen Flügel des Kirchenportals auf und schob ihn an sich vorbei nach draußen. »Das Sakrament der Krankensalbung hast du empfangen. Das spendet man Kranken, verstanden? Nur das einfache Volk nennt es ›letzte Ölung‹ und meint, es gehe dem sicheren Tod voraus. Ich aber glaube, dass du am Leben bleibst.« Der Priester lächelte, und etwas Verschmitztes lag dabei in seinen knochigen Zügen.

»Du denkst, dass ich mir die Schmerzen nur einbilde, nicht wahr?« Jan blinzelte in die tief stehende Nachmittagssonne. »Gib es wenigstens zu!«

»Nein. Ich glaube allerdings, dass Gott durch sie zu dir spricht. Und ich glaube außerdem, dass du ihm endlich zuhörst.« Der priesterliche Freund umarmte Jan und küsste ihn auf die bärtige Wange. »Wie auch immer: Tu, was du zu tun hast, und du wirst leben.«

Ohne weiteren Abschiedsgruß wandte Militsch sich ab und marschierte in den Weinberg, der gleich gegenüber der Kirche anstieg. Zwischen den Weinstöcken dort hackten Frauen und Männer den Boden oder schnitten die Reben.

Jan sah dem kleinen Mähren hinterher und lauschte dem

Klang seiner Worte nach. Noch während er kurz darauf zum Friedhof ging, wiederholte er sie in Gedanken und versuchte zu verstehen. *Ich glaube, dass Gott durch sie zu dir spricht und dass du ihm endlich zuhörst* – wie meinte Militsch das?

Die Kirche Johannes' des Täufers unter dem Laurenziberg war eine von drei dem Täufer geweihten Kirchen auf der Kleinseite und lag außerhalb der Stadtmauer. Bis zum Friedhof ging man von hier aus keine vierzig Ruten weit. Am Grab der Mutter angelangt, kreisten Jans Gedanken noch immer um Militsch und seine Worte. *Ich aber glaube, dass du am Leben bleibst,* hatte er gesagt. Jan hätte das ebenfalls gern geglaubt – weiß Gott! –, doch seine Schmerzen sprachen eine andere Sprache.

Beinahe wöchentlich hatte er den priesterlichen Freund getroffen, seit die Sterndeuterin ihm vor fast drei Monaten eröffnet hatte, dass er sterben müsse; meistens in einer der drei Kirchen, die Militschs Vorbild geweiht waren, dem Täufer. Mal hatte er den Priester für sich beten lassen, mal mit ihm die Kommunion gefeiert, mal gebeichtet.

»Arbeite, Jan Otlin, arbeite am Entwurf der neuen Brücke, dann wird es besser mit deinen Schmerzen«, hatte der Priester ihm beharrlich eingeschärft. Und: »Höre endlich auf, dich um dich selbst zu drehen! Zeichne weiter an deinem Bauplan, dann wirst du deine Schmerzen schon vergessen.«

Jedes Mal hatte Jan den Eindruck gewonnen, dass Militsch sein Geschwür nicht ernst nahm, was ihn durchaus empörte. Andererseits jedoch behielt der Priester nicht Unrecht: Immer dann nämlich, wenn Jan sich über den Bauplan für die Brücke beugte, ließen seine Schmerzen tatsächlich nach. Manchmal spürte er sie sogar überhaupt nicht mehr.

Die Schneeglöckchen auf dem Grab der Mutter waren längst verblüht. Dafür streckten Krokusse die Spitzen ihrer Knospen aus der Erde. Jan fragte sich, ob er noch am Leben sein würde, wenn auch ihre Blüten welkten. Er beugte den Kopf, bekreuzigte sich und dankte Gott im Stillen, weil der sein Flehen erhört und dafür gesorgt hatte, dass er die Mutter vor ihrem Tod noch einmal hatte sprechen und umarmen können.

Unwillkürlich fasste er sich an die Stirn, die noch fettig war vom geweihten Öl, und wieder fuhr ihm die Angst in die Knochen. Krankensalbung? Militsch konnte ihm viel erzählen – nach seinem Empfinden hatte er das Sakrament empfangen, mit dem man Todkranke in ihr letztes Stündchen zu schicken pflegte.

Er trat an die Grabstelle neben der Ruhestätte der Mutter, das Stück Erde, das er für sich gekauft hatte. Auch darauf brach bereits der Boden über den aufsprießenden Krokussen. Ob er wenigstens noch erleben würde, wie sie erblühten? Jan hoffte es inbrünstig. Andererseits – machte es denn einen Unterschied, ob er erst morgen oder schon heute starb?

Er stellte sich das Kreuz mit seinem Namen vor, und in seiner Fantasie wuchsen weiße Rosen aus der Grabstelle und verdeckten es. Die Vorstellung gefiel ihm, und er nahm sich vor, Libussa zu bitten, einen Rosenstock auf seinem Grab zu pflanzen, wenn er gestorben war. Einen Stock, der weiße Blüten trieb, so weiß wie die Haut der süßen Mathilde.

Jan schüttelte den Kopf, um den sündigen Gedanken zu verscheuchen, wandte sich missmutig ab und verließ den Friedhof. Nein, es war keineswegs gleichgültig, ob er heute oder morgen starb! Morgen wäre besser als heute und übermorgen besser als morgen. Noch besser allerdings wäre es, erst im nächsten Jahr zu sterben. Oder im übernächsten ...

Der Weg zur Stadtmauer der Kleinseite führte zwischen der Johanneskirche und dem Laurenzi-Weinberg hindurch. Mitten in den Reihen der Weinstöcke hatte sich eine Menschentraube um

Militsch gebildet, der auf einem Handkarren stand und wie üblich predigte.

Jan blieb stehen und staunte hinüber. Johannes der Täufer hatte am Jordan und in der Wüste gepredigt – Militsch predigte in Schenken, auf Marktplätzen, in Kirchen, von Balkonen herab und nun sogar in Weinbergen. Wahrscheinlich würde er selbst auf dem Sterbebett noch Gottes Wort verkünden.

Jan war nicht danach, einer Bußpredigt zu lauschen, doch beim Anblick der vielen Zuhörer rings um Militschs Karren packte ihn das Verlangen, unter Menschen zu gehen. Und da er gerade kaum Schmerzen spürte, beschloss er, in das Getümmel auf dem Marktplatz am Altstadtring einzutauchen und dort eine Schenke aufzusuchen; ein Krug Rotwein oder zwei würden ihm sicher guttun. Also machte er sich auf den Weg zur Moldau hinunter.

Der Tag neigte sich bereits, als er die Holzbrücke überquerte, und während die Planken unter seinen Schritten knarrten, erging es ihm, wie es ihm immer erging, wenn er die Moldau unter sich rauschen hörte: Die alten Bilder, Gerüche und Stimmen stiegen aus einer Erinnerung auf – zuckende Blitze, Donner, stinkendes Treibgut, Sturmgeheule, rauschende Flut, krachendes Eis und die Mutter, wie sie sich im zertrümmerten Brückenpfeiler festklammerte, um nicht von der Strömung mitgerissen zu werden.

Und sein Schwur natürlich, auch der.

Tu, was du zu tun hast, und du wirst leben – im Grunde seines Herzens wusste Jan ja, was Militsch ihm damit hatte sagen wollen, doch wie sollte denn er, der Todkranke, einen Brückenplan vollenden? Und selbst wenn er es schaffen und womöglich noch den Kaiser damit überzeugen würde – wie sollte denn ein schmerzgeplagter, sterbenskranker Mann eine Brücke bauen? Zwölf Jahre oder länger unter Qualen arbeiten? Denn so lange brauchte es mindestens, bis eine neue Steinbrücke die Moldau überspannte.

Kopfschüttelnd winkte er ab – völlig unsinnig, sich darüber Gedanken zu machen: Das Geschwür, das die Sterndeuterin und Heilerin bei ihm entdeckt hatte, würde ihm nicht einmal mehr zwölf Wochen Lebenszeit lassen. Das spürte er doch! Das versicherten ihm doch seine Schmerzen Tag für Tag!

Der Abend dämmerte über den Dächern und Türmen der Stadt herauf, als er das andere Ufer erreichte. Er hatte den letzten Abschnitt der Holzbrücke noch nicht ganz hinter sich gelassen, da sah er bereits die Rauchwolken über den Dächern der ufernahen Altstadt aufsteigen. Ein Brand?

Glocken läuteten, und Menschen rannten aus Gassen und Häusern in die Richtung, in der die Rauchwolken zu sehen waren. Ein Brand!

Jan Otlin beschleunigte seine Schritte und folgte den Leuten. Schnell gelangte er zu einem Torbogen vor einem Innenhof. Unter dem Tor und vor allem im Hof selbst drängten sich an die hundert Menschen, und immer mehr strömten herbei. Mit der Menge ließ sich Jan durch das Tor und hinein in den Hof treiben, und da erblickte er die hohen Flammen, die aus dem Nachbarhaus loderten.

Der Wind trug Funken in den Hof herein und hinauf auf das Dach des Hinterhauses, das auf der anderen Seite neben Stallungen und einem Misthaufen aufragte. Der Dachfirst brannte bereits. Und aus den Fensteröffnungen eines Zwischengeschosses drangen ebenfalls Flammen und Rauch.

Waffenknechte des Erzbischofs brüllten Befehle, schickten die Leute nach Eimern und zum Hofbrunnen und zur Moldau hinunter, um Löschketten zu bilden. Frauen scheuchten Hühner vom Misthaufen, Männer trieben Schweine und Ziegen aus den Ställen. Mittendrin standen Priester und Mönche und beteten laut.

»Mein Bauplan!«, hörte Jan einen blonden Lockenkopf seines Alters schreien. »Gott sei mir gnädig – mein Bauplan verbrennt!« Und als der Mann zum Eingang des Hinterhauses rannte, erkannte Jan den Steinmetz, der vor Wochen im Zuber neben ihm gebadet hatte, den Franzosen.

Vor dem Hinterhaus versperrten Waffenknechte dem Blonden den Weg. Eine heulende Frau mit einem Säugling und einem Kleinkind stand dort, doch offenbar waren einige ihrer Kinder im Hinterhaus zurückgeblieben, denn sie kreischte: »Meine Kinder! Meine armen Kinder!«

Der Straßburger Steinmetz wollte ebenfalls nicht mehr aufhören zu brüllen: »Lasst mich durch! Mein Bauplan verbrennt doch! Lasst mich durch!«

Bauplan? Was für Bauten plante denn ein Steinmetz? Etwas Großes, wie die Aufregung des Franzosen verriet. Und gab es denn zurzeit etwas anderes Großes zu planen hier in Prag als eine Brücke? Jan ging zu ihm.

Im selben Augenblick torkelte ein dicklicher, rotgesichtiger Mann aus dem Hinterhaus, stieß die Waffenknechte zur Seite und sank in Jans Arme – sein Gesicht war verrußt, seine Haare versengt, seine Augen nass von Tränen.

»Sie sind nach oben gesprungen!«, rief er jammernd und an die schreiende Frau gewandt. »Ich bin nicht zu ihnen durchgekommen!« Sein Atem roch nach Wein. »Der Rauch! Die Flammen! Ich konnte nicht zu ihnen durchkommen!«

Die Frau brach weinend zusammen, der Straßburger Steinmetz hörte endlich auf, seinen verlorenen Bauplan zu beklagen, und Jan schnürte es das Herz zusammen. Er riss sich den Rock vom Oberkörper und rannte zum Hofbrunnen. Dort bildete sich bereits eine Löschkette, und die ersten Eimer voller Wasser gingen von Hand zu Hand. In einen tauchte Jan seinen Rock und rannte zurück zum Hinterhaus.

»Weg da!«, herrschte er die Waffenknechte an. »Ich muss sowieso sterben, vielleicht kann ich vorher noch eines der Kinder retten!« Er nutzte ihre Verblüffung, um sie zur Seite zu stoßen. Eben wollte er ins Stiegenhaus stürzen, da packte ihn eine Hand und hielt ihn auf. Jan fuhr herum.

»Mein Brückenplan!« Der Steinmetz nahm seine Hand von Jans Schulter und drückte ihm einen Schlüssel in die Hand. »In der Dachmansarde!«

Jan nickte, schloss die Faust um den Schlüssel und sprang die Stiege hinauf. Als die ersten Rauchschwaden ihm entgegenquollen, drückte er den nassen Rock vor Mund und Nase.

»Mein Bauplan liegt auf dem Schreibpult!«, hörte er von unten den Franzosen rufen, da stürmte er schon die Treppe zum zweiten Obergeschoss hinauf. Irgendwo ganz oben schrie ein Kind um Hilfe, und ein anderes weinte laut.

Jan folgte dem Kindergeschrei, atmete durch den nassen Stoff und nahm Stufe um Stufe, sprang durch die Rauchschwaden. Offenbar hatte der Funkenflug auch schon den Hausrat in den Geschossen unter der Dachmansarde entzündet, denn aus vielen Türen im Stiegenhaus quoll Rauch.

Zwischen dem zweiten und dem dritten Stockwerk taumelte ihm ein heulendes Kind entgegen. Jan packte es, hüllte sein Gesichtchen mit dem nassen Rock ein und trug es durch Rauchschwaden hindurch in die Kammern des dritten Stockwerks.

Dort stand der Rauch nicht halb so dicht, wie das Gejammer des betrunkenen Mannes es hatte befürchten lassen. Jan stürzte zum Hoffenster, spähte hinaus und auf den Misthaufen hinunter.

»Die Engel Gottes werden dich hinabtragen«, raunte er dem

halb betäubten Kind ins Ohr, rief eine Warnung in den Hof hinunter und warf das Kind zum Fenster hinaus.

Er sah noch zu, wie es im weichen Mist aufschlug und einige Frauen zu ihm hinrannten, dann machte er kehrt, presste sich den nassen Rock erneut ans Gesicht und lief zurück ins Stiegenhaus. Von ganz oben drangen wimmernde Hilferufe einer Mädchenstimme durch den wogenden Vorhang aus Rauchschwaden. Jan zögerte nicht und warf sich die Stufen hinauf.

Vor der verschlossenen Mansardentür stand ein etwa siebenjähriges Mädchen und drückte eine schwarze maunzende Katze an seine Brust, deren Rücken- und Schwanzfell sich sträubte. Vermutlich war das Tier in Panik die Treppe hinaufgeflüchtet, und das Kind hatte es retten wollen.

»Warte!«, sagte Jan und schloss die Mansardentür auf. Drinnen hing eine Rauchdecke unter dem Dachgebälk, und Flammen züngelten aus dem Qualm. Rauchwolken quollen zum Fenster hinaus, ein Kranz aus noch kleinen Flammen umgab den Fensterrahmen, und brennende Dachsparren stürzten aus dem knisternden Gebälk auf Bett, Tisch und ein Schreibpult.

»Ich will nicht verbrennen«, wimmerte das Mädchen, während Jan zum Pult hinstürzte, auf dem er ein Pergament entdeckt hatte. »Ich will hier raus und die Mimi auch.«

Vor dem Tisch blieb Jan stehen und starrte auf den Bogen mit dem Bauplan – ein Palimpsest, doch die neuen mit Rötelstift gezogenen Linien waren gut zu erkennen, und Jan erfasste die Zeichnung mit einem einzigen Blick: eine sorgfältige und sehr gute Zeichnung, in der viel Arbeit steckte. Und deutlich eine Brücke zu erkennen war.

Eine Ecke des schon vielfach benutzten Pergaments brannte bereits, und von den abgestürzten brennenden Dachsparren war das Feuer auch auf die obere Längsseite des Plans übergesprungen, sodass diese sich schwarz färbte. In der Hitze des Feuers, das sich von zwei Seiten in das Palimpsest hineinfraß, wölbte sich der Bauplan, und auf einmal bog sich die Zeichnung der eben noch waagerecht über die Moldau laufenden Brücke, sodass sie nun krumm und unregelmäßig aussah.

»Ich habe Angst!« Hinter Jan, dem die Augen tränten und der ständig husten musste, brüllte das Mädchen. »Ich will zu meiner Mutter!«

Jan wischte sich die Augen aus und streckte die Hand nach dem Plan aus. Einen Atemzug lang flog sein verschwommener Blick zwischen dem Fenster und dem Pergament hin und her. Die Zeit von drei Wimpernschlägen würde es brauchen, den brennenden Plan dorthin zu tragen und durch die Öffnung zu werfen, mehr nicht. Das Pergament würde in den Hof hinabsegeln, eine Rauchfahne hinter sich herziehen und wahrscheinlich auf dem Misthaufen landen. Der Blonde könnte die Flammen löschen, seinen Entwurf retten und auf ein neues Pergament übertragen.

Jan zog die Hand zurück, warf einen letzten Blick auf die halb von Rauch verhüllte Rolle und die Brückenlinien darauf, die sich in Feuer und Hitze bogen. Dann machte er kehrt und sprang durch die Rauchschwaden zurück zur Mansardentür.

Dort hob er das röchelnde und heulende Mädchen samt Katze hoch und drückte ihm und sich selbst den nassen Stoff seines Rocks gegen Mund und Nase. So stürzte er hustend und mit tränenblinden Augen die Stufen hinunter, stolperte durch die Kammern des dritten Stockwerkes zum Fenster hin und warf Kind und Katze hinaus.

Das Mädchen schrie, als hätte einer es aufgespießt, während es dem Misthaufen entgegenfiel. Es schlug neben der Katze auf und verstummte. Die Mutter rannte mit ausgestreckten Armen in den Dung und warf sich neben dem Kind auf die Knie. Die Katze sprang auf die angrenzende Mauer und floh in Richtung Schuppendach.

Jan starrte auf den Mist hinunter und stellte sich vor, wie der brennende Bauplan darauf landete und der Blonde die Flammen mit bloßen Händen ausschlug. Tatsächlich stieg der Franzose in einer Schar Männer auf den Haufen, und während die anderen sich um das Kind mühten, blieb er stehen und starrte zu Jan hinauf.

»Mein Bauplan!« Die Stimme des Steinmetzen brach, als Jan mit den Schultern zuckte. »Habt Ihr ihn denn nicht retten können?« Jan schüttelte den Kopf und wandte den Blick von dem heulenden Mann ab.

Sein Rücken fühlte sich so heiß an, als hätte sein Wams Feuer gefangen, ihm war übel vom Gestank seines versengten Haares, und ein Hustenanfall quälte ihn, doch mit letzter Kraft schaffte er es, in den Fensterrahmen zu klettern.

Er wartete, bis sie zwei Stockwerke unter ihm endlich das Mädchen vom Mist gezerrt hatten, dann sprang auch er.

5
Mörderin

Drei Atemzüge lang standen sie vor Angst wie gelähmt und lauschten dem Lärm im Haus – den stürmischen Schritten auf der Treppe, dem Gejammer des Kaplans, dem Kreischen der Mädchen, dem rauen Gebrüll der Männer und den Hilferufen der edlen Frau Ricarda. Eva zitterte am ganzen Körper und weinte leise. Ein wahrer Höllenlärm erfüllte die eben noch so ruhige und sicher scheinende Hausburg, so grauenhaft, so mörderisch, dass eine Woge der Verzweiflung durch Maria-Magdalenas Brust schoss und auch ihr die Tränen in die Augen trieb.

Als direkt über ihnen im Obergeschoss ein Körper mit dumpfem Krachen am Boden aufschlug, zogen sie die Köpfe zurück in die Küche und starrten erschrocken zur Decke. Eva zog die Tür zu und stieß den Riegel in den Bügel.

»Was sollen wir jetzt tun, Max?« Voller Angst schaute sie Maria-Magdalena ins Gesicht, während im Obergeschoss die Frauen in höchster Not schrien. »Irgendwann werden sie hier unten auch uns finden, und dann gnade uns Gott.« Jetzt erst entdeckte die Blonde die fremden Waffenknechte im Hof und riss voller Entsetzen Mund und Augen auf. »Gütiger Gott, steh uns bei!«

Maria-Magdalena wirbelte zum Hoffenster herum und sah, wie die vier Eindringlinge Rübelrap angriffen. Sie stürzte ans Fenster und hielt den Atem an, weil einer sein Schwert auf den

Hünen niedersausen ließ. Der jedoch warf sich auf die Knie und gegen die Brunnenfassung, sodass die Klinge Funken sprühend auf den Brunnenrand krachte. Im selben Moment hechtete Rübelrap schon gegen die Beine des Schwertträgers, umklammerte sie und sprang auf. Mit dem Mann auf den Schultern taumelte er rückwärts gegen den Brunnen und ließ dort die Beine des Angreifers los – samt Schwert stürzte der Waffenknecht in die Tiefe.

Schon drangen die nächsten beiden Waffenknechte auf ihn ein, zwei Lanzenträger, während der dritte, ein Schwertmann, sich entlang der Brunnenfassung in Rübelraps Rücken vortastete.

»Hinter dir!«, schrie Maria-Magdalena, griff nach der Puppe und drückte sie an die Brust. »Gütiger Jesus Christus, steh ihm bei!«

Rübelrap ließ sich in die Pfütze fallen, warf mit Schlamm nach dem Schwertträger und packte den Kübel, auf dem er gesessen hatte. Während der mit dem Schwert sich fluchend den Dreck aus den Augen wischte, schleuderte der Mönch den Kübel gegen die Bewaffneten.

Einer stürzte schwer getroffen in den Dreck und krümmte sich stöhnend, der andere wich zurück.

»Gott sei Lob und Dank!«, schluchzte Eva, die inzwischen neben Maria-Magdalena stand. Im nächsten Augenblick jedoch presste sie sich erschrocken die Hände auf den Mund, denn der Schwertmann griff den im Schlamm liegenden Rübelrap an.

Der trat dem Angreifer mit aller Kraft gegen die Knie, und als der Bewaffnete vor Schmerzen aufschrie und zurückwich, sprang der hünenhafte Mönch auf die Beine und rannte auf die andere Seite des Brunnens, aus dessen Schacht die dumpfen Schreie des abgestürzten Waffenknechtes so laut tönten, dass Maria-Magdalena sie bis zum Küchenfenster hören konnte.

»Rübelrap bewegt sich so flink wie eine Katze«, flüsterte sie. »Dabei hat er die Gestalt eines dicken Riesen.«

»Wie ist das nur möglich?« Eva schüttelte staunend den Blondschopf.

»Oh weh!«, stöhnte Maria-Magdalena auf, als im nächsten Moment draußen am Brunnen zwei Eindringliche auf einmal den Hünen angriffen: der Schwertmann und der Lanzenträger, der noch auf eigenen Füßen stand. »Gütiger Jesus, steh ihm bei!«

Rübelrap zauderte nicht einen Augenblick, sondern riss das Kurbelholz samt Eimerseil aus der Fassung am Brunnen, wickelte das Seil vom Holz und schleuderte es samt Eimer gegen den Lanzenträger. Mit dem Rundholz aber ging er auf den Schwertmann los. Schneller als Maria-Magdalena gucken konnte, drosch er ihm gleich mit dem ersten Schlag das Schwert aus den Händen und schlug ihm mit dem zweiten den Schädel ein.

»Habe ich dir nicht gesagt, dass er ein starker Ritter gewesen ist?« Neben Maria-Magdalena presste Eva die Fäuste gegen die vor Aufregung roten Wangen. »Habe ich's dir nicht gesagt?«

Maria-Magdalena jedoch schrie auf, als der verbliebene Lanzenmann seine Waffe hob, ausholte und sie auf den Mönch schleuderte. Rübelrap machte eine ausweichende Bewegung, doch zu spät: Die Spitze fuhr ihm unterhalb der linken Schulter in die Brust. Er zuckte zusammen und ging in die Knie.

Eva stieß einen Schrei aus, und Maria-Magdalena steckte den Herrn Vater unter ihr Hemd und sprang zur Hoftür.

»Wo willst du denn hin, Max?«, rief Eva. »Lass mich doch nicht allein!«

Maria-Magdalena hörte sie kaum, die Angst um ihren väterlichen Freund beschlagnahmte all ihre Sinne und trieb sie zu ihm. Sie hetzte durch die Hintertür in den Hof und zog im Laufen ihren Dolch aus dem Gurt.

Im Freien sah sie, wie Rübelrap auf die Beine kam und dem Lanzenwerfer entgegenstapfte, sah auch, dass er wankte und Schmerz sein jungenhaftes Gesicht verzerrte. Als noch vier oder fünf Schritte ihn von dem Zurückweichenden trennten, riss er sich die Lanze aus der Brust.

Maria-Magdalena blieb stehen, stand so still und starr, als wäre sie gegen eine Wand gelaufen. Kein Laut kam über Rübelraps Lippen, doch sie konnte zusehen, wie sich seine Kutte über der Wunde mit Blut vollsog. Sie spürte, wie ihre Arme und Beine zitterten und ihre Knie nachzugeben drohten. Die Hilferufe des Mannes, den Rübelrap in den Brunnen geworfen hatte, klangen schwächer, klangen röchelnd und gurgelnd. Der massige Mönch wankte heftiger. Dennoch ging er weiter, die blutige Lanze in der rechten Faust stolperte er auf den Lanzenwerfer zu.

Der fasste Mut, als er die taumelnden Schritte seines Gegners sah und wie das Blut sich auf dem Brustteil der Mönchskutte ausbreitete. Er stieß einen Fluch aus und riss sein Schwert aus der Scheide, um Rübelrap mit erhobener Klinge zu empfangen. Der Hüne brüllte auf wie ein waidwundes Tier und stürzte sich auf den Bewaffneten.

Dabei musste er an dem am Boden liegenden Lanzenträger vorüber, und der trat ihm mit solcher Wucht gegen das Knie, dass der Mönch strauchelte. Der Schwerthieb des anderen zischte knapp über Rübelraps Tonsur hinweg, und noch im Fallen stieß der Hüne dem Schwertmann die Lanze in den Bauch.

Der Getroffene schrie auf vor Schmerzen, knickte in den Knien ein und umklammerte den aus seinem blutenden Bauch ragenden Schaft mit beiden Fäusten. Rübelrap hatte nicht mehr die Kraft, seinem Gegner die Waffe wieder aus dem Leib zu reißen – kaum drei Schritte neben ihm stürzte er in eine Pfütze.

Maria-Magdalena stand starr und mit offenem Mund. Ihre

Hand mit dem Dolch war schweißnass, ihre Knie fühlten sich an, als wären sie mit heißer Milch gefüllt. Im Brunnenschacht verebbte die nur noch winselnde Stimme des Ertrinkenden in Gurgeln und Plätschern; das Gebrüll des Sterbenden, der die eigene Lanze vor seinem Bauch festhielt, wurde schwächer und schwächer, und Rübelrap versuchte, sich auf den Knien aufzurichten. Das Wasser der Pfütze, in der er lag, färbte sich rot.

Der letzte noch kampffähige Waffenknecht, der am Boden liegende Lanzenträger, der Rübelrap von den Beinen getreten hatte, streckte sich und kroch zu seiner Waffe. Maria-Magdalena hielt den Atem an. Aus dem Augenwinkel nahm sie blondes Haar und eine Bewegung an der Hausfassade wahr, während der Waffenknecht nach seiner Lanze griff und sich an ihr aufrichtete. Eva huschte aus der Küche in den Stall hinüber.

Der Lanzenträger hielt sich an seiner Waffe fest, wischte sich das Blut von Nase und Mund und spähte zu Rübelrap hinüber. Der kniete inzwischen in der Pfütze, wankte jedoch beängstigend. Vor allem aber wandte er dem Mann mit der Lanze den Rücken zu. Der packte seine Waffe und hinkte hinüber.

Das war der Augenblick, in dem Maria-Magdalena ihre Angst überwand. Sie schrie laut auf und rannte los. Der Waffenknecht, der schon breitbeinig hinter Rübelrap stand und eben die Lanze zum Stoß erheben wollte, wandte den Kopf – grenzenlose Verblüffung stand in seinen Zügen, als er den Halbwüchsigen mit gezücktem Dolch auf sich zustürmen sah.

Er schaffte es nicht mehr, seine Waffe gegen Maria-Magdalena zu richten – noch während er sich nach ihr umdrehte, rammte sie ihm die Dolchklinge in die Rippen. Der Waffenknecht stöhnte auf, ließ die Lanze fallen und brach neben Rübelrap in der Pfütze zusammen.

»Mörder!«, schrie einer von einem Fenster des Obergeschosses aus. »Verfluchte Mörder!«

Maria-Magdalena erkannte den Rotschopf und die stämmige Gestalt des Ritters Marian in der Fensteröffnung. Sie blickte hinter sich, denn Hufschlag näherte sich vom Stall her – eines der Zugpferde preschte über den Hof; Eva hatte es hinausgetrieben, es war gesattelt und gezäumt.

Maria-Magdalena stellte sich dem Tier in den Weg, hob beide Arme, um es zu bremsen, und griff nach dem Zaumzeug. Das Pferd wieherte und warf den Kopf zur Seite, ließ sich unter Maria-Magdalenas entschlossenem Griff schließlich jedoch zur Pfütze zerren. Das Mädchen half dem blutenden Rübelrap auf die Beine und in den Sattel.

»Flieh!«, zischte sie. Doch der Mönch wollte ihre Hand gar nicht mehr loslassen und machte Anstalten, sie zu sich hinaufzuziehen. Weil er Maria-Magdalena so fest hielt, als wollte er sie nie wieder loslassen, blieb ihr gar nichts anderes übrig, als hinter ihm aufs Pferd zu klettern.

Während der Mönch das Tier in den Galopp und zum offenen Hoftor trieb, sah Maria-Magdalena, wie Marians blonder Knappe aus der Hintertür in den Hof stürzte. Zwei Waffenknechte folgten ihm, von denen einer zum Stall rannte, wo Eva bereits das Tor von innen verriegelte. Der andere lief mit dem Knappen hinter dem Pferd und den beiden Reitern her.

»Packt sie!«, schrie aus dem Fenster der Ritter Marian von Zittau. »Den Mönch, diesen Hundsfott, bringt mir lebend! Den kleinen Mörder schlagt tot!«

6
Krümmung

Viele Atemzüge lang vergaß er, was geschehen war, wo er stand, wie er hieß; ja, sogar das. Die nächtliche Moldau strömte wie schwarze, zähflüssige Zeit unter ihm hinweg. Ihr Gurgeln, Plätschern und Rauschen erschien Jans überreizten Sinnen wie das Atmen eines urweltlichen Drachen. Beide Hände auf der Brüstung stand er völlig reglos, lauschte dem Fluss mit höchster Aufmerksamkeit und schaute so konzentriert in die Strömung, als würde er eine geheime Botschaft darin lesen.

Dann wieder sah er das brennende und sich in der Hitze biegende Pergament vor sich, spürte er Militschs Hände auf seinem Kopf und hörte dessen Stimme. Flüsternd sprach er die Worte des priesterlichen Freundes nach: »Ich aber glaube, dass du am Leben bleibst.«

Am Altstadtufer flackerte eine Lichterreihe, die vom Fluss aus zwischen die dunklen Umrisse der Häuser führte – Fackeln von Eimerträgern, die dort noch immer eine Löschkette bildeten. Im Himmel über ihrem Ende leuchtete schwach die Glut des niedergebrannten Anwesens. Währenddessen läuteten die Glocken einiger naher Kirchen bereits zur Dankmesse: Niemand war ums Leben gekommen, und das Feuer hatte nicht auf weitere Häuser übergegriffen.

Oder läuteten sie sein neues Leben ein? Jan hatte nicht geglaubt, lebendig aus dem brennenden Hinterhaus herauszukommen! Alles, was er hörte und sah, seit er vom Mist gekrochen war, kam ihm seltsam neu und unerhört vor: die geretteten Kinder, die vor Glück heulende Mutter, die gackernden Hühner, die grunzenden Schweine, der todtraurige Steinmetz aus Straßburg und später die geliebten Gassen der Stadt, die Holzbrücke und die schöne Moldau.

Und jetzt ging auch noch der Vollmond auf, breitete seinen silbrigen Lichtschleier über Stadt, Fluss und Halbinsel und zeichnete mit zarten, zerfließenden Linien die Umrisse von Dächern, Brückenpfeilern, Uferbäumen und Türmen in diese überaus freundliche Nacht. Jan bestaunte all das, als hätte er nie zuvor dergleichen gesehen.

Wahrhaftig: Er fühlte sich wie am Beginn eines neuen Lebens. Gut möglich, dass die Glocken zur Dankmesse riefen, vor allem aber läuteten sie um seinetwillen; daran gab es für ihn keinen Zweifel.

Von der Altstadt her trommelte Hufschlag über die Brückenplanken, doch Jan hörte es kaum.

»Tu, was du zu tun hast, und du wirst leben«, flüsterte er, während er hinab in das von Mondlicht glitzernde Dahinströmen der Moldau schaute. »Tu, was du zu tun hast ...«

Irgendwann hob er den Blick, denn die donnernden Hufschläge näherten sich. Jan spähte mit zusammengekniffenen Augen: Die Umrisse dreier Reiter schälten sich aus der hellen Mondnacht; in gestrecktem Galopp preschten sie heran. Der Lärm, den sie veranstalteten, ging ihm durch Mark und Bein. Kurz bevor sie bei ihm anlangten, rissen sie an den Zügeln und hielten die Pferde auf seiner Höhe an. Jan wünschte, sie wären an ihm vorbei, und weiter zur Kleinseite hin geritten.

»Herr Baumeister, Ihr?« Der Anführer, ein junger blonder Bursche, sprach ihn an. »Wir jagen zwei Galgenstricken hinterher, einem großen fetten Mönch und einem Bürschlein in langem Wams aus blauem Schafsfell. Gefährliches Pack! Vielleicht haben sie sich über die Brücke zur Kleinseite davongemacht – habt Ihr solche Kerle hier vorbeireiten sehen, Meister Otlin?«

»Nein.« Jetzt erst erkannte Jan den Knappen des Ritters Marian von Zittau, den Sigismund. Auch der kam ihm fremd und so erstaunlich vor, als sähe er ihn zum ersten Mal. »Einen großen Mönch und einen jungen Burschen in blauem Wams?« Er schüttelte den Kopf. »Nein.« Im selben Augenblick fiel ihm das als Bursche getarnte Mädchen ein, das ihm vor vielen Wochen in der Küche der Heilerin Wein eingeschenkt hatte. Das hatte ebenfalls ein blaues Wams getragen und ihn aus Augen gemustert, deren Blick ihm bis ins Innere gegangen war.

Der Knappe bedankte sich, wendete sein Pferd und winkte seine beiden Waffenknechte hinter sich her. Sie ritten zurück in die Altstadt, und während Jan sich wieder über die Brüstung lehnte, um die Strömung zu beobachten, stand ihm jener Hüne vor Augen, der damals am Hoffenster sein Brummeisen gezupft hatte. *Max* hatten sie das Mädchen genannt, das als Bursche hatte gelten wollen.

Bald drang neuer Lärm in sein Studium der Moldauströmung. Diesmal rumpelte von der Kleinseite her ein Fuhrwerk über die Brücke. Die Hufe der Ochsen klapperten über die Planken, die Radbeschläge polterten rhythmisch von Fuge zu Fuge. Auch diesem Lärm lauschte Jan mit kindlicher Neugier und so aufmerksam, als hätte er noch nie ein Gespann über eine Holzbrücke rollen hören.

Seine schmutzigen Hände ruhten auf der Brüstung, und im Mondlicht konnte er den schwarzen Flaum der versengten Härchen und die rötlichen Brandwunden auf seinen Handrücken sehen. Den Schmerz spürte er kaum. Der Gestank des Mistes, seines versengten Bartes und seines angekohlten Wamses jedoch stieg ihm in die Nase, doch das alles störte ihn nicht.

Was ihn jedoch wunderte nach all der Anstrengung, Aufregung und Angst: In seiner Brust und in seinem Hals rührte sich kein Anflug des Schmerzes mehr, der ihn doch so lange gequält hatte.

Die Brücke schwankte unter der Last des heranrollenden Fuhrwerks. Im Licht der Fackeln, die am Wagen brannten, sah Jan Otlin, dass dieser mit Fichtenstämmen beladen war; wahrscheinlich die letzte Fuhre Bauholz des Tages für die Kirchenbaustelle am Teyn. Die Ochsentreiber brummten einen Gruß und runzelten misstrauisch die Brauen, als Jan ihn laut lachend erwiderte.

Im Weitergehen drehten die Männer sich tuschelnd nach ihm um. Ihre Fackeln spiegelten sich in der Moldau, und Jan schaute zu, wie deren Widerschein langsam über die Breite des Flusses glitt und sich mit dem Klappern der Ochsenhufe und dem Poltern der Räder nach und nach zur Altstadt hin entfernte.

Er versank aufs Neue in die Betrachtung der Strömung. Das Mondlicht enthüllte ihm Strudel und Stromschnellen; dieses Mal jedoch stürzte nicht die Magdalenenflut durch seinen Geist, sondern schälte der brennende Brückenplan des Franzosen sich hervor mit seinen sich biegenden Kurven und Linien.

Musste so nicht eine Brücke gebaut werden, die für die Ewigkeit taugen sollte? Musste eine steinerne Brücke sich nicht genau so gegen die Strömung krümmen, wenn sie Eisgang und Treibgut widerstehen wollte?

Wie Jan selbst hatte auch der Straßburger die Brückenachse in einer schnurgeraden Linie über den Fluss entworfen und gezeichnet. Und überspannten nicht alle Brücken die Flüsse in gerader Achse? Ganz sicher war er sich nicht, doch eines wusste er: Ihm, dem Baumeister Jan Otlin, hatte sich in der Hitze der Flammen offenbart, wie die neue Steinbrücke über die Moldau konstruiert werden musste: mit gekrümmter Brückenachse statt mit schnurgerader.

Mit vollkommener Klarheit wusste Jan Otlin plötzlich, was er zu tun hatte.

Schritte und Stimmen näherten sich von der Altstadt her, vier Männer kamen vorüber und grüßten ihn, zwei Steinmetze und zwei Zimmermänner von der Dombaustelle, die ihren Wochenlohn in die Schenken und Freudenhäuser der Altstadt getragen hatten. Jan schloss sich ihnen an. Auf dem Weg hinüber zur Kleinseite erzählten sie, dass Bewaffnete das Haus der Frauenwirtin in der Zöllnerstraße überfallen hätten.

»Frau Ricarda Scorpios Haus?« Jan staunte die Männer an. »Das Haus der Heilerin? Seid ihr ganz sicher?«

»Das Hurenhaus der Sterndeuterin, ganz genau«, lallte einer der Steinmetze. »Mächtig gewütet haben die wilden Kerle dort, sogar ein paar Weiber totgeschlagen, wie man hört.«

»Auch die Frau Ricarda?« Dem erschrockenen Jan stand die Sterndeuterin so deutlich vor Augen, als würde er gerade in ihrem Kontor vor ihr stehen; er glaubte sogar, ihre Stimme zu hören: *Ein Geschwür wuchert in deiner Brust, bestell dein Haus, du musst sterben.*

»Die ganz bestimmt zuerst«, sagte einer der Zimmermänner.

Im Tor leuchteten ihnen die Wächter mit Fackeln in die Gesichter und winkten sie durch, und als die Stadtmauer hinter ihnen lag, verabschiedete sich Jan von den Bauleuten. Nachdenklich stieg er die Gassen zu seinem Elternhaus hinauf.

Die Heilerin überfallen? Die Sterndeuterin totgeschlagen? Und er, dem sie das tödliche Geschwür verkündet hatte, lebte noch und litt nicht einmal mehr Schmerzen? Er blieb stehen, atmete tief und bekreuzigte sich. Ein Zeichen Gottes! Siedend heiß fuhr es ihm durch alle Glieder – das konnte nur ein Zeichen Gottes sein: Ob die Sterndeuterin recht gehabt hatte oder nicht – mit ihr musste jedenfalls auch ihre Weissagung gestorben sein.

Ein Dankgebet nach dem anderen murmelnd ging Jan nach Hause und breitete seinen eigenen Brückenplan auf den Dielen vor der Feuerstelle aus, um ihn noch in derselben Nacht zu korrigieren. Die Arbeit ging ihm so leicht von der Hand wie die Dankgebete von den Lippen.

Stach ihn sein Gewissen, weil er den Plan des Straßburgers hatte brennen lassen? Nein, denn eine Brücke nach dessen Entwurf – daran hegte Jan keinen Zweifel – würde einem Hochwasser mit Eisgang wie der Magdalenenflut nicht standhalten können.

Am Tag drauf sprach er lange mit Militsch, und am Ende der Woche hatte der ihm einen Arbeitsplatz im Scriptorium des Augustinerklosters verschafft, ein großes Schreibpult, an dem Jan Otlin seinen alten Entwurf für eine Steinbrücke zu einem wohldurchdachten Plan überarbeiten konnte.

Von nun an arbeitete er sechs Tage in der Woche von Sonnenaufgang bis Sonnenuntergang, denn die Frist bis zum Osterfest und dem Ende der Fastenzeit war kurz. Seine Schmerzen schienen wie weggeblasen und der Gedanke an den Tod ebenfalls, denn Jan Otlin wusste, dass er leben würde, sollte der Kaiser ihn zum Brückenbaumeister ernennen.

Genauso wusste er, dass der Schmerz zurückkehren und er sterben würde, falls ein anderer die Brücke baute.

7
Hass

Sechs Nächte und sechs Tage lang fühlte Rudolph von Straßburg gar nichts mehr. Sein Herz klopfte noch, doch es kam ihm wie abgestorben vor. Das Blut strömte ihm durch den Leib, aber seine Glieder fühlten sich seltsam kalt an. Gedanken huschten ihm durch den tauben Kopf, allerdings schienen es die bedeutungslosen Gedanken eines Fremden zu sein.

Maßlose Entmutigung hatte ihn erfasst, sodass er alle Hoffnung auf eine Zukunft als Brückenbaumeister fahren ließ. Nicht einmal die Liebesstunden mit Druda vermochten ihn zu trösten. So viele Wochen Arbeit hatte er in den Entwurf des Brückenplanes gesteckt, so viel Sorgfalt, so viel Kraft – ganz und gar vergeblich.

Obwohl er in den Tagen nach dem Brand mehr Wein trank, als ihm guttat, schlief er nachts nur wenige Stunden und stand frühmorgens mit schmerzendem Kopf am Altstadtufer der Moldau, wo er den Wäscherinnen bei der Arbeit zusah oder einfach nur in die Strömung oder zur Holzbrücke hinüberstarrte. Die Leute beobachteten ihn verstohlen und steckten die Köpfe zusammen, um zu tuscheln. Der Straßburger merkte es nicht.

Am späten Vormittag dann sah man ihn geistesabwesend durch die Gassen irren und ab der Mittagszeit in einer der Schenken am Altstadtring sitzen und einen Krug Wein nach dem anderen in sich hineinschütten. Niemandem, der sich zu ihm setzte, gelang es, mehr als drei Worte aus ihm herauszubekommen. Gewöhnlich trank Rudolph so lange, bis der jeweilige Wirt ihn irgendwann nach Sonnenuntergang hinauswarf.

Ob in seiner nächtlichen Kammer oder an der Moldau unten oder in den Gassen der Altstadt oder in der Schenke beim Wein: Überall und ständig haderte der Straßburger mit Gott, der ihm ein derart hartes Los zugedacht hatte. Das hatte er nicht verdient, wahrhaftig nicht!

»So viele Wochen harte Arbeit«, seufzte er manchmal, wenn er durch die nächtlichen Gassen wankte, »für gar nichts.«

Sehr oft – und nicht selten sehr laut – verfluchte er den Bäckermeister, der die Feuerstellen seiner Backöfen nicht ausreichend gehütet hatte. Trug der nicht die Schuld an seinem Unglück, dieser leichtsinnige Mensch?

Und Stunde für Stunde – allerdings im Stillen – beschimpfte Rudolph diesen angeblichen Baumeister, diesen Jan Otlin, der zwar die Kinder des Säufers gerettet, es jedoch nicht vermocht hatte, den Flammen seinen Bauplan zu entreißen. Sogar die elende Katze zu bergen war dem Mann gelungen! Warum denn dann nicht auch sein Pergament?

»Das ist doch ungerecht!«, zischte er manchmal, wenn er beim Wein saß.

Weil der Brand seine Dachmansarde unbewohnbar gemacht hatte, war Rudolph in ein altes Haus neben der Klosterkirche der Benediktinerinnen gezogen, deren Sakristei er in diesen Tagen nach dem Brand genau zweimal aufsuchte, und das auch nur, um die begehrte Frau zu treffen, die Druda. Den Deckel des Sarkophages für die verstorbene Äbtissin, aus dem er ihre Totenmaske und den Engel zu hauen hatte, rührte er in dieser Zeit nicht ein einziges Mal an. Im Neubau des Veitsdoms ließ er sich gar nicht blicken.

Beides sah ihm Meister Peter Parler nach, denn der Brand hatte sich in der Altstadt herumgesprochen und Rudolphs Unglück war auch bis zu ihm vorgedrungen. Durch einen Boten schickte der Dombaumeister ihm einen Krug Wein, einen Gulden, einen Beutel Salz und ein Brot, das Druda gebacken hatte. In einem Brief versicherte Parler ihm sein Mitgefühl, seine Fürbitte und seine Segenswünsche.

»Werde bald wieder gesund«, schrieb er außerdem, »ich brauche dich hier oben in der Wenzelkapelle.«

Rudolph war viel zu niedergeschlagen, um angesichts der Geschenke und der guten Wünsche Parlers ein schlechtes Gewissen zu empfinden. Mit hängenden Schultern und ausdruckslosem Gesicht schaffte er seinen verbliebenen Hausrat in seine neue Behausung hinüber. Viel war nicht übrig geblieben. Doch der Verlust ließ ihn gleichgültig, denn sein Leben schien ihm so oder so am Ende angelangt zu sein. Was brauchte einer wie er denn noch außer einem Totenhemd und ein wenig Geld für eine Seelenmesse?

Am sechsten Tag nach dem Brand, auf dem Weg in die Schenke, sah er eine von Ricardas Hübschlerinnen auf dem Marktplatz. Obwohl sie sich in schwarze Kleider hüllte, erkannte er sie. Und sofort erinnerte er sich an jene Stunde in Gmünd, als er die Sterndeuterin in dem Gasthaus besucht hatte, in dem sie mit ihren Huren und dem schweigsamen Mönch abgestiegen war.

Hatte nicht sie ihm geraten, in Peter Parlers Nähe zu bleiben, wenn er sein Glück nicht versäumen wolle? Hatte nicht sie ihm verheißen, dass er es zu Ruhm und Reichtum bringen würde?

Oh doch, das hatte sie! Eine glorreiche Zukunft in Prag hatte die Sterndeuterin ihm vorausgesagt. *Deine Stunde kommt* – waren es nicht jene Worte gewesen, die sie ihm erst kurz vor Weihnachten im Veitsdom zugeflüstert hatte? Wahrhaftig, das hatte sie!

Rudolph erinnerte sich genau, und zum ersten Mal seit dem Brand regte sich Wut in ihm – Wut auf die Sterndeuterin.

Die muss mir erklären, wie es geschehen konnte, dass mein Plan für die neue Brücke verbrannt ist, dachte er, die muss mir erklären, wie es nun weitergehen soll!

Weil er wusste, dass sie in jener alten Hausburg in der Zöllnerstraße nahe dem Zöllnertor wohnte, machte er sich auf den Weg dorthin.

Als er anlangte, standen zwei Waffenknechte vor dem Hoftor und musterten ihn finster. Wohin er wolle und wer er sei. Rudolph nannte seinen Namen und behauptete, ein guter Freund der Heilerin und Sterndeuterin zu sein. Die Männer ließen ihn in den Hof.

Auf der Vortreppe musste er den Türklopfer wohl ein Dutzend Mal gegen das Portal hämmern, bis eine junge blonde Frau ihm öffnete. Rudolph kannte sie aus Gmünd und aus dem Badehaus in der Prager Altstadt.

»Führe mich zu deiner Herrin«, verlangte er.

»Die empfängt zurzeit keinen Besuch«, sagte die Blonde mit dünner Leidensstimme und schaute ihn aus traurigen Augen an.

»Warum denn nicht?« Er versuchte, den schweren Türflügel weiter aufzudrücken. »Mich wird die Frau Ricarda schon empfangen.«

»Das kann sie nicht.« Die blonde Hübschlerin schüttelte energisch den Kopf und hielt den Türflügel fest. »Bist du wirklich der Einzige, der es noch nicht gehört hat? Man erzählt es sich doch in der ganzen Stadt.«

Rudolph stutzte. »Was denn?« Endlich fiel ihm der Name der hübschen Blonden ein – Eva. In Gmünd hatte sie einmal bei ihm gelegen. »Was erzählt man sich in der ganzen Stadt?« Jetzt erst fiel ihm die Schürfwunde auf, die sich von der Wange der Blonden über ihr Kinn bis zu ihrem Hals hinunterzog.

»Die edle Frau Ricarda ist unter Räuber geraten und schwer verwundet worden«, murmelte sie. »Sie will mit niemandem sprechen.«

»Das glaube ich nicht!«, entfuhr es Rudolph, der Anstalten machte, sich an der Hübschlerin vorbei in die Vorhalle zu drängen. »Ich will zu Frau Ricarda Scorpio. Sofort. Ich **muss** zur Sterndeuterin!«

Ein hochgewachsener drahtiger Mann in Kettenhemd und Wappenmantel schob die Blonde zur Seite und baute sich vor Rudolph auf. »Ich bin Giselher von Stettin«, erklärte er mit ruhiger Stimme. »Was wünscht Ihr?«

Weil der Mann langes weißblondes Haar hatte und das Wappen des Kaisers auf seinem Wappenrock prangte, verschlug es Rudolph zunächst einmal die Sprache. Im ersten Moment kam ihm der fremde Ritter mit seinem weißen Haar und seinem ebenmäßigen Gesicht wie ein Erzengel vor. Verdutzt sah Rudolph zu dem Mann auf.

»Ich muss Frau Ricarda sprechen«, sagte er schließlich heiser. »Bitte bringt mich zu ihr.«

»Die empfängt zurzeit keine Besucher«, wiederholte der Ritter mit fester Stimme und steinerner Miene, was die Blonde auch schon erklärt hatte. »Ihr habt es bereits gehört. Und nun geht, und wenn es sein muss, versucht es nach dem Osterfest noch einmal. So Gott will, ist sie bis dahin wieder bei Kräften.« Sprach's und schlug den Portalflügel zu.

Dem Straßburger Steinmetz stieg der Zorn in den Kopf, und er zischte einen bösen Fluch. Doch was nützte es ihm? Es blieb ihm ja nichts anderes übrig, als zu glauben, was Ritter und Hure ihm versichert hatten.

»Hurenknecht, elender!«, knurrte er und machte kehrt.

Unter Räuber geraten? Die Ricarda Scorpio? Stufe um Stufe stieg Rudolph die Vortreppe hinunter. Wachten deswegen die beiden Waffenknechte vor dem Hoftor? Mit schweren Beinen schlurfte er über den Hof, wobei er die bewaffneten Männer misstrauisch beäugte.

Schwer verwundet, die Sterndeuterin? Wenn es denn wahr ist, geschieht es ihr recht, dachte er, während er an den Waffenknechten vorbei- und zurück auf die Zöllnerstraße stapfte.

Er kehrte in einer Schenke am Altstadtring ein und wankte erst lange nach Sonnenuntergang durch die Gassen zurück zu seiner neuen Behausung. Schwermut bedrückte seine Seele, der Rausch seinen Kopf. Manchmal stolperte er und stürzte in den Gassenunrat. Jedes Mal taumelte er wieder auf die Beine und fluchte.

Auf der Höhe des Tores, das ins Judenviertel führte, hörte er kurz vor der Klosterkirche die durchdringenden Schreie eines Mannes. Erschrocken drückte er sich gegen eine Hofmauer und sah im näher rückenden Fackelschein einige Reiter und ein Pferdefuhrwerk. Der Mann, der das Geschrei veranstaltete, hockte auf dem Wagen und schaukelte hin und her. Er musste ungeheuerliche Schmerzen leiden, so laut, wie er brüllte. Er trug Kettenhemd und Beinharnisch, und auf seinem blutigen Wappenrock erkannte Rudolph das kaiserliche Wappen. Und den Mann kannte er auch – aus dem Badehaus: Ritter Marian von Zittau.

Sein Kopf war verbunden, und an der Stelle, wo die Binden sein rechtes Auge bedeckten, waren sie mit Blut getränkt. Schrecklich sah das aus. Und gütiger Himmel, wie er schrie! Und wie er sich wand und seinen Schädel hielt!

Der blonde Bursche, der sich neben dem Ritter stöhnend auf dem Wagen krümmte, konnte nur Marians Knappe sein. Rudolph stieß sich von der Hauswand ab, um näher an den Wagen zu gelangen. Ja, es war Sigismund, der im Badehaus manchmal zu den Liedern des Ritters die Laute zupfte. Weil er sich im Krümmen hin und her warf, erhaschte Rudolph einen Blick auf sein Gesicht – es glänzte blutrot und feucht im Fackelschein.

Das Fuhrwerk rollte vorüber. »Was, bei allen Heiligen, ist diesen Herren widerfahren?«, fragte Rudolph die Reiter, die es begleiteten. Doch keiner antwortete ihm, und der kleine Tross und das Geschrei entfernten sich.

Zu Hause rollte sich Rudolph in seine Decken und träumte schwer.

Als er am nächsten Morgen auf einem Bootssteg am Altstadtufer hockte und die früh zurückgekehrten Schwalben beobachtete, wie sie dicht über den Wogen der Moldau hin und her schossen, vernahm er nicht weit entfernt eine Mädchenstimme, die ihm bekannt vorkam. Er wandte den Blick nach rechts und erblickte eine Schar Kinder mit Netzen und selbst gebauten Angeln; unter ihnen das Schwesternkind des Kaufmanns, in dessen Hinterhaus er bis vor Kurzem noch gewohnt hatte. Eine schwarze Katze sprang neben dem Mädchen her.

Bitterer Geschmack kroch Rudolph auf die Zunge, denn er musste an den Augenblick denken, in dem der Otlin von der Kleinseite Kind und Katze aus dem Fenster zum Mist heruntergeworfen hatte. Und wie er ihn nach seinem Bauplan gefragt und der Otlin nur den Kopf geschüttelt hatte.

Rudolph stand auf und wollte gehen, denn die Erinnerung an die schlimme Stunde tat weh.

Die größeren Knaben unter den Kindern standen schon im seichten Uferwasser und tauchten ihre Netze ein oder warfen ihre Angelleinen aus, als er vom Steg sprang.

»Ich hab die Mimi gerettet, und der Jan Otlin hat mich gerettet«, hörte er im Weggehen das Mädchen sagen. »Die Mimi ist nämlich die Treppe ins Obergeschoss hinaufgerannt.« Unwillkürlich blieb Rudolph stehen und lauschte.

Die Tochter seiner ehemaligen Nachbarn erzählte von einer verschlossenen Mansardentür im Obergeschoss, von ihrer Angst, weil ihr Retter sie unbedingt noch aufschließen musste, statt sie und die Katze sofort in die Arme zu nehmen und aus dem brennenden Hinterhaus zu fliehen. Und sie erzählte, wie in der Mansarde der Rauch im Gebälk gehangen hatte.

Rudolph fuhr herum. »Du hast in meine Mansarde hineinschauen können?« Die Kinder verstummten, und das angesprochene Mädchen nickte scheu. »Hat der Otlin denn meine Tür aufgeschlossen?« Wieder nickte es. Er traute seinen Ohren nicht, lief zurück ans Ufer zu den Kindern. »Ist er auch hineingegangen?« Weil das Mädchen nicht gleich antwortete, packte er es bei den Schultern und schüttelte es. »Ich hab dich was gefragt! Ist der Otlin in meine Mansarde gegangen?«

Die anderen Mädchen wichen zurück, die Knaben im Wasser richteten sich auf und achteten nicht mehr auf ihre Netze und ihre Angelruten.

»Ja.« Die Stimme des Mädchens klang leise und verängstigt, denn die Wut verzerrte Rudolphs Züge. »Bis zu einem Schreibpult.«

»Er ist zum Schreibpult gegangen?« Die Katze strich schnurrend um Rudolphs Knie herum. »Ist das wahr?« Das Mädchen nickte. »Und dann?«

»Nichts dann. Ich hab gerufen, er ist zurück zu mir und der Mimi gekommen, hat uns beide auf den Arm genommen und ist mit uns hinuntergerannt.«

»Da lag doch was auf dem Schreibpult! Da lag doch ein großes Blatt!« Rudolph merkte, dass er laut geworden war, denn das

Mädchen zog vor Schreck die Schultern hoch. Er ließ es los. »Da lag doch ein Pergament, oder?«, fügte er leiser hinzu. »Ein großes Blatt voller Striche und Zeichen.«

»Vielleicht.« Mit großen Augen starrte das Mädchen ihn an, wich einen Schritt zurück vor ihm. »Ja, doch. Es hat sich gebogen in der Hitze. Ich hab gerufen vor lauter Angst, weil der Herr Baumeister so lange darauf gestarrt und sich gar nicht mehr bewegt hat. Da ist er zu mir zurückgekommen und hat mich auf den Arm genommen.« Das Mädchen bückte sich blitzschnell nach der Katze, hob sie hoch und rannte davon.

Rudolph schaute ihm hinterher und versuchte zu verstehen, was er soeben gehört hatte.

»Der Herr Baumeister also«, flüsterte er. Und eine Woge brennenden Hasses schoss ihm aus der Brust in die Kehle, als er endlich begriff.

8
Fieber

Das Hausboot roch nach Schaf und Mist, denn bei Unwetter suchten die Tiere hier drinnen Zuflucht. Manchmal knarrten seine Planken, manchmal klatschten Wellen gegen seinen Rumpf, und immer schaukelte es leicht in der sanften Uferströmung des nächtlichen Flusses.

Das tat gut, das beruhigte Maria-Magdalenas aufgescheuchte Gedanken. Den nackten Leib in Decken und Felle gehüllt, hockte sie neben Rübelraps Strohsack und zupfte auf ihrem Brummeisen noch immer die leise Melodie, mit der sie den fiebernden Mann hinüber in seinen unruhigen Schlaf begleitet hatte. Auch das tat ihr gut.

Das Innere ihrer Brust war noch ganz wund vor Angst, und der Schrecken des Kampfes steckte ihr in allen Gliedern. Vor sieben Tagen waren sie den Häschern des Ritters Marian entkommen, doch gestern Abend, als sie in das Dominikanerkloster fliehen wollten, liefen sie Marian selbst in die Arme.

Vor sieben Tagen, nach dem ersten Kampf, waren sie kreuz und quer durch die engsten Gassen der Altstadt geritten, um die Verfolger abzuschütteln. Das hatten sie geschafft; die schlimmen Worte jedoch, die der Ritter Marian gebrüllt hatte, konnte Maria-Magdalena bis zur Stunde nicht abschütteln: *Schlagt den kleinen Mörder tot!*

Dieser Satz hatte sich ihr tief und schmerzlich in die Seele gebrannt. Sogar nachts, im Traum, meinte sie, ihn manchmal zu hören.

Erst als kaum noch Fackeln und Laternen die nächtlichen Fassaden erhellten, hatte Rübelrap an jenem Abend vor sieben Tagen den Gaul zum Gasthaus mit den Badstuben gelenkt. Der Wirt schuldete ihm einen Gefallen und hatte sie sechs Tage und Nächte lang in seinem Gesindehaus versteckt.

Ein Vetter des Wirtes, den Maria-Magdalena kannte, hatte sie mit Speisen und Wein versorgt: Laurenz, der alte Waffenknecht mit dem vernarbten Gesicht. Er hatte Rübelrap sogar seine Lanze geschenkt, obwohl er sie doch als Gehstock benutzte. »Damit du dich wehren kannst, falls die Kerle dieses Hundsfotts dich doch noch aufspüren.« Laurenz kannte den Zittauer von den Feldzügen des Königs Johann und hasste ihn.

Wir hätten noch länger dortbleiben sollen, dachte Maria-Magdalena, während sie das Brummeisen zupfte, dann hätte ich nicht zum zweiten Mal zustechen müssen. Aber dann hätte das Wundfieber meinen armen Rübelrap irgendwann umgebracht.

Ohnehin hatte es den verwundeten Mönch nicht länger im sicheren Versteck gehalten, zu mörderisch zehrte das Fieber an ihm, und er wollte es um jeden Preis wagen, zum Dominikanerkloster zu reiten, wo er einen Medikus wusste, dem er vertraute.

Draußen blökte ein Schaf, und fast im selben Moment begann der fiebernde Hüne, im Schlaf zu reden. Der Vollmond schien ins Hausboot hinein, sodass Maria-Magdalena die Schweißperlen auf seiner Stirn und seiner Oberlippe glänzen sah. Sie setzte das Brummeisen ab, griff in die Wasserschüssel mit dem Lappen und wischte ihm den Schweiß aus dem Gesicht. Der Fiebernde öffnete nicht einmal die Augen.

Gelobt hatte der väterliche Freund sie nach ihrer Flucht aus dem Hof der edlen Frau Ricarda vor sieben Tagen, gedankt hatte Rübelrap ihr.

»Du bist keine Mörderin«, hatte er ihr außerdem wieder und wieder eingeschärft und sie umarmt. »Du hast um dein und mein Leben gekämpft, und du hast gut gekämpft.«

So viele Sätze auf einmal! Und jeden mit Tränen in den Augen. Und dennoch – und dennoch versetzte es Maria-Magdalena jedes Mal einen Stich durch die Brust, wenn sie sich an die Worte erinnerte, die der Ritter Marian bei ihrer Flucht aus dem Fenster gebrüllt hatte: *Den kleinen Mörder schlagt tot!*

Sie ließ den Lappen zurück in die Schüssel sinken, raffte Decken und Felle um ihre schmalen Schultern zusammen und schaute zum kleinen Bootsfenster hinaus. Inzwischen hatte das Mondlicht die Umrisse der Burg auf dem Hradschin und den Neubau des Veitsdoms aus der Nacht geholt. Sterne funkelten über der neuen Kathedrale, und weil ein Lastkahn vorüberruderte, schlugen die Wogen der Moldau heftiger gegen die Bordwand.

Maria-Magdalena zog ihre Puppe unter den Decken heraus. »Ich bin kein Mörder, nicht wahr, Herr Vater? Und du und der gütige Gott, ihr werdet schon auf mich achtgeben, dass keiner mich totschlägt, nicht wahr?«

Nach dem zweiten Kampf hatte Rübelrap ihr befohlen, ihn seinem Schicksal zu überlassen und mit einem Ruderboot zur Kleinseite überzusetzen, um an der Stadtmauer entlang nach Westen zu fliehen. Sie hatte ihm nicht gehorcht, wollte den kranken Hünen einfach nicht alleinlassen. Außerdem: Hätte sie denn nackt über den Fluss rudern und nackt durch die Dörfer wandern sollen?

Ihre blutigen Kleider hatte sie nämlich nach dem zweiten Kampf in den Fluss geworfen, ihr blutiges Haar hatte der Schäfer ihr bis auf Daumenlänge gekürzt. Den blutverschmierten Herrn

Vater und den Dolch hatte sie im Fluss gewaschen, denn weder von dem einen noch von dem anderen hatte sie sich trennen wollen. Beides legte sie wieder unter die Decken auf ihre gekreuzten Beine.

Der Schäfer hatte versprochen, ihr Knabenkleider aus dem Judenviertel mitzubringen. Weil der Alte den Rübelrap, den er Elia nannte, liebte und verehrte, hatte er ihnen Zuflucht in einem seiner beiden Hausboote gewährt. Dabei musste er ihnen angesehen haben, dass sie einem Kampf entflohen waren, so blutverschmiert wie sie gestern Abend vor seiner Schafskoppel aus dem gestohlenen Kahn gestiegen waren. Und Marians Schmerzensschreie hatte er sicher auch gehört – der Ritter hatte so laut geschrien, dass die ganze Altstadt davon aufgewacht war.

Wann immer sie an dieses durchdringende Gebrüll dachte, perlte es wie Frost über Maria-Magdalenas Nacken und Schultern. Sie wünschte, sie wäre dem Ritter niemals begegnet. Ihr Gewissen quälte sie – niemals hatte sie dem Zittauer das Auge ausstechen wollen! Es war keine Absicht gewesen, ganz bestimmt nicht!

Erneut schaute sie zu Rübelrap hin – immer öfter warf der Fiebernde den Kopf hin und her, murmelte, keuchte, flüsterte und stöhnte. Das Wundfieber wollte und wollte ihn nicht loslassen. Ob er überleben würde?

»Das weiß allein der Allmächtige und Barmherzige, gelobt sei er.« So hatte der Schäfer ihre bange Frage beantwortet.

Gewiss war zu dieser Nachtstunde nur eines: Noch einen Kampf würde Rübelrap nicht überstehen. Genauso wenig wie sie. Wie sollte sie denn ganz allein und nur mit einem Dolch bewaffnet ihren väterlichen Freund verteidigen, falls Marians Häscher sie hier in den Flussauen entdeckten? Der Kampf und das Fieber hatten den Mönch dermaßen geschwächt, dass er nicht einmal mehr aufstehen konnte.

Gestern Abend war das noch anders gewesen. Gestern Abend hatte er noch reiten, auf beiden Beinen stehen und ein Schwert führen können.

Bei Einbruch der Dunkelheit waren sie aus dem Gehöft des Gasthauses geritten. Sie wollten zur Moldaubrücke, denn dort, kaum zwei Steinwürfe von der Brückenauffahrt entfernt, lag das Dominikanerkloster. Wie schon bei ihrer Flucht aus dem Haus der Frau Ricarda Scorpio hatte Maria-Magdalena hinter Rübelrap auf dem Pferd gesessen, das er in einem weiten Bogen zum Fluss hinlenkte, um das Kloster von Norden her über enge Gassen und das Judenviertel zu erreichen.

Sie waren gerade am Hof der Königin vorbeigeritten, da geschah es: Wie aus dem Nichts gesprungen, standen auf einmal vier Waffenknechte vor ihnen, und einer fing sofort an zu brüllen.

»Der kleine Mörder!«, hatte es durch die Gasse gehallt. »Alle Mann her zum Hof der Königin! Wir haben den fetten Mönch und den kleinen Mörder erwischt!«

Wegen der Übermacht riss Rübelrap das Pferd herum, und sie galoppierten zurück in den Wirrwarr der engen Gassen, die den nördlichen Teil der Altstadt durchzogen. Sie waren nicht weit gekommen, als zwei Reiter ihnen den Weg versperrten – Marian von Zittau selbst und der blonde Sigismund; und beide mit blankgezogenen Klingen.

Rübelrap riss am Zügel, das Pferd stieg, und Maria-Magdalena blickte hinter sich: An der Einmündung einer Gasse, wenige Höfe entfernt, preschten berittene Waffenknechte um die Ecke. Der Mönch legte die Lanze an, hieb dem Pferd die Fersen in die Flanken und trieb es zwischen die Hausfassade und Sigismund, um den Durchbruch zu erzwingen.

Zwar traf die Lanze den blonden Knappen, doch im Fallen riss der Maria-Magdalena hinter Rübelrap aus dem Sattel und hatte sogar noch Kraft genug, sein Schwert gegen sie zu erheben.

»Schlag den kleinen Bastard tot!«, hörte sie Marian rufen, während sie sich blitzschnell auf den Rücken drehte und Sigismunds Klinge knapp neben ihrem Ohr in die Erde fuhr. Im selben Moment riss sie ihm den Dolch quer durchs Gesicht.

Danach sprang sie auf, ließ den vor Schmerzen und Schrecken Aufschreienden hinter sich und rannte zu Rübelrap, der nur ein paar Schritte weiter das Pferd angehalten hatte. Weil der Ritter neben ihr galoppierte und im Begriff war, die Klinge auf sie niedersausen zu lassen, schleuderte der Mönch die Lanze nach ihm. Sie traf Marians Harnisch. Zwar konnte sie ihn nicht durchbohren, doch die Wucht des Aufpralls warf den Ritter aus dem Sattel. Er stürzte auf Maria-Magdalena, und weil sie die Arme hochriss, um sich zu schützen, fuhr der Dolch in ihrer Faust dem Ritter ins Auge.

Nicht ein einziges Mal hatte Maria-Magdalena hinter sich geblickt, als sie Augenblicke später endlich wieder hinter Rübelrap auf dem Pferd saß. Es war entsetzlich, das gequälte Gebrüll des Zittauers hören zu müssen, während sie durch die nächtlichen Gassen der Moldau entgegenpreschten, und weil sie sich am Mönch festklammerte, konnte sie sich nicht einmal die Ohren zuhalten.

In den Auen hatten sie schließlich ein kleines Fischerboot gefunden; da konnte Rübelrap sich schon kaum noch im Sattel halten. Maria-Magdalena hatte das Pferd reiterlos in die Flusswiesen gejagt und dem schwer verletzten Freund ins Boot geholfen.

Danach waren sie durch die Nacht gerudert, bis sie die Umrisse der beiden Hausboote entdeckten. Zwischen ihnen waren sie an Land gegangen. Der Schäfer hatte Rübelrap sofort erkannt und den völlig Entkräfteten in das Hausboot geschleppt, das sonst seinen Schafen als Stall diente.

Maria-Magdalena zog die Schultern hoch und schüttelte sich, doch die schrecklichen Bilder vom zweiten Kampf wollten nicht weichen, und Marians Gebrüll gellte ihr noch immer in den Ohren. Sie flüsterte ein Dankgebet für ihre und Rübelraps Rettung und rollte sich neben dem Fiebernden in ihre Decken und Felle, ohne jedoch Schlaf zu finden.

Im ersten Morgengrauen blökten die Schafe und näherten sich Stimmen. Maria-Magdalena kroch zum Eingang des Hausbootes und blinzelte in die Morgendämmerung: Die Umrisse zweier Männer schälten sich aus dem Dunst, der über der Schafkoppel wogte. Der Schäfer brachte einen Mann aus dem Judenviertel mit, einen Medikus, wie sich herausstellte.

Der hatte einen großen weißen Bart und weiße Schläfenlocken, trug einen langen schwarzen Mantel und auf dem Kopf nach Judenweise einen spitzen Hut. Er schimpfte bereits, als er neben dem Schäfer über die Schafkoppel stapfte, er schimpfte weiter, als er eintrat, und er schimpfte die ganze Zeit, während er Rübelraps Wunde säuberte. Maria-Magdalena hielt sich die Nase zu, weil ihr vom Eitergestank übel wurde.

Der Schäfer blieb wortkarg, und bei den wenigen Sätzen, die er dem anderen entgegnete, wirkte er seltsam schuldbewusst und eingeschüchtert. Der Medikus schien ihm gar nicht zuzuhören, sondern wetterte unentwegt, auch dann noch, als er die flammend rote Schulter des Fiebernden frisch verband und ihm Tinkturen einflößte.

Was ihn so erregte, konnte Maria-Magdalena nicht herausfinden, denn der alte Jude zeterte in einer ihr völlig unverständlichen Sprache.

»Warum ist er so wütend?«, fragte sie den Schäfer, als der Medikus grußlos und ohne sie zu beachten, das Hausboot verlassen hatte und über die Koppel zurück in sein Viertel eilte.

»Weil ich dem Elia und dir Zuflucht gewährt habe«, antwortete der Schäfer leise und mit bedrückter Miene. »Wenn sie euch hier finden, sagt der Medikus, werden sie die ganze Gemeinde dafür bestrafen.« Er wich ihrem forschenden Blick aus und seufzte tief. »Und er hat recht, fürchte ich.«

Maria-Magdalena schluckte; dass man die Juden schlecht behandelte, hatte sie auf ihrer langen Wanderung nach Prag auch in anderen Städten schon erlebt. »Und was sagt er zu Rübelraps Zustand?«

»Unser Freund wird sterben, wenn er ihm nicht den Arm amputiert.« Der alte Schäfer drückte ihr ein Bündel in die Hände. »Für dich. Männerkleider.«

Noch bevor die Morgensonne aufging, badete Maria-Magdalena im Fluss und schlüpfte dann in die frischen Kleider: spitze Schuhe aus schwarzem Wildleder, ein graues Leinenhemd, dunkle, enge Beinkleider und einen langen Gehrock aus blauer Wolle mit Messingknöpfen und schwarzem Pelzkragen. Dazu ein Barett aus blauem Samt.

Den Vormittag über wachte sie beim fiebernden Rübelrap, flößte ihm Wein und einen Sud aus Zwiebeln und Silberpappelrinde ein und kühlte ihm Gesicht und Waden. Manchmal redete er im Fieber in fremden Sprachen. Einmal, als Maria-Magdalena ihm den Schweiß abwischte, schlug er die Augen auf, schaute sie aus seinen traurigen Knabenaugen an und lächelte.

»Danke«, flüsterte er. »Und jetzt geh. Gott wird sich um mich kümmern.«

Gegen Mittag, als er etwas ruhiger schlief, trat sie an das kleine Fenster des Hausbootes, sah auf die Moldau hinaus und zog ihre Puppe aus der Rocktasche. »Wir lassen ihn nicht allein,

Herr Vater, nicht wahr? Doch wenn er wirklich stirbt, müssen wir weiterziehen, weg aus dieser Stadt. Wir haben ja jetzt das Ruderboot.«

Danach setzte sie sich wieder zu dem todkranken Hünen, hielt seine Hand, tupfte seinen Schweiß und flehte im Stillen Gott an, er möge Rübelrap gesund machen und seinen Arm retten. Und er möge dafür sorgen, dass Marians Häscher den Moldauauen fernblieben und die Hausboote nicht entdeckten.

Als die Sonne im Zenit stand, hörte sie plötzlich Stimmen, die sich vom Judenviertel her näherten. Erschrocken sprang Maria-Magdalena auf und spähte zum Eingang hinaus und über die Schafherde hinweg zu den Häusern hin. Von dort stapfte der Medikus heran. Vier Männer mit Spießen und blankgezogenen Klingen folgten ihm. Zwei erkannte sie trotz der Entfernung an Haartracht und Gestalt: Waffenknechte des Ritters Marian von Zittau.

9
Entscheidung

Prag, Ostern 1357

Militsch sei in die Altstadt hinübergegangen, beschied man Jan bei den Augustinern, schon seit Karfreitag sei er Tag für Tag in allen Stadtteilen unterwegs, um den Pragern nach der Ostermesse ihre Sünden vorzuhalten und ihnen die Umkehr zu Gott und seinen Geboten zu predigen.

Jan eilte hinunter zur Moldau, überquerte die Holzbrücke und nahm den kürzesten Weg zur Pfarrkirche St. Gallus, denn dort hatte der Mähre bereits am Karfreitag die Messe gefeiert und eine lange Predigt gehalten, wie Libussa erzählt hatte. Das lederne Rohr mit seinem Bauplan hatte er sich unter den Arm geklemmt.

Bis in die frühen Morgenstunden hatte er daran gearbeitet, hatte die Nacht über noch einmal sämtliche Maße durchgerechnet und den Bedarf an Steinblöcken, Bauholz und Bauleuten neu veranschlagt. Nun beseelte ihn Zuversicht, und er wollte das Pergament so schnell wie möglich zum Baumeister Peter Parler bringen, der die eingereichten Pläne in seinem Haus am Marktplatz entgegennahm. Zuvor jedoch musste sein priesterlicher Freund den Entwurf sehen – und ihn segnen.

In der Kirche des heiligen Gallus fand Jan allerdings nur noch einen Kaplan und zwei Diakone, die das Kirchenschiff fegten und den Altar für die nächste Messe schmückten. Militsch von Kremsier sei gleich nach der Ostermesse zum Zöllnertor gegangen, um dort zu predigen, sagten sie ihm, und so eilte Jan aus dem Gotteshaus und lief zum Zöllnertor hinauf.

Obwohl er nur zwei Stunden geschlafen hatte – jene zwei Stunden, während deren er eigentlich mit den Augustinern in der Klosterkirche die Ostermesse hatte feiern wollen –, spürte er keine Müdigkeit, keine Spur von Erschöpfung. Im Gegenteil: Sein Geist war hellwach und jede Faser seines Körpers angespannt. Welches Urteil würden Parler und der Kaiser über seinen Entwurf fällen?

Jeder, der sich mit einem Plan um das Amt des Brückenbaumeisters bewarb, war aufgefordert, sich am Abend des nächsten Tages in der Burg einzufinden, um die Entscheidung des Kaisers und des kaiserlichen Baumeisters zu erfahren. Jan fieberte diesem Augenblick entgegen, und das Herz schlug ihm bis in die Kehle, wenn er an morgen Abend dachte.

Als er am Zöllnertor ankam, bevölkerten viele Menschen den Platz davor, Frauen standen schwatzend in Gruppen beieinander, Kinder rauften oder spielten Fangen, Reiter trabten zum Tor hin, Männer schossen mit Armbrüsten auf Zielscheiben oder versammelten sich um einen Sänger, der die Neuigkeiten vortrug, die er aus Bayern oder der Lausitz mitgebracht hatte; Leute jedoch, die einem Prediger lauschten, entdeckte Jan nirgendwo.

Er ging ein wenig herum und fragte Frauen und Männer nach Militsch, bis ein Armbrustschütze in die Zöllnerstraße deutete. »Er predigt vor dem Hurenhaus.«

Jan wusste sofort, welches Haus gemeint war, und tatsächlich sah er eine Menschentraube vor der Hausburg der Sterndeuterin, als er ein Stück in die Zöllnerstraße hineingelaufen war, mittendrin der mährische Prediger. Seine tiefe, kräftige Stimme tönte bis zu Jan.

Trotz seiner geringen Körpergröße ragte Militsch aus der Menge heraus, denn er stand auf der Pferdetränke. Frauen lehnten aus dem Turmfenster und lauschten ihm, auch die Waffenknechte im offenen Hofportal schienen zuzuhören. Doch als Jan dort ankam, drängte sich einer von ihnen mit grimmiger Miene durch die Menschentraube und drohte dem Prediger mit dem Schaft seines Spießes.

»Genug der düsteren Reden, Priesterchen! Genug von Buße und Sünde! Heute ist Ostern, heute feiern wir die Auferstehung des Herrn.« Der Bewaffnete wandte sich an die Männer und Frauen ringsum, von denen einige sich Tränen aus den Augen wischten. »Heute wollen wir fröhlich sein und ordentlich essen und trinken, oder was meint ihr?«

»Recht hat er!«, rief einer der Waffenknechte vor dem Hoftor. »Genug der strengen Worte! Nicht, dass sie uns die schönen Frauen der edlen Ricarda noch in die Arme der Tugend treiben.« Die anderen lachten.

»Freche Sprüche!«, donnerte Militsch. »Gottlose Reden! Fürchtest du denn das Höllenfeuer so gar nicht, Kerl?«

»Nicht mehr als die Buße der Hübschlerinnen!«, kam es aus der Schar der Waffenknechte, und wieder lachten die Männer.

»Wir haben nämlich den Kaiser und seinen Vater in die Hölle so manchen Schlachtfeldes begleitet«, ergriff der Spießträger das Wort, der sich vor der Pferdetränke aufgebaut hatte. »Da vergeht einem die Furcht mit der Zeit, weißt du?« Er packte den Prediger am Habit. »Und jetzt runter hier und nach Hause mit dir, Priesterchen!«

»Wehe dir, du Lasterbalg, du bekackter!« Militsch schlug ihm die Arme weg. »Fürchtest du nicht die Strafe Gottes!? Hier hast du einen Vorgeschmack auf sie!« Er schlug mit der Faust nach dem Spießträger und trat ihn vor die Brust, sodass der Kerl rücklings zwischen die Predigthörer stürzte. Die beschimpften den verblüfften Kriegsmann und feuerten Militsch an, denn die meisten wollten ihn hören.

Im nächsten Augenblick stürmten die anderen Waffenknechte herbei, stießen die Leute zur Seite und wollten den Prediger ergreifen. Im letzten Moment sprang Jan zwischen sie und die Pferdetränke.

»Hände weg von dem Gottesmann!« Blitzschnell bückte er sich nach dem Spieß, der dem Gestürzten entglitten war, und richtete ihn auf die Waffenknechte. »Keiner rührt ihn an!«

Die Männer erstarrten und belauerten ihn aus schmalen Augen. »Willst du deinen Eltern schon ins Fegefeuer folgen, Jan Otlin?«, fragte ihr Anführer, der ihn kannte, und hob drohend sein Schwert.

»Schluss mit dem Händel!«, rief plötzlich ein Mann vom Hausportal her. Das stand auf einmal offen, und Jan erkannte die Sterndeuterin und die blonde Eva auf der Schwelle. Ein hochgewachsener Ritter mit weißblondem Haar eilte aus dem Hof und zur Pferdetränke her: Giselher von Stettin.

»Du wirst doch das Schwert nicht gegen den Meister Otlin erheben wollen, du Hundsfott?!« Er schob sich zwischen seine Waffenknechte und Jan. »An diesem festlichen Tag soll kein Blut fließen.« Und mit vorwurfsvoller Miene an den Prediger gewandt: »Da soll auch keiner die Fäuste gegen seinen Nächsten schwingen, nicht wahr, Militsch von Kremsier?«

Der kleine Mähre antwortete nicht. Stattdessen schlug er ein Kreuz in die Luft, sprach einen Segen und stieg von der Pferdetränke. Die Menge löste sich murrend auf, die Waffenknechte pressten die Lippen zusammen, warfen Jan böse Blicke zu und folgten Giselher zur Hausburg.

»Ich danke dir, mein Freund!« Militsch legte Jan den Arm um die Schultern, während sie Seite an Seite dem Altstadtring entgegenschritten. »Das hätte nicht jeder gewagt.«

»Hätte der Ritter nicht eingegriffen, hätten die Leute uns schon geholfen«, entgegnete Jan. »Ich habe dich gesucht, Militsch.« Er erzählte dem Prediger, dass er bis zum Morgen am Brückenplan gearbeitet hatte; dass er darüber die Ostermesse versäumt hatte, ließ er lieber unerwähnt. »Bevor ich ihn zum Parler bringe, will ich, dass du ihn segnest.«

»Ein Pergament segnen?« Militsch blieb stehen und staunte ihm ins Gesicht. »Das brauche ich nicht zu tun, denn dieser Plan ist bereits gesegnet.« Der Mähre hob abwehrend die Hände. »Er war schon gesegnet, als du deinen Schwur getan hast, damals auf der Judithbrücke.«

»Ich will's aber.« Jan drückte dem Freund die Lederrolle vor die Brust. »Ich will's unbedingt, weil ich mein Gelübde doch so lange vergessen habe. Mach schon, segne ihn. Bitte!«

Kopfschüttelnd nahm ihm Militsch das Pergament aus den Händen. »Wirklich sterbenskrank kommst du mir nicht mehr vor, Bruder Baumeister. Was machen deine schlimmen Schmerzen?«

Jan fasste sich an die Brust. »Weg!« Er guckte wie ein Bischof, der gerade eben merkte, dass man ihm das silberne Kreuz gestohlen hatte, das er an einer Halskette auf der Brust zu tragen pflegte. »Ich habe sie schon seit Tagen nicht mehr gespürt.«

»Na, siehst du.« Militschs knochige Miene verzog sich zu einem geheimnisvollen Lächeln. Er kniete im Straßenschmutz nieder und bedeutete Jan mit einer knappen Geste, es ihm gleichzutun.

Peinlich berührt schaute Jan sich um, doch Militschs herrische

Geste ließ ihm keine Wahl: Er kauerte sich vor den priesterlichen Freund und streckte auf dessen Wink hin die Arme aus, damit der Prediger ihm die Lederrolle mit dem Plan darauflegen konnte.

Militsch schloss die Augen, schlug ein Kreuz und begann, laut zu beten, sehr laut. Jan verstand kaum einen ganzen Satz der lateinischen Rufe, doch dass der Priester ein Bittgebet sprach, das konnte er heraushören. Er senkte den Blick, um sein Gesicht vor den Vorübergehenden zu verbergen, von denen einer nach dem anderen stehen blieb und neugierig die beiden knienden Männer betrachtete.

Militsch betete länger, als Jan erwartet hatte. Schließlich legte der Priester die Hände auf die Lederrolle und sprach, während er drei Kreuze darüber schlug, einen lateinischen Segen. »Und nun gehe hin in Frieden, mein Freund«, schloss er auf Böhmisch. »Und tue, was zu tun der Herr dir aufgetragen hat.«

Mit diesen Worten erhob sich der kleine Mähre, und Jan konnte hören, wie unter seinem Habit die schwere, rostige Kette rasselte, mit der er sein Unterkleid aus Sackstoff zu gürten pflegte. Statt sich von Jan zu verabschieden, wandte er sich sofort an die Menschenmenge, die sich inzwischen um sie versammelt hatte.

»Der Herr ist auferstanden!«, rief er mit donnernder Bassstimme. »Jawohl, der Herr ist wahrhaftig auferstanden! Doch ist er auferstanden, damit ihr weiter lügt und sauft und wütet? Ist er für euch gestorben und auferstanden, damit ihr weiterhin hurt und stehlt und betrügt, als wäre nichts geschehen und als gäbe es keinen Gott und kein Gottesgericht?!«

Jan kehrte dem Bußprediger und seinen Zuhörern den Rücken und machte sich auf den Weg zu Peter Parlers Haus. Er fühlte sich gut, er fühlte sich beschwingt und voller Zuversicht.

Das Tor zum Anwesen des Baumeisters stand offen, und als er in den Hof trat, sah er an der Hintertür des Hauses Peter Parlers schöne Gattin im vertrauten Gespräch mit einem blonden, kräftig gebauten Mann. Sein Schritt stockte, als er im Näherkommen den Straßburger erkannte, denn augenblicklich stand ihm dessen brennender Bauplan vor Augen.

Was um alles in der Welt hatte der im Hof seines Baumeisters zu suchen? Und was fiel diesem Mann ein, dessen Frau so nahe zu treten, dass ihre Nasen sich beinahe berührten? Sofort musste er an die Stunde denken, als er die beiden im Badehaus zum Ruheraum hatte gehen sehen.

Das Paar bemerkte ihn und fuhr auseinander. Rudolph verneigte sich höflich vor Gertrud Parler und wandte sich zum Gehen. Mitten auf dem Hof, kurz bevor sie aneinander vorübergingen, verharrten beide zwei Wimpernschläge lang. Rudolph von Straßburg schaute so eindringlich auf die Lederrolle unter Jans Arm, dass dieser sie unwillkürlich fester einklemmte. Jan entbot dem anderen einen Gruß und sah ihm dabei in die Augen – und erschrak vor dem, was ihm aus deren Blick ansprang: Verachtung und Kälte.

...

In der Abenddämmerung des nächsten Tages musste Rudolph von Straßburg dem verhassten Jan Otlin schon wieder begegnen, nämlich auf dem Weg hinauf zur Burg. Der böhmische Priester, der ihn begleitete, überquerte vor ihm die hölzerne Moldaubrücke, die vielleicht einer von ihnen beiden schon in wenigen Jahren abreißen würde – Rudolph oder der Otlin, nachdem die neue steinerne Brücke errichtet sein würde. Oder sollten der Kaiser und sein Baumeister Parler sich längst für einen ganz anderen Entwurf entschieden haben?

Außer ihnen hatte sich nämlich noch ein dritter Architekt um das Amt des Brückenbaumeisters beworben; ein Deutscher, der nicht nur einen Plan, sondern ein ganzes Brückenmodell aus Ton bei Meister Parler abgegeben hatte, was Rudolph allerdings nicht besonders beunruhigte. Er hatte die Tonbrücke nämlich gesehen, als er gestern Mittag seinen eigenen Entwurf abgegeben hatte, und er hielt die Konstruktion des Deutschen für nicht halb so gut wie seine eigene. Doch Gewissheit würde es erst geben, wenn in etwa einer Stunde der Kaiser oben auf der Burg seine Entscheidung verkündete.

Rudolph verlangsamte seinen Schritt, um dem Otlin nicht zu nahe zu kommen. Gleich nach dem Brand hatte er Erkundigungen über den Mann von der Kleinseite eingezogen. Nach allem, was er erfahren konnte, hatte der in Paris und im Süden des Königreichs Frankreich schon an Brücken gebaut. Und in der Papststadt Avignon, so hatte man Rudolph zugetragen, sei der Otlin sogar Baumeister eines Kardinals gewesen.

Dennoch fürchtete er den Konkurrenten nicht. Genauso wenig, wie Rudolph glaubte, dass ihm das großartige Modell des Deutschen gefährlich werden konnte. Sein zweiter Bauplan war ihm aufs Beste gelungen, besser noch als sein erster, den der Otlin ihm nicht aus dem Feuer hatte retten wollen.

Sein brennender Zorn hatte Rudolph geholfen, Trauer und Lethargie zu überwinden; seine Rachsucht und sein Hass hatten ihn angestachelt, das unmöglich Geglaubte doch noch und erst recht zu schaffen: einen neuen Plan.

In der dritten Nacht nach dem Brand hatte er von seinem vernichteten Bauplan geträumt. Mitten in züngelnden Flammen sah er ihn – sah die roten Linien auf dem alten Pergament so deutlich vor sich, als hätte er sie gerade erst mit dem Rötelstift gezogen: die Brückenpfeiler, ihre Querschnitte, die drei Türme, die Brüstung. Früh am Morgen war er aufgestanden, hatte sämtliche Öllampen entzündet, die er noch besaß, und die Zeichnungen und Buchstaben von einem benutzten Pergament geschabt.

Was hatte er denn noch zu verlieren gehabt, er, der doch bereits alles verloren hatte? Und was hatte er zu gewinnen? Alles, was besser war als sein gegenwärtiges Leben. Also entschloss er sich, die Zeit bis zum Ende der Fastenzeit zu nutzen. Er meldete sich krank und arbeitete von Sonnenaufgang bis Sonnenuntergang an seinem neuen Entwurf.

Der unbedingte Wille, zu kämpfen und den Otlin zu besiegen, hatte ihn angetrieben, und gestern Mittag hatte er seine Zeichnung beim Peter Parler abgegeben.

Auf der Mitte der Holzbrücke blieb er stehen und wartete, bis Otlin und sein Begleiter unter dem alten Judithturm verschwunden waren. Um keinen Preis wollte er dem Rivalen begegnen, mit ihm sprechen müssen. Er blickte in die Strömung hinab und erkannte unter der Wasseroberfläche der Moldau die Umrisse eines Pfeilers der eingestürzten Judithbrücke. Nächstes Jahr um diese Zeit, so stellte Rudolph sich vor, würde er auf dem ersten vollendeten Brückenpfeiler stehen und die Moldau zu beiden Seiten an sich vorbeifließen sehen. Wie großartig würde sich das anfühlen!

Mit einem Grinsen im Gesicht hob der Steinmetz den Kopf, und als er den Otlin und den Priester auf der Kleinseite entlang der Stadtmauer zum Strahover Tor hinaufsteigen sah, setzte auch er seinen Weg fort. Kurz bevor er unter dem Torbogen des alten Brückenturms hindurchging, blickte er noch einmal auf den Fluss, den seine neue Brücke in elf Jahren überspannen würde. Länger als die Erbauung der Steinernen Brücke zu Regensburg sollte ihre Erschaffung nämlich ebenfalls nicht dauern.

Der Kaiser wollte eine Brücke, die niemals einstürzen, die bis in alle Ewigkeit halten würde. Und er, Rudolph von Straßburg, würde ihm eine solche Brücke bauen.

...

Oben auf der Burg warteten sie später im Rittersaal auf den Kaiser und seinen Baumeister. Der Deutsche hatte einen Diener und seinen Sekretär mitgebracht, Otlin wohl seinen Beichtvater. Dieser Mann sah aus, als hätte der Teufel ihn für ein paar Tage aus dem Fegefeuer entlassen, damit er ein wenig Kraft für die nächsten tausend Jahre schöpfen konnte: hohlwangig, bleich, knochig, dürr und mit einer Nase, die dem Schnabel eines Gänsegeiers glich. Seine blauen, tief in den Höhlen liegenden Augen leuchteten, als würden die Flammen des Fegefeuers ihn auf seinem Freigang begleiten.

Otlin und der deutsche Baumeister sprachen leise über die Art und Weise, in der römische Architekten einst Brücken errichteten; währenddessen zitierte Otlins verhärmter Beichtvater laut lateinische Stellen aus der Heiligen Schrift, die er sofort ins Böhmische und sogar ins Niederdeutsche übersetzte und die angeblich aus einer Rede des Erlösers stammten, die der Freigänger aus dem Fegefeuer »Bergpredigt« nannte. Der Mann redete sich in Rage und ereiferte sich mächtig über die vermeintlichen Worte des Heilands. Dabei schaute er immer wieder auch zu Rudolph hin, der so tat, als merkte er es nicht.

Nicht lange, dann öffneten vier Diener die Portale der Saaltür. Zwei Edelmänner und zwei Kaplane traten ein und kündigten den Kaiser und sein Gefolge an, das gleich darauf zahlreich in den Saal strömte.

Unter den vielen Höflingen erkannte der Straßburger den berühmten Leibarzt des Kaisers, den Gallus von Strahov, der sich in Böhmen auch als Astronom und Karls Hofastrologe einen Namen gemacht hatte. Zu Rudolphs Überraschung schritt an seiner Seite die Sterndeuterin Ricarda Scorpio. Hatten sie womöglich die Sterne befragt, wer Brückenbaumeister werden sollte?

Rudolphs Herz machte einen Sprung – wenn die Frau Ricarda einen Einfluss auf diese Entscheidung gehabt haben sollte, dann brauchte er sich keine Sorgen mehr um seine Zukunft zu machen. Und dann wusste er auch, warum sie ihn mit dem Parler nach Prag geschickt hatte.

Flankiert von seinem Kanzler Johannes von Neumarkt und seinem Dombaumeister Peter Parler betrat zuletzt Karl den Saal, der Kaiser, den die Einheimischen Wenzel nannten. Freundlich lächelte er in die Runde und begrüßte Rudolph, Otlin und den Deutschen mit der Milde und Herzlichkeit, für die ihn alle Welt rühmte und die Rudolph bei den kaiserlichen Dombesuchen wieder und wieder erlebt hatte.

Karl erteilte seinem Baumeister das Wort, der wiederum die Diener herbeiwinkte. Drei von ihnen rollten die Pergamente mit den Bauplänen aus und präsentierten sie vor den Höflingen und den Bewerbern, einer stellte das Tonmodell des Deutschen auf die Tafel. Diesem wandte Peter Parler sich zuerst zu.

Sein Bauplan und sein Modell bestehe durch Schönheit und Eleganz, erklärte der Dombaumeister, auch seien Kaiser und Kanzler von den durchaus überschaubaren Baukosten beeindruckt, die er veranschlagt hatte.

Der Entwurf des Rudolph von Straßburg – mit diesen Worten wandte Peter Parler sich an Rudolph – habe große Freude gemacht, weil er die berühmte Brücke von Regensburg zitiere und der alten Judithbrücke die Ehre gebe. Und man erkenne durchaus, dass die Konstruktion der bewährten Tradition römischer Brückenarchitektur die Treue halte.

Rudolph blieb ganz Ohr und sah voller Vorfreude Parlers weiteren Ausführungen entgegen, doch der verstummte, weil nun der Kaiser selbst das Wort ergriff.

»Wir danken euch für eure Mühe und Sorgfalt, ihr Herren«, sagte er. »Es war Uns eine Ehre, Uns mit euren meisterhaften Arbeiten zu befassen.« Milde lächelnd neigte er den Kopf leicht in Rudolphs und des Deutschen Richtung. »Und zu gegebener Zeit werden Wir Uns selbstverständlich erkenntlich zeigen.«

Sprach's und schaute Jan Otlin ins Gesicht. »Überzeugt aber hat uns vor allem dein Brückenplan, Meister Otlin. Nur einer, der beinahe sein Leben auf einer einstürzenden Brücke verloren hat, kann wohl ein derart stabiles und auf Ewigkeit angelegtes Bauwerk konstruieren. Vor allem die in den Plan eingearbeiteten Biegungen der künftigen Brücke bezeugen deine Meisterschaft. **Du** sollst künftig unser Brückenbaumeister sein ...«

Der Kaiser sagte noch mehr, doch Rudolph hörte nicht mehr zu. Eine große Leere gähnte plötzlich in seiner Brust und in seinem Kopf und erstickte jeden Gedanken. Unter seinen Sohlen schien der Boden zu schwanken. Er nutzte den Protest des Deutschen und den Tumult, der darauf folgte, um sich aus dem Rittersaal und der Burg davonzustehlen.

Auf weichen Knien stelzte Rudolph über den Burghof und suchte den Ausgang zu den Gassen der Kleinseite.

»Verflucht seist du, Jan Otlin«, murmelte er. »In der Hölle sollst du braten.«

»Rudo!« Jemand rief ihn vom Fenster des Rittersaals aus. »Warte doch, Rudo!« Peter Parler schaute auf den Burghof herunter. »Der Kaiser hat entschieden, dass du an seiner neuen Brücke mitbauen sollst, als Polier und Stellvertreter des Ersten Baumeisters. Meister Otlin hat darum gebeten.«

10
Prügel

Prag, 7. Juli 1357

Etwas Neues geschah in Prag, etwas Unerhörtes. Maria-Magdalena las es in den Gesichtern der Männer unter den Toren, erlauschte es den Stimmen der Frauen an den Marktständen, sah es in den Spielen der Kinder, wenn diese Balken über die Viehtränken legten oder Steine von einem Rand der Pfütze zum anderen reihten. Und eines Tages hörte sie auch, was es sein würde, das Unerhörte, das bald in Prag geschehen sollte: Eine Brücke über die Moldau wollten sie bauen! Eine neue, eine aus Stein.

Sie schlich um die Burg des Stadtvogtes herum, als sie davon erfuhr, an der Mauer, die vor ihrer Rückseite aufragte. Lindenkronen verdeckten viele der vergitterten Fenster; hinter einem lag der Kerker, in den man Rübelrap geworfen hatte, hinter welchem genau, wusste sie nicht.

Eingeschlagen in ein Tuch trug sie ein halbes Brot, zwei Zwiebeln, ein Hühnerbein, eine Rübe und einen Schlauch Wein bei sich. Das alles hatten Eva und die edle Frau Ricarda ihr für Rübelrap zusammengepackt. Trotz ihrer guten Beziehungen zum kaiserlichen Hofastrologen Gallus von Strahov war es der Sterndeuterin nämlich nicht gelungen, Zugang zum Kerker des Mönchs zu erlangen.

Plötzlich stutzte Maria-Magdalena, blieb stehen und lauschte – waren das nicht Klänge eines Brummeisens, die der Sommerwind von irgendwoher an ihr Ohr trug? Sie hob den Blick – und da! Eine Elster flog vom Turm der gegenüberliegenden St.-Valentin-Kirche über die Mauer der Vogtsburg und verschwand hinter den Linden, die vor der Fassade wuchsen.

Drei Wachleute traten mit geschulterten Spießen aus einem kleinen Burgtor und kamen ihr entgegen. Maria-Magdalena drückte sich an die Fassade und senkte den Kopf, denn trotz der neuen Männerkleider und ihres kurzen Haars fürchtete sie, erkannt zu werden.

»Der Otlin von der Kleinseite wird uns die steinerne Brücke bauen, habt ihr's auch gehört?«, fragte der älteste der drei Waffenknechte. »Kurz nach Ostern soll der Kaiser ihn zum Baumeister berufen haben.«

»Hab's neulich von Meister Parlers Pferdeknecht erfahren.« Der zweite Waffenknecht nickte. »Kenn den Jan Otlin, guter Mann. Mein Großvater hat mit seinem Vater unter dem Meister Arras in der neuen Kathedrale den Stein behauen.«

Jetzt, als Maria-Magdalena den Namen zum zweiten Mal hörte, stand ihr jener Mann vor Augen, dem sie in der Küche der edlen Frau Ricarda Wein gereicht und der so elend ausgesehen hatte. Sie erinnerte sich an seine kastanienroten Locken, sein kantiges Gesicht, seine ernsten grünen Augen; in der Vorweihnachtszeit war das gewesen. Der hatte doch Jan Otlin geheißen!

»Übermorgen wird der Grundstein für den neuen Brückenturm gelegt«, hörte sie wieder den ersten Waffenknecht das Wort ergreifen, als sie an den Männern vorüberging. »Am Altstadtufer, nicht weit von der Auffahrt zur Holzbrücke. Es soll zugleich der Grundstein für die neue Brücke werden.«

»Übermorgen?«, fragte der dritte Waffenknecht und klang ungläubig. »Am heiligen Sonntag?« Und schon waren die Männer vorüber.

Ja, eine neue Brücke war es, worüber sich die ganze Stadt seit Tagen erregte. Na und? Maria-Magdalena wünschte, es wäre weiter nichts als eine neue Brücke, das ihr Herz in Aufregung versetzte. Und wenn sie drei neue Brücken über die Moldau bauten oder weiterhin die alte aus Holz benutzten – ihr war es gleichgültig. Was ging es sie an?

Wie in der Woche zuvor schon dreimal setzte sie sich vor dem Tor der Vogtei in den Straßenstaub und zog ihren blauen Samthut vom kurz geschorenen Haar, legte ihn mit der Öffnung nach oben neben sich und mimte den Bettler. Rübelraps Kerker musste gefunden werden, Essen musste her, ein Schlafplatz, und wenn sie noch eine Weile leben wollte, durfte niemand sie erkennen – das war es, was Maria-Magdalena Tag für Tag umtrieb, Stunde um Stunde, und das seit fast vier Monaten.

Einer der beiden Portalflügel wurde aufgestoßen, eine Schar elegant gekleideter und ins Gespräch vertiefter Herren verließ die Vogtei, und bevor der Portalflügel wieder zufallen konnte, schob Maria-Magdalena Evas Essensbündel auf die Schwelle. Sie wartete, bis die Herren sich ein paar Ruten weit entfernt hatten, bevor sie den Herrn Vater unter ihrem Mantel herauszog und ihm flehend ins Puppengesicht schaute.

»Ihr steht mir bei, nicht wahr? Wir müssen es wagen, wir müssen.« Sie stand auf und schlüpfte durch den Türspalt in die Burg.

Mit klopfendem Herzen schlich sie zur Halle, von der aus eine Treppe hinauf zum Burgflügel führte, in dem die Verliese lagen. Immerhin kannte sie den Weg dorthin inzwischen. Ob es ihr heute gelingen würde, unbemerkt hineinzuschlüpfen? Und den Kerker zu finden, hinter dessen Gittertür der arme Rübelrap in Ketten lag?

Sie vermied es, sich diesen Anblick vorzustellen, weil sie spürte, wie sich dabei ihre Kehle zuschnürte. Ganz elend wurde ihr zumute, wenn sie daran dachte, wie es dem Mönch in diesem Moment erging.

Der jüdische Medikus und die Waffenknechte hatten den fiebernden Hünen weggetragen an jenem Märztag vor dem Osterfest, das hatte Maria-Magdalena nicht verhindern können. Was hätte sie schon ausrichten sollen gegen all die Männer?

Nein, sie hatte getan, was der fiebernde Rübelrap ihr befahl: warf ihre Kleider, den Dolch und den Herrn Vater ins Ruderboot und hatte es gerade noch geschafft, selbst lautlos in den Fluss zu gleiten, bevor die Waffenknechte von der Schafskoppel ins Hausboot stürmten. Festgeklammert am flussseitigen Bootsrand hatte sie sich ein Stück die Moldau hinuntertreiben lassen.

Wahrscheinlich, nein: gewiss hatte es ihr das Leben gerettet, dem Rübelrap zu gehorchen und zu fliehen, denn den jüdischen Medikus hatten die Waffenknechte später in den Kerker geworfen, wie Maria-Magdalena von Laurenz erfuhr, und den armen Schäfer hatten sie einfach totgeschlagen.

Was hätten diese grausamen Mörder wohl ihr angetan? Maria-Magdalena mochte es sich lieber nicht ausmalen.

Oben an der Treppe lagen Wächter auf Bänken, tranken Wein, aßen Brot und Fleisch und erzählten einander Geschichten, die sie offenbar lustig fanden. Ihr dröhnendes Gelächter jedenfalls hallte durch das Treppenhaus, und keiner nahm das Mädchen in Männerkleidern wahr, das sich bis zum Durchgang in den Burgflügel schlich, in dem sie die Kerker und Folterkammern wusste.

Aus der Stadt zu fliehen hätte sie niemals über sich gebracht – solange Rübelrap lebte, wollte sie in seiner Nähe bleiben. Sie durfte ihn nicht im Stich lassen, sie konnte gar nicht!

Oft traf sie die blonde Eva vor dem Tor zum Badehaus, und immer steckte die Freundin ihr ein halbes Brot, einen Kanten Speck oder Früchte zu. Die Hausburg der edlen Frau Ricarda selbst mied Maria-Magdalena, denn sie fürchtete, die Waffenknechte des Ritters Marian könnten ihr dort auflauern. Und dem Ritter, der Frau Ricarda seit einiger Zeit den Hof machte, dem schönen Giselher von Stettin, traute sie ebenfalls nicht über den Weg; auch wenn ihn das lange, weißblonde Haar eines Engels schmückte.

Der alte Laurenz und die Köhler im kaiserlichen Wald hatten ihr Zuflucht gewährt; die Köhlerfrau hatte sie ins Herz geschlossen und der Waffenknecht sowieso. Mal versteckte sie sich hier, mal dort. Den sterbenskranken Hünen hatte man zuerst in das Heiligen-Geist-Hospital der Kreuzherren gebracht und im letzten Monat, am Johannistag, schließlich hierher, ins Verlies der Stadtvogtei verlegt. Es ging ihm besser, dem Rübelrap, wie sie vom alten Laurenz erfahren hatte. Und der wusste es von seiner Frau, die in der Burgküche half. Nicht mal den Arm hatte man dem Hünen abschneiden müssen.

»Du schon wieder?!« Bis fast an die Schwelle zur ersten Gittertür war sie bereits gelangt, als einer der Kerkerwächter sie entdeckte. »Wie viel Prügel brauchst du noch, Bursche, bis du begreifst, dass du hier nichts verloren hast?!«

Es war der gleiche garstige Wächter, dem sie in der Woche zuvor dreimal in die Arme gelaufen war. Schon packte er sie am Kragen, schüttelte sie und schlug ihr ein paarmal ins Gesicht. »Dir werd ich Taubheit und Trotz schon noch austreiben!«

»Mein armer Bruder verhungert, wenn ich ihm nichts zu essen bringe!« Vergeblich versuchte sie, die Schläge abzuwehren. »Bitte lass mich zu ihm!« Sie stürzte auf den Steinboden und zog die Knie an und den Kopf ein.

»Bei unserem Brot und unserem Wasser ist noch niemand verhungert!« Der grobe Kerl packte Maria-Magdalena und riss sie auf die Beine. »Jedenfalls noch nicht oft.« Er hielt sie am Mantel fest und schleifte sie hinter sich her zurück zur Treppe und die Stufen hinunter.

»Nur ein wenig Brot!« Maria-Magdalena hob ihr Bündel. »Ich will ihm doch nur ein wenig Brot, Rüben und Zwiebeln bringen.«

»Braucht er nicht, der Galgenschwengel.« Der Wächter zerrte sie zurück zum Burgportal. »Ob er nun mit ein paar Pfund mehr oder weniger auf den Knochen in die Hölle fährt, wird ihm egal sein. Und dem Gottseibeiuns sowieso.«

»Bitte habt Erbarmen, Herr, und nehmt wenigstens dieses Bündel! Gebt es ihm von seiner Mutter Eva und seinem kleinen Bruder Max! Bitte, bitte!« Maria-Magdalena flehte und bettelte den ganzen Weg zurück zum Portal, drängte, bis der Kerkerwächter ihr endlich das Tuch mit den Speisen aus der Hand riss.

»Also gut, ich geb's dem Goliath. Und jetzt hau ab!«

»Kann ich's ihm nicht doch selbst geben? Ich muss nämlich unbedingt mit ihm sprechen.«

»Niemand spricht mehr mit ihm, ausgenommen der Priester!« Der Grobian stieß das Portal auf und schob sie aus der Burg. »Wie oft muss ich dir das noch erklären, Bürschchen? Lass dich bloß nicht mehr blicken hier, sonst schneide ich dir deinen Schniedel ab!«

»Ich muss ihm aber eine wichtige Botschaft ausrichten! Von seiner armen Frau Mutter!«

»Soll sie am nächsten Freitag kurz nach Sonnenaufgang hierher vors Vogteitor kommen, die arme Frau Mutter. Da steigt er nämlich auf den Wagen, der dicke Galgenschwengel.«

»Auf den Wagen?« Begriffsstutzig schaute Maria-Magdalena zu dem struppigen Mann hinauf. »Auf was für einen Wagen denn?«

»Auf den Wagen, der ihn zur lustigsten Fahrt seines Lebens abholen wird.« Der Wächter feixte, bevor er das Portal zuschlug.

11
Saturn und Jupiter

Prag, 9. Juli 1357

Dunkelheit und Stille, nur ein Nachtfink sang irgendwo im Hof jenseits der Mauer. An ihr entlang schlich Rudolph bis zur verschlossenen Einfahrt, drückte sich in eine Nische zwischen Torsäule und Mauerwerk und wartete. Die vierte Stunde nach Mitternacht brach an.

Die mondlose Nacht war so düster, dass kein Schlafloser, der zufällig aus einem der gegenüberliegenden Fenster schauen mochte, seine Umrisse wahrnehmen würde. Auch Druda nicht, obwohl sie hinter ihrem Kammerfenster gewiss schon nach ihm Ausschau hielt.

Rudolph atmete tiefer, um die Erregung zu dämpfen, die ihn auf dem Weg zum nächtlichen Altstadtring ergriffen hatte. Eine Katze schmiegte sich schnurrend an seine Wade. Er gab ihr einen Tritt.

Eine Zeit lang schloss er die Augen und lauschte nach Schritten und Stimmen. Nichts, nur der Nachtfink. Und, ja – sein eigenes Herz: Das schlug lauter als gewöhnlich. Er öffnete die Augen wieder und schaute in den Himmel: Im Süden, zwischen dem Sternbild des Steinbocks und dem des Schützen, leuchteten zwei helle Sterne über den Dächern. Bis vor zwei Tagen dachte er noch, dass der größere und hellere die Venus sei, die himmlische Künderin der Liebe, doch das stimmte nicht, leider: Es waren die Planeten Jupiter und Saturn, die dort dicht beieinanderstanden. Bald würden sie untergehen.

Jupiter und Saturn. Je länger Rudolph die beiden Himmelsfeuer betrachtete, desto selbstverständlicher erschien es ihm, dass derart rätselhafte und schöne Geschöpfe Einfluss auf sein Schicksal nahmen. Denn das waren sie doch – Geschöpfe Gottes wie er; nur eben gewaltiger, geheimnisvoller und weder Verfall noch Tod unterworfen.

Auch der große, hell funkelnde Stern im Skorpion, der gerade hinter der Turmspitze der Pfarrkirche St. Gallus versank, war nicht die Venus. Es war Antares, Ricarda Scorpios Lieblingsstern, wie sie ihm vorgestern verraten hatte. Der Skorpion, in dem Antares erstrahlte, war das Sternbild ihrer Geburt.

Vorgestern hatte sie ihn endlich empfangen. Aufgeräumt war sie gewesen, die Sterndeuterin, heiterer Stimmung geradezu, und war es ein Wunder? Schließlich hatte Johannes von Neumarkt, der Kanzler, sie im Auftrag des Kaisers berufen, dem Magister Gallus zu assistieren, wenn zum Ende der heutigen Nacht der Grundstein für die neue Steinbrücke gelegt werden sollte.

Ihn, Rudolph von Straßburg, hatte man nicht einmal gefragt, ob er im Gefolge Peter Parlers über die Brücke zu der Stelle reiten wollte, wo der erste Brückenstein in die Erde sinken würde.

Er möge sich nicht grämen, weil man ihn nicht geladen hatte, so Ricarda Scorpio vor zwei Tagen. Und schon gar nicht möge er sich grämen, weil er nicht gleich zum Baumeister berufen worden war, sondern vorerst nur zu dessen Stellvertreter und zum Polier. Der Saturn im elften Haus und an der Grenze seines Sternzeichens, des Steinbocks – das sei verheißungsvoll für ihn, Rudolph. Waren das nicht ihre Worte gewesen? Nein: *sehr* verheißungsvoll, so hatte die Sterndeuterin sich ausgedrückt. Und wenn einer keinen Grund habe, sich zu grämen, dann er.

Er grämte sich dennoch.

Einerseits. Andererseits war es ihm recht, dem Otlin vorläufig nicht näher zu kommen, als es unbedingt sein musste. In den nächsten Jahren würde er noch viel zu oft mit diesem hassenswerten Mann zu tun haben. Rudolph glaubte, zu Recht beleidigt zu sein, weil man diesen und nicht ihn zum Brückenbaumeister berufen hatte. Dabei hatte er dem Kaiser über Ricarda Scorpio doch zutragen lassen, dass edles Blut in seinen Adern floss und seine Mutter einen französischen Grafen ihren Vater nennen konnte.

Weil er völlig zu Recht beleidigt war, trug Rudolph sich seit Ostern mit dem Gedanken, Prag zu verlassen.

Deswegen hatte er Ricarda Scorpio über einen Briefboten aufgefordert, die Sterne zu befragen: Würde er während der Brückenbaujahre immer nur der Zweite hinter Jan Otlin bleiben? Dann nämlich wollte er einen Schlussstrich ziehen und wirklich zurück nach Straßburg gehen. Oder wussten die Sterne womöglich von kommenden Glücksstunden? Von einer günstigen Gelegenheit etwa, an die Stelle Otlins zu rücken? Ja, womöglich sogar den Peter Parler als Baumeister abzulösen? Dann wollte Rudolph hier in Prag bleiben und so lange ausharren.

Ricarda Scorpio hatte die Sterne befragt, und was sie in ihnen gelesen hatte, stimmte Rudolph zuversichtlich: In zwei Jahren oder drei sähe es ganz anders aus da oben am Sternenhimmel, so Ricarda Scorpio vorgestern, und hier unten bei uns auf Erden sowieso.

»Habe also Geduld, Rudolph von Straßburg«, hatte sie ihm eingeschärft, »deine Stunde wird kommen. Du musst sie nur abwarten können.«

Der Nachtfink verstummte, Laub raschelte im Hof hinter Rudolph, dann erklang ein jämmerlicher, lang gezogener Klageruf. Im Hof gegenüber, auf Peter Parlers Anwesen, knarrte eine Tür. Rudolph hielt den Atem an, lauschte aufmerksamer – Flüsterstimmen und das Scharren von Schritten bewegten sich da drüben durch die Nacht. Und mit ihnen der Lichtschein von Fackeln. Dann knarrte wieder eine Türangel, wahrscheinlich das Stalltor, und nicht lange danach schnaubte ein Pferd.

Plötzlich Gescharre, jämmerliches Fiepen und Geflatter links oberhalb von Rudolph. Er hob den Blick – ein Tier hockte auf der Hofmauer, die Katze. In ihrem Maul zappelte ein Vogel. Der Nachtfink. Die Katze sprang von der Mauerkrone und verschwand mit ihrer Beute in der dichten Düsternis der Gasse.

Im selben Moment öffnete sich ein Flügel des Hoftores zu Peter Parlers Anwesen. Rudolph drückte sich tiefer zwischen Torsäule und Gemäuer. Vier Gestalten führten vier Pferde auf die Gasse hinaus. Die letzte schloss das Tor, bevor sie nacheinander in die Sättel stiegen.

Im Schein zweier Fackeln erkannte Rudolph Gesichter und Gestalten: Peter und Michael Parler, Parlers Pferdeknecht und Hermann, Peter Parlers Gehilfe. Durfte dieser junge Bursche etwa mit den Parler-Brüdern zum Hradschin hinüberreiten und später an der feierlichen Grundsteinlegung teilnehmen? Sollte es diesem flaumbärtigen Grünschnabel gegönnt sein, die Zeremonie in der Nähe des Kaiserpaares zu erleben, während er, Rudolph, abseitsstehen musste?

Ein bitterer Geschmack kroch ihm auf die Zunge; ein sehr bitterer Geschmack.

Die vier Reiter trieben ihre Pferde an, woraufhin sich deren Hufschlag rasch in Richtung Westen entfernte, zur Moldau hin. Rudolph kniff die Lider zu, presste die Lippen zusammen und sog scharf die Luft durch die Nase ein. *Deine Stunde wird kommen*, raunte

Ricarda Scorpios Stimme in seinem Kopf, *musst sie nur abwarten können.* Ja, gewiss, doch würde er auch in der Lage sein, all die Demütigungen zu ertragen, die ihm bis dahin noch blühten? Sollte er Prag nicht doch lieber den Rücken kehren?

Als er die Augen wieder aufriss, leuchtete auf der anderen Gassenseite eine Öllampe im Fenster des Obergeschosses auf, und einen Atemzug lang konnte er die Gestalt der Geliebten am Fenster erkennen, bevor der Vorhang zurück vor die Fensteröffnung fiel. Das vereinbarte Zeichen: Die Kinder und die Amme schliefen, sodass er gefahrlos ins Haus schleichen konnte.

Voller Vorfreude lächelte Rudolph in sich hinein: Druda. Ihre Liebe würde ihm helfen, all die Ungerechtigkeit zu ertragen, die noch auf ihn zukommen würde, all die Kränkungen und Erniedrigungen. Und lohnte es sich nicht allein ihretwegen, zu bleiben und durchzuhalten? Ihrer Küsse und Zärtlichkeiten wegen?

Rudolph blickte kurz nach allen Seiten, und weil nirgendwo ein Schatten sich rührte, huschte er über die Gasse, öffnete leise das Tor zu Peter Parlers Anwesen und schlich in den Hof. Über die große Werkstatt gelangte er in den Gemüsegarten und von diesem aus in die Krone eines alten Apfelbaums, der dicht an der Rückseite des Hauses wuchs. Hinter dem rückseitigen Fenster von Drudas Schlafkammer glomm Licht, so matt wie Mondschein in der Morgendämmerung.

Er kletterte dem erleuchteten Fenster entgegen, bis kaum noch eine Elle ihn davon trennte. Mit der Linken hielt er sich im Geäst fest, mit den Fingerbeeren trommelte er sacht gegen die Scheibe; sogar Glas kann der Parler sich leisten, dachte er.

Druda öffnete, half ihm aus der Baumkrone über den Fenstersims und hinein in ihre Kammer, in der eine Öllampe auf kleinster Flamme flackerte.

»Mein Liebster«, hauchte sie und schlang die Arme um seinen

Hals. »Endlich.« Sie fasste seinen Kopf, stellte sich auf die Zehenspitzen, und schon wühlten ihre Lippen sich zwischen seinen Hals und seine Schulter, tasteten sich zu seinem Gesicht hinauf, fanden seinen Mund und saugten sich an seinen Lippen fest. Ihr bebender Leib drängte sich an ihn, ihre Zunge tanzte um seine, und das so gierig, als hätte Druda seit ihrer letzten Begegnung im verlassenen Hausboot des toten Schäfers von nichts anderem geträumt, als ihn endlich wieder zu küssen. Rudolph hob sie hoch und trug sie zu ihrem Bett.

Nicht mehr als ein langes Leinenhemd hüllte ihren herrlichen Leib ein. Er dachte an Parler, dem dieser Leib gehörte, wann immer ihm danach war, und während er Druda aus dem Leinen schälte, stieg ihm die Bitterkeit aus der Brust in die Kehle und dämpfte die sonst so wilde und berauschende Freude, den süßen Duft ihres nackten Leibes einzusaugen und ihre weiche Haut unter seinen Fingern und Lippen zu fühlen.

Selbst dann noch, als er Drudas Brüste küsste und ihre Hände auf seiner Brust spürte, auf seinem Bauch, an seinen Lenden, war es nicht wie sonst: Weder brachte die Lust sein Blut zum Sieden, noch wuchsen ihm Erregung und Begehren ins Unerträgliche, denn statt an ihren Schoß musste er an ihren Gatten denken. Und an Jan Otlin.

Wahrhaftig: Der Parler stand ihm vor Augen, wie er den Bauplan des Jan Otlin zum angeblich besten erklärte! Jan Otlin stand ihm vor Augen, wie er strahlte und sich vor dem Kaiser verneigte, als dieser ihn zum neuen Brückenbaumeister erklärte! Rudolph fuhr mit der Hand zwischen Drudas Schenkel, doch die inneren Bilder wollten nicht weichen, sondern blieben und vertrieben ihm alle Lust.

»Ich hungere nach dir«, seufzte Druda, »stille mich. Mein Herz brennt, lösche es.« Sie griff ihm in die blonden Locken, zog seinen Kopf zwischen ihre Brüste und stemmte ihre Hüfte seiner Hand entgegen. Doch Rudolph mochte sie streicheln, wo er wollte, mochte sie küssen, wo er wollte – die Gesichter der beiden Männer drängten sich nur noch hartnäckiger in sein Begehren und vor Drudas Leib und ihr sehnsüchtiges Stöhnen.

Im Geist lag er nun nicht neben ihr auf ihrem Lager, sondern stand im Rittersaal der Burg und musste wieder und wieder hören, wie der Kaiser den Brückenentwurf des Otlin lobte. Und weiter und immer weiter weg von der Geliebten und ihrem Verlangen trug ihn die Bitterkeit, zurück sogar auf den Misthaufen beim brennenden Hinterhaus. Der Gestank des Mistes und der Geruch des Feuers waren ihm plötzlich gegenwärtiger als der Duft der Geliebten; der schulterzuckende Otlin oben am Fenster im Rauch war ihm präsenter als ihr sehnsüchtiges Gesicht und ihre bebenden Lippen.

Alle Lust war auf einmal wie ausgelöscht, sein Blut kalt, seine Lenden schlaff. Rudolph resignierte und gab der sich in seinen Armen windenden Frau mit den Fingern, wonach sie sich sehnte.

Später lagen sie stumm nebeneinander auf Drudas Bettstatt. Grübelnd und mit finsterer Miene starrte Rudolph ins Halbdunkel, aus dem Peter Parler und Jan Otlin auf ihn herunterschauten. Bitteres Gift nagte an seinen Eingeweiden und sickerte immer tiefer in seine Gedanken: Hass.

»Du musst jetzt gehen, Liebster«, flüsterte Druda irgendwann. »Die Amme wird bald aufstehen und die Kinder wecken. Ich habe versprochen, mit ihnen zur Grundsteinlegung für die neue Brücke zu gehen, damit sie ihren Vater neben dem Kaiser sehen können.«

Abrupt setzte Rudolph sich auf und tastete nach seinen Kleidern und Stiefeln. »Wenn er tot wäre, müsste ich mich nicht mehr zu dir schleichen wie ein Dieb in der Nacht.« Wenn der Otlin tot wäre, würde der Kaiser mich zum Brückenbaumeister machen, fügte er in Gedanken hinzu. »Wenn er tot wäre, könnte ich dich vor den Augen von ganz Prag zur Ehefrau nehmen.«

Erschrocken fuhr Druda hoch und schlug die Hände an die Wangen. »So etwas darfst du nicht einmal denken, Liebster.«

12
Grundstein

Prag, 9. Juli 1357

Am Sonntag drauf weckten nicht wie sonst die Vögel der Stadt deren menschliche Bewohner, sondern die Menschen weckten die Vögel: Bereits zwei Stunden vor Sonnenaufgang trieb es die ersten Prager aus ihren Häusern und Höfen. Je früher man ans Altstadtufer oder auf die Brücke gelangte, desto größer die Aussicht, einen Platz zu ergattern, von dem aus man das erwartete Spektakel gut beobachten konnte. Jeder wollte dabei sein, wenn der Grundstein für die neue Brücke gelegt wurde, jeder wollte den Kaiser sehen.

Wie so viele andere Halbwüchsige ließ sich auch Maria-Magdalena mit der Menge durch die Altstadt zum Ufer der Moldau treiben. Die blonde Hübschlerin aus dem Hurenhaus habe Neuigkeiten über Rübelrap und wolle sie am Benediktinerkloster in der Menge der Zuschauer treffen, hatte der alte Laurenz ihr ausgerichtet. Also hatte Maria-Magdalena sich in dieser Nacht dem schier endlosen Zug der Schaulustigen angeschlossen, denn ihre Sorge um den Freund war größer als ihre Angst, entdeckt zu werden.

Nicht Hunderte, sondern Tausende waren bereits auf den Beinen, dabei brach gerade erst die fünfte Stunde nach Mitternacht an. Überall ringsum hielten die Leute Fackeln und Laternen in den Händen, denn der neue Morgen graute noch nicht einmal. So wogte die Menge wie ein Meer von Lichtern durch die dunkle Stadt und der Moldau entgegen, und aus den Gassen und Höfen traten immer neue Fackel- und Laternenträger und schlossen sich ihr an.

Fünf Schritte vor Maria-Magdalena stützte sich der hinkende Laurenz auf seine taufrische Lanze. Zur Feier des Tages hatte er außerdem ein blank gescheuertes und frisch geöltes Kettenhemd angelegt, seine neuste Sturmhaube aufgesetzt und seinen besten Wappenmantel übergeworfen. Neben ihm leuchtete das weiße Festtagsgebände seiner Frau im Licht der Fackel, die sie vor sich hertrug.

»Halte dich in unserer Nähe«, hatte der alte Waffenknecht Maria-Magdalena eingeschärft. »Bleib um Himmels willen aber zugleich weit genug entfernt, um Marians Spähern nicht aufzufallen, denn die haben ein Auge auf mich geworfen, seitdem irgendwer diesen Drecksäcken zugetragen hat, dass wir dich und Rübelrap in euerm ersten Versteck versorgt haben.«

Zu Beginn der Erntezeit hatte Laurenz den Marian von Zittau in der Neustadt gesehen – der Ritter trage nun eine schwarze Klappe über dem rechten Auge –, und über seinen Knappen hatte er sich von einer Marktfrau berichten lassen, dass dieser seit Wochen mit dem Tod ringe. Maria-Magdalenas Dolch hatte dem Blondschopf das Gesicht entstellt, so war zu hören, und Rübelraps Lanzenwurf etliche seiner Rippen zerschmettert. Angeblich hütete er noch immer das Krankenlager und hatte Mühe zu atmen.

Bald bog Maria-Magdalena inmitten der Menge in die Straße ein, die den Altstadtring mit der Holzbrücke verband. Wegen des großen Andrangs ging es auch dort nur langsam voran. Kurz vor dem Altstadtufer, noch auf Höhe des Dominikanerklosters, geriet die Kolonne schließlich ins Stocken und teilte sich nach einiger Zeit. Maria-Magdalena hörte raue Männerstimmen Befehle brüllen, woraufhin die eine Hälfte der Menge nach links in die Straße strömte, die zum Königsbad führte, die andere nach rechts zum Heiligen-Geist-Spital der Kreuzherren.

Zwischen diesem und dem Aufgang zur Holzbrücke hinderte eine Doppelreihe von Waffenknechten die Leute daran, bis zur Brücke und zum Ufer der Moldau zu gelangen. Deren Hauptleute sorgten mit Stockschlägen, Tritten und Geschrei dafür, dass sich die Schaulustigen zu beiden Seiten des abgesperrten Halbrundes vor dem Spital und den Uferhäusern jenseits der Brückenauffahrt verteilten.

Gemurmel, Getuschel und das Scharren unzähliger Schritte erfüllten die nächtliche Luft. Dennoch herrschte eine eigentümliche Stille, die nur von Zeit zu Zeit durch die harschen Rufe der Wächter zerrissen wurde. Auch drüben auf der Holzbrücke sah Maria-Magdalena Hunderte Fackeln flackern, und von der Kleinseite her schwebten immer neue Lichter heran. Das sah feierlich aus; und zugleich ein wenig gespenstisch.

Umringt von fremden Frauen und Männern und hinter Laurenz und seiner Frau her, ließ sie sich an den Mauern des Benediktinerklosters entlang zum Hospital hintreiben. Vor dem alten Waffenknecht ging ein großer Mann von kräftiger Gestalt mit langem dunklen Haar. Jäh durchzuckte es Maria-Magdalena – ihr Herr Vater? Sie wollte ihn schon rufen, da drehte er sich um und flüsterte mit Laurenz – der Mann hatte matte Augen und ein breites Gesicht.

Nein, das war nicht der Herr Vater. Ihre Erinnerung an ihn mochte blass geworden sein im Laufe der Jahre, doch sollte sie eines Tages vor ihm stehen, würde sie ihn sofort wiedererkennen, daran zweifelte sie nicht.

Eine Frau, der blondes Haar aus der roten Mantelkapuze quoll, drängte sich plötzlich an ihre Seite.

»Da bist du ja, mein Max«, flüsterte sie, und schon an der mädchenhaften Art ihres Flüsterns erkannte Maria-Magdalena die Eva. »Du hättest eine Kapuze aufsetzen sollen – hast du denn vergessen, dass Marian dich suchen lässt?«

»Keine Sorge. Die neuen Männerkleider, der Hut, das kurze Haar – wer sollte mich denn erkennen?«

»Habe ich dich etwa nicht erkannt?« Evas dunkelblaue Augen leuchteten im Fackelschein; Angst flackerte in ihrem Blick. »Hör zu, was ich dir zu sagen habe: Frau Ricarda reitet heute im Gefolge des Kaisers.« Am Mantelärmel zog sie Maria-Magdalena näher zu sich. »Nach der Grundsteinlegung wird sie dem Herrn Karl von Marians Überfall und seinen Gräueltaten erzählen und will um Gnade für Rübelrap bitten.« Sie schluckte. »Bete, Max, bete, dass der Kaiser sie anhört.«

»Das will ich tun«, flüsterte Maria-Magdalena. »Ich versprech's.«

»Und dann will die Frau Ricarda den Herrn Karl noch um Erlaubnis bitten, meinen Rübelrap im Kerker besuchen zu dürfen.« Wie ein ängstliches Tier äugte Eva zu allen Seiten, bevor sie die Stimme noch weiter senkte. »Und wenn er sie erhört, darf ich mit ihr gehen.« Ihre Miene glättete sich ein wenig, und Angst und Sorge machten einem Anflug von Vorfreude Platz. Maria-Magdalena gönnte ihr das Wiedersehen mit dem Mönch; zugleich jedoch beneidete sie die Ältere.

Mit einer Kopfbewegung deutete Eva zur anderen Seite des Halbkreises aus Waffenknechten, wo einige Reiter ihre Pferde anhielten.

»Hüte dich«, flüsterte sie. »Marian soll geschworen haben, dir eigenhändig beide Augen auszustechen und dich dann von der

Brücke in die Moldau zu werfen.« Sprach's, drückte Maria-Magdalena einen Stoffbeutel mit Speisen in die Hand und verschwand in der Menge.

Die kam jetzt vor der Hofmauer des Hospitals zum Stehen. Maria-Magdalena steckte das prall gefüllte Bündel unter den Mantel und spähte mit klopfendem Herzen hinüber zu den Reitern, auf die Eva gedeutet hatte. Im Lichtermeer entdeckte sie gut hundert Schritte entfernt tatsächlich die kleine stämmige Gestalt Marians von Zittau. Ihr Mund wurde trocken, sie presste die Lippen zusammen und ballte die Fäuste.

Der Ritter trug einen gehörnten Turnierhelm, eine silbrig schimmernde Turnierrüstung und einen schwarzen Wappenmantel. Sogar seine Augenklappe konnte sie trotz der Entfernung und des Halbdunkels deutlich erkennen. Sie schaute sich nach einem Fluchtweg um, denn die Nähe des Zittauers versetzte sie in Angst und Schrecken.

Es kam noch schlimmer. Als wäre es nicht genug, den Mann, der befohlen hatte, sie totzuschlagen, nur einen Steinwurf weit entfernt zu wissen, fiel ihr Blick im nächsten Moment auf den Halbwüchsigen, der dem Ritter Marian den Zügel hielt, als dieser aus dem Sattel stieg – als sie ihn erkannte, stockte ihr der Atem: der schwarzhaarige Flaumbart, der im letzten Herbst versucht hatte, sie zu schänden, und dem Rübelrap das Ohr abgeschnitten hatte!

Gehörte der etwa seit Neustem zum Gefolge des Zittauers? Hatte der Ritter ihn womöglich als Pferdeknecht in Lohn und Brot genommen?

Pack und Pack gesellt sich gern, dachte Maria-Magdalena bitter, während die Erinnerung an die Stunde der Angst auf jenem abendlichen Hof ihr einen galligen Geschmack auf die Zunge und eine Gänsehaut über den Rücken trieb. Weitere Reiter bahnten sich den Weg durch die Menge, und Pferde und Waffenknechte verdeckten ihr die Sicht auf Marian und den Flaumbart.

In der Klosterkirche der Dominikaner und im Turm von St. Clemens läuteten die Glocken zur Laudes, die sechste Stunde brach an. Maria-Magdalena blickte nach allen Seiten: Die Menge stand dicht gedrängt und füllte die Straße, den Kirchplatz, das Klostertor und die Einmündungen der Gassen. Wer sollte sie fangen können, wenn sie zwischen all den Menschleibern untertauchte?

Sie warf einen Blick über die Schulter: Über den Dächern und Türmen sickerte graumilchiges Licht in den Osthimmel. Der Sonnenaufgang kündigte sich an. Von der Moldau her hörte sie auf einmal stampfende Schläge, und als sie in das Halbrund des Uferbereichs schaute, das die kaiserlichen Waffenknechte abriegelten, entdeckte sie dort Männer in Arbeitsmänteln, die mit Hacken und Spaten eine Grube aushuben. Auf der Brücke dahinter kam Bewegung in die Lichterkette aus Fackeln und Laternen, weil von der Kleinseite her ein Reitertross die Moldau überquerte und die Leute sich dort, wo er vorbeitrabte, gegen die Brüstung drücken mussten.

Geraune erhob sich rings um Maria-Magdalena. Jemand rief: »Da kommt der Kaiser!«, und sofort ging die Nachricht wie eine Sturmböe durch die Menge. »Der Kaiser!«, zischte, tuschelte und tönte es von allen Seiten. »Der Kaiser, der Kaiser!«

Und wirklich: Schon sah man auf der Brücke Fahnen in der Morgenbrise wehen, sah Rüstungen schimmern und hörte den Hufschlag vieler Pferde über die Brückenplanken trommeln. »Das Wappen des Königs von Böhmen!«, rief einer, und ein anderer: »Die Fahne des Kaisers des Heiligen Römischen Reiches deutscher Nation!« Viele sperrten Augen und Münder auf, manche bekreuzigten sich.

Alle wollten ihn sehen, den böhmischen König, den deutschen Kaiser, alle reckten die Hälse. Halbwüchsige kletterten auf Mauern, Viehtränken, Fenstersimse, Bäume und Torbögen. Väter nahmen ihre Kinder auf die Schultern. Die Leute drängten und stießen, und Maria-Magdalena wurde gegen die Doppelkette der Waffenknechte geschoben, sodass ihr kaum Platz blieb, sich zu rühren.

Eine Schar von Nonnen drückte sie endgültig zur Seite. An Holmen trugen sie einen Stuhl durch die Menge, auf dem ein offensichtlich kranker Mann saß, der nicht mehr allein gehen konnte; man machte den Ordensfrauen eilfertig Platz, denn dieser Mann war ein Priester. Maria-Magdalena erkannte ihn sofort.

»Bist du auch hier?«, sagte der Geistliche zu Laurenz und drehte dann den Kopf in Richtung Maria-Magdalena. »Das Mädchenauge ist ebenfalls schon wach?« Aus seinem langen, gelblichen Gesicht musterte er sie spöttisch. »Hast du denn dein Püppchen mitgebracht, Bürschlein? Oder interessiert sich der Herr Vater nicht für eine Brücke, die für immer und ewig halten soll?«

Maria-Magdalena trug den Herrn Vater unter dem Mantel an ihrer Seite, drückte ihn an sich und schaute angestrengt am kranken Priester vorbei. Seine Stimme hatte ihr längst jenen geistlichen Herrn verraten, der sie bereits im Herbst, als der Kaiser vom Reichstag zurückkehrte, mit Spott und kränkenden Worten bedacht hatte. Sie tat, als hörte und sähe sie ihn nicht.

Leider verdeckten ihr nun die Nonnen die Sicht auf das Ufer, wo die Männer das Loch hackten und gruben, und die hohe Lehne des Priesterstuhles ragte in ihr Blickfeld. Ein Fuhrwerk rollte von der Brücke her zu den Bauleuten in den abgesperrten Uferbereich.

»Der Wagen wird wohl den Grundstein bringen«, sagte der Priester. »Der nämlich ist gestern oben im Veitsdom geweiht worden.« Er brummte und klang unwillig, als er anfügte: »Allerdings führte die alte Judithbrücke zwanzig Schritte weiter nördlich in die Altstadt.«

»Wäre doch ein schlechtes Omen, die neue Brücke an gleicher Stelle zu errichten, nicht wahr, Hochwürden Ambrosius?«, erwiderte der alte Laurenz. »Ist das nicht Jan Otlin, der da neben Meister Parler hinter dem Kaiser und der Kaiserin herreitet?«

»Natürlich ist er das!«, mischte seine Frau sich ein. »Das siehst du doch, Grindskopf! Aber sie reiten hinter dem Erzbischof und dem Kanzler her und nicht hinter dem Kaiserpaar!« Vergeblich versuchte Maria-Magdalena, sich am Stuhl des Priesters vorbei zwischen die Nonnen zu drängen, um gleichfalls etwas zu sehen.

»Bist du denn jetzt auch noch blind?«, zischte Laurenz' Frau ihren Mann an.

»Habe ich doch gesehen, dumme Zungenkläfferin!«, blaffte der narbengesichtige Waffenknecht. »Und da! Da reitet der kaiserliche Hofastrologe Gallus von Strahov!«

»Der Leibarzt des Kaisers«, sagte Ambrosius, der Priester. »Doch wer, bei der Heiligen Jungfrau, ist dieses stolze Weib auf dem Schimmel an seiner Seite? Wo nur habe ich dieses Gesicht schon einmal gesehen?«

»Ricarda Scorpio«, antwortete eine der Nonnen, »die Sterndeuterin, deren Haus sie neulich überfallen haben!«

»Im vergangenen Herbst haben wir sie gemeinsam gesehen«, erinnerte Laurenz den Priester. »Als sie im Tross unseres geliebten Wenzels durch das Prokopstor in die Stadt eintritt.«

»Die Äbtissin will gehört haben, dass diese Frau mit dem Gottseibeiuns im Bunde steht«, flüsterte eine andere Ordensschwester.

»Was hat denn die im Gefolge des Kaisers verloren?«, staunte Ambrosius zähneknirschend. »War ihr Beichtvater nicht dieser Schnapphahn, dieser mörderische Mönch, der über den frommen

Ritter Marian und seinen armen Knappen Sigismund hergefallen ist?«

»Ein Priestermönch ist er sogar?«, staunte die erste Nonne.

»Die Juden haben den Galgenschwengel versteckt«, eiferte sich eine dritte Nonne. »Ist ihnen nicht gut bekommen. Den Schäfer haben kaiserliche Waffenknechte totgeschlagen, und der Medikus ist erst gestern aus dem Kerker entlassen worden. Tausend Gulden Lösegeld hat das Judenviertel gesammelt, um ihn freizukaufen, so erzählt man sich auf dem Markt.«

»Der Ricarda ihr Haus soll ein Hurenhaus sein, sagen manche«, warf eine vierte, sehr junge Nonne leise ein.

»Viele sagen das, und sie sagen's zu Recht«, wusste Laurenz' Frau. »Es ist wirklich ein Hurenhaus und die Sterndeuterin eine Frauenwirtin, ob ihr's glaubt oder nicht.«

»Und ein Mörder ihr Beichtvater?!« Der kranke Priester Ambrosius schüttelte voller Abscheu den Kopf. »Der Gottseibeiuns reibt sich schon die Hände, so gut passt das zueinander!«

Wut stieg Maria-Magdalena aus dem Bauch in die Kehle herauf. Das Herz schlug ihr im Hals, und sie rang nach Atem. Was schwatzten sie hier ohne Sinn und Verstand über die Frau, die ihr Zuflucht gewährt, und über den Mann, der ihr das Leben gerettet hatte?!

»Der Rübelrap ist kein Mörder!«, entfuhr es ihr. »Er ist ein edler Mann, hilfreich und gut!«

Alle Köpfe fuhren herum, alle Blicke hefteten sich an sie; neugierige Blicke, gleichgültige Blicke, kalte Blicke. Maria-Magdalena zog die Schultern hoch, denn sie fror auf einmal.

»So, so.« Der kranke Priester verzog seine gelbliche Miene zu einem verächtlichen Lächeln. »›Edel, hilfreich und gut‹ also. Und ungewöhnlich gottesfürchtig ist er wahrscheinlich auch noch, was? Hat dir das dein Herr Vater geflüstert, der berühmte Maler?«

Er wandte sich von Maria-Magdalena ab und an die Nonnen ringsum. »Der Max ist ein wenig krank im Kopf, müsst ihr wissen, verehrte Schwestern.«

»Genug jetzt, Ambrosius!«, brauste Laurenz auf. »Der Max ist gesünder im Kopf als manch anderer hier, der zu dieser Stunde Löcher ins Morgengrauen glotzt!« Aus schmalen Augen schaute Laurenz dem Priester ins Gesicht. »Gesund genug im Kopf, um zu wissen, was er sagt! Du aber schämst dich nicht, Marian, diesen Lumpenhund, fromm zu nennen, Priesterchen?«

Die Nonnen zischten empört und rückten ab vom narbengesichtigen Alten und seiner Frau; der Priester verlor noch mehr Gesichtsfarbe, von der er ohnehin wenig besaß, entgegnete aber kein Wort. Maria-Magdalena vermutete, dass Laurenz' Respektlosigkeit ihm die Sprache verschlagen hatte.

Sie schlüpfte rasch in die Lücke, die zwischen dem alten Waffenknecht und den Nonnen entstanden war, und konnte nun ausmachen, was sich im abgesperrten Uferbereich tat, wo inzwischen fast alle Höflinge aus den Sätteln gestiegen waren. Viele von ihnen schlossen sich hinter dem Kaiserpaar und Karls engsten Vertrauten, unter denen Maria-Magdalena Peter Parler und Jan Otlin erkannte, zu einer Reihe aus Fackelträgern zusammen.

Die Männer in den Arbeitskitteln hatten ihre Schaufeln und Hacken beiseitegelegt und zerrten nun eine doppelte Holzbohle vom Fuhrwerk, auf der ein großer Steinblock ruhte. Zu acht schleppten sie beides zur ausgehobenen Grube. Dort, neben dem Kaiser und seinen engsten Vertrauten, versammelte sich ein gutes Dutzend Augustinermönche. Der Grundstein schien sehr schwer zu sein, denn Maria-Magdalena konnte die Bauleute ächzen hören.

Vor dem Hofastronomen, dem Magister Gallus von Strahov, setzten sie die Bohle mit dem Stein auf zwei bereitgestellte Holzböcke. Der Hofastronom und Leibarzt des Kaisers hielt ein Stundenglas in der Linken und darüber eine Fackel. Die edle Frau Ricarda drückte eine silbrig im Fackelschein glitzernde Glocke gegen ihre Brust.

Sie trug ihre besten Kleider, wie Maria-Magdalena bemerkte – eine blütenweiße Tunika und darüber einen nachtblauen Umhang mit großen goldfarbenen Punkten, die wie Sterne aussahen. Eine goldene Spange mit einer rubinroten Gemme hielt den Umhang auf ihrer Brust zusammen. Goldfarben, nachtblau und blütenweiß auch ihr Gebände und ihr Schleier.

»Wer ist denn dieser schöne Ritter, der da hinter der Sterndeuterin steht?«, fragte Laurenz' Frau. »Der hat ja Engelshaar!«

»Der ist nicht schön, Schwätzerin!«, brauste ihr Mann auf. »Hat Haar wie ein Greis und das Gesicht eines jungen Weibes.«

»Wie er heißt, will ich wissen, Grindskopf!«, zischte seine Frau. »Nicht, ob er dir gefällt!«

»Giselher von Stettin nennt man ihn«, murmelte Laurenz mit mürrischem Blick auf die kichernden Nonnen. »Seine Knappen und Waffenknechte schützen Ricarda Scorpios Hausburg seit einiger Zeit. Doch frag mich nicht, wer der dicke Ritter mit dem Lausitzer Wappenmantel ist, der da so breitbeinig und ganz in Eisen in einer Reihe mit den Vertrauten des Kaisers steht.«

»Das ist der mächtige Graf Eberhard aus Naumburg«, sagte der Priester, »der Vater von Marians Knappe Sigismund.«

Maria-Magdalena schreckte innerlich zusammen, als sie den Namen hörte.

»Der Erzbischof!«, hauchten plötzlich die Nonnen andächtig und wie aus einem Munde, als ein Mann im Bischofsornat mit Mitra, Hirtenstab und einem dampfenden Weihrauchfässchen neben den Kaiser und den Kanzler trat. »Arnestus von Pardubitz! Gott schenke ihm ein langes Leben!«

Der Hofastronom ließ das Stundenglas sinken und nickte der edlen Frau Ricarda zu, woraufhin die ihre Silberglocke läutete. Der von allen verehrte Erzhirte, als hätte er auf dieses Zeichen gewartet, schwenkte das Weihrauchfass über dem Steinblock, schlug mit dem Bischofsstab ein Kreuz darüber und begann, einen Psalm zu singen. Sofort stimmten die Mönche mit ein, die im Halbrund neben dem Kaiserpaar und der kleinen Baugrube Aufstellung genommen hatten.

Inzwischen hatten die acht Arbeiter Taue unter den Steinblock geschoben, und als sie ihn mit vereinten Kräften von der Bohle hievten, begriff Maria-Magdalena, dass die eigentliche Zeremonie der Grundsteinlegung begonnen hatte.

»Armer Graf Eberhard«, sagte eine der Nonnen. »Möge Gott ihn trösten!«

»Warum?« Laurenz' Frau runzelte fragend die Brauen. »Was ist ihm denn Schlimmes widerfahren?«

»Sein Sohn ist vor drei Nächten gestorben, der Sigismund. Habt ihr's nicht gehört?«

»Euer Mönchlein hat ihn nämlich tödlich verletzt, wie man hört«, sagte der Priester Ambrosius spitz. »Sigismunds bedauernswerter Vater hat beim Kaiser vorgesprochen und eine harte Strafe für den Mörder verlangt.«

Laurenz wandte ihm ruckartig das vernarbte Gesicht zu und öffnete die Lippen, doch was immer er hatte sagen wollen, es blieb ihm im Halse stecken.

Maria-Magdalena erschrak ebenfalls und griff unter ihrem Mantel nach dem Herrn Vater. Sie schaute zwischen den Waffenknechten hindurch zu Frau Ricarda. Ob die es inzwischen gewagt hatte, beim Kaiser ein gutes Wort für Rübelrap einzulegen?

Unterdessen schleppten die acht Arbeiter den Grundstein zur Grube und ließen ihn an den Tauen Elle für Elle hinunter. Der

Mönchschor verstummte, und der Erzbischof Arnestus betete so laut, dass man die lateinischen Worte bis zur Absperrung hin hören konnte.

»Ja, möge sie ewig halten«, übersetzte der Priester, »mögen wir alle in den nächsten Jahren Zeugen werden, wie über unserer geliebten Moldau eine Brücke für die Ewigkeit entsteht!«

Die Mönche stimmten einen mehrstimmigen Psalm an, der Erzbischof schwenkte das dampfende Weihrauchfass über Grube und Grundstein und schlug drei Kreuze, da brach glänzend die Morgendämmerung an. Der Kaiser kniete nieder und bekreuzigte sich, und alle um ihn herum taten es ihm gleich.

»Und?« Maria-Magdalena konnte nicht länger an sich halten und wandte sich an den kranken Priester. »Hat der Kaiser seine Bitte schon beantwortet?«

»Was fragst du so naseweis, Max?« Der Priester Ambrosius musterte sie spöttisch. »Der Kaiser hat dem Verlangen Marians und des Grafen selbstverständlich nachgegeben, hat dir dein Herr Vater das noch nicht verraten?« Der Geistliche feixte. »Das dicke Brüderlein muss seinen ebenso großen wie nutzlosen Schädel auf den Hackklotz des Henkers legen, schon am kommenden Freitag.«

13
Amen

Weihrauchschwaden wogten über dem Mönchschor und den Männern und Frauen, die rund um den Grundstein knieten. Auch hier auf der Brücke, rings um Rudolph, hatten viele die Knie gebeugt und bekreuzigten sich. Rudolph nicht, denn kaum drei Ruten vom Brückenaufgang entfernt hatte er seine geliebte Druda und ihre Kinder und deren Amme entdeckt. Er konnte nicht anders, er musste zu ihr hinschauen.

Wie ihr Vater neben dem Kaiser und der Kaiserin, so hatten auch die Parlerkinder sich niedergekniet. Druda dagegen stand aufrecht und wie erstarrt. Ob sie wie er an das nicht besonders beglückende Liebesspiel denken musste? Ihren Gesichtsausdruck konnte Rudolph wegen der Entfernung und der nur langsam weichenden Dunkelheit nicht lesen.

Sooft er auch zur Frau des Dombaumeisters hinschaute, sie schaute nicht zurück, hatte kein Auge für die Menge hier auf der Brücke. Ihr Blick suchte ihn nicht, schien einzig an der Grube mit dem Grundstein zu hängen. Oder am Kaiser? Oder an ihrem Gatten? Die Morgendämmerung war inzwischen so weit fortgeschritten, dass Rudolph erkennen konnte, wie dieser im Gebet versunken die Lippen bewegte.

Der Mönchschor sang das *Halleluja,* und als das anschließende Amen verklang, erhob sich die kräftige Stimme des Erzbischofs

Arnestus. Er sang den Segen und schlug Kreuze über den Knienden, über dem Grundstein und schließlich zur Menge hin.

Rudolphs Gedanken kreisten um Drudas Abschiedsworte, während sich rund um den Grundstein der neuen Brücke einer nach dem anderen erhob: *So etwas darfst du nicht einmal denken.*

Er dachte es aber, auch jetzt wieder, als er drüben beim Grundstein Peter Parler und Jan Otlin mit dem Kaiser und dem Kanzler sprechen sah; wäre er nur tot, dachte er und konnte nicht aufhören, es zu denken. Und hatte er Drudas ängstlicher Stimme und ihrer erschrockenen Miene nicht gleich angemerkt, dass ihr genau das Gleiche schon mehr als nur einmal durch den Kopf geschossen war?

Nicht eigentlich vor seinen Worten war sie erschrocken, nein: Ihre eigenen Gedanken ausgesprochen zu hören, das war es gewesen, was ihr den Schrecken eingejagt hatte. Rudolph war sich sicher.

»Einen gesegneten Morgen, Herr Rudolph«, sprach ihn einer auf Französisch an. Rudolph fuhr herum und blickte in das knochige und sonnengebräunte Gesicht eines kleinen, hageren Mannes mit weißem Bart und Haar. »Die Berufung Jan Otlins zum Brückenbaumeister hat mich sieben Krüge Wein gekostet.« Der Mann schmunzelte, beugte sich näher zu Rudolph hin und senkte die Stimme. »Die habe ich nämlich darauf gewettet, dass Ihr die Brücke bauen werdet.«

»Was du nicht sagst.« Rudolph tat gleichmütig.

Der Franzose war ein Zimmermannsmeister namens Jakob, den der Otlin aus Frankreich mitgebracht hatte. Der große strohblonde Bursche neben ihm diente ihm als Geselle und hieß Friedrich; auch das wusste Rudolph von Ricarda Scorpio, in deren Hurenhaus Meister Jakob und der Blonde verkehrten.

»Und wer ist schuld daran?« Der Zimmermann deutete zum

Ufer hin, wo die Sterndeuterin sich gerade von ihrem Ritter Giselher aufs Pferd helfen ließ. »Sie. Oder besser ihre vermaledeiten Sterne. Die haben ihr nämlich geflüstert, dass ein Franzose Baumeister wird. Deswegen habe ich in der Schenke auf Euch gewettet.«

»Nicht einmal auf die Sterne ist noch Verlass, nicht wahr?« Hin- und hergerissen zwischen Wut auf die Sterndeuterin und Erstaunen über die Worte seines Landsmannes, versuchte Rudolph zu lächeln, doch es wollte ihm nicht gelingen. Aus welchem Grund sollte Ricarda Scorpio diesem Mann verraten haben, was die Sterne über den künftigen Brückenbaumeister verrieten?

Meister Jakob feixte säuerlich und zuckte mit den Schultern. »Immerhin hat mich der Jan Otlin zu seinem ersten Zimmermeister berufen. Und Euch zu unserem Polier. Das ist doch auch etwas wert, oder etwa nicht?« Er zwinkerte, verabschiedete sich und verschwand samt seinem blonden Gesellen in der Menge.

Nein, dachte Rudolph, während er den Männern hinterherschaute, das ist gar nichts wert. Scharf sog er die Luft ein. Überhaupt nichts ist das wert.

Er drehte sich um, lehnte sich über das Brückengeländer und spähte wieder hinüber zur sich allmählich auflösenden Gesellschaft am Grundstein. Peter Parler und Jan Otlin waren noch immer ins Gespräch mit Kaiser und Kanzler vertieft. Die Morgendämmerung schritt voran, und über den Dächern der Altstadt zeigte sich im Osten das erste Licht des neuen Tages.

Sollten die Sterne sich derart täuschen? Immerhin hatte Ricarda Scorpio aus ihrer Konstellation auch lesen können, dass Druda ihn erhören würde. Darin jedenfalls hatten sie sich nicht getäuscht. Bestand also doch noch Hoffnung? Mit harter Miene beobachtete er, wie der Parler und der Otlin sich vom Kaiser verabschiedeten und zu ihren Pferden gingen.

Wenn sie doch nur sterben würden, dachte Rudolph. Dann würde ich die Brücke bauen. Und die Druda wäre Witwe und könnte einen Brückenbaumeister heiraten. Mich.

So lehnte und grübelte er noch, als die Sonne sich hinter den Dächern der Altstadt in den Morgenhimmel schob. Die Brücke hatte sich längst geleert, und die ersten Fuhrwerke mit Steinblöcken und Bauholz für den Veitsdom rollten schon wieder hinüber zur Kleinseite, da stierte Rudolph noch immer zum Grundstein hinüber.

»Beim Gottseibeiuns, ich will es«, murmelte er, »ich will, dass sie sterben. Amen.«

Drittes Buch

Der Bau

1
Das Ende

Königlicher Wald bei Prag, Karfreitag 1367

Die Mittagssonne überquerte den Zenit, während die Reiterschar den Waldhang zum Kamm hinauffritt. Die fünf Bewaffneten an ihrem Ende palaverten und scherzten; in der Mitte hatte die Edelfrau den Zügel des Pferdes mit der Amme und dem schlafenden Kind an ihr Sattelhorn gebunden; die beiden Männer an der Spitze trabten ein Dutzend Ruten voraus, während der eine erzählte und der andere ergriffen lauschte. Nur der Petrinberg trennte sie noch von Stadt und Moldautal.

Die Luft war milder als noch bei ihrem Aufbruch von der alten Köhlerhütte, viel milder, und Jan Otlin öffnete Wams und Mantel, während er erzählte, und steckte die Puppe in den Gurt, an dem er Dolch, Gurttasche und Feldflasche trug. Seine Stimme klang heiser – die Erinnerung an die feierliche Morgenstunde, in der seiner Brücke der Grundstein gelegt worden war, rührte sein Herz. Und die Erinnerung an Rudolph von Straßburg machte ihn traurig.

»Er war ein ungewöhnlich guter Steinmetz. Selbst Peter Parler sprach voller Hochachtung von ihm«, sagte er leise. »Er hat mir die Bildwerke gezeigt, die der Straßburger im Veitsdom gehauen hat. Großartig! Nur die der Parlers sind besser gelungen.«

»So redet Ihr von dem Mann, der Euch und den Parler gehasst

hat?« Mathias von Nürnberg schüttelte unwillig den Kopf. »Das kann ich kaum glauben.«

»Wenn's doch die Wahrheit ist?« Jan legte die Hand an die Brauen, um seine Augen vor dem Sonnenlicht zu schützen, und schaute in den Himmel, denn er hatte einen Steinadler entdeckt, der über der Bergkuppe seine Kreise zog. »Rudolph war auch ein hervorragender Baumeister.« Eine Weile beobachteten sie den großen Greif und schwiegen. Bis Jan irgendwann seufzte: »Noch heute würde ich sagen, dass der Straßburger würdig gewesen ist, meine Nachfolge anzutreten. Als Baumeister, meine ich, nicht als Mensch.«

»Verdammter Ehebrecher!«, zischte Meister Mathias. »Dazu missgünstig und neidisch!«

»Wenn es nur das gewesen wäre …!« Jan zuckte mit den Schultern. »An Höllenhunden mangelt's weiß Gott nicht in Prag.« Er spuckte in den Farn am Wegrand. »Doch nur wenige von ihnen könnten's an Hinterlist und Niedertracht mit dem Straßburger aufnehmen. Wahrhaftig – wenn einer den Tod verdient hat, dann er.«

»Allein schon für seinen schmählichen Ehebruch. Aber was hat er Euch persönlich Böses angetan?« Auf einer Holzbrücke ritten sie über einen Bach und gelangten auf eine Lichtung.

»Nichts, an das ich mich erinnern will.« Jan Otlin winkte ab. »Dass er mich nicht liebte, wusste ich natürlich nach allem, was geschehen war. Doch dass er es so elend auf die Spitze treiben würde …?« Wie fassungslos schüttelte er den Kopf. »Anfangs habe ich nicht gemerkt, wie er versuchte, die Bauleute gegen mich aufzubringen. Erst nach dem Hochwasser anno 1359, das uns einen unvollendeten Pfeiler niederriss und sämtliche Gerüste zerstörte, wofür einige Zimmermänner mir die Schuld gaben, erst da begann ich, sein böses Spiel zu durchschauen. Und ein Jahr später dann, im April 1360, geschah etwas, das ...«

Hinter ihnen plärrte auf einmal das Kind so erbärmlich, dass Jan sich im Sattel umdrehte, ohne den Satz zu vollenden. Die Edelfrau winkte und bedeutete ihm zu warten. Jan hielt sein Pferd an. »Lassen wir's einfach gut sein«, sagte er bitter und wiederholte seine wegwerfende Handbewegung. »Es ist eh vorbei. Ich will's vergessen.«

Agnes von Bur trabte heran. »Wir müssen eine Weile rasten!«, rief sie, bevor Meister Mathias protestieren konnte. »Das Kind will gestillt und trockengelegt werden!« Auch sie hielt ihr Pferd an, stieg ab und hielt Ausschau nach einem geschützten Platz für die Amme und den Säugling. »Dort hast du Ruhe und Schatten!«, rief sie schließlich an die mädchenhafte Frau gewandt und deutete in den Wald.

Während sich die junge Amme mit dem schreienden Kind am Rande der Lichtung zwischen zwei Buchen ins Moos setzte, schwangen Jan und sein Schwiegervater sich ebenfalls aus den Sätteln und ließen sich mitten auf der Lichtung im Gras nieder.

»Eine Flut hatte Euch also einen Pfeiler des angefangenen Brückenbaus zerstört.« Meister Mathias war schon wieder ganz Ohr. »Habt Ihr's dem Straßburger zu verdanken, dass die Bauleute Euch die Schuld gaben?«

»Daran zweifle ich heute nicht mehr.« An Mathias vorbei schien Jan dem Ritter, seinem Knappen und den drei Waffenknechten hinterherzuschauen, die ihre Pferde zur anderen Seite der Lichtung auf eine Anhöhe trieben. In Wirklichkeit blickte er durch sie hindurch in die Vergangenheit. Dort sah er Dinge, die ihn vergessen machten, was er erzählen wollte.

»So sprecht doch weiter in Gottes Namen!«, drängte der Nürnberger, während die Edelfrau vom Waldrand kam und sich zu ihnen setzte.

»Anno 1359, das Jahr des schlimmen Hochwassers, war auch für den Kaiser ein böses Jahr gewesen.« Jan sprach mit schleppender Stimme weiter. »Karl lag schwer krank, schon seit dem Jahr zuvor. Ganz Prag bangte um ihn, denn es hieß, er sei dem Tode nahe. Sein Hofmedikus Magister Gallus wusste nicht mehr weiter mit seiner Kunst und riet Karl, bei der Sterndeuterin in der Zöllnerstraße Hilfe zu suchen.«

»Das kann Euch nicht gefallen haben, nach allem, was Ihr mit der Frauenwirtin erlebt habt.«

»Wahrhaftig nicht!« Jan entfuhr ein bitteres Lachen. »Doch der Magister Gallus hat mich nicht um Rat gefragt, und der Kaiser hörte auf ihn und ging zu Ricarda Scorpio.« Als könnte er es heute noch nicht fassen, schüttelte Jan den Kopf. »Und ob Ihr es glaubt oder nicht, Meister Mathias: Bald darauf ging es ihm besser. Zum Ende des Jahres stand der Kaiser von seinem Siechenbett auf und war gesund. Wäre das nicht geschehen, hätte Eure Tochter Prag längst verlassen und wäre niemals meine Frau geworden.«

»Wie das?« Der Nürnberger guckte wie einer, der nicht mehr folgen konnte. »Ihr versteht es prächtig, einen neugierig zu machen«, sagte er mit spöttischem Unterton. »Und ungeduldig …« Er unterbrach sich, weil irgendetwas seine Aufmerksamkeit ablenkte. Jan folgte seinem Blick – sein Schwiegervater schaute zu der Anhöhe hin, wo der Schwanenritter und seine Männer in den Himmel starrten. Sie hatten nun auch den Adler entdeckt und ließen ihn nicht mehr aus den Augen. Nachdem sie von ihren Pferden gestiegen waren, rammte der Knappe die Fahne in den Boden und band seinen Kriegsbogen aus dem Sattelzeug.

»Sie werden doch wohl den edlen Greif nicht vom Himmel holen wollen?«, murmelte Meister Mathias. Der Ritter des Erzbischofs ließ sich den Bogen geben und spannte ihn, da stieß der Nürnberger einen Fluch aus und sprang auf. »Weg mit dem Bogen, Hundsfott!«

Der Ritter wandte sich nicht einmal nach ihm um, sondern streckte die Hand nach einem Pfeil aus, legte ihn in die Sehne und zielte in aller Ruhe.

»Bedenkt doch: Er ist ein Edelmann.« Agnes von Bur schaute dem schimpfenden Meistermaler tadelnd ins Gesicht. »Achtet also auf Eure Worte, Mathias.« Sie drehte sich zur Anhöhe um und rief: »Lasst doch den Adler seine Kreise ziehen, ich bitt Euch, Herr Waldemar! Es bringt Unglück, das Wappentier des Kaisers zu töten.«

Der blonde Ritter mit dem Schwan auf dem Wappenmantel senkte den Bogen und wandte sich zu ihr um. Ein paar Atemzüge lang zögerte er, doch schließlich nickte er und entspannte den Bogen, wobei er eine Verneigung in Richtung der Edelfrau andeutete. Danach schickte er die drei Waffenknechte in den Wald, dass sie ihm Ringeltauben aus den Bäumen scheuchten, die er stattdessen schießen konnte.

»Waldemar von Torgau war ein Knappe des Kaisers«, sagte die Edelfrau leise. »Jetzt dient er dem Erzbischof. Erst kürzlich, nach der Schlacht gegen die Brandenburger, hat der Kaiser ihn zum Ritter geschlagen.«

»Dann wird er meiner Tochter wohl ähnlich böse gesonnen sein wie der Einäugige selbst.«

»Keine Sorge. Dieser Ritter mag keinen Respekt vor dem Wappentier des Kaisers haben, doch er hasst den Marian aus ganzem Herzen, sonst hätte ich ihn niemals um Geleit gebeten. Man erzählt sich sogar, er habe im Auftrag der Ricarda Scorpio die Kerkerwächter bestochen, um dem Rübelrap Wein und Fleisch von der Sterndeuterin bringen zu können.«

»Diesen wackeren Goliathmönch hat meine Tochter sich wohl eine Zeit lang als Ersatzvater gewählt, wenn ich Euch richtig verstanden habe, Otlin.« Mathias von Nürnberg seufzte tief. »Wie schade, dass die Rache des Marian den wackeren Mann am Ende doch aufs Henkerspodest brachte. Wenigstens hat meine Tochter dem Hass des verfluchten Ritters entkommen können. Und das über Jahre, wenn ich Euren Worten recht gefolgt bin. Wie hat sie das nur geschafft?«

»Das ist eine Geschichte für sich.« Jan Otlin starrte so finster in den Wald, als hätte er den Ritter Marian dort entdeckt. »Der Zittauer hat sie nämlich doch noch erwischt, und damit fing im Grunde ihr Untergang an.«

Mathias von Nürnberg fuhr aus dem Gras hoch. »Er hat was?!« Aus seinen eisgrauen Wolfsaugen starrte er Jan an, als hätte dieser Böhmisch gesprochen oder Lateinisch. »Ich verstehe nicht – er hat sie erwischt und dennoch am Leben gelassen?«

Scharf sog Jan die Luft durch die Nase ein und seufzte tief. »Ich erzähl's Euch, Mathias, doch in Ruhe und eines nach dem anderen.« Er deutete zu den Buchen am Lichtungsrand hin, wo jetzt die Amme auftauchte und mit dem gestillten Kind im Arm zurück zu ihrem Pferd ging. Jan Otlin stand auf und half ihr in den Sattel. Auch alle anderen stiegen wieder auf und ritten weiter.

»Den, den Ihr so treffend ›Goliathmönch‹ genannt habt, hat man übrigens nicht schon an jenem Freitag nach der Grundsteinlegung geköpft«, fuhr Jan fort zu erzählen, als die Lichtung hinter ihnen lag. »Ricarda Scorpio in ihrem unstillbaren Rachedurst konnte den Kaiser nämlich bewegen, Marian von Zittau wegen des Überfalls vor den Richter zu zitieren und Rübelraps Hinrichtung erst einmal aufzuschieben. Deswegen ist Eure Tochter in der Stadt geblieben.«

»Marian musste vor den Richter?«, staunte Meister Mathias.

»Lasst mich raten, Otlin«, sagte er mit bitterem Unterton. »Man hat den Zittauer Ritter von jeder Schuld freigesprochen.«

Jan nickte. »Es seien ja nur Huren gewesen, die er und Sigismund überfielen, hieß es. Kaiser Karl hat der Freispruch nicht gefallen, denn durch seinen Hofmedikus stand die Sterndeuterin in hohem Ansehen bei Hof. Doch Marian und der Graf Eberhard, Sigismunds Vater, hatten den Richtern und Schöffen viel Geld bezahlt.«

»Räuberpack!« Der Nürnberger zischte wütend. »Der Gottseibeiuns soll es holen!« Er schüttelte unwillig den Graukopf und bekreuzigte sich. »Genug davon, erzähl mir endlich, wie es meiner Tochter erging in jenen Tagen.«

»Tage der Angst waren das für meine arme Frau. Sie ist ja noch so jung gewesen damals, gerade mal sechzehn Jahre alt! Und Marian bezahlte Marktweiber, Ochsentreiber und Bettler, damit sie ihm meldeten, wenn und wo immer sie den vermeintlichen Bettelburschen erkannten. Er lobte sogar drei Silberdukaten für denjenigen aus, der ihm Max' Versteck verriet, denn er wollte nicht glauben, dass er Prag den Rücken kehrte, solange sein väterlicher Freund noch am Leben war, und Rübelraps Hinrichtung verschob der Kaiser bis nach Ostern 1360 – aus Dankbarkeit der Ricarda Scorpio gegenüber. Und die ganze Zeit hielten Marians Häscher Ausschau nach meiner armen Frau, drei Jahre und länger.«

»So lange hätte sie ihm doch niemals entkommen können, wenn gottesfürchtige Leute ihr nicht geholfen hätten!«, rief der Nürnberger erstaunt.

»Nun ja, sie ist sehr klug und hat außerdem jahrelang lernen müssen, sich selbst zu helfen, um zu überleben. Eure Tochter ist eine hartnäckige Kämpferin, wisst Ihr? Aber Ihr habt recht, Meister Mathias – wenn die Eva und der alte Laurenz ihr nicht beigestanden hätten, wäre sie längst tot.«

»Eva?« Der Nürnberger runzelte fragend die Brauen. »Diese blonde Hure hat ihr auch geholfen?«

Jan hob die Brauen, denn der verächtliche Unterton des anderen gefiel ihm nicht. »Sie waren Freundinnen geworden, und die Eva versorgte Eure Tochter nicht nur mit Essen, sondern versteckte sie auch in den Freudenhäusern der Neustadt, denn in die Zöllnerstraße zur Frau Ricarda wagte Maria-Magdalena sich lange nicht.«

»Und der alte Waffenknecht?«

»Laurenz und seine Frau sorgten dafür, dass ihre Basen unter den kaiserlichen Ziegenhirtinnen auf der Burg Karlsstein Maria-Magdalena versteckten. Und ihre Söhne unter den Steinmetzen und Maurern auf der Brückenbaustelle verschafften dem Max als Mörtelmischer und Wasserträger Lohn und Brot und gaben auf ihn acht. So bin auch ich Eurer Tochter wiederbegegnet.«

»Mit derart harter Arbeit musste sie sich plagen?« Der Nürnberger bekreuzigte sich erneut. »Mein armes Kind!«

»Die Boten kommen zurück!«, rief hinter ihnen Agnes von Bur. Schon preschte die Edelfrau an den Männern vorbei, um zu den beiden Waffenknechten zu reiten, die auf dem Kamm des Petrinberges winkten und nun ihre Pferde anhielten, um zu warten.

Auf einmal schlug Jan das Herz bis zum Hals. Welche Botschaft brachten die Waffenknechte aus der Stadt mit? Er biss die Zähne zusammen, sodass seine Kaumuskeln bebten.

»Erzählt weiter, Otlin!«, drängte Mathias von Nürnberg. »Marian habe das arme Kind schließlich doch erwischt, sagtet Ihr, und so habe ihr Untergang begonnen. Wie ging das zu? Wie konnte sie das überleben?«

»Geduldet Euch einen Moment.« Jan brach schier die Stimme vor Aufregung. »Ich muss erst erfahren, welche Botschaft uns diese Männer von Meister Parler und vom kaiserlichen Hof bringen!« Er trieb sein Pferd an und galoppierte der Edelfrau hinterher.

Oben auf der Bergkuppe, über den frühlingsgrünen Hängen, die voller Weingärten steil zur Moldau und zur Stadt abfielen, hatte Agnes von Bur ihr Pferd nahe an die Tiere der Waffenknechte gelenkt. Jan sah sie gestikulieren und hörte sie mit den Männern sprechen, verstand aber wegen des Hufschlags kein Wort.

Als er bei der Edelfrau ankam, beugte der ältere der beiden Reiter sich aus dem Sattel und nahe an Agnes' Ohr, um mit ihr zu flüstern. Ihre Miene wurde hart und ausdruckslos, während sie zuhörte. Da schnürte die Angst vor dem, was er gleich erfahren würde, Jan die Kehle zu.

Schon lenkte die Edelfrau ihr Pferd herum und ritt ein Stück weg von den Boten.

»Wie steht es bei Hof?«, fragte Jan mit bebender Stimme, als er endlich bei ihr war. »Was sagt Euer Gatte, Frau Agnes?«

»Bei Hof werdet Ihr kein Glück haben. Der Kaiser sei nicht zu sprechen – zu viele Audienzen, zu viele Streitsachen. Selbst wenn Ihr es bis in die Burg hinein schaffen solltet – bis nach Ostern wird kein Wächter Euch zu ihm vorlassen. Und wer weiß, ob der Herr Karl danach nicht in den Krieg gegen die Brandenburger zieht.«

»Ich versuche es dennoch, ich muss!«

»Wartet!« Agnes langte nach seinem Zügel, an dem er schon reißen wollte, und hielt sein Pferd fest. »Heute Morgen nach der Karfreitagsmesse hat Euer Beichtvater Militsch meinen Gatten angesprochen. Seine Botschaft an Euch: Einer in der Vogtei hält es mit Eurer Gattin; Ihr wisst, von wem die Rede ist.« Jan nickte. »Morgen, nach Sonnenuntergang, will dieser Eine versuchen, Wege zu finden, Euch und Meister Mathias zu ihr in den Kerker zu bringen.«

Tränen der Erleichterung schossen Jan aus den Augen. Er blickte zum Himmel und bekreuzigte sich. Während Agnes dem inzwischen herbeigerittenen Nürnberger die Neuigkeiten berichtete, blinzelte Jan durch einen Tränenschleier über die Weinhänge hinweg zur Stadt hinunter. Das Licht der Nachmittagssonne glitzerte auf den Dächern und Turmkreuzen Prags, die geliebte Moldau wand sich an Gemäuern, Anlegestellen und Kirchen vorbei nach Norden, und an der unvollendeten Brücke sahen die wuselnden Menschen wie Ameisen aus und die hin- und herrollenden Fuhrwerke wie vom Wind bewegte Blätter.

Der Anblick der geliebten Stadt und seiner Brücke flößten Jan neue Hoffnung ein. Er dankte Gott und flehte ihn an, das Schicksal seiner Frau doch noch zum Guten zu wenden.

»Auch wenn ich sie sehen darf«, sagte er bei sich selbst. »Beim Kaiser muss ich trotzdem vorsprechen, wenn ich sie noch retten will.«

So tief war er in Gebet und Gedanken versunken, dass er zusammenzuckte, als die Edelfrau ihn von der Seite ansprach. »Wir haben beschlossen, hier in den Weinbergen auf den Sonnenuntergang zu warten«, sagte sie. »Im Schutze der Nacht werden wir hinunter in die Altstadt und die Zöllnerstraße reiten. Im ehemaligen Haus der Sterndeuterin wird man Euch beherbergen. Von dort habt Ihr es morgen früh nicht weit bis zur Vogtei.«

Jan nickte und wischte sich die Tränen aus dem Gesicht. Ihm war alles recht. Wenn er nur endlich seine Frau sprechen und in die Arme schließen konnte! Wenigstens ein Mal noch!

»Ich will aber, dass meine Frau auch unser Kind sehen kann, Frau Agnes«, sagte er.

»Gewiss, das will ich auch.« Die Edelfrau nickte. »Die Amme wird ebenfalls in die Hausburg kommen, sobald sie morgen früh zu Hause ihr eigenes Kind versorgt haben wird.«

Jan hörte es und war zufrieden. Er küsste sein Töchterchen zum Abschied, dankte der Amme und band sein Pferd neben einer der Steinbänke fest, die den Pfad oberhalb des Weinberges säumten. Während Meister Mathias und die Edelfrau bei den Weingärtnern ein wenig Käse, Brot und Dünnbier kauften, streckte er sich auf der Bank aus, denn er fühlte sich unendlich müde. Tief atmend versuchte er, Kraft zu schöpfen.

Später kamen der Nürnberger und Agnes von Bur zurück zu ihm, da war es schon früher Abend geworden. Jan trank ein wenig Bier, brachte jedoch keinen Bissen herunter. Und Mathias von Nürnberg verlangte schon beim ersten Stück Käse, er möge nun endlich weitererzählen.

»Der Marian hat meiner Tochter aufgelauert und sie erwischt – so weit habt Ihr berichtet. Jetzt will ich wissen, was dann geschah. Totgeschlagen hat er sie nicht, sonst würden wir sie ja nicht morgen im Kerker besuchen können.«

Jan seufzte und schüttelte den Kopf. »›Hätte er mich doch damals getötet‹ – wie oft habe ich sie das sagen hören? Wie viel Leid wäre mir und anderen erspart worden!«

»Was redet Ihr da!« Der Nürnberger brauste auf. »Was ist denn geschehen? Erzählen sollt Ihr, nicht orakeln!«

»Es war am Freitag nach Ostern anno 1360«, begann Jan erneut. »Auf dem Marktplatz wurde dem Rübelrap nun doch das Henkerspodest aufgebaut. Und für denselben Tag hatte ein finsterer Geist auch meinen Tod ausgegrübelt. Kurz nach Sonnenaufgang besprach ich mich mit den Meistern, schickte sie zu ihren Bauleuten und beugte mich dann in der Bauhütte über Pläne und Berechnungen. Anschließend tat ich, was ein Baumeister eben so tut an einem ganz normalen Arbeitstag, und Gott ist mein Zeuge: Ich ahnte nichts Böses …«

2
Baustelle

Prag, Mitte April 1360

Jan Otlin trat aus der Bauhütte in die Morgensonne. Glitzernd lag ihr Licht auf dem Moldauufer. An den drei Mühlhäusern, die links der Bauhütte auf Pfählen bis in den Fluss hineingebaut waren, drehten sich knarrend und quietschend die Wasserräder. Jan blickte nach rechts zur Baustelle und hinüber zur Holzbrücke. Wie jeden Morgen – wie eigentlich den ganzen Tag über – lehnten Männer, Frauen und Kinder am Geländer und schauten ihrerseits herüber zur Baustelle. Kaum dreißig Fuß trennten sie und die alte Holzbrücke, die noch immer die Judithbrücke ersetzen musste.

Aus dem Turm, der wenige Ruten vor der Stadtmauer zur Altstadt aufragte, rollte ein Fuhrwerk voller Bierfässer auf die Holzbrücke. Die Brüder des Kreuzherren-Ordens pflegten dort Brückengebühren und Zoll zu kassieren; Gelder, die laut Verfügung des Kaisers zum größten Teil in den Bau der neuen Steinbrücke flossen. Das Fuhrwerk rollte nicht allzu weit auf die Flussquerung hinaus: Kaum zwanzig Ruten hinter dem Turm hielt der Ochsentreiber das Gespann an, um in aller Ruhe das Treiben auf der Brückenbaustelle zu beobachten.

So würde das weitergehen bis zum Sonnenuntergang: Dutzende Schaulustige drängten sich Tag für Tag da oben, und viel zu oft stauten sich die Wagenkolonnen, weil ihre Lenker unbedingt den Bauplatz bestaunen mussten.

Dabei gab es dort nicht allzu viel zu sehen. Entschieden zu wenig sogar nach Jans Geschmack: Auf dem einzigen bisher vollendeten Bogen schütteten Tagelöhner den Untergrund für die künftige Brückenstraße auf; knapp zwölf Ruten davon entfernt im Uferwasser kletterten die Maurer in die Gerüste des beschädigten Pfeilers und des zweiten Brückenbogens; Krangehilfen stiegen in die Krantrommeln, um einen Lastkahn voller Steinblöcke zu entladen; und noch einmal zehn Ruten weiter draußen auf der Moldau ruderten Zimmerleute auf drei mit Rundhölzern beladenen Kähnen zum Grundgerüst der Trockengrube, die dort rund um den nächsten Pfeiler entstehen sollte. Es würde erst der vierte Pfeiler der neuen Brücke sein.

Fast drei Jahre Arbeit und nur ein Bogen und drei Pfeiler bisher! Eigentlich sogar nur zweieinhalb, denn den dritten, der wie ein fauler Zahn aus dem Fluss ragte, hatte die Flut im letzten Frühjahr samt der Bogenverschalung wieder eingerissen, sodass Jans Bauleute ihn seit dem Sommer neu aufbauen mussten.

Siebzehn Pfeiler sollten die sechzehn Bögen der geplanten Brücke einmal tragen. Jan atmete tief ein und presste die Lippen zusammen: nur zweieinhalb Pfeiler und ein Bogen in drei Jahren! Sollten die Arbeiten weiterhin so stockend vorangehen, hieße das, dass seine steinerne Brücke erst in dreißig oder vierzig Jahren fertig werden würde! Jedes Mal, wenn er daran dachte, bekam er Bauchschmerzen.

Meister Otlin war von zwölf, höchstens fünfzehn Jahren Bauzeit ausgegangen, als er seinen Bauplan bei Peter Parler und dem Kaiser eingereicht hatte. Doch die Fundamente der Pfeiler, die im Bett der Moldau errichtet werden mussten, stellten ihn vor ungeahnte Herausforderungen. Sie sorgfältig und tief genug im Sand des Flussgrundes zu befestigen – sorgfältiger und tiefer als die der zerstörten Judithbrücke –, erwies sich als ungeheuer mühsam, als wahre Herkulesarbeit.

Im Moment sah es so aus, als könnte Jan sie bewältigen, und die Bauarbeiten waren wieder auf einem guten Weg. Doch das hatte Zeit gekostet. Und Geld. Und viel Kraft. Und wusste man denn, welche bösen Überraschungen das Flussbett außerdem bereithielt? Oder ob das nächste Hochwasser nicht noch mehr Schaden anrichten würde als das letzte?

Aus dem Augenwinkel nahm Jan oben an der Holzbrücke einen Mann wahr, der ihm zuwinkte. Er schaute genauer hin – am dunklen Habit und an der kleinen, hageren Gestalt erkannte er Militsch von Kremsier, und sofort entspannten sich seine Züge etwas, und er winkte zurück. Sie hatten sich nicht oft gesehen, seit der Winter vorüber war, denn vom Sonnenaufgang bis in die Abenddämmerung hinein pflegte Jan auf der Baustelle zu arbeiten.

Der mährische Prediger verfolgte die Fortschritte an der neuen Brücke nicht annähernd so begeistert wie die Mehrheit der Prager Bürger. Militsch hielt dem Kaiser Prunksucht vor und schimpfte über Karls Pläne, Prag zur prächtigsten Stadt Europas ausbauen zu wollen. Und erst recht hielt er nichts davon, jahrelang eine steinerne Brücke zu bauen.

»Zeitverschwendung«, hatte er neulich in einer Predigt verkündet. »Wo doch der Herr bald wiederkommen wird, um Gericht zu halten über Lebende und Tote.«

Jan Otlin seufzte lächelnd – so war er eben, sein priesterlicher Freund, und er nahm es ihm nicht übel. Wusste man denn, ob er am Ende nicht sogar recht behalten würde? So, wie der Mähre bisher mit allem recht behalten hatte?

Oben auf der Brücke stieß der Bußprediger sich vom Geländer

ab und huschte zwischen Fuhrwerk und Leuten hindurch zum alten Brückenturm hin. Er hatte es eilig, in die Altstadt zu kommen, wie Jan wusste, denn in einem Kerker der Vogtei wartete einer, dem der Priester heute ein letztes Mal das Sakrament der Krankenölung und der Kommunion spenden wollte, bevor er ihn zum Marktplatz begleiten musste. Dort nämlich bauten sie diesem Manne bereits das Henkerspodest auf.

Jan, der noch nichts gegessen hatte, schüttelte den Gedanken an den Todeskandidaten ab und wandte sich der Altstadt zu, um in das Wirtshaus zu gehen, in dem er gewöhnlich seinen Frühstücksbrei einnahm. Einen Steinwurf weit entfernt, entlang der Stadtmauer, spielten Kinder und hüteten Halbwüchsige die Ziegen des Müllers. Weil hinter ihm jemand seinen Namen rief, blieb er stehen und wandte sich wieder dem Ufer zu.

Von der Rampe zum Pfahlweg, der dort in die Moldau hineingebaut wurde, kam ihm einer entgegen, mit dem er sich heute Morgen noch nicht besprochen hatte: Rudolph von Straßburg. Auch der winkte ihm zu – mit dem Winkeleisen –, offenbar hatte er ihm etwas mitzuteilen.

Er trug goldene Ohrringe und auf den blonden Locken einen breiten Hut aus schwarzem Filz, den an der Stirnseite eine goldene Brosche schmückte. Aus der Tasche seines grauen Arbeitsmantels hing die Schnur des Senkbleis. Ohne dieses und das Winkeleisen sah man den Straßburger selten auf der Baustelle.

Die ihn und Jan noch nicht kannten, hielten den Polier deswegen oft für den Baumeister, wenn sie die Baustelle besuchten. Das schmeichelte Rudolph, und genau deswegen zeigte er sich gern mit Winkel und Lot. Jan, der ihn längst durchschaut hatte, ließ es geschehen, obwohl er es lächerlich fand – wenn auch nicht halb so sehr wie die Locken, die der stämmige Straßburger sich regelmäßig neu drehen ließ. Doch auch darüber verlor Jan niemals ein Wort. Der Franzose arbeitete gut, alles andere kümmerte Jan nicht.

»Wie geht es voran mit unserem Plankensteg?«, fragte er den Polier mit höflichem Lächeln und nachdem er ihm einen Segensgruß entboten hatte. »Seine Pfähle lassen sich besser im Flussgrund befestigen als die Pfeilerfundamente, wie mir scheint.«

»Das könnt Ihr laut sagen, Meister Otlin.« Rudolph von Straßburg deutete hinter sich und zur Rampe hinauf. »Der Plankenweg ist wirklich solide konstruiert«, erklärte er stolz, »und bald werden wir ihn mit dem Mühlensteg verbinden.«

Er sprach von jenem Steg, der auf der anderen Seite der Mühlenhäuser verlief und schon weit in die Moldau hineinführte. Nach Jans Plänen sollte er flussabwärts bis zum Brückenneubau hin verlängert werden und so dicht über dem Wasserspiegel verlaufen, dass die Flößer auf den zu Flößen zusammengenagelten Bauholzstämmen daran würden festmachen können.

»Die ersten zehn Ruten sind erfreulich stabil geraten«, pries Rudolph den Baustellensteg. »Die konnten wir so tief im Flussgrund verankern, dass er nicht einmal dann schwankt, wenn zehn mit Werkzeug und Bauholz beladene Männer auf einmal drüberlaufen. Wenn Ihr mich fragt: Der übersteht selbst eine Hochwasserflut wie die, die uns im letzten Frühling heimgesucht hat.«

»Gute Arbeit.« Jan nickte anerkennend. »Zehn Ruten, sagt Ihr?« Er blickte zum Ende des Plankensteges hin, wo Rudolph einen Flaschenzug mit einem Kurbelrad hatte aufbauen lassen. Zwei Arbeiter kurbelten den Fallhammer – einen schweren Steinquader an einem Tau – bis zu einer Höhe von knapp sieben Fuß hinauf und ließen das Kurbelrad dann los, sodass der Block zwischen zwei Leitbrettern auf das nächste Rundholz herabstürzte und es tiefer in den Flussgrund trieb. Auf dem Steg standen zwei

Zimmermänner mit der nächsten Planke bereit, um sie auf die Schnittflächen der so ins Flussbett gerammten Stämme zu nageln.

Jan schaute zur Auffahrt der neuen Brücke hinauf, wo Ochsentreiber zwei Gespanne über den ersten Bogen lenkten. »Wenn unser Baustellensteg fünfzehn Ruten weit auf die Moldau hinausführt, will ich, dass ein Fuhrwerk mit Steinen auf ihm über den Fluss rollt, um seine Belastbarkeit zu testen.«

»Bis Ende nächster Woche müssten wir sogar zwanzig Ruten schaffen.« Der Straßburger gab sich zuversichtlich.

»Mir ist's lieber, wenn ihr langsam arbeitet und dafür umso sorgfältiger«, erwiderte Jan, dem sein Polier manchmal eine Spur zu ehrgeizig war.

»Gewiss doch, Herr Otlin. Die Männer sind gehorsam und arbeiten so sorgfältig, wie ich es von ihnen verlange. Bis zu den Eisheiligen werden wir den Steg bis zur vierten Pfeilergrube vorangetrieben haben. Dann können die Fuhrwerke die Steine, Bretter und Stämme bis ans Gerüst und zur Verschalung transportieren, verlasst Euch darauf, Herr Otlin.«

»Sehr gut, doch erst einmal müssen wir sie trockenlegen, die Pfeilergrube.«

Jan hatte dem Straßburger die Aufsicht über die Trockengruben, die Gerüste und den so wichtigen Plankensteg anvertraut. Nach seinem Plan sollte dieser Brückenweg fünf Fuß über dem Wasser auf den Fluss hinausführen, um die Stämme für die Einrüstung der Grube und der Pfeiler und die Bretter für die Verschalung des nächsten Bogens an Ort und Stelle zu bringen. Doch auch die Schöpfräder und die schweren Trommelkräne würden über den befestigten Steg sicherer zu transportieren sein als mit Kähnen.

»Ich wünschte, wir könnten das Gerüst für den vierten Pfeiler und die Verschalung für den zweiten Bogen bis St. Johannis vollenden. Ist das zu schaffen, Herr Rudolph?«

»Mit Gottes Hilfe sicher.« Der Straßburger lächelte. »Und hoffen wir, dass bis dahin der dritte Pfeiler wieder vollständig aufgebaut sein wird.« Rudolph schaute zum Brückenpfeiler, der samt Einfriedung und Gerüst nicht weit vom Ufer aus seiner Trockengrube ragte. Es war der erste Pfeiler, der im Flussbett gegründet war. Leider hatte das Frühjahrshochwasser auch die schon fertige Verschalung des zweiten Brückenbogens eingerissen, und die Zimmerleute arbeiteten mit großem Eifer an ihrem Wiederaufbau.

»Meister Jakob hat gerade eben einen Boten geschickt.« Rudolph deutete zur Bohlentrasse hinauf, die den dritten Pfeiler mit dem bereits vollendeten Brückenteil verband. »Er bittet Euch, die Ausrichtung des Gemäuers zu überprüfen. Außerdem sind zwei frische Ladungen mit Eiern, Wein und Quark gekommen, und der Maurermeister braucht Anweisung für das Mischungsverhältnis des Mörtels.«

»Ich kümmere mich darum, Herr Rudolph. Einen gesegneten Arbeitstag wünsche ich Euch.« Jan ging zur Holzstiege, die ihm die Zimmerleute am ersten Bogen errichtet hatten, damit man von der Bauhütte aus zum Brückenneubau hinaufsteigen konnte.

Er musste an die ungläubigen Gesichter seiner Maurer und Mörtelmischer denken, als er ihnen nach dem Winter befohlen hatte, künftig Quark, Wein und Eier in den Mörtel zu mischen, um dessen Festigkeit zu erhöhen. Das hatte er sich bei den französischen Baumeistern in Paris und Avignon abgeschaut, die ihren Brückengemäuern bereits seit Längerem mit Quark und Wein größere Festigkeit verliehen. Dass Eier die Mörtelhärte ebenfalls erhöhten, hatte Jan gelernt, nachdem die Flut im letzten Frühling den dritten Pfeiler eingerissen hatte: vom Kaiser persönlich. Der wiederum hatte das in seiner Jugend auf den Feldzügen gegen norditalienische Städte bei Maurern gesehen, die den Stadtstaaten ihre Festungen bauten.

Inzwischen kippten Jans Maurer die ungewöhnlichen Zutaten ohne Kopfschütteln und Murren in die Mörtelkübel, nur das Mischungsverhältnis hatte der eine oder andere Maurermeister noch nicht verinnerlicht.

Auf dem Brückenbogen angekommen, schaute Jan zur Altstadt hin, wo Peter Parlers Bauleute rund um den Grundstein das Fundament für den geplanten Brückenturm legten. Mit einer Messlatte in der Linken und einem Lot in der Rechten schritt Michael Parler die Grundmauern ab, denn er beaufsichtigte die Arbeit. Jan nickte ihm zu und ging dann am Rande des ersten Brückenbogens zum zweiten Pfeiler hinüber, wo die beiden Fuhrwerke mit ihrer ungewöhnlichen Lieferung für den Mörtel warteten.

Damit sie möglichst nahe zu den Mörtelmischern rollen konnten, hatte man breite Bohlen über das Geröll gelegt, das die Tagelöhner hier korbweise auskippten und mit großen Eisenrechen glatt zogen. Auf das festgestampfte Geröll würde man nächste Woche grobkörnigen Sand und Kies schütten, darauf feinen Sand und auf diesem, sobald er festgestampft war, vielleicht schon nächsten Monat die ersten Pflastersteine verlegen.

Jan grüßte nach allen Seiten, blieb hier und da bei den Maurern stehen, um das Lot an die Brüstungsmauer zu legen, die sie hier Steinblockreihe um Steinblockreihe aufmauerten, oder um die Vorarbeiter auf Stellen aufmerksam zu machen, an denen ihm das Geröll in der künftigen Brückenbahnmitte noch nicht hoch genug lag. Jans Bauplan sah nämlich vor, dass die gepflasterte Brückenstraße von der Mitte aus zu beiden Seiten hin ein wenig abfiel, damit das Regenwasser abfließen und über Sammelrinnen in den Fluss strömen konnte. Dazu musste bereits der Untergrund zur Mitte hin leicht ansteigen. Nicht alle Vorarbeiter hatten ein ausreichend scharfes Auge dafür.

Die Mörtelmischer warteten bei den Fuhrwerken darauf, dass ihnen ein Maurermeister genau die Menge an Eiern, Wein und Quark in ihre Kübel kippte, die der Baumeister berechnet hatte. Jan besah die Ladung und zählte die Weinfässer, Eierkörbe und Quarkeimer durch und prüfte den Inhalt stichprobenartig, bevor er dem Maurermeister, der die Mörtelmischer beaufsichtigte, wohl zum zehnten Mal einschärfte, wie viele Teile welcher Zutat zu welchen Mengen Wasser, Kalk und Sand gemischt werden mussten.

Jan bestand darauf, dass der Maurermeister die Zusammensetzung laut wiederholte, bevor dieser die Mörtelmischer anwies, Körbe und Eimer abzuladen und die Zutaten in den ersten Kübel zu geben.

»Schade um das schöne Essen«, sagte ein junger Mörtelmischer mit auffallend weicher Stimme, während er mit bloßen Händen rohe Eier und Quark in den Mörtel warf. Zuerst kam Jan nur die Stimme bekannt vor, auf den zweiten Blick jedoch auch das Gesicht. Wo nur hatte er diesen blutjungen Burschen schon einmal gesehen? Seine schmale Gestalt steckte in einem weiten grauen Mantel, und wie ein morgenländischer Turban verhüllte ein dunkles Tuch sein schwarzes Haar.

»Mir tut's eher leid um den Wein«, brummte der Maurermeister, während er einen Krug voll davon in den ersten Kübel goss.

»Sorge ich nicht Tag für Tag dafür, dass ihr Besseres zu trinken kriegt als dieses saure Zeug?«, versuchte Jan ihn zu trösten. Er wusste natürlich, dass die Bauleute nicht besonders wählerisch waren und längst von dem Wein probiert hatten, den der Kaiser für den Bau kaufte. »Du kannst es also getrost in den Mörtel schütten.«

»Aber Eier und Quark sind verloren«, beharrte der Bursche mit der sanften Stimme, während er die Eierschalen im Mörtelschlamm zerstampfte. Er wirkte seltsam bekümmert auf Jan. Und war nicht etwas sehr Weibliches an seiner Art, zu sprechen und sich zu bewegen? »Oder dürfen wir ein wenig davon für uns zur Seite tun?«

»Untersteht euch!« Jan schaute dem Burschen streng ins hübsche, aber traurige Gesicht. »Um dir Milch und Eier zu kaufen, kriegst du Lohn genug, oder?« Der Bursche hatte sanfte graue Augen, schöne Augen geradezu, Mädchenaugen. »Und wie können Eier und Quark verloren sein, wenn sie doch Mörtel und Mauerwerk der Brücke gegen Flut und Treibgut festigen?«

Der junge Mörtelmischer stampfte weiter, ohne zu antworten, und jetzt, auf den dritten Blick, erkannte Jan ihn endlich wieder: Max! Das Mädchen, das ihm an der Herdstelle der Sterndeuterin Wein eingeschenkt hatte!

»Na gut«, seufzte der Maurermeister und warf Eier in den zweiten Kübel. »Möge sie in Ewigkeit halten, unsere neue Brücke.« Mit diesen Worten bekreuzigte er sich und goss einen Krug roten Weines hinterher.

»Seit wann arbeitest du hier auf der Baustelle, Max?«, fragte Jan das Mädchen, das sich als Bursche tarnte. Freilich, wer genau hinsah – und Jan pflegte genau hinzusehen –, dem konnte seine frauliche Gestalt trotz des weiten Mantels nicht verborgen bleiben. Der Baumeister schätzte, dass es sechzehn, höchstens siebzehn Jahre alt war.

Erstaunt, beim Namen angesprochen zu werden, hob die Mörtelmischerin den Blick. »Seit der Schneeschmelze, Meister Otlin.«

»Komm heute Abend nach der Arbeit zu mir an die Bauhütte«,

sagte Jan und fügte leise hinzu: »Vielleicht bleiben ja doch ein paar Eier übrig.«

»Heute Abend?« Das Mädchen, das sich Max nennen ließ, schluckte. »Aber ...« Es sah von einem zum anderen und druckste ein wenig herum.

Der Maurermeister atmete hörbar tief durch, als müsste er zum Sprechen Anlauf nehmen. »Könnte Max nicht auch morgen Abend zu Euch an die Bauhütte kommen, Herr Baumeister?«, fragte er schließlich. »Ich habe ihm nämlich erlaubt, heute bereits zur Mittagszeit zu gehen. Er muss in die Vogtei, wegen ... zu einem Verwandten, also – einem Freund ...«

Jetzt stockte auch er, und Jan erinnerte sich, an jenem Tag vor drei Jahren auch den hünenhaften Mönch in der Küche der Sterndeuterin getroffen zu haben, jenen Rübelrap, dem der Henker heute den Kopf abzuschlagen hatte; und an das unsichtbare Band, das er damals zwischen ihm und dem Mädchen gespürt hatte, erinnerte er sich auch.

Hieß es nicht, sie hätten gemeinsam gegen den Ritter Marian von Zittau und seine Waffenknechte gekämpft? Unvorstellbar eigentlich, denn das lag Jahre zurück, und das Mädchen namens Max war ja noch ein halbes Kind gewesen. Doch hieß es nicht auch, der Mönch hätte den Sigismund tödlich verwundet, den Sohn des Grafen Eberhard? Und erzählte man sich nicht sogar, der Bursche Max habe dem Marian das Auge ausgestochen?

Das konnte Jan sich erst recht nicht vorstellen. Andererseits – musste man einem Menschen in Todesgefahr nicht alles zutrauen? Nachdenklich betrachtete er das Mädchen und versuchte, in seinen Zügen zu lesen, aber da entdeckte er nichts als Traurigkeit. Wahrscheinlich wollte dieser junge Mensch heute Mittag Abschied von dem Hünen nehmen; oder ihn gar auf seinem letzten Gang begleiten?

»Ist schon gut, Max«, sagte Jan schließlich betroffen, »komme also morgen nach der Arbeit zu mir an die Bauhütte.« Er versuchte, aufmunternd zu lächeln, was ihm nicht recht gelingen wollte. Schnell wandte er sich ab und ging über den zweiten Pfeiler dem Bohlensteg entgegen, der über das Uferwasser und die unfertige Verschalung des nächsten Brückenbogens zum eingerüsteten dritten Pfeiler hinüberführte.

Das Mädchen tat ihm leid. War dieser Rübelrap womöglich sein Bruder? Oder gar sein Vater? Ihm fiel ein, dass der Vater des Maurermeisters, ein alter Waffenknecht mit einem vernarbten Gesicht, nach dem letzten Winter bei ihm an der Bauhütte geklopft und gefragt hatte, ob er noch einen kräftigen Burschen als Mörtelmischer und Wasserträger brauchen könne. Und Jan, immer auf der Suche nach fleißigen Händen, hatte den angeblichen Burschen in Lohn genommen.

Täuschte er sich, oder federten die Bohlen unter seinen Sohlen mehr als sonst? Er griff nach dem dünnen Rundholz, das die Zimmerleute als Geländer am Steg befestigt hatten. Unter ihm, über dem dahinströmenden Fluss, wölbte sich die neu entstehende Bogenverschalung. Noch unverbundene Latten und Pfähle ragten wie Stalagmiten aus der mächtigen und komplizierten Holzkonstruktion. Wie eine lange und gebogene Holzscheune sah sie aus.

Gut, dass ich dem Laurenz erlaubt habe, das Mädchen auf die Baustelle zu schicken, dachte er, besser, es arbeitet hier bei mir als im Hurenhaus der Sterndeuterin.

Neben ihm schwebte eine Palette mit Bauholz aufwärts, die ein Trommelkran von einem Lastkahn gehoben hatte, um sie hinüber zum Gerüst zu schwenken, das den schon halb erneuerten Pfeiler umgab. Irgendwo tief unter sich hörte Jan die Männer stöhnen und ächzen, die in der Krantrommel liefen, um sie zu drehen.

Drüben, wo die Bogenverschalung in das Gerüst des dritten Pfeilers mündete, erkannte er den wartenden Meister Jakob. An ihm vorbei und über den Pfeiler hinweg schaute Jan auf die Moldau hinaus, wo ein Tross Flöße am entstehenden Baustellensteg anlegte und Zimmerleute mit Flaschenzug und Fallhammer Pfähle ins Flussbett trieben, um die Trockengrube für den vierten Pfeiler einzufrieden, eine mühsame Arbeit, die noch viele Wochen dauern würde.

So vertieft war er in den Anblick der Fallramme, dass er nicht auf die Palette achtete, die inzwischen über ihm schwebte. Bis ein Schrei ihn jäh aus seinen Gedanken riss.

»Vorsicht, Meister Otlin!«, kreischte jemand hinter ihm.

Jan wollte sich nach dem Rufer umdrehen, da hörte er über sich ein Scharren und Knirschen, und als er den Kopf in den Nacken legte, fuhr ihm heißer Schrecken in die Glieder: Die schweren Kanthölzer auf der schwankenden Palette waren verrutscht, und einige ragten bedrohlich weit über die Kante hinaus. Im selben Augenblick lösten sich die ersten Hölzer endgültig aus dem Stapel, rutschten von der Palette und stürzten ihm entgegen.

3
Absturz

Mit einem großen Mörser stampfte sie Eierschalen und Quark unter den Mörtel. Das Innere ihrer Brust fühlte sich an wie mit spitzen Steinen gefüllt, und die Verzweiflung zerrte an ihren Gliedern, als trüge sie Ketten aus Blei. Jedes Wort, das sie mit dem Baumeister hatte wechseln müssen, war ihr unendlich schwergefallen. Endlich war er weitergegangen, der schöne, freundliche Mann, und Maria-Magdalena konnte fortfahren mit dem stummen Gebet und im Stillen wieder Gott anflehen.

Rette meinen Rübelrap!, betete sie im wunden Herzen, während sie die Mörserstange im Rhythmus ihrer lautlosen Worte in den Kübel stieß. Lass ein Wunder geschehen, du großer, gütiger und allmächtiger Gott! Lass ein Wunder geschehen und dem Henker den Arm abfallen oder die Axt zerbrechen oder noch besser: Schicke dem Kaiser einen Engel, der ihm befiehlt, meinen Rübelrap doch noch zu begnadigen! Im Namen des Vaters und des Sohnes und des Heiligen Geistes. Amen!

Mit solchen und ähnlichen Gebeten hatte sie bereits die vergangene Nacht zugebracht, schlaflos und in Tränen aufgelöst. Nein, sie mochte nicht glauben, dass ihr väterlicher Gefährte heute sterben sollte, der einzige Freund, den sie hatte in Prag; abgesehen von Eva natürlich. Und dem alten Laurenz. Sie konnte und wollte nicht glauben, dass Gott so eine schlimme Ungerechtigkeit zulassen würde.

Was hatte er denn getan, der arme Rübelrap, außer ihr und sich selbst das Leben zu retten? Der Ritter Marian und sein Knappe Sigismund, das waren doch die Schufte gewesen, die Höllenhunde, die Galgenstricke! Die hatten Eva und die Frauen geprügelt und geschändet! Sogar an der edlen Frau Ricarda hatte sich Marian, dieser verfluchte Räuber, vergangen …!

»Gemach, Max, gemach!« Laurenz' Sohn, der Maurermeister, legte ihr beruhigend die Hand auf die Schulter. »Noch kleiner kriegst du die Eierschalen nicht, und du musst weiß Gott kein Loch in den Kübel stoßen. Merkst du denn gar nicht, dass du die anderen mit Mörtel vollspritzt?«

Erschrocken hob Maria-Magdalena den Blick und schaute in das freundliche Gesicht des Maurermeisters, als es plötzlich nicht weit entfernt in der Luft so gefährlich knarrte und scharrte, dass sie endgültig aus ihren düsteren Grübeleien aufschreckte. Sie fuhr herum, alle am Mörtelkübel fuhren herum, und alle starrten hinüber zum Kranarm und zur Lastenpalette.

»Heilige Jungfrau, sei dem Otlin gnädig«, flüsterte ein Bursche neben ihr, denn über dem Baumeister pendelte am Trommelkran hängend eine Palette so heftig hin und her, dass die Balken, mit denen sie vollgepackt war, abzustürzen drohten. Der Maurermeister riss Augen und Mund auf, während er das Kreuz schlug.

Maria-Magdalena aber schrie: »Vorsicht, Meister Otlin!« Sie ließ den Mörser fallen und hetzte zum Rand des neuen Brückenpfeilers. Im nächsten Moment stürzten die ersten Kanthölzer auf den Baumeister herab.

Der warf sich in Richtung des Pfeilers, doch gleich der erste Balken traf ihn am Fuß und brachte ihn zu Fall. Geistesgegenwärtig zog er die Beine an, und nur zwei Wimpernschläge später schlug dicht vor ihm die gesamte Ladung der Palette mit donnerndem Krachen auf dem Bohlensteg auf. Der brach mitten entzwei, und Maria-Magdalena konnte gar nicht so schnell gucken, wie Meister Otlin samt dem vorderen Teil des Steges in die Tiefe stürzte.

Hinter ihr ging ein Aufschrei durch die Menge der Mörtelmischer, Maurer und Tagelöhner. Obwohl ihr Atem und Herzschlag stockten, warf Maria-Magdalena sich am Rande des neuen Pfeilers auf die Knie – die hintere Steghälfte schwebte noch über der Moldau, die vordere Hälfte steckte senkrecht in der Verschalung des zweiten Brückenbogens, und etwa in ihrer Mitte, festgeklammert am Geländer, hing Meister Otlin. Sein Gesicht war aschfahl.

»Gut festhalten!«, keuchte Maria-Magdalena. »Wir versuchen, Euch hochzuziehen!« Sie band das lange Haartuch von ihrem Kopf und ließ es zu ihm hinunter – doch es war zu kurz, reichte nur bis knapp über seine Fäuste.

»Ein Seil!« Meister Otlin schielte nach unten, wo die Pfähle aus der Verschalung ragten wie gewaltige Stacheln. »Versucht, ein Seil herabzulassen.«

»Wir brauchen ein Tau!« Der Maurermeister, der inzwischen neben Maria-Magdalena hockte, brüllte über die Schulter hinweg zu den Mörtelkübeln und Fuhrwerken hin. »Ein Tau für Meister Otlin!«

Im nächsten Augenblick rannten sie alle kopflos umher auf dem neuen Brückenbogen, liefen zwischen den Ochsenwagen und den Mörtelkübeln herum, riefen um Hilfe, plärrten nach einem Seil, statt eines von der Ladefläche der Wagen zu binden.

Maria-Magdalena schrie: »Her mit den Ochsen! Her mit dem Zaumzeug!«

Die klare Ansage löste die Verwirrung der Männer, und sofort spannten ein Ochsentreiber und ein Mörtelmischer die Ochsen los und trieben sie zum Pfeiler hin. Maria-Magdalena packte die langen Zügel, knotete eine Schlinge in ihr Ende, und während der Ochsentreiber seine Tiere zwang, sich zur Altstadt hin zu drehen, ließ sie die langen Lederriemen zu Meister Otlin hinunter.

»Steckt den Fuß in die Schlaufe!«, rief sie. »Danach lasst das Geländer los und packt die Zügel! Wagt es einfach!«

Etwas in Maria-Magdalena wunderte sich, weil der Mann, der da unten am abgestürzten Bohlensteg hing, genau tat, was sie verlangte – so wie die Männer hinter ihr ihren Anweisungen ohne Weiteres gefolgt waren. Ein anderer Teil ihrer Seele betete stoßartig, dass die Rettung des Baumeisters gelingen möge, und eine dritte Herzensstimme beflügelte ihre Hoffnung für Rübelrap, während der Ochsentreiber die Ochsen vom Pfeiler wegführte und Meister Otlin, festgeklammert im Zügel und mit dem unverletzten Fuß in der Schlaufe, Stück für Stück zu ihr heraufglitt.

Warum sollte Gott ihren väterlichen Freund nicht vom Henkersbeil retten können, wenn er sogar diesen Mann da unten vor dem sicheren Absturz bewahrt und dazu gebracht hatte – einen starken Mann! Einen Baumeister des Kaisers! –, auf sie, ein unbedeutendes Mädchen in Burschenkleidung, zu hören?

Laurenz' Sohn, der Maurermeister, streckte die Rechte aus und packte Jan Otlins linken Arm. Mit der rechten Hand ergriff der Baumeister Maria-Magdalenas Tuch. So zogen sie den Abgestürzten Elle für Elle gemeinsam über den Rand des Pfeilers.

Als Jan Otlin endlich bebend und keuchend neben ihnen lag und mit feuchtem Gesicht in den Himmel starrte, bekreuzigte sich auch Maria-Magdalena. Sie berührte die Stirn des Baumeisters, um ihn zu beruhigen – und erschrak, weil die Schweißperlen darauf sich so kalt anfühlten. Mit dem Haartuch trocknete sie ihm die Haut. Hatte sie jemals zuvor einen Mann derart zittern sehen? Sie konnte sich nicht erinnern.

»Gott sei Lob und Dank!«, keuchte der Maurermeister, und alle, die sich am Pfeilerrand versammelt hatten, stimmten Dankgebete an oder bekreuzigten sich oder taten beides. Maria-Magdalena löste das Ende ihres Tuches aus der Faust des Baumeisters, wollte aufstehen und gehen. Jan Otlin jedoch hielt den Stoff fest und zog sie daran wieder zu sich herab.

»Danke!«, flüsterte er mit bebender Stimme und hob den Kopf. Das klare Grün seiner Augen verschwamm hinter einem feuchten Schleier, und dennoch sah er sie unverwandt an.

»Max«, murmelte er, »wer bist du denn bloß?«

4
Absturz

Später, um die Mittagszeit, wartete Maria-Magdalena an der Breiten Straße, die am südlichen Seitenflügel des Rathauses in den Marktplatz mündete. Hier, so hatten Laurenz und seine Frau ihr erklärt, hier würde der Ochsenkarren vorbeirollen, der Rübelrap zum Henkerspodest auf dem Marktplatz bringen sollte.

Zwischen einem Brennholzstapel und einem Brunnen und halb versteckt hinter einer der uralten Buchen, die dort wuchsen, murmelte sie unentwegt ihre Gebete für Rübelrap und beobachtete dabei das Menschengetümmel auf der Straße. Scharenweise strömten die Prager zum Marktplatz, doch einen Ochsenwagen mit dem Gefangenen sah sie nirgends.

Tu ein Wunder, du gütiger und allmächtiger Gott, betete sie, tu ein Wunder und rette meinem Rübelrap das Leben. Sie zog die Holzpuppe aus dem Mantel und schaute ihr ins abgewetzte Gesicht: »Gott wird ein Wunder tun, das glaubt Ihr doch auch, Herr Vater, oder?«

Hufschlag mischte sich ins Palaver Tausender Stimmen und in den Lärm Tausender Schritte. Maria-Magdalena hob den Blick und schob sich vollständig hinter den wuchtigen Buchenstamm, denn ein Trupp berittener Waffenknechte bahnte sich auf der Breiten Straße einen Weg durch die Menge zum Marktplatz. Beim

Anblick solcher Reiter überkam sie für gewöhnlich ein fast unwiderstehlicher Drang, sehr schnell und sehr weit wegzulaufen.

Heute überwand sie ihn und lugte hinter dem Baum hervor, um die bärtigen und groben Gesichter der Männer ganz genau zu betrachten. Erst als sie ganz sicher war, keinen von Marians Häschern unter ihnen zu erkennen, wagte sie sich ein wenig aus der Deckung des Baumstammes.

»Lass meinen Rübelrap noch nicht sterben, gütiger Gott«, murmelte sie, schloss die Augen, senkte den Kopf und versank in stummes Flehen.

Mindestens einmal in der Woche hatte sie ihren väterlichen Freund im Kerker besucht, hatte ihm vorgelesen, hatte mit ihm Schreiben geübt, hatte ihm Speisen und Bier von der edlen Frau Ricarda gebracht.

Möglich gewesen war das durch die Sterndeuterin mit ihren guten Beziehungen zum Kaiserhof und durch Laurenz und seine Frau, die bei den Kerkerwächtern in hohem Ansehen standen. Das alte Ehepaar hatte dafür gesorgt, dass Maria-Magdalena über einen geheimen Nebeneingang in die Vogtsburg schleichen konnte.

»Tu ein Wunder, o Gott, und lass ihn am Leben! Im Namen des Vaters und des Sohnes und des Heiligen Geistes. Amen!«

Irgendwo krächzte zeternd ein Vogel, und als Maria-Magdalena den Blick hob, entdeckte sie auf dem Dachfirst schräg gegenüber eine Elster. Plötzlich hörte sie Peitschen knallen, und irgendwo in der Menge rief einer: »Platz da!« Maria-Magdalena sah die Menschen zu beiden Straßenseiten hin zurückweichen. Irgendetwas Bedeutsames geschah hier, irgendetwas Schlimmes wahrscheinlich, und noch während sie das dachte, näherte sich das rhythmische Rattern von Wagenrädern.

Die Elster schwang sich vom Dach, flatterte krächzend über

die Menschenmenge auf der Breiten Straße hinweg und landete über Maria-Magdalena in der Buche. Endlich begriff sie – es war dieselbe Elster, die sich fast immer dann in Rübelraps Kerker zeigte, wenn der Hüne sein Brummeisen zupfte.

Maria-Magdalena atmete schneller, spürte ihr Herz stolpern. Sie stellte sich auf die Zehenspitzen, um über Köpfe und Pferderücken hinwegschauen zu können – zwei weitere Reiter trabten heran. Die trieben die Leute mit Peitschenhieben, Tritten und groben Worten auseinander, um dem Ochsenwagen Platz zu machen, der ihnen folgte. Auf dem standen zwei Männer.

Maria-Magdalena erkannte Rübelrap auf den ersten Blick – natürlich! –, und sofort schlug ihr das Herz in der Kehle. Sie schluckte, schnappte nach Luft und schluckte wieder. »Da kommt er.« Sie drückte die Puppe an die Brust und flüsterte: »Wir müssen jetzt stark sein, Herr Vater.« Aus tränenden Augen spähte sie hinüber zum Ochsenwagen und ihrem väterlichen Freund.

Mit erhobenem Kopf und auf den Rücken geketteten Armen stand Rübelrap vorn auf dem Wagen, direkt hinter dem Kutschbock. Seine Kutte war schmutzig und verschlissen, sein Haupt- und Barthaar lang und struppig. Er schaute über den Kutscher, die beiden Ochsen und die Menschenmenge hinweg in irgendeine Ferne, die nur er kannte und in der es heiter zugehen musste.

»Sieh nur, Herr Vater«, flüsterte Maria-Magdalena. »Er lächelt.« Der Mann an seiner Seite jedoch, ein Priester, sah keineswegs vergnügt aus. Er redete unentwegt, fuchtelte mit den Armen herum, tänzelte von einer Seite der Ladefläche zur anderen, deutete auf Rübelrap und schnitt eine wahrhaft grimmige Miene.

»Dieser hier geht heute versöhnt mit Gott über die Schwelle des Todes!«, rief er. »Doch wie werdet ihr vor den Allmächtigen und seine Heiligen treten? Seid ihr so sicher, dass euch nicht heute noch der Schlag trifft? Oder eine Mörderhand euch niederstreckt? Oder ein Ziegelstein, der sich von einem Dach löst? Werdet ihr dann versöhnt mit eurem Schöpfer aus diesem Leben scheiden?«

Maria-Magdalena kannte Militsch von Kremsier aus der Vogtei. Nicht selten, wenn sie und Eva im Auftrag der edlen Frau Ricarda Wein und Speisen zu Rübelrap in den Kerker gebracht hatten, war der kleine Priester bei ihm gewesen, um ihm die Beichte abzunehmen oder das Sakrament der Heiligen Kommunion zu spenden.

»Du da!« Während er predigte, suchte Militschs Blick bestimmte Männer oder Frauen in der Menge, und er streckte Arm und Zeigefinger nach ihnen aus. »Hast du die Ehe gebrochen? Ja oder nein! Hast du gelogen?« Er fuhr herum und deutete auf den Nächsten. »Oder du da! Hast du der Wollust gefrönt? Hast du deine Nachbarin begehrt? Hast du oder hast du nicht! Oder du da! Hast du dich vollgefressen, statt dem Armen von deinem Überfluss abzugeben?« Die Leute rund um den Wagen mit dem Todeskandidaten zogen erschrocken die Schultern hoch oder senkten die Blicke oder bekreuzigten sich.

Rübelrap jedoch stand reglos und schien völlig unberührt von der scharfen und ziemlich lauten Predigt seines Beichtvaters. Lächelnd blickte er zum Marktplatz hin, wo das Blutgerüst auf ihn wartete. Er schien schon nicht mehr auf dieser Welt zu weilen.

»Gütiger Jesus Christus, erbarme dich seiner!« Maria-Magdalena wischte sich die Tränen aus den Augen. »Gib, dass die Ochsen durchgehen und ihn aus der Stadt tragen!« Ihre Knie wurden weich, und sie begann zu zittern. »Schicke einen Engel, der ihn fortnimmt, so wie du auch den Elia fortgenommen hast von dieser üblen Welt. Du kannst doch so etwas! Du bist doch allmächtig, so erbarme dich doch! Amen, Amen, Amen!«

»Diesem hier sind seine Sünden vergeben!«, rief Militsch in

die Menge und zeigte jetzt auf Rübelrap. »Ihr meint, der hier gehe Schmerzen und Qualen entgegen? Ihr meint, er zittere vor dem Henkersbeil? Ich sage euch: Ihr täuscht euch! Dieser Mann geht göttlichen Freuden und höchster Seligkeit entgegen, denn Gott hat ihm vergeben, und das Blut seines Sohnes Jesus Christus hat ihn von aller Schuld reingewaschen! Wohin jedoch wirst du gehen, wenn heute deine Stunde schlägt? Oder du da? Weißt du's? Dann sag's mir, los!«

»Ich muss zu ihm, Herr Vater!«, flüsterte Maria-Magdalena unter Tränen und steckte die Puppe unter den Mantel. »Ich muss zu meinem Rübelrap.« Sie verließ den Schutz der alten Buche und drängte sich in die Menschenmenge hinein, die den Wagen begleitete. Wie in der Strömung eines Flusses trieb mit den Ochsen, dem Todeskandidaten und den zahllosen Menschen nun auch sie zum Marktplatz hin. Zielstrebig arbeitete sie sich zwischen den Leibern hindurch und gelangte auf diese Weise dicht hinter den Ochsenwagen. Irgendwie schaffte sie es schließlich auch, die Stangen des Heckverschlages erst zu berühren und dann zu ergreifen.

»Rübelrap!« Vom Heck des rollenden Fuhrwerks aus tastete sie sich am Seitenverschlag entlang zum Kutschbock vor. »Rübelrap!« Doch der Freund hörte sie nicht in all dem Lärm, den Leute, Wagenräder, Hufschlag und Prediger veranstalteten.

Einen Steinwurf weit entfernt lenkten Reiter ihre Pferde unter die Fußgänger, die von überallher auf den Marktplatz strömten. Dem kleinen stämmigen Ritter an ihrer Spitze wucherte ein rötlicher Bart unter der Sturmhaube hervor, und eine schwarze Klappe bedeckte sein rechtes Auge. Marian von Zittau!

Maria-Magdalena erschrak bis ins Mark, und der Atem stockte ihr. Sie duckte sich hinter den Wagen – was nun? Fliehen? Nein! Um jeden Preis wollte sie in Rübelraps Nähe bleiben; sie *musste* bei ihm bleiben. Sie *musste* das Wunder erleben, das Gott doch hoffentlich an ihm vollbringen würde! Und würde es nicht geschehen, dieses Wunder, was sollte ihr dann noch ihr Leben?

Schon lag das Rathaus hinter ihr, dem Wagen und der Menge. Der Marktplatz öffnete sich vor ihnen, und Maria-Magdalena schaute auf ein Menschenmeer. Hunderte, ja Tausende strömten noch immer von allen Seiten des Altstädter Rings auf den weiten Platz, um von der Hinrichtung des Dominikaners Zeuge zu werden.

Dessen Name, Rübelrap, war ja bereits in aller Munde gewesen, als vor drei Jahren schon einmal seine Hinrichtung angestanden hatte und dann verschoben worden war. Inzwischen erzählte man sich die tollsten Geschichten von dem wortkargen Hünen: wie er als irischer Ritter, lange bevor er das Mönchsgelübde abgelegt hatte, fast allein ein englisches Heer besiegt habe; wie er als dänischer Fürstensohn mit Eisbären gekämpft habe und Sieger geblieben sei; dass er schon einmal als der israelitische Heerführer Josua über diese Erde gegangen sei und die Mauern Jerichos zum Einsturz gebracht habe; sogar, dass er der aus dem Himmel zurückgekehrte Prophet Elia sei, glaubten einige.

An seiner Schuld zweifelten sowieso die meisten Leute in Prag, denn Marian von Zittau war nicht besonders beliebt in der Stadt und bei Hof; er galt gemeinhin als Schürzenjäger, Grobian und Raubritter und sein gestorbener Knappe Sigismund als brutaler Raufbold. Rübelrap dagegen erschien den Leuten beinahe als Heiliger. Viele Einwohner der Stadt erwarteten deshalb ein Wunder, wenn er zum Henker hinaufstieg, erwarteten mindestens, dass Milch aus seinen Adern fließen würde, wenn jener ihm den Kopf abschlug.

»Rübelrap!«, schrie Maria-Magdalena aus Leibeskräften, als sie endlich neben den Ochsen herlaufen und dem Freund ins Gesicht schauen konnte. »Rübelrap! So hör mich doch, mein Rübelrap! Ich bin es, Maria-Magdalena!«

Militsch, als er sie bemerkte, unterbrach seine Predigt, zupfte am fleckigen Gewand des Mönches und deutete auf sie. Kaum hatte Rübelrap sie neben den Ochsen entdeckt, verschwand das heitere Lächeln aus seinen Zügen, und eine Zornesfalte grub sich stattdessen zwischen seinen dichten Brauen ein.

»Bist du denn von allen guten Geistern verlassen?«, rief er und spähte beunruhigt nach allen Seiten. »Hast du vergessen, dass Marians Höllenhunde nach dir suchen?« In der Erregung, die ihn plötzlich gepackt hatte, kamen ihm gleich mehrere ganze Sätze nacheinander über die Lippen. »Was glaubst du wohl, wo sie dich heute vermuten?! Verschwinde! Versteck dich! Sofort!«

»Ich konnte doch nicht anders!« Maria-Magdalena hielt sich am Kutschbock fest. »Ich musste dich sehen. Du darfst nicht sterben! Lass mich nicht allein!«

»Keiner fragt dich, ob du geboren werden willst, keiner, ob du sterben willst – wenn deine Stunde gekommen ist, ist sie gekommen.« Mit strenger Miene deutete der Hüne zur Einmündung einer Gasse. »Und deine kommt schneller, als du denkst, wenn du nicht sofort verschwindest und dich versteckst!«

»Was soll ich denn tun ohne dich, Rübelrap?!«, schrie sie heulend zu ihm hinauf. Der ganze kindliche Kummer, den sie vor so vielen Jahren, als sie ihre Familie verlor, in ihrem Herzen eingeschlossen hatte, brach nun aus ihr heraus. »Du darfst nicht sterben!« Sie rüttelte am Kutschbock. »Was wird denn dann aus mir?«

Der traurige Blick des Kutschers wanderte von ihr hinauf zu Rübelrap, der sich hinter ihm über den Kutschbock beugte, und wieder zurück zu Maria-Magdalena. »Der Herr hat's gegeben, der Herr hat's genommen«, brummte er. »Füg dich in dein Schicksal, Bursche.«

»Nein, niemals ...« Tränen erstickten Maria-Magdalenas Stimme, und der Kutscher schüttelte resigniert den Kopf.

»Er geht versöhnt mit Gott!«, donnerte Militsch vom Wagen herunter. »Lass ihn doch seine letzten Schritte in Frieden gehen!« Zorn loderte im Blick des Predigers. »Siehst du nicht, wie du ihn bekümmerst?« Mit herrischer Geste deutete er zu den Gassen hinüber. »Weg mit dir!«

Doch Maria-Magdalena klammerte sich nur noch fester an den Kutschbock, und als ihr Blick dann zum ersten Mal auf das näher rückende Henkerspodest fiel, wollte sie gar nicht mehr aufhören zu jammern und zu heulen.

»Du brauchst mich nicht mehr!«, rief Rübelrap. »Bist jetzt groß genug! Hast du deine Wachstafel dabei? Schreib dir Folgendes auf ...« Heulend schüttelte sie den Kopf. »Dann präg dir ein, was ich dir zum Abschied sage!«

»Was?« Maria-Magdalena, starr vor Schreck, weil sie nun auch den Henker auf dem Podest erkannte, begriff nicht gleich. »Zum Abschied?« Grobe Hände griffen nach ihren Schultern und Armen und zerrten sie weg vom Wagen.

»Keine Ebene, auf die nicht ein Abhang folgt!«, rief der von Militsch gehaltene Hüne ihr zu. »Kein Hingang, auf den nicht die Wiederkehr folgt. Ohne Makel, wer beharrlich bleibt in Gefahr! Beklage dich nicht über diese Wahrheit, genieße das Glück, das du noch hast. Präg's dir ein, starke Jungfrau!« Männer hielten Maria-Magdalena fest, während der Ochsenwagen sich entfernte und Rübelrap noch einmal zu seiner rätselhaften und langen Rede ansetzte. »Keine Ebene, auf die nicht ein Abhang folgt!«, hörte sie ihn rufen. »Kein Hingang, auf den nicht die Wiederkehr ...«

Die beiden Männer, die sie gepackt hatten, griffen noch fester zu, zogen sie in die Menge hinein und rissen sie schier von den Beinen. Jetzt erst blickte Maria-Magdalena hinter sich und in das von Blatternarben entstellte Gesicht eines sehr jungen Waffenknechtes mit langem schwarzem Haar, den sie nicht kannte. Seine feindseligen Züge erschreckten sie.

Und dann tönte ihr eine Stimme ins Ohr, die sie sofort zuordnen konnte: »Habe ich dich doch noch erwischt!« Ein schwarzbärtiger Mann von höchstens neunzehn Jahren feixte sie böse an, als sie sich umwandte. Dem Kerl fehlte das linke Ohr. »Jetzt bist du fällig.«

Panik flammte ihr durch alle Glieder, sodass sie aufkreischte. »Zu Hilfe!« Sie ließ sich fallen, und weil die beiden gar nicht daran dachten, sie loszulassen, spuckte und trat sie nach ihnen.

»Seid ihr des Satans?!«, fuhr ein Mönch die beiden Männer an, denn er hatte an Maria-Magdalenas Geschrei wohl die Frauenstimme herausgehört. »Hände weg von der Jungfrau!«

»Misch dich nicht ein, Hundsfott, oder willst du meine Faust schmecken?«, drohte der Einohrige. Doch auch andere Männer bedrängten nun die beiden Angreifer. Maria-Magdalena nutzte deren Unaufmerksamkeit, biss dem Schwarzhaarigen in die Hand, rammte dem Einohrigen ihren Dolch in den Arm und stürzte, als die harten Griffe sich schlagartig lösten, in die Menschenmenge.

Sie floh jedoch nicht etwa in eine der zahlreichen Gassen, die rund um den Altstädter Ring in den Marktplatz mündeten, sondern drängte zum Blutgerüst hin und zum Ochsenwagen, der inzwischen gehalten hatte. Sie nahm das Haartuch ab, damit die beiden Häscher Marians sie nicht so leicht erkennen konnten, und schlich in geduckter Haltung seitlich an den Ochsenwagen heran, sodass er zwischen ihr und ihren Verfolgern stand.

Ein Ring von Waffenknechten umgab das Podest, weswegen man nur bis auf zehn Schritte herankam. Der Ochsenwagen hatte innerhalb des Sperrgürtels gehalten. Der Henker, mit schwarzer

Kapuze und in schwarzem Mantel, stand auf seine langstielige Axt gestützt neben dem Hackklotz und beobachtete, wie der Kutscher den Heckverschlag öffnete und Waffenknechte die Arme nach Rübelrap ausstreckten, um ihm vom Wagen zu helfen. Maria-Magdalena begann am ganzen Leib zu zittern.

»Genug!«, zerschnitt plötzlich scharf eine dunkle und herrische Frauenstimme das allgegenwärtige Getuschel und Geflüster ringsum. »Er bleibt, wo er ist!«

Zuerst sah Maria-Magdalena nur den weißblonden Ritter Giselher, der sein Pferd durch den Ring der Waffenknechte lenkte, dann neben ihm und ebenfalls zu Pferde die edle Frau Ricarda.

»Heute steigt keiner zum Scharfrichter hinauf!«, rief sie, während sie ihr Pferd bis dicht an das Blutgerüst trieb und dem Henker eine Pergamentrolle entgegenstreckte. »Lies das!«

Maria-Magdalena glaubte zu träumen. Und zuckte zusammen, als warme Finger sich in ihre Hand schoben. »Gott sei Lob und Dank!« Eva zog sie an sich und flüsterte: »Mein geliebter Rübelrap ist gerettet.« Ihr Gesicht war nass von Tränen, doch sie lächelte. Und nach und nach begriff Maria-Magdalena, dass gerade tatsächlich ein Wunder geschah.

»Geht nach Hause!«, rief der Henker, der inzwischen das Siegel gebrochen und das Schreiben gelesen hatte. »Der Kaiser selbst hat den Bruder Rübelrap begnadigt! Er darf samt seinem Kopf zurück in den Kerker fahren!« Geraune und Palaver erhob sich, und der Henker musste es noch ein paarmal in die Menge rufen, bevor die sich endlich zu zerstreuen begann.

Maria-Magdalena sank entkräftet und weinend in Evas Arme. »Wie ist das zugegangen?«, schluchzte sie.

»Graf Eberhard von Naumburg ist vor drei Tagen gestorben«, erzählte Eva. »Der Kaiser hat es erst heute Vormittag erfahren und sofort die Begnadigung für den Priestermönch verfasst. Und den Marian will er der Stadt verweisen.«

»Die Sterndeuterin hat sich für ihr Mönchlein eingesetzt, wie man sich erzählt«, hörte Maria-Magdalena den Hauptmann der Waffenknechte zu Militsch sagen, der sich bei ihm erkundigt hatte, was hier eigentlich geschah. »Sogar den Bischof von Olmütz und den Leibarzt des Kaisers hat sie bezirzt, damit sie ein gutes Wort für den Goliath einlegen.«

»Wäre der Graf Eberhard nicht gestorben, hätte der Wenzel den Mönch niemals begnadigt«, wusste ein Ratsherr zu berichten, der zu ihnen trat. »Dann hätte nämlich der Eberhard ihm das Bündnis gekündigt und es mit den Brandenburgern gehalten.«

»Der Graf Eberhard ist ermordet worden«, behauptete der Waffenknecht. »Und wie man hört, hat der Gottseibeiuns selbst dabei den Giftbecher gefüllt.«

»Unsinn!«, widersprach Eva. »Der Naumburger war auf dem Weg nach Prag, um die Hinrichtung anzuschauen. Und vor drei Tagen lag er morgens plötzlich tot in seiner Gasthauskammer. Der Schlag habe ihn getroffen, heißt es.«

Der Hauptmann der Waffenknechte schüttelte den Kopf. »Und ich sage euch: Es war Mord.«

5
Blutvertrag

Prag, Mai 1360

Die Nacht dämmerte bereits herauf, als Rudolph den Altstädter Ring hinter sich ließ. Da und dort leuchteten Talglampen über Hauseingängen, manche Fußgänger trugen bereits Fackeln, und in einem der Höfe, an denen der Straßburger vorbeilief, loderten Flammen aus einer Feuerschale. Er hatte sich seinen Hut tief in die Stirn gezogen und eilte mit gesenktem Kopf an den Hausbewohnern vorüber, die plaudernd auf Bänken, Holzstapeln oder Viehtränken vor ihren Hoftoren hockten. Je weniger Leute ihn sahen, hier auf dem Weg zu Ricarda Scorpios Hausburg, je weniger ihn erkannten, umso besser.

Vier Wochen waren vergangen, seit eine Palette voller Balken auf den Brückenbaumeister herabgestürzt war. Der hinkte zwar noch immer ein wenig, aber er lebte. Ein starker Schutzengel habe ihm das Leben gerettet, pflegten die Bauleute zu sagen, Gott müsse es gut mit ihm meinen.

Bitterkeit erfüllte Rudolph, wann immer er diesen Spruch zu hören bekam.

In der Zöllnerstraße, nur wenige Schritte von der Hausburg der Sterndeuterin entfernt, umgab eine schweigende Menschentraube einen Eselskarren, auf dem ein kleiner Priester stand und predigte. Obwohl dessen tiefe und laute Stimme nicht zu überhören war, drang sie kaum in Rudolphs Bewusstsein, denn nur sein Körper ging an den wie gebannt Lauschenden und dem Prediger vorüber – im Geist lief er in Gmünd den Marktweg entlang.

In Gedanken trat er in den Gmünder Gasthof *Zum Goldenen Auerhahn*, während das Tor zu Ricarda Scorpios Anwesen in sein Blickfeld rückte. Wie so oft in den letzten Wochen erinnerte er sich an die Stunde, in der ihm die Sterndeuterin die Berufung nach Prag und Drudas Zuneigung geweissagt hatte. Er sei ein mindestens so guter Steinmetz wie Peter Parler, hatte sie ihm damals erklärt und aus den Sternen prophezeit, dass er es vor Peter Parler zu Ruhm und Reichtum bringen würde. Waren das nicht ihre Worte gewesen?

Nun – Peter Parler schickte sich an, ein prächtiges Haus oben auf dem Hradschin zu kaufen, direkt am Burgplatz, und er, Rudolph, zahlte noch immer Monat für Monat Rente dafür, in dem alten Häuschen neben der Klosterkirche der Benediktinerinnen hausen zu dürfen.

Peter Parler war inzwischen so angesehen, ja berühmt in Prag, dass man ihn sogar zum Schöffen berufen hatte. Ihn dagegen, Rudolph, hatten die Prager Steinmetze nicht einmal in das Amt des Innungsmeisters wählen wollen, und wenn er durch die Altstadt flanierte, konnte er froh sein, wenn wenigstens eine Handvoll Bürger ihn grüßte.

Am Tor angekommen, packte er den schweren Klopfring und hämmerte ihn gegen das Holz. Die rauen Männerstimmen dahinter verstummten, Schritte schlurften heran.

Deine Stunde naht – hatte Ricarda Scorpio ihm das nicht an jenem Tag verheißen, als der Kaiser oben im Veitsdom seinen Plan für den Bau der steinernen Brücke vorstellte? Oh ja, das hatte sie! Und was war geschehen? Der Kaiser hatte Jan Otlin zum Brückenbaumeister berufen. Und obwohl sie ihm, Rudolph, Anfang des Jahres Otlins Ende aus den Sternen gelesen hatte, lebte dieser Mann noch immer und war bis heute kaiserlicher Baumeister.

Wie ein Knoten schnürten ihm die Enttäuschung und der Ärger darüber den Magen zusammen.

Hinter dem Tor scharrte ein Riegel, gleich darauf ein zweiter, und dann öffnete es sich knarrend und quietschend. Zwei schwer bewaffnete Männer in Harnisch standen auf der Schwelle und beäugten ihn misstrauisch. Einer erkannte den Straßburger, nickte und winkte ihn mit einer Kopfbewegung herein.

Rudolph ballte die Fäuste, während er den Hof überquerte. Gleich der Sterndeuterin begegnen zu müssen, verdross ihn. Aber wenn es stimmte, was er einen Priester hinter vorgehaltener Hand über sie hatte flüstern hören, dann würde er bei ihr doch noch die Hilfe finden, die er suchte. Er stieg die Vortreppe hinauf und trat am Wächter, der das Portal hütete, in die Vorhalle der Hausburg.

Ein weißblonder Ritter mit Waffengurt und in Wappenrock trat aus dem Kontor der Sterndeuterin, entbot ihm einen knappen Gruß und hielt ihm einen Flügel des Kontorportals auf. Seit dem Überfall vor drei Jahren ließ die Sterndeuterin sich und ihr Haus durch Giselher von Stettin und seine Waffenknechte bewachen, das wusste Rudolph wie jeder in der Stadt. Dass der Stettiner und Ricarda Scorpio eine Liebschaft pflegten, hatte er sich gedacht, und inzwischen zerriss man sich auf dem Markt die Mäuler darüber.

Neu war ihm jedoch, was er erst gestern in einer Schenke einen Priester einem Mönch hatte zuflüstern hören: Giselher von Stettin sei der Sterndeuterin dermaßen verfallen, dass er alles für sie tue. Mit ihm an ihrer Seite, so jener Priester, könne Ricarda Scorpio Wirksameres ausrichten, als den Tod eines Mannes lediglich zu weissagen.

Anders als der berauschte Mönch gestern Abend hatte Rudolph von Straßburg sofort begriffen, was der Priester andeutete.

Eine Frau in dunkelblauem Kleid schlüpfte aus dem Kontor, als Rudolph eintreten wollte – blutjung, schlank, hohe Stirn und schwarze Locken unter weißer Haube. Sie trug ein Tablett mit einem Weinkrug, zwei Bechern und einer halb mit Kirschen gefüllten Schüssel. An einem Lederband hing ein Brummeisen um ihren Hals. Im Vorüberhuschen musterte sie ihn aufmerksam und aus wachen eisgrauen Augen.

Rudolph stutzte, während er in das Kontor eintrat. Woher nur kannte er dieses Gesicht, diese Augen?

»Da bist du ja, Rudo!« Ricarda Scorpio begrüßte ihn beinahe herzlich und musterte ihn prüfend dabei. »Ein zufriedener Mann sieht anders aus, möchte ich meinen.« Sie trug ein nachtblaues Samtgebände auf ihrem schwarzen Haar, in dem seit einiger Zeit silbrige Fäden schimmerten. Nachtblaue Knopfleisten, Bänder und Säume schmückten ihr gelbes Seidenkleid.

»Nichts von dem, was du mir aus den Sternen vorausgedeutet hast, ist eingetroffen!« Hinter Rudolph schloss der Ritter den Türflügel, er selbst jedoch blieb draußen. »Wie kann ich da zufrieden sein?«

»Wirklich nichts?« Ricarda neigte den Kopf zur Schulter, und ihr Blick bekam etwas Lauerndes. »Arbeitest du nicht in den Diensten des Kaisers auf einer seiner wichtigsten Baustellen? Hat Druda dir nicht Herz und Arme geöffnet?«

»Sicher doch, ja.« Er deutete zu ihrem Schreibpult. »Aber als ich nach dem letzten Neujahrstag bei dir war, hast du an diesem Pult in den Sternen gelesen, dem Otlin würde ein großes Unglück zustoßen, sodass ich bald seine Nachfolge antreten kann.«

»Die Last einer ganzen Kranpalette ist auf ihn gestürzt und hätte ihn beinahe umgebracht. Ist das etwa kein großes Unglück?

Der kaiserliche Hof und die gesamte Stadt haben tagelang von nichts anderem gesprochen.«

»›Beinahe‹ – du sagst es.« Vorwurfsvoll starrte er sie an. »Nur lebt Otlin noch. Und außer dass er seitdem hinken muss, erfreut er sich bester Gesundheit.«

»Ist das etwa die Schuld der Sterne?« Spöttisch lächelte sie ihm ins Gesicht.

»Nein, doch sie haben Besseres verheißen – jedenfalls hast du das behauptet. So überzeugend, dass ich nicht an dem Otlin seinen baldigen Tod zweifeln konnte.«

Die Sterndeuterin runzelte die Stirn. »Du hast nachgeholfen, habe ich recht, Rudo? Wolltest selbst Schicksal spielen, nicht wahr?« Sie trat nahe zu ihm und sah ihm in die Augen – so tief und so lange, dass Rudolph den Blick senken musste. »Habe ich also recht.«

»Ich habe den Mann auf meine Seite ziehen können, den du mir empfohlen hast, ja. Doch es ist misslungen, obwohl deine Sterne angeblich ...«

»Du hättest abwarten müssen!«, fiel sie ihm ins Wort. »Abwarten, bis ich dir die günstigste Stunde aus den Sternen geweissagt hätte.« Kopfschüttelnd wandte sie sich ab und seufzte. »Deine alte Schwäche, Rudo, die Ungeduld. Sie wird dich noch einmal teuer zu stehen kommen.« Mit auf dem Rücken verschränkten Armen schritt Ricarda zum Fenster. »Wie oft habe ich dir gesagt, dass du warten musst, bis deine Stunde schlägt!«

»Ich wollte nicht länger warten, ich kann's auch nicht.« Wild gestikulierend lief der Straßburger zu ihr. »Ich will die Druda heiraten! Ich will die Brücke allein bauen! Ich will endlich kaiserlicher Baumeister werden!«

Ricarda Scorpio antwortete nicht, schaute lediglich zum Fenster hinaus auf die Zöllnerstraße, wo nur zwanzig Ruten entfernt der Priester vom Eselskarren herab predigte. Immer mehr Menschen blieben stehen, um ihm zuzuhören, in allen Fenstern lehnten sie zu beiden Seiten der Straße, in allen Türen standen sie. Erste Fackeln und Öllampen flammten in der Menge auf.

»Militsch von Kremsier predigt Hölle und Gericht, und die Leute hören ihn gern«, sagte die Sterndeuterin. »Ist das nicht erstaunlich? Er hat seine Eselskanzel übrigens nicht zufällig hier vor meinem Haus aufgestellt, auch vor anderen Freudenhäusern predigt er gern. In der Neustadt musste schon eines mangels Hübschlerinnen schließen. Selbst zwei meiner Frauen haben bereits ans Klostertor der Benediktinerinnen geklopft, dabei hatten sie es gut bei mir.« Sie seufzte tief. »Und Eva hört ihm auch immer andächtiger zu.« Mit einer Kopfbewegung deutete sie zur Menschentraube hin. »Siehst du ihren hübschen Blondschopf in der Menge?«

Rudolph entdeckte die blonde Hure und nickte. »Warum lässt du den Pfaffen nicht verjagen? Giselhers Waffenknechte werden ihm schon Beine machen.«

»Der Militsch ist hartnäckig. Außerdem kann ich ihn nicht einfach wegprügeln lassen – der Erzbischof hält große Stücke auf ihn, auch der Kaiser. Sogar in Avignon, am Papsthof, hat er Fürsprecher. Der Kardinal Grimaldi zählt dort zu seinen Vertrauten, und es gibt Leute, die in Grimaldi den nächsten Heiligen Vater sehen.«

»Was geht mich dieser Eiferer an!«, zischte Rudolph. »Was sein Geschwätz! Ich will ...«

»Ich bin nicht taub!«, unterbrach Ricarda Scorpio ihn. »Ich habe gehört, was du willst. Und bei all dem, was du da aufzählst, wundere ich mich, dass du nicht gleich Papst zu werden verlangst.« Abrupt fuhr sie herum und sah ihm ins Gesicht. »Die Brücke bauen, die Druda heiraten, kaiserlicher Baumeister werden – ziemlich viel auf einmal, Rudo. Begehrst du das alles wirklich?«

»Ich will es aus tiefstem Herzen. Und ich misstraue den Sternen, kann aber nicht an das Ende der Welt glauben, wie diese dummen Leute da draußen beim Eselskarren. Ich glaube lieber, dass wir noch Zeit genug haben, um uns unsere sehnlichsten Wünsche zu erfüllen. Allerdings auch nicht zu viel Zeit.«

»Da magst du recht haben.« Ricarda Scorpio wandte sich vom Fenster ab, ging mit wiegenden Hüften zu ihrem breiten Schreibpult und lehnte sich darüber. »Du hast mir einen Brief geschrieben, in dem du mich um dieses Treffen gebeten hast, Rudo.« Sie wies auf die Pergamentrollen und Sternkarten, die auf dem Pult und auf dem runden Tisch daneben lagen. »Zwar habe ich dein Horoskop für dieses Jahr neu berechnet und das von Meister Parler und Meister Otlin gleich mit, doch wenn ich dich so reden höre, zweifle ich, dass du erneut die Auskunft der Sterne begehrst.« Ihre Augen verengten sich zu Schlitzen, während ihr Blick ihn festhielt. »Was willst du wirklich von mir?«

»Ich will deine Hilfe. Und ich spreche von handfester und tatkräftiger Unterstützung.«

Sie stutzte, runzelte die Brauen und musterte ihn noch misstrauischer. »Wie um alles in der Welt kommst du darauf, dass ich dir helfen könnte?«

»Du hast es geschafft, beim Kaiser die Begnadigung deines Pferdeknechts und Beichtvaters durchzusetzen. Dieser Goliath war so gut wie tot, und jetzt führt er im Kerker das Leben eines kleinen Fürsten.«

»Du weißt nicht, wovon du sprichst, Rudo. Niemand führt ein fürstliches Leben, der hinter Gittern sitzt. Ein paar Monate noch, dann wird der Kaiser ihm hoffentlich auch die Freiheit schenken.

Wenn die Aufregung über die ausgefallene Hinrichtung sich gelegt hat.«

»Wie hast du das geschafft?«

»Ich habe gute Freunde.« Die Sterndeuterin zuckte mit den Schultern. »Du entsinnst dich des Kaplans, der bei meinen Frauen ein und aus ging?«

»Der dir diese Hausburg verkaufte?«

»Inzwischen sitzt er auf dem Bischofsstuhl von Olmütz und denkt gern an die Vergünstigungen, die er bei mir genoss. Dankbar, wie er ist, hat er sich beim Kaiser für Rübelrap eingesetzt. Und dass Karls Leibarzt und Hofastrologe Magister Gallus von Strahov mir jeden Wunsch von den Augen abliest, hast du sicher schon gehört.«

»Gehört habe ich, dass der Kaiser deinen Goliath niemals hätte begnadigen können, wenn Graf Eberhard nicht gestorben wäre.« Rudolph ging zu ihr, blieb vor dem Pult stehen und beugte sich nahe zu ihrem Gesicht hin. »Eberhard von Naumburg sei keines natürlichen Todes gestorben, auch das habe ich gehört.«

»So?« Ricarda Scorpio tat erstaunt. »Derart schlimme Sachen erzählt man sich?«

Rudolph nickte. »Zuweilen fällt dein Name, wenn von seiner Ermordung die Rede ist.«

»Unter Neidern und Verleumdern!« Ein Schatten huschte über ihr kantiges Gesicht. »Nicht viele gönnen mir meine Stellung bei Hof.« Sie zog die Brauen hoch. »Wie sein Sohn Sigismund war auch der Graf ein Räuber und Frauenschänder. Doch sollte ich mich deswegen mit dem Blut dieses Narren besudelt haben?« Ihr Ton wurde schärfer. »Das glaubst du nicht ernsthaft!«

»Nein, das glaube ich nicht ernsthaft.« Rudolph wandte sich ab und ging zurück zum Fenster. »Schmutzige Arbeit wie diese hast du nicht nötig.« Draußen lauschte die Menge noch immer dem Prediger, obwohl es fast dunkel war. »Du bist klug, du kennst andere Mittel und Wege. Und vor allem hast du Giselher von Stettin an deiner Seite. Wie man hört, frisst dir der schöne Ritter aus der Hand.«

»Zügle deine Worte, Rudo!« Mit der Faust schlug hinter ihm die Sterndeuterin auf das Schreibpult. Draußen öffneten Giselhers Waffenknechte das Hoftor, vier Männer trugen einen Sänftenstuhl herein, in dem ein Priester saß, den Rudolph flüchtig kannte.

»Was mich allerdings wundert«, murmelte er, »dein Feind Marian von Zittau ist noch immer am Leben und in der Stadt. Du findest Mittel und Wege, Eberhard aus dem Weg zu räumen, Marian jedoch ...«

»Zügle dich, sage ich!« Jetzt hämmerte Ricarda Scorpio mit beiden Fäusten auf das Schreibpult.

» ... Mittel und Wege, Gnade für Rübelrap zu erwirken, wollte ich sagen – verzeih. Und findest keinen Weg, dich an deinem Feind Marian zu rächen?«

»Der Kaiser hat Marian nach Fürsprache einiger Priester, die ihm wohlgesonnen sind, begnadigt, so wie er auch Rübelrap begnadigt hat. Es ist ihm gestattet, in der Stadt zu bleiben, solange er sich an Recht und Gesetz hält. Und man hört, er sei zahm geworden, suche keinen Streit mehr und trachte auch niemandem nach dem Leben.«

»Und du? Hast du ihn gleichfalls begnadigt?« Durch das Fenster beobachtete Rudolph, wie sie den Priester die Vortreppe zum Portal hinauftrugen, wo zwei Hübschlerinnen ihn mit zärtlichen Gesten begrüßten. Im Licht ihrer Öllampen konnte der Straßburger nun deutlich das lange Gesicht mit der spitzen Nase erkennen: Es war eindeutig Ambrosius, der Priester der Sankt-Nikolaus-Kirche. Der hatte bei Peter Parler eine Madonnenskulptur für die Kathedrale von Budweis in Auftrag gegeben, um sich für den frei gewordenen Bischofsstuhl des Bistums ins Gespräch zu bringen. Wenigstens schien ihm die schleichende Nervenlähmung, unter der er litt, den Appetit auf Ricardas Huren nicht zu verderben.

»Ich meine, in deinem Herzen.« Rudolph wandte sich nach der Sterndeuterin um und musterte sie mit zweifelnder Miene. »Schwer vorstellbar, dass du ihn ungeschoren davonkommen lässt nach allem, was er dir und deinen Frauen angetan hat.« Da sie nicht antwortete, schaute er wieder zum Fenster hinaus.

Eine Zeit lang herrschte Schweigen im Kontor. Ricarda, hinter Rudolph, schien an ihrem Pult festgefroren zu sein, denn er hörte keinen Schuh scharren, kein Pergament knistern und keine Seide rascheln. Draußen verschwand der Tragestuhl des Priesters aus Rudolphs Blickfeld, dafür huschte im nächsten Moment eine schlanke, in einen dunklen Umhang gehüllte Frau die Treppe hinunter und lief unter dem Fenster vorbei zu den Stallungen.

»Graf Eberhard starb vor zwei Monaten«, sagte Rudolph, während er die Gestalt beobachtete. »Wie lange hat Marian noch zu leben?« Im Schein der Fackel, die sie trug, erkannte Rudolph das Gesicht der jungen Frau, die ihm aus dem Kontor entgegengekommen war. Ihre Art, sich zu bewegen, kam ihm ähnlich bekannt vor wie vorhin ihre Augen. Und plötzlich begriff er: Niemand anders als der junge Mörtelmischer, der seit dem Ende des Winters auf der Baustelle arbeitete und den man als den Retter Otlins feierte, lief dort unten über den abendlichen Hof!

»Siehst du, Rudo?«, brach Ricarda Scorpio das Schweigen. »Das ist es, was uns unterscheidet: Ich kann warten, bis meine Zeit kommt, du nicht.«

»Marian wird seine Strafe also bekommen?« Aus irgendeinem Winkel des abendlichen Hofes drangen Klänge eines Brummeisens. Ja, die Frau musste tatsächlich der junge Mörtelmischer sein, denn auch der zupfte während der Mittagspause manchmal auf einem solchen Instrument herum.

»Was geht es dich an?« Ricarda stieß sich vom Pult ab und lief zu ihm. »Was willst du von mir?!«

»Die Jungfrau mit dem Brummeisen wohnt bei dir?« Mit einer Kopfbewegung deutete er zum Hof hinaus.

»Maria-Magdalena? Seit Neustem wieder, ja. Im Schutz der Dunkelheit wird sie sich nachher in die Vogtei begeben, um den Rübelrap zu besuchen und ihn mit Essen und Wein zu versorgen.« Die Sterndeuterin packte Rudolph an der Schulter und riss ihn herum. »Was du von mir willst, habe ich dich gefragt! Antworte mir!«

Er schaute ihr ins gerötete Gesicht, ganz ruhig, dann nahm er ihre Hand von seiner Schulter, küsste sie und sagte leise: »Dass du für mich tötest.«

»Was redest du da!« Sie entzog ihm die Hand, wobei ihre Miene noch kantiger und härter wurde, als sie sowieso schon war.

»Oder genauer: dass du für mich töten lässt.« Rudolph richtete sich auf, sah ihr in die Augen und hielt ihrem brennenden Blick stand. »Vorausgesetzt natürlich, die Sterne stehen günstig für so ein gewagtes Unternehmen«, fügte er lächelnd hinzu.

Drei Atemzüge lang musterten sie einander, und keiner sagte ein Wort. Irgendwann drehte Ricarda sich weg und schritt zurück zu ihrem Schreibpult, sehr bedächtig und ganz so, als würde ihr etwas Schwerwiegendes durch den Kopf gehen. Am Pult angekommen entrollte sie die Pergamente und beugte sich über sie.

Rudolph, reglos am Fenster, beobachtete jede ihrer Gesten, jede Bewegung in ihrem Gesicht. War er zu weit gegangen?

»Ich merke schon: Du willst nicht länger warten«, sagte sie endlich, ohne von ihrem Pergamentbogen aufzusehen. »Und vielleicht hast du recht – die Sterne zeigen zwar die günstigste

Stunde, aber wirklich stark ist, wer sein Schicksal selbst in die Hand nimmt.« Jetzt erst hob sie den Blick. »Angenommen, ich könnte dir helfen, und angenommen, die Sterne stünden günstig – was sollte dann geschehen? Und wann müsste es geschehen?«

»So schnell wie möglich.« Fiebrige Erregung ergriff ihn, als er seinen Verdacht bestätigt fand: Nicht nur eine Sterndeuterin war diese Frau, nicht nur eine Heilerin, sondern eine Hexe, die sich auf die Kunst des Tötens verstand. »Und habe ich nicht zur Genüge angedeutet, was geschehen muss?«

»Lass Zeit vergehen, Rudo, so mein Rat. Lass erst einmal Gras über den Unfall wachsen.«

»Wie lange?«

»Mindestens ein Jahr.« Sie sprach leiser jetzt, und ihre dunkle Stimme klang heiser und verschwörerisch. »Und dann sollte es nicht gleich wieder den Jan Otlin treffen.«

»Zuerst der Parler?« Rudolph spürte, wie ihm das Herz schneller schlug. Er hatte gewonnen, sie würde tun, was er von ihr wollte. Nun kam es auf den Preis an. »Mir soll es recht sein.« Auch er flüsterte nun beinahe. »Wenn ich erst mit seiner Witwe verheiratet bin, wird es leichter, seine Nachfolge als Baumeister anzutreten.«

»Einen Schritt nach dem anderen, Rudo.« Ricarda Scorpio hob mahnend die Rechte. »Bevor ich dir meine Hilfe zusage, stelle ich dir eine Bedingung.«

»Welche?« Rudolph runzelte die Stirn, denn er witterte Betrug.

»Die nenne ich dir, wenn du mir gesagt hast, wo du das Silber herbekommen willst, das dir Parlers und Otlins Tod wert ist. Denn es wird nicht wenig sein, was ich verlange.«

»Aus meinem mütterlichen Erbe«, erklärte Rudolph. »Meine Mutter war die Tochter eines Grafen, wie du sicher weißt.« Er hob den Kopf und reckte das Kinn vor. »Eines reichen Grafen. Und jetzt nenne mir deine Bedingung.«

»Um das Schicksal zu zwingen – und nichts anderes verlangst du, Rudo –, reicht es nicht, die Kräfte der Sterne lesen zu können. Hierzu braucht es das Bündnis mit einem, der stärker ist als du und ich, stärker selbst als die Macht der Sterne.«

»Von wem sprichst du?«

»Von einem Fürsten, dessen Namen man nicht leichtfertig in den Mund nehmen sollte.« Ricarda Scorpio rollte die Pergamentbögen auf ihrem Schreibpult zusammen und legte sie auf den großen Tisch zu den Sternkarten, den Büchern und dem Astrolabium. Danach hob sie die Schreibplatte des Pultes an, griff darunter und zog einen schweren Folianten heraus. »Die meisten fürchten ihn, weil sie nicht verstehen, sich seine Macht zunutze zu machen.«

»›Seine Macht‹?« Rudolph starrte sie an und versuchte zu verstehen. »›Zunutze machen‹? Was willst du mir sagen?«

Mit dem schwarzen Wildleder-Folianten kam sie zu ihm ans Fenster. »Dass ich in der glücklichen Lage bin, dir ein Bündnis mit diesem Fürsten vermitteln zu können, einen Vertrag, wenn du so willst.« Das schwere Buch in beiden Händen, blieb sie vor ihm stehen. »Ich nämlich stehe bereits mit ihm im Bunde.«

Rudolph senkte den Blick und betrachtete den Einband des Folianten. Goldprägungen schmückten ihn, fremdartige Symbole – so fremdartig, dass seine Nackenhärchen sich aufrichteten. »Was ist das für eine Schriftensammlung?«

»Ein Buch der Macht. Aus ihm habe ich gelernt, ein Bündnis mit jenem mächtigen Fürsten zu schließen, von dem ich rede. Und Pakte an solche wie dich zu vermitteln, an Menschen, die es wagen wollen, das Schicksal zu zwingen. Doch der Vertrag, er muss mit deinem Blut geschrieben werden.«

6
Quark und Eier

Prag, September 1360

Der Medikus zog die Brauen hoch und wiegte seinen großen grauen Kopf. »Unter uns, Meister Otlin – eine gut heilende Wunde sieht anders aus.«

Jan hatte sich auf dem Tisch ausgestreckt, auf dem auch die Baupläne und sein Schreibzeug lagen. Bekümmert betrachtete er seinen verletzten Fuß. Der Kaiser hatte darauf bestanden, dass sein eigener Leibarzt, Magister Gallus, ihn behandelte.

Plötzlich sprang einer über die Schwelle der Bauhütte und drückte sich neben der offenen Tür an die Barackenwand. Die Männer fuhren hoch und musterten den schwer Atmenden erstaunt.

»Was ist los mit dir, Max?«, fragte Jan, nachdem er die junge Mörtelmischerin erkannt hatte.

»Verzeiht …« Die Frau, die sich als Halbwüchsiger tarnte, druckste herum und suchte nach Worten. »Ich wollte, ich muss …« Sie schluckte und schwieg verlegen.

»Ist etwas geschehen?« Die Mörtelmischerin erschien Jan ungewöhnlich blass, außerdem flackerte Angst im Blick ihrer grauen Augen. »Brauchst du Hilfe?«

Sie schüttelte den Kopf – nach Jans Eindruck etwas zu heftig für jemanden, der allein zurechtkam – und sagte mit heiserer Stimme: »Ich muss mich nur einen Augenblick ausruhen.«

Das hätte die Jungfrau natürlich auch sonst irgendwo auf der Baustelle tun können, doch Jan Otlin spürte ihre Not und fragte nicht nach. »Hinter den Werkstücken dort liegt ein Strohsack, Max.« Mit einer Kopfbewegung deutete er zur südlichen Schmalseite der Bauhütte, wo Modelle von Bogenverschalungen und Schöpfrädern die Sicht verstellten. »Leg dich da ein wenig ab, denn du siehst wahrlich erschöpft aus.« Nicht nur erschöpft, tief erschrocken sah sie aus, doch das behielt Jan für sich.

Die Jungfrau nickte und huschte in die zugewiesene Ecke. Zwei Atemzüge später war nichts mehr von ihr – von ihm – zu sehen und zu hören.

Der kaiserliche Leibarzt und Hofastrologe Gallus von Strahov räusperte sich umständlich und schaute seinen Patienten so verblüfft an, wie er wohl einen Esel angeschaut hätte, der ihm gerade den Segen Gottes gewünscht hatte. Selbstverständlich ließ kein Baumeister einen Tagelöhner in der Bauhütte verschnaufen, schon gar nicht auf seinem eigenen Strohsack, doch der Medikus war viel zu höflich und diskret, um Fragen zu stellen. Lieber widmete er sich erneut dem verletzten Knöchel des kaiserlichen Baumeisters.

»Nach so vielen Wochen noch immer geschwollen.« Kopfschüttelnd schnalzte er mit der Zunge. »Und die Wunde ist nach wie vor entzündet und nässt sogar ein wenig.« Er seufzte tief. »Immerhin eitert sie nicht mehr.« Er beugte sich über die Verletzung, setzte sein Messer an und schnitt die schwarzen Stellen heraus, die sich seit dem letzten Verbandswechsel gebildet hatten. Jan zuckte zusammen, ertrug den Schmerz jedoch lautlos.

Mit einem Auszug aus Eichenrinde und Löwenzahnwurzel reinigte der Medikus die Stelle, und dieses Mal stöhnte Jan leise auf, denn das brannte höllisch. Der kaiserliche Leibarzt strich eine Paste aus Silberpappelrinde und Zwiebeln auf die offene Stelle, bevor er sie schließlich verband.

»Danke, Magister Gallus!« Jan schwang sich vom Tisch und schlüpfte in seinen Arbeitsmantel. Drei Wochen lang hatte das Wundfieber ihn ans Krankenbett gefesselt. Danach hatte er die Arbeiten einen Monat lang von seinem Strohsack aus geleitet, den er in ein Ruderboot hatte legen lassen. Viermal war Kaiser Karl mit Wein, Brot und Wildbret bei ihm zu Hause und auf der Baustelle erschienen, um persönlich nach ihm zu schauen. So viel Fürsorge beflügelte Jan Otlin erst recht, dem Kaiser die schönste und festeste Brücke des Reiches zu bauen.

Seit dem Frühsommer konnte er wieder laufen, wenn auch noch nicht ohne Schmerzen. Hinter Gallus her hinkte er aus der Bauhütte. Tief sogen die Männer die milde Spätsommerluft ein. Zu ihrer Linken knarrten die Mühlräder, zu ihrer Rechten quietschten die Lauftrommeln der Kräne, und hinter ihnen kreischten die Kinder des Müllers, während sie den Zicklein hinterherjagten.

Jan räusperte sich. »Was ich Euch schon lange fragen wollte, Magister Gallus – kann ein Geschwür einfach so wieder verschwinden? Unbehandelt, meine ich?«

»Dergleichen habe ich noch nie gehört.« Gallus von Strahov zuckte mit den Schultern. »Doch was heißt das schon?« Er lächelte verschmitzt. »In der Liebe und der Medizin sage niemals ›nie‹ und niemals ›immer‹.«

Bei diesen Worten ging es Jan wie ein Schmerz durch die Brust, denn es gab niemanden in seinem Leben, auf dessen Liebe er hoffen konnte und um die er fürchten müsste. All seine Kraft, Fantasie, Leidenschaft und Sorge flossen in die Erbauung der steinernen Brücke, die nach des Kaisers Willen ewig halten sollte. Sicher: Manchmal sehnte er sich nach dem schönen Leib der liebeslustigen Mathilde im Kloster von Avignon, und manchmal suchte er Trost in den Armen der blonden Hübschlerin Eva aus der Zöllnerstraße. Zu Hause jedoch wartete niemand auf ihn, kein Weib, das ihm den Rücken kraulte oder zumindest einen Becher Wein auf den Tisch stellte, wenn er abends nach dem Tagwerk müde in sein Haus auf der Kleinseite zurückkehrte.

Es stimmte, was seine Bauleute über ihn tuschelten; dass er seine Arbeit und die Brücke für den Kaiser mehr liebte als sonst irgendjemanden. Doch was niemand je hinzufügte, weil niemand davon ahnte: Bisweilen betrübte ihn das. Bisweilen fühlte er sich einsam.

Der Medikus und Hofastrologe blickte zum Flussufer hin, wo ein Gespann aus vier Ochsen ein Fuhrwerk voller Rundhölzer die Rampe zum Baustellensteg hinaufzog. »In diesem Jahr geht der Bau schneller voran als im letzten, will mir scheinen.«

»Dem Allmächtigen sei Dank.« Jan seufzte tief. Hinter dem Fuhrwerk her schritten sie über die Rampe und dann ein Stück über den Steg. »Natürlich haben wir auch dazugelernt aus all den Missgeschicken und den Zerstörungen durch die Flut im letzten Jahr.« Er deutete am Gespann vorbei auf den Fluss hinaus, wo drei Ruten hinter der Trockengrube des vierten Pfeilers eine Art doppelter Palisadenzaun aus Rundhölzern aus der Strömung ragte, der zu einem großen Kreis angeordnet war. »Die Trockengrube für den fünften Pfeiler ist schon so gut wie fertig, seht Ihr? Die Stämme ließen sich schneller in den Flussgrund rammen, weil wir mit zwei Fallhämmern gearbeitet und deren Gewicht verdoppelt haben.«

»Als ich eine Woche nach Erntebeginn mal über die Holzbrücke geritten bin, habe ich zu meiner großen Freude das Schöpfrad schon arbeiten sehen«, sagte der Medikus.

»Und es arbeitet ununterbrochen seitdem«, erklärte Jan nicht ohne Stolz. »Seht nur die lange Kolonne der Flöße!« Er zeigte auf den Fluss hinaus, wo am neuen Verbindungssteg zwischen dem Mühlen- und dem Baustellenanleger gut zwei Dutzend Flöße festgemacht hatten. »Sie bringen bereits die Stämme für die nächste Trockengrube aus dem Böhmerwald.«

Während das Fuhrwerk mit seiner Ladung über die Baubrücke, wie manche Bauleute den Steg nannten, zum vierten Pfeiler rollte, beobachteten sie die Knechte, die zwölf Ruten entfernt das Schöpfrad drehten. Dieses stand fest auf dem doppelten Palisadenring, der die künftige Trockengrube von den Wogen der Moldau trennte. Ein Dutzend und mehr Eimer hingen daran, die mit jeder Drehung nacheinander ins Wasser innerhalb der Ringpalisade tauchten, um es herauszuschöpfen und so den Wasserstand Elle um Elle abzusenken. Kamen die Eimer wieder auf der Palisadenkrone an, leerten die Schöpfknechte sie zur anderen Seite hin in die Moldau aus.

»Eine mühsame Arbeit«, sagte Jan. »Doch Mitte des Monats werden wir die Grube trockengelegt haben. Und im Oktober sollte es uns gelingen, das fünfte Pfeilerfundament auszuheben. Noch vor Wintereinbruch will ich ihn nämlich mit der Verschalung des vierten Brückenbogens verbinden.«

»Großartig!« Magister Gallus klatschte in die Hände vor Entzücken. »Ob ich in meinem Leben auch noch sehen darf, wie die Fundamente für den letzten Pfeiler gelegt werden? Gott möge es mir gönnen!« Er deutete auf den vierten Pfeiler, der inzwischen vollständig mit dem dritten Brückenbogen verbunden war. »Täusche ich mich, oder steht dieser Brückenpfeiler leicht gegen den Flusslauf versetzt?«

»Ihr habt ein gutes Auge, Magister Gallus, wahrhaftig.« Jan nickte anerkennend. »Ab dem dritten Pfeiler wird die Brückenachse tatsächlich ein wenig nach Südwesten hin abweichen. Diese leichte Krümmung habe ich in den Bauplan eingearbeitet.«

Zwei Wimpernschläge lang blitzte vor seinem inneren Auge das Bild vom Bauplan seines Poliers auf, wie er sich in der Hitze des Brandes wellte. Zugleich schlug ihm das Gewissen, denn ohne diesen unverhofften Anblick wäre ihm die Eingebung nicht zuteilgeworden, die ihm später wohl das Baumeisteramt eingebracht hatte.

»Drüben, am Ufer der Insel Kampa, soll die Trasse zur ursprünglichen Achse zurückkehren und gerade auf die Kleinseite zulaufen, bevor sie vor den letzten beiden Brückenbögen eine weitere leichte Krümmung beschreiben wird. Diese soll die Trasse direkt zum alten Judithturm führen.«

»Hochinteressant!« Diesmal war es der Medikus, der anerkennend nickte. »Ich nehme an, Ihr hattet bei dieser eigenwilligen Konstruktion die Strömung und die Hochwasserfluten kommender Jahre im Auge.«

»So ist es, Magister Gallus. Ich habe den dreimal gekrümmten Trassenverlauf aus den Strömungsrichtungen, den jeweiligen Flusstiefen, der Uferkrümmung und der Strömungsstärke an den Krümmungsstellen errechnet.«

»So etwas kann man ausrechnen?« Voller Bewunderung sah der Medikus dem Baumeister ins Gesicht.

»Annähernd wenigstens.« Jan musste lächeln, denn er dachte daran, dass einer wie dieser kluge Medikus und Hofastrologe seine Erkenntnisse aus den Sternen zu lesen pflegte. »Es ist schon erstaunlich, was man alles ausrechnen kann, nicht wahr, Magister Gallus?«

»Nun, den Willen unseres Gottes wird man wohl niemals in Zahlen fassen können«, entgegnete der Ältere mit plötzlich ernster Miene. »Und das Schicksal, bevor es eine Palette zum Absturz bringt, wohl ebenfalls nicht.«

»Da habt Ihr recht.« Auch Jan verflog die Leichtigkeit. »Im Voraus berechnen kann ein Mensch so ein Unglück gewiss nicht. Wenn er jedoch ausreichend vorsichtig und misstrauisch ist, könnte er so etwas vielleicht erahnen.«

»Was wollt Ihr damit sagen, Meister Otlin?« Der Medikus runzelte erstaunt die buschigen Brauen.

»Kommt mit mir, Magister Gallus, ich will Euch etwas zeigen.« Jan Otlin fasste den kaiserlichen Leibarzt am Arm und führte ihn vom Bausteg hinunter und ein Stück weg von der Hütte, damit die Mörtelmischerin sie nicht belauschen konnte. »Inzwischen ahne ich, dass es kein Schicksal war und schon gar nicht Gottes Wille, dass die Balkenladung mich getroffen hat«, sagte er mit gesenkter Stimme.

»Ach?!« Der Medikus staunte ihn ungläubig an. »Ihr meint doch nicht etwa …?«

»Was Ihr jetzt erfahren sollt, ist nur für Eure Ohren bestimmt, Magister Gallus.« Sie gingen ein Stück in die Flussaue vor der Stadtmauer hinein und dort bis zum ersten neuen Brückenpfeiler. »Selbstverständlich seid Ihr frei, dem Kaiser zu berichten, was ich Euch zeigen werde. Von ihm einmal abgesehen jedoch redet bitte mit niemandem darüber.«

Der Medikus nickte, und hinkend führte Jan ihn zu einem Uferweg, der nicht weit vom ersten Pfeiler aus der Flussaue in die Altstadt hinaufführte. Neben der steilen Auffahrt häuften sich allerhand Geröll und Schutt: zerbrochene Leitern, Trümmer von Schalungsbrettern, Teile eines Kranarmes, zersplitterte Steine, Schrott.

Jan zog Reste eines Seiles aus dem Gerümpelhaufen. »Das hier ist ein Strang des Taus, das die Palette gehalten hat, deren Last auf mich herabstürzte.« Er hielt die aufgedröselten Stränge dem Medikus so vor die Augen, dass dieser die zerrissenen Fasern deutlich erkennen konnte.

»Angeschnitten oder durch Gebrauch verschlissen?« Der Baumeister zuckte mit den Schultern und deutete dann mit dem Tau auf eine zerbrochene Bohle, die aus einem Holzhaufen ragte. »Auf ihr wollte ich zum dritten Pfeiler hinübergehen, als die Palette über mir ihre Last verlor. Die Balken haben die dicke Planke durchschlagen. War sie morsch? Oder hat jemand sie angesägt? Glatte Stellen in der Bruchfläche sprechen für Letzteres.«

»Das hieße ja ...« Der erbleichte Medikus unterbrach sich. »Aber wie hätte einer, der mit diesen Mitteln einen Anschlag auf Euer Leben plante, wie hätte so einer wissen können, wann Ihr über diese Bohle gehen werdet?«

»Das ist die Frage.« Jan dachte an den Augenblick, in dem Rudolph von Straßburg ihn zur Brücke hinaufgeschickt hatte, um hinüber zu Meister Jakob zu gehen, der im Pfeilergerüst wartete. Doch darüber zu sprechen – und dabei auch noch Namen zu nennen –, erschien ihm ungebührlich. »Vielleicht hat das alles ja auch rein gar nichts zu bedeuten.« Er warf das zerfaserte Seil zurück in das Gerümpel und winkte ab. »Ich bin hin- und hergerissen, Magister Gallus. Der Kranmeister, der die Palette auf die Brücke gehoben hat, ist seit jenem Unglückstag jedenfalls spurlos verschwunden.«

»Das hat Eurem schlimmen Verdacht natürlich Nahrung gegeben«, sagte der Medikus mit grübelnder Miene. Jan nickte. »Völlig zu Recht, wie ich finde.«

»Meister Otlin!« Sie schauten zum neuen Brückenbogen hinauf, von wo aus jemand nach dem Baumeister rief. »Hier will uns einer Quark und Eier verkaufen!«

»Brauchen wir zurzeit nicht!« Jan erkannte den Straßburger.

»Die bestellte Menge reicht erst einmal aus, um den vierten Pfeiler hochzumauern!«

»Vielleicht doch nicht, Meister Otlin!«, rief der Polier herab. »Die Ladung Eier wenigstens, die heute Mittag aus Velvary gekommen ist, können wir nicht verarbeiten. Völlig unbrauchbar.«

»Wie das?« Jan Otlin stemmte die Fäuste in die Hüften und legte den Kopf tiefer in den Nacken. Wieso Eier nicht dazu taugen sollten, in den Mörtel geworfen zu werden, überstieg seine Vorstellungskraft. »Sind sie faul? Das macht nichts, dann sollen die Mörtelmischer durch den Mund atmen.«

»Kommt herauf und schaut Euch die Eier an, Herr Otlin!«

Gefolgt vom neugierigen Medikus stieg Jan zum Brückenneubau hinauf. Dort hatten die Bauleute angefangen, vom Fundament des geplanten Brückenturmes aus den ersten Abschnitt des Brückenweges zu pflastern.

»Die Bauarbeiten am Turm sind unterbrochen worden«, erklärte Jan dem Medikus, der sich wunderte, keine Maurer und Steinmetze bei der Arbeit am Fundament zu sehen. »Die Bauarbeiten am Veitsdom und im Karlstein beanspruchen die Parlers und ihre Bauleute so sehr, dass der Brückenturm warten muss.« Karlstein hieß die Burg wenige Wegstunden südlich von Prag, die dem Kaiserpaar als Rückzugsort diente. »Mir soll es recht sein, denn der Baustellenverkehr für Turm und Brücke hatte überhandgenommen.«

Über die beiden vollendeten Brückenbögen hinkte er zur Verschalung des dritten, wo Bauleute und Reiter um drei Fuhrwerke herumstanden. Viele feixten. Unter den Reitern erkannte Jan zu seiner Überraschung die gedrungene Gestalt eines rotbärtigen Ritters, der eine schwarze Filzklappe über dem rechten Auge trug: Marian von Zittau.

Die ungleichen Männer, die sich vier Jahre zuvor auf der langen Reise von Avignon an die Moldau recht gut kennengelernt hatten, begrüßten einander eher zurückhaltend als herzlich. Der Zittauer gehörte nicht zu der Sorte Edelherren, die in Jans Wertschätzung ganz oben standen. Zu viel Gewalttat sagte man ihm nach, zu viel Raub und Betrug.

»Wollt also auch Ihr Euch die künftige Brücke der Ewigkeit einmal genauer anschauen?«, fragte er ihn mit scherzhaftem Unterton.

»Nein, ich will Euch Eier und Quark verkaufen, Herr Otlin.« Marian feixte. »Habe gehört, Ihr schmeißt diese guten Gaben Gottes gern in den Mörtelkübel.«

»In der Tat, denn es festigt ihn ungemein.« Jan warf einen Blick auf die Ladefläche des Wagens, neben dem Marian auf seinem Pferd hockte. Er stand voller Körbe und Kübel mit Eiern und Quark. »Für diesen Monat allerdings ist unser Bedarf gedeckt.« Er wandte sich an Rudolph von Straßburg, der inzwischen zu ihnen getreten war. »Oder sollte ich mich täuschen?«

Mit einer knappen Geste bedeutete der Straßburger Jan, mit ihm hinüber zu den beiden anderen Fuhrwerken zu gehen. Die Maurer und Mörtelmischer, die um die Gespanne und Ladeflächen herumstanden, machten vergnügte und zugleich angespannte Gesichter. Ganz so wie Menschen in Erwartung einer lustigen Überraschung.

Jan schritt zwischen den Wagen hindurch und betrachtete deren Ladung. Sie bestand aus Tausenden und Abertausenden Eiern, die in Stroh gelagert die Ladeflächen beider Gefährte füllten. »Sind das die Eier aus Velvary?« Die böhmische Stadt lag drei Tagesreisen westlich von Prag unweit der Grenze zum Kurfürstentum Sachsen.

Rudolph nickte stumm, griff ins Stroh, langte ein Ei heraus und schlug es am Seitenverschlag auf. »Es ist hart gekocht«, sagte er, während er die Schale abpellte. »Wir haben zwei Dutzend Eier herausgegriffen und aufgeschlagen – sie sind alle hart gekocht.« Er biss hinein und aß es.

Jan schloss die Augen und atmete tief durch, um nicht laut schreien zu müssen. Wie dumm musste man sein, um glauben zu können, dass gekochte Eier sich in Mörtel verrühren ließen? Er öffnete die Augen wieder, schaute in die Runde seiner kichernden und grinsenden Bauleute und wandte sich dann an den feixenden Ritter von Zittau. »Euern Quark kann ich nicht brauchen, Herr Marian, vielleicht aber die Eier. Woher stammen sie?«

»Ist das so wichtig?« Endlich stieg der Ritter von seinem Pferd.

»Woher, will ich wissen.«

»Aus den Dörfern rund um Kolin. Die Bauern dort waren Feuer und Flamme, einen Beitrag zu Kaiser Karls steinerner Moldaubrücke leisten zu können. So was gibt's ja im Reich nicht so oft, wie man hört.«

»Was habt Ihr den Bauern bezahlt pro Ei?« Jan traute dem Einäugigen zu, die Eier den Dorfbewohnern aus den Hühnerställen, Gärten und Vorratskammern gestohlen zu haben.

»Was die guten Leutchen auch auf den Märkten zu verlangen pflegen.« Marian musterte ihn lauernd, ohne sein Feixen aufzugeben. »Ihr müsst Euch keine Sorgen um meine Gewinnspanne machen, Herr Baumeister. Wenn Ihr mir neunhundert Heller zahlt, komme ich auf meine Kosten fürs Einsammeln und den Transport.«

Ein Raunen ging durch die Menge der Bauleute. »Neunhundert Heller?!«, rief Jan empört. »Dafür kann ich zwei Wagen voller Hühner kaufen. Kommt nicht infrage!« Er bot dem Ritter zweihundert Heller an, nicht ganz einen halben Reichstaler. Das war Marian entschieden zu wenig.

Während sie feilschten, fragte sich Jan, warum ein Edelmann

es nötig hatte, mit Eiern und Quark zu handeln. Hatte der Kaiser ihn tatsächlich aus seinen Diensten entlassen? Jedenfalls schien der Rothaarige das Geld dringend zu brauchen, wenn er dafür sogar verderbliche Waren einsammelte.

Jan blieb hart, denn er wusste, dass Marian nichts anderes übrig blieb, als an ihn zu verkaufen, wenn er nicht zwei Wochen lang die Märkte des Umlands abklappern wollte. Schließlich einigte man sich auf zweihundertfünfzig Heller.

»Ich zahle sie Euch in Brakteaten aus, die kamen vorige Woche mit einer Spende aus Sachsen. Anderes Geld habe ich momentan nicht in der Baustellen-Schatulle.«

Marian war einverstanden, und während Jan mit ihm von der Brücke stieg, um ihm das Geld in der Bauhütte auszuzahlen, fragte der Ritter: »Allzu viele Mörtelmischer habe ich oben nicht bei der Arbeit gesehen, Herr Otlin. Sind das denn alle, die Ihr an den Kübeln beschäftigt?«

Jäh stand Jan das erschrockene Gesicht der jungen Mörtelmischerin vor Augen, und plötzlich begriff er: Vor dem Einäugigen war sie geflohen, vor ihm hatte sie sich in der Bauhütte versteckt! All die Gerüchte, die er gehört hatte, waren ihm auf einmal gegenwärtig: Der begnadigte Rübelrap habe zusammen mit einem Halbwüchsigen gegen Marian und seine Waffenknechte gekämpft, der besagte Bursche habe dem Ritter das Auge ausgestochen und fürchte seitdem dessen Rache. Max hieße er, der Bursche.

»Es sind genügend Mörtelmischer, die dort oben arbeiten«, antwortete Jan beiläufig. »Einer ist krank, glaube ich.« Er öffnete die Bauhütte. »Wartet bitte einen Augenblick hier draußen, Herr Marian.« Auf keinen Fall durfte er den Ritter mit in die Bauhütte nehmen. »Ich hole nur eben das Geld.« Jan trat ein.

»Ich würde so eine Bauhütte aber gern mal von innen sehen.«

Marian, dicht hinter ihm, machte Anstalten, sich in der offenen Tür an ihm vorbeizudrängen.

Jan fuhr herum, setzte ihm die Hand auf die Brust und schob ihn zurück. »Gelegentlich lade ich Euch gern dazu ein, Herr Marian, und erkläre Euch all die Dinge, die es da drinnen zu sehen gibt. Heute jedoch fehlt mir dazu die Zeit. Also wartet bitte draußen.« Er drückte dem verblüfften Ritter die Tür vor der Nase zu.

Drinnen schloss er die Truhe auf, in der er die Geldschatulle verwahrte, und entnahm ihr drei Ledersäckchen mit jeweils hundert Brakteaten. Aus einem nahm er fünfzig heraus. Vor der Bauhütte zählte er dem Ritter dann die zweihundertfünfzig Münzen auf eine der Werkzeugbänke, die dort standen. Nach kühlem Abschiedsgruß wandte Marian von Zittau sich ab und ging. Jan schlüpfte in die Hütte zurück.

»Er ist hinter dir her, Max, habe ich recht?«, fragte er, während er kurz darauf durch das Fenster beobachtete, wie der Zittauer zum Brückenneubau hinaufstieg.

»Laurenz und sein Sohn behaupten, er sei nicht mehr gefährlich für mich.« Die junge Frau namens Max kroch hinter dem Modell des Schöpfrades hervor. »Der Kaiser hat ihm nämlich gedroht, ihn aus der Stadt zu verbannen, wenn er noch einmal das Recht bricht.« Sie schlich zu ihm ans Fenster und spähte ebenfalls zur Brücke. »Doch ich traue ihm nicht. Außerdem: Was hat eine Mörtelmischerin schon für Rechte?« Erschrocken schaute sie ihn an. »Ein Mörtelmischer, wollte ich sagen.«

»Wo wohnst du?« Jan musterte sie. Wahrhaftig: Sie hatte unglaublich schöne und wache Augen. Sie leuchteten wie Eiskristalle. »Bei der Familie des Maurermeisters?«

»Schon seit dem Frühling nicht mehr. Ich wohne wieder bei der edlen Frau Ricarda.«

Jan dachte an die Heilerin und Sterndeuterin, die ihm drei

Jahre zuvor den nahen Tod prophezeit hatte, weil sie ein Geschwür in seinem Bauch getastet haben wollte. Er bezweifelte stark, dass diese rätselhafte Jungfrau in den schmutzigen Kleidern eines Mörtelmischers im Hurenhaus gut aufgehoben war.

»Am Ende der Woche hole ich zum letzten Mal meinen Lohn bei Euch ab, Meister Otlin. Bei Frau Ricarda habe ich außer Essen und einem Dach über dem Kopf künftig auch ein wenig Lohn.«

»Wofür?« Jan musterte sie streng und aus schmalen Augen.

»Dafür, dass ich ihr als Bote und Sekretär diene.«

»Wirklich nur als das?« Jan glaubte ihr nicht; einer wie der Ricarda Scorpio traute er zu, auch eine Sechzehnjährige als Hure zu benutzen. »Ein Sekretär sollte wenigstens lesen und schreiben können, oder?«

»Das kann ich, Meister Otlin.« Und als Jan staunend die Brauen hochzog, fügte sie hinzu: »Der Priestermönch Rübelrap hat es mir beigebracht. Dies und vieles mehr.«

»Er darf den Kerker bald als freier Mann verlassen, habe ich gehört.«

Sie nickte.

Aufmerksam betrachtete er sie und versuchte, in ihrer Miene zu lesen. Dass er eine kluge Jungfrau vor sich hatte, war ihm längst klar geworden, dass große Kraft in ihr lebte, begann er erst jetzt zu ahnen. Und dann ihre Augen – nicht nur schön und hellwach schauten sie ihn an, sondern auch wie Augen eines Menschen, der schon viel gesehen hatte, wie uralte Augen.

»Hat Rübelrap dir auch beigebracht, deine Schönheit zu verstecken?«

7
Sankt Nikolaus

Prag, Anfang Dezember 1361

Der Winter brach ein; später als sonst, dafür umso gnadenloser. Zwei Nächte vor jenem Nikolaustag begann es zu schneien. Der Neuschnee knirschte unter den Sohlen der beiden dick vermummten Frauen, und eisiger Wind blies ihnen Schneeflocken in die vor Kälte roten Gesichter. Maria-Magdalena hasste den Winter, denn in viel zu vielen Jahren ihres noch jungen Lebens hatte sie ihn in stinkenden Ställen, zugigen Ruinen oder unter freiem Himmel verbringen müssen.

Vor der Vogtsburg lag der Schnee bereits knöchelhoch. Es war noch dunkel, denn die Dämmerung setzte gerade erst ein. Zwei in Fell und Filz gehüllte Wächter stapften sich unter den Fackeln links und rechts des Burgportals die Füße warm. Sie kannten die beiden Frauen inzwischen und bedeuteten ihnen wortlos und mit flüchtigem Nicken einzutreten. Eva löschte ihre Fackel in einem der Sandkrüge, die hinter dem Portal standen.

In der großen, nur spärlich erleuchteten Eingangshalle schlurfte ihnen auf seine Lanze gestützt der alte Laurenz entgegen. Seit einem Jahr diente er hier in der Vogtei als Büttel und Kerkerwächter, um sich und seiner Familie ein paar Heller zu verdienen. Sein vernarbtes Gesicht verzog sich zu einem vergnügten Lächeln.

»Freut euch, Mädchen, da oben tut sich was!«, rief er so laut, dass die Halle von seiner krähenden Stimme widerhallte. »Der große Rübelrap hat ab heute zwei Gründe mehr zum Lachen, schätze ich, und bald noch einen dritten.« Augenzwinkernd deutete er hinter sich und zur breiten Treppe hinauf.

Eva drückte sich die Hand auf den Mund, um ihren Freudenschrei zu dämpfen, während Maria-Magdalena den narbengesichtigen Waffenknecht am Ärmel packte und näher zu sich zog.

»Ist er endlich frei?«, flüsterte sie. »Kann er mit uns gehen?«

»Das wird dann demnächst der dritte Grund zum Lachen sein. Für heute muss ihm reichen, dass eine schöne Frau ihn besucht und dass die ihm gute Nachricht mitgebracht hat.«

»Eine schöne Frau?« Eva nahm die Hände vom Mund. »Bei Rübelrap?« Missmut statt Freude stand ihr plötzlich ins Gesicht geschrieben, während schmelzender Schnee von ihren nassen blonden Haarsträhnen tropfte. »Was soll denn das heißen?«

Maria-Magdalena streifte das schneenasse wollene Tuch vom Kopf in den Nacken. »Was für eine Nachricht?«, wollte sie wissen. Zehn Monate zuvor, an ihrem siebzehnten Geburtstag, hatte sie die Männerkleidung abgelegt, denn auch mit ihr konnte sie ihre weibliche Gestalt nicht länger verbergen. So trug sie an diesem Morgen ein blaues Kopftuch und einen zu großen grauen Mantel über rotem Wollkleid und drei Unterkleidern. »Eine Nachricht vom Kaiser endlich?«

»Geht halt hoch zu euerm Rübelrap und erfahrt's aus seinem Mund.«

Im Herbst vergangenen Jahres hatte es geheißen, der begnadigte Mönch käme ganz gewiss noch vor dem Christfest frei, doch dann begann die Familie des Grafen Eberhard, Depeschen und

Boten nach Prag zu senden. Sie bedrängten Kaiser Karl, den Mörder ihres edelsten Sprosses – sie meinten natürlich Marians gestorbenen Knappen Sigismund – um keinen Preis von Ketten und Kerker loszusprechen, wo doch schon seine Begnadigung ihnen tiefe Kränkung zugefügt habe. Und man wolle dem Markgrafen von Brandenburg das Bündnis gewiss wieder aufkündigen und Kaiser Karl ewige Treue schwören, wenn der nur dafür sorge, dass der Mördermönch im Kerker bleiben und dort seinem hoffentlich baldigen Tode entgegendarben musste.

Der Kaiser, auf seine politischen Vorteile bedacht, hörte nicht mehr auf die Fürsprache Ricarda Scorpios und seines Leibarztes, sondern nahm Verhandlungen mit der gräflichen Familie auf, und Ende Januar, an Maria-Magdalenas siebzehntem Geburtstag, war Rübelrap immer noch nicht frei.

Ab dem Frühjahr dann bekam der Kaiser, seit wenigen Monaten Vater eines langersehnten Thronfolgers, Wichtigeres zu tun, als sich um die Freilassung eines unbedeutenden Mönches zu kümmern. Er musste zum Reichstag nach Nürnberg reisen, um mit Kurfürsten und Erzbischöfen zu streiten und dringende Angelegenheiten des Reiches zu ordnen.

Nach der Rückkehr starb gleich im Juli die Kaiserin Anna, und der arme Rübelrap wurde erst recht vergessen. Erst dreiundzwanzig Jahre alt und noch geschwächt von der Entbindung ihres Sohnes Wenzel, erlag Karls Gattin den Mühen der Geburt ihres zweiten Kindes. Den Sommer über trauerten Prag und Kaiserhof, doch im Herbst brach der emsige Karl erneut zu einer langen Reise durch das Reich auf – ohne über Rübelraps Schicksal entschieden zu haben. Inzwischen neigte sich das Jahr schon wieder, und Kaiser und Hof waren noch immer nicht auf den Hradschin zurückgekehrt.

Und dennoch sollte es nun gute Nachrichten geben? Sollte

Karl die Freilassung des Priestermönchs etwa per Depesche verfügt haben? Obwohl Maria-Magdalena zweifelte, konnte sie der jäh aufflammenden Hoffnung nicht widerstehen – sie ließ den alten Waffenknecht stehen und stürmte die Treppe hinauf.

»Warte auf mich!«, rief Eva, die kaum hinterherkam.

Eine fleckige und vom Holzwurm zerfressene Streckbank versperrte den Durchgang in den Burgflügel, in dem die Kerker und Folterkammern lagen. Ein alter Kerkerwächter saß darauf, und ein zweiter, der bullige und vierschrötige Hauptmann, stand bei ihm und zählte Münzen auf die Bank.

»Ihr schon wieder?«, brummte er unwillig, als er die beiden jungen Frauen bemerkte und den Silberblick hob. »So gut wie der dicke Goliath möcht' ich's auch mal haben.« Mit unverhohlener Begierde musterte er Eva und Maria-Magdalena. »Ständig Besuch von schönen Weibern, so lässt sich's selbst im Kerker aushalten.«

Maria-Magdalena ballte die Fäuste in den Mantelärmeln, doch Eva flehte: »Lasst uns zu ihm, bitte.«

»Immer eines nach dem anderen, Schätzchen. Erst einmal bezahle ich dem Hundsfott hier meine Spielschulden, und danach wollen wir weitersehen.« Der bullige Mann fuhr fort, Münzen auf dem Tisch zu stapeln.

Der andere klaubte zwei auf und betrachtete sie. »Was ist das für Blechzeug – sächsische Brakteate? Ist da überhaupt Silber drin?« Er biss auf die Münzen, ohne sie biegen zu können.

»Das ist gutes Geld, du gieriger Hundsfott! Von einem mächtigen deutschen Kurfürsten geprägte Silberpfennige sind das.«

Sie stritten ein Weilchen herum, und als der andere endlich Ruhe gab und die Münzen in seine Hand strich, stellte der Hauptmann sich vor Eva auf, packte sie am Kinn, hob es an und sagte feixend: »Einen Kuss für den Hauptmann, Hübschlerin, dann darfst du durch zu deinem Hünen.« Er packte die sich sträubende Frau, zog sie an sich und drückte seine Lippen auf ihren Mund.

Maria-Magdalena sah es mit Ekel und voller Zorn, während der alte Wächter danebenstand und kicherte.

»Und jetzt du, süßes Täubchen.« Der Hauptmann stieß Eva an der Streckbank vorbei in den Gang, der in den Kerkerflügel führte, und griff nach Maria-Magdalenas Arm. Obwohl er nur ein wenig schielte, kam es ihr vor, als blinzelte er an ihr vorbei. »Einen Kuss für den Hauptmann kostet der Zutritt, aber einen langen, wenn du verstehst, was ich meine.« Er riss sie an sich und griff ihr zwischen die Beine.

Maria-Magdalena schrie wütend auf, wand sich in seinen Armen und fuhr ihm mit den Fingernägeln durchs Gesicht. Und weil er dennoch nicht lockerließ, hieb sie ihm mit voller Wucht die Faust auf die Nase und trat ihm gegen das Knie. Der Grobian brüllte auf und holte zum Schlag aus, doch Maria-Magdalena duckte sich unter seinem Arm weg und huschte hinter die Bank.

»Was geht hier vor?!« Eine blonde Frau in feinen Kleidern stürzte ihr entgegen. »Schämst du dich nicht, Kerl?« Gefolgt von Rübelraps Beichtvater stürmte sie an Maria-Magdalena vorbei und stellte sich dem wutschnaubenden Hauptmann in den Weg. »An einer wehrlosen Jungfrau vergreifst du dich?! Das kann dem Kaiser nicht gefallen, du Rüpel!«

Verblüfft blieb der Hauptmann stehen und stierte die Edelfrau an; denn eine solche musste sie sein, so fein, wie sie gekleidet war. Er fuhr sich über die blutende Nase und die Kratzwunden in seinem Gesicht, und als er das Blut auf seinen Fingern sah, knurrte er wütend und drängte die Fremde zur Seite, um erneut auf Maria-Magdalena loszugehen.

Doch vor der hatte sich bereits der kleine, hagere Priester aufgebaut.

»Weißt du nicht, dass die ewige Verdammnis auf Wollüstige wartet, Elender?!«, schrie Militsch von Kremsier den obersten Kerkerwächter an. »Weißt du nicht, dass der Heiland mit allen Heiligen in diesen Tagen zurückkehren wird, um zu richten Tote und Lebende?!« Mit dem Handrücken schlug er dem erschrockenen Mann ins Gesicht. »Sauarsch, bekackter! Gott wird dich strafen, wenn du nicht bereust! In der Hölle wirst du schmoren, wenn du nicht Buße tust!« Kraftvoll dröhnte die tiefe Stimme des Predigers durch den Zellentrakt, und als hinter ihm dann noch zwei junge Ritter auftauchten, die offenbar zum Gefolge der Edelfrau gehörten, wich der bullige Hauptmann endlich zurück.

Während Rübelraps Beichtvater, der den Angriff auf die Frauen wohl aus dem Halbdunkel der Kerkerflucht beobachtet hatte, fortfuhr, den unruhig blinzelnden und immer heftiger schielenden Hauptmann zu beschimpfen und mit Gottes Gericht zu bedrohen, hakte sich die Fremde bei Maria-Magdalena unter. »Komm, mein armes Mädchen, dieser dreckige Lüstling wird dich kein zweites Mal anrühren.«

Die Frau in dem silbrig schimmernden Mantel, dem blauen Seidenkleid darunter und dem strahlend weißen Gebände auf dem Kopf führte sie tiefer hinein in die Zellenflucht. Mit jedem Schritt wurde es dunkler, bis Fackelschein die von Spinnweben und Staubfäden bedeckten Wände erleuchtete. Vor einer offenen Kerkertür wartete Eva mit Laurenz' Frau.

»Grässlicher Kerl!« Eva umarmte die Freundin. »Es tut mir so leid«, flüsterte sie unter Tränen.

»Du bist sicher Maria-Magdalena«, sagte die blonde Edelfrau. »Die Jungfrau, die den Bruder Rübelrap all die Jahre so treu besucht und mit Speise und Wein versorgt hat, nicht wahr? Dafür danke ich dir, du gutes Mädchen.« Im Vorübergehen nahm sie Eva an der Hand und zog nun beide Frauen mit sich zu Rübelraps Kerkerzelle.

Maria-Magdalena, die nicht wusste, wie ihr geschah, betrachtete die Fremde von der Seite. Die zierliche Frau hatte ein liebliches Gesicht und gütige, hellblaue Augen. Ihr goldblondes Haar trug sie zu kunstvollen Zöpfen geflochten unter ihrem schönen Gebände. So wie sie auftrat und sprach, mochte sie in Evas Alter sein und das zwanzigste Jahr schon hinter sich haben; so lieblich und mädchenhaft glatt, wie andererseits ihr Gesicht aussah, war sie vielleicht auch nur wenig älter als Maria-Magdalena.

»Ich bin Agnes von Bur«, erklärte die Edelfrau, als sie in die Kerkerzelle traten. »Und dieser fromme Bruder hier hat mich notgetauft, nachdem meine arme Mutter bei meiner Geburt gestorben war und ich ihr bald zu folgen schien.«

In eine Filzdecke gehüllt und dennoch zitternd vor Kälte, hockte Rübelrap in einem Haufen schmutzigen Strohs und hob den müden Blick. Es schnürte Maria-Magdalena das Herz zusammen, ihre Hoffnung enttäuscht und den geliebten väterlichen Freund derart geschwächt und noch immer in Ketten zu sehen. Sie beugte sich zu ihm herab, atmete durch den Mund gegen den Gestank an, der von ihm ausging, und strich ihm scheu über das schmutzige Haar. Schließlich löste sie das Bündel von ihrem Hüftgürtel, in das die edle Frau Ricarda ihr einen Schafskäse gewickelt hatte.

Eva stürzte vor dem Priestermönch auf die Knie, küsste ihm die von Schorf bedeckten Hände und streichelte das von Furunkeln übersäte Gesicht. Da leuchtete es auf in Rübelraps traurigen Augen, und sein breites Gesicht verzog sich zu dem für ihn so typischen Lächeln eines glücklichen Knaben.

Während die Edelfrau namens Agnes erzählte, wie ihre Eltern einst von Wegelagerern überfallen wurden, die den Vater erschlugen und die schwangere Mutter schwer verletzten, schnitt Laurenz' Frau den Käse auf, reichte Rübelrap Brot dazu und schenkte ihm Wein ein. Zu ihren Aufgaben in der Vogtsburg gehörte es, Gefangene zu verpflegen, denen die Freiheit winkte.

»Bruder Rübelrap hat seinerzeit dafür gesorgt, dass man mich zu einer Amme gab und gütige Nonnen mich später aufzogen«, erzählte die Edelfrau mit feuchten Augen. »Als mir ein Dominikaner in Köln von seinem Schicksal erzählte, bin ich sofort den Rhein herauf nach Mainz gereist, wo ich Karl auf dem Reichstag wusste.«

Maria-Magdalena und Eva erfuhren, dass die Familie der Agnes von Bur mit dem Hause Luxemburg verbunden war, also mit der väterlichen Familie des Kaisers. »Karl konnte mir einfach nicht abschlagen, um was ich ihn bat.« Sie zog einen versiegelten Brief unter ihrem Umhang heraus und hielt ihn hoch. »Also hat er schriftlich die Entlassung des Unschuldigen verfügt.«

»Rübelrap ist frei?«, rief Eva.

»Sobald der Burgvogt das Siegel gebrochen und die Depesche gelesen hat«, erklärte Agnes von Bur. »Übermorgen, am Nikolaustag, kehrt er mit den Schöffen vom Gerichtstag in Kolin zurück. Dann wird er Bruder Rübelraps Freilassung befehlen.«

Eva und Maria-Magdalena fielen einander um den Hals, dann umarmten sie gleichzeitig den hünenhaften Mönch in Ketten.

»Gott, der mich über Ebenen und Abhänge geführt hat, sei gepriesen!«, sagte Rübelrap heiser und mit kraftloser Stimme. »Gott, der Hingang und Wiederkehr segnet, sei Lob und Dank.«

»Und du lass dir lieber ein Schwert mitbringen«, hörte Maria-Magdalena Laurenz' Frau neben sich murmeln. »Und habe ein wachsames Auge, wenn du an Sankt Nikolaus die Vogtei verlässt. Gestern habe ich nämlich den einäugigen Ritter aus dem Vogteihof reiten sehen.«

8
Wollust

Prag, 6. Dezember 1361

Zwei Tage später, an Sankt Nikolaus, zogen sie früh am Morgen einen Schlitten durch das Schneetreiben auf dem Altstädter Ring. Von den Kirchtürmen ringsum läutete es zur Laudes.

Die edle Frau Ricarda hatte ein Bündel für Rübelrap schnüren lassen – eine Lederdecke, ein Paar Stiefel, ein Schwert und einen Pelzmantel. »Wahrscheinlich wird er so schwach sein, dass ihr ihn auf dem Schlitten in die Zöllnerstraße ziehen müsst«, hatte sie am Hoftor prophezeit.

Als der Altstädter Ring hinter ihnen zurückblieb, verstummten die Kirchenglocken eine nach der anderen. Schweigend trotteten sie an der Allerheiligen-Kapelle vorbei. Aus der Pfarrkirche Sankt Nikolaus, ein paar Ruten weiter, drang der Gesang der Priester und Chorherren. Hinter den Fenstern der Häuser flammten nach und nach Talglampen oder Fetthölzer auf. Mit dem anbrechenden Tag erwachte auch die große Stadt Prag.

Eva, die den Schlitten zog, hatte noch kein Wort gesprochen, seit Giselhers Waffenknechte ihnen das Hofportal geöffnet hatten. Überhaupt war die ältere Freundin sehr schweigsam, seit sie vor zwei Tagen gemeinsam in der Vogtsburg gewesen waren und von Rübelraps bevorstehender Freilassung erfahren hatten. Geradezu verschlossen kam sie Maria-Magdalena vor; und so ernst wie seit jenem Tag nicht mehr, als Marian und seine Waffenknechte über sie und die anderen Frauen hergefallen waren.

Manchmal, wenn sie an Evas Kammertür vorbeiging, hörte Maria-Magdalena die Freundin drinnen weinen und beten. Vorgestern hatte Eva im Hof vor dem Backofen gestanden wie eine Träumende und das Brot drinnen vergessen, sodass es anbrannte. Heute Morgen, als sie vor dem Weinfass kniete und den Weinkrug füllte, vergaß sie, den Zapfhahn zuzudrehen, und der Krug lief über. Erst als ihre Beine nass wurden, weil sie in einer Weinpfütze kniete, hatte Eva gemerkt, was geschehen war. Und zwei der Männer, die sie in den letzten beiden Tagen zu sich in die Kammer mitnehmen musste, hatten sich hinterher bei der edlen Frau Ricarda über sie beklagt. Die blonde Hübschlerin sei nicht lustig genug, hatten sie geschimpft, und sie lasse das Vergnügen allzu widerwillig über sich ergehen.

Seitdem musste die wortkarge Freundin auch noch die strengen und ungnädigen Blicke der Sterndeuterin ertragen. Und den Spott der anderen Frauen dazu.

An all das dachte Maria-Magdalena, während sie Seite an Seite durch das Schneetreiben stapften. Als das Tor, das ins Judenviertel führte, näher rückte, blieb Eva plötzlich stehen.

»Ich muss dir etwas sagen«, erklärte sie und wischte sich schmelzende Schneeflocken aus den Augen.

Maria-Magdalena schaute sie erstaunt an; und auch ein wenig erschrocken – hatte die ältere Freundin ihr womöglich etwas Schlimmes mitzuteilen? »Sprich, ich höre.«

»Ich werde bald nicht mehr bei euch im Frauenhaus wohnen«, sagte Eva. Aus irgendeinem Grund überraschte Maria-Magdalena diese Ankündigung nicht, und sie nickte nur schweigend. »Militsch von Kremsier predigt, es sei eine Sünde, sich Männern für Geld hinzugeben«, fuhr Eva fort. »Und hat er nicht recht?«

»Ich glaube schon.«

»Ich fühle mich schmutzig. Jedes Mal so schmutzig, du glaubst es nicht, Maria-Magdalena!« Es war das erste Mal, dass Eva mit ihr von diesen Dingen sprach, und es erschütterte die Jungfrau, die brechende Stimme zu hören und den tiefen Schmerz in den Zügen der Freundin zu sehen. Sie suchte nach Worten, um irgendetwas zu antworten, fand aber keine.

Eva stürzte zu ihr und schlang ihr die Arme um den Hals. »Ich will mich nicht mehr schmutzig fühlen, verstehst du das?«, schluchzte sie ihr ins Ohr. »Vor allem aber soll mich unser Herr Jesus Christus nicht in einem Hurenhaus finden, an dem Tag, an dem er wiederkommt, um Gericht zu halten. Und Militsch von Kremsier sagt, dass er und alle seine Engel und Heiligen bald erscheinen werden, vielleicht schon vor dem nächsten Christfest.«

»Wirklich?« Das nun erschien Maria-Magdalena allzu bald, und wieder erschrak sie, während sie die Freundin festhielt und ihr den Rücken streichelte.

»Nächste Woche werde ich diesen Weg noch einmal gehen.« Eva löste sich aus ihrer Umarmung, deutete die Straße hinunter und auf die Silhouette der nahen Klosterkirche der Benediktinerinnen. »Bis dorthin. Willst du dann mit mir kommen und mit mir an die Klosterpforte klopfen?«

»Ich?« Maria-Magdalena legte die Hand auf die Brust und sah die Freundin ungläubig an. »Ins Kloster?«

Eva nickte und schaute der Jüngeren mit ernstem Blick ins Gesicht. »Wenn wir gemeinsam den Habit der Novizinnen nehmen und später gemeinsam das Gelübde ablegen, dann könnten wir für immer zusammenbleiben. Wir hätten stets genug zu essen und zu trinken und ein Dach über dem Kopf – ohne uns dafür verkaufen zu müssen.« Sie legte Maria-Magdalena die Hände auf die Schultern. »Gehst du mit mir?«

»Du willst wirklich den Rest deines Lebens im Kloster zubringen?« Maria-Magdalena blickte forschend in die Augen der blonden Freundin – die glänzten, waren ungewöhnlich groß und musterten sie mit feierlichem Ernst.

»Rübelrap kann ich nicht zum Mann kriegen.« Eva flüsterte nun. »Also will ich wenigstens mit der Hurerei aufhören, damit ich mich nicht länger vor ihm schämen muss.« Und wieder lauter fügte sie hinzu: »Und ich will mein Leben Gott und seinem Sohn Jesus Christus weihen. Ganz und gar, meine ich, so wie Rübelrap es getan hat. Kann es etwas Besseres geben?«

»Ich weiß nicht.« Maria-Magdalena wandte sich ab und ging langsam weiter. Etwas Besseres vielleicht nicht, dachte sie, aber etwas Schöneres gewiss.

Die anmutige Frau des Baumeisters Peter Parler kam ihr in den Sinn, deren Kinder, ihr Gatte und die hübschen Kleider, die sie trug, wenn man sie auf dem Markt oder in der Kirche sah. Auch an den Mann mit den schönen Augen und der sanften Stimme musste sie denken, an Meister Jan Otlin, der die neue Brücke baute und stets freundlich zu ihr war. Manchmal stand er ihr plötzlich vor Augen, so wie jetzt, sie wusste selbst nicht, warum.

Wie würde es sich anfühlen, wenn so einer sie küsste? Wie fühlte es sich an, schöne Kleider zu tragen und Kinder zu haben? Ginge sie ins Kloster, würde sie es nie erfahren.

Tief atmete sie die kalte Luft ein und antwortete endlich: »Deine Frage überrascht mich, Eva, ich muss erst einmal darüber nachdenken.«

»Tu das.« Die Freundin hatte sich wieder das Zugseil aus dem Schnee gegriffen und zog den Schlitten hinter Maria-Magdalena her. »Denke gründlich nach, bete und höre die Messe. Ganz bestimmt wird Gott zu dir sprechen und dir sagen, was er von dir will.«

Davon, dass Gott manchmal zu einem Menschen sprach, hatte Maria-Magdalena schon gehört, konnte sich jedoch nicht recht vorstellen, wie das zugehen sollte. Ganz gewiss aber würde sie mit dem Herrn Vater über Evas Frage sprechen, und der hatte noch immer eine Antwort für sie gehabt.

Kurz bevor sie die Klosterkirche erreichten, öffnete sich deren Straßenpforte und Männer und Frauen aus der Nachbarschaft, die zusammen mit den Nonnen die Laudes gesungen hatten, verließen das Gotteshaus. Eva drückte Maria-Magdalena das Schlittenseil in die Hand.

»Ich muss zur Beichte«, flüsterte sie und verschwand im Inneren.

Maria-Magdalena hatte gehört, dass morgens nach der Laudes Priester in den Beichtstühlen der Klosterkirche saßen, um den Nonnen das Sakrament der Beichte zu ermöglichen. Und Eva hatte am Tag zuvor einige Männer mit sich in die Kammer genommen und wollte sich nun wohl das Gewissen im Beichtstuhl erleichtern.

Maria-Magdalena schaute ins Halbdunkle des offenen Kirchenportals und tastete nach ihrem Dolch, den sie im Gurt unter dem Mantel trug. Sie musste daran denken, dass sie in den letzten beiden Tagen gemordet hatte – in Gedanken. Dennoch zog es sie in keinen Beichtstuhl.

Sie selbst ging erst zur Beichte, seit sie Rübelrap kannte, und zwar nur bei ihm. Zuvor hatte es niemanden gegeben, der ihr diese Gewohnheit beigebracht hätte. Und irgendeinem fremden Priester zu beichten, wie sie sich vorgestellt hatte, dem Hauptmann der Kerkerwächter ihren Dolch in die Kehle zu stoßen, das kam ihr nicht in den Sinn. Schon gar nicht würde sie irgendjemandem außer Rübelrap gestehen, wie gut es getan hatte, sich den Mord an dem Hundsfott ganz genau auszumalen.

Dennoch zog sie den Schlitten hinter sich her über die Schwelle der Klosterkirche und kniete gleich hinter dem Eingang neben dem Weihwasserbecken nieder, um sich zu bekreuzigen. Auch das hatte ihr Rübelrap beigebracht, und es gefiel ihr, Dinge zu tun, die sie von ihm gelernt hatte.

Neugierig spähte sie zu den vier Beichtstühlen an den Seiten des Kirchenschiffes. Neben einem erkannte sie Evas Gestalt, die im Halbdunkeln mit den Umrissen des Beichtstuhls verschwamm. Ob sie dem Priester hinter dem Sprechgitter Einzelheiten der Sünde schilderte, die sie gestern mit den Männern in ihrer Kammer getrieben hatte? Maria-Magdalena hätte gern gelauscht.

Ganz vorn im Chor, hinter dem Lettner, tuschelten zwei Nonnen miteinander, und in einer Seitenkapelle brannten Kerzen auf einem Altar. Maria-Magdalena stand auf, ging hin und entzündete eine frische Kerze an einer der Flammen.

»Für Rübelrap«, murmelte sie, während sie eine kleine Münze aus der Gurttasche kramte und in die Büchse auf dem Altar warf. »Möge Gott ihm ein langes Leben schenken, damit ich ihn noch viele Jahre an meiner Seite haben kann.« Sie versank ins Gebet und dankte Gott dafür, dass der Freund nun endlich aus dem schrecklichen Kerker freikam. Schließlich erhob sie sich mit einem lauten *Amen*.

Danach huschte sie hinüber zur Südseite des Kirchenschiffs, weil sie dort eine Tür entdeckt hatte und glaubte, dass man durch sie in den Klostergarten und zur Klostermauer gelangte und somit in die Nähe der Klosterpforte, an die Eva nächste Woche klopfen wollte. Maria-Magdalena wollte diese Pforte unbedingt sehen.

Wie brachte man wohl seine Tage zu jenseits einer solchen Mauer, wenn die Pforte sich hinter einem für immer geschlossen hatte? Maria-Magdalena hatte nur eine vage Vorstellung vom Klosterleben – was tat man dort außer Beten, Singen, Arbeiten und Fasten?

Behutsam drückte sie die Klinke hinunter und öffnete lautlos die Tür einen Spaltbreit. Erschrocken hielt sie inne, als sie Geräusche vernahm, die ihr merkwürdig bekannt vorkamen: tiefe Atemzüge, ein Seufzen, Geflüster, ein lang gezogenes Stöhnen. Hörte sie nicht genau solche Töne oft, wenn sie in der Hausburg an den Kammern jener Frauen vorbeiging, die gerade einen Mann mit hineingenommen hatten, einen Freier, wie Eva das nannte? Oh ja, genau so hörte sich das an, wenn die Hübschlerinnen der edlen Frau Ricarda in ihren Kammern jene Sünde trieben, die Eva in diesen Augenblicken dem Priester im Beichtstuhl gestand.

Schließ nur schnell wieder diese Tür, gebot ihr eine innere Stimme, doch eine andere, stärkere verlangte danach, sie noch eine Handbreit weiter zu öffnen. Behutsam drückte Maria-Magdalena die Tür also noch ein Stück weiter auf und spähte durch den Spalt.

Kein verschneiter Klostergarten im Morgengrauen öffnete sich ihrem neugierigen und durchaus ein wenig lüsternen Blick, sondern eine kahle Kammer, in der ein Hocker, ein Tisch und ein Korb mit Meißeln, Holzklöppeln und Hämmern standen. Neben dem Tisch, auf dem ein unfertiges Bildwerk und ein Kruzifix aus Stein lagen, entdeckte sie eine weitere Tür; die stand offen, und aus dem Raum dahinter tönten die sündigen Geräusche.

Etwas zog sie mit Macht dorthin, und statt kehrtzumachen und die Klosterkirche augenblicklich zu verlassen, schlüpfte Maria-Magdalena in den kahlen Raum und schlich zu der offenen Tür neben dem Tisch. Dahinter lag eine sehr kleine Kammer, und was Maria-Magdalena darin erblickte, ließ ihren Atem stocken: Eine Frau, nackt bis auf ein weißes Hemd, kniete auf einem Strohsack und stützte sich mit den Fäusten darin ab. Der Mann hinter ihr, ebenfalls auf den Knien, hielt sie an den Pobacken fest und stieß seine Hüften ihrem blanken Hintern entgegen.

Gebannt musste Maria-Magdalena hinsehen und konnte den Blick nicht mehr abwenden. Wie ein Schleier pendelte das lange schwarze Haar der Frau vor ihrem Gesicht. Der Mann schob ihr das Hemd bis zu den Schulterblättern hinauf, streichelte ihren Rücken und langte hinunter zu ihren Brüsten. Und immer schneller und heftiger stieß er sie, und immer verlangender und lauter seufzte und stöhnte die Frau und stemmte ihren Hintern seinen Stößen entgegen.

Maria-Magdalena musste an so manchen Augenblick denken, in dem sie an den Kammern der Hübschlerinnen gelauscht oder heimlich durch ein Fenster gespäht hatte. Anders als hinter den verschlossenen Türen in der Hausburg der edlen Frau Ricarda war es hier vor allem die Frau, die seufzte und stöhnte. Das wunderte Maria-Magdalena.

Nichts, aber auch gar nichts sprach dafür, dass diese Frau dort auf dem Strohsack widerwillig tat, was sie tat, oder gar Schmerzen empfand, im Gegenteil: Gerade so, als gefiele ihr, was der Mann mit ihr anstellte, als genösse sie es und könnte nicht genug davon kriegen, bog sie ihren weißen Leib und drückte sich seinen stoßartigen Bewegungen entgegen.

Diese Frau dort litt nicht, diese Frau schwelgte in Wollust! Maria-Magdalena stand wie festgewachsen und starrte fassungslos.

Plötzlich jedoch, als würde sie ihre Blicke spüren, drehte die stöhnende Frau den Kopf, strich sich das lange Haar aus dem Gesicht und schaute zu ihr herüber. Im selben Moment, als ihre Blicke sich trafen, hörte sie auf, sich zu bewegen. Voller Schrecken riss sie Mund und Augen auf und zischte unwillig und zornig.

Sofort hielt nun auch der Mann inne in seinen Stößen, fuhr herum und schaute ebenfalls zu Maria-Magdalena. Er stieß einen

Fluch aus, griff neben sich nach einem Kleid und versuchte, seine Blöße zu bedecken.

Maria-Magdalena aber schlug die Tür zu, stürzte durch die Kirche ins Freie hinaus und rannte durch Morgendämmerung und Schneetreiben. Das Bild dessen, was sie gesehen hatte, leuchtete so lebendig in ihrem Kopf, als würde sie noch immer an jener Tür stehen und dem Paar zuschauen.

Scham, Entsetzen und Angst erfüllten sie. Scham, weil sie belauscht und beobachtet hatte, was sie niemals hätte hören und sehen dürfen. Entsetzen, weil sie die Frau und den Mann erkannt hatte, und Angst, weil sie sicher war, dass der Mann sie bestrafen würde.

9
Enthauptung

Rudolph warf sich seinen langen Gehrock über, hielt fluchend die Knopfleisten vor seinem Geschlecht zusammen und stolperte aus der Kammer in die Sakristei. Er schäumte vor Wut.

»Hast du sie?«, zischte Druda drinnen auf dem Strohsack. »Halt sie fest, hörst du, was ich sage? Bei der Heiligen Jungfrau – halt sie um Gottes willen fest!«

Rudolph starrte die verschlossene Tür an, hinter der das Kirchenschiff lag. »Sie ist weg.« Er lief zurück in die Kammer, langte nach seiner Wäsche, stieg in seine Beinkleider, schaute sich nach Wams und Hut um; und die ganze Zeit stand ihm das erschrockene und zugleich lüsterne Gesicht der Gafferin vor Augen. »Das ist doch diese Mörtelmischerin gewesen.« Er dachte laut. »Das ist sie gewesen, ich bin ganz sicher!«

»Der Bettlerbursche mit der Puppe ist das gewesen!« Druda hatte sich das Kleid übergestreift und war aufgesprungen, um in ihre Schuhe zu schlüpfen. »Auch wenn er wie eine junge Frau ausgesehen hat – es ist der Bettlerbursche gewesen. Du musst ihn kriegen, Rudo, um jeden Preis!« Ihre brüchige Stimme schwankte zwischen Zorn, Empörung und Weinerlichkeit. »Du musst ihn unbedingt zum Schweigen bringen. Zahle ihm einen Silbergulden, damit er den Mund hält! Oder zwei, von mir aus!«

Rudolph langte in die Rocktasche. »Einen habe ich einstecken.« Mit fahrigen Händen knöpfte er sein Wams zu. »Hast du auch einen dabei?«

»Oder warte – vielleicht hat er uns ja gar nicht erkannt.« Drudas Hände zitterten, während sie sich die langen schwarzen Haare zu einem Zopf flocht. »Gütiger Gott, Jesus Christus, meine Kinder – ich will noch nicht sterben! Ich will nicht brennen, ich will nicht auf den Scheiterhaufen!« Sie versuchte vergeblich, die Tränen hinunterzuschlucken, schlug sich gegen die Schläfen, bekreuzigte sich. »Heilige Jungfrau, tu was, Rudo, ich beschwöre dich ...!«

»Mich hat sie ganz bestimmt erkannt, hat mich ja Tag für Tag auf der Baustelle gesehen.« Er bückte sich nach seinem Hut. »In Prag werden Ehebrecher nicht verbrannt.«

»Wirklich nicht?« Druda atmete tief und bekreuzigte sich erneut, bevor sie das Gebände auf ihr geflochtenes Haar stülpte. »Kein Scheiterhaufen für Ehebruch?« Sie begann, in ihrem Seidentäschchen nach Münzen zu kramen. »Gott sei Dank!« Mit zitternden Fingern ließ sie ein paar Silbermünzen in Rudolphs Hand gleiten. »Mehr habe ich nicht dabei. Mach schnell, Rudo, ich beschwöre dich! Du musst ihn kriegen!«

»In Prag steht auf Ehebruch Enthauptung.« Er steckte das Geld ein, riss die vor Schrecken plötzlich ganz steif stehende Druda an sich und küsste sie. »Enthauptung, Druda, kein Scheiterhaufen. Ich kriege sie, keine Sorge!«

Er stürzte aus der Kammer und dann aus der Sakristei ins Kirchenschiff. Kurz schaute er sich um, lief zu den Beichtstühlen, und als er sich davon überzeugt hatte, dass sie bis auf die Priester darinnen leer waren, hastete er aus der Kirche.

Draußen schneite es – Schlittenrillen und frische Stiefelspuren führten von der Kirche weg in Richtung Valentinstor. Das konnten nur die Spuren der Mörtelmischerin sein. Er folgte ihnen und eilte durch die Dämmerung.

Einzelne Reiter trabten an ihm vorüber, er überholte Leute mit Körben voller Holz oder Kohlen auf dem Rücken. Ein Mann, der bis zum Wintereinbruch auf der Brückenbaustelle Nägel, Steinklammern und Werkzeug geschmiedet hatte, erkannte und grüßte ihn. Im Laufen knöpfte Rudolph seinen Gehrock zu.

Seit einem Monat hatte er wieder in der noch immer unvollendeten Sakristei der Klosterkirche zu tun. An Allerheiligen war eine Adlige in den Orden der Benediktinerinnen eingetreten und hatte ein Kruzifix und eine Skulptur der heiligen Ursula gestiftet. An beidem arbeitete er zurzeit.

Jetzt, wo die Brückenarbeiten wegen des Wintereinbruchs ruhten, ging er sogar dreimal in der Woche frühmorgens nach der Laudes in die Sakristei, um das Bildnis in den Stein zu schlagen; und um sich mit seiner geliebten Druda zu treffen. Der Parler glaubte sein Weib bei der Beichte.

Zwanzig Ruten vor Rudolph schälte sich die Gestalt einer Frau aus dem Schneetreiben, die einen Schlitten zog. Das war sie! Rudolph zweifelte nicht einen Augenblick daran: Das war die Mörtelmischerin, die Brummeisen-Spielerin, die Jungfrau, die er im Mai im Hause der Ricarda Scorpio gesehen hatte! Wie hieß sie gleich? Maria? Nein – Magdalena, genau! Wie eilig sie es hatte! Miststück, dachte Rudolph, stinkender Balg du, ich krieg dich. Er ging langsamer, um kein Misstrauen zu erregen.

Diese Frau dort am Schlitten hatte ihn und Druda beim Ehebruch gesehen. Wie hatte das nur geschehen können? Welcher Dämon hatte dem frechen Miststück eingegeben, an diesem Morgen in die Klosterkirche zu gehen? Und dann auch gleich in die Sakristei? Was um alles in der Welt hatte sie dort verloren gehabt?

Siedend heiß schoss ihm Ricarda Scorpios Rede von jenem

mächtigen Fürsten durch den Kopf. Hatte womöglich der das Miststück in die Klosterkirche geschickt? Bisher hatte Rudolph sich nicht dazu durchringen können, den Blutsvertrag mit ihm abzuschließen. Vielleicht war es ja deswegen geschehen, vielleicht hatte der Gottseibeiuns dafür gesorgt, dass dieses junge Weib ihn und Druda heute Morgen entdeckt hatte!

Langsam, aber stetig näherte er sich der Mörtelmischerin. Was zog sie denn da auf dem Schlitten hinter sich her? Bald erkannte er eine zusammengerollte Lederdecke. Und ragte da nicht eine Schwertspitze aus dem Bündel? Wegen des Schneetreibens konnte er das schmale, spitze Ding nicht gleich erkennen. Er kniff die Augen zusammen und schaute ganz genau hin: eine Schwertspitze, tatsächlich! Was hatte das Miststück mit der Klinge vor?

»Warte nur, du verdammte Kotze«, murmelte er, »gleich habe ich dich.« Kaum fünf Ruten trennten ihn noch von der Schlittenfrau.

Auf der Baustelle hatte sie sich immer als Mann verkleidet. Seit vorletztem Herbst hatte er sie dort schon nicht mehr gesehen, seit der einäugige Ritter Marian dem Otlin seine Eier verkauft hatte. Steckte ihr nun die Sterndeuterin zu, was sie zum Leben brauchte? War sie etwa unter Ricarda Scorpios Huren gegangen? Einer lüsternen Gafferin wie ihr traute er alles zu.

Sie lief immer schneller und rief nun irgendetwas, das Rudolph nicht verstand. Wen rief sie denn da? Er blickte um sich, konnte jedoch weit und breit niemanden erkennen.

Er griff in die Tasche seines Gehrocks, tastete nach den Münzen, schloss die Faust um sie. Viel zu schade das gute Geld für dieses stinkende Luder, dachte er. Und wenn er das Weib nun packte, in einen Hof zerrte und erwürgte? Dann konnte er wenigstens ganz sicher sein, dass sie niemandem erzählen würde, was sie in der Sakristei gesehen hatte.

Der Entschluss stand fest, sie musste sterben! Zu groß die Gefahr, dass sie ihn und Druda verriet! Rudolph wollte nicht auf dem Hackklotz des Henkers enden, er hatte noch so viel vor, wollte des Kaisers Baumeister werden, wollte die Druda heiraten und die Brücke ganz allein und nach seinem Plan vollenden. Diese junge Hure zu töten, die da vor ihm den Schlitten durch den Schnee zog, das schien ihm der sicherste Weg zu sein, seine und Drudas Enthauptung abzuwenden.

Die klobige Silhouette des Turms der Sankt-Valentin-Kirche schälte sich aus dem Schneetreiben. Wollte die verdammte Kotze dorthin? Dann würde sie gleich den Schlitten um die Ecke ziehen, aber so weit wollte Rudolph es nicht kommen lassen, denn vor der Vogtsburg standen gewöhnlich Wächter, und er konnte keine Zeugen brauchen.

Sein Blick fiel erst auf einen engen Hofeingang kurz vor dem Eckhaus und dann auf die Schnur, mit der die ehemalige Mörtelmischerin den Schlitten zog. Damit würde er es tun, damit würde er sie erdrosseln.

Ein schwarz-weißer Vogel flatterte um die Ecke und krähte aufgeregt. Rudolphs Schritt stockte – wie konnte es sein, dass mitten im Winter eine Elster über die Straße flog? Der Vogel schwang sich zu einem Dachfirst empor und verschwand dann hinter einem Schleier aus wirbelnden Schneeflocken.

Die Straßenecke rückte näher und damit auch die Vogtsburg mit den Wächtern davor. Auf einmal rief das verdammte Miststück, und weil es dabei den Kopf ein wenig wandte, sah Rudolph sein Gesicht – es war gar nicht die Mörtelmischerin, es war die blonde Hure Eva!

Er schien gegen eine unsichtbare Wand geprallt zu sein, so abrupt blieb Rudolph von Straßburg stehen. Alle Kraft wich aus seinen Gliedern, die Enttäuschung griff nach seinen Eingeweiden wie eine kalte Klaue und presste sie schmerzhaft zusammen: Er hatte die Falsche verfolgt! Die Mörtelmischerin war entkommen – und konnte nun überall in der Stadt ausplaudern, was sie in der Sakristei gesehen hatte.

Während die blonde Hure ihren Schlitten um die Ecke zog, glaubte Rudolph, den schneebedeckten Boden unter seinen Sohlen wanken zu fühlen. Er stützte sich an der Hauswand ab. Die Brust tat ihm weh, so schwer fiel ihm das Atmen. Was nun? Wo sollte er nach dem verdammten Miststück suchen? Was für einen Sinn hatte das jetzt überhaupt noch? War nicht sowieso alles verloren?

Da hörte er die Schlittenfrau erneut rufen, lauter noch, und diesmal verstand er jedes Wort: »Warte auf mich!«, rief sie. »So warte doch auf mich, Maria-Magdalena!«

So hatte die Mörtelmischerin geheißen! Maria-Magdalena, nicht Magdalena. Sie waren zu zweit! Rudolph schöpfte neue Hoffnung und wankte zur Straßenecke. Warum auch immer, doch sie liefen zu zweit durch den Prager Wintermorgen!

Er spähte um die Hauswand. Zwei Torwächter stapften unter den Fackeln hin und her, die rechts und links des Portals brannten. Eine Frauengestalt stand etwa dreißig Ruten vor der Burgmauer der Vogtei und blickte zurück zur blonden Hure. Ihre Gestalt war in einen weiten grauen Mantel gehüllt, und um den Kopf hatte sie sich ein dunkelblaues Tuch gewickelt.

Das war sie! Rudolph erkannte sie trotz des Schneetreibens – das war die junge Frau, die er vorhin auf der Schwelle zur Kleiderkammer hatte stehen sehen, das war die Mörtelmischerin! Hatte sie der anderen womöglich schon erzählt, was sie in der Sakristei gesehen hatte? Nicht doch! Wahrscheinlicher erschien es ihm, dass sie vorausgelaufen war, weil sie fürchtete, von ihm verfolgt zu werden.

Die Hure Eva zog ihr den Schlitten entgegen, wobei sie aufgeregt gestikulierte und lautstark palaverte. Soweit Rudolph verstand, machte sie der jüngeren Vorwürfe, nicht auf sie gewartet zu haben. Die andere, das Miststück, antwortete mit keinem Wort.

Rudolph zuckte zusammen, weil es über ihm plötzlich von Neuem krähte. Als er den Kopf hob, sah er die Elster durchs Schneetreiben flattern. Sie flog zur Vogtsburg und verschwand hinter deren Mauer im kahlen, schneebedeckten Geäst einer Linde. Im selben Moment stürzte eine Frau aus dem Burgtor und kreischte so entsetzlich und laut, dass es Rudolph durch und durch ging.

Die beiden Frauen rannten sofort los. Die Wächter und die Kreischende waren schon hinter dem Portal verschwunden, als sie ihnen in die Vogtsburg folgten. Die Hure zog den Schlitten hinter sich her ins Gebäude. War also die Vogtsburg ihr Ziel gewesen?

Das herzzerreißende Kreischen der Frauenstimme drang aus dem Portal zu Rudolph herüber und riss nicht mehr ab. Er zögerte kurz – die Mörtelmischerin würde er nicht mehr erwischen, doch das Geschrei hatte seine Neugier geweckt. Also lief auch er über die schneebedeckte Straße zum offenen Portal und trat ein.

Sofort gellte ihm das Gekreische der Frau wieder lauter in den Ohren. Was ging hier vor? Welches Unglück musste jemand erleben, um derart entfesselt schreien zu müssen?

Nicht weit hinter dem Portal, zwischen dem Zugang zu den Pferdeställen und den Sandkrügen für die Fackeln, stolperte er beinahe über den umgestürzten Schlitten. Das Bündel, das die blonde Hure auf ihm transportiert hatte, lag aufgerollt daneben – eine Lederdecke, ein Mantel, ein Schwert.

Rudolph griff sich das Schwert, denn das Frauengeschrei ließ ihn das Schlimmste befürchten, und er trug lediglich einen Dolch im Hüftgurt. Mit der Klinge in der Rechten trat er in eine weite, düstere Halle, aus der eine von Fackeln gesäumte Treppe ins Obergeschoss führte. Auf der untersten Stufe kniete die schreiende Frau neben dem reglosen Körper eines Mannes, raufte sich das Haar und machte Anstalten, sich das Kleid über der Brust zu zerreißen.

Rudolph stieg über eine Lanze hinweg und trat zu ihr. Der Mann auf den Stufen blutete aus mehreren Schnittwunden am Kopf und aus einer Bauchwunde. War er tot?

Blut tränkte Wams und Umhang, Kopf und Glieder lagen unnatürlich verkrümmt, die Augen starrten blicklos ins Nichts. Ja, dieser Mann hatte sein Leben zweifellos ausgehaucht. Rudolph erkannte ihn erst, als er ihm zum zweiten Mal ins aschgraue Gesicht sah: Zahlreiche alte Narben bedeckten es.

Der Tote war der Vater eines seiner Maurermeister, ein gewisser Laurenz; er hatte den Alten hin und wieder auf der Baustelle gesehen. Die jammernde Greisin neben ihm konnte demnach nur seine Ehefrau sein.

»Was ist geschehen, Weib?«, fragte er sie. Doch statt zu antworten, warf sie sich über den blutenden Leichnam. Ein Weinkrampf schüttelte sie.

Schon wieder Geschrei! Diesmal aus dem Obergeschoss, und wieder war es eine Frau, die schrie. Oder mehrere Frauen? Das Schwert in beiden Händen stieg Rudolph die Treppe hinauf. Er wunderte sich, weil nirgendwo Waffenknechte der Vogtei oder Kerkerwächter zu sehen waren.

Das Frauengeschrei drang aus einem dunklen Gang, der sich nicht weit von der Treppe entfernt öffnete und tiefer in die Burg hineinzuführen schien. Rudolph von Straßburg zog eine Fackel aus der Halterung in der Treppenwand, nahm all seinen Mut zusammen und bückte sich in das Gewölbe.

Den Schwertgriff fest mit der Faust umklammernd und die Klinge auf Brusthöhe erhoben, tastete er sich Schritt für Schritt an den Kerkerzellen vorüber und immer weiter hinein in den düsteren Gang. Das Frauengeschrei rückte näher, und in einiger Entfernung entdeckte er Fackelschein, der den zitternden Schatten einer Kerkertür auf den schmutzigen Steinboden warf. Rudolph hob das Schwert und schritt dem Licht entgegen. Immer verzweifelter drang das Wehklagen zu ihm und schmerzte in seinen Ohren.

Im Rahmen der geöffneten Kerkertür lehnten wie zufällig abgestellte Skulpturen oder Puppen zwei Torwächter. Rudolph blickte ihnen in die Gesichter, als er sie erreichte, und sprach sie an, doch sie nahmen keine Notiz von ihm. Also trat er an ihnen vorbei in die Zelle und hob seine Fackel.

Bestialischer Gestank überwältigte den Straßburger und raubte ihm schier die Sinne, sodass er ein paar Atemzüge brauchte, um sich zu orientieren. Dann traf sein Blick die blonde Hure, die über einem massigen Körper lag, von dessen Beinen Ketten bis zur Wand reichten. Sie weinte nicht – sie brüllte in das blutige Stroh.

Schritte und Männerstimmen drangen von irgendwoher; endlich schienen die Kerkerwächter der Vogtei aufgewacht zu sein. Rudolph versuchte, das Gesicht der hünenhaften Gestalt zu entdecken, auf der Eva lag, doch da war kein Gesicht, da klaffte nur ein fahler Halsstumpf, aus dem Blut pulsierte. Und jetzt erst nahm er die andere wahr, die Mörtelmischerin.

Sie kniete am Rand des dreckigen Strohs, dort, wo der Fackelschein kaum hinreichte. Still verharrte sie – reglos und sehr still – und betrachtete mit gesenktem Blick etwas Klobiges und Haariges, das auf ihrem Schoß lag und das sie mit zitternden Händen dort festhielt; mit dunkelroten Händen, denn was auch immer das

Miststück hielt, es blutete, und sein Lebenssaft tränkte Mantel und Kleid der Mörtelmischerin.

Rudolph wollte näher treten, um genauer hinsehen zu können, doch noch bevor er den ersten Schritt getan hatte, wurde er gewahr, was für ein graublaues, struppiges, grindiges, massiges Ding zwischen den Beinen der jungen Frau ruhte, und er erstarrte mitten in der Bewegung. Sie hielt den abgeschlagenen Schädel eines Mannes in den blutigen Händen.

10
Schnee

Es schneite bereits den fünften Tag in Folge, und der Schnee lag kniehoch in der Trockengrube der neuen Pfeiler. Jan Otlin und Meister Jakob hielten die langen Leitern fest, auf denen die Zimmerleute in die Verschalung des neuen Brückenbogens geklettert waren, um die weißen Massen mit großen Besen aus dem Gebälk zu schieben und Eiszapfen abzuschlagen.

»Sinnlos«, brummte Meister Jakob neben Jan. »Wenn die Schalung die Steinblöcke tragen soll, muss sie auch die Last von Schnee und Eis aushalten.«

Jan antwortete nicht. Er hatte die Streitgespräche mit dem Franzosen satt – mal bestand Meister Jakob darauf, Buchen- statt Eichenholz für bestimmte Schalungsbretter zu verwenden, mal hielt er die Nägel, die der Schmied ihm lieferte, für nicht hart genug, mal stand er kopfschüttelnd vor den Mörtelkübeln, wenn die Maurer Wein, Eier und Quark hineinkippten.

Seltsam, denn anfangs hatten sie ähnlich gut zusammengearbeitet wie früher in Avignon. Jan Otlin wusste sich nicht zu erklären, warum der ständig missmutige Jakob immer wieder einen Grund fand, über seine Entscheidungen die Nase zu rümpfen. Jedes Frühjahr, wenn die Außenarbeiten an der Brücke begannen, musste Jan den Zimmermeister bitten, sich zurückzuhalten, denn sein Misstrauen steckte die Bauleute an und hemmte die Arbeitsfreude auf der gesamten Baustelle und den Baufortschritt sowieso.

Mit Rudolph von Straßburg dagegen, dem Polier und Landsmann, verstand der kleine Weißbart sich auffällig gut. Insgeheim hegte Jan den Verdacht, dass beide Männer gemeinsam hinter dem Anschlag auf ihn steckten. Und obwohl ihm Beweise fehlten, spielte er seit letztem Sommer mit dem Gedanken, Meister Jakob zu entlassen. Doch in Prag, vor allem in der Neustadt, hatte seit Kaiser Karls Amtsantritt eine derart rege Bautätigkeit eingesetzt, dass schwer Ersatz zu finden war.

»Der große Eiszapfen dort unter dem Balkenkreuz!« Jan rief und deutete in das Schalungsgerüst. »Kommst du da mit dem Besen dran, Friedrich?«

Der angesprochene Zimmermann nickte und stieg ein Stück höher ins Gerüst, um das Eisgebilde mit dem Besen wegstoßen zu können. Er erledigte treu seine Arbeit, ohne sich vom Unwillen seines Meisters anstecken zu lassen. Auf Friedrich konnte Jan sich in jeder Hinsicht verlassen. Er schaute dem herabstürzenden Eiszapfen nach und sah ihn in der Moldau aufschlagen.

Mit Sorgenfalten auf der Stirn betrachtete Jan den träge dahinströmenden Fluss – wenn es weiterhin so eisig kalt blieb, würde er im Januar unweigerlich zufrieren; um dann im März, während der Schneeschmelze mit dem unvermeidlichen Hochwasser, die Eisschollen gegen seine neuen, noch unvollendeten Pfeiler zu werfen. Beide – den siebten und den achten – umgaben noch Gerüste, und vom achten erhoben sich erst die Grundmauern aus der Trockengrube.

Jan Otlin vertraute ihrer Festigkeit, denn auf ihre Neukonstruktion hatte er nach den Zerstörungen anno 1359 noch einmal ganz besondere Sorgfalt verwandt. Alle Brückenpfeiler, die im Fluss standen, ruhten jetzt auf schweren Mühlsteinen und diese wiederum auf breiten und wuchtigen Pfahlrosten. Diese gigantischen Holzgitter aus Eichenstämmen hatte Jan als Erstes in die Fundamentgruben der Brückenpfeiler versenken lassen.

Ob sie, wie der Kaiser es sich vorstellte, für die Ewigkeit hielten? Wer wusste das schon? Den Zusammenbruch der Judithbrücke ständig vor Augen, hatte Jan Otlin alles so berechnet, dass diese steinernen Pfeiler wenigstens einer Jahrhundertflut standhalten konnten. Er glaubte an sein Werk, auch wenn ein Restzweifel beständig Sorgenfalten auf seine Stirn schob.

Die Pfeilerkeile hatte er mit Steindächern bedecken lassen, die flussaufwärts wesentlich schärfer geschnitten waren als flussabwärts. Wie große Lanzenspitzen sollten sie künftigen Eistrieb spalten und Druck und Aufprall der Eisschollen zu beiden Seiten entscheidend ableiten.

Jan blickte hinter sich flussaufwärts nach Süden. Um die Brückenpfeiler zusätzlich vor Eisgang zu schützen, hatte er dort, jeweils nur wenige Ellen vor den vollendeten und unvollendeten Stützen, eichenhölzerne Eisbrecher im Flussbett befestigen lassen. Zur Brücke hin ansteigend ragten die mächtigen Stämme schräg aus dem Wasser. So hoffte der auf Vollkommenheit bedachte Baumeister, sein Werk auf viele Generationen hin vor reißenden Fluten, Treibgut und Eis schützen zu können.

Plötzlicher Hufschlag vieler Pferde und krachendes Wagenrattern drüben auf der Holzbrücke rissen ihn aus seinen Gedanken. Ein von zwei Pferden gezogenes Fuhrwerk rollte über die Brücke. An der Spitze der bewaffneten Reiter, die ihm voranritten, erkannte Jan die Fahne Giselhers von Stettin. Den Ritter selbst entdeckte er in dem großen Trauerzug, der dem Fuhrwerk folgte. Giselher ritt hinter Militsch von Kremsier und neben Ricarda Scorpio. Ihnen folgten zu Fuß die große Familie des Maurermeisters und etliche Mönche und Frauen, unter denen Jan die blonde

Hübschlerin Eva und die junge Frau erkannte, die bis zum vorletzten Herbst als Bursche verkleidet auf der Baustelle am Mörtelkübel gearbeitet hatte. Den Schluss bildete eine fremde Edelfrau zu Pferde, die ein kleiner Reitertross begleitete. Auch sein Polier Rudolph von Straßburg ritt unter diesen Fremden.

»Sie tragen den Vater unseres Maurermeisters zu Grabe«, sagte Meister Jakob. »Ihn und den wunderlichen Goliathmönch.«

»Heute schon?«, fragte Jan verblüfft, denn er hatte angenommen, die Beerdigung sei erst für den folgenden Tag geplant. »Ich dachte, am Freitag.«

»Heute ist Freitag, Meister Otlin«, erklärte Friedrich, der sich oben in der verschneiten Verschalung festhielt und ebenfalls hinüber zur Brücke und dem Trauerzug spähte.

»Tatsächlich?« Allmählich vergisst du sogar, welchen Tag wir schreiben, dachte Jan und schüttelte innerlich den Kopf über sich selbst. Das kommt davon, wenn man halbe Nächte über Bauplänen, Berechnungen und Kassenbüchern brütet. »Ich wollte doch hingehen.«

Der Beerdigung beizuwohnen, hielt Jan für seine Pflicht und Schuldigkeit gegenüber dem Maurermeister, der seinen ermordeten Vater beerdigen musste. Außerdem wollte er insgeheim ein fürsorgliches Auge auf seine ehemalige Mörtelmischerin werfen, denn er hatte gehört, dass sie in dem enthaupteten Mönch den einzigen Menschen in Prag verloren hatte, der ihr ein wenig den Vater ersetzt hatte.

»Dann müsst Ihr Euch aber beeilen«, sagte Meister Jakob. »Die Särge liegen wahrscheinlich auf dem Pferdewagen. Wusste gar nicht, dass die Sterndeuterin so schöne Pferde hat.«

»Seit dem Nikolaustag spricht die ganze Stadt von nichts anderem als von dem Mord an Laurenz und Rübelrap«, rief Friedrich über ihnen. »Und vom einäugigen Ritter. Manche schwören Stein und Bein, dass Marian und seine Knechte die beiden Männer erschlagen haben.«

»Wird kein Zufall sein, dass die wilden Gesellen spurlos verschwunden sind.« Meister Jakob spuckte in den Schnee. »Seit Sankt Nikolaus sind Marian und die Seinen nicht mehr in der Stadt gesehen worden.«

»Komm herunter, Friedrich.« Jan hielt die Leiter fest, damit der Zimmermann herabsteigen konnte. »Ich will, dass ihr die Verschalungen vollständig von Schnee und Eis befreit.« Jan wandte sich von der Leiter ab und hinkte auf den Bausteg, wo sein Pferd wartete. »Holt euch Hilfe aus der Stadt, zahlt den Tagelöhnern eine Kältezulage.« Er schwang sich in den Sattel. »Ich reite zum Friedhof und schaue nach der Beerdigung noch mal vorbei.«

...

Weiß, alles weiß: der Brückenweg unter ihren Sohlen, die Pferdeschabracken ganz vorn im Trauertross, die Helme und Hüte der Leute ringsum, die Bögen des Brückenneubaus links, die Lauftrommeln der Kräne dort, die Holz- und Steinstapel darunter in der verschneiten Flussaue, die Brückengeländer, der Turm des alten Judithtores – alles weiß wie ein Totenkleid. Auch die beiden Särge auf dem Pferdewagen verschwanden schon wieder unter einer Schneedecke. Und es schneite und schneite, als wollte der Himmel die ganze Welt mit einem Leichentuch bedecken.

Diese weiße hartgefrorene Hülle reichte vom Dach des Burgturms auf dem Hradschin bis ins Innere von Maria-Magdalenas Brust, von den Baugerüsten der Neustadt bis in ihr Herz. Nur noch Kälte herrschte in ihrem Inneren, nur noch Härte und Gefühllosigkeit. Das Totenkleid bedeckte Prag von einem Horizont zum anderen, und die dunkle Moldau kam Maria-Magdalena vor wie ein breiter Riss, der mitten durch dieses endlose weiße Tuch ging.

So empfand sie auch Rübelraps Tod – als einen dunklen Riss, der mitten durch ihr Leben klaffte.

Zwei Tage und drei Nächte lang hatte Maria-Magdalena geweint. Bis heute Morgen keine Tränen mehr kamen; weil sie keine mehr hatte. Seit sie aufgestanden und mit Eva in den Hof der Hausburg getreten war, fühlte alles in ihr sich taub, kalt und steif gefroren an.

Eva, die neben ihr wankte und sich bei ihr untergehakt hatte, weinte noch immer. Ihre Lippen waren blau, ihr Gesicht hatte die Farbe schmutzigen Wachses. Weiter vorn im Trauerzug, dort wo die edle Frau Ricarda neben ihrem Ritter Giselher trabte, hörte Maria-Magdalena von Zeit zu Zeit Laurenz' Witwe schluchzen.

Arme Frau! Nie mehr würde ihr Mann auf seine Lanze gestützt neben ihr hinken. Nie mehr würde sein gütiger und verschmitzter Blick Maria-Magdalena aufheitern. Konnte das wahr sein? Sie griff unter ihren Mantel und schloss die Hand um den Herrn Vater.

Mehrere Schwerthiebe hätten den alten Laurenz getötet, hieß es, und seine Frau hätte vom oberen Treppenabsatz aus zusehen müssen, wie er sich vier geharnischten Waffenknechten entgegenstellte. So erzählten es die Leute auf dem Markt und in den Badehäusern. Woher sie das wussten? Maria-Magdalena hatte keine Ahnung; es interessierte sie nicht.

Einer der Mörder habe angeblich Helm und Visier getragen, die anderen drei sollten sich die Gesichter unter ihren eisernen Sturmhauben mit Tüchern verhüllt haben. Das nun hatte Laurenz' Witwe erzählt, und sie hatte erst gestern wieder der edlen Frau Ricarda geschworen, genau gesehen zu haben, dass einem der verfluchten Mörder, einem etwa zwanzigjährigen Schwarzbart, das Tuch verrutschte, sodass ihr die fehlende Ohrmuschel an der rechten Schädelseite aufgefallen war. Wie Frost war es Maria-Magdalena über Nacken und Rücken gerieselt, als sie das gehört hatte.

Nachdem sie den armen Laurenz erschlagen hatten, seien die vier Mörder die Treppe hochgestürmt und in den Zellentrakt eingedrungen. Was sie Rübelrap angetan hatten, brauchte Maria-Magdalena niemand zu erzählen – das Bild seines enthaupteten Leichnams und seines Schädels stand ihr Tag und Nacht vor Augen. Auch jetzt, da sie neben Eva über die Holzbrücke schlurfte.

Der Hauptmann der Kerkerwächter, der schielende Bulle, sei mit Fieber und einem vereiterten Zahn zu Hause auf dem Krankenlager gelegen, erzählte man sich. Seine Wächter hätten geschlafen und den Kampflärm zu spät gehört; doch warum die Tür zu Rübelraps Kerker aufgeschlossen war, konnte niemand erklären.

Aber war nicht auch all das gleichgültig? Rübelrap würde nie wieder Wein trinken, nie wieder lächeln wie ein trauriger Knabe, nie wieder sein Brummeisen zupfen, nie wieder zuhören, wenn Maria-Magdalena ihm erzählte, was ihr Herz bewegte. Ihre klammen Finger schlossen sich fester um die Puppe unter ihrem Mantel.

Rübelrap war tot, und die Brücke brach dennoch nicht unter Maria-Magdalenas Füßen zusammen, während sie im Trauerzug über die Moldau taumelte; der alte Judithturm stürzte dennoch nicht ein, als sie sein Tor durchquerte, die Welt ging dennoch nicht unter, während Rübelraps Sarg an den tief im weißen Leichentuch versunkenen Weinbergen vorüber zum Friedhof rollte.

Sie war ja auch damals nicht untergegangen, als die Pest ihr die Familie genommen hatte und den ersten Riss durch ihr Leben zog.

Was auf dem Friedhof geschah, unterschied sich für Maria-

Magdalena nicht wesentlich von den Albträumen, die sie seit dreizehn Jahren heimsuchten, seit sie ihre Familie verloren hatte: Da gähnten zwei dunkle Gruben im Schnee, da schleppten sechs Männer zwei Särge zu den Löchern, da senkte sich erst Laurenz' und danach Rübelraps Sarg in die Finsternis.

Maria-Magdalena schloss die Augen, um vielleicht doch noch aus dem Albtraum zu erwachen. Sie hörte Eva weinen, sie hörte Laurenz' Witwe schluchzen, sie hörte Erde und Geröll auf Holz prasseln, und sie hörte die laute und tiefe Stimme von Rübelraps Beichtvater durch Kälte und Dunkelheit tönen. Von dem, was er sagte, verstand sie kein Wort; dabei sprach er wie immer recht laut.

Unter ihrem Mantel umklammerte sie den Herrn Vater, der neben dem Dolch in ihrem Gurt steckte, so fest, dass ihr die Finger wehtaten.

»Herr Vater«, flüsterte sie, und das verschwommene Gesicht eines Mannes stieg aus ihrer Erinnerung in ihr Bewusstsein wie eine Luftblase an die Wasseroberfläche. »Herr Vater, wo bist du?«

Weit weg und dennoch sehr laut hörte Maria-Magdalena den Priester das *Amen* brüllen, und zugleich war ihr plötzlich, als stünde einer sehr dicht bei ihr. Sie öffnete die Augen. »Herr Vater?«

Da stand wirklich einer neben ihr, breit, blond und mit goldenem Ring im Ohr, doch es war nicht der Herr Vater, es war der Polier Rudolph von Straßburg. Sie erschrak bis ins Mark.

Der Straßburger aber berührte ihre schlaff herabhängende Hand mit einem Ledersäckchen. »Nimm das«, flüsterte er ihr zu und drückte ihre Finger um das Säckchen zusammen. Das fühlte sich schwer an und wie mit Münzen gefüllt. »Nimm es, und vergiss um Himmels willen, was du gesehen hast in der Sakristei.

Vergisst du es nicht, wirst du mehr verlieren, als du hiermit bezahlen kannst.«

...

Unverbesserlicher Militsch! Er konnte nicht anders, er musste die Gelegenheit zu einer Bußpredigt nutzen. Zwischen den offenen Gräbern verkündete er die Ankunft des Heilands so laut und so überzeugt, als hätte dieser ihm erst kurz vor der Totenmesse für die beiden Ermordeten Tag und Stunde seines Erscheinens persönlich ins Ohr geflüstert.

Und aufs Neue wunderte sich Jan Otlin, weil die Leute wie gebannt an Militschs Lippen hingen, jedenfalls die meisten. Er selbst stand in der letzten Reihe der erstaunlich großen Trauergesellschaft und konnte sie beobachten, ohne dass sein neugieriger Blick jemandem auffiel. Wegen des Schneeschleiers, der über allen lag, hatte auch sein priesterlicher Freund ihn noch nicht entdeckt.

Es war nicht zu fassen: Der kleine mährische Prediger beschrieb die Höllenqualen in grellsten Farben, und die Leute hörten zu; er schilderte den durchdringenden Klang der Gerichtsposaunen, der ertönen würde, wenn der Herr in den nächsten Wochen oder Monaten mit seinen Heiligen und Engeln am Himmel erschien, und die Leute lauschten ergriffen; er forderte mit unerbittlicher Strenge Reue und Buße und die Einhaltung der heiligen zehn Gebote, und die Leute bekamen feuchte Augen.

Manche freilich traten von einem Fuß auf den anderen und schienen das Ende der Bestattung herbeizusehen. Jans Polier zum Beispiel, der Straßburger – der blickte unruhig umher und pirschte sich im Laufe der Predigt immer näher an die junge Mörtelmischerin heran. Als Militsch den Segen und das Amen in die von Schneeflocken verwirbelte Winterluft gedonnert hatte, stand er so nahe neben ihr, dass es aussah, als berührte er sie gleich. Und flüsterte er nicht sogar mit ihr?

So genau konnte Jan es nicht erkennen, denn viele Reihen von Trauernden verdeckten die Sicht auf den Polier und die junge Frau teilweise. Nach dem Amen wollte auch Jan zu ihr gehen, wollte ihr seine Hilfe anbieten, denn sollte das Gerücht stimmen, das in allen Gassen geflüstert wurde, sollte also wirklich Marian von Zittau den Rübelrap erschlagen haben, dann konnte jeder, der wollte, sich an drei Fingern abzählen, an wem der einäugige Ritter als Nächstes Rache nehmen würde.

Doch bald begann die Trauergesellschaft, sich zu zerstreuen, und Jan verlor die Jungfrau aus den Augen. Die Leute wollten endlich nach Hause, denn es war kalt und schneite unablässig. Bevor er sich auf die Suche nach ihr machte, ging Jan zu den frischen Gräbern, um dem Maurermeister und seiner Mutter die Hand zu drücken und ihnen ein paar tröstliche Worte zu sagen.

Das verheulte Gesicht der alten Frau war hart und kantig, und nachdem Jan ihr sein Beileid bekundet hatte, flüsterte sie: »Der Marian, diese Drecksau, und seine Höllenhunde sind's gewesen. Mörderpack, verdammtes – möge die Strafe Gottes sie zertreten.«

Der Hass, den er in der Miene der Frau las und aus ihrer Stimme heraushörte, verschlug Jan die Sprache. Als er sich gesammelt hatte und etwas Beruhigendes entgegnen wollte, gab es irgendwo hinter ihm einen Tumult. Er drehte sich um und entdeckte höchstens zehn Ruten entfernt eine Frauengestalt, die zwischen den Gräbern im Schnee lag und sich nicht rührte. Er zögerte keinen Augenblick und rannte los.

Der Straßburger war genauso schnell wie er und bückte sich bereits nach der Ohnmächtigen, als Jan bei ihr ankam. Er erkannte Maria-Magdalena, seine ehemalige Mörtelmischerin, und heiße Sorge erfasste ihn. Was war geschehen? Hatte es mit dem zu tun, was der Polier ihr zugeraunt hatte? Jan blickte dem Franzosen forschend ins Gesicht, doch der griff eine Handvoll Schnee und rieb der Jungfrau Wangen und Stirn damit ein, und kurz darauf öffnete sie die Augen und blinzelte die beiden Männer an.

»Ich bringe dich ins Warme«, sagte Jan und schob die Arme unter sie. Bevor er allerdings dazu kam, sie hochzuheben, ging der Ritter Giselher von Stettin neben ihm in die Hocke, schob ihn beiseite und lüpfte die junge Frau aus dem Schnee.

»Sie wohnt bei mir«, erklärte die Sterndeuterin, die ebenfalls neben Jan auftauchte. »Es war alles ein wenig viel für sie in den letzten Tagen. Der Ritter und die Frauen schaffen sie in ihre Kammer.«

Jan nickte, beugte sich aber noch einmal zu Maria-Magdalenas Ohr und flüsterte der Benommenen zu: »Solltest du Hilfe brauchen, kommst du zu mir, hörst du? Du findest mich in der Bauhütte oder in meinem Haus auf der Kleinseite.«

...

Ohne sich vom Fleck zu rühren, drückte Rudolph von Straßburg Ricarda Scorpio eine bunte Holzpuppe mit wildem schwarzen Wollschopf in die Hand. »Die ist dem jungen Weib wohl aus dem Mantel gerutscht.« Was dem Miststück sonst noch aus dem Mantel gerutscht war, behielt er für sich und unter seinem Schuh.

»Danke!« Die Sterndeuterin nahm die Puppe und steckte sie ein. »Du bist also auch hier, Rudo?«

»Wie du siehst.« Die Arme vor der Brust verschränkt stand er zwischen den verschneiten Gräbern und sah seinem Baumeister und dem Stettiner Ritter hinterher. Der eine trug das Miststück aus dem Friedhof hinaus zum Pferdewagen, der andere stapfte hinter ihnen her und sprach mit der blonden Hure.

»Kanntest du denn einen der Toten näher?« Ricarda Scorpios Miene war bitter, ihre Stimme klang hohl. »Oder was suchst du hier?«

»Du hast deine Stunde verpasst, nicht wahr, Ricarda?« Rudolph konnte seine Verachtung kaum verhehlen. »Hast Geduld gehabt wie der heilige Sebastian, hast gewartet und gewartet, bis es zu spät gewesen ist. Und jetzt hat der schlimme Marian deinen Pferdeknecht und Sekretär ein für alle Mal aus der Welt geschafft. Machst du dir Vorwürfe?«

Ihre Züge wurden noch kantiger, ihre Augen zu Schlitzen. »Warum bist du hier, Rudo?«

Mit einer Kopfbewegung deutete er über die Gräber hinweg zu dem Pferdefuhrwerk, auf das sie eben das Miststück betteten. Hinter einem Schleier aus Schneeflocken kletterte die blonde Hure zu ihr auf den Wagen, legte eine Decke über sie und setzte sich neben sie. »Ihretwegen.«

»Wegen Eva?«

»Wegen der Jungfrau mit dem Brummeisen. Sie hat Druda und mich ertappt.«

»Maria-Magdalena?« Die Sterndeuterin legte den Kopf in den Nacken und stieß ein freudloses Lachen aus. »Ausgerechnet!« Dann richtete sie ihren brennenden Blick wieder auf ihn. »Du bist selbst schuld, Rudo. Niemand lehnt meine Angebote ungestraft ab – du hättest den Blutvertrag unterschreiben müssen.«

Rudolph sah, wie der Wagen anrollte und wie der Otlin auf sein Pferd kletterte, um hinterherzureiten. Er dachte an den Parler, er dachte an seine Geliebte und ihre Verzweiflung. Unter den Schuhsohlen spürte er das Ding, das der Mörtelmischerin aus dem Mantel gerutscht war. »Wenn sie uns verrät, sind wir tot.«

»Da hast du recht. Enthauptung, nicht wahr? Was willst du jetzt tun?«

»Ich habe ihr Geld gegeben, damit sie schweigt. Doch ich trau ihr nicht. Sie muss weg.«

»Weg?« Ricarda Scorpio musterte ihn kühl.

»Sie wird nicht schweigen, ich kenn die Sorte Weib. Sie muss weg, Ricarda.« Er hielt ihrem Blick stand. »Siehst du einen Weg?«

Schweigend musterte sie ihn, wobei ihre Miene etwas Lauerndes bekam. Ihm war, als würde sie durch seine Stirn hindurch in seinen Kopf eindringen und noch weiter, bis in die geheimsten Winkel seiner Gedanken.

»Ja«, sagte sie nach drei oder vier Atemzügen. »Ich sehe einen Weg.«

»Welchen?«

»Frag nicht, vertrau mir.« Endlich ließ ihr Blick ihn los, und Rudolph atmete insgeheim auf. Ricarda Scorpio schaute zu Rübelraps Grab hinüber. »Schließe den Blutvertrag ab, und du bist gerettet. Alles andere überlass mir.« Mit diesen Worten wandte sie sich ab und stapfte durch den Schnee zum Friedhofstor hin, wo Giselher und seine Waffenknechte auf sie warteten.

Rudolph beobachtete, wie sie sich von ihrem Ritter aufs Pferd helfen ließ und dann an seiner Seite davonritt. Erst als ihre Gestalten vor den Weinbergen und auf Höhe der Täuferkirche mit dem Schneetreiben verschwammen, hob er seinen Fuß an und bückte sich nach dem Dolch, der dem Miststück aus dem Gürtel gerutscht war. An seinem Ärmel wischte er die Klinge trocken, bevor er sie in seine Rocktasche steckte.

Er wusste nicht, was er mit dem Dolch anfangen sollte, doch ein unbestimmtes Gefühl sagte ihm, dass er ihn noch brauchen würde.

Viertes Buch

Das Ende

1
Das Ende

Prag, Karfreitag 1367

Die Weinberge blieben hinter ihnen zurück. Während die Abenddämmerung voranschritt, ritten sie auf der Kleinseite durch fast menschenleere Gassen. Sie erzählten abwechselnd – mal Jan, mal Agnes von Bur –, bis der alte Judithturm und mit ihm die Auffahrt zur Holzbrücke in Sicht kam; die Edelfrau kannte die ganze böse Geschichte.

Mitten auf der Holzbrücke hielt Jan sein Pferd an und starrte stumm hinüber zur Steinernen Brücke.

»Gleicht eher einer Ruine als einem Neubau«, sagte Meister Mathias. »Ist mir schon heute Morgen aufgefallen, als wir die Moldau überquerten.« Durch die Dämmerung blinzelte er auf den Hochwasser führenden Fluss hinunter und zu den zerstörten Pfeilern hinüber. »Was ist da geschehen?«

Jan wischte sich ein paar Tränen aus den Augen, schüttelte den Kopf und winkte resigniert ab. Schweigend ließen sie den stark beschädigten Brückenneubau hinter sich und ritten in das abendliche Prag hinein. Waldemar von Torgau und sein Fahnenträger trabten an der Spitze.

»Vor wenigen Tagen stand das Hochwasser noch weitaus höher.« Agnes von Bur beugte sich aus ihrem Sattel zu Mathias von

Nürnberg hinüber. »Die reißende Flut hat solche Massen von Eis und Treibgut gebracht wie schon seit Jahren nicht mehr. Daher die schlimmen Schäden.«

Niemand hielt sie auf in den Gassen der Altstadt, niemand erkannte Jan, den Baumeister des Kaisers, denn er trug einen langen Mantel mit weiter Kapuze über dem Kopf. Wenn er sich nach Mathias von Nürnberg umdrehte, schaute er in das finstere Gesicht eines grübelnden Mannes. Er war froh, dass sein Schwiegervater vorerst keine weiteren Fragen stellte, denn all das zu erzählen, was erzählt werden musste, wühlte ihn mächtig auf.

Von den Klosterkirchen der Stadt läuteten die Glocken zur Komplet, während sie den Altstädter Ring hinter sich ließen. Vor dem Hoftor der Hausburg in der Zöllnerstraße stiegen sie von den Pferden. Auch jenseits der Hofmauer hörte Jan die dünnen Klänge einer Glocke, doch die bimmelte mehr, als dass sie läutete. Der Winter war längst vorüber, und dennoch fror er, so wie er damals nach Rübelraps Bestattung gefroren hatte, als er hinter Giselhers Tross und dem Pferdewagen her durch das Schneetreiben in die Altstadt geritten war. Bis zur Hausburg der Sterndeuterin begleitete er das Fuhrwerk an jenem Tag und kehrte erst zur Baustelle zurück, nachdem die blonde Eva und eine der anderen Huren Maria-Magdalena durchs Hausportal geführt hatten. Auf der letzten Stufe der Vortreppe war sie stehen geblieben und hatte sich nach ihm umgewandt. Und ihm zugenickt.

Da hatte er gewusst, dass sie zu ihm kommen würde, wenn sie in Not geriet. Zugleich spürte er zum ersten Mal jenes unsichtbare Seelenband, das damals zwischen ihnen zu wachsen begann und das sein Leben in all den Jahren mit dem Leben dieser eigenwilligen Frau verwoben hatte.

Es war schon fast dunkel, als Agnes von Bur den Türklopfer gegen das Hoftor fallen ließ. Die metallenen Schläge rissen Jan Otlin aus den Bildern und Gefühlen vergangener Tage zurück in die Gegenwart.

Die beiden Waffenknechte, die der Edelfrau Geleitschutz gaben, flüsterten miteinander. Mathias von Nürnberg stierte in Gedanken versunken auf den Löwenzahn, der aus den Steinfugen der alten Hofmauer wuchs. Noch immer war ihm anzusehen, wie sehr ihn erschütterte, was Jan und die Edelfrau ihm berichtet hatten. Dabei stand ihm das Schlimmste noch bevor.

Schritte näherten sich auf der anderen Seite des Tores. »Wer ist da?«, fragte eine Frauenstimme.

»Ich bin es, Schwester Eva«, sagte Agnes von Bur leise. »Meister Otlin und ein Gast aus Nürnberg sind bei mir.«

Ein Riegel scharrte, eine Klinke klackte, das Tor öffnete sich knarrend. Im Hof dahinter standen drei Nonnen, eine davon war Eva, deren Haupt die Kapuze ihres Habits verdeckte. Sie und Frau Agnes umarmten einander. Nach der Begrüßung wies die Edelfrau auf den Grauhaarigen mit den Wolfsaugen. »Das ist Meister Mathias von Nürnberg, Maria-Magdalenas Vater.«

Während Eva die Linke auf den Mund legte, sich mit der Rechten bekreuzigte und ihre Augen riesengroß und feucht wurden, murmelte der Nürnberger verlegen einen Segensgruß. Es verblüffte ihn merklich, die Frau, von der er so viel gehört und die man ihm vor allem als Hübschlerin geschildert hatte, im Gewand der Benediktinerinnen zu sehen – auch wenn Jan ihm ja von Evas Entschluss, Nonne zu werden, berichtet hatte.

»Willkommen!« Eva ergriff die Hand des Wolfsauges. »Willkommen, Gott segne Euch!« Und leiser und an Agnes gewandt: »Ihr könnt mit uns die Komplet singen, danach finden sich in der Küche sicher noch ein Krug Bier und eine kleine Mahlzeit für euch.«

Sie führten die Pferde in den Hof, wo Nonnen ihnen die Zügel abnahmen, um die Tiere in den Stall zu bringen. Aus der Dunkelheit unter den Umrissen eines kleinen Glockengestühls am anderen Ende des Hofes löste sich die Gestalt einer Ordensschwester und huschte die Vortreppe zum offenen Hausportal hinauf. Die Glocke pendelte nach und nach aus.

Während er hinter Jan und der Edelfrau her ebenfalls die Stufen hinaufstieg, blickte Meister Mathias zur Silhouette des großen Kreuzes empor, das vom Turmdach aufragte. »Ist denn dieses Haus ein Kloster?«

»Nein.« Eva wies in die Eingangshalle. »Ein Hospital. Wir Nonnen vom Orden des heiligen Benedikts pflegen hier die Ärmsten der Armen, wenn sie krank werden oder sterben müssen.«

Sichtlich beeindruckt trat der Maler ein. Hinter den Flügeln des Portals, das aus der Halle ins ehemalige Kontor führte, ertönte Gesang. Aus etlichen Frauen- und einigen brüchigen und dünnen Stimmen hörte Jan den kräftigen und vertrauten Bass seines priesterlichen Freundes heraus.

In Wandhalterungen links und rechts des Portals brannten Fettholzspane. In deren Schein betrachtete Meister Mathias das Wappen, das auf einem der Türflügel prangte: einen roten Ritter auf einem Schimmel, der mit seiner Lanze einen roten Drachen unter den Pferdehufen aufspießte. Mathias von Nürnberg beugte sich vor, um das kleinere weiße Wappen darüber besser erkennen zu können.

»Ein Äskulapstab«, murmelte er.

»Das Haus gehörte früher einer Edelfrau«, flüsterte Eva, die merkte, dass die Malerei auf der Tür ihn fesselte. »Sie war Heilerin und Sterndeuterin. Und so hat sie geheißen.« Die Kapuze ihres Habits rutschte ein wenig zurück, und Jan, der Eva lange nicht gesehen hatte, stellte überrascht fest, dass sie kahl geschoren war.

Sie bemerkte seinen Blick, zog den Stoff rasch wieder tiefer in die Stirn und deutete auf den bogenförmig und in roten Buchstaben über das Wappen gemalten Namen.

»Ricarda Scorpio«, las Mathias von Nürnberg murmelnd.

Leise öffnete Eva die Tür und winkte sie hinter sich her in einen Krankensaal, in dessen Mitte ein kleiner, von Kerzen erleuchteter Altar mit einem Kruzifix stand. Sieben oder acht Nonnen umgaben ihn und den mährischen Priester, der das Hospital gegründet hatte. In den etwa zwölf Betten ringsum an den Wänden lagen Männer und Frauen, die greisenhaft und krank aussahen. Etliche teilten sich ein Krankenlager. Die meisten sangen, krächzten und ächzten mit.

Während Agnes, die Waffenknechte und Meister Mathias stehen blieben, kniete Jan nieder und tauchte ein in den Psalmengesang, den Militsch von Kremsier am kleinen Altar intonierte. Obwohl einige der Singenden kaum den Ton halten konnten, lauschte er wie verzaubert.

Der vielstimmige Gesang hüllte seine Seele ein und erhob sie für kurze Zeit über all seine Ängste und Sorgen. Er dachte an seine Frau im Kerker, die den Henker vor Augen hatte, und an sein Töchterchen, das diese Nacht an einer fremden Brust saugen musste. Singend stimmte er in die lateinischen Psalmworte ein: »Wer unter dem Schirm des Höchsten sitzt und unter dem Schatten des Allmächtigen bleibt, der spricht zu dem Herrn: Meine Zuversicht und meine Burg ...«

Der Trost der uralten Worte ließ Jans Herz anschwellen, sodass es warm und leicht wurde und eine Zuversicht seine Brust weitete, die er lange nicht empfunden hatte. » ... er errettet dich von dem Strick des Jägers und von der verderblichen Pest. Er wird dich mit seinen Fittichen decken, und Zuflucht wirst du haben unter seinen Flügeln ...« Trotz der vielen kranken und schwachen

Stimmen klang der Gesang so schön und berührte Jan so tief, dass ihm die Tränen kamen und seine Stimme brach.

Später, nach einer kleinen Mahlzeit, teilte man ihnen Schlafplätze zu. Die Waffenknechte streckten sich auf Strohsäcken vor der Kammertür der Edelfrau aus, für Jan und seinen Schwiegervater wurden zwei Strohsäcke in die Küche neben die Herdstelle geschafft. In der züngelten noch Flammen.

In der Nacht träumte sich Jan zurück in die dunklen Gassen der Kleinseite. Den Sauspieß in der Rechten und eine Fackel in der Linken, rannte er durch Regen und Gewittersturm hinunter zur Moldau. Sein Herz klopfte, als wollte es zerspringen.

Im Traum schrie er nach seiner Mutter, während er über die zusammenbrechende Judithbrücke hastete und sich auf unerklärliche Weise zur Altstadt hinüberrettete. Dort rannte er weiter, rannte und rannte, bis der Altstädter Ring sich vor ihm öffnete. Seine Angst wuchs ins Unermessliche, und eine schreckliche Gewissheit lähmte ihm die Beine: die Gewissheit, zu spät zu kommen.

Unter dem von zuckenden Blitzen brennenden Himmel lag taghell der Marktplatz vor ihm, und auf ihm drängten sich zahllose Menschen rund um das Podest des Henkers. Der schwarz verhüllte Scharfrichter führte eine gefesselte Frau zum Hackklotz und stülpte ihr eine dunkle Kapuze über. Indessen wühlte Jan sich schreiend durch die Menge.

»Nicht sie!«, schrie er. »Nicht Maria-Magdalena!«

Er erreichte das Henkerspodest, auf dem seine Frau geköpft werden sollte, im selben Augenblick, als der Henker sie auf die Knie zwang und nach seiner Axt griff. Jan kletterte hinauf und legte seinen Kopf auf den Hackklotz. »Bitte nimm mich statt ihr. *Ich* habe gemordet, nicht sie!«

Schweißgebadet fuhr er aus dem Schlaf. Sein Herz pochte ihm

wild in Kehle und Schläfen. Im letzten Licht der Glut sah er auf der anderen Seite der Herdstelle Mathias von Nürnberg auf seinem Strohsack liegen. Der umklammerte die Holzpuppe auf seiner Brust, und seine Wolfsaugen spähten durchs Halbdunkel zu Jan herüber. Kein Wort fiel.

Früh am Morgen dann, lange vor der Laudes, streckte Eva eine Fackel in die Küche; beide Männer lagen wach. »Die Amme mit dem Kind ist gekommen«, flüsterte sie. »Wir sind so weit.«

Draußen im Hof, zwischen den gesattelten Pferden, küsste Jan sein schlafendes Töchterchen. Eine Benediktinerin reichte ihm eine Fackel. Während er damit in den Sattel stieg, beobachtete er, wie Eva mit einer Nonne flüsterte, der er früher schon im Hause der Sterndeuterin begegnet war. Da war sie ebenfalls noch eine Hure gewesen. Schwester Eva übergab ihr ein dünnes weißes Bündel und drückte ihr einen Kuss auf die Wange, bevor auch sie auf ein Pferd kletterte.

»Du willst uns wirklich begleiten?«, fragte Jan sie ungläubig, als sie kurz darauf nebeneinander durch die nächtliche Zöllnerstraße dem Altstädter Ring entgegenritten. Eva nickte stumm. »Was hast du der anderen Nonne da übergeben?«

»Mein Leichenhemd.« Sie wich seinem Blick aus. »Und darin eingewickelt den Schlüsselbund für das Hospital.« Ihre Miene verschloss sich, ihre Stimme klang kühl. »Sie wird es künftig allein führen.«

Jan begriff nicht, was die Nonne ihm sagen wollte. War sie krank? Todkrank womöglich? Er wagte nicht nachzufragen. Eva ließ ihr Pferd zurückfallen, bis sie neben Militsch ritt. Sie flüsterten miteinander, und für Jan hörte es sich an, als hätten sie etwas Dringendes miteinander zu verhandeln. Er schloss zu seinem Schwiegervater auf, der hinter den Waffenknechten, der Edelfrau und der Amme ritt. Meister Mathias war aschfahl, und die Zahl der Furchen, die sein hartes Gesicht durchzogen, schien sich über Nacht verdoppelt zu haben.

Ein bulliger Mann in Kettenhemd und Waffenmantel wartete vor dem Burgtor der Vogtei, der Hauptmann der Kerkerwächter. Als er Eva und Agnes von Bur erkannte, öffnete er das Tor und winkte die Reiterschar hindurch. Die Glocken der Sankt-Valentins-Kirche begannen, zur Laudes zu läuten, während sie in den Burghof trabten.

Kaum waren sie von den Pferden gestiegen, verneigte sich der Hauptmann vor der Edelfrau und der Nonne. Eva, vor der er sich besonders tief verbeugte, hauchte er sogar einen Kuss auf die Hände. Die Waffenknechte blieben bei den Pferden, alle anderen folgten dem Kerkerwächter in die Burg. Im Schein der vielen Fackeln, die in der Eingangshalle brannten, erkannte Jan, dass der bullige Hauptmann ein wenig schielte.

»Früher war er ein in der ganzen Altstadt berüchtigter Säufer und Schläger, der jeder Frau hinterhergestiegen ist«, flüsterte Militsch ihm zu, während sie hinter dem Wächter und den Frauen eine breite Treppe hinaufstiegen. »Heute gilt er als frommer Mann.«

Staunend blickte Jan zu dem Mann hinauf. Einer der vielen Prager also, bei denen die Predigten seines priesterlichen Freundes auf fruchtbaren Boden gefallen waren. Auch zahlreiche Huren der Stadt hatten sich wie Eva durch den Mähren bekehren lassen, wodurch er sich viele Feinde unter den Priestern, Mönchen und Frauenwirten gemacht hatte. Jan wusste von drei Freudenhäusern, die schließen mussten, weil die Hübschlerinnen Militsch allzu aufmerksam zugehört hatten und seitdem versuchten, bis zur baldigen Wiederkehr des Herrn Jesus Christus ein gottesfürchtiges Leben zu führen.

Vor dem Durchgang, der in den Zellentrakt führte, blieb der Kerkerwächter stehen und zeigte mit der Fackel hinein.

»Wir warten hier«, sagte Agnes von Bur und bedeutete der Amme, Jan den Säugling zu geben.

»Ich trage das Mädchen«, erklärte Eva in einem Tonfall, der keinen Widerspruch duldete, und nahm der Amme das schlafende Bündel ab. Erst jetzt fiel Jan auf, dass sie an diesem Morgen eine schwarze Kukulle über dem dunklen Habit trug, einen weiten, knöchellangen Überwurf, den Novizinnen erhielten, wenn sie sich entschieden hatten, für immer im Orden zu bleiben. Die Kapuze der Kukulle bedeckte ihren Kopf. Jan wunderte sich ein wenig, denn soviel er wusste, legten die Benediktinerinnen diese Tracht nur zur Messe oder an hohen Festtagen an.

Seite an Seite mit Meister Mathias folgte er der Nonne und dem Hauptmann in den Zellentrakt. Es stank nach Moder, Kot und Urin. Von allen Seiten flüsterten Gefangene hinter den Gittern; manche fluchten, manche flehten um Gnade, einige baten darum, dass man eine Messe für sie bezahlte, weil sie ihren Tod nahen fühlten.

Jan merkte, dass Schwester Eva mit einem Brechreiz kämpfte; er selbst atmete durch den Mund. Sie kamen an einer Kammer vorbei, in der drei Kerkerwächter an einem Tisch hockten und im Schein von Talglampen würfelten. Der Hauptmann nickte ihnen schweigend zu und ging weiter.

Schließlich blieb der bullige Mann vor einer Kerkerzelle am Ende des schmutzigen Ganges stehen, schloss sie auf und öffnete sie. Mit einer flüchtigen Kopfbewegung winkte er Jan, Eva und Mathias von Nürnberg an sich vorbei.

Eva trat als Erste in die Dunkelheit der Zelle, und sofort erhob sich drinnen ein Seufzen und Schluchzen. Als Jan dem Hauptmann die Fackel abnahm und sich ebenfalls hineinbückte, sah er Eva mit dem Kind vor seiner leise weinenden Frau knien. Die küsste ihre Tochter, wobei sie versuchte, Arme und Beine still zu halten, damit das Klirren der Ketten, den Säugling nicht weckte.

Jan reichte seinem Schwiegervater die Fackel, hockte sich ebenfalls in das Stroh, in dem seine kahl geschorene Frau kauerte, und schloss sie in die Arme. Lange hielt er ihren bebenden Körper fest, herzte sie und bedeckte sie mit Küssen.

Schließlich löste er sich von ihr und schaute zu Mathias von Nürnberg hinauf, der breitbeinig und mit der Fackel in der Hand mitten im Kerker stand. Sein zerfurchtes Gesicht und sein grauer Bart glänzten von Tränen.

»Hier ist noch einer, der sehnt sich schon seit Jahren danach, dich endlich umarmen zu können«, sagte Jan mit brüchiger Stimme.

Maria-Magdalena hob den Blick. Ihre Augen weiteten sich, die Kinnlade sank ihr herunter, sodass ihre Zahnlücke sichtbar wurde, und sie begann, noch heftiger zu zittern. Kein Wort kam über ihre Lippen, nur ein tiefes, röchelndes Seufzen entrang sich ihrer Kehle.

Meister Mathias drückte Jan die Fackel in die Hand, ging in die Knie und schloss die Arme um seine Tochter. Auch sein Körper bebte, und die Tränen schossen ihm ungehemmt aus den Augen. Lange umklammerten sie einander und weinten so leise, wie sie es vermochten.

Trotzdem wurde das Kind irgendwann wach und begann zu plärren. Der Hauptmann nahm Maria-Magdalena die Armketten ab, sodass sie Mantel und Kleid aufknöpfen und dem Mädchen die Brust geben konnte.

»Warum muss ich dich in Ketten finden?«, flüsterte Mathias schluchzend. »Wie konnte es so weit kommen?«

2
Wein und Blut

Prag, Mai 1362

Sie vergaß die Zeit, sie vergaß ihren Auftrag. Zwischen schwatzenden Männern und Frauen über das Geländer der Holzbrücke gelehnt, zupfte sie ihr Brummeisen und beobachtete das Treiben auf der Brückenbaustelle. Dort drehten sich die Trommeln der Kräne, dort legten Kähne voller Baumstämme an, dort kletterten Zimmerleute im gewaltigen Gerüst des nächsten Brückenbogens herum, hämmerten Bretter fest und verkeilten Stützbalken. Manchmal flogen Maria-Magdalenas Gedanken zu Rübelrap hin, manchmal zu dem Baumeister mit den grünen Augen.

Ein mit Steinblöcken beladener Lastkahn hatte gerade an dem Bausteg festgemacht, der vom Mühlenufer auf die Moldau hinaus bis zum Brückenneubau führte. Von einem Kranarm schwebte an einem Tau eine scherenartige Steinzange auf den in den Wogen schaukelnden Kahn hinab. Ein Schiffer setzte die Zangenenden in die vorgebohrten Löcher eines der Blöcke, gab dem Kranmeister ein Zeichen, und als die Kranknechte in der Trommel zu treten begannen, straffte sich das Tau, und die Steinzange klemmte den Block ein.

Bald schwebte der wuchtige Stein über dem Lastkahn und dann zum Gemäuer des neusten Pfeilers hin, wo bereits ein Maurer die letzte Mörtelschicht glatt gestrichen hatte. Mit ausgestreckten Armen nahm er den schwebenden Stein in Empfang und schob ihn über die Stelle, wo er nach dem Willen des Kaisers und des Baumeisters für alle Ewigkeit sitzen sollte. Auf Zuruf des Maurers senkte der Kranmeister den Quader ab.

So ging das hier tagaus, tagein, jahraus, jahrein, Mörtelschicht um Mörtelschicht, Stein um Stein. Seit nunmehr fünf Jahren wuchs ein neuer Brückenpfeiler nach dem anderen aus den Trockengruben, die man dem Fluss abgerungen hatte.

Oft musste Maria-Magdalena bei ihren Botengängen für die edle Frau Ricarda so wie heute zur Kleinseite hinüberlaufen, und jedes Mal blieb sie auf der Holzbrücke stehen, um das emsige Schaffen der Bauleute bei den Schöpfrädern, in den Krantrommeln und auf den Gerüsten zu beobachten. Als sie vor sechs Jahren nach Prag gekommen war, hatte es hier noch nicht einmal eine Fundamentgrube gegeben. Da war von einer steinernen Brücke noch gar nicht die Rede gewesen.

Ohne das Brummeisen abzusetzen, zählte sie die Pfeiler und die Bögen durch. Es war bereits der neunte Pfeiler, der dort in der Moldau aus der Trockengrube ragte und dessen Außenmauern der Kranmeister Steinblock um Steinblock hinzufügte. Der Brückenneubau reichte inzwischen vom Altstadtufer bis zur Flussmitte.

Neugierige Blicke trafen die Jungfrau mit dem Brummeisen von rechts und links, denn seit Rübelraps Tod hörte man in Prag nur noch selten die Klänge eines solchen Instruments; auch Maria-Magdalena zupfte es nur, wenn sie sich sicher fühlte, und vermied es, allzu große Aufmerksamkeit zu erregen, denn noch immer fürchtete sie Marians Rache. Der einäugige Ritter war zwar nach den Morden an Laurenz und Rübelrap aus der Stadt geflüchtet, wie es hieß, doch er hatte Parteigänger in höfischen Kreisen.

Vor denen auf der Hut zu sein, schärfte die edle Frau Ricarda ihr jede Woche aufs Neue ein.

Sie schielte zur Seite, wo ihr Handkarren mit dem Wein stand. Den hatte sie zum neuen Haus des Dombaumeisters Peter Parler hinaufzuschaffen. Maria-Magdalena glaubte nicht, dass jemand das Fässchen stehlen würde, denn obwohl es klein war, wog es doch an die vierzig Pfund, und ein Dieb, selbst wenn er so schnell laufen konnte wie sie, würde nicht weit kommen damit. Die vasenartige Flasche vor dem Fässchen allerdings, die sie mit einem Sacktuch abgedeckt hatte, die könnte einer ohne viel Mühe herauslangen und davontragen.

Die Sterndeuterin hatte ihr ans Herz gelegt, gut auf den Wein achtzugeben, denn es sei ein besonders edler und sehr teurer – im Fass ein Rotwein aus dem Königreich Burgund und in der schönen Flasche sogar ein süßer Wein aus dem Heiligen Land.

Prasselnder Lärm wie von steinernen Trommeln lenkte Maria-Magdalenas Aufmerksamkeit zurück zur Baustelle. Dort schoben sie die Füllung ins Gehäuse des achten Brückenpfeilers; dessen Mauern waren kurz nach Ostern vollständig hochgezogen und mit dem siebten Bogen verbunden worden. Ein Ochsenfuhrwerk voller Steinsplitter und Geröll war rückwärts dicht an das Pfeilergemäuer herangerollt, und nun leerten die Fuhrleute ihre Ladung auf den neuen Brückenbogen.

Tagelöhner schoben das Geröll mit Schaufeln und hölzernen Schneeschiebern in die hohlen Pfeiler, und schon begannen zwei Räder auf dem Gerüst links und rechts des Pfeilers, sich zu drehen, um die Balkenrammen hochzuziehen, mit denen man die Geröllfüllung feststampfte.

Auf den stadtnahen Brückenbögen verlegten Bauleute das Pflaster für den Brückenweg; auf dem neuen Bogen und in der zweiten Trockengrube rührten Mörtelmischer den Mörtel an; daneben hieben Steinmetze an Werkbänken die Rundblöcke für den nächsten Brückenbogen in Form. Maria-Magdalena guckte und guckte und vergaß vor lauter Gucken die Zeit.

Zwei Männer ruderten ein Boot über die Trockengrube hinaus auf den Fluss zu zwei Lastkähnen. Der eine trug einen Stapel Rundhölzer, der andere eine Ramme. Im Ruderboot erhob sich gerade ein Mann, der ein Pergament entrollte und auf verschiedene Stellen im Fluss zeigte. Maria-Magdalena vermutete, dass dort der Palisadendamm für die nächste Trockengrube entstehen sollte.

Sie setzte das Brummeisen ab und schaute genauer hin. An der drahtigen Gestalt, den breiten Schultern und den kastanienroten Locken, die ihm unter dem Hut herausquollen, erkannte sie den Baumeister. Kein anderer als Jan Otlin selbst stand dort im Ruderboot und legte fest, wo die ersten Pfähle für die nächste Fundamentgrube ins Flussbett gerammt werden sollten.

Ihr wurde seltsam warm im Bauch, während sie Meister Otlin beobachtete. Sie dachte an seine leuchtend grünen Augen, und die Erinnerung an jenen Moment, als er sie berührte, um sie aus dem Schnee zu heben, erfüllte sie mit einer leisen Sehnsucht, die sie sich nicht erklären konnte. Es geschah nicht zum ersten Mal, dass diese unbekannte Empfindung durch ihren Körper perlte, wenn sie an den Mann dort unten dachte.

Was ist das bloß für ein eigenartiges Gefühl?, fragte sie sich. Warum nur habe ich mir auf dem Friedhof gewünscht, er würde mich zum Wagen tragen und in die Zöllnerstraße bringen? *Ich bring dich ins Warme*, hatte er ihr zugeflüstert. Hätte er's doch getan!

Auch an die Enttäuschung, als der Ritter Giselher den Meister Otlin zur Seite geschoben und sie hochgehoben hatte, erinnerte sie sich gut. Wie ein Schmerz war es ihr durch die Brust gegangen.

Sie dachte oft an diese Stunde; oder auch an den Tag, als der

Baumeister ihr Zuflucht in der Bauhütte gewährt hatte. So oft, dass es sie beunruhigte. Manchmal machten die fremdartigen Empfindungen ihr sogar Angst, manchmal schämte sie sich dafür. Auch jetzt wieder. Sie befahl ihrem Blick, sich von dem Boot mit dem Baumeister zu lösen und woanders hinzuschauen.

Zu dem schimpfenden Mann auf dem vorletzten Brückenbogen, der jetzt die Aufmerksamkeit aller fesselte, die wie Maria-Magdalena die Bauarbeiten beobachteten. Der blonde Mann fuchtelte mit Winkeleisen und Senkblei herum, während er drei Bauleute anschrie, die an der Brückenbrüstung arbeiteten.

»Der Straßburger«, sagte ein Greis neben ihr. »Wahrscheinlich haben sie die Brüstung nicht gerade genug hochgemauert.«

»Muss man deswegen so herumbrüllen mit den armen Maurern?«, empörte sich eine Frau.

»Dazu ist er Polier, dass er Bauleute zusammenscheißt, wenn sie pfuschen«, entgegnete der Greis.

Auch Maria-Magdalena erkannte den Polier, und sofort stand er ihr nackt vor Augen. Sie konnte gar nicht anders, als an die halb entblößte, wollüstig seufzende Frau des Dombaumeisters zu denken und an das, was der Straßburger in jener Sakristei mit ihr getan und wie die Frau es genossen hatte.

Auch diese Bilder schossen ihr viel zu oft durch den Kopf.

Sie hatte niemandem erzählt, was sie in der Sakristei der Klosterkirche gesehen hatte, nicht einmal Eva. Keiner musste ihr erklären, wie man so etwas nannte: Ehebruch. In den Städten des Reiches, durch die sie im Laufe der Jahre gestreunt war, hatte sie Männer und Frauen auf dem Scheiterhaufen brennen sehen, die sich dieser Sünde schuldig gemacht hatten. Manchen hatte man gnädigerweise auch einfach nur die Köpfe abgeschlagen.

Der Straßburger Polier war ihr gleichgültig, doch Maria-Magdalena wollte nicht schuld daran sein, dass die schöne Frau des

Baumeisters ihren Lockenkopf unter dem Henkersbeil verlor oder gar auf einem Scheiterhaufen verbrannte. Sie erinnerte sich noch gut an jenen Tag, als Gertrud von Köln im Gefolge des Kaisers in die Stadt geritten war und ihr zwei Münzen in den Bettelteller geworfen hatte. Druda, wie jedermann sie nannte, hatte Maria-Magdalena ins Gesicht gesehen und sie trotz ihrer Knabenkleidung sofort erkannt.

»Lange habe ich nicht so wache und klare Mädchenaugen gesehen« – das waren ihre Worte gewesen.

Die Frau des Dombaumeisters! Siedend heiß rückte der Gedanke an sie Maria-Magdalena ihren Auftrag wieder ins Bewusstsein – der edle Wein musste hinauf auf den Hradschin, wo am Domplatz das neue Haus der Parlers stand.

Hier schaute sie anderen bei der Arbeit zu und vertrödelte den Nachmittag, statt den Wagen mit dem Fass zu Parlers hinaufzuziehen! Dabei wollte sie vor Anbruch der Dunkelheit zurück in der Altstadt sein, denn für eine Jungfrau wie sie war es nicht ungefährlich, nach Einbruch der Nacht noch auf der Kleinseite mit ihren Weinbergen und abgelegenen Gehöften unterwegs zu sein. Sie packte die Deichsel des Handwagens und zog das kleine Fass und die wertvolle Flasche dem alten Judithturm entgegen.

Beides hatte sie in der Neustadt bei einem mährischen Weinhändler abgeholt. Die Magister der Universität, so hatte die edle Frau Ricarda ihr erklärt, hätten zusammengelegt, um dem Baumeister Parler den edlen Wein zu schenken; als Dank für seine Verdienste um die Stadt. Den Flaschenwein hatte einer von ihnen, ein Deutscher, einem alten Kreuzfahrer abgekauft.

Drüben, auf der Kleinseite, stieg der Weg steil an, und Wagen und Wein fühlten sich schwerer an als noch in der Altstadt und auf der Brücke. Zusammen mit einem versiegelten Brief sollte Maria-

Magdalena das teure Geschenk der Amme der Parlers übergeben, die es gegen Abend erwartete.

Erleichtert dachte Maria-Magdalena daran, dass die Frau des Dombaumeisters ihr nicht begegnen würde, denn die, so erzählte man sich, sei in ihre Heimatstadt Köln gereist, um der Hochzeit einer Schwester beizuwohnen. So musste sie der Frau nicht ins Gesicht sehen, die sie halb nackt beim Ehebruch beobachtet hatte. Nur das nicht! Lieber würde sie barfuß über Disteln laufen.

Die Glocken der Sankt-Nikolaus-Kirche läuteten, als sie ihre Last am Kleinseitener Rathaus vorbeizog. Brautjungfern und Leute in Sonntagskleidern traten aus dem offenen Kirchenportal und schließlich ein Brautpaar. Eine Hochzeit!

Maria-Magdalena wischte sich den Schweiß von der Stirn und blieb stehen, um Braut und Bräutigam zu betrachten. Der Mann trug ein Kettenhemd, einen Wappenmantel mit dem Wappen des Kaisers darüber und einen roten Hut mit einer weißen Feder. Wahrscheinlich ein Knappe oder ein Ritter des Hofes. Sein Bart und seine Haare waren grau.

Die Braut, ganz in Weiß und mit einem Margeritenkranz auf dem Kopfschleier, hatte schwarzes Haar wie Maria-Magdalena. In ihrem mädchenhaften blassen Gesicht glänzten rote Pausbacken. Sie lächelte verlegen in sich hinein und kam Maria-Magdalena ein wenig verloren vor.

Auf einem Stuhl trugen vier Nonnen den Priester der Sankt-Nikolaus-Kirche aus dem Kirchenschiff und setzten ihn auf dem Vorplatz ab, damit er die Brautleute und ihre Hochzeitsgesellschaft verabschieden konnte. Maria-Magdalena wandte sich rasch ab und sah zu, dass sie ihren Wagen weiterzog, denn sie erkannte jenen Geistlichen, der über Rübelrap gelästert und für sie selbst nichts als Spott und Verachtung übrig hatte.

Ambrosius – hatte der alte Laurenz ihn nicht so genannt?

Hochwürden Ambrosius, genau! Angeblich schritt seine Lähmung von Monat zu Monat weiter voran, sodass er schon lange nicht mehr laufen konnte. Nicht eine Spur von Mitleid empfand Maria-Magdalena mit ihm.

Bevor sie in die Straße zum Domplatz abbog, schaute sie noch einmal hinter sich: Der ritterliche Bräutigam führte seine frischgebackene Gattin zu einer Kutsche, die zwischen Rathaus und Kirche gehalten hatte. Wehmut packte Maria-Magdalena – diese pausbäckige und mädchenhafte Jungfrau im Brautschleier war ganz gewiss jünger als sie. Und wenn Gott ihr gnädig war, würde sie bald ihr erstes Kind bekommen. Traurig zog Maria-Magdalena den Wagen mit dem Wein die gepflasterte Straße entlang.

»Wen werde ich einmal heiraten?«, murmelte sie. »Werde ich überhaupt jemals heiraten? Wer soll mir denn den Mann dafür aussuchen, Herr Vater?« Sie griff unter ihren Umhang, wo ihre Vater-Puppe neben der Scheide mit dem neuen Messer steckte, das sie sich von jenem Geld gekauft hatte, das dem Polier ihr Schweigen wert gewesen war. »Rübelrap kann's nicht mehr tun, das wisst Ihr doch. Könnt Ihr nicht so schnell wie möglich zu mir nach Prag kommen, Herr Vater?«

Und schon stand ihr das kantige Gesicht Jan Otlins vor Augen, des Brückenbaumeisters. Rübelrap hätte es gewagt, zu ihm zu gehen und ihm zu sagen, was für eine großartige Ehefrau er bekäme, wenn er Maria-Magdalena heiratete. Und ihr Vater würde es ganz gewiss ebenfalls wagen, denn er war sicher ein berühmter und reicher Maler inzwischen. Aber sie selbst? Und ganz allein?

Das wäre ungehörig und gegen alle guten Sitten. Außerdem: Der geachtete Baumeister, der bei Hof und Meister Parler ein und aus ging, würde doch nicht einmal im Traum daran denken, ein Waisenkind und eine ehemalige Bettlerin zu heiraten. Noch dazu eine, die in einem Hurenhaus wohnte!

Hufschlag, Geschrei und Gepolter schreckten Maria-Magdalena aus ihren Grübeleien auf, sodass sie stehen blieb und den Blick hob: Zwanzig Ruten entfernt gingen zwei Horden wilder Reiter aufeinander los, gut zwei Dutzend junge Kerle – Knappen und Waffenknechte wahrscheinlich. Sie rissen einander aus den Sätteln, schlugen mit Fäusten und Stangen aufeinander ein oder wälzten sich ringend auf der Straße. Die Pferde schnaubten und wieherten, und Hunde sprangen kläffend um die entfesselten Männer herum.

Maria-Magdalena riss den Wagen in die nächstbeste Gasse hinein, um den Domplatz vom Kathedralenneubau aus zu erreichen. Lieber nahm sie einen Umweg in Kauf, als unter eine Rotte junger Burschen zu geraten, die wahrscheinlich allesamt schon betrunken waren und ihren Wein dennoch nicht verschmähen würden. Und sie selbst, die Jungfrau, sowieso nicht.

Während der Neubau des Veitsdoms näher rückte, dachte sie an Eva, die noch vor dem letzten Christfest ins Kloster der Benediktinerinnen eingetreten und eine Nonne geworden war. Vielleicht wusste die ja jemanden, der eine Ehe zwischen ihr und dem Baumeister in die Wege leiten konnte.

Oder ob sie einfach die edle Frau Ricarda fragen sollte? Hatte die Sterndeuterin nicht in den letzten Jahren genau wie Rübelrap Mutter- und Vaterpflichten für sie wahrgenommen? Warum sollte sie nicht auch einen Gatten für sie aussuchen, und warum nicht den Baumeister Jan Otlin?

»Genug jetzt mit den Träumereien!«, schalt sie sich selbst. »Wach auf und werd nüchtern!« Um sich die sehnsüchtigen Wünsche und zügellosen Gedanken vom Leib zu halten, fing sie an, laut einen Psalm zu beten, den Rübelrap für sie ins Böhmische übersetzt und den sie aufgeschrieben und auswendig gelernt hatte: »Der Herr ist mein Hirte, mir wird nichts mangeln, sein Stecken und Stab trösten mich …«

Weiter kam sie nicht, denn vor dem Rohbau der neuen Kathedrale fielen ihr drei Reiter auf – zwei Ritter in Harnisch und edlen Mänteln und eine blonde Frau. Agnes von Bur! Wenn jemand Rat wusste, dann die Edelfrau!

Maria-Magdalena vergaß Vorsatz und Psalm und zog kurz entschlossen ihren Wagen quer über den Domplatz zum offenen Eingangsportal des Neubaus, das von Gerüsten eingerahmt war. Die Agnes würde ihr gewiss helfen! Sie war von adeligem Blut und Maria-Magdalena wegen Rübelrap in tiefer Dankbarkeit verbunden. Wenn nicht sie sich als Botin eignete, wer dann?

Frau Agnes und ihre Ritter banden die Pferde an der Tränke fest und traten in den Dom, bevor Maria-Magdalena rufen konnte. Sie zog ihren Wagen unter dem Gerüst hindurch und hinter der Edelfrau und ihrem Gefolge her ins Innere des Gotteshauses. Doch gleich nach der Schwelle stockte ihr Schritt. War es nicht ungehörig, wenn sie – eine Frau! – durch eine Botin um einen Mann warb? Musste nicht er, Jan Otlin, einen Boten zu ihr schicken? Zögernd blieb sie unter dem Gerüst einer Säule stehen und wusste nicht recht, was tun.

»Ganz verrückt bist du«, murmelte sie. »Sofort hörst du auf mit diesem Irrsinn.« Und wieder rettete sie sich zu ihrem Psalm. »Er weidet mich auf einer grünen Aue und führt mich zu frischem Wasser. Und ob ich schon wanderte im finsteren Tal, fürchte ich kein Unglück, denn du bist bei mir …«

In diesem Augenblick entdeckte die Edelfrau sie, rief einen Segensgruß und winkte sie zu sich. Maria-Magdalena ließ den Wagen nahe dem Portal unter dem Gerüst einer Säule stehen, in dem Steinmetze hämmerten, und lief zu ihr.

»Wie geht es dir, Maria-Magdalena? Ich habe dich seit Wochen nicht gesehen.« Agnes von Bur schloss sie in die Arme, was Maria-Magdalena schier die Tränen in die Augen trieb. Wer außer Eva hatte sie hier in Prag jemals umarmt?

»Du musst dich nicht genieren«, sagte die Edelfrau, die ihre Rührung bemerkte. »Sind wir nicht durch unseren Freund Rübelrap miteinander verbunden, wie nur Schwestern verbunden sein können?«

Sie hakte sich bei Maria-Magdalena unter und führte sie zu einer Werkbank in einer Seitenkapelle, auf der ein erst teilweise behauener Steinblock lag. Die beiden Ritter folgten ihnen mit einigen Schritten Abstand.

»Schon gestern bin ich hier im Veitsdom gewesen«, erzählte Agnes mit gesenkter Stimme. »Ich will nämlich unbedingt den Mann kennenlernen, der Prag all die wundervollen Kirchen und Bildwerke schenkt. Leider arbeiten er und sein Bruder zurzeit auf der Burg Karlstein. Aber dafür habe ich das hier entdeckt.«

Sie wies auf den Steinblock, und jetzt, auf den zweiten Blick, erkannte Maria-Magdalena Schultern, einen Hals und ein Gesicht im Gestein.

»Das ist ja der Meister Peter Parler!«, entfuhr es ihr.

»Das hat man mir gestern auch gesagt«, flüsterte Agnes von Bur, und ein andächtiger Zug trat in ihre Miene. »Wenn ich den Meister schon nicht persönlich zu sehen bekomme, will ich wenigstens sein schönes Selbstbildnis noch einmal betrachten.« Sie gab Maria-Magdalenas Arm frei, faltete die Hände unter dem Kinn und sagte mit schwärmerischer Stimme. »Diese weichen Züge, dieser kluge und besonnene Ausdruck, dieser milde und gütige Blick!« Verzückt betrachtete sie das unvollendete Bildnis. »Sieht denn der leibhaftige Peter Parler wirklich so aus?«

»Ja.« Maria-Magdalena nickte verlegen. Die Edelfrau so offen vom Dombaumeister schwärmen zu hören, berührte sie peinlich. »Das Bildnis gleicht ihm sehr.«

»Ich muss ihn kennenlernen, unbedingt.« Seufzend schüttelte die Edelfrau den Kopf, wobei sie näher zu Maria-Magdalena trat und flüsternd hinzufügte: »Leider ist er schon verheiratet, wie man mir erzählte. Stimmt das?«

Wieder nickte Maria-Magdalena, doch zugleich stand sie im Geist an der Kammertür jener Sakristei und sah, wie die Frau des Dombaumeisters sich voller Verlangen ihrem Liebhaber entgegenbog.

»Es stimmt doch, oder?« Die Edelfrau bemerkte ihr Zögern.

»Weg von dem Wagen!«, hallte plötzlich eine Männerstimme durch den Neubau. Einer der Ritter rannte zu der Säule, an der Maria-Magdalenas Handkarren stand. Der andere, der geschrien hatte, wandte sich an sie: »Da hat sich einer an deinem Zeug zu schaffen gemacht!«

Maria-Magdalena hastete zu ihrem Weinwagen, doch schon von Weitem sah sie, dass keiner das Fässchen weggetragen hatte. Sie riss das Sacktuch weg – und atmete erleichtert auf: Auch die edle Flasche mit dem Wein aus dem Heiligen Land lag noch im Wagen.

»Noch alles da?« Der Ritter, der den Dieb verfolgt hatte, kam zurück in den Neubau. Maria-Magdalena nickte. »Dann danke der Heiligen Jungfrau. Mir schien nämlich beim ersten Hinsehen, als hätte diese elende Atzel etwas davongetragen.«

»Ich muss meinen Botengang erledigen!«, rief Maria-Magdalena der Edelfrau zu; dass der sie zum Hause Parler führte, behielt sie lieber für sich. »Wo finde ich dich?«

»Im Gästehaus der Benediktinerinnen.« Agnes von Bur lächelte und winkte ihr zu. »Gott segne dich, Schwester.«

...

Die Sonne berührte bereits den Westhorizont, als Maria-Magdalena wenig später ans Hofportal des Parler'schen Hauses klopfte. Viel zu lange hatte sie auf der Brücke verweilt, und dann noch der Umweg und der Abstecher in den Veitsdom – sie würde es nicht schaffen, vor Einbruch der Dunkelheit zurück in der Altstadt zu sein.

Das Hoftor wurde aufgezogen, und Maria-Magdalena blieben die Worte im Hals stecken, die sie sich zurechtgelegt hatte, denn keiner Amme schaute sie ins Gesicht, sondern der Frau des Dombaumeisters selbst! Nicht einmal ein Gruß wollte ihr über die Lippen, so erschrocken war sie.

Warum um alles in der Welt war die Gertrud Parler denn nicht in Köln? Es hatte doch geheißen, sie sei auf Reisen, um die Hochzeit einer Schwester zu feiern! Und nun stand sie hier vor ihr, und Maria-Magdalena musste ihr ins Gesicht schauen.

Auch die Gattin des Baumeisters schien auf dieses Wiedersehen nicht gefasst zu sein. Sie wirkte verblüfft und sprachlos, und etwas wie Scham blitzte in ihrem Blick auf. Oder war es Feindseligkeit?

Druda schluckte ein paarmal, bevor sie mit auffallend heiserer Stimme fragte. »Du bringst den Wein, nicht wahr?«

Maria-Magdalena nickte stumm, überreichte der anderen das versiegelte Schreiben der Ratsherren und zog danach den Wagen mit dem Fässchen in den Hof. Druda rief nach dem Pferdeknecht, bevor sie das Siegel brach und sich hinter dem entfalteten Briefpergament versteckte.

»Mein Gatte wird sich freuen, wenn er in zwei Tagen aus der Burg Karlstein nach Hause zurückkehrt«, sagte sie. »Er liebt Wein dieser Sorte.« Sie sprach in eigenartig steifem Tonfall, faltete den

Brief schließlich wieder zusammen und betrachtete Maria-Magdalena dabei mit halb lauerndem, halb ängstlichem Blick. »Ich danke dir für den Botendienst, schöne Jungfrau.« Sie drückte ihr eine Silbermünze in die Hand. »Gott segne dich.«

Ein krummbeiniger und breit gebauter Mann in schmutzigem Hemd schlurfte aus dem Stall – der Pferdeknecht der Parlers; ohne Eile kam er herbei und lud das Fass ab. Die schöne Flasche mit dem süßen Wein aus dem Morgenland nahm Gertrud Parler selbst aus dem Wagen.

Nach einem knappen Abschied fand sich Maria-Magdalena kurz darauf auf der Straße wieder, und das Hoftor schloss sich hinter ihr und ihrem leeren Karren. Sie öffnete die Hand und betrachtete voller Entzücken die Silbermünze darin. Einen ganzen Heller hatte die Frau des Dombaumeisters ihr geschenkt!

Noch mehr Geld, mit dem sie Kerzen kaufen und in irgendeiner Kirche für ihren toten väterlichen Freund entzünden konnte – so wie sie es mit jenen Münzen tat, die Rudolph von Straßburg ihr an Rübelraps Grab zugesteckt hatte. Auch eine Seelenmesse für ihren Beichtvater hatte sie in der Karwoche davon bezahlt.

In fröhlicher Stimmung trat sie ihren Rückweg an. Sie hatte es nun sehr eilig, hinunter zur Moldaubrücke und in die Altstadt zu kommen, denn Abendrot färbte den Himmel über der untergegangenen Sonne, und ringsum sangen die Vögel ihr Nachtlied. Um die Gasse zu meiden, auf der sich die jungen Reiter geprügelt hatten, wählte sie die breite Straße, die am Strahover Tor vorüber und an der Stadtmauer entlang den Hradschin hinunterführte.

Sie kam nicht weit: Das Tor lag kaum zehn Schritte hinter ihr, da versperrten ihr zwei gehárnischte Reiter mit verschlossenen Helmvisieren den Weg. Maria-Magdalena stand wie festgefroren, und zwar so abrupt, dass ihr der Wagen gegen die Waden rollte. Ihr war, als würde sie die lauernden Blicke der Männer hinter ihren Sehschlitzen glitzern sehen. Wie auf ein stummes Kommando hin trieben beide ihre Pferde an und trabten ihr entgegen.

Maria-Magdalena ließ die Zugstange des Handwagens fallen und wirbelte auf dem Absatz herum, um zurück zum Domplatz zu rennen. Doch auch die Straße, die zum Kathedralenneubau führte, versperrten zwei Reiter; und zwei weitere kamen auf dem Weg, der von Norden her an der Stadtmauer entlangführte, herangaloppiert.

Das Herz schlug Maria-Magdalena in der Kehle. »Hilfe!«, schrie sie. »Zu Hilfe!« In ihrer Panik rannte sie durch das Strahover Tor aus der Kleinseite hinaus. Mit jeder Faser ihres Leibes spürte sie die Todesgefahr. »Bitte helft mir!«, rief sie zu den Zinnen der Tormauer hinauf, doch nicht ein einziger Wächter zeigte sich dort.

Sie rannte schreiend auf den angrenzenden Weinberg und dort zwischen die Weinstöcke. Hinter ihr trommelte Hufschlag.

Sie schlug Haken wie ein Hase, rannte kreuz und quer zwischen den Weinstöcken hindurch. Doch das Pferdegetrappel kam näher und näher, und einer der Reiter tauchte plötzlich neben ihr auf. »Habe ich dich endlich, verdammte Kotze!«

Das Blut gefror ihr in den Adern, als sie die Stimme erkannte – es war die des großen Flaumbarts, der sie im Herbst vor sechs Jahren beinahe in jenem Hinterhof geschändet hatte! Es war die Stimme des Einohrigen, der bei Rübelraps Wagen vor dem Henkerspodest nach ihr gegriffen hatte. Nie würde sie den vergessen!

Aus dem Augenwinkel sah sie, wie er sich aus dem Sattel beugte und den Arm nach ihr ausstreckte. Er packte sie am Hemdkragen und riss sie zu sich aufs Pferd. Maria-Magdalena strampelte, spuckte, biss, schrie und versuchte, nach ihrem neuen Messer zu greifen. Ganz vergeblich, denn sie hing bäuchlings über dem Pferd, und die Klinge klemmte zwischen dem Pferderücken und ihrem Bauch.

Der schwarzbärtige Reiter preschte tiefer in den Weinberg hinein. »Hierher!«, rief er. »Ich hab sie!« Irgendwann stieß er sie in vollem Galopp vom Pferd. Sie überschlug sich, prallte gegen einen Weinstock und zog sich daran hoch. Zitternd und keuchend schaute sie sich um.

Sechs Reiter tänzelten, trabten um sie herum, zogen ihre Kreise enger und enger. Ein junger Waffenknecht mit langem schwarzen Haar und unzähligen Blatternarben im Gesicht trat gegen ihren Kopf, sodass sie halb besinnungslos zwischen die Weinstöcke taumelte, durch die Reben brach und auf dem Boden aufschlug.

Schon stand breitbeinig der Waffenknecht über ihr, der sie auf sein Pferd gerissen hatte, der einohrige Schwarzbart. Er trat erneut nach ihr, riss ihr den Umhang von den Schultern, schlitzte ihr das lange Hemd auf. »Das elende Miststück hat mich gebissen!«

Gelähmt von Schrecken und Angst lag Maria-Magdalena im Dreck und versuchte, ihre Blöße mit den Armen zu bedecken.

»Weg von ihr!«, zischte ein anderer und sprang vom Pferd. »Sie ist noch unberührt, wenn alles stimmt, was ich gehört habe.« Er stemmte sich den Helm vom Kopf, zog ein Messer aus dem Waffengurt und stapfte zu ihr. Hinter ihrem Tränenschleier erkannte Maria-Magdalena den einäugigen Marian.

»Mir gehört sie zuerst!«, zischte er. »Ich will als Erster ihr Blut sehen!«

3
Rabe

Von den Wäldern im Westen her zogen die letzten Krähenschwärme ins Moldautal und zur Stadt hinüber. Das helle Rot des Abendhimmels war längst einem schmutzigen Grau gewichen. Vor dem zerbrochenen Tor des alten Klosters hielt Rudolph sein Pferd an und ließ seinen Blick über Schutthaufen, Gemäuer und Gestrüpp wandern. Das verlassene Anwesen lag auf dem Laurenziberg zwischen der Sankt-Laurentius-Kirche und den Weingärten, die an der Südmauer der Kleinseite zur Moldau hin abfielen.

Ein Marder huschte durch den Löwenzahn, der auf der Mauerkrone wucherte. Zwischen den Linden auf dem Klosterhof und dem Turm der Klosterkirche schwirrten Fledermäuse hin und her. Auf dem Dachfirst der Klausur saß ein großer Kolkrabe. Dämmerung lag über den Gebäuden und dem blühenden und verwahrlosten Obstgarten an ihrer Südseite, und bald würde es stockdunkel sein hier oben. Auf Anraten der Sterndeuterin hatte Rudolph drei Fackeln mitgenommen und die erste schon entzündet, bevor er aus der Altstadt auf die Holzbrücke geritten war.

Vom Sattel aus konnte er nur die Turmsilhouette der kleinen Laurentius-Kirche erkennen, die etwas mehr als hundert Ruten entfernt aus dem düsteren Wall der Baumwipfel aufragte. Die wenigen Hütten, die angeblich rings um die Kirche standen, hatte er noch nie gesehen, und das Gehöft des Schweinebauern, das laut

Ricarda Scorpio am nahen Waldrand dahinter lag, kannte er auch nur aus ihren Erzählungen.

Er lenkte sein Pferd in den ehemaligen Klosterhof hinein. Brennnesseln wuchsen dort hüfthoch entlang der Mauern und rund um zerfallene Holzställe und Werkstätten. Disteln, Schlüsselblumen, Sauerampfer, Rotklee und Mohnblumen blühten auf den Hofwegen; wilder Hafer, Holunderhecken und wucherndes, teilweise baumhohes Brombeergestrüpp bedeckten den Hof fast zur Hälfte, und die Sandsteinfassaden des halb zerfallenen Dormitoriums und der Klosterkirche verschwanden bis zu den Dachkanten unter Efeuranken.

Hier lebten schon seit den frühen Regierungsjahren des Königs Johann keine Mönche mehr. Dutzende hatte die Pest dahingerafft, einige waren wahnsinnig geworden, und die letzten beiden hatten sich gegenseitig vergiftet; so jedenfalls erzählte man es sich in der Stadt. Die Prager mieden das verlassene Kloster. Es spuke darin, behaupteten viele, und die Waldbauern ringsum glaubten sogar, dass ein blutsaugender Dämon in den alten Gemäuern hause.

Obwohl Rudolph nichts gab auf Schauergeschichten dieser Art, war ihm nicht ganz wohl, während er sich umschaute. Dennoch stieg er nach kurzem Zögern aus dem Sattel. Ein Rascheln hinter sich im hohen Gras ließ ihn herumfahren, doch mehr als einen flüchtigen, zwischen die Apfelbäume huschenden Schatten konnte er nicht erkennen; ein Hase vielleicht oder eine Wildkatze.

Er blickte zur alten Klosterkirche hin, ein düsteres, niedriges Gemäuer mit schmalen Fensteröffnungen und breitem Eckturm, der an einen Wehrturm erinnerte. Wenn Ricarda Scorpio die Wahrheit gesagt hatte, würde er hier oben dem Fürsten begegnen, dessen geheimnisvolle Macht angeblich jedem zur Verfügung stand, der sich mit ihm verbündete.

»Du hast nichts zu befürchten, Rudo«, hatte die Sterndeuterin ihm in der vergangenen Nacht versichert, während sie ihm den Handballen aufritzte und eine Feder in sein Blut tauchte. »Du legst ihm mit diesem Vertrag dein Leben in die Hände.« Während sie weitersprach, schrieb sie mit seinem Blut Worte aus jenem uralten Buch auf die getrocknete Haut eines Lammes ab; Worte einer Sprache, die Rudolph nicht kannte. »Dafür wird er dir Macht genug verleihen, um zu erlangen, was du dir vorgenommen hast.«

Ob sie auch einen Blutvertrag mit jenem Fürsten abgeschlossen habe, hatte er von ihr wissen wollen. Ja, sie hatte genickt, bereits als junges Mädchen habe sie unterschrieben. Und bevor er sie als Nächstes frage, was es ihr genutzt habe, möge er einen Blick auf ihr glückliches Leben und ihren Wohlstand werfen, möge ihr Ansehen bei Hof bedenken und die Künste, die sie beherrsche, und solle vor allem die große Zahl von Menschen nicht vergessen, die ihr dienten und ihr aufs Wort gehorchten.

»Warum konnte Marian dein Haus überfallen, wenn dieser Fürst dir doch so viel Macht verliehen hat?«, warf Rudolph ein.

Ricarda Scorpio blies das feuchte Blut auf dem Vertrag trocken und antwortete lange nicht. Erst als sie ihm die zusammengerollte Lammhaut schließlich überreichte, schaute sie ihm tief in die Augen und sagte: »Wenn du diesen Vertrag auf dem Altar der alten Klosterkirche mit deinem Blut unterschreibst, übergibst du im selben Augenblick dein Leben einem Fürsten, dessen Wege manchmal dunkel und rätselhaft sind, Rudo. Hätte Marian mich nicht überfallen, hätte ich weder Giselher und seine Knappen für mich gewonnen noch meine Macht über Leben und Tod entdeckt. Erscheint dir nicht auch mancher vermeintliche Sturz in den Abgrund im Rückblick als Aufstieg zu noch höherem Gipfel des Ruhmes und des Glücks? Und was Marian angeht, wisse eines: Noch heute wird meine Rache diesen schändlichen Dreckskerl treffen.«

Das waren ihre Worte gewesen, und sie gingen ihm nicht mehr aus dem Kopf, seit er im ersten Morgengrauen ihre Hausburg verlassen hatte. Auch jetzt, während er sein Pferd zu einer von Moos überzogenen Viehtränke zwischen Klausur und Klosterkirche führte, dachte er an sie. Frösche hüpften aus dem Wasser, als er das Tier festband. Er zog die Lammhaut mit dem Vertrag aus der Satteltasche, klemmte sich eine zweite Fackel unter den Arm und ging zum Kirchenportal.

Plötzlich, wie aus dem Nichts, ein Flattern und Rauschen – aus dem Augenwinkel nahm er einen Schatten über sich wahr. Er blieb stehen und hob den Blick: Eine Elster flog über die Klausur hinweg und landete auf dem Kirchturm. Eine Elster, obwohl bereits die Nacht heraufdämmerte? Rudolph spähte nach links zum Dormitorium hin, denn auch dort nahm er eine Bewegung wahr. Er erschrak: Sieben Kolkraben hockten inzwischen auf dem Dachfirst. Ihm war, als würden sie zu ihm herunteräugen.

Rudolph schluckte und kämpfte gegen den Wunsch an, diesem gespenstischen Ort sofort den Rücken zu kehren. Ein Windstoß rauschte durch Hecken und Baumkronen und bauschte seine Rockschöße auf. Er gab sich einen Ruck und griff nach der Klinke des Kirchenportals.

Kaum hatte er sie hinuntergedrückt, hörte er einen lang gezogenen Schrei. Er fuhr herum und starrte durch die Dämmerung zu den Weinbergen hin, die vor der Stadtmauer der Kleinseite lagen. Dort irgendwo schrie eine Frau, und das so laut und erbärmlich, dass es ihm kalt den Rücken hinunterlief.

Wie erstarrt verharrte Rudolph auf der Schwelle, lauschte und blinzelte in die anbrechende Nacht. Fledermäuse schossen hin und her, Grillen zirpten, in der Brombeerhecke tschilpte ein Nachtfink – und über allem hallte das Geschrei der Frau. Es klang dringend, es klang, als litte sie Angst und Schmerzen, als wäre sie in höchsten Nöten.

Rudolph zögerte. Zwei Atemzüge lang glitt sein Blick zwischen Pferd und Weinbergen hin und her. Vielleicht ist es gar keine Frau, dachte er schließlich, vielleicht ist es eine Katze, die von einem Adler geschlagen wird. Vielleicht treibt da auch jemand Schabernack, um den Leuten Angst einzujagen. Kinder oder Halbwüchsige.

Er drehte sich um, trat in die Klosterkirche und warf schnell die Tür hinter sich zu. Das Geschrei rückte in die Ferne und ging im Heulen des Windes und im Rauschen der Blätter draußen unter. Stille umfing ihn und ein Halbdunkel, aus dem ihn Wesen belauerten, die seine Furcht ihm vorgaukelte: Wahnsinnige, Wiedergänger, wilde Waldmenschen. Auch an den blutsaugenden Dämon, an den die Bauern glaubten, musste er denken.

Rudolphs Gestalt straffte sich. Er schüttelte die Angstbilder ab und rümpfte die Nase, denn in der kleinen Kirche stank es nach Moder und Aas. Als er mit ausgestrecktem Arm die Fackel hob, entdeckte er dreißig Schritte weiter den Altar, den Ricarda Scorpio beschrieben hatte – ein schlichter Tisch aus Stein, bedeckt von einer Schicht aus Staub und Moos, auf der Gras, Efeu und allerhand Kraut sprossen. Etwas wölbte sich aus dem Grasteppich, das Rudolph auf die Entfernung nicht erkennen konnte.

Er senkte die Fackel, um sehen zu können, wohin er trat, und schritt über Geröll, Holztrümmer, zerrissene Schuhe und tote Fledermäuse hinweg zum Altar. Abrupt blieb er stehen, als er zehn Schritte davor auszumachen glaubte, was sich darauf aus Gras und Efeu wölbte – ein Leichnam.

Daher also der Verwesungsgestank!

Erschrocken hob er die Fackel und näherte sich zögernd. Eine Fledermaus flitzte durch den Fackelschein und schoss zu einer runden Fensteröffnung hinauf, die im Chorraum hinter dem Altar unterhalb des Deckengewölbes gähnte. Als das flackernde Licht auf den Altar fiel, kroch eine schwarze Schlange in die Efeuranken und verschwand im raschelnden Laub hinter dem steinernen Tisch. Der Wind pfiff durch Fenster und Dachlücken. In der Ferne grollte Donner. Draußen, bei der Viehtränke, wieherte das Pferd.

Die Leiche hatte schmutzig graue Haut, die an vielen Stellen aufgeplatzt war. Sie trug eine Dornenkrone und – war aus Holz. Rudolph atmete erleichtert auf: Kopf und Oberkörper einer Christusfigur lagen auf dem Altar. Die Arme waren abgebrochen und hingen noch am Kreuz, das über dem Tisch aufragte. Unterleib und Beine der Skulptur konnte er nirgends entdecken. Neben ihrem dornengekrönten und zur Seite geneigten Kopf jedoch lag eine halb verweste Schleiereule.

Rudolph zuckte zurück, als er den Kadaver entdeckte. Ein verstörender Anblick, denn Vogel und Christus lagen Schnabel an Nase, und es sah aus, als wären sie in innige Zwiesprache versunken. Der Straßburger verabscheute totes Getier, außerdem verursachte der Verwesungsgestank ihm Brechreiz.

Plötzlich hatte er es sehr eilig, den zerfallenden Ort voller Angstchimären zu verlassen. Also überwand er Ekel und Widerwillen, lehnte die Fackel gegen die Bruchstelle der Christusfigur, rollte das Lammpergament auf Gras und Efeu aus und beschwerte es mit Geröll, das er unter dem Altar aufklaubte.

Danach zog er eine Feder aus der Rocktasche und den Dolch, den er auf dem Friedhof an sich genommen hatte, aus seinem Gurt und merkte dabei, dass seine Hände feucht waren. Am Wams wischte er sie trocken und dachte dabei an die Worte der Sterndeuterin: Er habe den von ihrer Hand mit seinem Blut geschriebenen Vertrag hier am Altar mit seinem Blut zu unterzeichnen, und zwar zweimal – auf der linken und auf der rechten Seite des Pergaments. Nach der Unterzeichnung, so die Sterndeuterin, müsse er den Vertrag mit einer Klinge der Länge nach durchtrennen, sodass auf jeder Hälfte seine blutige Unterschrift zu lesen sein würde. Eine Vertragshälfte sollte er hier, auf diesem stinkenden und verschmutzten Altar zurücklassen.

Rudolph hatte nur genickt – und insgeheim beschlossen, diesen letzten Teil von Ricardas Anweisung unter keinen Umständen zu befolgen. Niemand sollte in dieser schmutzstarrenden Ruine einen Pergamentfetzen finden, auf dem sein Namenszug zu lesen sein würde; auch wenn der Text darüber rätselhaft und unvollständig war.

Im Schein der Fackel setzte Rudolph die Dolchklinge an seinen linken Daumenballen und fügte sich einen kleinen Schnitt zu. Eine starke Windböe wehte heulend durch die Fensteröffnungen und Dachlücken ins Kirchenschiff herein und fegte durchs Efeugestrüpp rund um den Altar. Wieder grollte draußen der Donner, näher diesmal und länger.

Rudolph ließ sein Blut an den unteren Seitenrand des Pergaments tropfen, setzte die Feder hinein und formte seinen Namenszug daraus: *Rudolph von Straßburg*. Sein Herz schlug schneller, und sein Atem flog plötzlich. Er drückte ein paar Blutstropfen auf die andere Seite unter den Text und schrieb seinen Namen ein zweites Mal. Während er das Blut trocken blies, hob er den Blick und entdeckte die Silhouette eines großen Kolkraben in der runden Fensteröffnung unterhalb des Deckengewölbes.

Schrecken fuhr ihm in die Glieder, denn vor dem durch Blitze erhellten Himmel sah er, dass der Vogel im Rundfester den Kopf ein wenig geneigt hielt, als würde er ihn beobachten. Auch saß der Rabe vollkommen still da oben, obwohl hinter ihm erneut der Himmel aufleuchtete, weil der nächste Blitz durch die Nacht zuckte. Einen Wimpernschlag später folgte ein gewaltiger Donner. Fast im selben Moment prasselten Hagel und Regen auf das Kirchendach, und eine Orkanböe heulte rund um die Kirche und durch sie hindurch. Die Efeublätter richteten sich auf, das Gras auf dem Altar bog sich, und die Fackel drohte zu erlöschen.

Geistesgegenwärtig griff Rudolph nach ihr, ging vor dem Altar in die Hocke und hielt sie unter die Steinplatte, um sie vor dem Wind zu schützen. Keinen Augenblick zu früh, denn die nächste Böe fegte so heftig durch die Kirche, dass es die Feder zu Boden wehte und das Kirchenportal aufsprang und gegen die Wand krachte. Rudolphs Hut segelte unter den Altar. In der Dunkelheit draußen wieherte erneut sein Pferd.

Rudolph duckte sich tief und entzündete unter dem Steintisch vorsichtshalber die zweite Fackel an der wieder aufflackernden ersten. Draußen krachten Donnerschläge durch die Nacht, die sich anhörten, als würde ein Titan Felsbrocken vom Himmel stürzen. Und wieder riss ein Windstoß am Efeu, an Rudolphs Rock, an Rudolphs Haar. Der kalte Schweiß brach ihm aus, das Herz pochte ihm schmerzhaft in den Schläfen, er zitterte.

Zusammengekauert wartete der Straßburger ein paar Atemzüge lang ab. Was um alles in der Welt geschah denn hier? Konnte es wirklich Zufall sein, dass ausgerechnet in dieser Stunde ein solcher Gewittersturm losbrach? Ihm wurde angst und bange. Was um alles in der Welt tat er eigentlich hier? Der schier unwiderstehliche Drang, sich zu entleeren, quälte ihn.

In seiner Angst erschien ihm der Tod seiner Feinde und das Amt des Brückenbaumeisters plötzlich nur noch halb so erstrebenswert wie noch während der vergangenen Nachtstunden im Kontor der Sterndeuterin. Selbst die Aussicht, Druda bald ganz für sich allein zu besitzen, verlor ihren Reiz angesichts des Entsetzens, das ihn befallen hatte.

Rudolph beschloss, beide Teile des unterschriebenen Blutvertrags mitzunehmen und im Herdfeuer seines Hauses zu verbrennen. Danach legte sich seine Angst ein wenig, und er konnte wieder durchatmen.

Erst, als das Heulen des Sturmes nachließ und das Prasseln über Rudolph schwächer wurde, wagte er es, sich zu erheben. Eine Zeit lang stand er still und lauschte. Der Regen ließ nach, der Sturm legte sich, das Gewitter zog weiter.

Er nahm beide Fackeln in eine Hand, hob sie und schaute sich um. Das Kirchenportal stand weit offen, und der Wind blies Regen herein. Rudolph legte eine Fackel auf den zerbrochenen Christus und entleerte sich ein paar Schritte weiter an einer von Efeu umrankten Säule des alten Kirchenschiffs. Während das Plätschern seines Harnstrahls durch das Halbdunkel der alten Kirche hallte, blickte er zu der runden Fensteröffnung unter der Decke: Der Nachthimmel dahinter leuchtete nur noch schwach auf von Blitzen, die in der Ferne zuckten, und keine Rabensilhouette zeichnete sich mehr dort ab. Rudolph bückte sich nach seinem Hut und langte die Feder aus dem Efeu. Ihm war übel.

Als er den Hut wieder aufgesetzt hatte und zurück an den Altar trat, merkte er, dass die Sturmböen auch den Blutvertrag vom Steintisch geweht hatten, denn im Schein der Fackeln konnte er nur noch den Dolch dort entdecken. Er stutzte – hatte die Klinge nicht auf der Lammhaut gelegen? Rudolph stand stocksteif und guckte verdutzt auf den Altar. Hatte das Gewicht des Dolches das Pergament nicht beschwert? Jetzt lag die Klinge auf blankem Stein und beschwerte Staub und ein paar Efeublätter.

Auf einmal fror Rudolph von Straßburg entsetzlich, und eine Gänsehaut nach der anderen perlte ihm über Nacken und Rücken. Er starrte den Dolch an und vermochte sich kaum zu rühren.

Schließlich gab er sich einen Ruck, sodass seine Gestalt sich straffte. »Mach dich nicht lächerlich«, murmelte er, und die eigene Stimme zu hören, dämpfte seinen Schrecken ein wenig. »Eine Sturmböe hat ein Pergament von einem Altar geweht, sonst ist nichts weiter geschehen.«

Die Fackeln in den ausgestreckten Armen, suchte er das Efeugestrüpp rund um den Altar ab, doch der Blutvertrag steckte nirgends zwischen den Ranken. Er ging in die Knie, leuchtete unter den Altar, aber auch dorthin hatte die Sturmböe das Pergament nicht geblasen. Rudolphs Mund wurde trocken, seine Brust eng, und erneut rieselten ihm kalte Schauer über den Rücken.

Die Fackeln hoch über den Kopf erhoben, schritt der Straßburger den Chor und danach das gesamte Kirchenschiff ab. Er zog die Efeuranken ein zweites Mal auseinander und leuchtete abermals hinein, er ging sogar zu den abgelegensten Winkeln des Kirchenschiffs und ließ den Schein seiner Fackel hinter Seitenaltäre und in Beichtstühle fallen, wohin ein Windstoß den Blutvertrag unmöglich hätte tragen können. Aber so ein Pergament konnte doch nicht einfach vom Erdboden verschwinden!

4
Keine Hoffnung

Der sie vom Pferd gestoßen hatte, der einohrige Schwarzbart, und drei weitere Männer hielten sie fest, weil sie um sich schlug und sich hin und her wand, um dem Ritter Marian auszuweichen. Doch der warf sich einfach auf sie, packte ihr Kinn, drückte ihr den Kopf in den Nacken und tat dann das Unaussprechliche, das in so vielen Albträumen Erlittene. Und er tat es mit brutaler und gnadenloser Selbstverständlichkeit.

Schmerz, Ekel, Scham und das Gewicht des Einäugigen pressten ihr den Atem aus der Brust und bald auch alle Kraft und jede Empfindung aus den Gliedern. Gestank von saurem Wein, altem Schweiß und faulem Fisch betäubte sie. Der harte Griff der feuchten Männerhand presste ihr die Kiefer zusammen und den Hinterkopf in den Grasboden. Sie wollte schreien, konnte jedoch den Mund nicht öffnen, und so starrte sie in den Himmel, wo zwischen dahinfliegenden schwarzen Wolken erste Sterne glitzerten. Sie wimmerte und weinte, bis das kalte Funkeln hinter einem Tränenschleier verschwamm.

Die Wolken schlossen sich zu einer schwarzen Wand, während Marian nicht nachließ, Wunde um Wunde, Schmerz auf Schmerz in sie hineinzustoßen. Ihre Hoffnung, dass er irgendwann damit aufhören würde, zerbrach mit jeder Schmerzwelle gründlicher. Als er nach quälend langer Zeit endlich doch von ihr abließ, begann es zu regnen. Sofort glitt der Zweite über sie, der Schwarzbart, dem Rübelrap einst das Ohr abgeschnitten hatte.

Maria-Magdalena hob den Kopf, riss den Mund auf und begann zu schreien. Ihre Finger, plötzlich frei, griffen ins Gras und bekamen den Herrn Vater zu fassen. Ihre Faust schloss sich um die Beine der Puppe, und sie schlug sie dem Schwarzbart schreiend und mit aller Kraft, die der Hass in ihr freisetzte, gegen die Schläfe. Der zischte böse und rammte ihr die Faust ins Gesicht.

Es knackte entsetzlich, und stechender Schmerz fuhr ihr von der Nase aus durch den Kopf. Für kurze Zeit verlor sie die Besinnung, und als sie wieder zu sich kam, kniete Marian auf ihrem rechten Arm und der mit den Blatternarben auf ihrem linken. Der Schwarzbart aber tobte sich auf ihr aus.

Sie schrie nach Rübelrap, schrie nach ihrem Vater, und die Gewissheit, dass sie vergeblich schrie, schnitt ihr tiefer ins Herz als der Schmerz und die Erniedrigung, die der Einohrige ihr ächzend und feixend zufügte. Bald blitzte und donnerte es, Sturm heulte, und Regen prasselte in die Weinstöcke und klatschte ihr ins Gesicht.

Die dunklen Umrisse der Reben und die Gestalten der Männer davor verschwammen vor Maria-Magdalenas Augen zu einem wogenden Nebel, aus dem es blitzte, stöhnte, krachte und fluchte. Alles Keuchen, Donnern, Stoßen und Prasseln kam auf einmal wie aus einer fremden Ferne, der Gestank, der Geschmack von Blut auf der Zunge, sogar ihr Ringen nach Atem und die Qual rückten weit weg. Sie hörte auf zu schreien, ihr Körper fühlte sich nun an wie taub, und alles, was auf ihr und in ihr und rings um sie geschah, schien zu einem Traum zu gehören, der nicht ihrer war, mit dem sie nichts zu schaffen hatte.

Für kurze Zeit glaubte sie, Rübelrap auf jenem Ochsenwagen stehen zu sehen, der ihn zum Henker bringen sollte, glaubte plötzlich sogar seine vertraute Stimme zu hören: *Keine Ebene, auf die nicht der Abhang folgt. Kein Hingang, auf den nicht die Wiederkehr folgt*, und jetzt begriff sie die Worte auf fürchterliche Weise ganz neu. *Ohne Makel, wer beharrlich bleibt in Gefahr. Beklage dich nicht über diese Wahrheit, genieße das Glück, das du noch hast.*

»Rübelrap, Rübelrap.« Maria-Magdalena schluchzte seinen Namen. »Mein Rübelrap, hole mich zu dir ...«

Brennender Schmerz riss sie zurück in die entsetzliche Gegenwart – der Schwarzbart hatte sie in die Brust gebissen! Jetzt biss er ihr in die Lippen, schlug ihr aufs Auge und beschimpfte sie wüst. Maria-Magdalena spuckte ihn an. Er schrie auf vor Wut und holte zum nächsten Schlag aus.

Mitten in der Bewegung hielt er jedoch inne und zuckte zusammen. Statt sie aufs Neue seine Faust spüren zu lassen, langte er zu seiner Schulter, aus der auf einmal ein Pfeil ragte. Er guckte zur Seite, und ein Ausdruck maßloser Verblüffung zog seine Miene in die Länge. Schließlich heulte er auf und rollte sich von Maria-Magdalenas Leib.

Sie spürte auch Marians Gewicht von ihrem Arm weichen, warf sich auf die Seite und zog die Knie an, um die brennende Wunde zu schützen und zu verschließen. Zusammengekauert hörte sie Klingen klirren, Männer fluchen, Männer ächzen, Körper auf dem Boden aufschlagen, Pfeile über sich hinwegsirren.

Maria-Magdalena war sicher, von einem Albtraum in den nächsten zu stürzen. Sie kniff die Augen zu, als könnte sie sich auf diese Weise aus der Wirklichkeit stehlen.

Später – Stunden oder nur wenige Augenblicke – berührte sie einer an der Schulter und sprach sie mit ihrem Namen an. Maria-Magdalena krümmte sich noch enger zusammen und lauschte: kein Kampflärm mehr, nirgends. Der Geschmack von Blut sickerte ihr von der Zunge in die Kehle, und ihr Unterleib fühlte sich an wie eine einzige brennende Wunde. Sie öffnete blinzelnd die Augen, hob den Kopf ein wenig und blickte dem Ritter Giselher ins Gesicht.

»Es ist vorbei, Maria-Magdalena«, sagte er leise und beinahe zärtlich. »Einer ist entkommen, doch drei deiner Feinde haben wir töten können. Die beiden schlimmsten leben noch.«

Wie damals auf dem winterlichen Friedhof schob er seine Arme unter sie, doch statt sie hochzuheben, half er ihr nur, sich aufzusetzen. »Da liegen sie.« Er deutete zur Seite, wo zu Füßen einiger Waffenknechte zwei Gestalten sich schwer atmend im Gras krümmten.

Maria-Magdalena stierte ungläubig hin zu den Geschlagenen und offensichtlich schwer Verwundeten – den Schwarzbart erkannte sie gleich, Marian schließlich auf den zweiten Blick an seiner stämmigen Gestalt und weil sein Haar rötlich glänzte im Schein der Fackeln, die Giselhers Gefährten über ihm und dem Schwarzbart ausstreckten. Sie hatten ihm den Harnisch abgenommen. Sein rechter Arm hing blutend und so verdreht an seiner Schulter, als würde er nicht zu ihm gehören. Ein Pfeil ragte ihm aus der Hüfte, ein zweiter aus dem Oberschenkel, und das Gras um sein seltsam verkrümmtes rechtes Bein war nass von Blut.

Ein Gefühl regte sich in Maria-Magdalenas Brust, etwas wie grimmige Genugtuung stieg in ihr hoch. Nach und nach drang ihr ins Bewusstsein, was geschehen war: Marian und seine Waffenknechte hatten ihr am Strahover Tor aufgelauert, hatten sie in die Weinberge getrieben, hatten ihr Gewalt angetan. Und diese beiden, die sich dort blutend im Gras krümmten, Marian und der einohrige Schwarzbart, die hatten sie erniedrigt und geschändet.

Sie begann zu schluchzen, und Tränen stürzten ihr aus den Augen. Laut heulend richtete sie sich auf den Knien auf, und sofort schoss ihr brennender Schmerz aus dem Unterleib durch alle

Glieder. Sie krümmte sich, spuckte aus, und als sie zwei Zähne im blutigen Speichel glänzen sah, loderte es wie eine heiße Flamme von ihrem Schmerz aus durch ihre Brust: Hass, alles verzehrender Hass.

Sie spuckte ein zweites Mal aus, diesmal nach den beiden Verwundeten. »Stinkende Bocksärsche! Dreckige Hunde! Elende Säue!« Sämtliche Schimpfworte, die sie kannte, drängten aus ihrem Mund. Und nach jeder Beschimpfung kroch sie auf den Knien ein Stück näher an den Ritter und seinen Knappen heran, spuckte mal auf den einen und mal auf den anderen. Sie krallte Erde aus dem Grasboden und schmiss sie auf die Männer, die sie geschändet hatten.

»Möge es deinen Schmerz ein wenig lindern, dich selbst zu rächen.« Wieder Giselhers sanfte Stimme und wieder direkt neben ihr. »Nur deswegen haben wir sie am Leben gelassen.« Er schob ihr ein Messer in die Hand. »Nur für dich.«

Maria-Magdalena schaute zu ihm hoch, während ihre Faust sich um den Griff der Klinge schloss. Etwas glitzerte in seinen Augen, etwas Kaltes. Sie wandte sich ab und rutschte auf Knien zwischen Marian und den Schwarzbart. Hinter den Reben, vor denen die verhassten Männer lagen, erkannte sie im Fackelschein zwei reglose Schatten, die am Boden lagen: tote Komplizen ihrer Peiniger, aus deren klaffenden Kehlen das Blut sprudelte.

Giselher von Stettin hob seine Fackel, sodass ihr Licht sich im Weiß von Marians weit aufgerissenem Auge spiegelte. Die Lippen des verwundeten Ritters zitterten, seine Haut war fahl.

»Tu es«, sagte der weißblonde Stettiner. »Sie sind beide in deiner Hand, und es ist dein Recht, deine Ehre wiederherzustellen! Tu es!«

Schwer atmend und aus schmalen Augen blickte Maria-Magdalena ihrem Schinder ins zuckende Gesicht. Hass und Abscheu erfüllten sie. Sie dachte an den Augenblick, als sie in Rübelraps Kerker getreten war und sein abgetrenntes Haupt neben seiner Leiche im blutigen Stroh hatte liegen sehen. Und sie dachte an den heiteren und so gütigen alten Laurenz. Voller Hass schrie sie auf und stieß die Klinge mit aller Kraft in Marians linkes Auge. Der Ritter brüllte auf, Maria-Magdalena stieß ein zweites Mal zu und schlitzte ihm die Kehle auf, sodass sein Gebrüll in gurgelndem Röcheln ertrank.

Sie ließ das Messer sinken und schaute den Sterbenden an, bis sein Blick schließlich brach, dann fuhr sie herum und warf sich mit Wutgeheul auf den einohrigen Schwarzbart. Sie spuckte ihn an, sie schlug ihm ins Gesicht und sie rammte ihm die Klinge in Bauch und Brust, wieder und wieder, bis ihr die Kraft ausging und sie heulend neben ihm ins Gras sank.

...

Später – drei Stunden oder drei Tage? Sie wusste es nicht zu sagen –, viel später fand sie sich in ihrer Kammer in der Zöllnerstraße wieder. Sie fror. Fettholzflammen flackerten an der Wand, eine dicke Schmeißfliege brummte irgendwo über ihr, und irgendjemand flüsterte. Sie fror entsetzlich.

Das dämmrige, flackernde Licht kam ihr vor, als würde es aus dem Totenreich in ihre Kammer fallen. Ein saurer Geruch lag in der Luft und Stimmen. Maria-Magdalena war nicht allein in der Kammer, das spürte sie.

Sie hatte Schmerzen, überall, ihre Beine fühlten sich an wie gelähmt. Ein halb verhülltes Gesicht tauchte über ihr auf, ernst und mit Sorgenfalten auf der Stirn; das Gesicht einer Nonne. Maria-Magdalena sah es wie durch einen milchigen Schleier hindurch. Warum um alles in der Welt fror sie denn so entsetzlich?

»Du musst trinken«, sagte der Mund in dem ernsten Gesicht. »Du hast Fieber, Maria-Magdalena, du musst trinken.«

Sie erkannte Evas Stimme, und die Erleichterung, die Freundin neben sich zu wissen, trieb ihr Tränen in die Augen.

Ein Arm schob sich unter ihren Rücken, hob sie an. Maria-Magdalena stöhnte auf vor Schmerzen. Eine Hand führte einen Becher in ihr Blickfeld, setzte seinen kalten Rand an ihre heißen Lippen. Kühles Sauerbier drang in ihren Mund ein, strömte über ihre Zunge. Maria-Magdalena fasste nach dem Becher und trank wie eine Verdurstende.

Anschließend sank sie zurück in die Kissen und spürte kalten Schweiß, als sie sich über die Stirn fuhr. Wie betäubt fühlte sie sich, wie erschlagen, und fror so sehr, dass sie mit den Zähnen klappern musste. Doch warum war ihr Atem dann so heiß?

Böse Bilder schossen ihr durch den Kopf – die gehässige Miene Marians, das feixende Gesicht des Schwarzbartes, der brechende Blick des blinden Ritters, der aufgerissene Mund des sterbenden Einohrigen.

Wieder beugte sich Evas Gesicht über sie. »Du hast hohes Fieber und Schüttelfrost.« Evas Hand wischte ihr mit einem feuchtkalten Tuch den Schweiß von der Stirn und aus den Augen.

Obwohl sich Evas Lippen nicht mehr bewegten, hörte Maria-Magdalena Geflüster. Außer der Freundin hielt sich noch jemand in ihrer Kammer auf? Sie hob den Kopf, um an der Nonne vorbeischauen zu können. Und wirklich: An der Tür standen die edle Frau Ricarda und ihr Ritter Giselher. Sie hatten die Köpfe zusammengesteckt und tuschelten miteinander.

Maria-Magdalena lauschte.

»Ist ein Medikus bei ihr?«, hörte sie Giselher von Stettin flüstern.

Sie sah die Sterndeuterin nicken. »Magister Gallus von Strahov selbst.«

»Hat er denn noch Hoffnung?«

Die edle Frau Ricarda schüttelte den Kopf.

Schrecken fuhr Maria-Magdalena so tief in die Glieder, dass ihr der Atem stockte – musste sie schon sterben? Stand es so schlimm um sie?

Sie langte nach Evas Schulter und zog sich daran hoch. Mit vor Entsetzen weit aufgerissenen Augen schaute sie nach allen Seiten. Doch nur der Ritter und die Edelfrau – beide wirkten sehr bedrückt – standen in der kleinen Kammer. Und Eva saß auf ihrem Bett.

Gallus von Strahov? Maria-Magdalena konnte ihn nirgends entdecken. Ihn nicht und auch sonst keinen Medikus. Sprachen der Ritter und die Sterndeuterin denn gar nicht von ihr?

»Keine Hoffnung mehr?«, hörte sie den Ritter Giselher fragen; er sprach lauter jetzt, und seine Stimme bebte.

»Keine Hoffnung.« Sie sah die edle Frau Ricarda den Kopf schütteln. »Sie wird sterben.«

5
Gift

Prag, Juni 1362

Der Brückenbaumeister beobachtete zwei Lastkähne voller Geröll, die unten am Bausteg anlegten, einer an der Südseite des Pfeilers, der andere an der Nordseite. Die Lauftrommeln der beiden Kräne dort drehten sich längst – die Kranmeister lenkten die Schwenkarme mit den leeren Tragkörben zu den Kähnen hin und ließen sie dann hinabschweben. Ein alter Trommelkran aus gedunkeltem Eichenholz ragte vor dem Brückenpfeiler aus der Trockengrube, der andere, ein nagelneuer aus noch hellem Buchholz, dahinter. Kaum setzten die Körbe auf dem Steg auf, begannen die Tagelöhner das Gestein hineinzuschaufeln.

Jan beobachtete es von der stadtseitigen Pfeilermauer aus. Die hatten seine Maurer gestern bis zur letzten Quaderreihe hochgezogen, und bis heute Abend musste der Hohlraum des neunten Pfeilers mit Geröll gefüllt werden, damit gleich morgen früh der Anschluss an den neuen Brückenbogen aufgelegt werden konnte. Voller Stolz und Zufriedenheit betrachtete der Brückenbaumeister den Pfeiler zu seiner Linken und den noch eingeschalten, jedoch fast fertig gemauerten Brückenbogen. Der neunte Pfeiler und der achte Brückenbogen! Tief sog Jan Otlin die warme Luft ein.

Der Sommer kam in diesem Jahr mit Macht über das Land.

Gleich nach der Schafskälte hatte ein heißer Südwind zu wehen begonnen, färbte seitdem die Kirschen rot und blies die Apfel- und Birnenblüten aus den Bäumen. Auf den Feldern konnte man zuschauen, wie das Korn aus dem Boden schoss, und selbst das Brückenbauwerk schien schneller zu wachsen als in den Jahren zuvor.

Die Bauarbeiten gingen mittlerweile in den sechsten Sommer. Wenn die Bauleute weiterhin so emsig und sorgfältig arbeiteten wie in den letzten Monaten und wenn Wetter und Moldau ihm weiterhin freundlich gesonnen blieben, würde Jan Otlin seine steinerne Brücke vielleicht doch innerhalb der zwölf Jahre vollenden können, die er ursprünglich für das Bauwerk veranschlagt hatte. In jenem Sommer war er noch voller Hoffnung.

Ohne auf seine Schmerzen zu achten, stieg er auf das Schalungsgerüst des neuen Brückenbogens, wo Friedrich und seine Zimmerleute die letzten Bretter und Balken in die Bogenschalung nagelten, um sie vielleicht schon heute Abend mit dem Pfeilergerüst zu verbinden.

»Sehr gut, Meister Friedrich«, sagte Jan anerkennend, nachdem er Stützbalken und Bogenaufleger mit seinem großen Winkeleisen geprüft hatte. Lächelnd nickte er den Zimmermännern zu, die im Schalungsgerüst arbeiteten. »Wirklich saubere Arbeit, ihr Herren!«

Wann immer der Baumeister mit Winkeleisen und Senkblei über die Brückenbogen hinkte oder auf dem Bausteg die Trockengruben abschritt, lobte er seine Zimmerleute, Maurer und Steinmetze und sparte auch bei den Wasserträgern, Mörtelmischern und dem Schmied nicht mit anerkennenden Worten. Seit Meister Jakob Prag und die Baustelle verlassen hatte, entdeckte er unter den Bauleuten kaum noch missmutige oder gar feindselige Gesichter.

Jan balancierte auf der Bogenverschalung bis zur Mitte des neuen Brückenbogens. Trotz seines Hinkebeines konnte er das wieder: sich vollkommen sicher über Balken und Mauern bewegen, und er war mächtig stolz darauf.

Auf dem unvollendeten Bogen nahmen die Maurer an beiden Seiten der Brücke die Steinblöcke entgegen, die an Steinzangen von den Kranarmen zu ihnen herabschwebten, um mit ihnen die letzten beiden Schichten der Verstrebung bis zum Brüstungsfundament hochzumauern. Der Baumeister legte das Winkeleisen an und fällte das Senkblei von der letzten Blockschicht auf die Biegung der Rundsteine hinab.

Gleich nach der Schneeschmelze, als an den frühen Märztagen morgens noch Eisschichten die Schalungsbalken und Gerüstbretter bedeckt hatten, war Meister Jakob hoch oben im Schalungsgerüst abgerutscht und auf den Bausteg hinabgestürzt. Dabei hatte er sich beide Fersen und die rechte Schulter gebrochen. Obwohl die Kreuzherren ihn viele Wochen lang in ihrem Hospital pflegten, wollte dem Meister das Laufen hinterher nicht mehr recht gelingen. Kurz vor dem Himmelfahrtstag hatte er schließlich seine Sachen gepackt und war in seine Heimat zurückgekehrt, ins Königreich Frankreich.

Schon zuvor, gleich nach dem Osterfest, hatte Jan mit Hilfe des Prager Zunftmeisters Jakobs deutschen Gesellen zum Meister gemacht, den Friedrich. Auch den Lohn hatte Jan dem fleißigen und sorgfältig arbeitenden Zimmermann kräftig erhöht, denn Friedrich wollte ein Haus in der Neustadt kaufen und die Tochter eines dort ansässigen Tischlers heiraten.

»Alles im Lot, ihr Herren!« Jan richtete sich auf und wickelte den Faden um das Senkblei. »Wirklich schnurgerade gearbeitet!« Er nickte dem Maurermeister anerkennend zu, der neben dem Polier auf dem neuen Brückenbogen bei den Mörtelmischern stand und die Kranmeister einwies. »Hervorragende Arbeit!«, rief er ihm zu.

Hinter ihm krachte und prasselte es, und als er sich umblickte, sah er, wie Maurer und Tagelöhner die ersten beiden Körbe mit dem Füllgeröll in den neuen Pfeiler leerten. Die Kurbelräder auf beiden Seiten des Pfeilers begannen, sich quietschend zu drehen und die Rammen hochzuziehen, mit denen die Füllung festgestampft werden sollte. Auf der anderen Seite des Brückenpfeilers, schon jenseits der Flussmitte, ragten bereits die ersten Rundhölzer aus dem Wasser, die mit Hunderten anderen bald den Palisadendamm der nächsten Trockengrube bilden würden. Auch dort drehte sich das Rad einer Ramme.

Wahrhaftig: Die Arbeit ging gut voran in diesen Wochen!

Einige Atemzüge lang stand Jan Otlin ganz still auf dem Gebälk, schaute auf den Fluss und die Anfänge des Damms und dachte an den Tag zurück, an dem er Gott geschworen hatte, ihm diese Brücke hier zu bauen. War das nicht ungefähr dort gewesen, wo jetzt die Ramme ein Rundholz nach dem anderen in den Flussgrund hämmerte?

Er schaute zur Holzbrücke hin, an deren Stelle bis vor zwanzig Jahren noch die Judithbrücke verlaufen war, und dann wieder zurück zur Ramme. Wahrhaftig! An diesem Punkt der Flussbreite, nur wenige Ruten flussabwärts, hatte seine Mutter im reißenden Hochwasser gehangen und sich in der Ruine eines Pfeilers der Judithbrücke festgeklammert. Dort war es geschehen – Jan Otlin nickte stumm –, dort hatte er den Schwur getan.

Er bekreuzigte sich, denn die Erinnerung überwältigte ihn. Mit einem Dankgebet im Herzen wandte er sich ab, kletterte ungeachtet seiner Schmerzen in das bereits vollendete Mauerwerk des neuen Brückenbogens und hinkte zum Mörtelkübel, wo Rudolph von Straßburg und der Maurermeister bei den Wasserträgern und Mörtelmischern standen.

»Die Brücke der Ewigkeit nimmt allmählich Gestalt an!«, rief er gut gelaunt, während er auf die Männer zuging. »Bald wird sie unsere geliebte Moldau bis zur Mitte hin überspannen.«

»Wenn wir so weitermachen, kann das erste Fuhrwerk vielleicht doch schon über sie rollen, bevor dieses Jahrzehnt zu Ende geht«, sagte der Maurermeister.

»Möge dies auch der Wille unseres Gottes sein«, murmelte Rudolph von Straßburg mit dünner Stimme und wandte sich zur Seite. »Flöße!« Mit dem Winkeleisen deutete er flussaufwärts nach Norden, und nicht zum ersten Mal in diesen Tagen fiel es Jan auf: Rudolphs Hand zitterte. »Das sind gewiss die Stämme für den Palisadendamm. Ich gehe hinunter und nehme sie in Empfang. Gehabt Euch wohl, ihr Herren.« Mit diesen Worten wandte er sich ab.

Sorgenfalten gruben sich in Jans Stirn ein, während er dem Franzosen hinterherschaute. Ohne Eile schlurfte der zu den Fundamenten des geplanten Brückenturms, wo eine Stiege in die Flussaue hinabführte. Auch das fiel ihm auf in den letzten Tagen – Rudolphs ungewohnte Art zu gehen: Der Polier bewegte sich langsamer und schwerfälliger als sonst und mit gebeugten Schultern; ganz so wie ein Mann, der allzu große Last zu tragen hatte. Und dann bemerkte Jan noch die ungesunde Gesichtsfarbe des Mannes – fahl wie der Tod kam ihm sein Polier vor. Und nicht nur ihm.

»Es geht ihm offenbar nicht gut, dem Herrn Rudolph«, sagte der Maurermeister, der den besorgten Blick seines Baumeisters bemerkt hatte. Einige Mörtelmischer und Wasserträger machten nachdenkliche Mienen und nickten. »Hoffentlich wird er uns nicht krank.«

»Wenn ihr mich fragt – er ist bereits krank.« Eine Mörtelmischerin schaute in die Runde der am Kübel versammelten Bauleute.

»Da magst du recht haben«, erwiderte der Maurermeister. Seit dem Tod seines Vaters, des alten Waffenknechtes Laurenz, waren er und Jan einander nähergekommen. »Oder plagen etwa persönliche Sorgen ihn?« Er zuckte mit den Schultern. »So wortkarg wie in den letzten Tagen habe ich den Straßburger selten erlebt.«

Und so geistesabwesend auch nicht, fügte Jan in Gedanken hinzu. »Möglicherweise hat er schlechte Nachrichten aus Frankreich bekommen«, sagte er nachdenklich. »Vielleicht ist jemand aus seiner Familie erkrankt.« Er nahm sich vor, seinen Polier bei nächster Gelegenheit darauf anzusprechen.

»Schlechte Nachrichten haben wir gestern ebenfalls erhalten.« Der Maurermeister senkte die Stimme. »Sehr traurige sogar.« Er schaute einen nach dem anderen an, Jan zuletzt. »Ihr habt sicher von der schlimmen Schandtat gehört, die vorletzte Woche in den Weinbergen geschehen ist?« Fragend sah er Jan ins Gesicht, doch der wusste nicht, wovon die Rede war, und schüttelte den Kopf.

»Eine schlimme Schandtat? Erzähle!«

»In einem Weingarten auf dem Laurenziberg haben nichtswürdige Galgenstricke eine Jungfrau geschändet«, fuhr der Maurermeister fort und sprach nun noch leiser. »Gestern haben wir ihren Namen erfahren, Ihr kennt sie auch, Meister Otlin – es ist die Mörtelmischerin Maria-Magdalena, die dort oben den Höllenhunden in die Hände gefallen ist.« Er deutete zu den Hängen der Kleinseite hinüber.

»Was sagst du da?« Jan krächzte, so sehr traf ihn die schlimme Neuigkeit. »Maria-Magdalena?« Sofort stand ihm die Jungfrau vor Augen, die auf seiner Baustelle ihre Schönheit hinter Männerkleidern zu verbergen versucht hatte. Er fasste den Maurermeister am

Arm und zog ihn zur Seite, während die anderen Wasser in den Kübel gossen oder fortfuhren, den Mörtel zu mischen. »Geschändet, sagst du?«

»Grässlich, nicht wahr?« Der Maurermeister seufzte tief. »Sie sei schwer verletzt, erzählte meine Mutter gestern, und hohes Fieber fessle sie schon die zweite Woche aufs Krankenlager. Angeblich pflegt man sie im Haus der Heilerin Ricarda Scorpio.« Er rümpfte die Nase, denn kaum ein Prager, der nicht wusste, dass dieses Haus auch ein Hurenhaus war.

Jan erinnerte sich an den einäugigen Ritter, der ihn vor sechs Jahren aus Avignon zurück an die Moldau begleitet und ihm im letzten Jahr Eier verkauft und nach der Mörtelmischerin gefragt hatte. »Doch nicht etwa Marian von Zittau?«

»Oh doch! Genau dieser stinkende Bocksarsch und seine Drecksderle haben ihr aufgelauert.« Der Maurermeister ballte die Faust und sog scharf die Luft durch die Nase ein. »Er wollte sie töten, heißt es, wollte ihr zuvor gar die Augen ausstechen. Aber Gott hat es gefügt, dass auf der Kleinseite einige Waffenknechte die Schreie der armen Jungfrau gehört haben. Die sind ihr beherzt zu Hilfe geeilt. Wenigstens konnten die kühnen Männer ihr das Leben retten. Den Marian, diese Sau, und die meisten seiner Drecksderle haben sie totgeschlagen.« Er bekreuzigte sich mit geballter Faust und zischte: »Recht geschieht's ihnen!«

Von einem Augenblick auf den anderen war Jans gute Laune verflogen. Grübelnd schritt er über die Baustelle, doch es war ihm unmöglich, sich noch länger auf die Arbeit zu konzentrieren. Die junge Mörtelmischerin geschändet! Er fühlte sich, als hätte ein Pferdehuf ihn am Kopf getroffen.

Hatte Marian sich also doch nicht mit der Ermordung des Goliathmönchs begnügt! Hatte der Ritter seine Rache also unbedingt auch an der armen Frau vollziehen müssen. Was für ein widerlicher Mordbube!

In der Bauhütte drehte Jan grübelnd und voller Unruhe Runde um Runde um den langen Tisch mit den Bauplänen und den Rechnungen, bevor er Rudolph von Straßburg für den Rest des Tages die Bauaufsicht übertrug und sich auf den Weg in die Altstadt machte. Er musste zur Hausburg der Sterndeuterin, er musste erfahren, wie es der jungen Frau ging!

Der Zufall wollte es, dass in der Zöllnerstraße eine Nonne das Hoftor Ricarda Scorpios genau in dem Augenblick aufzog, als Jan die Hand nach dem Türklopfer ausstreckte. Erst auf den zweiten Blick erkannte er die Blonde, die ihn einst aus dem Badehaus mit zu ihrer Frauenwirtin genommen hatte.

»Eva?«, entfuhr es ihm. »Du?« Er wich zwei Schritte zurück und staunte sie an.

»*Schwester* Eva!« Sie trat so nahe zu ihm, dass er noch weiter zurückweichen musste. »Schämt Euch!« Schwungvoll zog sie das Hofportal hinter sich zu. »Was habt Ihr hier zu suchen, Meister Otlin?« Richtig barsch fuhr sie ihn an. »Kein Mann, der auch nur eine Spur von Frömmigkeit im Herzen trägt, geht in ein Hurenhaus!«

Jan verschlug es erst einmal die Sprache. Er mied Evas strengen Blick und dachte an seine liebeshungrige Nonne, die er in Avignon zurückgelassen hatte, an die süße Schwester Mathilde. Ihr schöner Leib stand ihm jäh vor Augen, und keineswegs verhüllte ein Habit ihn. Er schämte sich dafür.

Schließlich schluckte er ein paarmal, atmete tief durch und sagte: »Ich wollte zu keiner Hübschlerin, ich wollte Maria-Magdalena besuchen, denn ich habe gehört ...«

Das Hoftor öffnete sich erneut, und sie sprangen beide zur Seite. Zwei Waffenknechte mit Giselhers Wappen auf den Umhängen traten auf die Straße, spähten nach links und rechts – wobei sie Jan Otlin flüchtig grüßten – und machten dann Platz für einen, der ihnen folgte, einen Priester.

Der ging mit unsicherem Schritt, blieb kurz stehen, blickte in den Himmel und bekreuzigte sich, bevor er hinkend und mit ausgestrecktem Arm die Mauer entlangtastend in die Zöllnerstraße einbog. Vier junge Männer im Habit von Klosterschülern trugen einen leeren Stuhl aus dem Hof der Hausburg, eine Art Sänfte, und folgten ihm damit in Richtung Altstädter Ring.

»Ambrosius von Trier«, sagte Schwester Eva leise. »Priester an der Pfarrkirche Sankt Nikolaus auf der Kleinseite und künftiger Bischof von Budweis. Er kommt schon lange ins Haus der edlen Frau Ricarda, um Hilfe bei ihren Heilkünsten zu suchen.«

»Er sucht vergeblich. Richte ihm das aus, wenn du ihn das nächste Mal sprichst«, knurrte Jan. »Von einem, der es wissen muss.«

»Zu spät. Außerdem wird er's nicht glauben. Bis vor Kurzem nämlich konnte er kaum laufen, und heute sehe ich ihn zum ersten Mal auf eigenen Beinen gehen.« Jan runzelte verblüfft die Stirn, und Eva senkte Kopf und Stimme. »Vielleicht haben ihm auch die Frauen auf die Sprünge geholfen, die noch bei der Frau Ricarda geblieben sind.«

»Ich werde dann mal bei der Sterndeuterin klopfen.« Jan, der den Priester nicht kannte, sodass ihm dessen Schicksal gleichgültig war, machte Anstalten, zwischen den Waffenknechten hindurch in den Hof zu schlüpfen. »Ich muss das arme Menschenkind sehen, das in Marians Hände gefallen ist.«

Eva hielt ihn fest und zog ihn zurück. »Lasst es bleiben, Herr Otlin«, sagte sie, »Maria-Magdalena ist viel zu krank, um Besuch zu empfangen. Sie fiebert noch immer und redet nicht mehr. Euch würde sie wahrscheinlich nicht einmal erkennen.«

»Stimmt es also, dass sie im Fieberwahn liegt.« Willenlos ließ er sich von der Nonne an den Waffenknechten vorbei auf die Zöllnerstraße führen. »Und dass Maria-Magdalena sterben wird.«

»Wer weiß das schon! Ob wir gesund sind oder krank – unser aller Leben liegt in Gottes Hand.« Schwester Eva ließ ihn los und folgte den Männern mit dem leeren Tragestuhl und dem hinkenden Priester; der blieb von Zeit zu Zeit stehen, um sich an einer Hofmauer oder einer Hausfassade abzustützen. »Maria-Magdalena wird sterben oder leben, Gott weiß es. Es hat keinen Sinn, sie zu besuchen. Glaubt es mir.«

»Ist es denn wahr, dass Marian und seine Waffenknechte ihr aufgelauert haben?« Jan hinkte neben Eva her, denn er war viel zu unglücklich, um allein zurückzubleiben. »Und ist es wahr, dass Marian sie beinahe getötet hätte?«

»Vielleicht wird die Wunde sie noch töten, die ihre Peiniger ihr zugefügt haben.« Eva schüttelte traurig den Kopf. »Und vielleicht wird das besser sein für sie, als damit leben zu müssen. Wer weiß das schon! Marian und der Einohrige jedenfalls haben ihre Strafe erhalten und sind nun tot und auf dem Weg in die Hölle. Giselher und seine Kämpfer kamen Maria-Magdalena nämlich zu Hilfe, und sie erschienen buchstäblich im letzten Augenblick.«

Während sie hinter dem leeren Tragestuhl des Priesters Ambrosius hergingen, erzählte die Nonne, was sich sieben Tage zuvor im Weingarten auf dem Laurenziberg zugetragen hatte; jedenfalls das, was sie von Giselhers Waffenknechten gehört und was sie Maria-Magdalenas kargen Worten entnommen hatte. Es reichte, um Jan die Tränen in die Augen zu treiben.

»Sollte sie sterben, wird es die Wunde in ihrer Seele sein, die sie ums Leben gebracht haben wird«, schloss Eva, als sie den Altstädter Ring überquerten. »Meine arme kleine Schwester!« Sie seufzte. »Und doch nur eine von vielen Leidenden. Können wir denn all die zählen, die in diesen Stunden überall auf Gottes Erdboden mit dem Tod ringen?«

»Ich will sie nicht zählen«, antwortete Jan. »Ich will das Leid der vielen nicht einmal kennen. Ich ertrage ja kaum, was du mir von Maria-Magdalenas Qualen erzählt hast.«

»So?« Eva lachte bitter auf. »Ich finde es tröstlich, auf das Leid der anderen zu blicken. Es schmälert mir meine eigene Pein. Wenn ich etwa an Maria-Magdalenas Stelle auf die arme Frau des Dombaumeisters schaute ...«

»Gertrud Parler?« Jan blieb stehen, hielt die Nonne am Arm fest und sah ihr in die Augen. »Was ist denn mit ihr?«

»Ihr wisst es nicht?«

»Was denn, um Himmels willen?!«

»Auch sie ringt mit dem Tod.«

»Bitte?« Jan glaubte, nicht recht zu hören. »Was sagst du da? Die Druda ist krank?«

»Todkrank sogar. So jedenfalls erzählt man es sich am Kaiserhof und im Veitsdom, doch die Wahrheit ist noch bitterer.« Eva blickte verstohlen nach rechts und links und hinter sich und, obwohl nur wenige Fußgänger und Reiter auf der Zöllnerstraße unterwegs waren, beugte sich nahe zu Jans Ohr und senkte die Stimme. »Gift hat sie aufs Sterbebett geworfen, und wenn der Magister Gallus nicht zufällig im Hause Parler gewesen wäre, als sie es zu sich genommen hat, wäre sie längst tot. Und ihre Amme auch.«

6
Gottes Zorn

Prag, Frühsommer 1362

Es geschah in der Schenke neben dem Rathaus, dass alles Warten, Bangen und Hoffen sein Ende fand. Ein warmer Juniabend, die fortgeschrittene Abendstunde, Wirtshausbänke voller Kutscher, Bauleute und Waffenknechte und so viele Becher Wein, dass Rudolph mit dem Zählen aufgehört hatte, und dann schlurfte einer herein und machte seiner quälenden Ungewissheit ein Ende.

Die Schenke war Rudolph inzwischen vertrauter als seine Stube, denn seit dem Pfingstfest suchte er sie Abend für Abend auf; seit Druda nicht in das alte Hausboot gekommen war, in dem sie sich bereits in den Herbstmonaten des vergangenen Jahres einmal in der Woche heimlich getroffen hatten. Noch nie hatte sie eine verabredete Liebesstunde versäumt, weswegen Rudolph schon nach kurzer Zeit des vergeblichen Wartens befürchtete, es könnte etwas Schwerwiegendes vorgefallen sein.

War eines ihrer Kinder plötzlich krank geworden? Oder hatte eine Krankheit sie selbst befallen? Oder schlimmer, weil lebensgefährlich: War womöglich ihr Gatte Peter Parler dahintergekommen, dass sie mit einem Liebhaber die Ehe brach? Oder noch schlimmer: Liebte die Druda ihn etwa nicht mehr?

Vor allem diese Sorge plagte ihn, als er an jenem Tag nach

Hause gehen musste, ohne seine Geliebte gesehen und geküsst zu haben. Sie plagte ihn so sehr, dass er in den folgenden Nächten kaum Schlaf gefunden hatte.

Der Mann, der seiner Ungewissheit ein Ende bereiten sollte, war breit gebaut und krummbeinig. Palaver und Gelächter an den Tischen verstummten schlagartig, als er in die Schenke schaukelte, denn die meisten hier kannten ihn. Und waren gespannt, Neues zu erfahren – Neues über jenes Gerücht, das seit Wochen den Tratsch auf den Märkten und in den Gassen der Stadt beherrschte.

Der Krummbeinige knurrte Grüße nach allen Seiten und ließ sich auf die Bank hinter dem Tisch fallen, der Rudolphs gegenüberstand. Seine Füße waren noch schmutziger als das lange Hemd, das seinen kräftigen Leib bis zu den Knien bedeckte. Irgendwer bestellte einen Krug Bier für ihn. Männer sammelten sich um den Tisch, alle beugten sich zu ihm, und einer forderte barsch: »Erzähl schon!«

In den Tagen, nachdem die Druda nicht zur vereinbarten Stunde ins alte Hausboot gekommen war, hatte Rudolph eine Zeit lang angenommen, ihr Gatte, der Peter Parler, sei schwer erkrankt. Oder nein: Er hatte gehofft, dass der Dombaumeister krank geworden sei. Sogar dass er im Sterben lag, hatte Rudolph gehofft, und das keineswegs ohne Grund: Ricarda Scorpio hatte Peter Parlers langersehnten Tod nicht nur in den Sternen gelesen, sie hatte auch die nötigen Vorkehrungen dafür getroffen, dass er endlich eintraf. Schließlich war es das gewesen, wofür Rudolph den unheimlichen Blutvertrag unterzeichnet hatte. Doch dann hatte der Straßburger erfahren, dass der Parler mit seinem Bruder Michael und einer kleinen Schar Steinmetze zur Burg Karlstein geritten war, um die kaiserliche Burgkapelle dort mit Bildnissen zu schmücken, und dass er gar nicht zu Hause am Domplatz weilte, als man den Wein in sein Haus brachte. Und auch das hatte er kurz darauf gehört: Die Druda war früher aus Köln zurückgekehrt als geplant – nämlich schon drei Tage vor ihrem vereinbarten Treffen auf dem Hausboot.

Sie sei unpässlich, hatte er als Nächstes in Erfahrung gebracht und war darüber tief erschrocken. Sie liege auf dem Krankenlager, hatte es Anfang Juni geheißen, und ihre Amme auch. Vor vier Tagen schließlich hatte ihm Michael Parler erzählt, dass die Frau seines Bruders sehr schwer erkrankt sei.

Da begann Rudolph zu ahnen, dass die Sterndeuterin einen Fehler gemacht haben musste. Aus seinem Schrecken wurde blankes Entsetzen, und statt der Sorge, die Druda könnte ihn nicht mehr lieben, raubte ihm nun die Angst um ihr Leben den Schlaf.

Zu viel Wein getrunken hatte er schon, seitdem Druda zum Stelldichein nicht erschienen war, doch seit jenem Gespräch mit Michael Parler soff er viel zu viel vom Rebensaft.

Es dauerte eine Weile, bis Rudolph die Stimme und das Gesicht des Mannes am Tisch gegenüber erkannte – es war der Pferdeknecht der Parlers –, und als die Gewissheit ihn wie Eisschauer auf seinem Platz erstarren ließ; als er erkennen musste, dass wirklich geschehen war, was niemals hätte geschehen dürfen, da wünschte er sich die Qual der Ungewissheit zurück.

»Sind tot, beide«, erklärte nämlich Peter Parlers Pferdeknecht im Tonfall eines Hufschmieds nach getaner Arbeit. »Die Amme ist am Nachmittag gestorben, die Druda heute Abend.« Sprach's und leerte seinen Bierkrug auf einen Zug. Irgendjemand bestellte ihm einen zweiten, während der Pferdeknecht sich weit über den Tisch lehnte und sagte: »Es war der Wein, ich schwör's euch. Der Wein war vergiftet.«

...

Am Vormittag, nachdem er auf der Baustelle nach dem Rechten geschaut und die nötigen Anweisungen gegeben hatte, ritt Jan Otlin auf den Friedhof hinaus. Trotz der frühen Stunde war es bereits warm, richtig warm. Heißer Südwind wehte über die Gräber, die Sonne brannte aus einem wolkenlosen Himmel, und die Menschen, unter die Jan sich mischte, nachdem er sein Pferd im Birkenhain an der Johannes-Kirche festgebunden hatte, bewegten sich so schwerfällig über die Friedhofswege zu den frisch ausgehobenen Gruben hin, als müssten sie bleierne Joche auf den Schultern tragen.

Die Trauergemeinde sammelte sich um die beiden Erdlöcher, den hinkenden Priester und die Familien der Toten. Das Pferdegespann mit dem Sargwagen wartete bereits hinter einem Haufen ausgehobener Erde. Jan entdeckte Militsch sofort, blieb bei ihm in der letzten Reihe stehen und begrüßte ihn leise.

Der kleine Mähre schaute ihm mit sehr ernstem Blick in die Augen und drückte ihm stumm die Hand. Er wirkte seltsam verstört, ganz so, als hätte ein böser Traum oder die Begegnung mit einem Feind ihn aufgewühlt.

An die zweihundert Menschen drängten sich bald zwischen den Gräbern rund um die Gruben, Jung und Alt, und die meisten wohnten auf der Kleinseite. Jan kannte viele und ließ seinen Blick über die Hüte, Gebände und Gesichter wandern. Manche Greise hatte er seit Jahren nicht gesehen.

Eine fremde Frau fiel ihm auf, blond unter strahlend weißem Gebände, ungewöhnlich schön und in einem dunkelroten Seidengewand. Zwei Ritter flankierten sie, die Jan in letzter Zeit hin und wieder auf der Holzbrücke gesehen hatte. Was führte diese Unbekannten zur Bestattung von Gertrud Parler?

»Mach dir keine Hoffnung«, flüsterte Militsch, ohne aufzuschauen. »Agnes von Bur gehört zur Verwandtschaft des Kaisers.

Sie verehrt unseren Dombaumeister, achte auf ihre Blicke.« Tatsächlich äugte die Schöne unablässig zum schwarz ausgekleideten Pferdefuhrwerk hin, wo Peter Parler und sein Bruder Michael in diesem Augenblick die Heckklappe öffneten.

Nicht weit davon entdeckte Jan die ungeliebte Sterndeuterin und staunte: Auch die war gekommen? Um gesehen zu werden? Umringt vom weißblonden Ritter Giselher und seinen Waffenknechten stand Ricarda Scorpio etwas abseits zwischen einigen Höflingen. Eine schwarze Robe und ein blauer Überwurf verhüllten ihre hochgewachsene, drahtige Gestalt, und ein hoher schwarzer Hut bedeckte ihr kunstvoll aufgetürmtes schwarzes Haar; ein Hut, wie er oft unter Juden getragen wurde, nur dass ein Schleier von seiner Krempe herabhing, der das Gesicht der Sterndeuterin verdeckte.

Jan fragte sich, warum sie noch immer nicht auf den Geleitschutz der Stettiner verzichtete, wenn sie ihre Hausburg verließ; wo doch ihr Erzfeind Marian von Zittau ihr nun nicht mehr gefährlich werden konnte. Und er fragte sich, wer diese junge Frau mit dem grau verhüllten Kopf sein mochte, bei der sich die Ricarda Scorpio untergehakt hatte. Sie schien sehr schreckhaft zu sein, denn sie zuckte zusammen, als die Männer hinter ihr den ersten Sarg vom Pferdewagen zerrten und dabei lärmend gegen die Heckklappe stießen.

Jan Otlin musste dreimal hinschauen, bevor er Maria-Magdalena erkannte. Himmel, die arme Jungfrau! – beinahe hätte er es laut gerufen. Ihr Gesicht war weiß wie eine frisch gekalkte Wand und wirkte eingefallen und spitz. Schwarze Ringe verschatteten ihre Augen, und wie dürr sie geworden war!

»Armes Kind«, flüsterte Militsch von Kremsier neben ihm, ohne den Blick zu heben. »Die gebeugte Gestalt, der leere Blick – siehst du das?« Jan stutzte – woher wusste der priesterliche

Freund, wohin er gerade schaute? »Wie eine willenlose Marionette steht sie neben der elenden Sterndeuterin, wie eine leere Hülle.«

»Die Unglückliche scheint noch immer krank zu sein«, murmelte Jan. Er nickte seinem Polier, den er ebenfalls in der Menge entdeckte, einen Gruß zu, weil er glaubte, der andere würde ihn anschauen. Doch Rudolph von Straßburg – hohlwangig und aschfahl – schien durch ihn hindurchzusehen, reagierte mit keinem Mienenspiel, keiner Geste. Was um alles in der Welt war diesem Manne zugestoßen? Der Baumeister hatte es noch immer nicht herausgefunden.

Er wischte sich den Schweiß von der Stirn und wedelte mit seinem Hut, um die Fliegen und Mücken zu vertreiben. Kaum jemand, der nicht wischte, wedelte, seufzte oder von einem Fuß auf den anderen trat. Nur Militsch, neben Jan, schien die Hitze nichts auszumachen. Völlig reglos stand er, zuckte nicht einmal mit der Wimper.

Dabei war es elend warm – wahrhaftig! –, so warm, dass selbst die Nächte keine Abkühlung brachten; so warm, dass die Toten bereits kurz nach Sonnenuntergang zu stinken begonnen hatten. Jans Schwester Libussa hatte das erzählt; sie wohnte neben den Parlers am Domplatz. Jedenfalls mussten die Frauen heute schon unter die Erde, dabei waren sie erst gestern gestorben.

Böse Gerüchte machten auf der Baustelle und auf den Marktplätzen die Runde. Und wenn etwas dran war, dann hatten Gertrud Parler und ihre Amme vergifteten Wein getrunken. Magister Gallus habe, als die Frauen davon kosteten, gerade nach einem kranken Kind der Parlers geschaut. Zwar habe er beide zum Erbrechen bringen und ihnen in den Tagen darauf allerhand Gegenmittel verabreichen können, doch letztlich habe seine Heilkunst ihren Tod nur hinausgezögert.

Jan konnte diese Gerüchte nicht glauben. Wer um alles in der Welt sollte denn die Gattin des Dombaumeisters vergiften wollen?

Wieder streifte sein Blick den Polier. Der machte ganz den Eindruck, als wäre er der Nächste, den man zu Grabe tragen müsste, so elend sah er aus. Entgegen seiner früheren Gewohnheit kam er seit einiger Zeit immer als Letzter auf die Baustelle, und ein Steinmetz hatte Jan erzählt, es vergehe kein Abend, an dem der Straßburger nicht betrunken an seinem Haus am Valentinstor vorbeiwanke. Jan hatte sich vorgenommen, Rudolph zur Rede zu stellen. Bald.

Mit vier Nachbarn trugen Peter Parler und sein Bruder Michael den Sarg der Druda zur rechten Grube, den der Amme schleppten ihr Gatte, ihre Brüder und ihre Vetter zur linken. Jan Otlin kannte sie alle, war ja mit ihnen hier auf der Kleinseite aufgewachsen.

»Alles Fleisch ist wie Gras, das morgens blüht und abends verwelkt und ins Feuer geworfen wird«, murmelte Militsch.

Jan zog unwillig die Brauen hoch und musterte ihn von der Seite. Der priesterliche Freund wurde immer knochiger und dürrer; wie ein Skelett, dem man einen Habit umgeworfen hatte, kam er Jan vor. Sein braun gebranntes Gesicht schien aus altem, rissigem Leder zu sein, und das Feuer seiner blauen Augen leuchtete heller als je zuvor.

Gleich zu Beginn des neuen Jahres, am Dreikönigstag, hatte er gemeinsam mit den Benediktinerinnen und einigen reichen Bürgern ein Haus in der Neustadt gekauft, in dem ehemalige Huren und Bettlerinnen sich auf das Klosterleben vorbereiteten. Viele in Prag hassten den kleinen Prediger dafür, vor allem die Frauenwirte und jene, die deren treuste Gäste gewesen waren. Militsch war stolz, so viele Feinde in der Stadt haben. Es stachelte ihn an, nur noch feuriger zu predigen.

Jan sah, wie die Schultern der kranken Maria-Magdalena

hochzuckten, als Gertrud Parlers Sarg an Steinen und Erde vorbeischeuerte, während er in der Grube versank. Eine Halbwüchsige an Peter Parlers Seite begann laut zu heulen, kleinere Kinder und einige Frauen um ihn herum stimmten mit ein, und bald hörte Jan lautes Weinen und Wehklagen rund um beide frische Gräber.

Der Priester indes schwenkte unbeirrt betend das Weihrauchfass, während er sich an seinem riesigen Kruzifix festklammerte wie an einer Krücke, die ihm Halt verschaffte. Er hatte eine spitze Nase, und ein dünkelhafter Ausdruck machte sein Gesicht hässlich. Ambrosius hieß er, erinnerte sich Jan, und sollte angeblich nächstes Jahr den Bischofsstuhl von Budweis besteigen.

Peter Parler, der sich zur Pfarrkirche Sankt Nikolaus hielt, hatte dem Priester seiner Gemeinde den Vorzug vor Militsch gegeben, dessen Predigten im Ruf standen, gar zu laut und ausufernd zu sein. Wie Jan den priesterlichen Freund kannte, hätte der selbst diese Beerdigung genutzt, der Trauergemeinde die Hölle in den glühendsten Farben vor Augen zu stellen.

Aus dem Augenwinkel sah er Tränen über das knochige Gesicht des priesterlichen Freundes rollen und erschrak, denn er konnte sich nicht erinnern, Militsch jemals weinen gesehen zu haben.

»Gehört die Amme zu deiner Verwandtschaft?«, fragte er deswegen flüsternd. Der mährische Prediger schüttelte stumm den Kopf. »Hast du die Druda denn gut gekannt?«

»Weil ich weine?« Militsch stieß ein bitteres Lachen aus. »Ich weine über uns.« Mit einer flüchtigen Kopfbewegung deutete er zum Fuhrwerk hin – auf dem Seitenverschlag hockte ein Kolkrabe; und auf den Grabsteinen dahinter sechs weitere. »Müssen diese da etwa das Zorngericht Gottes fürchten?« Er legte den Kopf in den Nacken und blickte in den Sommerhimmel, wo hoch über ihnen die Schwalben ihre Kreise durch die flimmernde Luft zogen. »Oder diese da?« Er schüttelte den Kopf. »Niemals. Nur wir Menschen, die wir Verstand genug hätten, Gottes Gebote zu befolgen, nur wir müssen sein Gericht fürchten. Weil uns seine Gebote so gleichgültig sind wie wir diesen Vögeln.« Der kleine Mähre deutete nach oben. »Sieh doch hinauf zu den Schwalben, wir Menschen kümmern sie so wenig, wie Gottes Gebote die meisten Bewohner dieser stolzen Stadt kümmern.«

Vor ihnen drehten einige Männer und Frauen sich um und bedachten Militsch mit mürrischen oder ängstlichen Blicken. Bei den frischen Gräbern sang der Priester Ambrosius bereits das Totengebet, während die Leute an den Gruben Erde auf die Särge warfen.

Jan verdrehte innerlich die Augen, denn er fürchtete, sein priesterlicher Freund könnte plötzlich anfangen zu predigen und die Trauernden mit seiner düsteren Botschaft und seiner donnernden Bassstimme erschrecken.

Doch Militsch, dem die Tränen nun immer ungehemmter über das knochige Gesicht strömten, Militsch von Kremsier erhob seine Stimme keineswegs, um zu predigen. Im Gegenteil: Er flüsterte leiser und immer leiser. »Spürst du es denn nicht, mein Freund?« Der weinende Mann ergriff Jans Hand und zog ihn näher zu sich. »Spürst du nicht, wie Gottes Zorn uns umgibt?« Eine Gänsehaut kroch über Jans Schultern und Nacken. »Spürst du nicht, wie es schon auf uns lastet? Schau doch nur den Straßburger an.«

Unwillkürlich blickte Jan zu seinem Polier hin. Wie abgestorben sah der aus, wie mitten im Hochsommer festgefroren; starrte durch den Priester Ambrosius hindurch, der inzwischen den Segen erteilte.

»Was redest du da, Militsch!«, zischte Jan. »Hör auf damit!« Plötzlich wurde ihm himmelangst.

»Oder schau zu der armen Jungfrau Maria-Magdalena hin oder

zu der gerissenen Sterndeuterin oder ihrem blonden Todesengel oder zum arbeitswütigen Parler.« Unbeirrt raunte Militsch weiter. »Es lastet auf allen, auch auf dir, mein Freund. Spürst du's denn gar nicht? Niemals wirst du deine Brücke zu Ende bauen können, es sei denn, du merkst es noch rechtzeitig. Es sei denn, du hörst die Stimme des Herrn zu deinem Herzen sprechen.«

»Gib endlich Ruhe, Militsch!« Jan hatte genug – er wandte sich ab und drängte sich durch die bereits nach allen Seiten davonströmende Menge hindurch zu den frischen Gräbern hin, um dem Peter Parler ein paar Worte des Mitgefühls zu sagen.

Doch sein priesterlicher Freund überholte ihn – allerdings nicht, um dem Dombaumeister sein Beileid auszusprechen, sondern um an diesem vorbei zu Jans ehemaliger Mörtelmischerin zu stürmen.

»Mein armes Kind!«, rief er so laut, dass viele stehen blieben und sich nach Militsch und Maria-Magdalena umschauten. »Habe keine Angst, mein armes Kind!« Militsch ergriff ihre Rechte, hielt die erschrocken Zurückweichende fest, schlug das Kreuz über ihr und legte ihr die Hand auf den Scheitel. »Der Herr segne dich und behüte dich!« Die Augen zum Sommerhimmel erhoben brüllte er den Segen. »Der Herr lasse sein Angesicht leuchten über dir und sei dir gnädig! Der Herr hebe sein Angesicht über dich und gebe dir Frieden!«

...

Drei Tage später, an einem Montag, kamen zwei Bauleute schon früh am Morgen zu Jan in die Bauhütte: Friedrich und der Maurermeister. In heller Aufregung berichteten sie ihrem Baumeister von der Sonntagsmesse in der Sankt-Michaels-Kirche am Altstädter Ring, die sie am Tag zuvor besucht hatten.

»Militsch von Kremsier hat uns die Messe gelesen, die Eucharistie gespendet und gepredigt«, erzählte Friedrich. »Sehr lange und sehr laut gepredigt hat er, und stellt Euch vor, Meister Otlin – der Militsch hat den Kaiser Karl als Antichristen beschimpft.«

»Gütiger Himmel!« Jan schlug die Hände über dem Kopf zusammen. »Irgendjemand wird es dem Kaiser erzählen, und dann wird Militsch den entscheidenen Feind zu viel haben.«

»Wenzel stand mitten unter uns in Sankt Michael, als der Militsch ihn als Antichristen beschimpfte«, sagte der Maurermeister. »Und er hat ihm dabei ins Gesicht geschaut.«

»Sogar mit dem Finger auf ihn gezeigt hat er!«, wusste Friedrich.

Heißer Schrecken fuhr Jan in die Knochen.

Zwei Monate später, am Tag nach Allerheiligen, hieß es, der Papst habe den mährischen Priester Militsch von Kremsier nach Avignon vorgeladen, um sich dort vor dem Heiligen Stuhl wegen Ketzerei und der Beschimpfung des Kaisers des Heiligen Römischen Reiches *deutscher Nation* zu verantworten.

Die Nachricht ging wie ein Lauffeuer durch die Stadt. Wo immer man hinkam, zum Markt, in die Badehäuser, in die Kirchen, in die Schenken, überall redeten die Leute von nichts anderem. Jan raubte sie den Schlaf. Weil er sicher war, dass Militschs Feinde in Avignon längst den Scheiterhaufen für seinen priesterlichen Freund aufschichteten, versuchte er tagelang, ihn von der Reise dorthin abzuhalten.

Ganz vergeblich.

7
Köder

Prag, Herbst 1362

Mit zitternder Hand langte er nach dem Messer, das der Wirt ihm zum Rauchspeck aufs Brett gelegt hatte. Vom vielen Wetzen war die Klinge schon ganz schmal und nadelspitz. Er schloss die Faust um den rissigen schwarzen Holzgriff, hob das Speckmesser hoch und betrachtete das blank gescheuerte Eisen. Und stellte sich vor, wie er es tun würde – die kraftvolle Bewegung seiner Rechten, das Geräusch zerreißenden Fleisches, den verröchelnden Schrei, die in Todespanik aufgerissenen Augen, das rhythmisch sprudelnde Blut.

Die Vorstellung fühlte sich gut an, wahrhaftig, sehr gut fühlte sie sich an! So gut, dass seine Hand aufhörte zu zittern.

Das war der Augenblick, in dem er den Entschluss endgültig fasste: Er würde es tun.

»Stimmt was mit dem Messer nicht, Herr Rudolph?«, rief der Wirt vom Schanktisch aus. »Schon wieder stumpf? Hab's doch gestern erst gewetzt!«

»Und seitdem ein paar Enten damit geschlachtet, was?« Rudolph wischte die blitzblanke Klinge am Rockärmel ab. »Altes Blut, weiter nichts.« Er schnitt eine dünne Scheibe Speck herunter, riss sich ein Stück Brot aus dem halben Laib, den der Wirt auf den Tisch gelegt hatte, und begann zu essen. »Bring mir frischen Wein!«, rief er mit vollem Mund.

Später wusste er nicht mehr, an welchem Tag genau er die Entscheidung gefällt hatte, denn seit Drudas Tod wälzte sich die Zeit wie ein endloser, immer gleicher Strom erkaltenden Bleis durch sein Leben, getränkt von Wein, Schmerz und Schuldgefühlen. Es musste irgendwann in der Woche nach Allerheiligen gewesen sein, denn an allen Tischen schwatzten sie entweder über diesen lästigen Prediger, der den Kaiser beleidigt hatte, oder über das junge Mädchen aus Pommern.

Den Prediger, diese Nervensäge, hatte der Heilige Vater nach Avignon bestellt, denn er hatte wohl beschlossen, den Mähren dort endgültig zum Schweigen zu bringen. Das junge Mädchen aus Pommern würde wohl Kaiserin werden, denn der Kaiser Karl hatte angeblich beschlossen, es zu heiraten.

Und er, Rudolph von Straßburg, hatte beschlossen zu morden.

Im selben Augenblick fand seine Selbstzerfleischung ein Ende: Alle Anklagen verstummten, alle Schuldgefühle erloschen. Nicht er, sondern Ricarda Scorpio war schuld an Drudas Tod! Und dafür musste sie büßen. Zur Hölle fahren musste sie dafür!

Wie hatte er sich gequält in den Monaten nach der Beerdigung seiner Geliebten! In wie vielen schlaflosen Nächten hatte er sich gefragt, wie es hatte geschehen können, dass ausgerechnet Druda von dem Wein getrunken hatte, der doch für ihren Gatten bestimmt gewesen war! Warum um alles in der Welt war denn der Peter Parler in jener Woche auf der Burg Karlstein gewesen statt zu Hause am Domplatz? Und warum nur war die Druda früher aus Köln zurückgekehrt? Und vor allem: Warum hatte Ricarda Scorpio all diese Umstände nicht aus den Sternen lesen können?

Eine Frage nagte besonders giftig an ihm: Hätte er Drudas Tod verhindern können? Wäre alles anders gekommen, wenn er jenen Blutvertrag schon viel früher unterschrieben hätte? Hatte er zu lange gezögert?

Wie auch immer: Nun war die Entscheidung gefallen. Im Grunde war sie über Wochen, ja Monate in ihm gereift; eigentlich schon, seit er an Drudas Grab gestanden hatte. Wie oft hatte er seitdem in seiner Schlafkammer den Dolch der Mörtelmischerin in der Hand gehalten und mit dem Gedanken gespielt, es zu tun. Jetzt, da die Entscheidung gefallen war, fühlte er sich trotz des vielen Weins, den er auch an diesem Abend bereits getrunken hatte, stocknüchtern und glasklar.

»Wie geht es denn voran mit unserer neuen Steinbrücke, Meister Rudolph?« Der Wirt stellte ihm den nächsten Becher hin. »Werden wir sie benutzen können, bevor der Herr Jesus Christus wiederkehrt?«

»Wenn er sich noch ein bisschen Zeit lässt, schon«, entgegnete der Straßburger kauend, während er an den Dolch dachte, den Ricardas Dienerin vergangenen Winter im Schnee verloren hatte. »Wenn unser Heiland es allerdings so eilig hat, wie der kleine mährische Prediger immer behauptet, dann sehe ich schwarz.«

»Aber warum denn?« Der Wirt stützte sich auf den Tisch. »Es ging doch flott voran seit dem vorigen Jahr, flotter als in Peter Parlers Kathedrale.«

»Wohl wahr, doch nun sind wir schon wieder auf Fels im Flussgrund gestoßen.« Rudolph schnitt die nächste Scheibe Speck ab, und während er davon abbiss, nahm er sich vor, so schnell wie möglich zu tun, was er sich vorgenommen hatte. »Wir können also den nächsten Pfeiler nicht an vorgesehener Stelle gründen.« Am besten noch vor der neuen Woche. »Dadurch wiederum müssen wir den neuen Brückenbogen weiter spannen als geplant.«

Natürlich musste er vorsichtig sein und den Mord sorgfältig vorbereiten.

Einige Männer ringsum erhoben sich von ihren Tischen, versammelten sich um den Wirt und den Straßburger und lauschten neugierig. Rudolph erzählte bereitwillig, wie die Ramme zwei Tage zuvor ein Rundholz auf Felsgrund gestoßen hatte, sodass die Verschalung für den geplanten Bogen abgerissen werden musste, und dass es vor Wintereinbruch nichts mehr werden würde mit der nächsten Trockengrube, und mit dem zehnten Brückenpfeiler sowieso nicht. Und während er erzählte, dachte er an die Klinge, die er in einer Wandnische seiner Schlafkammer aufbewahrte, und an den Brief, den er morgen vor der Arbeit zu schreiben hatte, wenn er noch vor Beginn der neuen Woche seinen eben gefassten Plan in die Tat umsetzen wollte.

Nach außen hin aufgeräumt, vernünftig und ganz bei der Sache zu erscheinen, obwohl er sich innerlich wund, zerrissen und wie krank fühlte – das hatte er geübt seit Drudas Tod. Ein Teil von ihm konnte reden, arbeiten, sogar lachen, während ein anderer heimlich litt, fluchte, hasste und mörderische Pläne erwog.

Oft kam er sich vor wie ein Fremder in der eigenen Haut, wie ein streunender Dämon, der sich im Kopf eines Straßburger Brückenbauers verirrt hatte. Manchmal, wenn er vor dem Bartstutzen die Kupferplatte blank gewienert hatte und dann die Umrisse seines Gesichtes sah, ekelte er sich vor sich selbst. Und einmal, an einem sonnigen Vormittag des vergangenen Spätsommers, als er auf dem Brückensteg stehen geblieben war und in die ruhig dahinströmende Moldau geschaut und in ihr seine kräftige Gestalt wahrgenommen hatte, da hatte er auf sein verschwimmendes Spiegelbild spucken und sich selbst verfluchen müssen.

All das lag jetzt ein für alle Mal hinter ihm; jetzt, wo er die wirklich Schuldige ins Auge gefasst und ihre Bestrafung beschlossen hatte. Nein, er musste sich keine Vorwürfe mehr machen.

An diesem Abend verließ Rudolph von Straßburg die Schenke früher als gewöhnlich und schwankte weniger auf dem Heimweg. Zu Hause am Schreibpult ritzte er vor dem Schlafengehen einen Briefentwurf in eine Wachsplatte, und am nächsten Morgen schrieb er den Brief an Ricarda Scorpio auf Pergament ins Reine. Auf dem Weg zur Brückenbaustelle übergab er das versiegelte Schreiben einem Boten und bezahlte ihn dafür, die Botschaft noch am selben Tag in die Zöllnerstraße zu bringen.

Die Sterndeuterin antwortete prompt – und erklärte sich mit allem einverstanden: Ja, er könne am Sonnabend dieser Woche zu ihr kommen; ja, gern auch vor Sonnenaufgang, wie er es begehre, damit keiner ihn das Hurenhaus betreten sehe; und ja, sie würde mit niemandem über seinen Besuch reden, damit sein guter Ruf ungefährdet bleibe.

Ricarda Scorpio schloss mit dem rätselhaften Satz: »Du kannst dich auf den Besuch bei mir freuen, Rudo, denn ich habe eine gute Nachricht für dich.«

Er hatte beschlossen, die Sterndeuterin als allein Schuldige an Drudas Tod zu betrachten, und er hasste sie so brennend, dass gute Nachrichten von ihr ihm völlig gleichgültig waren. Ohne ihn ein zweites Mal zu lesen, warf er ihren Brief ins Herdfeuer und holte den Dolch ihrer Dienerin Maria-Magdalena aus der Wandnische. Er betrachtete die Klinge eingehend, drehte sie in seinen Fingern, prüfte die Schneide mit dem Daumen.

Auch er hatte eine Nachricht für Ricarda Scorpio, wahrhaftig! Keine allerdings, die sie für gut befinden oder gar begrüßen würde. Seine letzte Botschaft an sie würde scharf und spitz ausfallen. Und endgültig.

…

In der Sakristei der Benediktinerinnenkirche hatte Rudolph einen Priesterhabit und einen dunklen Mantel gefunden; beides viel zu groß für ihn, dennoch zog er die Sachen an, als er am vereinbarten Sonnabend gegen Ende der Nacht sein Haus verließ. Durch die Novemberkälte schlich er zum Altstädter Ring und huschte in die Zöllnerstraße. Zum Glück strahlte der Vollmond am Himmel, sodass es nicht vollständig dunkel war und Rudolph keine Fackel brauchte, deren verräterischer Schein auf sein Gesicht gefallen wäre.

Vor dem Hofportal der Sterndeuterin lauschte er zwei Atemzüge lang, bevor er zum Klopfring griff. Aus einigen der oberen Fenster hörte er vielfältiges Schnarchen: Giselher und seine Waffenknechte schliefen ihren Rausch aus – genau so hatte Rudolph es sich vorgestellt. So behutsam wie möglich und so kräftig wie nötig ließ er den Klopfring gegen den Portalflügel fallen.

Bald hörte er die Haustür knarren und Schritte die Treppe hinunterscharren. Rudolph griff unter seinen Mantel, wo der Dolch der Mörtelmischerin in der Innentasche steckte, und schloss die Faust um den Griff. Er musste es tun – nur so konnte er sich aus der Selbstzerfleischung befreien, nur Ricardas Blut würde Drudas Tod sühnen.

Er erinnerte sich an einen seiner ersten Besuche bei der Sterndeuterin und Frauenwirtin, während hinter dem Hofportal die Schritte näher kamen. Hatte sie ihm damals in Gmünd nicht versprochen, dass er es noch vor Peter Parler zu Ruhm und Reichtum bringen würde? Bitterer Zorn stieg in ihm hoch. Gut so! Der würde ihm das Zustoßen leichter machen.

Auf der anderen Portalseite rasselte der Riegel, der Torflügel glitt auf, mit einer Fackel in der Linken stand Giselher von Stettin im Hof. »Tretet ein, Herr Rudolph.« Er wies in den Hof.

Rudolph fehlten die Worte. Um den Ritter nicht allzu erschrocken anstarren zu müssen, senkte er den Blick. Hatte die verlogene Sterndeuterin nicht versprochen, ihn allein zu empfangen? Er ließ den Dolch los und ging an Giselher vorbei in den Hof, während dieser das Tor wieder schloss. Misstraute die verdammte Hexe ihm also? Hinter dem Stettiner Edelmann her stieg Rudolph die Vortreppe hinauf. Hatte sie es im letzten Moment mit der Angst zu tun bekommen?

Schweigend führte Giselher ihn zum Kontor der Sterndeuterin. Im Licht seiner Fackel entdeckte Rudolph ein hohes Kruzifix, das neben der Treppe lehnte, die zu den Kammern der Hübschlerinnen hinaufführte. War das nicht das Kruzifix, das der Priester Ambrosius als Krücke benutzte, seit er wieder einigermaßen laufen konnte? Wie man hörte, besuchte er das Hurenhaus seit seiner Heilung noch eifriger als zuvor.

»Bitte, Herr Rudolph.« Giselher hielt die Tür zum Kontor auf. Rudolph trat ein und grübelte fieberhaft nach einer glaubhaften Erklärung für seinen Besuch, denn unmöglich konnte er die elende Hexe in Gegenwart ihres Ritters abstechen. Und beide zu töten, das würde ihm nicht gelingen, denn um gegen Giselher zu bestehen, fehlte ihm die nötige Kampferfahrung.

Ein matter Lichtschein im Hof fiel ihm auf, als er am Fenster vorüberging, sodass er kurz stehen blieb und in die Mondnacht hinausspähte – draußen, auf dem Brunnenrand, flackerte eine Öllampe, und auf einem Hackklotz davor hockte eine schmale Gestalt. Er neigte den Kopf zur Schulter – täuschte er sich, oder wehte der kühle Nachtwind wirklich die leisen Klänge eines Brummeisens ins Kontor herein?

Hinter ihm räusperte sich Giselher. Der Ritter wartete bereits am runden Tisch, wo eine Glutpfanne voller glühender Holzkohlestücke ein wenig Wärme verbreitete. Rudolph schaute sich nach der Sterndeuterin um, während er zu ihm ging, und als er sie nirgendwo im Halbdunkeln stehen oder sitzen sah, stand er verblüfft still. »Warum ist Frau Ricarda nicht hier?«

»Der Kaiser hat sie überraschend rufen lassen.«

»Kaiser und Hof sind im Reich unterwegs.« Rudolph belauerte den Weißblonden aus schmalen Augen.

»Eben.« Ohne eine Miene zu verziehen, hielt Giselher seinem Blick stand. »Karl hat sie nach Krakau bestellt, deswegen musste sie schon vorgestern überstürzt aufbrechen, und das in aller Frühe.«

»Was gibt es denn für eine Sterndeuterin so Dringendes in Krakau zu tun?« Noch immer misstrauisch näherte Rudolph sich Tisch und Glutpfanne.

»Wie Ihr sicher gehört habt, heiratet unser Kaiser die Prinzessin Elisabeth von Pommern-Wolgast. Frau Ricarda soll ihm aus den Sternen die glücklichste Stunde für die Trauung bestimmen. Ein verständlicher Wunsch, wenn man bedenkt, dass der Tod ihm bereits drei Gattinnen genommen hat, oder?«

»Nun, dann werden die Sterne unserem Kaiser hoffentlich Genaueres offenbaren, als Ricarda Scorpio für mein Schicksal aus ihnen lesen konnte.« Ungefragt ließ Rudolph sich auf einem Hocker nieder.

»Euer Schreiben las sich dringend, Herr Rudolph.« Giselher dachte nicht daran, mit nur einem Wort auf Rudolphs spitze Bemerkung einzugehen. »Deswegen hat sie mich gebeten, Euch zu empfangen und zu unterstützen, wo ich kann. Was habt Ihr auf dem Herzen?«

»Etwas, das ich ihr nur von Angesicht zu Angesicht und unter vier Augen anvertrauen möchte.« Rudolph beugte sich zur Glutpfanne und rieb seine kalten Hände über ihr.

»Betrifft es möglicherweise Euern Erzfeind?« Giselher senkte die Stimme, trat näher und setzte sich auf den Hocker neben Rudolph. »Ich spreche von Otlin. Ihn nämlich betrifft die gute Nachricht, die Frau Ricarda Euch in ihrem Antwortschreiben angekündigt hat.«

»Ach?« Rudolph, froh, dass der andere nicht weiter nachfragte, stützte die Hände auf die Knie und schaute den Weißblonden erwartungsvoll an. Dabei fiel ihm auf, wie sehr Giselher sich verändert hatte in den letzten Monaten: Sein Gesicht war kantiger als früher, sein Mund schmaler, und sein Blick – das sah Rudolph jetzt zum ersten Mal –, sein Blick war aus blauem Eis: hart, kalt und glitzernd. »Ich höre.«

»Wir können Euren Wunsch, den Otlin zu beseitigen, bereits in den nächsten Monaten erfüllen.« Ein böses Lächeln verzog Giselhers Miene. »Die geeigneten Mittel stehen uns bald zur Verfügung, und ab März, so Frau Ricarda, werden die Sterne dafür so günstig stehen wie nie zuvor.«

Rudolphs Blick ließ den Ritter nicht mehr los. Er schwieg lange, während er langsam zu nicken begann. Schließlich fragte er: »Wie soll ich Eurer Herrin denn noch vertrauen, Herr Giselher? Nach allem, was geschehen ist.« Es widerstrebte ihm, Drudas Namen in der Gegenwart dieses Mannes auszusprechen. »Wie soll ich glauben, dass sie Otlin zu töten vermag?« Er stand auf, ging zum Fenster und blickte auf den Hof hinaus. Die schmale Gestalt am Brunnen hatte das Brummeisen abgesetzt und sprach mit irgendjemandem, den Rudolph nirgends entdecken konnte. Über den Dachfirsten und Kirchtürmen im Osten der Stadt zeigte sich das erste Morgengrauen. »Nachdem sie nicht einmal in der Lage war, die Rache an Marian persönlich zu vollziehen.«

»So? Ist der Zittauer denn nicht tot?«

»Sicher.« Die Gestalt am Brunnen sprach mit einem Gegenstand, den sie mit beiden Händen vor ihrer Brust festhielt, wie Rudolph nun bemerkte. Mit einer Puppe? »Sicher ist Marian tot.« Rudolph drehte sich nach dem anderen um. »Aber nur, weil beherzte Männer ihn getötet haben, Männer, die zufällig die Schreie der Geschändeten hörten.«

»Diese beherzten Männer waren meine Waffenknechte«, erklärte der Ritter. »Und ich war dabei. Glaubt Ihr wirklich, Marian sei zufällig in jenen Weinberg geraten? Glaubt Ihr wirklich, das unbedeutende Mädchen sei ihm zufällig über den Weg gelaufen?« Giselher schüttelte den Kopf, und wieder das böse Grinsen. »Wir hatten Mittel und Wege, ihn wissen zu lassen, wo er sein Früchtchen findet.«

»Ricarda hat ihm …?« Rudolph traute seinen Ohren kaum.

»Ricarda hat ihm eine Falle gestellt, richtig.« Giselher nickte voller Genugtuung. »Und er ist hineingetappt. Ich und meine Männer konnten in aller Ruhe unseren Köder aufsuchen, an dem Marian und seine Kerle so fest klebten, dass sie uns erst bemerkten, als unsere Pfeile sie schon spickten. Wir haben den Zittauer dem Verderben ausgeliefert, das er sich verdient hat. Er hat Höllenängste gelitten, bevor er starb, das könnt Ihr mir glauben.«

»Ihr habt …?« Rudolph lief es eiskalt den Rücken herunter. »Ricarda hat diese Jungfrau, diese Mörtelmischerin, als Köder benutzt?«

8
Gottes Segen

Prag, Sommer 1363

Das alte Jahr ging, die bleierne Schwere in Maria-Magdalenas Gliedern und Brust blieb; und die Düsternis in ihrem Gemüt blieb auch. Manchmal ritzte sie sich mit den Fingernägeln oder einem Messer die Unterarme blutig, um endlich einmal einen anderen Schmerz zu spüren als den, der tief in ihrer Seele wühlte, sie taub machte und ihr die dunklen Tage und schlaflosen Nächte zerquälte. Oft wünschte sie sich den Tod.

Auch Eva blieb. Ging mit ihr ins neue Jahr und blieb an ihrer Seite. Blieb auch an jenem Tag im Frühsommer, als die edle Frau Ricarda am Morgen nach der Milchsuppe erklärte: »Wir müssen in die Vogtsburg. Richter und Schöffen wollen dich befragen.«

Maria-Magdalena nahm es hin. Die Waffenknechte sattelten die Pferde, Eva half ihr in den Sattel ihres Rappen und führte ihn am Zügel aus dem Hof der Hausburg.

Die edle Frau Ricarda sah es nicht gern, dass die Benediktinerin sie in die Vogtsburg begleitete, ihr strenger, missmutiger Blick sprach Bände. Schwester Eva jedoch ließ sich davon nicht beirren, schritt einfach neben Maria-Magdalena her durch die Gassen der Altstadt und hielt ihren Hengst am Zügel fest.

Schon seit jenem entsetzlichen Abend im vergangenen Mai

bestand sie darauf, Tag für Tag mindestens einmal nach Maria-Magdalena zu schauen und einen Vormittag oder einen Nachmittag mit ihr zu verbringen. Und wenn ihre Pflichten im Kloster sie einmal daran hinderten, schickte sie eine Mitschwester in die Zöllnerstraße. Doch das war bisher nur selten vorgekommen.

Durch Eva lernte Maria-Magdalena wieder, regelmäßig zu tun, was Lebende gewöhnlich taten: zu essen, aufzustehen, sich anzuziehen, sich zu waschen, auf reinliche Kleidung, gekämmtes Haar, saubere Füße, geputzte Schuhe zu achten und auf den Markt, zur Heiligen Messe oder zum Wäschewaschen an die Moldau zu gehen. Und die Leute auf den Gassen und Plätzen möglichst freundlich zu grüßen, so wie sie es auch jetzt tat, während sie den Altstädter Ring hinter sich ließen und an der Allerheiligen-Kapelle vorbeiritten.

Maria-Magdalena merkte natürlich, wie rasch die Leute die Blicke senkten, nachdem sie ihren Gruß erwidert hatten, ganz so, als wäre ihr Anblick schwer zu ertragen. Und wahrhaftig – sah sie nicht aus wie ein krankes Gespenst?

Die edle Frau Ricarda und ihren Ritter grüßte man respektvoll; Eva, die Nonne, freundlich und manchmal unter munteren Späßen; sie jedoch nur flüchtig und scheu. So erging es ihr jedes Mal, wenn die Sterndeuterin und ihr Ritter sie nötigten, mit ihnen auf den Markt zu gehen oder zur Kleinseite hinüber oder in eine der Kirchen der Stadt; und das taten sie oft in letzter Zeit, um sie allmählich wieder an größere Menschenmengen zu gewöhnen. Und immer fühlte Maria-Magdalena sich unter den scheuen Blicken der Leute aufs Neue wie eine Gebrandmarkte.

Bald erreichten sie die Vogtsburg. Waffenknechte öffneten ihnen das Tor in den Burghof. Maria-Magdalena fror auf einmal, denn sie musste an jenen Tag denken, an dem sie die Vogtei zum letzten Mal betreten hatte. Es war Rübelraps Todestag gewesen.

Unter den Pferden, die vor dem Burgportal an der Tränke festgebunden standen, entdeckte sie drei, deren Schabracken das Wappen der Agnes von Bur trugen. Auch einen der beiden Ritter, die die Edelfrau meistens begleiteten, erkannte Maria-Magdalena. Er nickte ihr flüchtig zu, bevor sogar er ihrem Blick auswich. Während Eva ihr vom Pferd half, fragte sie sich zum ersten Mal, warum Richter und Schöffen sie wohl befragen wollten.

An Evas Seite und hinter Ricarda Scorpio und ihrem Ritter her stieg sie die breite Treppe ins Obergeschoss der Vogtsburg hinauf. Küchenmägde kamen ihnen entgegen, sie scherzten und lachten und grüßten lächelnd. Maria-Magdalena erwiderte ihre Grüße, so freundlich sie konnte.

Erst seit den frühen Maitagen gelang es ihr wieder, sich zumindest tagsüber und im Freien so zu verhalten, dass sie nicht weiter auffiel unter den anderen Frauen in der Stadt. Vorausgesetzt, es begegneten ihr auf den Gassen, auf dem Markt oder in den Kirchen keine Männer, die sie an den Ritter Marian oder den einohrigen Schwarzbart erinnerten. Es reichte schon, wenn ein Mann mit ähnlicher Stimme sprach oder so roch wie einer der beiden – dann fing sie sofort an zu zittern oder zu wimmern; oder sie lief gleich weg, so schnell sie konnte.

Nachts allerdings konnte sie nicht weglaufen. Nachts lag sie von feixenden, stinkenden, schlagenden und ächzenden Männern niedergeworfen auf dem Weinberg unter dem Gewitterhimmel und fühlte sich mutterseelenallein und ausgeliefert. Manchmal mied sie ihre Kammer und den Schlaf, um den Albträumen zu entkommen.

Tagsüber übte einer von Giselhers Waffenknechten mit ihr das Reiten, und ein anderer brachte ihr den Umgang mit dem Jagdbogen bei; nachts krümmte sie sich unter Marian oder lag hilflos unter dem Schwarzbart. Bei Sonnenlicht zeigte ihr der Ritter von

Stettin persönlich, wie man einen Dolch zu führen hatte, wollte man einen Kampf gewinnen; bei Dunkelheit verlor sie jedes Gemenge und konnte nicht einmal weglaufen.

Hin und wieder geschah es auch, dass sie sich im Traum dabei zusah, wie sie mit dem Messer erst auf Marian und dann auf den Einohrigen einstach. Im Traum roch sie das Blut der Männer und hielt auch dann nicht inne, als beide längst tot waren. Immer, wenn sie aus diesem Traum hochfuhr, brannte eine ungeheure Wut in ihr. An Tagen nach solchen Nächten fühlte sie sich besser.

Im Obergeschoss der Vogtsburg stand sie plötzlich dem bulligen Hauptmann der Kerkerwächter gegenüber, der Eva damals zu einem Kuss genötigt und ihr selbst ans Geschlecht gegriffen hatte. Sie erstarrte vor Schreck, denn augenblicklich stand ihr der stämmige Ritter Marian vor Augen. Eva, die sofort verstand, griff nach ihrer Hand, um sie festzuhalten. Doch Maria-Magdalenas Wunsch wegzulaufen erlosch gleich wieder, denn der schielende Mann verneigte sich vor Eva und ihr, errötete dabei sogar ein wenig und wünschte ihnen Gottes Segen.

Maria-Magdalena wusste kaum, wie ihr geschah, als die Freundin sie am Durchgang zum Kerkertrakt vorüber in den Burgflügel führte, in dem der Gerichtssaal lag.

»Er ist ein frommer Mann geworden«, flüsterte Eva ihr zu, »Militsch hat ihn bekehrt.«

Sie betraten einen Saal, in dem Agnes von Bur und ihr zweiter Ritter warteten. Die Edelfrau umarmte sie und flüsterte: »Du hast nichts zu befürchten.« Ihre Umarmung rührte Maria-Magdalena zu Tränen, doch ihre Worte kamen ihr rätselhaft vor. Was sollte sie denn zu befürchten haben?

Erst als sie in einer Fensternische den Pferdeknecht der Parlers von einem Fuß auf den anderen treten sah, dämmerte ihr, dass man sie wegen Gertrud Parlers Tod in die Vogtei gebracht hatte, und das Herz klopfte ihr plötzlich im Hals.

Vier Männer traten ein – ein Greis mit langem weißen Haar in edler Robe und drei grauhaarige Schöffen, die ebenfalls teure Kleider trugen. Agnes von Bur, die edle Frau Ricarda und Giselher von Stettin sprachen lange und flüsternd mit ihnen, wobei die Männer wieder und wieder zu ihr, Maria-Magdalena, herüberlugten.

Als Richter und Schöffen schließlich an einem Tisch Platz nahmen und sie zu sich winkten, wünschte sich Maria-Magdalena nach Hause in die Zöllnerstraße und dort an den Hofbrunnen auf den Hackklotz, auf dem sie gern saß, das Brummeisen zupfte, den Hühnern und Ziegen beim Picken und Fressen zusah oder mit dem Herrn Vater sprach. Am liebsten hätte sie gar nichts anderes mehr getan. Wozu denn noch reiten und kämpfen lernen? Und wozu sich von irgendwem befragen lassen?

Mit weichen Knien stelzte Maria-Magdalena zu den Männern hinüber und musste ihnen Rede und Antwort stehen. Sie sprachen sehr ernst mit ihr, so ernst, dass ihr angst und bange wurde. Sie ermahnten sie, die Wahrheit zu sagen, und verlangten von ihr, jenen Tag zu schildern, an dem sie den Wein ins Hause Parler gebracht hatte, und zwar von der Stunde an, in der sie Fass und Flasche bei dem mährischen Weinhändler abgeholt hatte, bis zu dem Augenblick, in dem die Frau des Dombaumeisters die Flasche mit dem wertvollen Wein aus dem Heiligen Land an sich nahm.

Nach dem, was anschließend am Strahover Tor und im Weinberg geschehen war, fragte keiner der vier Männer.

Maria-Magdalena berichtete mit stockender Stimme, wie sie den Handkarren an der Brückenbaustelle vorüber zur Kleinseite, zum Veitsdom hinauf und in das Anwesen des Dombaumeisters gezogen hatte. Die Bilder der Erinnerung, die dabei in ihr hochstiegen, sah sie wie durch einen grauen Nebel hindurch.

Der Pferdeknecht erzählte, wie er das kleine Fass abgeladen hatte. Der Mann stammelte vor Verlegenheit, wusste kaum, wohin mit sich, und zerdrückte, während er sprach, seine Kappe in den schwieligen Händen.

Der Ritter der Agnes von Bur bezeugte, gesehen zu haben, wie ein Mann, den er nicht näher beschreiben konnte, sich an Maria-Magdalenas Handkarren zu schaffen machte und danach mit einer Flasche in der Hand floh. Die Edelfrau schilderte Richter und Schöffen, mit welcher Treue und Hingabe Maria-Magdalena sich um den eingekerkerten Mönch Rübelrap gekümmert hatte, und versicherte ihnen bei ihrer Ehre, dass sie unschuldig am Tode der Gertrud Parler sei.

Richter und Schöffen waren zufrieden und entließen sie. Wie betäubt wankte Maria-Magdalena an Evas Arm die Treppe hinunter und hinaus zu den Pferden. Auf dem Weg von der Vogtsburg zurück in die Zöllnerstraße rückte ihr zum ersten Mal mit schmerzhafter Klarheit ins Bewusstsein, was seit Drudas Beerdigung nur als dumpfe Ahnung an ihr klebte: *Sie* war es gewesen, die den vergifteten Wein ins Hause Parler gebracht hatte! Diese Einsicht stürzte sie in tiefe Verzweiflung.

...

In den folgenden Wochen weigerte sie sich, auf ein Pferd zu steigen und einen Dolch oder Jagdbogen auch nur anzurühren. Sie verkroch sich in ihrer Kammer oder hockte teilnahmslos am Hofbrunnen und starrte durch die Hühner, Ziegen und Schweine hindurch, die rings um sie pickten, weideten oder sich im Schlamm suhlten. Als es ihr einmal gelang, unbemerkt aus der Hausburg zu schleichen, streunte sie am Ufer der Moldau entlang und wollte ihrem Leben ein Ende bereiten. Doch Eva suchte und fand sie, bevor sie sich in den Fluss werfen konnte.

»Du kannst nichts für Gertrud Parlers Tod.« Die Freundin wurde nicht müde, es ihr wieder und wieder zu versichern. »Wie kannst du denn schuldig sein, wenn du doch gar nichts gewusst hast von dem Gift im Wein auf deinem Wagen? Ein Mörder hat dich benutzt, um ihn zu den Parlers zu bringen – versteh das doch endlich!«

Eva nahm sie mit in die Klosterkirche, nötigte sie, sich in den Beichtstuhl zu bücken, und sorgte wohl an mindestens sechs Tagen dafür, dass ein Priester ihr die Absolution zusprach. Beim letzten Mal wurde der Priester sehr unwillig und weigerte sich sogar, Maria-Magdalena die Beichte abzunehmen.

»Bist du denn so ungläubig, dass du dem Sakrament der Beichte und der Buße misstraust?!«, schimpfte er. »Oder warum kommst du ständig mit der gleichen Leier und beichtest mir eine Sünde, die gar keine ist?!« Mit schroffen Worten verwies er sie des Beichtstuhls. »Lass dich bloß nicht mehr bei mir blicken!«, herrschte er sie an.

Der Zorn ihres Beichtvaters erwies sich als wirksamer als all die guten Worte der Freundin. Nach und nach konnte Maria-Magdalena es nun fassen und glauben – ein gerissener Mörder hatte sie und ihren Handwagen benutzt, um Gertrud Parler das tödliche Gift ins Haus zu schmuggeln. Sie selbst traf keine Schuld.

Tag für Tag wagte sie sich fortan ein Stück weiter aus dem unsichtbaren Kokon, in den sie sich verkrochen hatte, seit ihr im Weinberg das Unaussprechliche zugestoßen war. Bald verließ sie das Haus wieder allein, und Schwester Eva musste nicht mehr jeden Tag nach ihr sehen. Maria-Magdalena begann, in Küche, Hof und Stall zu arbeiten, und konnte erste kleinere Botengänge für die edle Frau Ricarda und den Ritter Giselher erledigen.

Doch zugleich veränderte sich etwas um sie herum. Niemand musste es ihr sagen, Maria-Magdalena fühlte es. Sie las es in den Gesichtern und Bewegungen der Menschen, die sie tagtäglich umgaben – in den Zügen und Gesten der Hübschlerinnen, des Ritters, seiner Waffenknechte, der Sterndeuterin. Vor allem im Mienenspiel der edlen Frau Ricarda und in ihren Gesten glaubte Maria-Magdalena eine Wandlung wahrzunehmen, die sie nicht benennen konnte.

Die Sterndeuterin beobachtete sie öfter als früher – neugierig, ja beinahe lauernd –, und wenn sie mit Maria-Magdalena sprach, schien es, als würde sie ihre Worte genau abwägen. Wenn Maria-Magdalena ihr in der Hausburg oder im Hof begegnete, bekamen Ricardas Schritte und Bewegungen etwas Beherrschtes, Gewolltes. Maria-Magdalena konnte sich das rätselhafte Verhalten der Sterndeuterin nicht erklären.

An einem Augustabend schließlich rief die edle Frau Ricarda sie zu sich in ihr Kontor. Auf dem Schreibpult, an dem sie stand, lag ein Stapel versiegelter Briefe, und aus einer langen, schmalen Holzkiste daneben ragte ein großes silbernes Kreuz auf.

»Morgen früh musst du zum Hradschin hinaufreiten und ein paar Briefe an den Kaiserhof bringen«, erklärte die Sterndeuterin. »Unterwegs machst du bei der Sankt-Nikolaus-Kirche halt und überreichst dem Priester Ambrosius die Kiste hier.«

Sie nahm das silberne Kreuz, legte es in die Holzkiste, steckte einen versiegelten Brief dazu und verschloss sie. »Ambrosius wird bald Bischof von Budweis werden«, erklärte sie, während sie die Kiste in ein Wachstuch wickelte und eine lederne Schlaufe darumband. »Nicht alle geistlichen Herren in Prag halten ihn für dieses

Amt geeignet, viele würden lieber Gallus von Strahov auf dem Bischofsstuhl sehen.«

Maria-Magdalena fragte sich, warum die edle Frau Ricarda ihr das erzählte; ihr jedenfalls waren die künftigen Ämter des Ambrosius vollkommen gleichgültig. Der Sterndeuterin offenbar nicht: Mit Stimme und Miene verriet sie, dass auch sie den Bischofsstuhl von Budweis lieber in Obhut des Hofastrologen und kaiserlichen Leibarztes gewusst hätte.

»Die Augustiner vom Chorherrenstift im Karlshof dagegen freuen sich sehr über Ambrosius' Wahl zum Bischof«, fuhr die edle Frau Ricarda fort. »Und zu seiner Weihe wollen sie ihm nun dieses wertvolle Kreuz schenken.« Sie hob die verpackte und verschnürte Kiste hoch. »Eigentlich wollte er uns gestern besuchen, da hätte ich ihm das Geschenk überreichen können. Doch ihm sind wohl Amtsgeschäfte dazwischengekommen.«

Maria-Magdalena hätte misstrauisch werden müssen, denn Frau Ricardas Lächeln hatte etwas Kaltes, ja Gefährliches, als sie zu ihr herübersah. »Jemand wird dir morgen früh den Rappen satteln und die Tasche mit dem Geschenk und den Briefen in den Hof bringen. Und jetzt geh schlafen.«

...

Im Morgengrauen des nächsten Tages, nachdem sie in der Küche ihren Haferbrei gelöffelt hatte, trat Maria-Magdalena hinaus in den Hof, wo vor dem Stall schon ein Waffenknecht beim gesattelten Rappen wartete. Er befestigte ihr die Tasche mit den Briefen und dem Geschenk für den Priester am Sattelzeug und öffnete ihr das Tor.

Missmutig stieg sie aufs Pferd – sie war nicht glücklich über den Auftrag, denn sie verabscheute den hochnäsigen Priester der

Sankt-Nikolaus-Kirche und wünschte, die edle Frau Ricarda hätte ihm das silberne Kreuz durch einen anderen Boten überbringen lassen. Ohne Eile ritt sie durch die Altstadt zur Moldau hin. Über den Dächern und Türmen dämmerte der neue Tag herauf, überall in den Baumkronen der Gärten und Höfe sangen die Vögel, und von allen Türmen läuteten die Glocken zur Laudes.

Auf der Holzbrücke hielt sie den Rappen an und schaute ein paar Atemzüge lang zur Brückenbaustelle hinüber. Die ersten Bauleute kletterten bereits im Schalungsgebälk des neuen Brückenbogens herum, ließen sich Bretter heraufreichen, hämmerten, sägten. Vom zehnten Brückenpfeiler stand gerade einmal die eingerüstete Grundmauer. Maria-Magdalena hatte gehört, dass es momentan nur schleppend vorangehe mit der neuen Brücke. Überall in der Stadt wussten die Leute von felsigem Flussgrund zu erzählen und von Änderungen des Bauplans, die dadurch nötig geworden waren.

Ein Mann in langem grauen Arbeitsrock hinkte vom neunten Pfeiler aus auf das Schalungsgerüst des nächsten Bogens. Dort sprach er mit den Zimmerleuten und gestikulierte dabei mit seinem Winkeleisen. Jan Otlin, der Brückenbaumeister!

Maria-Magdalena erkannte ihn an seinen in der aufgehenden Sonne rötlich schimmernden Locken. Ihr Herz machte einen Sprung, und etwas wie Wehmut regte sich in ihrer Brust. Oder war es sogar Sehnsucht, einmal wieder seine Stimme zu hören und in seine grünen Augen zu schauen?

Seit Drudas Beerdigung hatte Maria-Magdalena ihn nur von Weitem gesehen. Doch eine der Hübschlerinnen hatte ihr erzählt, dass sie Meister Otlin auf der Zöllnerstraße vor dem Tor der Hausburg gesehen und dass er nach ihr gefragt habe. Der Baumeister erkundigte sich nach der Mörtelmischerin? Sie konnte es nicht glauben – bis Eva es ihr bestätigte.

Als würde er Maria-Magdalenas Blick spüren, drehte drüben auf dem Brückenneubau Meister Otlin sich plötzlich um und schaute zu ihr herüber. Schaute, hob die Linke und winkte ihr zu. Wie ein leises Lachen perlte es ihr aus Brust und Kehle, und sie winkte zurück.

Maria-Magdalena lächelte und winkte – und wurde auf einmal ganz verlegen. Rasch trieb sie ihr Pferd an und ritt weiter zur Kleinseite hinüber.

Dieses frohe leise Lachen in Brust und Kehle spürte sie noch, während sie den Rappen zum Hradschin hinauftrieb. Aller Missmut war verflogen, und plötzlich erinnerte sie sich an den Moment, als Meister Otlin ihr bei Rübelraps Beerdigung die Arme unter den Rücken geschoben hatte, um sie aus dem Schnee zu heben. Ihr war, als würde sie ihn wieder flüstern hören: *Ich bringe dich ins Warme, und solltest du Hilfe brauchen, kommst du zu mir. Du findest mich in der Bauhütte.*

Das hatte er doch damals gesagt, oder? Und hatte er eben wirklich gewunken? Hatte sie wirklich zurückgewunken? Hatte sie wirklich gelacht dabei?

Sie hing ihren warmen Empfindungen nach, während ihr Rappe den ansteigenden Weg zur Sankt-Nikolaus-Kirche hinauftrottete. Sie dachte an Otlins Stimme, beschwor sein bärtiges Gesicht vor ihr inneres Auge, und eine prickelnde Erregung perlte durch ihren Leib. Brauchte sie Hilfe? Nein. Ob sie trotzdem einmal an der Tür seiner Bauhütte klopfen sollte? Vielleicht.

Die Laudes war vorüber, und das Portal der Sankt-Nikolaus-Kirche stand weit offen, als sie über den Platz vor dem Kleinseitener Rathaus ritt. Eine Schar Männer und Frauen, die in der Kirche das Morgengebet gesungen hatte, zerstreute sich in alle Richtungen. Ob der ungeliebte Ambrosius noch im Chor saß?

Maria-Magdalena hielt ihr Pferd an, stieg aus dem Sattel und zog die verschnürte Kiste mit dem silbernen Kreuz aus der Tasche an ihrem Sattelzeug. Im selben Moment trat der Priester aus dem Portal.

»Sieh einer an, der Max mit den Mädchenaugen«, spottete er. »Und was bringt er mir da?«

»Ein Geschenk und einen Brief der Augustinerbrüder vom Chorherrenstift im Karlshof.« Sie überreichte ihm die Kiste und fügte hinzu: »Und Gottes Segen wünsche ich zum neuen Amt, Hochwürden Ambrosius.« Sprach's, machte kehrt und stieg zurück aufs Pferd.

»Wie artig aber auch!«, rief der Priester, während Maria-Magdalena schon weiterritt. »Allerdings muss es jetzt, da ich zum Bischof gewählt bin, heißen: ›Eure Exzellenz Ambrosius‹! Grüße mir deinen Herrn Vater, der wird's dir bestätigen!«

Maria-Magdalena drehte sich nicht mehr nach ihm um. »Hundsfott, hochmütiger«, zischte sie und hoffte, dass viele Tagesreisen zwischen Budweis und Prag lagen. »Gut, dass Eure bekackte Exzellenz endlich aus der Stadt verschwinden.«

Oben, auf dem Burghof, musste sie lange warten, bevor ihr ein Diener die Briefe der edlen Frau Ricarda abnahm. Ihr war gar nicht wohl, als sie auf dem Rückweg über den Domplatz ritt, denn die Erinnerung an jenen grässlichen Abend erwachte, und die Angst kroch ihr in die Glieder. Sie trieb den Rappen in den Galopp und vermied es, hinüber zum Anwesen der Parlers zu blicken.

Schnell blieb der Baulärm, der aus dem Veitsdom drang, hinter ihr zurück. An der Sankt-Nikolaus-Kirche riss sie an den Zügeln ihres Rappen, denn neben dem Gebäude, vor dem Hoftor des Priesters Ambrosius, gab es einen Menschenauflauf. Neugierig und ein wenig beunruhigt zugleich lenkte Maria-Magdalena ihr Pferd dorthin.

Das Hoftor stand weit offen, und schnell erfasste sie, dass hier irgendein Unglück geschehen sein musste, denn auch im Hof drängelten sich die Menschen. Männer palaverten laut und unter heftigen Gesten, bleiche Kinder mit weit aufgerissenen Augen tuschelten erschrocken miteinander, und ein paar Frauen weinten hemmungslos. Maria-Magdalena hielt den Rappen an, stieg ab und schloss sich einigen Leuten an, die ins Haus des Priesters hineingingen.

Drinnen, in der großen Stube, standen sie betend, flüsternd und kopfschüttelnd um einen Mann herum, der reglos am Boden lag. Maria-Magdalena erkannte gleich den zum Bischof von Budweis gewählten Priester Ambrosius. Er lag dort vor zahlreichen Zehen- und Stiefelspitzen und rührte sich nicht. Aus weit aufgerissenen Augen schien er die Decke anzustarren. Er starrte aber nirgendwo mehr hin, denn er war tot; das sah Maria-Magdalena sofort.

Ihr Blick fiel auf den Tisch hinter den flüsternden und kopfschüttelnden Leuten und dort auf die Kiste, in die Frau Ricarda gestern Abend das silberne Kreuz gelegt hatte. Die war ausgepackt und geöffnet, und das Lederband lag auf ihr.

Daneben jedoch ragte nicht etwa ein silbernes Kreuz auf, sondern eine schöne Weinflasche. Sie war entkorkt, und auf einem Tischchen entdeckte Maria-Magdalena einen halb mit rotem Wein gefüllten Glaskelch.

Ihr war, als würde eine unsichtbare Hand ihr eine schwarze Binde von den Augen reißen, und schlagartig begriff sie, dass sie aus dieser Stadt fliehen oder in ihr sterben musste.

9
Weit weg

Am Abend, nachdem sie die Kammertür hinter sich verriegelt hatte, packte sie ihr Bündel: ein Kleid, ein Unterkleid, das Brummeisen, den Herrn Vater. Danach kramte sie im Schein der Öllampe die abgelegten Männerkleider aus der Kleidertruhe: Hemd, Wams, Gehrock, Beinkleid, Hut und Mantel. Während sie hineinschlüpfte, dankte sie Gott, dass sie eine Schlafkammer für sich allein hatte, sodass sie ihre Flucht unbemerkt vorbereiten konnte.

Seit Militsch von Kremsier die Stadt mit seinen Predigten aufwühlte, hatten mehr als die Hälfte der Hübschlerinnen die Hausburg in der Zöllnerstraße verlassen. Alle waren in einen der Prager Frauenorden eingetreten, die meisten wie Eva ins Kloster der Benediktinerinnen. Ricarda Scorpio hatte Mühe, Ersatz für die verlorenen Huren zu finden, sodass etliche Kammern in ihrer Hausburg sogar leer standen.

Mantel und Bündel legte Maria-Magdalena neben ihren Strohsack auf die Bodendielen, bevor sie sich ganz und gar angezogen auf ihrer Decke ausstreckte. Sie wollte nur noch weg aus diesem Haus, aus dieser Stadt – so schnell wie möglich und so weit wie möglich. Sie löschte die Öllampe und starrte in die Dunkelheit.

Bilder zogen durch ihren Kopf, die ließen sich nicht vertreiben. Die leeren Augen des Priesters Ambrosius vor allem, der nun doch kein Bischof werden würde. Auch um die Holzkiste kreisten ihre Gedanken – natürlich! –, um das silberne Kreuz und um die schöne Flasche mit dem teuren Wein aus dem Heiligen Land.

Maria-Magdalena war sofort zurück in die Zöllnerstraße geritten, nachdem sie den Wein auf dem Tisch und den Toten am Boden gesehen hatte. Seitdem hatte sie mit niemandem in der Hausburg gesprochen, wusste also nicht, ob sich das jähe Ende des Priesters bereits in der Stadt herumgesprochen hatte, und schon gar nicht, wie mögliche Gerüchte den plötzlichen Tod des Ambrosius erklärten. Trotzdem zweifelte sie keinen Augenblick daran, dass er vergifteten Wein getrunken hatte. Doch woraus erwuchs ihr diese schreckliche Gewissheit? Schlaflos lag sie in ihrer dunklen Kammer auf dem Strohsack und grübelte darüber nach.

Am Abend zuvor hatte Ricarda Scorpio das Kreuz vor ihren Augen in die Kiste gelegt und diese verschlossen, verpackt und verschnürt. Heute Vormittag jedoch hatte der Priester Ambrosius aus derselben Kiste eine Flasche Wein hervorgeholt. Wie konnte das sein?

Sie warf sich auf die Seite und biss sich in die Faust. War eine Verwechslung möglich? Dann hätten doch zwei Kisten dieser Art im Kontor der Sterndeuterin liegen müssen. Maria-Magdalena, eine aufmerksame Beobachterin, hatte aber nur eine gesehen.

Nein. Die einzig vernünftige Erklärung lautete: Jemand hatte im Laufe der Nacht Verpackung und Kiste geöffnet und das silberne Kreuz gegen die Weinflasche ausgetauscht.

Doch wer? Sie warf sich auf den Bauch und bohrte die heiße Stirn in den Strohsack. Jemand, der wusste, dass sie auf die Kleinseite zur Sankt-Nikolaus-Kirche und dem künftigen Bischof reiten würde. Jemand, der wusste, dass in der Kiste ein Geschenk für den Geistlichen steckte. Jemand, der Ambrosius den Tod wünschte.

Maria-Magdalena fuhr hoch. Etwa Ricarda Scorpio selbst? Oder ihr Ritter Giselher von Stettin? Beide hatten jederzeit Zugang zum Kontor und somit zur Kiste und kamen deshalb in Betracht. Allerdings erschien ihr der Verdacht gegen die eine ebenso monströs wie jener gegen den anderen. Andererseits – dieses kalte Lächeln der Sterndeuterin, als sie gestern das Kreuz in die Kiste gepackt hatte! Und umgab ihren Ritter nicht eine Aura von Geheimnis? Blitzte nicht manchmal ein böses Funkeln in seinen blauen Augen auf?

Wie auch immer: Maria-Magdalena musste die Stadt verlassen, denn wenn irgendjemand gesehen hatte, wie sie Ambrosius vor der Sankt-Nikolaus-Kirche die verschnürte Kiste überreicht hatte, war ihr Schicksal besiegelt. Ein zweites Mal würden Richter und Schöffen ihr nicht glauben, so viel stand fest. Maria-Magdalena ließ sich zurück auf den Strohsack fallen und versuchte, die Augen zu schließen.

In dieser Nacht torkelte ihr Geist zwischen Halbschlaf und Wachen hin und her. Im Traum sah sie sich nach Mailand reiten, eine Stadt, von der sie nicht mehr als den Namen kannte. Im Traum ging sie dort dennoch von Haus zu Haus und fragte wildfremde Menschen nach ihrem Vater, dem Maler. Tiefen Schlaf fand sie nicht.

In aller Frühe stand sie auf, schlüpfte in ihren Mantel, nahm ihr Bündel und schlich die Treppe hinunter. In der Küche riss sie ein Messer aus dem Klingenholz und steckte es in ihren Gurt. Aus dem Brotkasten nahm sie ein Stück Brot und aus der Vorratskammer einen kleinen Käse. Durch die Hintertür verließ sie danach das Haus und schlich über den Hof zum Stall.

Es war noch stockdunkel, und dennoch krähte irgendwo in der Nachbarschaft schon der erste Hahn. Im Stall grunzte ein Schwein, als sie leise das Tor aufzog. Ein Pferd schnaubte – ihr

Rappe. Wartete er bereits auf sie? Sie sattelte ihn, band ihr Bündel in die Riemen und führte das Pferd zur Stalltür.

Über deren Schwelle gelangte sie nicht, denn als sie das Stalltor öffnete, stand draußen jemand mit einer Fackel davor und versperrte ihr den Weg. Ricarda Scorpio, vom Scheitel bis zu den Füßen in einen schwarzen Umhang gehüllt.

»Wohin willst du?«, fragte sie mit hohler Stimme.

Maria-Magdalena schluckte ein paarmal, denn der Schrecken war ihr in alle Glieder gefahren und hatte ihr die Sprache verschlagen. »Weg«, sagte sie. »Ich will weg.« Dass sie über Bayern und die Alpen nach Mailand reiten wollte, verriet sie der Sterndeuterin nicht.

»Wirklich?« Ricarda Scorpio senkte die Fackel, sodass deren Schein Maria-Magdalena ins Gesicht fiel und sie blendete. »Ich fürchte, das ist ein schlechter Plan. Du solltest noch einmal über ihn nachdenken.«

»Ich habe lange genug nachgedacht«, entgegnete Maria-Magdalena trotzig. Sie atmete tief, denn von der großen, hageren Frau in dem schwarzen Kapuzenmantel ging etwas aus, das ihr die Kehle zuschnüren und den Willen lähmen wollte.

»Hast du dem Ambrosius das Geschenk überbracht?«

Maria-Magdalena nickte stumm und starrte der Sterndeuterin ins kantige Gesicht. Dabei schossen ihr Dutzende Fragen durch den Kopf: Fragte Ricarda Scorpio nach dem Geschenk, weil sie noch nicht vom Tod des Priesters wusste? Hatte sich der Zwischenfall also noch nicht von der Kleinseite bis in die Altstadt herumgesprochen? Hatte Ricarda Scorpio das Kreuz gegen die Weinflasche ausgetauscht? War Ricarda Scorpio eine Mörderin? Spielte schon immer dieser harte, ja grausame Zug um ihren Mund?

»Lasst mich vorbei«, sagte Maria-Magdalena heiser. »Ich muss weg.« Weit weg, fügte sie in Gedanken hinzu und räusperte sich. »Meine Entscheidung steht fest.«

»So?« Die Sterndeuterin musterte sie mit einer Mischung aus Strenge und Spott. »Ich will dir heute Abend etwas zeigen. Wenn du es dir angeschaut hast, kannst du noch einmal nachdenken. Gründlich nachdenken, meine ich. Und wenn du dann immer noch gehen magst, dann geh mit Gott.«

»Was wollt Ihr mir denn zeigen?«

»Du wirst schon sehen.«

...

Je weiter der Nachmittag voranschritt, desto mehr Männer drängten sich um die angezapften Fässer und an den Tischen der Schenke. Unter den deutschen Gästen tat sich ein Dompropst als besonders trinkfest hervor. Rudolph hatte aufgehört, die Bierkrüge zu zählen, die dieser große, wuchtige Mann leerte, der wegen seiner Körperfülle kaum zwischen Tisch und Wand passte. Nach dem dritten oder vierten jedenfalls fing er an zu singen.

Der Dompropst gehörte zu einer Abordnung der Stadt Ochsenfurt, die ihr Magistrat und der Bischof von Würzburg nach Prag geschickt hatten, um den Brückenneubau zu besichtigen. Weil sie in Ochsenfurt eine steinerne Brücke über den Main bauen wollten, suchten sie Rat und Vorbild in Prag. Meister Otlin hatte Rudolph von Straßburg gebeten, den sieben Herren die Stadt zu zeigen.

Jan Otlin? Rudolph kriegte stumpfe Zähne, wenn er nur den Namen hörte. Doch wahrhaftig, der Mann lebte noch immer! Und erfreute sich sogar bester Gesundheit, wenn man von seinem Hinkebein absah. Das verdross Rudolph mit jedem Tag aufs Neue. Und steigerte seine Wut auf Ricarda Scorpio. Die hatte nicht nur

Druda umgebracht, sondern hielt ihn jetzt auch noch hin und wurde nicht müde, ihn zu belügen.

Beinahe täglich schwor sich Rudolph, dafür Rache an ihr zu nehmen. Doch wie um alles in der Welt sollte er das anstellen? In drei Briefen hatte er sie seit dem Frühjahr um ein persönliches Gespräch gebeten, und jedes Mal hatte sie ihn vertröstet. Sich als Freier im Hurenhaus einzuschleichen, gestattete ihm die Liebe zu Druda und ihr Andenken nicht. Und selbst wenn die Sterndeuterin ihn eines Tages doch bis in ihr Kontor vorließe – er würde an Giselher vorübermüssen; und den zu besiegen, traute er sich nicht zu.

Selbstverständlich hatte er Otlins Bitte nicht abschlagen können. Also unterdrückte er seinen Unwillen, hatte sehr höflich genickt und die Deutschen erst durch die Altstadt und dann durch den Stolz des Kaisers geführt, durch die Neustadt. Und zum Abschluss in seine Lieblingsschenke am Altstädter Ring.

Weil in Prag viele Deutsche lebten, fanden sich schnell zwei Zecher, die all die launigen Worte und Scherze übersetzten, die zwischen Rudolphs angeheiterten Gästen und den anderen Tischen hin und her schwirrten. Auch die Lieder, die der Dompropst anstimmte, übersetzten sie, so gut sie konnten, und bald stimmten die ersten Prager Schenkengäste mit ein.

Das gefiel dem dicken Dompropst so gut, dass er irgendwann allen Gästen in der Schenke eine Runde Wein spendierte – oder Bier; die Deutschen aus Ochsenfurt tranken ausschließlich Gerstengebräu – und irgendwann intonierte ein Prager Handwerker ein böhmisches Lied. Rasch brachte man dem geistlichen Herrn und seinen deutschen Gefährten den Wortlaut bei, damit sie wenigstens den Refrain mitsingen konnten, und wenig später wollte der Gesang in der Schenke gar nicht mehr abreißen.

Der Wirt war in diesen Stunden ein glücklicher Mann. Das

viele Singen trocknete den Männern ihre Kehlen aus, und er musste sein Weib und eine Magd aus der Küche rufen, um all die vollen Bierkrüge und Weinbecher von den Fässern an die Tische seiner trinkfreudigen Gäste schaffen zu können.

Ein glücklicher Mann war Rudolph nun nicht gerade, doch zufrieden stimmte der Gesang auch ihn, denn solange seine Ochsenfurter sangen, brauchte er nicht zu reden. Die Stadtführung mit den Gästen aus dem Reich nämlich hatte ihn erschöpft: Nur einer der deutschen Herren sprach ein wenig Französisch, keiner jedoch Böhmisch, während Rudolph ihren eigenartigen Dialekt so gut wie gar nicht verstand und zudem nur über dürftige Lateinkenntnisse verfügte.

Von rechts klopfte ihm ein Ochsenfurter Ratsherr auf die Schulter und forderte ihn auf mitzusingen. Dieser Mann, ein Maurermeister, war besonders anstrengend gewesen, weil er Rudolph auf dem Weg durch die Neustadt mit tausend Fragen gequält und keine Ruhe gegeben hatte, bis er auch das letzte Detail eines Neubaus, eines Kirchturms oder einer Befestigungsanlage durchdrungen hatte. Jetzt hakte er sich bei ihm unter und nötigte ihn, zum Rhythmus eines wilden Reiterliedes zu schunkeln. Rudolph ließ es geschehen und zwang sich, wie so oft schon an diesem Tag, zu einem Grinsen.

Mehr noch als die Überwindung der sprachlichen Hürden hatte es ihn erschöpft, stundenlang den freundlich lächelnden und aufmerksamen Gastgeber mimen zu müssen, denn in seinem Gemüt sah es alles andere als liebenswürdig aus. Schon seit Jahresbeginn schleppte er sich in griesgrämiger Stimmung durch die Wochen, und als nach der Schneeschmelze mit dem kaiserlichen Hof auch die Ricarda Scorpio aus Krakau zurückgekehrt war, ließ der Hass auf sie ihm gar keine Ruhe mehr, und ihm war nur noch nach Fluchen, Hassen und Grübeln zumute.

Gleich morgens, noch bevor er auf die Brückenbaustelle ging, brütete er bereits darüber, wie er endlich vollbringen konnte, was ihm bei seinem letzten Besuch in der Hausburg verwehrt geblieben war: der Sterndeuterin den Dolch der Mörtelmischerin ins böse Herz zu stoßen. Auch jetzt, während er mit den Deutschen schunkelte, dachte er daran.

Wie um alles in der Welt sollte er bloß in ihr Haus gelangen, ohne dass der Stettiner und seine Waffenknechte ihn bemerkten? Weil er keinen anderen Weg sah, zog er Gift oder einen gedungenen Mörder in Erwägung.

Der ausgelassene Gesang um ihn herum schwoll ab, denn an der Tür zum Marktplatz stand plötzlich einer und rief unverständliche Worte in die Schenke. Als der letzte Sänger verstummte, konnte endlich auch Rudolph verstehen, was er da in böhmischer Sprache rief: »Die Hinrichtung fängt gleich an! Der Ochsenwagen bringt schon die Verurteilten.«

Die Männer aus Ochsenfurt guckten verständnislos, bis ein Steinmetz, der des Deutschen mächtig war, ihnen erklärte, dass am heutigen Abend ein Mann und eine Frau wegen Ehebruchs und Mordes unter den kunstfertigen Händen des Prager Henkers ihr Leben lassen mussten.

»Ah!« und »Oha!« und »Was für eine glückliche Fügung!« tönte es an Rudolphs Tisch. Die Gesichter des Dompropstes und seiner Ochsenfurter hellten sich auf.

»Endlich einmal wieder eine Hinrichtung!«, freute sich der Maurermeister. Rudolph nickte nur, lächelte gequält und musste seinen Weinbecher auf einen Zug leeren, weil sein Mund plötzlich trocken geworden war und seine Kehle eng.

Die Schenke leerte sich schnell. Auch die Ochsenfurter hatten es nun eilig, auszutrinken und zu zahlen. Voller Vorfreude folgten sie den Prager Männern hinaus auf den Marktplatz. Der Wirt verließ die Schenke als Letzter und schloss ab, denn auch er wollte dem Henker bei der Arbeit zusehen.

Rudolph stand der Sinn keineswegs nach einer Hinrichtung von Ehebrechern, doch er konnte seine deutschen Gäste nicht sich selbst überlassen und war es ihnen schuldig, sie zum Blutgerüst zu begleiten. Dort hatte sich bereits eine Menge von mehreren Hundert Schaulustigen versammelt, und aus den Gassen strömten viele Dutzend weitere auf den Marktplatz.

Der massige Dompropst aus Ochsenfurt führte seine Gesandtschaft an und nutzte die Gasse, die sich wegen des Fuhrwerks mit den Verurteilten in der Menschenmenge bildete. Er hielt sich dicht hinter dem Wagen, sodass Rudolph und die Ochsenfurter mit ihm bis in die vorderen Reihen gelangten. Der Straßburger wäre lieber weiter hinten geblieben.

Das verurteilte Paar, das Henkersknechte vom Wagen zerrten und zum Blutgerüst hinaufstießen, sah erbärmlich aus: das Haar strähnig und ausgefranst, die Gestalt gebeugt, die Kleider zerlumpt, Gesicht und Glieder von Schürfwunden und Blutergüssen bedeckt. Der Mann zog das rechte Bein hinter sich her und stützte dennoch die Frau, die vor Schwäche und Schmerzen kaum laufen konnte.

Jeder, der Augen im Kopf hatte, begriff: Dieses geschundene Paar hatte der sogenannten hochnotpeinlichen Befragung allzu lange standgehalten.

»Kein Scheiterhaufen?«, wunderte sich der Dompropst, und es klang ein wenig enttäuscht.

»Der Ehebrecher wird nur enthauptet«, erklärte eine vor ihm stehende Marktfrau, die Deutsch verstand. »Ist so üblich bei uns. Auf die widerwärtige Ehebrecherin allerdings wartet ein längerer Spaß, denn sie hat auch noch ihren Gatten vergiftet.« Die Marktfrau deutete zur linken hinteren Seite des Blutgerüstes, wo neben einem großen Wagenrad ein Eisenprügel halb auf einem Kantholz lag. Rudolph schloss die Augen und senkte den Kopf. Die Schmerzensschreie einer Geräderten waren das Letzte, was er heute hören wollte.

Der Priester stand schon bei dem verurteilten Mann, als er den Blick wieder hob, und im selben Moment, als der Ehebrecher niederkniete und seinen Kopf auf den Hockklotz legte, entdeckte Rudolph die Sterndeuterin – auf einem Pferd sitzend ragte sie auf der anderen Seite des Blutgerüstes aus der Menge. Sie trug einen hohen Hut und ein tiefblaues Gewand mit gelben Sternen.

Giselher und seine Waffenknechte umgaben sie, ebenfalls zu Pferde, und neben ihr hockte mit hängenden Schultern die ehemalige Mörtelmischerin auf einem Rappen. Rudolph erkannte die junge Frau, obwohl sie sich die Kapuze ihres Umhanges tief ins Gesicht gezogen hatte.

Ein trockner, splitternder Schlag ließ ihn zusammenzucken, und als er seinen Blick erneut auf den Henker richtete, sah er den Korb vor dem Hackklotz noch vom hineingefallenen Kopf wackeln und Blut aus dem Halsstumpf des Enthaupteten sprudeln. Brechreiz würgte ihn, und er schaute weg. Durch die Menge aber ging ein Raunen, denn gleich der erste Axthieb des Henkers hatte Kopf und Rumpf sauber voneinander getrennt. Wie viele andere nickten der Dompropst und der Ratsherr aus Ochsenfurt anerkennend.

Während zwei Henkersknechte die Frau packten und sie zum Rad zerrten, schaute Rudolph noch einmal zu Ricarda Scorpio hin. Mit versteinerter Miene guckte sie zum Blutgerüst, wo die verurteilte Ehebrecherin laut aufschrie, als der Henkersknecht sie hinunter neben das Rad riss. Dort hielt der eine sie fest, während der andere ihr linkes Bein über das Kantholz zerrte, damit der Henker ihr die Knochen zerschlagen konnte. Der hatte seine Axt bereits in den Hackklotz gehauen und bückte sich nun nach der Eisenstange.

»Das wünsche ich auch dir«, flüsterte Rudolph, »einen langen und qualvollen Tod.« Mit welch kaltem Lächeln die Sterndeuterin jetzt den Qualen der Ehebrecherin zuschaute! Rudolphs letzte Zweifel, dass Ricarda eine bösartige Hexe war, lösten sich in nichts auf. »Warte nur, ich werde schon noch einen Weg in dein Kontor finden, und dann gnade dir Gott.« Auf die Schläge mit der Eisenstange folgten fast zeitgleich die spitzen Schreie der zum Tode Verurteilten. »Dann sollst du bezahlen für Drudas Tod und für all deine Lügen.« Erst als der Ratsherr sich nach ihm umdrehte, merkte Rudolph, dass seine Stimme von Geflüster in Gemurmel übergegangen war. Er verstummte sofort.

Die Henkersknechte schoben nun das rechte Bein der Verurteilten aufs Kantholz, und wieder schlug der Henker zu. Die Frau schrie so entsetzlich, dass Rudolph sich weit weg wünschte. Weil er versuchte, über die Todeskandidatin und ihre Folterer hinwegzuschauen, sah er, wie neben Ricarda die junge Frau auf dem Rappen bei jedem der Schreie zusammenzuckte. Sie zog die Schultern immer höher und hatte längst den Blick gesenkt, um die mörderischen Leiden der Ehebrecherin nicht mit ansehen zu müssen. Nun griff sie zum Brummeisen, das an einer Kette um ihren Hals hing, und schloss die Faust um das Instrument.

Rudolph fragte sich, warum sie überhaupt mit zum Blutgerüst geritten war, wenn doch derartiges Spektakel so gar nicht nach ihrem Geschmack zu sein schien. Und dann fiel ihm auf, dass Giselher, dessen Pferd dicht neben dem Rappen der ehemaligen Mörtelmischerin stand, dessen Zügel festhielt. Rudolph stutzte – war sie womöglich gar nicht freiwillig hier?

Im nächsten Moment hob die junge Frau den Blick, aber nicht, um zu der schreienden Frau zu schauen, die man jetzt an den zerschlagenen Gliedern packte und auf das Rad zog, sondern um Ricarda Scorpio anzustarren. Und in ihrem Blick lag so viel Hass und Verachtung, dass Rudolphs Miene sich augenblicklich zu einem Lächeln entspannte.

»Das hat sie jetzt von süßer Wollust und prickelnder Unzucht!«, tönte der Dompropst, während die Henkersknechte die schlaffen, vielfach gebrochenen Extremitäten der grauenvoll brüllenden Todeskandidatin um die Außenseite des großen Rades flochten.

»Recht geschieht's diesem verdorbenen Weib!«, zischte die Marktfrau, und Rudolph von Straßburg wusste auf einmal, wie er es anstellen musste, unbemerkt in die Hausburg der Ricarda Scorpio zu gelangen.

...

Maria-Magdalena hielt sich die Ohren zu, denn das Gebrüll der Gequälten ging ihr durch und durch. Ihre Augen füllten sich mit Tränen, ihr wurde übel, und sie begann, am ganzen Körper zu zittern. Sie bebte so heftig, dass Giselher zu ihr herüberlangte und sie festhielt, damit sie nicht vom Pferd rutschte.

Nun streckte von der anderen Seite auch Ricarda Scorpio den Arm nach ihr aus und riss ihr die Hand vom Ohr.

»Höre es dir an!«, fauchte sie. »Sieh hin! Es ist wichtig für dich; lebenswichtig.« Die Sterndeuterin beugte sich aus ihrem Sattel zu Maria-Magdalena herüber. »So nämlich wird es auch dir ergehen, solltest du tatsächlich versuchen wegzulaufen.«

Maria-Magdalena beugte sich über die Mähne ihres Rappen und erbrach sich schwallartig. Da erst bedeutete Frau Ricarda dem Ritter Giselher, dass es Zeit sei, zurück in die Zöllnerstraße zu reiten. Der Weißblonde zog Maria-Magdalenas Hengst am Zügel herum, und die Sterndeuterin ritt so dicht neben ihr, dass sie die Wankende im Sattel festhalten konnte. Die Waffenknechte trabten voran und bahnten ihnen mit ihren Pferden den Weg durch die Menge.

»Warum soll es mir gehen wie dieser armen Frau?«, flüsterte Maria-Magdalena unter Tränen, als sie sich kurz vor der Hausburg ein wenig gefasst hatte. Noch immer hallten die Schreie der Gequälten über die Dächer der Altstadt »Ich habe doch keine todeswürdige Sünde begangen.«

»Oh doch«, raunte Ricarda Scorpio dicht an ihrem Ohr. »Du hast gemordet und Unzucht getrieben!«

»Ich?!« Erschrocken starrte Maria-Magdalena die harte Frau an. »Wen denn? Wann denn?«

»Du hast die Druda vergiftet und den Priester Ambrosius. Du hast den Marian und seinen Knappen erstochen. Und vorher hast du mit beiden im Weinberg Unzucht getrieben. Dafür gibt es Augenzeugen.«

Kerzengerade und wie vom Donner gerührt hockte Maria-Magdalena plötzlich im Sattel. »Das ist nicht wahr!« Sie schrie laut auf. »Das ist gelogen!«

»Still!«, zischte Ricarda Scorpio. Sie riss sie zu sich herüber und flüsterte: »Mach dir keine Sorgen, von uns erfährt keiner etwas. Und sollte jemals ein Verdacht auf dich fallen, können wir den Richter genauso belügen, wie wir es schon einmal getan haben.«

»Aber ...« Maria-Magdalena begriff überhaupt nichts mehr. Mit offenem Mund und bebenden Lippen sah sie ins kantige Gesicht der Sterndeuterin.

»Allerdings musst du dafür etwas tun«, sagte die leise. »Es wird ganz leicht sein.«

»Was denn?«

»Es ist dir sicher schon aufgefallen, dass der Brückenbaumeister Jan Otlin ein Auge auf dich geworfen hat.« Ricarda Scorpio lächelte. »Wir wollen, dass du ihm ein Geschenk überbringst. Dankbare Bürger haben nämlich einen teuren Wein für ihn gekauft.«

10
Brief

Prag, August 1363

Was für ein Morgen! Über der Flussmitte blieb der Baumeister auf der Holzbrücke stehen und sog die noch kühle Luft ein. Im Osten flutete erstes Morgenrot den Himmel über den Türmen und Dächern der Altstadt. In den Büschen und Bäumen der Moldauwiesen tirilierten Amseln, Stare, Meisen und Finken. Irgendwo unter ihm klatschte eine aus den Wogen gesprungene Forelle ins Wasser zurück. Drüben, im Schalungsgerüst des neuen Brückenbogens, zeterte eine Elster mit einem Sperlingsschwarm, und von Norden her flogen dicht über der ruhig dahinströmenden Moldau drei Schwäne heran.

Er musste an die junge Frau denken, die versucht hatte, ihre Schönheit zu verbergen, an die ehemalige Mörtelmischerin. Genau hier, an dieser Stelle der Holzbrücke, hatte er sie zuletzt gesehen, vor fünf oder sechs Tagen erst. Außer seiner Schwester Libussa hatte er noch nie einer Frau zugewunken, die auf der Brücke gestanden und den Bauleuten bei der Arbeit zugesehen hatte. Eigenartig: Sie, Maria-Magdalena, unter den Schaulustigen zu entdecken, hatte ihn so gefreut, dass er einfach winken musste. Und sie hatte zurückgewunken.

Jan drehte sich um und schaute zur Kleinseite zurück. Die

Burgzinnen, Kirchtürme und Dachfirste auf dem Gipfel des Hradschins leuchteten im Licht der aufgehenden Sonne. Am Himmel darüber zogen die ersten Schwalben ihre Kreise. An der Südmauer krähte ein Hahn, ein anderer, weiter oben, gab Antwort, und auch die Höfe und Gärten im Uferbereich der Kleinseite tönten längst vom morgendlichen Chor der Vögel. Schauend und lauschend stand Meister Jan Otlin still und lächelte in sich hinein wie ein beschenkter Junge oder ein in seliger Andacht versunkener Mönch.

Drüben auf der neuen Brücke und unter ihr, in den Werkstätten und Unterständen der Steinmetze, Zimmerleute und Schmiede, war es bis auf das Gekrächze der Elster und das Getschilpe der Spatzen noch vollkommen still. Auch dann noch, als Jan Otlin wenig später von der Holzbrücke in die Altstadt gelangte und von dort aus hinaus auf sein Bauwerk schritt. Er tat es in der gleichen andächtigen Haltung, in der er zuvor die Schönheit des neuen Morgens getrunken hatte, wenn auch nicht ganz so heiter. Sie bereitete ihm nämlich Kummer, seine Brücke.

Am Fundament des neuen Brückenturms vorbei, das seit Baubeginn vor sechs Jahren um keine weitere Schicht aus Steinblöcken gewachsen war, hinkte er ohne Eile über den ersten Brückenbogen. Er genoss jeden Schritt, bevor er zwischen dem zweiten und dritten Pfeiler stehen blieb. Hier war es geschehen, hier hatte die schwere Last der beschädigten Palette die Bohle getroffen, auf der er zum Gerüst des dritten Pfeilers gehen wollte, und sein Bein zerschlagen. Hier war er abgestürzt.

Es war ihr Gesicht gewesen, das er als Erstes über sich gesehen hatte damals, während er verzweifelt versuchte, sich in der Verschalung festzuhalten. Ihr Tuch hatte sie zu ihm herabgelassen. Schon damals konnte er ihre leuchtenden Mädchenaugen nicht mehr vergessen.

Seit sie vor ein paar Tagen zurückgewunken hatte, musste er

noch öfter an sie denken als sowieso schon. Offenbar war sie wieder gesund genug, um allein aus dem Haus zu gehen. Ob er sie einfach mal besuchen ging? Doch etwas sträubte sich in ihm, das Hurenhaus der Ricarda Scorpio zu betreten. Manchmal dachte er über eine Möglichkeit nach, seine ehemalige Mörtelmischerin dort herauszuholen. Gäbe es eine, würde er nicht zögern, es zu tun.

Er hinkte weiter und blieb auf dem fünften Pfeiler erneut stehen. In der ersten Bauphase, vor fünf Jahren, war dessen Gründung im Flussbett eine mächtige Herausforderung gewesen. Wie viel Zeit hatte ihn dieser eine Pfeiler gekostet! Damit, dass die Moldau über Felsboden floss, hatte Meister Otlin von Anfang gerechnet, doch nicht mit dem ungleichmäßigen Verlauf der Felsschicht zwischen Ost- und Westufer.

Nachdenklich ging er weiter. Sein prüfender, überaus wachsamer Blick wanderte über den mittig leicht erhöhten Brückenweg, die Brüstungsmauern und die Abflussrinnen, die an ihnen entlangführten, während er über die Brückenbögen zum bisher letzten vollendeten Pfeiler schritt, dem neunten. Über die Verschalung des neusten Brückenbogens hinweg betrachtete er den zehnten Pfeiler oder genauer: das Gerüst, das seine Grundmauern umgab.

Sorgenfalten türmten sich auf Jans Stirn, denn auch diesen Pfeiler hatten er und seine Bauleute auf unebenen, schroffen und teilweise gespaltenen Felsgrund setzen müssen. Dafür hatten sie auf die Bauweise zurückgegriffen, die sie bei unebenem Flussbett bereits in den vergangenen Jahren angewandt hatten, vor allem beim fünften Pfeiler. Wie dieser ruhte nun auch der zehnte auf gewaltigen Mühlsteinen, und diese wiederum lagen auf dicken Pfosten aus Eichenholz.

Damit der Pfeiler auch wirklich unverrückbar dort stand – und das möglichst so lange, wie der Kaiser es sich wünschte, nämlich für alle Ewigkeit –, hatte Jan die Wassertiefe an seinem geplanten Standort sorgfältig vermessen und die Stämme in den unterschiedlichen Längen schneiden lassen, die der unebene Felsgrund nun einmal verlangte. Die eisernen Bauklammern, die alle Mühlsteine darauf miteinander verbanden, hatte er mit Blei übergießen lassen, um dem Rostfraß vorzubeugen und ihnen noch mehr Dauer und Gewicht zu verleihen. Auf diese Weise wollte er auch alle noch zu bauenden Pfeiler im Flussbett verankern.

»Gott sei mir schwachem und fehlerhaftem Brückenbauer gnädig«, murmelte er und bekreuzigte sich. Wie lange würden selbst derart gründlich befestigte Pfeiler denn stehen bleiben? Seufzend machte Jan Otlin kehrt und hinkte zurück in Richtung Altstadt. Zwanzig Generationen? Dreißig? Dass nichts auf der Welt ewig hält, wusste Jan natürlich: kein Ruhm, keine Liebe, keine Brücke; nicht einmal die Welt selbst. Doch er hoffte, wünschte und betete, dass die Menschen in wenigstens tausend Jahren noch auf seiner steinernen Brücke die geliebte Moldau überqueren konnten und dabei in Dankbarkeit seines Namens gedachten.

Über die Behelfsstiege kletterte er auf die Uferwiese hinunter, und als er sich wenig später in der Bauhütte über seinen Bauplan beugte, hörte er draußen die Stimmen der ersten Bauleute. Die Maurer holten ihr Werkzeug aus den Baracken, ihnen folgten wenig später die Wasserschlepper und Mörtelmischer hinauf auf die Brücke, Schmied und Zimmerleute verständigten sich über die halbe Flussbreite hinweg über die zu schmiedenden Werkzeuge, Nägel und Bauklammern, und in der Trockengrube begannen die Steinmetze, Steinblöcke zu klopfen.

So nahm der Baulärm mit fortschreitender Morgenstunde zu – Quietschen, Hämmern, Hufschlag, Rufen, Knarren, Sägen, Lachen –, und bald hörte Jan auch den Gesang der Flößer, die neues Bauholz brachten, und das typische Plätschern, wenn ihre Staken ins Wasser klatschten. Jan lächelte zufrieden, während er sein Bautagebuch aufschlug und nach einem Rötelstift suchte, denn all das hörte er gern.

Bald versammelten sich die Meister mit dem Polier bei ihm vor der Bauhütte, um die dringendsten Fragen zu besprechen, welche die geplante Arbeit der nächsten Tage aufwarf. Wie bei solchen Versammlungen üblich, fanden sich auch zwei Priestermönche des Dominikanerklosters ein, das neben der künftigen Brückenauffahrt lag. Sie brachten Apfelmost, Schwarzbrot und geräucherten Speck mit.

Wie lange würde der Vorrat an Kies, Kalk, Geröll, Holz und Steinblöcken reichen? Für welchen Wochentag musste die nächste Lieferung an Eiern, Wein und Quark für den Mörtel bestellt werden? Gab es irgendwo Streit auf der Baustelle, der das Eingreifen des Baumeisters nötig machte? Gab es Ausfälle durch schwere Krankheiten? Gab es Faulpelze unter den Bauleuten, die ermahnt werden mussten? Über solche und ähnliche Fragen beriet sich Jan mit seinen Meistern.

»Wo setzen wir den Damm für die nächste Trockengrube an?«, wollte Rudolph von Straßburg wissen; er war bleich und hohlwangig, hatte entzündete Augen und dunkle Ringe darunter. »Ist der Felsgrund wirklich so schief und schroff, dass wir den Verlauf der Brücke ändern müssen?«

»Nein«, entgegnete Jan. »Ich habe die Festigkeit des zehnten Pfeilers noch einmal berechnet.« Er schob dem Polier das aufgeschlagene Bautagebuch über die Bohle zu, die ihnen zusammen mit zwei Holzböcken als Tisch diente. »Selbst wenn ich ihn in meinen Berechnungen einer Zerstörungskraft wie jener der Magdalenenflut aussetze, wird er standhalten.«

»Seid Ihr sicher, Meister Otlin?« Zweifelnd musterte der Straßburger ihn. Er sah krank aus, wahrhaftig! Manche sagten statt *krank* auch: *elend vom vielen Wein*. Jan hatte bereits im vergangenen Jahr ein ernstes Wort mit seinem Polier gesprochen, und danach war es für eine Weile besser geworden. Doch seit geraumer Zeit, so sah es aus, war der Straßburger erneut dem Wein verfallen. Jan seufzte innerlich; er musste etwas unternehmen, denn Weinsäufer wollte er auf seiner Baustelle nicht dulden – sie verursachten Unfälle und neigten zu Fehlern.

Der Straßburger wandte sich nach dem Fluss um und schaute zum Gerüst des neuen Pfeilers hinüber. »Versteht mich – ich mach mir Sorgen.« Auch einige der Zimmerleute und Maurer guckten Jan nun skeptisch an.

»Ich weiß im ganzen Reich von keiner Brücke, die auf solch dicken Eichenstämmen und ähnlich schweren Mühlsteinen gründet wie unsere«, erklärte Friedrich, der deutsche Zimmermannsmeister, im Brustton der Überzeugung.

»Und bedenkt ihre Höhe und Breite, Meister Rudolph«, ergriff nun auch der Maurermeister das Wort, der Sohn des toten Laurenz. »Und vor allem: Führt Euch ihr dadurch bedingtes Gewicht vor Augen: Zehntausende von Steinblöcken werden am Ende auf dem Grund der Moldau lasten.«

»Dazu kommt der Druck von jeweils zwei Brückenbögen, Herr Rudolph«, bekräftigte Jan. »Wie Zangenbacken halten sie jeden Pfeiler fest.« Er schüttelte den Kopf. »Nein – keine Planänderung mehr, es bleibt beim vorgesehenen Krümmungsverlauf. Und künftig werden wir jeden Pfeiler auf gleiche Weise im Flussbett verankern und jede einzelne Bauklammer mit flüssigem Blei versiegeln.«

Er leerte sein Mostglas und beendete die Besprechung. Einer

der beiden Priestermönche sprach ein Gebet, der andere segnete die Runde der Bauleute. Danach ging es wieder an die Arbeit.

Zurück im Inneren der Bauhütte notierte Jan in sein Bautagebuch, was besprochen worden war. Als er das Buch zuschlug, verharrte er einen Augenblick nachdenklich. Die Sorge um Rudolph von Straßburg lastete ihm auf der Seele. Er würde ihn ein zweites Mal zur Rede stellen müssen, daran führte kein Weg mehr vorbei. Am besten noch in dieser Woche. Scharf sog er die Luft durch die Nase ein, steckte das Senkblei in die Tasche seines grauen Arbeitsgewandes und griff sich das Winkeleisen. Mit grüblerischen Falten auf der Stirn verließ er die Bauhütte.

Als er die Behelfsstiege hinaufkletterte, um auf der Brücke die frischen Brüstungsmauern und die Verschalung für den neuen Brückenbogen zu prüfen, glaubte er, eine Frauenstimme zu hören, die ihm vertraut vorkam. Oben angekommen, entdeckte er Rudolph am Altstädter Brückenaufgang. Etwas abseits der Schaulustigen sprach er dort mit einer Nonne. Jan musste zweimal hinsehen, bevor er Eva erkannte, die ehemalige Hure.

Weil er sich sofort ihrer gemeinsamen Stunden im Badehaus erinnerte, musste Jan sich überwinden, zu ihr zu gehen, denn wie immer, wenn er Schwester Eva begegnete, schämte er sich ein wenig. Doch er wollte unbedingt wissen, wie es Maria-Magdalena ging, der schönen Mörtelmischerin, und eine solche Gelegenheit, das in Erfahrung zu bringen, würde sich so schnell nicht erneut bieten.

Kaum zehn Schritte trennten ihn noch von der Nonne und Rudolph, da sah er, wie sein Polier dieser einen Brief überreichte und sich danach von ihr abwandte, um zur Baustelle zurückzukehren. Der Straßburger nickte Jan schweigend zu, als sie aneinander vorbeigingen.

»Ist deine Freundin bei guter Gesundheit, Schwester Eva?«,

fragte Jan die Nonne, nachdem er sie begrüßt hatte. »Wie ich gesehen habe, übernimmt Maria-Magdalena wieder Botengänge.«

»Das stimmt.« Die Nonne nickte, machte aber ein ernstes Gesicht. »Ich kann nur hoffen, dass es ihr gut geht, doch ich habe sie schon vier Tage lang nicht mehr sprechen können. Sie verkriecht sich in ihrer Kammer – seit sie der Hinrichtung dieser armen Frau zuschauen musste, die ihren prügelnden und saufenden Mann vergiftet hat. Davon habt Ihr sicher gehört.«

»Zuschauen *musste*?«

»So hat es mir einer von Giselhers Waffenknechten erzählt. Maria-Magdalena hat sich erbrochen, als man die Ärmste räderte. Frau Ricarda behauptet, Maria-Magdalena wolle niemanden sehen.« Eva zuckte mit den Schultern. »Ich werde trotzdem versuchen, ihr den Brief vom Herrn Rudolph zu überbringen.« Sie hob das versiegelte Kuvert hoch.

»Der Polier hat ihr einen Brief geschrieben?«, staunte Jan, und etwas Heißes, Scharfes durchzuckte seine Brust. »Kann sie denn lesen?« Er durchschaute das beinahe schmerzhafte Brennen in seiner Brust sofort; er kannte das Gefühl aus seiner Zeit in Avignon, als er noch der schönen Schwester Mathilde verfallen gewesen war.

»Aber ja! Der Herr Rudolph hat schon heute Morgen versucht, mir seinen Brief zu geben, doch da hatte ich mich noch zum Beten und Fasten in meine Zelle eingeschlossen. Über eine Mitschwester hat er mich jedoch bitten lassen, vor dem Mittagsgebet zur Brücke zu kommen. Eben hat er ihn mir überreicht und mich angefleht, ihn meiner Freundin mitzubringen.«

Was die Benediktinerin ihm da erzählte, gefiel Jan überhaupt nicht. Sollte sich die schöne Maria-Magdalena etwa doch noch den Huren im Hause der Sterndeuterin angeschlossen haben? Hatte die schreckliche Schändung ihren Willen womöglich gebrochen? Und hatte Rudolph ihr geschrieben, um sich als Freier mit ihr zu verabreden?

»Das muss ja ein wirklich dringendes Anliegen sein«, sagte er und hatte Mühe, seinen Missmut zu verbergen.

»So sieht es aus, nicht wahr?« Kopfschüttelnd betrachtete Schwester Eva das Kuvert und sagte leise: »Ich wüsste wirklich gern, was er ihr so Wichtiges zu schreiben hat, der Straßburger.«

...

Gegen Abend klopfte es an ihrer Kammertür. »Ich bin es«, tönte davor die dunkle und harte Stimme der Sterndeuterin. »Mach schon auf – ich habe hier etwas für dich.« Maria-Magdalena drehte sich zur Wand und antwortete nicht. »Deine Nonnenfreundin hat Brot und Käse für dich abgegeben.« Maria-Magdalena wälzte sich vom Strohsack und schlurfte zur Kammertür.

Sechs Tage waren vergangen, seit sie sich am Blutgerüst übergeben hatte. Eine Woche Zeit hatte Ricarda Scorpio ihr gegeben, um sich zu entscheiden. Sollte sie sich dann noch immer weigern, Meister Otlin das Weingeschenk zu überbringen, wollte die Sterndeuterin zum Richter gehen und Maria-Magdalena als Mörderin anzeigen. Giselher und einer seiner Waffenknechte sollten ihr als Zeugen beistehen.

Maria-Magdalena öffnete die Tür. »Und? Wirst du es tun?« Die Sterndeuterin musterte sie kühl. »Bis morgen früh will ich deine Entscheidung hören.« Mit einer knappen Kopfbewegung winkte sie eine Hübschlerin an sich vorbei, die mit einem Tablett hinter ihr stand. »Du weißt, was sonst passiert«, fügte sie leise hinzu, während ihre junge Hure – eine von nur noch dreien – das Tablett in die Kammer trug.

Verzweifelt und voller Hass schaute Maria-Magdalena der

Sterndeuterin ins Gesicht. Ihre scharf geschnittenen Züge schienen aus altem Stein gemeißelt zu sein, ihre Augen waren schwarz wie die Robe, die sie unter ihrem gelben Überwurf trug, und dennoch brannte etwas darin. Etwas Starkes, zu allem Entschlossenes; etwas, das allen Mut und alle Kraft aus Maria-Magdalenas Seele und Gliedern verscheuchte.

Sie wich dem Blick der Sterndeuterin aus und sagte kein Wort. Als die Hübschlerin wieder an ihr und der Hausherrin vorbeigeschlüpft war und zur Treppe huschte, schlug sie die Tür zu und verriegelte sie.

Sie stand eine Weile da und starrte das wurmstichige Türholz an. In Gedanken flog sie zurück zur Holzbrücke und zu dem Tag, als der Baumeister sich umgedreht und ihr zugewunken hatte; es war noch nicht lange her. Sie hatte zurückgewunken. Und gelacht. Und danach den Tod hinauf zum Priester Ambrosius gebracht.

Sie schloss die Augen, sah den Kopf des Ehebrechers auf dem Hackklotz, sah die Axt des Henkers niedersausen, sah die gequälte Frau sich auf dem Rad winden. Die Ohren gellten ihr noch immer vom Geschrei der Gemarterten. Maria-Magdalena hörte es ständig: Tagsüber raubte es ihr die Seelenruhe und nachts den Schlaf. Manchmal, wenn sie es zu hören glaubte, sah sie sich selbst mit verdrehten und geflochtenen Gliedern auf dem Rad liegen.

Sie zog die Schultern hoch und fror auf einmal. Nein, sie wollte nicht sterben. Tränen liefen ihr über das Gesicht. Doch wenn sie den Wein nicht zum Brückenbaumeister brachte, würde die Sterndeuterin ihre Drohung wahr machen. Ricarda Scorpio war hart, sie war mächtig, sie war eine Hexe.

Mit ihrem offenen Haar wischte sie sich die Tränen ab und ging zum Tisch. Unzählige Male hatte sie in Gedanken die Möglichkeit durchgespielt, so zu tun, als wäre sie zum tödlichen Botengang bereit – um dann auf dem Weg zu Jan Otlins Haus oder zur Brückenbaustelle einen Fluchtversuch zu wagen. Doch der Mut fehlte ihr, denn die Sterndeuterin würde sie verfolgen und suchen lassen. Gewiss würde sie die Waffenknechte Giselhers heimlich hinter ihr herschicken.

Auf dem Tablett lag ein in Wachstuch geschlagenes Bündel. Sie öffnete es und fand einen dünnen Laib Schwarzbrot mit einer Stoffbanderole in der Mitte und einen kleinen Käse. Als Maria-Magdalena das Brot aus der Banderole schälte, bog sich der fest gebackene Brotlaib in der Mitte ein wenig, sodass sie stutzte und genauer hinsah. Bis sie die feine Schnittstelle entdeckte, die bisher von der Banderole verdeckt gewesen war. Sie nahm den Laib in beide Hände und konnte ihn mit Leichtigkeit in der Mitte durchbrechen. Eine lange Lederkapsel, die in der Mitte des Brotes steckte, verband beide Hälften.

Mit fliegenden Fingern zog Maria-Magdalena die Kapsel heraus und öffnete sie. Sie enthielt ein zusammengerolltes Briefkuvert, das noch versiegelt war. Das Wappen auf dem Siegel verriet ihr nichts über den Absender, doch als sie es gebrochen und das Papier darin entfaltet hatte, erkannte sie die Unterschrift des Steinmetzen Rudolph von Straßburg unter dem Brief.

Rudolph von Straßburg schrieb ihr? Der Polier der Brückenbaustelle? Der Mann, den sie mit Druda beim Ehebruch ertappt hatte? Sie kannte ihn doch kaum! War ihm doch nur hin und wieder auf der Baustelle am Mörtelkübel begegnet!

Sie ging zum Fenster, um die Nachricht im letzten Tageslicht zu lesen.

Gute Mörtelmischerin, mir ist bekannt, dass man dich lesen und schreiben gelehrt hat, begann der Brief, *lies also dies hier. Vor wenig mehr als neun Monaten, im November anno 1362, während Frau Ricarda Scorpio nach Krakau reiste, besuchte ich ihre Hausburg und hatte die Gelegenheit, mit dem edlen Herrn Giselher von Stettin von Angesicht zu Angesicht zu sprechen. Was er mir erzählte, scheint mir so ungeheuerlich und beschmutzt deine Ehre auf eine solch entsetzliche Weise, dass ich mich heute entschlossen habe, dir davon zu berichten. Höre: Nicht der Zufall führte dich in die Arme des niederträchtigen Marian und seiner Höllenhunde, auch keine böse Fügung, sondern einzig der Plan Ricarda Scorpios, der Sterndeuterin. Oder soll ich sie gleich eine Hexe nennen? Sie benutzte dich als Köder ...*

Maria-Magdalenas Augen füllten sich mit Tränen, und die Handschrift verschwamm hinter einem Schleier. Ihre Hände zitterten auf einmal so stark, dass sie den Brief sinken lassen musste. Sie rang nach Luft, atmete schnappend und keuchend wie eine Erstickende. Eine Zeit lang lief sie zwischen Kammertür und Fenster hin und her und biss sich abwechselnd in die Faust oder in den Handballen oder zerkratzte sich den Unterarm.

Weil bereits die Sonne sank und es düster wurde in der Kammer, entriegelte sie die Tür, griff nach draußen und nahm eine Talglampe aus der Wandhalterung. Um den Brief in ihrem Licht weiterzulesen, ließ sie sich auf den Strohsack sinken.

Sie atmete schwer, während sie las, musste wieder und wieder aufhören, biss sich die Unterlippe wund, knirschte mit den Zähnen. Schließlich warf sie sich auf den Bauch und keuchte ihre Schreie in den Strohsack hinein.

Sie hatte Ricarda als Lockvogel gedient, um Marian in eine Falle zu locken. Die Sterndeuterin hatte sie benutzt, um sich an dem Ritter zu rächen. Und zugleich hatte sie ihre Schändung und die Tötung von Marian und dem Schwarzbart herausgefordert, um Maria-Magdalena künftig erpressen zu können.

Plötzlich fügte sich ein Mosaikstein zum anderen, und in Maria-Magdalenas Kopf und Brust breitete sich eisige Kälte aus. Sie richtete sich auf und las den Brief zu Ende.

Ricarda wirke mit Giselher für eine Art Todesorden, schrieb

der Straßburger. Geistliche Herren, Höflinge, Kaufleute und Edelmänner nutzten dessen Dienste, um unliebsame Konkurrenten aus dem Weg zu räumen. Ricarda habe beste Verbindungen zu diesem Orden, seit sie wegen Rübelrap seine Hilfe gesucht habe und den Grafen Eberhard töten ließ.

Am Schluss des Schreibens hieß es: *Da auch ich zu den erniedrigten Opfern der Hexe zähle – ja, ich nenne Ricarda Scorpio fortan eine Hexe! –, biete ich dir an, mit meiner Schande zugleich auch deine an ihr zu rächen. Auf der Baustelle ist mir deine ungewöhnliche Klugheit durchaus aufgefallen, und ich bin guter Hoffnung, dass du mir einen Weg weisen kannst, in ihr Kontor einzudringen, ohne dem Ritter Giselher und seinen Waffenknechten in die Arme zu laufen.*

Maria-Magdalena ließ sich auf den Rücken fallen und starrte in den flackernden Lichtkreis, den die Talglampe an die Decke warf. Irgendwann stand sie auf und lief abermals zwischen Fenster und Kammertür hin und her, diesmal grübelnd. Von Zeit zu Zeit ging sie vor der Lampe in die Hocke, um den Brief des Straßburgers erneut zu lesen. Danach fuhr sie fort, ihre Runden zu drehen. Bis über dem Hof die Sterne im Nachthimmel funkelten.

Nicht heißer Zorn half ihr, die Entscheidung zu treffen, sondern kalter Hass. Hass, so eisig, dass er das Innere ihrer Brust hart gefrieren ließ. Sie steckte den Brief unter ihr Kleid, verließ ihre Kammer, schritt die Treppe hinunter und klopfte ans Kontor der Sterndeuterin.

»Wer wagt es, mich zu stören?«, tönte es hinter dem Portal.
»Ich bin es.«
Schnelle Schritte näherten sich, die Tür wurde geöffnet, und für einen Moment sah Maria-Magdalena den Magister Gallus von Strahov am Pult der Sterndeuterin stehen, den künftigen Bischof von Budweis. Ricarda Scorpio kam heraus und drückte den Tür-

flügel hinter sich zu. »Du hast dich entschieden, ich sehe es dir an.«

Maria-Magdalena nickte. »Packt mir das Geschenk für Jan Otlin ein. Morgen werde ich es ihm bringen.«

11
Bilsenkraut

Prag, Ende August 1363

Der Maurer trat einen Schritt zurück, damit der Polier das Winkeleisen an die Brüstung anlegen konnte.

»Schief!«, zischte Rudolph von Straßburg. Er zerrte das Senkblei aus seinem Arbeitsmantel, hielt die Schnur an die oberste Schicht der frisch gesetzten Steinblöcke und ließ den Bleikegel fallen.

»Die Mauer ist nicht im Lot!«, schrie der Franzose und deutete auf das Blei. »Siehst du das, du Bocksarsch, du?!« Ohne an der Blockkante die Schnur loszulassen, ging er in die Hocke und hielt seinen Zeigefinger zwischen die Schnur und die frisch gemauerte Brüstungsmauer. »Bist du blind, oder siehst du, dass mein Zeigefinger beinahe zweimal dazwischenpasst? Schief, du Hohlkopf! Vollkommen schief!« Rudolph sprang auf. »Abreißen und neu hochmauern!« Er bohrte dem Beschimpften den Zeigefinger in die Brust. »Aber schnurgerade diesmal!«

Der Maurer, ein noch blutjunger Mann, nickte betreten und murmelte etwas, das wohl nach einer Entschuldigung klingen sollte. Rudolph nahm Winkeleisen und Senkblei, ließ ihn stehen und setzte seinen Gang über den neuen Brückenbogen fort. Dabei blickte er sich unentwegt nach dem Brückenaufgang um – die Nonne aber zeigte sich nirgends.

Schon gestern hatte er fieberhaft auf Schwester Eva gewartet, schon gestern damit gerechnet, dass sie ihm endlich die Antwort der Mörtelmischerin brachte. Doch sie ließ sich nicht blicken, gestern nicht und auch heute nicht.

Wut und Enttäuschung brannten in Rudolphs Brust. Im Stillen verfluchte er die ehemalige Hure und mit ihr diese eigenartige Jungfer, die sich in Ricarda Scorpios Hausburg eingenistet hatte. Geschah ihr recht, von der Hexe missbraucht zu werden!

Nicht weit vor ihm richtete Friedrich, der Zimmermeister, sich auf den Knien auf. Er bearbeitete gerade eines jener schweren Balkengitter, die in die Verschalung des neuen Brückenbogens eingebaut werden sollten.

»Hört mir zu, Meister Rudolph!«, rief er schon von Weitem. »Es ist nicht recht, einen braven Baumann vor den Ohren aller zu beschimpfen!« Die Maurer und Zimmerleute ringsum nickten grimmig. »Habt Ihr denn nie den Spruch gehört: ›Der Klang macht die Musik aus‹?«

»Wie kommst du mir vor, Bursche?!«, fuhr Rudolph ihn an. »Bist du der Polier, oder bin ich es? Mach deine Arbeit!«

Ohne den Deutschen eines weiteren Blickes zu würdigen, ging er an ihm vorbei und balancierte dann über die Bogenverschalung zum Gerüst des neuen Pfeilers hinüber. Dort hatte er nach dem Willen des Baumeisters die Festigkeit des Gerüstes zu prüfen. Als er ankam, drehte er sich erneut nach der Altstadt um und spähte zu den Leuten, die in kleinen Gruppen am Brückenaufgang standen und die Bauarbeiten beobachteten. Die so sehnsüchtig erwartete Benediktinerin entdeckte er auch dieses Mal nicht unter ihnen.

»Der Teufel soll sie holen, wenn sie nicht kommt«, murmelte

Rudolph und kletterte die Balken hinauf. »Der Teufel soll die verdammte Mörtelmischerin holen, wenn sie nicht antwortet.«

Einer der Zimmermänner im Gerüst hörte es und guckte ihn verwundert an.

»Was gibt's zu glotzen?«, schnaubte der Polier. »Mach gefälligst deine Arbeit, Mann.« Mit mürrischer Miene begann er, die Verbindungen von Brettern und Pfosten zu prüfen, fällte das Lot, legte das Winkeleisen an. Die Maurer und Zimmerleute ringsum beobachteten ihn verstohlen.

Gestern war Rudolph noch sicher gewesen, dass die Botin der Sterndeuterin ihm antworten würde, gestern sprühte er noch vor Zuversicht, Ricarda Scorpio schon bald bestrafen zu können. Gestern überschlug er sich noch vor Freundlichkeit, und die muntere Stimmung hatte auf seinem Gesicht geleuchtet.

Heute jedoch, nachdem die Nonne sich zur Mittagszeit weiterhin nicht blicken ließ, wurde er zunehmend mürrisch und reizbar. Einen Wasserträger hatte er aufs Übelste beschimpft, nur weil er die Ledereimer an seinem Joch nicht bis zum Rand gefüllt hatte, und einen Mörtelmischer, weil ein Laubblatt in den Kübel gefallen war.

Von seinen Launen hin- und hergerissen – so kannten die Bauleute Rudolph von Straßburg seit Langem, und so fürchteten sie ihn. Doch heute war es besonders schlimm.

Als er wieder aus dem Pfeilergerüst geklettert war und die Benediktinerin noch immer nicht unter den Schaulustigen am Turmfundament entdeckte, kochte die Wut im Straßburger hoch. Er wurde bleich, ballte die Fäuste und musste an sich halten, um keinen lästerlichen Fluch herauszubrüllen.

»Verdammte Kotze«, murmelte er nur. »Gnade dir Gott, wenn du meinen Brief nicht der Mörtelmischerin übergeben hast.«

Unter ihm, auf der Moldau, schwamm das Floß mit der

Ramme zur Trockengrube hin. Rudolph schaute hinunter – ganz vorn stand Jan Otlin, der Brückenbaumeister. Rudolph spuckte aus.

»Wie lange muss ich deinen Anblick noch ertragen?«, flüsterte er.

...

Am Abend tauchte sie in die düstere Kühle der Klosterkirche ein. Es roch nach Weihrauch, feuchtem Staub und Schweiß. Während sie noch an den Säulen des Kirchenschiffes vorüber zur schweigenden Menge huschte, die sich vor dem Lettner versammelt hatte, stimmten die Benediktinerinnen im Chor bereits die Vesper an.

Den Rucksack mit dem Wein und dem kleinen Lederbündel auf dem Rücken, schob sie sich behutsam zwischen Dutzenden Männern, Frauen und Kindern hindurch, um möglichst nahe an den Lettner zu gelangen. Irgendwo im Chorgestühl dahinter saß auch Eva, und ihr musste Maria-Magdalena sich bemerkbar machen, bevor das Abendgebet zu Ende ging. Unbedingt.

Das Herz schlug ihr im Hals, und ihre Brust fühlte sich wie eingeschnürt an, sodass sie schneller atmete als sonst. Sicher – sie hatte es eilig gehabt, pünktlich zur Vesper in die Klosterkirche zu gelangen, und weil man ihr in der Hausburg den Rappen nicht geben wollte, hatte sie rennen müssen. Doch nicht das beschleunigte ihren Atem und Herzschlag, sondern die Angst.

Angst, Eva nicht mehr sprechen zu können, bevor sie sich auf einen Weg machte, der ihr Leben verändern würde – das spürte sie –, Angst vor den Waffenknechten, die Ricarda ihr gewiss hinterhergeschickt hatte, und vor allem Angst vor der Begegnung mit dem Brückenbaumeister.

Sie lauschte dem Gesang, suchte den richtigen Ton, schluckte ein paarmal und fand ihn endlich. Erst summte sie mit, dann gelangen ihr ein paar lateinische Psalmverse, und bald verschmolz ihre Stimme mit denen der Nonnen im Chor und der Männer und Frauen ringsum. Sie beruhigte sich ein wenig.

Während sie sang, versuchte ihr Blick, den gitterartigen und vielfach von Schnitzereien durchbrochenen Lettner zu durchdringen und einzelne Nonnen im Gestühl dahinter ins Auge zu fassen. Sie entdeckte Eva sofort, kannte ja den Platz der Freundin rechts in der hinteren Reihe, und – war es Fügung oder Zufall? – auch Eva schaute zum Lettner, und ihre Blicke begegneten einander. Maria-Magdalena hob die Rechte, und Eva gab durch ein Nicken zu verstehen, dass sie die Freundin wahrgenommen hatte.

Von nun an flossen die Psalmverse noch leichter über Maria-Magdalenas Lippen. Sie schloss die Augen und lächelte in sich hinein. Die Spannung in Brust und Kehle löste sich.

Rübelrap stand ihr plötzlich vor Augen, sein breites Kindergesicht, seine traurigen Augen, und ohne dass sie es sich vorgenommen hatte, flossen auf einmal böhmische statt lateinische Verse aus ihrem Mund.

»Der Herr ist mein Hirte«, sang sie, »mir wird nichts mangeln, sein Stecken und Stab trösten mich.«

Ob er wohl aus dem Himmel auf sie herabschaute, ihr geliebter Rübelrap? Was würde er dazu sagen, dass sie mit vergiftetem Wein im Rucksack hier in einer Kirche stand und die Vesper sang? Was zu ihrem Plan, diesen Wein nachher zu einem Mann zu bringen, dem sie nichts als Segen und Gutes wünschte? Zu dem ihr Herz sich hingezogen fühlte?

»Und ob ich schon wanderte im finsteren Tal, so fürchte ich kein Unglück!« Unwillkürlich sang sie so laut, dass einige andere Sänger, irritiert von den böhmischen Versen, sich nach ihr umdrehten. »Denn du bist bei mir, dein Stecken und Stab trösten mich!«

Aller Schmerz der vergangenen Wochen, alle Angst und Wehmut lagen in der Inbrunst, mit der Maria-Magdalena sang. Machten diese alten Worte es, dass sie sich auf einmal getröstet fühlte? War es die Erinnerung an Rübelrap?

Wie eine Schwebende kam sie sich vor, wie auf Schwingen hochgehoben fühlte sie sich, so viel Zuversicht und Hoffnung durchströmte sie. Sie sang mit geschlossenen Augen, lächelnd und mit Tränen auf den Wangen.

Der letzte Psalm verklang, danach der Segen, danach das Amen und das Halleluja. Die Nonnen hinter dem Lettner erhoben sich, das Rascheln ihrer Gewänder hallte durch die Kirche. Die Leute begannen, zu tuscheln und zu schwatzen, zerstreuten sich, gingen zum Portal oder zu den Beichtstühlen.

Maria-Magdalena achtete nicht auf die verwunderten Blicke der Männer und Frauen, die ihren böhmischen Psalm gehört hatten, sondern schob sich am Lettner entlang dem Durchgang zum Chor entgegen. Dort würde Eva herauskommen.

»Wem hast du gewunken?«, raunte plötzlich eine Männerstimme dicht an ihrem Ohr.

Maria-Magdalena fuhr erschrocken herum – der Ritter Giselher stand hinter ihr.

»Was geht es Euch an?« Sie fasste sich gleich wieder, denn sie hatte damit gerechnet, dass jemand ihr folgte. Doch der Ritter selbst? Das fachte ihre Angst aufs Neue an.

»Warum gehst du nicht auf direktem Weg zur Baustelle?« Der eisige Blick seiner blauen Augen hielt sie fest. Sein Gesicht war kantig und hart.

Maria-Magdalena musste daran denken, wie ihr dieses schöne Männerantlitz an jenem Höllenabend im Weinberg erschienen war – wie das eines Engels: gütig, Rettung verheißend, voller Erbarmen. Und hatte Giselhers Stimme nicht beinahe zärtlich geklungen?

Alles Lüge, dachte sie bitter, alles Maskerade! Und der Hass durchzuckte sie wie eine lodernde Flamme.

»Vielleicht, weil ich etwas tun will, was auch Euch gut anstände?« Mühsam zügelte sie ihren Abscheu, versuchte, ihn aus Stimme und Blick zu verbannen; ganz gelang es ihr nicht. »Ich habe zu beichten, Herr Giselher. Ihr ebenso, nehme ich an.«

Jetzt erst entdeckte sie den Waffenknecht, der den Stettiner begleitete – er stand unter den letzten Frauen, die am Abendgebet teilgenommen hatten und sich nun noch die Neuigkeiten des Tages erzählen mussten.

»Weiß ich, welches Schicksal auf mich wartet, wenn ich Meister Otlin das Weingeschenk überreicht habe? Wisst Ihr, welches Euch erwartet? Also lasst uns zur Beichte gehen, Herr Giselher.«

Der Weißblonde legte den Finger auf die Lippen, um ihr zu bedeuten, dass sie leiser sprechen solle. »Beichte, was du willst, doch kein Wort davon.« Er deutete auf ihren Rückenbeutel.

Mit grimmiger Befriedigung sah Maria-Magdalena, dass der Waffenknecht blinzelte und gähnte. Hatte er also von dem Bier getrunken, das sie in der Küche in einen Kübel mit kühlem Brunnenwasser gestellt hatte. Der Ritter allerdings zeigte keine Anzeichen von Müdigkeit.

Sie wandte sich von ihm ab, als sie aus dem Augenwinkel Eva aus dem Durchgang zum Chor schreiten sah. Sie huschte zu ihr, fasste die Freundin bei der Hand und ging neben ihr zu einem Beichtstuhl, vor dem nur ein einzelner Greis stand.

»So schön, dich zu sehen.« Eva drückte ihre Hand und schmiegte sich an sie. »Ich habe mir Sorgen gemacht, wie geht es dir?«

»Schau mich an«, flüsterte Maria-Magdalena. »Sehe ich nicht aus wie eine Frau voller Zuversicht?« Noch während sie das sagte, kehrte die Angst zurück; vielleicht, weil sie Giselher und den Waffenknecht durchs Kirchenschiff schlendern sah. »Bitte frage mich weiter nichts, geliebte Schwester.«

Sie stellten sich hinter den Greis, um zu warten, bis sie an die Reihe kamen. Eva schaute verwundert auf Maria-Magdalenas Rückensack. »Du bist unterwegs?«

»Als Botin zum Brückenneubau. Um Meister Otlin ein Geschenk zu bringen.«

»Wirklich?« Eva runzelte die Stirn. »Er hat gestern nach dir gefragt, will dich besuchen.«

Maria-Magdalenas Herz schlug höher, als sie das hörte, und sie schöpfte Hoffnung. Eine Nonne verließ den Beichtstuhl, der alte Mann schlurfte zu ihm hin und kniete ächzend hinter dem Vorhang auf der Gebetsbank nieder.

»Außer Wein trage ich noch ein kleines Lederbündel bei mir«, flüsterte Maria-Magdalena. »Niemand darf sehen, wie ich es dir gebe.« Sie spähte zum Eingang hin, wo Giselher und der Waffenknecht standen und sie beobachteten. »Ich lasse es im Beichtstuhl liegen, damit du es an dich nehmen und dem Rudolph von Straßburg geben kannst.«

»Dem Steinmetz, der dir den Brief geschrieben hat?« Eva staunte sie an.

Maria-Magdalena nickte. »Gib es ihm noch heute Abend. Am besten, du passt ihn ab, wenn er von der Baustelle kommt.« Sie sah es ihrer Miene an, dass Eva viele Fragen hatte, und schon öffnete die Freundin den Mund, um die erste zu stellen, doch in diesem Augenblick erhob sich stöhnend der Alte von der Kniebank. Maria-Magdalena küsste die Nonne auf die Stirn und schlüpfte in den Beichtstuhl. Hinter sich zog sie sorgfältig den Vorhang zu.

»Im Namen des Vaters, des Sohnes und des Heiligen Geistes, Amen.« Während sie die Eingangsformel sprach, streifte sie den Rucksack von den Schultern.

»Gott, der unser Herz erleuchtet, schenke dir wahre Erkenntnis deiner Sünden und Seiner Barmherzigkeit«, brummte jenseits des Sprechgitters eine tiefe und gleichmütig klingende Männerstimme.

»Amen«, sagte Maria-Magdalena wieder, öffnete ihren Rucksack und beichtete die erste einer Reihe von Sünden. »Ich habe meine Herrin belogen.« Das stimmte, auch wenn sie es nicht bereute, der Sterndeuterin die Unwahrheit gesagt zu haben. »Ich habe ein schönes Stück Bronze gestohlen.« Mit diesen Worten griff sie in den Rucksack, um das kleine Lederbündel herauszuholen. »Ich werd's aber zurückgeben.« Sie platzierte das Päckchen zwischen ihren Knien.

Dieses kleine Bündel nun machte ihr wirklich ein schlechtes Gewissen. Nicht, weil sie seinen Inhalt entwendet hatte, sondern weil sie ihre fromme Freundin dazu brachte, es dem Straßburger zu übergeben. Hätte sie Eva erzählt, um was der sie gebeten hatte und was er ihr dafür geben wollte, hätte die fromme Frau vermutlich auf die Bibel verwiesen und gesagt: »Die Rache ist mein, spricht der Herr.«

Doch davon erzählte Maria-Magdalena dem Priester kein Wort. Stattdessen fuhr sie mit ihrer Beichte fort: »Und ich habe Bilsenkraut und Mohn in gutes und teures Bier gekippt.« Auch das stimmte, aber auch das bereute sie nicht. »Ich werd's bezahlen. Das Bier, meine ich.«

Schwarzes Bilsenkraut und Mohn hatte sie in dem geheimen Wandschrank in der Vorratskammer der Hausburg entdeckt, in dem Ricarda Scorpio ihre Heilkräuter aufbewahrte – und ihre Giftpflanzen. Maria-Magdalena verstand die lateinischen Beschriftungen auf den Flaschen, Gläsern und Büchsen im Schrank nicht, doch die meisten trugen zusätzlich bunte Darstellungen auf dem Etikett, deren Essenzen oder Tinkturen sie enthielten. Und weil die Bäuerin, der sie früher die Schweine hütete, ihre schreienden Kleinkinder mit Mohn eingeschläfert und ihre Leibschmerzen mit schwarzem Bilsenkraut betäubt hatte, musste Maria-Magdalena nicht lange rätseln, wonach sie zu greifen hatte.

Der Priester, als er auf der anderen Seite des Sprechgitters merkte, dass Maria-Magdalena keine weiteren Sünden zu bekennen hatte, räusperte sich. Dann legte er ihr als Buße auf, sich an den folgenden drei Sonntagen ins Heiligen-Geist-Hospital der Kreuzherren zu begeben und den Ordensleuten dort bei der Pflege der Kranken zu helfen. Außerdem sollte sie noch vor Anbruch der Nacht zwölf Vaterunser beten.

Sie endete mit dem Reuegebet, wie Rübelrap es ihr beigebracht hatte, und der Priester sprach sie mit der üblichen Absolutionsformel von ihren Sünden los. Das Amen noch auf den Lippen, packte Maria-Magdalena ihren Rucksack und erhob sich.

Sie hielt den Vorhang für Eva zur Seite und deutete mit einem Blick hinunter auf die Kniebank, wo das vielfach verschnürte Lederpäckchen lag. Die Freundin nickte und kniete nieder. Maria-Magdalena ließ den Vorhang vor ihren Rücken gleiten und huschte aus der Klosterkirche.

Draußen schaute sie sich nach Giselher und seinem Waffenknecht um, entdeckte die Männer aber nirgends. Doch sie machte sich nichts vor: Ricarda Scorpios Schergen würden ihr folgen und sie nicht aus den Augen lassen. Und wehe ihr, sollte sie einen Fluchtversuch wagen – der Waffenknecht hatte wohl von dem Bier getrunken und kam ihr ungefährlich vor, doch Giselher würde nicht ruhen, bis er sie wieder eingefangen hatte. Und von ihm hatte sie dann keinerlei Gnade zu erwarten.

Aber Maria-Magdalena wollte gar nicht fliehen, sie wollte zu Meister Otlins Bauhütte. Je näher sie der Brückenbaustelle kam, desto schneller schlug ihr Herz, und desto enger wurde ihr die Brust. Hell loderte die Angst nun in ihr auf.

...

Er entdeckte sie, kaum dass er in die Straße eingebogen war, in der er wohnte. Wie ein schwarzes, ängstliches Tier stand sie unter der Hofeinfahrt des Hauses, das seinem gegenüberlag. Am Habit und an der blonden Haarsträhne, die der Abendwind ihr aus dem Kopfteil ihrer Kutte gerissen hatte, erkannte Rudolph sie schon von Weitem.

Er ging zu ihr und schaute ihr in die Augen. »Und?«

Angst flackerte in ihrem Blick.

»Hier, nehmt das.« Sie griff unter ihre Kutte und zog ein längliches Ding heraus, das in ein Ledertuch geschlagen war. »Von Maria-Magdalena. Die Antwort auf Euren Brief.«

Seine Züge entspannten sich zu einem Lächeln. Also doch – die Nonne hatte sich als zuverlässige Botin erwiesen, und die gute Mörtelmischerin ...

Aber halt! Er kannte ja ihre Antwort noch gar nicht. Sofort verdüsterte sich seine Miene wieder. Er wog das Päckchen in der Rechten. »Weißt du, was da drin ist?«

Schwester Eva schüttelte den Kopf. »Gott segne Euch.« Scheu schaute sie ihm ins Gesicht, ein letztes Mal. Dann huschte sie in die Dämmerung.

Rudolph nahm drei Stufen auf einmal, so sehr brannte er darauf zu erfahren, was die Mörtelmischerin ihm geschickt hatte. In seinen Kammern verriegelte er die Tür hinter sich, entzündete die große Öllampe auf seinem Schreibpult und drehte den Docht bis zum Anschlag hoch. Im Schein der Flamme packte er das Lederbündel aus.

Seine Finger zitterten dabei, und er stellte sich so fahrig an, dass der Inhalt des Päckchens herausrutschte und auf die Holzdielen klirrte. Er griff nach der Lampe, ging in die Hocke und betrachtete das bronzene Ding, das da vor ihm auf dem Boden lag.

Ein Schlüssel.

Ein Schrei entfuhr ihm, ein Freudenschrei. Aus der Vorratskammer holte er einen Krug Wein und füllte mit zitternden Händen den Becher auf seinem Schreibpult. Er platzte schier vor Tatendrang und Hass. Als er den Becher halb geleert zurück auf das Pult stellte, fiel sein Blick auf die kleine Handschrift, mit der die Rückseite des Leders vollgeschrieben war.

»Sie schreibt mir?« Er riss das Leder hoch, straffte es, las. »Wahrhaftig, sie schreibt mir!« Und mit jedem Satz, den er las, vertiefte sich das Lächeln in seinen Zügen. »Der Schlüssel für die Hintertür also ... über das Nachbaranwesen, aha ... Bier, so, so.« Manchmal las er murmelnd, manchmal mit stummen Lippenbewegungen. »Bilsenkraut und Mohn ... was für ein kluges Weib!«

Ein irres Lachen entfuhr ihm schließlich, er schlug mit der flachen Hand aufs Pult, leerte den Weinbecher. »Bier, Mohn und Bilsenkraut – was für ein Weib! Der Teufel soll dich holen, Ricarda – ich komme!«

...

Die Abenddämmerung fiel über die Brückenbaustelle, die letzten Bauleute brachten ihr Werkzeug in die Werkstätten. Der allgegenwärtige Baulärm, der Jans Tage seit Jahren begleitete, verlor sich nach und nach. Der Zimmermeister Friedrich drückte seinem

Baumeister zum Abschied eine brennende Fackel in die Hand und kletterte über das Pfeilergerüst zur Brücke hinauf.

Auf dem Weg über den Bausteg hörte Jan nur noch vereinzelte Maurer und Zimmerleute, die einander oder ihm Abendgrüße zuriefen. Die Moldau strömte gurgelnd unter ihm dahin, im Uferschilf neben den Mühlhäusern schnatterten Enten, und drei Schwäne ließen sich mit der Strömung unter dem neuen Brückenbogen hindurchtreiben. Meister Otlin war müde, aber tief zufrieden.

Der Kopf schwirrte ihm von all den Stimmen, die er heute gehört hatte, von all dem Gehämmer, Geklopfe und Räderrattern. Er lief die Rampe zur Uferwiese hinunter, die von zahllosen Hufen, Stiefeln und Wagenrädern zerwühlt war, und ging hinauf zur Bauhütte. Eine kühle Abendbrise fuhr ihm ins Haar.

In der Bauhütte entzündete er mit der Fackel eine Talglampe und steckte die Fackel dann in die Wandhalterung draußen neben der Tür – zum Zeichen, dass er noch zu sprechen war. Aus den Pergamenten, die sich drinnen auf dem Tisch stapelten, zog er seinen Bauplan, um sich im Lampenschein noch einmal über ihn zu beugen.

Im gleichen Augenblick entdeckte er die Flasche. Sie stand ganz am Ende des langen Arbeitstisches.

Er stutzte, ging hin und nahm sie in die Hand: eine elegante Flasche in der Form einer Vase und gefüllt mit rotem Wein. Wer hatte denn die in die Bauhütte geschmuggelt? Verblüfft schüttelte Jan den Kopf.

»Ich grüße Euch, Meister Otlin«, ertönte eine Frauenstimme hinter dem Modell des Trommelkrans, wo sein Strohsack lag, auf dem er manchmal ausruhte.

Jan zuckte zusammen vor Schreck und hätte beinahe die Flasche fallen gelassen. »Wer ...?« Er sprach die Frage nicht aus, denn die Stimme hätte er unter Hunderten erkannt. »Du, Maria-Magdalena?«

»Ja, ich bin es.« Sie erhob sich hinter dem Kranmodell. »Ich wünsche Euch einen gesegneten Abend.«

Er lächelte, denn er freute sich, diese Frau wiederzusehen. Sie aber blieb ernst, todernst beinahe. »Bist du in Not?« Besorgt musterte er sie.

»Ja, das bin ich wirklich. Und den Wein habe ich mitgebracht. Als Botin der Frau Ricarda.«

Jan runzelte unwillig die Stirn. »Wie komme ich zu der zweifelhaften Ehre, ausgerechnet von dieser undurchschaubaren Sterndeuterin beschenkt zu werden?«

»Nicht die Ricarda Scorpio beschenkt Euch, Meister Otlin, sondern einige dankbare Prager Bürger tun das. Der Wein ist von ihnen.«

»Oh! Die Leute freuen sich über die Brücke, nicht wahr?« Die Flasche in der Hand, ging er zurück zur Talglampe, um in ihrem Schein das Etikett zu lesen. »Ein Wein aus dem Heiligen Land? Alle Achtung, was für ein edler Tropfen. Den wollen wir doch gleich einmal probieren.« Lächelnd spähte er zu der jungen Frau hin, die noch immer reglos und mit brennend ernster Miene zwischen Strohsack und Kranmodell verharrte. Irgendetwas stimmte nicht mit ihr. Von welcher Not hatte sie gesprochen? »Ich bin übrigens sehr glücklich, dass ausgerechnet du mir dieses Geschenk bringst, Maria-Magdalena.« Er schaute sich nach einem Messer um, fand eines und schälte damit das Wachs von Flaschenhals und Korken.

»Glücklich?« Plötzlich klang ihre Stimme noch heiserer als zuvor. Zitterte sie nicht sogar ein wenig? »Warum?« Sie kam hinter dem Kranmodell hervor und schritt langsam zu ihm an den Tisch.

»Warum, fragst du?« Er schaute ihr ins Gesicht – sie war

schmaler geworden, nahezu hohlwangig, und sie wirkte angespannt. Im Blick ihrer grauen Augen glaubte Jan, Angst flackern zu sehen – und zugleich eine Zärtlichkeit, die ihn überwältigte.

»Tja – warum eigentlich ...« Er wich ihrem Blick aus und suchte nach Worten, während er die Flasche entkorkte. »Als wir uns neulich zugewunken haben, weißt du?« Er zog ein Glas heran und füllte es zur Hälfte mit Wein. »Du hast auf der Holzbrücke auf deinem Rappen gesessen, und ich stand auf dem Schalungsgerüst des nächsten Brückenbogens.« Er griff nach dem Glas. »In diesem Augenblick ...«

»Kippt den Wein weg, Meister Otlin.«

Er stutzte. »Wegkippen?« Sein verdutzter Blick flog zwischen ihrer todernsten Miene und dem roten Rebensaft in seinem Glas hin und her. »Diesen teuren Wein?«

»Ja. Die ganze Flasche.«

»Aber warum denn?«

»Weil Ihr sterben werdet, wenn Ihr davon trinkt.«

12
Hexe

In der ersten Abenddämmerung stand er am Fenster und spähte zum Kloster hinüber: Nonnen eilten aus dem Klostergarten und trugen volle Obstkörbe, Blumen und Gartenwerkzeuge in die Schuppen und den Klosterhof. Manche der frommen Frauen sah Rudolph von Straßburg bereits die Klosterkirche betreten. Gleich würde es zur Komplet läuten, und die Benediktinerinnen beendeten ihr Tagewerk.

Der Straßburger ging zur Wandnische über seiner Kleidertruhe und holte das Stoffbündel mit dem Dolch heraus. Während er die Klinge an einem Wetzstein schärfte, dachte er an den Wintertag zurück, an dem er die Waffe der Mörtelmischerin aus dem Schnee gelangt hatte. Heute wusste er, warum eine innere Eingebung ihn getrieben hatte, das zu tun.

Er steckte den Bronzeschlüssel in die Tasche seines Wamses, schlüpfte in seine neuen Schnabelschuhe und warf sich einen leichten Umhang über die Schultern. Dann löschte er die Talglampe auf seinem Schreibpult.

Als er hinüber zur Klosterkirche ging, brannten hinter vielen Fenstern bereits Öllampen und Fetthölzer. An diesem Abend fühlte er sich so gut wie lange nicht mehr – kräftig, hochgestimmt und voller Hoffnung. Der Dolch der ehemaligen Mörtelmischerin steckte an seinem Waffengurt in einer Scheide neben seinem eigenen Messer. Alles schien möglich zu sein in dieser Stunde, nichts konnte seine Zuversicht trüben.

In der Kirche, vor dem Lettner, versammelten sich nur wenige Prager, um das Nachtgebet zu singen. Er mischte sich unter sie und grüßte nach allen Seiten. Rudolph konnte sich nicht erinnern, wann und wo er selbst zum letzten Mal an einer Komplet teilgenommen hatte. Heute war ihm danach. Immerhin schickte er sich an, eine ebenso gefährliche wie gottgefällige Tat zu vollbringen. Da konnten ein paar Gebete nichts schaden.

Oder war es etwa keine gottwohlgefällige Tat, eine Hexe unschädlich zu machen? Die Nonnen im Chor stimmten einen Psalm an, und Rudolph sang aus vollem Herzen mit.

Nach der Komplet, auf dem Weg zum Kirchenportal, fiel sein Blick auf die Tür, die in die Sakristei führte. Er verharrte kurz, biss die Zähne zusammen und starrte sie an. Ihm war, als würde das hölzerne Türblatt sich in dünnes Glas verwandeln und ihm freien Blick in den Raum und die angrenzende Kammer gestatten.

Einen feierlichen Augenblick lang sah er Druda dort in ihrer ganzen Schönheit liegen, voller Verlangen die Arme nach ihm ausstrecken und sich selbst zwischen ihren Beinen knien. Er schloss die Augen, um die Erinnerung festzuhalten und in der wollüstigen Umarmung seiner toten Geliebten zu schwelgen.

»Geht es Euch gut, Herr Nachbar?«, sprach einer ihn an.

Rudolph riss die Augen auf und schaute in das runde bartlose Gesicht des Schuhmachers, dessen Werkstatt im Haus neben seinem lag. »Sehr gut, dem Allmächtigen sei Dank. Ich lauschte nur dem schönen Gesang der Schwestern nach, denn er klingt mir noch im Herzen.«

»Ein Gesang wie von Engeln, wahrhaftig«, antwortete der Schuhmacher. Man wünschte einander den Segen Gottes und eine behütete Nacht und verließ die Kirche.

Am Altstädter Ring kehrte Rudolph in seiner Lieblingsschenke ein und bestellte einen Becher vom teuersten Wein. Wer wusste denn, ob er jemals wieder Gelegenheit bekommen würde, Wein zu trinken? Vielleicht hatten ja nicht alle Waffenknechte von dem guten Bier getrunken, in das die kluge Mörtelmischerin Mohn und Bilsenkraut gemischt hatte. Weil der Gedanke ihm allzu naheliegend erschien, bestellte er einen zweiten Becher Wein, bevor er die Schenke wieder verließ.

Der Wirt wunderte sich, denn selten hatte er den Straßburger derart gut gelaunt erlebt. Und als Rudolph ihm einen halben Heller mehr in die Hand drückte, als er ihm schuldig war, brachte er vor Staunen kaum den Abschiedsgruß über die Lippen.

Der Mond war noch nicht aufgegangen und alle Gassen längst dunkel, als Rudolph am Badehaus vorüberkam. Hinter dessen Fenstern brannte noch Licht, und Frauengelächter hallte bis auf die Straße hinaus. Rudolph blieb stehen und lauschte. Klang es nicht wie Drudas helles Lachen?

Er dachte an den Tag zurück, an dem sie sich zum ersten Mal geliebt hatten. In diesem Haus war es geschehen, in einer der Ruhekammern. Druda war es gewesen, die ihn eingeladen hatte. Hätte er selbst jemals den Mut aufgebracht, ihr eine Liebesbotschaft in die Hand zu drücken? Sie hatte es gewagt, im Domneubau damals. Ihr Schneid war es gewesen, der sie und ihn im Ruheraum dieses Badehauses einander in die Arme stürzen ließ. Welch herrliche Stunde!

Eine Woge tiefer Traurigkeit flutete durch seine Brust, während er seinen Weg fortsetzte und in die Zöllnerstraße einbog. Doch nicht lange, da wich die Traurigkeit dem Hass – und er griff nach dem Dolch unter seinem Umhang und beschleunigte seinen Schritt.

Er wollte ihr endlich in die Augen schauen, der Frau, die Drudas Tod zu verantworten hatte! Er wollte sehen, wie die Todesangst ihre Züge verzerrte!

Das Nachbaranwesen, das Ricardas Botin in ihrem Brief erwähnt hatte, war eine ehemalige Tischlerei, die im vergangenen Herbst abgebrannt und noch nicht wieder aufgebaut worden war. Niemand wohnte dort mehr, und Rudolph fand das Hoftor offen.

Durch die Brandruine gelangte er zu einem verfallenen Schweinestall und über dessen Flachdach auf das Dach der Werkstatt, die im Hof von Ricardas Hausburg an ihren Stall angrenzte. Dort kletterte er in das Anwesen der Sterndeuterin hinunter. Er wunderte sich, wie leicht alles ging. Ein gutes Omen?

Dicht an die Holzfassade der Werkstatt gedrückt, spähte Rudolph über den nächtlichen Hof zur Hausburg hinüber. Hinter zwei Fenstern entdeckte er Lichtschimmer. Im zweiten Obergeschoss, in der Kammer einer Hübschlerin, flackerten Fettholzflammen, und unten, hinter den Fenstern des Kontors, brannten Öllampen.

Sie war im Haus! Rudolph griff nach dem Dolch unter seinem Umhang. Im Kontor studierte sie ihre Sternkarten, die zu nichts nütze waren, oder schrieb verlogene Briefe oder brütete Horoskope aus, auf die kein Mensch sich verlassen konnte.

Obwohl es so dunkel war, dass er die Umrisse des Brunnens kaum erkennen konnte, schlich er in geduckter Haltung hinüber zu ihm. Er wollte vorsichtig sein, wollte nicht im allerletzten Augenblick noch alles verderben. Hinter der Brunnenfassung verharrte er eine Zeit lang und lauschte.

Von oben, hinter dem Fenster der Hübschlerin, hörte er leises Kichern. Sonst nichts – keine Stimmen, kein Klappern von Bierkrügen oder Weinbechern, kein Gepolter von Schritten. Giselhers Waffenknechte schienen tatsächlich zu schlafen. Unglaublich! Rudolph feixte in sich hinein.

Plötzlich ein Flattern und Rauschen! Der Straßburger fuhr zusammen und blickte in den Nachthimmel – ein Schatten glitt über den Brunnen hinweg und zum Stall hin. Eine Eule? Im Stall blökte erst eine Kuh, dann schnaubte ein Pferd, dann wieder Stille.

Rudolph verharrte atemlos. Doch nichts geschah, kein weiterer Laut ertönte. Also wagte er es und huschte zur rückseitigen Fassade der Hausburg und an ihr entlang zur Hintertür. Auch dahinter in der Küche keine Stimmen, keine Schritte, kein Licht. Rudolph zog den bronzenen Schlüssel aus dem Wams, steckte ihn lautlos ins Schlüsselloch.

In diesem Moment krächzte ein Vogel irgendwo beim Stall. Wieder fuhr Rudolph zusammen. Den Schlüssel zwischen den Fingern, Knie und Schulter gegen die Hintertür gedrückt, stand er wie erstarrt. Eine Elster! Eine Elster mitten in der Nacht? Wo hatte er das zuletzt erlebt? Als es ihm einfiel, schauderte er: Im alten Klosterhof auf dem Laurenziberg war es gewesen. Bevor er den Blutvertrag unterzeichnet hatte.

Er wartete ab, doch weil nichts weiter geschah, schloss er schließlich auf.

Drinnen, in der Küche, wäre er fast über einen Mann gestolpert, der neben der Herdstelle lag und schlief. Im matten Schein der Glut, die in der Herdstelle knisterte, erkannte Rudolph seine Umrisse gerade noch rechtzeitig. Er trat über ihn hinweg und huschte zur Küchentür, durch sie in die Eingangshalle und dort auf Zehenspitzen zu Ricarda Scorpios Kontorportal.

Eine Fackel brannte zwischen der Tür und dem Treppenaufgang. Rudolph hielt den Atem an und lauschte aufmerksam. In einer der Kammern oben kicherte eine Hübschlerin und ächzte ein Mann. Hinter der Kontortür jedoch war nichts zu hören.

Der Fackelschein lag flackernd auf dem Wappen, das das Portal zierte: der heilige Georg als roter Ritter auf einem Schimmel.

Mit seiner Lanze erstach er einen roten Drachen, den sein Pferd niedergetreten hatte. Rudolph, der das Bildnis bei seinen Besuchen in der Hausburg nie bewusst wahrgenommen hatte, wurde unheimlich zumute. Statt die Klinke herunterzudrücken, zögerte er, wich sogar einen Schritt zurück.

Der rote Drache! War das nicht der mächtige Fürst, dem er sein Schicksal mit Blut überschrieben hatte? War das nicht der höllische Geist, von dem die Sterndeuterin besessen war? Er betrachtete den Ritter statt den Drachen, den Drachentöter. Was für ein prächtiger Bursche! Stand ihm die Entschlossenheit nicht ins Gesicht geschrieben? Und wie siegesgewiss er seine Waffe führte!

Alles Zögern fiel von Rudolph ab, alle Furchtsamkeit, jeder Zweifel – der finstere Fürst war nicht unverwundbar. Wenn er die Hexe tötete, dann war auch der Fürst besiegt, mit dem sie sich in ihrer Jugend verbündet hatte! Dann galt für ihn kein Blutvertrag mehr!

Eine tiefe Gewissheit erfüllte Rudolph – er griff nach der Klinke, drückte sie hinunter und öffnete den Portalflügel.

Ricarda Scorpio war allein und stand mit dem Rücken zu ihm über ihr Schreibpult gebeugt. Rudolph hörte ihre Feder über Pergament kratzen.

»Habe ich nicht gesagt, dass ich nicht gestört werden will?«, sagte sie streng und wandte den Kopf. »Du, Rudo?« Sie staunte ihn an und steckte die Schreibfeder in ein Tintenfass. »Mitten in der Nacht? Wir waren nicht verabredet.« Mit jedem Wort wurde ihre Stimme schärfer. »Wer hat dich hereingelassen?!« Nun drehte sie sich ganz nach ihm um und stemmte die Fäuste in die Hüften. »Was willst du hier?!«

»Einer Lügnerin in die Augen sehen.« Er zog die Tür hinter sich zu, lehnte sich mit dem Rücken dagegen und tastete nach dem Schlüsselloch. Der Schlüssel steckte von innen. »Ja, deswegen bin ich gekommen, um einer verlogenen Hexe in die verdorbenen Augen zu schauen.«

»Wie redest du mit mir?!« Zornesfalten über der Nasenwurzel, kam Ricarda Scorpio näher. »Heute trinkt Jan Otlin den Wein, der ihn töten wird! Wie kannst du mich da eine Lügnerin nennen? Sofort verlässt du mein Haus!« Mit ausgestrecktem Arm und Zeigefinger deutete sie zum Straßenfenster hin.

»Ich habe dich durchschaut, Ricarda.« Im Rücken drehte Rudolph den Schlüssel um; völlig geräuschlos ging das nicht. »Du bist eine Hexe. Ein Hexe muss lügen, immer.« Er stieß sich von der Tür ab und ging ihr entgegen.

»Was hast du da eben getan?« Die Scorpio war stehen geblieben. An ihm vorbei lugte sie zu Portal und Schlüssel. »Du hast abgeschlossen!«

»Was regst du dich auf?« Schritt für Schritt näherte er sich der Sterndeuterin. »Hexen können doch durch geschlossene Türen gehen.«

»Was hast du vor, Rudo?« Jetzt wich sie zurück.

»Dich bestrafen, denn du hast mir das Liebste genommen, das ich hatte auf Erden.«

»Hast du mich nicht selbst beauftragt, den vergifteten Wein ins Haus des Baumeisters zu schicken?« Ihre Stimme klang rauer und brüchiger.

»Wäre ich dir nicht begegnet, dann wäre ich jetzt mit Druda verheiratet.«

»Wärst du mir nicht begegnet, dann hättest du sie niemals ins Bett gekriegt! Verschwinde!« Sie stieß mit dem Rücken gegen ihr Schreibpult.

»Ohne dich wäre ich schon Dombaumeister!«

»Hilfe!« Ricarda stieß das Schreibpult um und wollte zum Fenster rennen. »Zu Hilfe!«

Rudolph riss den Dolch aus dem Gurt, sprang vorwärts und stieß der Sterndeuterin die Klinge in den Rücken. »Nimm das hier zum Dank!«, zischte er. Noch während sie zu Boden stürzte, riss er die Klinge zurück und stach erneut zu. Die Waffe fuhr der Fallenden durchs Gebände in die Kopfhaut.

Sie stemmte sich hoch und taumelte, um Hilfe schreiend, zum Fenster. Blut lief ihr den Nacken herunter, Blut tränkte das Rückenteil ihres gelben Kleides. Rudolph folgte ihr, riss sie herum und stach wieder zu, wieder und wieder. Er durchstieß ihre Brust, ihren Bauch, ihren Hals. Vergeblich versuchte sie, sich mit erhobenen Armen zu schützen – immer hieb er auf sie ein, bis die Klinge in einer ihrer Rippen stecken blieb. Da erst ließ er von ihr ab und taumelte einen Schritt rückwärts.

Jemand rüttelte an der Kontortür, rief den Namen der Hausherrin. Obwohl sie aus vielen Wunden blutete, stand Ricarda Scorpio noch auf eigenen Beinen, schritt sogar auf Rudolph zu. Er erschrak bis ins Mark und wich zur Seite aus. Den Dolch in den Rippen und das gelbe Kleid blutrot, wankte die Sterndeuterin zur Tür.

Rudolph sprang zum Fenster, riss den Vorhang zur Seite und wollte hinausklettern, doch ein Rabe hockte im Fensterrahmen und äugte zu ihm herauf. Das Licht des aufgegangenen Mondes schimmerte im schwarzen Gefieder des Tieres.

Entsetzt taumelte Rudolph zurück und drehte sich um. An der Kontortür ging Ricarda Scorpio in die Knie. Röchelnd und stöhnend hielt sie sich am Schlüssel fest. Schwallartig schoss ihr das Blut aus dem Mund, und was immer sie noch sagen wollte, es ging in Röcheln und Gurgeln unter. Schließlich brach sie zusammen und schlug auf dem Boden auf.

Männerstimmen schrien in der Eingangshalle vor der Kontortür. Jemand warf sich gegen den rechten Türflügel. Rudolph schaute sich nach einer Waffe um und entdeckte einen großen Zirkel auf Ricardas rundem Tisch.

Er packte ihn, sprang zurück zum Fenster und schlug mit dem Zeichengerät nach dem Kolkraben, bis der schwarze Vogel krächzend die Flucht ergriff. Hastig kletterte Rudolph aus dem Fenster und in den nächtlichen Hof hinunter.

13
Nachdenken

Der Baumeister stand wie festgefroren. Vollkommen reglos starrte er sie an. Kein Mundwinkel, keine Wimper zuckte in seinem Gesicht, kein Nasenflügel bebte, nicht einmal der vergiftete Wein in dem Glas, das er noch immer in der Rechten hielt, schwappte. Die Zeit an sich schien erstarrt zu sein. Verging sie überhaupt noch? Die Augenblicke, in denen sie einander stumm gegenüberstanden, kamen Maria-Magdalena unendlich lang vor. Und wie still es auf einmal in der Bauhütte war – so still, dass sie glaubte, Jan Otlin müsse ihr Herz schlagen hören, so deutlich, wie man eine Pauke hören würde, die einer vor dem Fenster schlug.

»Was sagst du da?«, fragte er endlich mit brüchiger Stimme. »Weil ich sterben werde, wenn ich davon trinke?« Er hob das Weinglas. »Du bringst mir den Tod?«

»Nein. Ich bringe Euch eine Todgeweihte – mich.« Sie trat so nahe zu ihm, dass sie seinen Atem im Gesicht spürte. »Ihr habt es doch ernst gemeint, als Ihr mir an Rübelraps Grab zugeflüstert habt, ich solle zu Euch kommen, wenn ich Hilfe brauche?«

»Oh ja.« Er nickte. »Das habe ich gemeint, wie ich es gesagt habe.«

Erleichterung löste ihr die innere Anspannung ein wenig. »Jetzt ist es so weit, Meister Otlin, jetzt brauche ich Eure Hilfe.« Sie atmete tief. »Denn solltet Ihr diese Baracke lebendig verlassen, dann werden die Sterndeuterin und ihr Ritter dafür sorgen, dass ich auf dem Blutgerüst sterbe, und zwar auf dem Rad.«

Eine steile Falte grub sich zwischen seinen Brauen ein, und seine Miene schwankte hin und her zwischen Unglauben und Schrecken. »Aber ...« Wie einer, der vergeblich darum ringt, die Bedeutung eines fremden Wortes zu verstehen, schüttelte er mit knappen Bewegungen den Kopf. Seine Augen wurden schmal, während er sie musterte, so schmal, dass Maria-Magdalena ihr leuchtendes Grün nicht mehr erkennen konnte. »Aber wie sollten sie das können?«

»Sie haben mich in ihrer Hand. Ganz und gar.«

»So gründlich, dass sie dich zwingen können, mir vergifteten Wein zu bringen?« Sie nickte. »Das glaube ich nicht.« Endlich stellte er das Weinglas auf den Tisch. »Wodurch denn?« Er fasste ihre Hand und zog Maria-Magdalena an die andere Schmalseite des Tisches. Dort drückte er sie auf eine Bank und nahm ihr gegenüber auf einem Hocker Platz. »Das musst du mir erklären, Maria-Magdalena.«

»Lest das hier.« Sie zog den Brief des Straßburgers aus der Gürteltasche und reichte ihn dem Baumeister.

Der entrollte ihn und schaute zuerst an dessen Ende. »Rudolph von Straßburg?« Überrascht hob er den Kopf. »Ja, doch – ich habe gesehen, wie er der Schwester Eva einen Brief an dich gab. War es dieser hier?«

Maria-Magdalena nickte. »Bitte lest.«

Er vertiefte sich in das Schreiben. Seine Lippen bewegten sich stumm, und an manchen Stellen blickte er kopfschüttelnd auf. Nachdem er die Nachricht gelesen hatte, erhob er sich und begann, zwischen Maria-Magdalena und dem Kranmodell hin- und herzuwandern. Von Zeit zu Zeit blieb er stehen, nahm das Schreiben hoch und las erneut. Maria-Magdalena wartete geduldig. Ihr Schicksal, ihre Zukunft – alles lag jetzt in seiner Hand.

Irgendwann setzte er sich wieder zu ihr und gab ihr den Brief des Straßburgers zurück. »Was meint er, wenn er schreibt, er wolle mit deiner auch seine Schande rächen? Was hat ihm die Ricarda Scorpio denn angetan?«

»Das weiß ich nicht, Meister Otlin.«

»Sie töten Menschen und lassen sich dafür bezahlen. Ich kann das kaum glauben.« Seufzend blickte er an ihr vorbei in irgendeine Ferne und schüttelte fassungslos den Kopf. »Weißt du, in wessen Auftrag sie mich mit diesem Wein vergiften wollen?« Mit flüchtiger Geste deutete er hinter sich zur Weinflasche hin. »Ich meine – wer steckt dahinter? Wer ist es, der meinen Tod so sehr wünscht?«

»Auch das weiß ich nicht.«

Nachdenklich betrachtete er sie. Schließlich fasste er ihre Rechte und nahm sie zwischen seine Hände. »Gut. Ich glaube dir.« Er begann, ihre Hand zu streicheln, und die Erleichterung trieb Maria-Magdalena Tränen in die Augen.

Eine Weile saßen sie so, still und einander so nahe, dass etwas wie Glück durch Maria-Magdalenas Brust perlte.

Irgendwann brach Jan Otlin das Schweigen und fragte: »Hast du denn seine Hoffnung erfüllen, hast du ihm ›einen Weg weisen können, in ihr Kontor einzudringen, ohne dem Ritter Giselher in die Arme zu laufen‹, wie der Straßburger schreibt?«

Ein paar Atemzüge lang kämpfte Maria-Magdalena mit sich. Und beschloss schließlich, ihm nur das zu offenbaren, was ihn betraf. Und sie. »Fragt nicht, bitte. Dem Ritter jedenfalls ist Euer Polier sicher nicht begegnet, denn der lauert irgendwo da draußen.« Sie deutete zum Fenster, das zur Altstadt hinausging.

»Bist du sicher?« Jan Otlin saß plötzlich kerzengerade auf der Kante seines Hockers.

»Das nun weiß ich genau. Irgendwo da draußen in der Dämmerung warten Giselher und einer seiner Waffenknechte darauf, dass ich Eure Bauhütte wieder verlasse. Sobald ich das getan habe, werden sie kommen und schauen, ob Ihr tot seid. Jedenfalls Giselher wird das tun, sein Waffenknecht hingegen ist wohl längst ...« Sie unterbrach sich und suchte nach einem Wort. » ... zu berauscht, um noch gehen zu können. Und wenn Ihr dann noch lebt, werden sie mich vor den Richter und aufs Blutgerüst bringen.«

»Es graust mich!« Der Baumeister sprang auf und schlug die Hände über dem Kopf zusammen. »Womit bei allen Heiligen setzen sie dich denn unter Druck?«

Sie senkte den Blick, zog die Schultern hoch und blieb stumm. Und dann, ganz unerwartet, geschah es: Er umarmte sie und zog sie an sich.

»Du musst dich nicht fürchten«, flüsterte er und strich ihr sanft über das Haar. »Ich bin auf deiner Seite. Du kannst mir vertrauen.«

Maria-Magdalena schloss die Augen und drückte die Stirn gegen seine Schulter. »An jenem entsetzlichen Abend auf dem Weinberg hat der Herr Giselher mir ein Messer gegeben und mich aufgefordert, die beiden Männer zu töten, die mich schändeten.« Sie schluckte. »Ich habe es getan.«

Schweigend und reglos hielt Jan Otlin sie eine Weile fest. Irgendwann schob er sie ein Stück weg von sich und schaute zu ihr herab. Zärtlichkeit und tiefes Erbarmen lag im Blick seiner grünen Augen. Schließlich setzte er sich wieder auf den Hocker, nahm ihre Hände und streichelte sie. »Ich verstehe dich gut, Maria-Magdalena. An deiner Stelle hätte ich das Gleiche getan.«

Seufzend atmete sie auf. »Vor dem Richter werden Frau Ricarda und ihr Ritter von ›Mord‹ sprechen«, sagte sie mit heiserer

Stimme. »Und was mir davor zugestoßen ist, werden sie ›Unzucht‹ nennen. Damit drohen sie mir. Und das ist leider noch nicht alles, was sie gegen mich vorbringen werden.« Leise und stockend erzählte sie ihm von den Botengängen, die sie für Ricarda Scorpio erledigt hatte, und von dem giftigen Wein, den man ihr ohne ihr Wissen für den Dombaumeister und den Priester Ambrosius eingepackt hatte. »Ich war völlig ahnungslos, Herr Otlin, das müsst Ihr mir glauben.«

Der Baumeister war aschfahl geworden. »Gütiger Himmel!«, murmelte er. Erst zerwühlte er seine kastanienroten Locken, dann presste er die Hände aufs Gesicht. »Ist das denn möglich? Können Menschen denn wirklich so böse und niederträchtig sein? Ist das möglich?«

Seine Stimme klang tränenerstickt, und dass er weinen musste, überraschte Maria-Magdalena. In ihren frühen Jahren, als sie auf der Straße und in Wald und Feld lebte, hatte sie gelernt, wozu Menschen fähig waren. Wusste er, der Ältere, es denn noch nicht? Zugleich rührten seine Tränen sie sehr. Sie zögerte zunächst, doch schließlich wagte sie es, nahm seine Hände, zog sie von seinem Gesicht und trocknete seine Tränen mit ihrem Haartuch.

»Was sollen wir nun tun, Meister Otlin?«, fragte sie. »Wenn ich hinausgehe, ist mein Schicksal besiegelt.«

»Du wirst nicht gehen«, flüsterte er. »Was du heute getan hast, ist sehr mutig gewesen. Du wirst bei mir bleiben, und wir werden diesen Kampf gemeinsam zu Ende kämpfen.«

»Danke«, flüsterte sie und zog seine Hände an ihren Mund, um sie zu küssen. »Aber wie?«

»Lass uns nachdenken.«

...

Der Vollmond ging auf, als Maria-Magdalena aus der Bauhütte trat. Zum Abschied – zum vorläufigen Abschied – schaute sie dem Baumeister noch einmal in die Augen: Deren Grün leuchtete wunderschön im Licht seiner Fackel. Maria-Magdalenas Herz klopfte wie verrückt, ihr Mund war trocken, und die Angst schnürte ihre Brust ein. Es fiel ihr schwer zu gehen, so schwer, so schwer.

»Gott segne dich«, sagte er und reichte ihr den kleinen Zinnbecher, den er in der Bauhütte gefunden hatte, und den Schlauch mit dem Wein. »Du musst keine Angst haben – ich werde genau auf dich achten.« Meister Otlin spähte erst zu den Mühlenhäusern hinüber und dann zum Brückenneubau hinauf. Doch trotz des Mondscheins war es zu dunkel, um jemanden erkennen zu können, der dort lauern mochte.

Maria-Magdalena steckte Becher und Schlauch in ihren Rucksack und nahm ihm die Fackel ab, die er ihr reichte. »Ich wollte immer, dass Ihr lebt und dass es Euch gut geht, Herr Otlin. Und jetzt will ich's erst recht.«

Er antwortete nicht, schaute sie nur schweigend an. Bis sie sich abwandte und ging.

Auf dem Weg zur Brücke lugte sie, ohne den Kopf zu drehen, nach allen Seiten, doch Umrisse von Männern konnte sie nirgendwo in der Dunkelheit entdecken. Entweder versteckte Giselher sich gut, oder er wartete oben auf der Brücke auf sie. Mit seinem Waffenknecht rechnete sie nicht mehr. Noch an der Baustiege, die hinauf zur Brückenauffahrt führte, drehte sie sich nicht nach Jan Otlin um. So hatten sie es ausgemacht. Sprosse um Sprosse stieg sie hinauf.

Oben angekommen, schaute sie nach rechts, zur nächtlichen Altstadt hin. Im Schein von Fackeln sah sie Mönche vor dem Portal des Heiligen-Geist-Hospitals beieinanderstehen. Auf dem Platz vor der Sankt-Clemens-Kirche hielt ein Fuhrwerk, an dessen

Kutschbock Öllampen pendelten. Männer und Frauen stiegen von der Ladefläche. Doch nirgendwo entdeckte sie eine menschliche Gestalt, hinter der man den Ritter Giselher vermuten konnte.

Statt zur Altstadt hin wandte sie sich nach links, der Moldau zu. Sie war ziemlich sicher, dass Giselher von Stettin sie beobachtete. Die Fackel hoch über den Kopf erhoben, ging sie ohne Eile und ein wenig wankend von Brückenbogen zu Brückenbogen, von Pfeiler zu Pfeiler. Es roch nach Mörtel und Holz. Unter ihr, in der Moldau, schwamm das Spiegelbild des Vollmondes.

Bald spürte sie Geröll unter den Sohlen, denn der Brückenweg war erst bis zum siebten Brückenbogen hin gepflastert. Auf dem neunten Pfeiler, kurz bevor die Verschalung des neusten Brückenbogens begann, legte sie die Fackel auf der erst halb hochgemauerten Brüstungsmauer ab und beschwerte sie mit einem zerbrochenen Steinblock.

Sie schaute sich um, entdeckte im Mondlicht eine Geröllhalde und davor einen leeren Mörtelkübel. Den drehte sie um und setzte sich darauf. Mit zitternden Fingern schnürte sie ihren Rucksack auf und holte Zinnbecher und Weinschlauch heraus. Beim Einschenken verschüttete sie sicher einen halben Becher Wein, so sehr zitterte sie. Immerhin gelang es ihr auf Anhieb, den Korken wieder in den Schlauch zu drücken. Sie legte ihn neben sich auf den Kübelboden und nippte an dem Wein. Und wartete.

Es dauerte nicht lange, da knarrte Holz irgendwo in der Bogenverschalung. Maria-Magdalena hielt den Atem an und versuchte, das Halbdunkel mit ihren Blicken zu durchdringen. Das gelang ihr nicht, denn ihre Augen tränten vor Anspannung und Angst.

Es knarrte und scharrte lauter, und irgendwann sah sie, wie zwei Arme einen Waffengurt mit Schwert zwischen den oberen Schalungsbalken herausstreckten. Ein Mann stemmte sich aus der Verschalung, gürtete seine Klinge und balancierte über die Balken auf sie zu. Je näher er Maria-Magdalena kam, desto heller schimmerte sein Haar im Licht ihrer Fackel. Weißblondes Haar – Giselher.

Schweigend ging er an ihr vorbei und entzündete einen geteerten Stab, den sie auf den ersten Blick gar nicht gesehen hatte, an ihrer brennenden Fackel. Mit der Flamme in der Linken stellte er sich vor sie hin und musterte sie. »Und?«

»Was ›und‹?«

»Hast du Otlin den Wein überbracht?«

»Was denkt Ihr denn?«

»Hat er davon getrunken?«

»Oh ja, und wie viel!« Sie hob den Zinnbecher und nippte an ihrem Wein.

»Dann ist er also schon tot?«

»Tot?« Maria-Magdalena zwang sich zu einem lauten Lachen. »Berauscht ist er, aber nicht tot.«

Er senkte die Fackel, sodass ihr Schein auf ihr Gesicht fiel, und belauerte sie aus engen Lidern und unter zusammengezogenen weißblonden Brauen. »Rede keinen Unsinn, Weib! Ist der Jan Otlin tot oder nicht?«

»Er lebt, und ich lebe auch – obwohl ich schon den dritten Becher von seinem teuren Wein trinke.« Maria-Magdalena nahm wieder einen Schluck aus dem Zinnbecher. »Er hat mir ein wenig davon geschenkt, als Botenlohn. Ich verstehe nichts von Wein. Ist der Wein aus dem Heiligen Land gut, ist er mäßig? Ich kann's nicht sagen, doch eines weiß ich: Vergiftet ist er nicht, dem Himmel sei Dank!« Sie leerte den kleinen Zinnbecher auf einen Zug.

»Er hat von dem Wein getrunken, den du ihm gebracht hast, und lebt noch?« Der Ritter ging vor ihr in die Hocke und schaute sie sehr eindringlich an. »Du lügst!«

»Geht doch in die Bauhütte hinunter und schaut nach! Er ist putzmunter, unser Baumeister, und lässt sich Euren Wein schmecken, der angeblich so giftig ist.« Sie entkorkte den Schlauch und füllte ihren kleinen Zinnbecher erneut. »Meine Schuld ist es nicht, Ihr habt einen Fehler gemacht, Ihr seid schuld. Ich habe getan, was die Frau Ricarda von mir verlangt hat, jetzt werde ich zurück in die Zöllnerstraße gehen und meine Sachen packen. Und dann kehre ich Prag ein für alle Mal den Rücken.«

»So?« Giselher musterte sie feindselig, während er auf den Zinnbecher deutete. »Das also ist der Wein, den du ihm gebracht hast? Habe ich das richtig verstanden?«

Maria-Magdalena nickte. »Er hat mir ein wenig davon geschenkt, seid Ihr taub?« Sie trank einen Schluck. »Dieser teure Wein schmeckt ziemlich süß, wollt Ihr probieren, Herr Giselher?« Maria-Magdalena streckte ihm den Becher hin.

Der Stettiner zuckte zurück und erhob sich. Unschlüssig spähte er zur nächtlichen Altstadt hinüber. Es war ihm anzumerken, dass er die listige Frau Ricarda herbeiwünschte.

»Komm mit, wir gehen nach Hause«, sagte er endlich. »Mein Pferd steht bei den Kreuzherren im Stall.«

»Lasst mich erst meinen Wein austrinken.« Maria-Magdalena setzte den Becher an die Lippen, da hörte sie hinter sich Hufschlag. Sie drehte sich um – die Silhouette eines Pferdes schälte sich aus dem Halbdunkel der Vollmondnacht. Der Reiter darauf schien halb zu schlafen. Neben ihm her ging Jan Otlin, in der Rechten einen Weinbecher, in der Linken die schöne Flasche mit dem roten Wein aus dem Heiligen Land.

»Ihr seid tatsächlich hier, Herr Giselher?«, rief er schon von Weitem. »Dieser müde Reiter hat behauptet, er würde Euch auf der Brücke finden.« Meister Otlin blickte zu dem im Sattel schwankenden Mann hinauf. »Ich saß vor meiner Bauhütte und genoss diesen edlen Tropfen hier« – Otlin schwenkte die Flasche –, »als Euer Waffenknecht des Weges kam. Weil er nicht den Eindruck machte, als schaffte er den Weg allein, bot ich ihm an, ihn zu begleiten. Nun, obwohl Euer Waffenknecht arg berauscht ist, hat er recht gehabt, was Euch betrifft. Was führt Euch zur Brücke der Ewigkeit?«

»Meister Otlin ... ich ... ich dachte, eine schöne Vollmondnacht genießt man am besten an einem schönen Ort«, sagte Giselher mit bemühtem Lächeln. Maria-Magdalena merkte dem Ritter an, wie er nach Worten suchte, um seine Anwesenheit auf der Baustelle zu erklären. »Zufällig habe ich die Jungfer hier getroffen.«

»Schöner Zufall.« Meister Otlin entkorkte die Flasche, und Maria-Magdalena hielt den Atem an. »Darf ich Euch einen wunderbaren Wein anbieten? Ein Geschenk dankbarer Bürger. Er stammt aus dem Morgenland. Wenn Ihr ihn gekostet habt, werdet Ihr nie mehr einen anderen anrühren wollen.« Er schaute zu dem schläfrigen Waffenknecht hinauf. »Vielleicht mag auch er davon probieren?«

Der Reiter nickte. »Da sage ich nicht Nein.«

»Gebt ihm zuerst davon«, schlug der Ritter Giselher vor. Meister Otlin reichte dem Waffenknecht seinen Becher zum Pferd hinauf. Der schwankte mächtig, als er danach griff. Maria-Magdalena beobachtete den Stettiner, während sein Waffenknecht Meister Otlins Becher leerte. Giselhers Gesicht hatte die Farbe von altem Rindertalg, seine Kaumuskeln bebten, sein Adamsapfel tanzte auf und ab.

»Vorzüglicher Tropfen«, ließ sich der Reiter mit schwerer Zunge vernehmen, wobei der leere Becher ihm aus der Hand glitt. Meister Otlin fing ihn auf, bevor er ins Geröll fallen konnte. »Schmeckt nach mehr.«

»Mehr gibt es nicht, ist immerhin ein Geschenk dankbarer Bürger.« Lächelnd wischte der Brückenbaumeister den Weinbecher mit dem Saum seines Arbeitsmantels aus. »Dem edlen Herrn Giselher allerdings bin ich mehr schuldig als nur einen guten Wein.« Aus der schönen vasenartigen Flasche goss er erneut roten Rebensaft in den Becher. »Schließlich hat er mich sicher aus Avignon zurück nach Prag geleitet. Ohne ihn wäre ich heute wohl kein Brückenbaumeister.« Mit diesen Worten reichte er dem Ritter den gefüllten Becher. »Eigentlich müssten die dankbaren Prager Bürger Euch diesen Wein schenken, Herr Giselher, denn wenn Ihr mich nicht so sicher durchs Rhonetal und den Schwarzwald geführt hättet, würden sie womöglich gar keine Steinbrücke kriegen.«

»Da könntet Ihr recht haben, Herr Otlin.« Der Stettiner nahm den Becher, trank aber nicht, sondern hatte nur Augen für seinen berauschten Waffenknecht. Maria-Magdalena stand auf, ihre Knie zitterten.

»Macht ja richtig wach, Euer Wein, Herr …«, lallte der Waffenknecht. Und an den Ritter gewandt fügte er hinzu: »Ich werde mich dann mal auf den Heimweg machen, wenn Ihr erlaubt, Herr Giselher.«

Ohne die Antwort des Ritters abzuwarten, lenkte der Waffenknecht sein Pferd herum. Unter den Hufen des Tieres knirschte das Geröll, während es seinen im Sattel schwankenden Reiter der Altstadt entgegentrug.

Sie schauten Pferd und Reiter hinterher, bis das Halbdunkel jenseits des Turmfundaments ihre Umrisse verwischte. Verstohlen beobachtete Maria-Magdalena den Ritter von der Seite – er starrte zur Altstadt und hielt seinen Weinbecher so fest umklammert, dass seine Fingerknöchel weiß hervortraten. Würde er trinken? Würde er nur so tun? Würde er es womöglich wagen, den Becher ins Geröll zu leeren? Sie nahm ihren eigenen Becher in beide Hände, um ihr Zittern zu verbergen.

»Stoßen wir an, Herr Giselher.« Meister Otlin nahm Maria-Magdalena den kleinen Zinnbecher ab. Sie musste schlucken und den Blick senken, damit der Stettiner nicht die Angst in ihrer Miene lesen konnte. »Auf Euern Beitrag zu Prags neuer Steinbrücke!« Jan Otlin hob das Trinkgefäß, und tatsächlich nickte der Ritter ihm zu und stieß mit ihm an. Und wahrhaftig: Er trank.

Maria-Magdalena schloss die Augen und schluckte und schluckte. Es musste an Meister Otlin liegen, dass Giselher den Wein trank – an seinem fesselnden Blick, an der Kraft, die von ihm ausging, an dem unbeugsamen Willen, den er ausstrahlte. Sie an Giselhers Stelle hätte niemals von diesem Wein getrunken. Andererseits – aus der Hand dieses Mannes hätte vielleicht sogar sie den Becher genommen. Sie öffnete die Augen wieder und blickte dankbar zu ihm hin.

»Es stimmt, das ist ein wirklich edler Tropfen«, sagte Giselher neben ihr und nahm einen weiteren Schluck.

»Nicht wahr?« Jan Otlin lächelte, doch es war ein bitteres Lächeln. »Lasst uns noch einmal anstoßen.« Er streckte ihm den Zinnbecher entgegen, und der überrumpelte Giselher stieß seinen Weinbecher erneut dagegen, wobei er ein wenig verwirrt guckte. Sie tranken – Meister Otlin den Wein, dessen Reste sie zufällig in der Bauhütte gefunden und mit dem sie seinen Becher gefüllt hatten, und Giselher den edlen aus der schönen Flasche.

»Auf Eure Höllenfahrt, Herr Giselher!« Jan Otlin setzte den Becher ab und musterte den weißblonden Ritter mit trauriger Strenge. »Die habt Ihr Euch redlich verdient.«

»Was?« Giselher verschluckte sich und musste husten. Maria-Magdalena wich von ihm zurück und trat auf die andere Seite des umgedrehten Mörtelkübels. Der Ritter hustete, bis ihm der Weinbecher aus der Hand glitt. Keuchend um Atem ringend und aus weit aufgerissenen Augen stierte er zu Meister Otlin. Ein Beben lief durch seinen Leib und schüttelte ihn. Endlich sackte er in die Knie, verdrehte die Augen, kippte und schlug mit dem Gesicht voran im Geröll auf.

Maria-Magdalena stürzte in Jan Otlins Arme und weinte. War es Entsetzen, das ihr Ströme von Tränen aus den Augen trieb? War es Erleichterung? Gleichgültig. Sie klammerte sich am Hals des Baumeisters fest, zitterte und weinte.

»Ganz ruhig«, flüsterte Meister Otlin und hielt sie fest. »Es ist doch gelungen. Ganz ruhig.« Beruhigend streichelte er ihr den Kopf und den Rücken.

»Gott sei uns gnädig«, schluchzte Maria-Magdalena. »Wir haben ihn getötet, wir haben ihn einfach den vergifteten Wein trinken lassen. Gott sei uns gnädig!« Sie bohrte ihr Gesicht in seine Halsbeuge und konnte gar nicht mehr aufhören zu weinen.

»Er hat sich selbst getötet, ist es nicht so?« Jan Otlin fasste sacht ihren Kopf und schob sie von sich, um ihr in die Augen blicken zu können. »Und er muss dir nicht leidtun, Maria-Magdalena. Du hast ihm auch nicht leidgetan, als er dich am Rande des Weinbergs schreien hörte und dich dennoch deinen Peinigern überließ.« Er küsste ihr ein paar Tränen von den Wangen, bevor er sie wieder an sich zog.

Eine Zeit lang standen sie so, fest umschlungen – sie weinend, er tröstliche Worte flüsternd. Unter ihnen gurgelte die Moldau, aus dem Nachthimmel beschien sie der Vollmond. Nach und nach kam Maria-Magdalena zur Ruhe. Schließlich löste sie sich von Jan Otlin und ließ sich die Tränen trocknen.

Gemeinsam standen sie später vor dem Toten und betrachteten ihn.

»Vor sieben Jahren haben der Ritter und ich eine lange Reise miteinander gemacht«, erzählte Jan Otlin traurig. »Auf ihr habe ich gelernt, dass dieser Mann vor allem eines liebt: sich selbst. Doch dass er zu solchen Schandtaten fähig sein könnte, hätte ich nicht gedacht.«

»Gut, dass Ihr diesen Wein in Eurer Bauhütte gefunden habt.« Maria-Magdalena nickte zu dem Schlauch auf dem Kübel.

»Und diesen Becher.« Der Baumeister hob den Zinnbecher.

Maria-Magdalena langte zum Brummeisen an ihrem Hals, denn aus irgendeinem Grund musste sie an Rübelrap denken in diesem Moment. Seltsam – so wenig allein wie jetzt und hier, neben Jan Otlin, hatte sie sich seit seinem Tod nicht mehr gefühlt.

»Was tun wir jetzt, Meister Otlin?«

»Lass uns noch einmal nachdenken.«

14
Abhang und Wiederkehr

Prag, Frühling 1366

Am Tag zuvor stand er mit Winkeleisen und Senkblei im Gerüst des neuen Pfeilers und blickte gedankenverloren in den Fluss hinunter. Vielleicht lag es am ruhigen Dahinströmen der Moldau, vielleicht auch am zähen Fortgang der Bauarbeiten, dass Jan so unverhofft in Betrachtungen der dahinströmenden Zeit versank; zu seinem Leidwesen war es erst der zwölfte Pfeiler, um dessen Fundament der deutsche Zimmermeister Friedrich in jenem Sommer Gerüst und Verschalung errichten ließ. Oder lag es an der bevorstehenden Hochzeit? Immerhin ein einschneidendes Ereignis im Leben eines Mannes und ein einzigartiges dazu; Jan hoffte jedenfalls, nicht so oft heiraten zu müssen wie sein Bauherr, der Kaiser Karl.

Woran auch immer es liegen mochte: Er stand plötzlich ganz still im Gerüst, blickte in den Fluss und spürte eine Wehmut in sich aufsteigen, die er sich selten gestattete. Strömte die Zeit nicht genauso stetig und unwiederbringlich dahin wie dieses Wasser dort unten? Beinahe zehn Jahre war es nun her, dass er nach Prag zurückgekehrt war und den Plan für diese Brücke in Angriff genommen hatte. Wo waren sie geblieben, diese Jahre?

Er hob den Blick – in den elf Brückenpfeilern und zehn Brückenbögen steckte sie. Und drüben in der Neustadt, die der Kaiser so prachtvoll hatte aufbauen lassen. Er drehte sich um, denn auch oben auf dem Hradschin in der Kaiserburg konnte man ihre Spuren entdecken. Dort tapste jetzt ein kleines Mädchen über den Burghof, die jüngste Tochter des Kaisers, und ihre Mutter Elisabeth war mittlerweile keine Prinzessin von Pommern-Wolgast mehr, sondern eine in Rom gekrönte Kaiserin.

Er wandte sich nach links und spähte zu den Weinbergen hin, wo unweit der Johanneskirche der Friedhof lag. Auch auf ihm konnte man der Zeit beim Dahinströmen zuschauen, wenn man sich lange und oft genug dort aufhielt. Mit jeder neuen Woche kamen ja neue Gräber hinzu. Dort oben lagen Jans Mutter, der jüngste Sohn seiner Schwester Libussa, der rätselhafte Mönch Rübelrap und der narbengesichtige Laurenz, der Vater von Jans bestem Maurermeister. Marian von Zittau ruhte nur zwei Ruten entfernt von der zwielichtigen Sterndeuterin Ricarda Scorpio, deren Mörder man nie gefasst hatte. Und seit letztem Jahr lag auch der alte Erzbischof Arnestus von Pardubitz dort oben.

Sobald der Veitsdom im nächsten oder übernächsten Jahr eingeweiht war, sollten die Gebeine des Geistlichen dorthin umgebettet werden. Ach ja – der Veitsdom: Auch in seinen wachsenden Türmen und Gemäuern und in der immer größer werdenden Anzahl seiner Skulpturen steckten die vergangenen zehn Jahre.

Jans Blick fiel auf einen Stein, der auf der Gerüstbohle lag. Er bückte sich danach und warf ihn in die Moldau hinunter. Drei, vier Ringe strebten von der Stelle weg, an der er ins Wasser eintauchte. Sie verschwammen rasch, und bald strömten die Wogen wieder dahin, als wäre nichts gewesen.

Morgen würde ein Tag aus dem Strom der Zeit auftauchen, an den er seit Monaten mit großer Freude dachte, seit er Maria-Magdalena gebeten hatte, seine Frau zu werden. Und an den er vermutlich bis an sein Lebensende denken würde. Die Zeit würde weiter dahinströmen, würde ihn vielleicht zu einem Tag tragen, an dem er Vaterfreuden erleben durfte, zum Tag, an dem die Brücke eingeweiht wurde, zum Tag, an dem ihm der erste Zahn ausfiel, und immer weiter und weiter bis zu seinem Todestag.

Er löste den Blick von den gurgelnden und plätschernden Wogen und blickte zum Friedhof hinauf. Ihm war schwindlig, er schüttelte sich und atmete tief.

»Was ist mit Euch, Meister Otlin?«, fragte Friedrich. »Habt Ihr einen Fehler gefunden?« Der deutsche Zimmermeister stand am anderen Ende der Gerüstbohle. Hatte er ihn beobachtet?

»Wenn du das Vergehen der Zeit einen Fehler nennen willst?« Meister Otlin lachte seine Wehmut hinweg. »Ich frage mich gerade, ob ich die Vollendung meiner Brücke noch erleben werde.«

...

Militsch von Kremsier traute sie in der kleinen Kirche unter dem Laurenziberg, die Johannes dem Täufer geweiht war. Der mährische Prediger war im Frühling anno 1365 aus Avignon zurückgekehrt. Sein Gönner, der Kardinal Grimaldi, und die Großmut des Kaisers hatten ihn vor dem Scheiterhaufen gerettet. Mit freudestrahlenden Gesichtern und stürmischer Begeisterung hatten ihn die einen empfangen. Andere Prager Bürger hingegen begrüßten Militschs Rückkehr mit Stirnrunzeln, Murren und geballten Fäusten. Nichts davon war dem kleinen Prediger entgangen, und beides hatte ihn angestachelt, seiner Stadt nur noch glühende Buße und Gottes Gericht zu predigen.

Viele Bauleute nahmen an der Hochzeitsmesse teil, auch Peter Parler und seine neue Frau Agnes von Bur. Sogar der Kaiser selbst hatte sich, mit einigen Höflingen und als einfacher Edelmann verkleidet, unter die Leute gemischt, die sich vor dem Hochaltar drängten. Jan erkannte ihn nur, weil der Magister Gallus an seiner Seite stand.

Gallus von Strahov übrigens hatte nach dem Tod des Ambrosius auf den Bischofsstuhl von Budweis verzichtet. Auf Bitten Karls, wie es hieß – denn der wollte seinen Leibarzt und Hofastrologen partout nicht hergeben.

In der ersten Reihe vor Lettner und Hochaltar standen während der Trauung all diejenigen bei Jan und Maria-Magdalena, die ihnen in den letzten Jahren als Freunde ans Herz gewachsen waren: etwa Libussa und ihre große Familie, bei der Maria-Magdalena die meiste Zeit gelebt hatte, seit Jan und sie die Leiche des Ritters Giselher gemeinsam in den zehnten Pfeiler geworfen und mit Geröllfüllung überschüttet hatten; oder die Witwe des alten Laurenz und ihr Sohn, der Maurermeister; oder der Zimmermeister Friedrich, den Frau und Kinder begleiteten; und natürlich Agnes von Bur, seit Rübelraps Tod eine treue Begleiterin Maria-Magdalenas, die genau wie sie ihr Leben dem unvergleichlichen Priestermönch verdankte.

Neben der Braut stand eine Benediktinerin, die während der ganzen Messe Maria-Magdalenas Puppe, den Herrn Vater, an ihre Brust drückte – ihre Herzensfreundin Eva.

Militsch hielt eine lange Bußpredigt; wahrscheinlich hatte er den Kaiser in der Menge erkannt. Am Schluss ermahnte er das Brautpaar eindringlich zu gegenseitigem Respekt und treuer Liebe; und als ahnte er bereits, was auf seinen Freund und dessen frisch Angetraute zukommen würde, warnte er mit schonungslosen Worten davor, das Wort *Liebe* allzu zu leichtfertig im Mund zu führen, denn vor und nach allem Gefühl sei Liebe Entscheidung und Tat.

»Mit der Liebe zu einem Menschen, zumal zu einem Ehegatten, verhält es sich wie mit der Liebe zu Gott«, rief er in das kleine Kirchenschiff hinein. »Es ist eine Sache, von ihr zu sprechen und sie zu beschwören, eine andere ist es, sie mit der Tat zu beweisen. Wie jede Tugend so muss auch die Liebe durch das Feuer Not gehen«, predigte Militsch, »denn da erst wird sich erweisen, ob sie Stroh oder Gold ist, ob sie verbrennt oder bleibt.«

Wie gebannt hing Maria-Magdalena an seinen Lippen. Jan, an ihrer linken Seite, trat ungeduldig von einem Fuß auf den anderen, und als sie nach dem Amen zu Eva blinzelte, sah sie, dass der Freundin Tränen über die Wangen rollten.

Nach der Messe regnete es Frühlingsblumen auf das Paar herab. Maria-Magdalenas Herz brannte vor Freude, während sie als Jan Otlins Ehefrau an seiner Seite aus der Kirche schritt. Draußen, auf dem Weg vor den Weinbergen, der zum Friedhof führte, drängten sich die Leute um sie und ihren Gatten und überschütteten sie mit Segenswünschen und guten Worten.

Umgeben von so vielen wohlmeinenden und frohen Menschen schaute sie am Schluss in die Weinberge hinauf, ja, das tat sie. Und ja, sie erinnerte sich genau – natürlich! –, doch die Erinnerung tat kaum noch weh. Vielmehr stand Rübelrap ihr plötzlich vor Augen, und sie dachte an die Verse, die er sie gelehrt hatte: *Keine Ebene, auf die nicht ein Abhang folgt, kein Hingang, auf den nicht die Wiederkehr folgt. Ohne Makel, wer beharrlich bleibt in Gefahr. Beklage dich nicht über diese Wahrheit, genieße das Glück, das du noch hast.*

Aus Libussas Hof zog Maria-Magdalena zu ihrem Gatten in dessen Elternhaus. Kurz darauf wurde sie schwanger, und im eisigen Februar des folgenden Jahres, nicht lange nach ihrem vierundzwanzigsten Wiegenfest, gebar sie ein gesundes Mädchen. Sie und Jan tauften es auf den Namen Marianne, denn so hatte Maria-Magdalenas Mutter geheißen.

...

Prag, Anfang März 1367

Im Monat darauf, zwei Wochen vor der Hochwasserflut, ging Maria-Magdalena mit Agnes von Bur auf den Marktplatz, um am Stand des Tuchmachers einen Stoff für Kinderhemdchen zu kaufen. Es war kalt, und an den Rändern der freigeschaufelten Pfade zwischen den Marktständen lag der Schnee teilweise hüfthoch. Agnes, die erst seit Kurzem wusste, dass sie schwanger war, hielt Maria-Magdalenas in ein Lammfell gewickeltes Töchterchen, während die Gattin des kaiserlichen Baumeisters die Stoffe prüfte. Da hörte Maria-Magdalena am Töpferstand nebenan Männerstimmen, die einen niederdeutschen Dialekt sprachen.

Sie schaute hinüber und erblickte eine Schar fremder Männer – einige in Harnisch und Kettenhemden, andere in eleganten pelzbesetzten Mänteln und mit teuren Hüten. Sie machten einander auf Weinbecher, Schüsseln, Nachtgeschirr und andere Keramikarbeiten aufmerksam, die der Töpfer anbot, und palaverten gestenreich. Nur einer schien kein Interesse an Bechern und Näpfen zu haben, ein schwarzhaariger Ritter von höchstens fünfundzwanzig Jahren. Der starrte unentwegt zu Maria-Magdalena herüber.

Ihr Blick begegnete dem seinen nur kurz, doch sie hatte augenblicklich das sichere Gefühl, diesen Mann mit dem langen schwarzen Haar und den Blatternarben im Gesicht zu kennen; und es war kein gutes Gefühl. Agnes, der einige unter den Herren nicht fremd zu sein schienen, grüßte hinüber.

»Wer sind diese Männer?«, fragte Maria-Magdalena, während sie dem Tuchmacher sieben Ellen seines ungefärbten Wollstoffs reichte, den sie kaufen wollte; eine seltsame Hast, die sie sich nicht erklären konnte, hatte sie plötzlich befallen, und böse Bilder und unerklärliche Schmerzen bedrängten sie auf einmal.

»Sie gehören zu einer Gesandtschaft aus dem Kurfürstentum Sachsen«, antwortete Agnes. »Mein Mann hat mir einige der Herren gestern vorgestellt. Sie haben dem Kaiser eine Einladung ihres Kurfürsten nach Dresden überbracht und wollen die Neustadt und den Brückenneubau besichtigen.«

Maria-Magdalena bezahlte, und während der Tuchmacher ihr drei halbe Heller Wechselgeld zurückgab, flog ihr Blick noch einmal zum Töpferstand hinüber – der schwarzhaarige Ritter starrte sie noch immer an. Schlagartig fühlte sie sich zurückversetzt an jenen verhängnisvollen Maiabend im Weinberg der Kleinseite, und ihr war, als würde sich eine Kralle aus Eis um ihr Herz legen. Sie steckte das Geld ein, klemmte den Stoff unter den Arm und hakte sich bei Agnes unter, um die Freundin hastig vom Stand des Tuchmachers wegzuziehen.

»Was ist mit dir, Maria-Magdalena?« Agnes runzelte verwundert die Brauen. »Warum hast du es auf einmal so eilig?«

»Der junge Mann im Kettenhemd, der mit dem schwarzen Haar und dem Narbengesicht – wer ist das?«, flüsterte Maria-Magdalena, während sie die Freundin auf die verschneite Straße drängte, die zur Holzbrücke führte.

Im Fortgehen drehte Agnes sich noch einmal nach den Sachsen um. »Ein Ritter des sächsischen Kurfürsten. Ich weiß nicht, wie er heißt, er ist mir noch nicht vorgestellt worden.« Sie blieb stehen und schaute Maria-Magdalena erschrocken ins Gesicht. »Gütiger Gott! Warum bist du auf einmal so bleich?« Das Kind in ihrem Arm zappelte und begann zu schreien.

»Ich kenne den Mann.« Maria-Magdalena schob Agnes zu der kleinen Kutsche hin, die zwischen zwei Schneehaufen stand. »Er gehörte früher zu Marian von Zittaus Gefolge, war sogar ein

Knappe des Einäugigen.« Agnes' Pferdeknecht half den Frauen auf den Wagen. »Er war dabei an jenem schlimmen Maiabend vor vier Jahren.« Ihre Flüsterstimme erstarb, denn die Erinnerung schnürte ihr die Kehle zu. »Er ist derjenige, dem als Einzigem die Flucht vor Giselher und seinen Waffenknechten gelang.«

Der Kutscher knallte mit der Peitsche, das Gefährt rollte an, der Säugling plärrte jämmerlich, und Maria-Magdalena zitterte am ganzen Leib. Agnes schloss sie in die Arme und hielt sie fest.

...

Auch der Ritter des sächsischen Kurfürsten hatte Maria-Magdalena wiedererkannt – und ging zum Richter und verklagte sie wegen Mord.

Nach seiner Flucht, so behauptete er, habe er sich zwischen den Weinstöcken versteckt und von dort aus beobachtet, wie Maria-Magdalena den verletzten Marian und einen seiner Gefolgsleute erstochen habe.

Kaum sprach sich das in der Stadt herum, fühlte sich eine ehemalige Hübschlerin der Ricarda Scorpio ermutigt, ebenfalls zum Richter in die Vogtsburg zu gehen und Maria-Magdalena zu beschuldigen, die Frauenwirtin erstochen zu haben. Sie schwor bei Gott, dass es Maria-Magdalenas Dolch gewesen sei, den man aus dem blutenden Leib der sterbenden Sterndeuterin gezogen habe.

In der Woche vor dem Osterfest ließ der Richter Maria-Magdalena in Ketten legen und in der Vogtsburg einkerkern.

15
Nichts

Prag, März 1367

Der Winter endete über Nacht.

Vorgestern war die Moldau bis auf eine eisfreie Rinne in der Flussmitte noch zugefroren gewesen, eine geschlossene Schneedecke bedeckte die Flussauen, den Bausteg und den Brückenweg, und derart eisige Temperaturen herrschten, dass Rudolph Schalen mit glühenden Kohlen um sein Bett herum aufstellen musste, bevor er sich darin unter einem Stapel Decken verkroch.

Gestern Nacht dann war er schweißgebadet aufgewacht und merkte, als er den Bretterverschlag von der Fensteröffnung nahm, dass warmer Südostwind wehte, die Eiszapfen von Erkern und Haustürmen tropften und der tauende Schnee von den Dächern rutschte.

Heute nun stand der Polier auf dem schneefreien Schalungsgerüst für den zwölften Brückenbogen und schaute in die ebenfalls schneefreie Trockengrube, aus der das Gerüst und die Eichenpfähle für das Fundament des dreizehnten Brückenpfeilers ragten. Er hörte, wie auf der Moldau das schmelzende Eis knackte, und sah in der aufgehenden Sonne, dass die Schneezungen in der Flussaue sich bereits bis an die Mauern der Altstadt und der Kleinseite zurückgezogen hatten.

Am frühen Vormittag versammelte er sich mit den Meistern der Maurer, Zimmerleute, Steinmetze und Schmiede an der großen Werkbank vor der Bauhütte, um mit Jan Otlin die Arbeit für den Frühling zu planen. Wie viele Bauleute und Tagelöhner mussten eingestellt, wie viele Ladungen Steine und Bauholz bestellt und wie viel Geld beim Hofkämmerer beantragt werden, um gleich nach der Schneeschmelze den Brückenbau fortsetzen zu können? Wie hoch lagen die Holzpreise? Was kostete in diesem Frühjahr der Stein? Hatte der Winter Schäden an Verschalung und Gerüst des neuen Bogens und des neuen Pfeilers verursacht? Wie viele Kräne und Rammen mussten ausgebessert oder neu gebaut werden? Wie viele neue Sägen, Hämmer, Bauklammern und Nägel waren erforderlich? Solche und ähnliche Fragen wollten besprochen und entschieden werden.

Jedoch: Meister Otlins Platz am Tisch blieb leer.

Keiner der Männer hatte ihn an diesem Morgen auf der Brückenbaustelle gesehen, keiner wusste, wo er steckte, keiner hatte etwas von ihm gehört. Der Maurermeister immerhin war ihm vor vier Tagen bei der Sonntagsmesse begegnet und hatte ein paar Worte mit ihm gewechselt. Jan Otlin habe bedrückt gewirkt, erzählte er, außerdem sei er ohne Frau und Kind in der Kirche gewesen.

Gegen Mittag schickte Friedrich einen Lehrburschen zu Meister Otlins Haus auf der Kleinseite, der kam mit einer Nachricht zurück, die alle, die sie hörten, sprachlos machte: Man hatte Otlins Frau in der Vogtsburg in Ketten gelegt. Doch über den Verbleib des Meisters selbst wussten weder die engsten Nachbarn noch seine Schwester Libussa etwas zu sagen.

Die Aufregung war groß, zumal auch von Meister Otlins kleiner Tochter jede Spur fehlte. Rudolph von Straßburg schrieb einen Brief an den Kaiser Karl. Als Polier musste er schließlich wissen, wie der kaiserliche Bauherr und Peter Parler sich den Fortgang der Arbeiten vorstellten, wenn der verantwortliche Baumeister nicht mehr auf der Baustelle erschien.

Rudolph verfasste den Brief in dramatischen Formulierungen, stellte dem Kaiser das vorläufige Ende des Brückenbaus vor Augen, wenn nicht bald ein Baumeister die Führung der Arbeiten übernehme, und äußerte sich tief erschüttert über Jan Otlins Schicksal. Innerlich jedoch rieb er sich die Hände, während er dem Boten hinterherschaute, der sein Schreiben zum Hradschin hinaufbrachte. Die Ahnung, dass tiefgreifende Veränderungen sich anbahnten, beflügelte ihn, und er fragte sich hoffnungsvoll, ob ihm die Stunde seines Glücks nun doch endlich schlagen würde.

Drei Tage später, am Stand des Knochenhauers auf dem Marktplatz, hörte er eine Greisin und die Frau des Knochenhauers über Meister Otlin schwatzen und spitzte die Ohren, während er tat, als begutachtete er Speckschwarten und Schweinshaxen.

»Du kennst doch diese Hübschlerin, die bis zum Schluss bei der Ricarda Scorpio gewohnt hat«, sagte die Knochenhauerin. »Bei der hochnäsigen Sterndeuterin, du weißt schon.«

»Ihre letzte Kotze?«, fragte die Greisin. »Diese hässliche Kuh mit den scheußlich gelben Kleidern?«

»Genau die meine ich.« Die Knochenhauerin nickte. »Die behauptet, der Brückenbaumeister, der Jan Otlin, habe den Ritter Giselher umgebracht.«

»Den schönen Stettiner?«

»Es gibt keinen, der schmucker aussieht.« Die Knochenhauerin kicherte mädchenhaft, bevor sie gut vernehmlich raunte: »Der soll damals dem jungen Weib, das die Ricarda Scorpio erstochen hat, zur Brückenbaustelle hinterhergeritten sein und ist von dort nie zurückgekommen.«

»Die Maria-Magdalena? Ach was?!« Die Greisin schlug sich die Hände gegen die Wangen. »Die ist doch jetzt mit dem Otlin verheiratet!«

»Genau! Und liegt in Ketten, ganz genau! Der Jan Otlin jedenfalls soll den Ritter ermordet haben, stell dir vor.«

»Heiliger Hieronymus! Ist das wahr?«

»Wenn ich's dir sage! Der Richter hat ihn deswegen gleichfalls in den Kerker werfen lassen wollen, den Herrn Baumeister, doch der ist abgehauen, hieß es gestern. Seine kleine Tochter soll er mitgenommen haben.«

»Heilige Jungfrau – die ist doch noch ein Säugling!«

Wieder nickte die Knochenhauerin. »Er hat sich wohl nicht auch noch von dem Kindchen trennen mögen, nachdem sie schon sein Weib in Ketten gelegt haben.«

»Ogottogott!«, jammerte die Greisin. »Was ist nur geschehen mit unserer frommen Stadt? Als ich jung war, gab es solche schlimmen Geschichten nicht.«

Zum Dank für die schlimme Geschichte kaufte Rudolph doppelt so viel Rauchspeck bei der Knochenhauerin, als er ursprünglich geplant hatte, und eine teure Kalbsleber dazu. Auf dem Weg in sein Haus schwebte er schier, denn nun gab es keinen Zweifel mehr: Jan Otlins Zeit als Brückenbaumeister war abgelaufen.

Pfeifend bereitete Rudolph, kaum zu Hause angekommen, die Kalbsleber zu und gönnte sich den besten Wein, den er in der Vorratskammer hatte.

Zu Beginn der folgenden Woche erschien dann Peter Parler zur morgendlichen Besprechung mit den Meistern vor der Bauhütte. Da war der Schnee bereits vollständig geschmolzen, und die Wogen der über die Ufer getretenen Moldau überspülten manche Abschnitte des Baustegs. An den Ufern der Altstadt und der Kleinseite standen die Anwohner und beobachteten ängstlich den steigenden Wasserpegel.

Jan Otlin sei spurlos verschwunden, berichtete der Dombaumeister mit leiser, beinahe tonloser Stimme, und sein Schicksal ungeklärt. Anschließend verlas er einen kurzen Brief des Kaisers, worin dieser die Bauleute aufforderte, die bösen Gerüchte nicht zu glauben, die in der Stadt für Unruhe sorgten, denn Meister Otlin sei ein frommer und rechtschaffener Mann, für dessen Ehre er, der Kaiser, sich persönlich verbürge.

Der Dombaumeister räusperte sich umständlich, während er das Schreiben zusammenfaltete und anschließend dem Polier übergab. Rudolph spürte, dass der Parler noch mehr zu sagen hatte, und wirklich: Der Dombaumeister zog eine zweite Pergamentrolle aus dem Gehrock, ein Dokument mit dem kaiserlichen Siegel. Darin verfügte der Kaiser mit schön anzuhörenden Worten, dass fortan Rudolph von Straßburg die Erbauung der neuen Steinbrücke leite und somit zum kaiserlichen Brückenbaumeister ernannt sei.

Nachdem er den Beschluss vorgetragen hatte, überreichte der Dombaumeister die Urkunde dem nun ehemaligen Polier, wandte sich dann an die Handwerksmeister und ermahnte sie, den neuen Baumeister zu ehren und zu achten und ihm jenen Gehorsam zu leisten, den sie dem Kaiser schuldig seien.

Da hörte Rudolph schon nicht mehr richtig zu, denn eine heiße Woge des Glücks strömte ihm von der Brust aus durch alle Glieder, und er musste die Hände, die das kaiserliche Dokument hielten, auf die Werkbank legen, damit niemand ihr Zittern bemerkte.

Ich habe es geschafft, dachte er und lächelte still in sich hinein, jetzt bin ich der Brückenbaumeister des Kaisers.

...

Drei Tage später ging Rudolph am Vormittag in die Neustadt, um ein großes neues Haus am Pferdemarkt zu besichtigen. Nun, da er kaiserlicher Baumeister war, wollte er keinesfalls länger in dem alten Häuschen bei der Klosterkirche wohnen, sondern eine angemessene Wohnstatt kaufen. Wegen des steigenden Hochwassers und der stündlich zunehmenden Strömung ruhte die Arbeit an der Brücke seit einem Tag, sodass er sich Zeit lassen konnte.

Seit der Schneeschmelze dehnten sich überall in der Stadt Pfützen aus, weswegen man vielerorts Stege aus Steinen und Brettern ausgelegt hatte. Auch das Haus, das Rudolphs Aufmerksamkeit geweckt hatte und das dem Magistrat gehörte, war trockenen Fußes nur über ein Trittbrett zu erreichen.

Der zuständige Ratsherr führte den frischgebackenen Brückenbaumeister von Stube zu Stube, von Kammer zu Kammer, und der Straßburger prüfte Mauerwerk und Dachstuhl und schaute sich in Keller und Hof um. Am Ende gefiel ihm das Haus so gut, dass er mit dem Ratsherrn gleich die Einzelheiten des künftigen Vertrages aushandelte.

Da es erst Mittag war und noch reichlich Zeit blieb, bevor Rudolph am Abend die Hochwasserlage an der Baustelle zu besehen hatte, beschloss er, auf dem Rückweg ins Badehaus zu gehen und sich dort vom Barbier den Bart stutzen und die Locken neu drehen zu lassen. Denn hatte ein kaiserlicher Brückenbaumeister nicht stattlich auszusehen und gepflegt? Und nicht wie einer, der vor lauter Arbeit ganz vergaß, seinem Äußeren die angemessene Aufmerksamkeit zu schenken, wie es der Otlin regelmäßig vergaß, sodass ihm die Fransen seines Haares allzu oft viel zu tief in die Augen reichten.

Rudolph konnte sich ein Grinsen nicht verkneifen. Seit der Parler die Urkunde verlesen hatte, war er bester Dinge.

Der Weg vom Zöllnertor zum Badehaus führte über die Zöllnerstraße und am ehemaligen Wohnhaus der Sterndeuterin vorbei. Unwillkürlich beschleunigte Rudolph seinen Schritt, als die Hausburg in Sicht kam. Er wollte nicht einmal hinsehen, so viel Düsternis stieg plötzlich in seiner Seele auf und legte sich ihm aufs Gemüt, während er an der Hofmauer vorüberging. Das Grinsen schmolz aus seinem Gesicht.

Der Kaiser hatte das Anwesen den Benediktinerinnen geschenkt, die nun unter der Führung jenes geifernden Militsch von Kremsier ein Armenhospiz darin betrieben. Rudolph hasste dieses Gebäude fast noch mehr als den kleinen mährischen Prediger, den der Papst leider nicht wegen Ketzerei verbrannt hatte.

Weil ihm auf dem Weg vorbei am Haus der toten Sterndeuterin ein Kloß im Hals geschwollen und noch genügend Zeit war, kehrte Rudolph in einer Schenke ein, um seine Kehle mit einem Becher Wein zu spülen. Auf dem Stuhl des Barbiers später vertrieb ihm das Klappern der Schere und der Lockenstäbe die finsteren Gedanken. Und mehr noch der duftende Dampf, der aus den Badestuben quoll.

Der nämlich rief ihm die Erinnerung an Druda und an die erste Liebesstunde mit ihr in seiner Brust wach. Rudolph schloss die Augen und begann im Geist, in den Ruheraum des Badehauses und in Drudas Arme zu wandern. Doch sofort legte er seinen Gedanken Zügel an und holte sie zurück in die Gegenwart, denn Trauer und Schmerz drohten ihn zu überwältigen. Er öffnete die Augen und scherzte stattdessen mit dem Barbier.

Weil nach der Rasur immer noch Zeit genug blieb, um vor Einbruch der Dunkelheit an der Brückenbaustelle vorbeizuschauen, genehmigte sich Rudolph von Straßburg einen weiteren Becher

Wein in einer anderen Schenke. Anschließend spürte er den Kummer wegen Druda nicht mehr und klopfte noch schnell bei seinem Schneider an, um neue Beinkleider, einen samtenen Gehrock und ein Wams aus Seide in Auftrag zu geben.

Das dauerte länger als erwartet, denn der Schneidermeister erkannte sofort, dass Rudolph zugenommen hatte, seit er zwei Jahre zuvor die letzte Garderobe bei ihm hatte nähen lassen. Also bestand er darauf, die Elle anzulegen und den frischgebackenen Brückenbaumeister neu zu vermessen.

Als Rudolph endlich aus der Schneiderei trat, wehte eine kühle Abendbrise über den Marktplatz. Während er seinen Rock zuknöpfte, fiel ihm im Menschengetümmel auf dem Altstädter Ring eine hochgewachsene dürre Frau auf, die mit ihrem schwarzen Kleid, ihrem dunkelroten Umhang darüber und dem hohen schwarzen Hut seltsam aus der Menge herausstach.

Die Erinnerung an Ricarda Scorpio überfiel ihn mit solcher Macht, dass Rudolph wie festgewachsen vor dem Haus des Schneiders stehen blieb und zu ihr hinstarrte. Doch die Frau, die seinen Blick fesselte, tauchte zwischen den Leuten unter, und Rudolph verlor sie rasch aus den Augen.

Ein wenig verwirrt schüttelte er den Kopf, während er sich auf den Weg zur Baustelle machte. Konnte es denn wahr sein, dass jemand der toten Sterndeuterin so sehr ähnelte wie diese Fremde eben? Nicht nur ihre Gestalt und Kleidung waren ein Ebenbild der Ricarda Scorpio gewesen, sondern auch ihre Art zu gehen. Hatten seine Sinne ihn womöglich getäuscht?

Eine unerklärliche Unruhe ergriff Rudolph, und ständig musste er sich umschauen, während er weitereilte. Als er an der Einmündung jener Gasse vorbeigehen wollte, die zur Klosterkirche der Benediktinerinnen führte, sah er die Fremde in der auffälligen Kleidung keine zehn Ruten entfernt vor der Allerheiligen-

Kapelle stehen. Rudolphs Schritt stockte, und er konnte gar nicht anders, als hinüberzustarren. Und wahrhaftig: Die unbekannte Frau glich der Ricarda Scorpio beinahe aufs Haar!

Warum stand sie vor der Kapelle herum? Gehörte sie zu einem Frauenorden oder zum Kaiserhof? Was hatte sie da in den Abendhimmel zu glotzen? Und warum machten sämtliche Fußgänger und Reiter einen derart großen Bogen um sie?

Auf einmal senkte die Fremde den Kopf und äugte zu Rudolph herüber. Von ihrem Blick getroffen, blieb der stehen – und traute seinen Sinnen noch weniger als zuvor: das schwarze Haar, das lange, scharf geschnittene Gesicht, die dunklen Augen – das war doch Ricardas Haar! Das war doch ihr Gesicht!

Er schluckte und guckte und schluckte und guckte; und zuckte zusammen, als die Glocken ringsum plötzlich zur Vesper läuteten. Da hatte die Doppelgängerin der Ricarda Scorpio sich bereits abgewandt, um weiterzugehen, und schon kurz darauf erkannte Rudolph nur noch die Spitze ihres Hutes zwischen den Köpfen der vielen Leute, die sich auf der abendlichen Gasse drängten.

Auch nur den Gedanken zu erwägen, dort hinten könnte wirklich die Sterndeuterin in die östliche Altstadt hineinlaufen, kam Rudolph abwegig vor, denn hatte er sie nicht eigenhändig aus dem Leben in den Tod gerissen? Oh ja, das hatte er, und daran gab es nicht den geringsten Zweifel!

Und dennoch. Dennoch bog er in die Gasse ein, dennoch wollte er sich unbedingt davon überzeugen, dass seine Sinne ihn getäuscht hatten und dass es nicht Ricarda Scorpio war, sondern eine ihr über alle Maßen ähnelnde Fremde, die in diesem Moment um die nächste Ecke bog und seinem Blick entschwand.

Er ging schneller, achtete nicht auf Pfützen und tauende Schneehalden, eilte an der Allerheiligen-Kapelle vorüber, folgte der Frau in die nächste Gasse. Dort aber sah er sie nirgends unter den Leuten, die vor ihren Häusern, Hütten und Hofeingängen standen und plauderten, auch unter den Fußgängern nicht.

Er begann zu rennen, und während die Klosterkirche der Benediktinerinnen näher rückte und ihr Eingangsportal sich in sein Blickfeld schob, entdeckte er ihn schließlich, den Hut der Fremden, und ihren dunkelroten Umhang inmitten der Frauen, die in die Kirche drängten. Als Rudolph schwer atmend endlich dort ankam, hörten die Glocken auf zu läuten, und das Portal fiel zu.

Rudolph drückte die Klinke herunter und schlüpfte ins Kirchenschiff. Die Nonnen jenseits des Lettners hatten bereits den ersten Psalm der Vesper angestimmt, und die etwa dreißig Frauen davor sangen leise mit. Er ließ seinen Blick über ihre Rücken und Köpfe wandern: kein hochgesteckter Zopf aus schwarzem Haar, kein hoher schwarzer Hut, kein roter Umhang. Auch in keiner der Seitenkapellen entdeckte er die große Gestalt der Fremden.

Wie Frost überzog es Rudolphs Kopfhaut und Nacken, und er begann, an seinem Verstand zu zweifeln. Als er sich abwandte, um zu gehen, fiel sein Blick auf eine Reihe dunkler Flecken, die sich wie eine Spur über den Boden zog.

Blut! Aus irgendeinem Grund war Rudolph sich vollkommen sicher. Mit den Augen folgte er der Fährte – sie begann am Portal und führte in die Sakristei!

Während der Frauengesang durch das Kirchenschiff hallte, stand er unschlüssig und mahlte mit den Zähnen. Einerseits fürchtete er, sehen zu müssen, was sich dort hinter der halb geöffneten Tür verbarg, andererseits konnte er sich nicht aufraffen, die Klosterkirche einfach zu verlassen.

Nach vielen hastigen Atemzügen endlich siegte seine Neugier, und mit einem Kopfschütteln überwand Rudolph sein Gruseln und schritt zur Sakristei hinüber. Was soll mir in einem Gotteshaus schon Böses widerfahren, dachte er.

Vor der angelehnten Pforte blieb er stehen und schaute auf die feuchten Flecken hinunter. Vielleicht doch kein Blut? Vielleicht einfach nur Tauwasser von Schneematsch, der von Stiefelsohlen abgefallen war? Rudolph drückte die Tür auf und trat in den Raum.

Niemand hielt sich darin auf. Die feuchte Spur führte zu dem Durchgang zu jener kleinen Kammer, in der die Benediktinerinnen liturgische Gewänder und liturgisches Geschirr aufbewahrten. Wie oft hatte er darin auf Druda gewartet! Der Kloß in seinem Hals schwoll wieder an, und die Brust wurde ihm eng. Wie oft hatten Druda und er sich hinter dieser Tür geliebt!

Sie war ebenfalls nur angelehnt, und als Rudolph sie öffnen wollte, hörte er dahinter eine Frauenstimme seufzen und hastig flüstern. Ganz starr stand er da und hielt den Atem an.

Mit einem Mal brach etwas in seiner Brust auf, und die Erinnerung überwältigte ihn: Druda! Wie Donnerhall tönte ihr Name ihm plötzlich durchs Hirn. Druda! Vor seinem inneren Auge leuchtete ihr Bild auf – ihr schönes, von rabenschwarzem Haar umrahmtes Gesicht, ihr herrlich gewachsener Leib, das Feuer ihres dunklen Blickes, ihre vollen Lippen, ihre nach ihm ausgestreckten Arme. Druda! Es schnürte ihm das Herz zusammen, und er hätte schreien mögen, so scharf durchzuckte ihn der Schmerz.

Doch statt seine Qual herauszuschreien, drückte Rudolph die Tür zur Nebenkammer auf. Eine Frau kniete vor dem kleinen Altar mit dem Kruzifix, das Rudolph vor Jahren aus dem Stein gehauen hatte. Sie bog ihren Oberkörper hin und her, vor und zurück und betete flüsternd und seufzend. Eine Nonne, und die war so vertieft in ihr Gebet, dass sie ihn nicht bemerkte.

Rudolph verharrte auf der Kammerschwelle, blinzelte den Rücken der Ordensschwester an und versuchte, seinen Augen zu trauen. Doch sooft er auch blinzelte, es blieb dabei: Keine Frau in schwarzem Gewand und mit hohem schwarzen Hut kniete dort vor dem Kruzifix, sondern eine Frau im Habit einer Benediktinerin.

Als hätte sie ihn nun doch bemerkt, hörte sie auf zu beten und wandte dann den Kopf.

»Herr Rudolph?« Es war Schwester Eva, die ehemalige Hübschlerin. »Ihr hier?« Sie bekreuzigte sich und stand auf. »Ich bete für unsere neue Steinbrücke, denn sie ist in Gefahr. Gerade komme ich von der Baustelle – die Moldau trägt Eisschollen und Treibholz vom Gebirge in die Stadt, und das in gewaltigen Mengen. Habt Ihr es noch nicht gehört? Ihr müsst nach der Brücke sehen!«

Rudolph kam sich vor, als erwachte er aus einem Traum. Augenblicklich machte er kehrt und stürmte aus der Kirche, ohne ein einziges Wort an die Nonne gerichtet zu haben. Die Abenddämmerung lag bereits über den Dächern und Türmen der Stadt, als der frischgebackene Brückenbaumeister an der Mauer zum Judenviertel entlang und am Valentinstor vorbei zur Brücke hinrannte.

Schon von Weitem sah er, dass es dort von Menschen nur so wimmelte. Sie gestikulierten wild, palaverten und schichteten Sandsäcke und Steinblöcke auf, um das Hochwasser von den Gassen der Altstadt fernzuhalten. Doch die Moldau spülte ihre Wogen bereits an die Eingangstreppe der Sankt-Clemens-Kirche und bis über den Hof des Hospitals der Kreuzherren.

Rudolph erschrak bis ins Mark, als er das sah, doch nachdem er hinauf zum Brückenaufgang gewatet war und vom ersten Brückenbogen aus auf die Baustelle schaute, stockte ihm gar der Atem, und das Blut in seinen Adern wollte ihm gefrieren: Bauhütte und Mühlenhäuser standen halb unter Wasser, auf den schäumenden und bräunlichen Wogen der Moldau schossen

Baumstämme, Eisschollen, Tierkadaver und halbe Dachstühle dahin, und die Brücke unter ihm erbebte unter dem Anprall von Treibgut und Eis. Das Rauschen und Tosen der Fluten dröhnte ihm in den Ohren und lähmte ihm schier die Glieder.

Von rechts hinten drückte ihm jemand eine Fackel in die Hand.

»Es wird bald dunkel!« Der Zimmermeister brüllte gegen das Tosen an. »Meine Bauleute sind in die letzte Bogenverschalung geklettert, um sie zu verstärken! Doch es hat keinen Sinn – ich hole sie zurück!« Friedrich rannte los.

»Warte!« Rudolph löste sich aus der Erstarrung und lief dem Deutschen hinterher. »So warte doch!«

Der Zimmermeister hörte ihn nicht und konnte auch schneller rennen. Er sprang schon aufs Gerüst des zwölften Pfeilers, als Rudolph noch über das Geröll des neunten Brückenbogens lief.

Ihm wurde himmelangst, weil links von ihm die brausende Strömung in großer Geschwindigkeit Eisschollen, Stämme, Wipfel und totes Vieh heranriss und rechts von ihm die schäumenden Wogen Massen an Treibgut nach Norden davonschleppten. Alle Augenblicke prallten entwurzelte Bäume oder wuchtige Eisbrocken oder beides gegen einen Brückenpfeiler, und jedes Mal erzitterte die gesamte Brücke. Schrecken um Schrecken fuhr Rudolph in die Knochen.

Als endlich auch er über die Verschalung des neuen Brückenbogens zum nächsten Pfeilergerüst balancierte, kamen ihm die ersten Zimmerleute entgegen. Die waren aschfahl, ihre Wangenmuskeln bebten, und das Weiß ihrer Augäpfel leuchtete im Schein von Rudolphs Fackel auf, wenn sie stumm an ihm vorüberhasteten. Zuletzt tauchte Friedrich vor ihm auf.

»Bringt Euch in Sicherheit, Herr Rudolph!«, brüllte er. »Das

Gerüst des neuen Pfeilers bricht, und die Bogenverschalung wird auch nicht mehr lange halten! Kommt mit!«

Der Zimmermeister rannte los, balancierte leichtfüßig über die Verschalung und sprang auf den im letzten Jahr vollendeten Pfeiler, den zwölften. Von dort aus spurtete er hinter seinen Bauleuten her über die Brücke und der rettenden Altstadt entgegen.

Hinter Rudolph krachte und splitterte es, und als er sich umdrehte, sah er eine mächtige Eisscholle durch das Gerüst des dreizehnten Pfeilers fahren, als wäre sie eine Säge. Die schäumende Strömung riss das herabstürzende Holz mit sich, als wäre es aus Pergament. Panik packte den Brückenbaumeister, und er machte kehrt und rannte über die Bogenverschalung dem zwölften Pfeiler entgegen. Kaum fünf Schritte trennten Rudolph von dem rettenden Träger, als er plötzlich einen Schwarm Kolkraben im Geröll landen sah.

Jäh stand er still, so abrupt, als wäre er gegen ein unsichtbares Hindernis gestoßen. Ungläubig und zugleich zu Tode erschrocken, starrte er die Vögel an. Vor allem den einen, der nicht die Schwingen ausgebreitet hatte, um sich zwischen den anderen niederzulassen, sondern Rudolph böse krächzend entgegenflatterte. Der Brückenbaumeister taumelte, stürzte bäuchlings auf die Schalungsbretter, und der Rabe flog so dicht über ihn hinweg, dass die Luftwirbel seines Flügelschlags dem Straßburger das frisch gelockte Haar aufbauschten.

Im nächsten Augenblick bäumten sich vor der Bogenschalung Stämme und Eisschollen aus den wirbelnden Wogen, und wieder krachte und splitterte es, diesmal unter Rudolph. Er spürte, wie die Schalung nachgab, und hörte, wie sie brach. Schreiend stemmte er sich auf die Beine und brachte sich mit einem weiten Sprung auf den Pfeiler in Sicherheit.

Die Kolkraben dort – sie waren zu sechst gelandet – zeigten

nicht die geringste Scheu, hockten kaum fünf Schritte vor ihm im Geröll und beäugten ihn neugierig. Oder feindselig? Den siebten Raben, den größten, sah Rudolph von Straßburg über sich kreisen, als er sich auf die Knie hochstemmte und den Kopf hob.

»Verfluchte Drecksviecher!«, schrie er. Er griff in den Schutt und schleuderte Steine nach den Vögeln, die vor ihm auf der Brücke hockten, als wollten sie ihm den Weg zurück in die Altstadt versperren. Krähend breiteten sie die Schwingen aus, erhoben sich und ließen sich zwei Ruten weiter auf dem nächsten Brückenbogen nieder.

Rudolph sprang auf und schleuderte Steine nach dem einzelnen Raben, der über ihm krächzend seine Kreise zog.

»Satansbraten, elender!«

Im nächsten Moment fiel sein Blick auf eine Wand aus Eis, Bäumen und Gestrüpp, die in den Wogen auf und ab schaukelte und auf den zwölften Pfeiler zutoste – auf dem der Brückenbaumeister stand.

Rudolph ließ die Steine fallen, wollte losrennen, als ihm etwas ins Auge fiel, das ihn erneut innehalten ließ. Mitten in der reißenden Moldau hing eine menschliche Gestalt im Geäst einer Birke, das aus dem Treibgut herausragte. Eine Frau hing dort in der toten Baumkrone! Eine große Frau mit schwarzem Haar. War sie tot? Klammerte sie sich im Gehölz fest? Das schwarze Kleid und der dunkelrote Umhang klebten ihr nass am dürren Leib.

Kaum einen Atemzug lang stand sie Rudolph vor Augen, dann tauchte sie samt der Wand aus Eis und Bäumen unterhalb seines Blickfeldes weg, und das Treibgut rammte den zwölften Pfeiler. Die Erschütterung riss Rudolph von den Beinen, und noch bevor er überhaupt daran denken konnte, wieder aufzustehen, fand er sich in einem Wirbel aus Geröll, Wasser und Holz wieder. Eisige

Flut verschlang ihn und riss ihn mitsamt dem zusammenbrechenden Pfeiler hinunter, hinweg und ins Nichts.

16
Das Ende

Prag, Karsamstag 1367

Maria-Magdalena merkte, wie Jans Stimme immer leiser und heiserer wurde, schließlich brach sie ganz. Vom Tod des Straßburgers zu erzählen, schmerzte ihn gewiss nicht, aber die Verwüstung zu schildern, die das Hochwasser zwei Wochen zuvor angerichtet hatte, musste ihm das Herz brechen. Gleich nachdem Agnes ihm davon berichtet hatte, war er an ihrer Seite und als ihr Ritter getarnt in die Stadt geritten, um die Schäden am Neubau mit eigenen Augen zu sehen. Das wusste Maria-Magdalena von Militsch, der seit Wochen beinahe täglich zu ihr in den Kerker kam.

»Ihr macht Euch ja keine Vorstellung, was es für mich bedeutet hat, dass der Fluss über Nacht drei Brückenpfeiler und zwei Brückenbögen zerstört hat«, flüsterte Jan und starrte auf seine schwieligen Hände hinab. »Meine Kraft steckte in ihnen, mein Herzblut.«

»Die Eisflut hat also noch weitere Brückenteile zerstört?« Meister Mathias hielt Maria-Magdalena noch immer in seinen Armen; nicht einen Atemzug lang hatte er sie losgelassen, während er der Erzählung lauschte. Ihr gestilltes Töchterchen schlief an ihrer Brust. »Also nicht allein die Bogenverschalung und den zwölften Pfeiler?«

»Auch den elften Pfeiler hat die Flut umgerissen.« Eva hob die Fackel, sodass ihr Schein auf den Maler aus Nürnberg fiel. »Allerdings erst in der folgenden Nacht. Da bestand schon keine Hoffnung mehr, Rudolph von Straßburg noch lebend aus der Moldau zu retten.«

»Schade!« Mathias von Nürnbergs Miene wurde hart, seine Augen schmal. »Er hätte es verdient gehabt, gerettet und aufs Rad geflochten zu werden.«

»Wir haben drei Tage und Nächte an der Brückenauffahrt gefastet und gebetet, dass Gott, der Allmächtige, die Brücke schützen möge.« Eva wirkte sehr bedrückt. »Fast alle Benediktinerinnen der Stadt kamen, doch der Herr hat uns nicht erhört ...«

»Wahrscheinlich wegen der üblen Taten des Straßburgers«, warf Meister Mathias ein. Seine Wolfsaugen funkelten zornig.

» ... den zehnten Pfeiler und die Bögen davor und dahinter hat die Flut stark beschädigt.« Eva seufzte tief. »Gottes Ratschlüsse sind manchmal unergründlich.«

»Sie sind so stark in Mitleidenschaft gezogen, dass man sie wohl abreißen und völlig neu mauern muss«, hörte Maria-Magdalena ihren Gatten, den ehemaligen Brückenbaumeister, leise sagen. »Mehr als vier Jahre Arbeit – einfach weg.« Wieder brach Jans Stimme. Und ihr ging das Herz über.

»Wenigstens hat Friedrich deine Baupläne aus der Bauhütte retten können.« Aus den Armen ihres Vaters beugte sie sich zu ihm und langte nach seiner Hand, um sie zu drücken. »Du darfst nicht aufgeben, mein Liebster.« Mehr als ein Flüstern brachte sie ebenfalls nicht zustande. »Der Kaiser wird dich wieder ins Amt einsetzen, und du wirst die Brücke zu Ende bauen.«

Sie hatte die Worte noch nicht ausgesprochen, da nagte bereits der Zweifel an ihrer Seele. Sie musste an jenen Augenblick denken, in dem Jan dem Ritter Giselher den Becher mit dem vergifteten Wein gereicht hatte. War dies alles womöglich die Strafe Gottes dafür? Ihre Ketten? Das zerstörerische Hochwasser? Der Verlust des Baumeisteramtes? Gewissensbisse plagten sie.

Andererseits: Wäre Giselher am Leben geblieben, hätte sie ihr Leben längst mit gebrochenen Gliedern auf dem Rad verröchelt. Sie hätte niemals die Liebe kennengelernt und ihre Tochter Marianne niemals das Licht der Welt erblickt.

»Mich wieder ins Amt einsetzen?« Jan seufzte bitter. »Und selbst wenn – wie soll denn ich jemals wieder Brücken bauen, wenn du …« Tränen erstickten seine Stimme. Er senkte den Kopf und küsste schluchzend ihre Hände.

Eine Zeit lang blieb es still im Kerker, und keiner sprach mehr ein Wort. Nur Jans Schluchzen und Maria-Magdalenas leises Weinen waren zu hören. Und manchmal ein zufriedenes Grunzen des schlafenden Säuglings zwischen ihr und dem Herrn Vater. In den Linden vor dem Kerkerfenster begannen die ersten Vögel zu singen.

»Ich will nicht, dass du aufs Blutgerüst zum Henker hinaufsteigen musst«, flüsterte Meister Mathias. »Niemals darf das geschehen.« Er zog Maria-Magdalena so fest an sich, als wollte er sie nie wieder loslassen.

»Gottes Wille geschehe«, flüsterte sie unter Tränen; der Herr Vater tat ihr unendlich leid. »Und wenn ich gehen muss, sterbe ich versöhnt mit Gott.« Sie entzog dem schluchzenden Jan ihre Hände und schlang die Arme um den Hals ihres Vaters.

Militsch hatte ihr längst die Beichte abgenommen und die letzte Ölung gespendet. Er wusste, was geschehen war, wusste alles. Und hatte dem Leibarzt des Kaisers erzählt, dass Giselher von Stettin jenen vergifteten Wein getrunken hatte, den er und die

Sterndeuterin Jan zugedacht hatten. Magister Gallus hatte es dem Kaiser erzählt.

»Wenigstens habe ich vor meinem Tod Euch noch einmal sehen und umarmen dürfen, meinen geliebten Herrn Vater.« Maria-Magdalena bohrte die Stirn in Meister Mathias' Halsbeuge. »O Gott, sei mir gnädig ...!« Sie brach in lautes Weinen aus und konnte nicht weitersprechen.

»Ich werde nicht zulassen, dass man dir noch mehr Unrecht antut!«, zischte Mathias von Nürnberg, während er seine bebende Tochter und ihr Kind hin- und herwiegte. »Notfalls werde ich mich am Kaiserthron festketten, bis Karl mich anhört.«

Vor der Kerkertür hallten Schritte durch den Zellengang. Der Hauptmann der Kerkerwächter blieb auf der Schwelle stehen und räusperte sich.

»Und wenn gar nichts mehr hilft, haue ich dich mit dem Schwert hier raus«, flüsterte der Malermeister seiner Tochter ins Ohr.

»Verzeiht, liebe Schwester und Ihr Herren«, sagte der Hauptmann der Kerkerwächter und räusperte sich wieder. »Doch Ihr solltet bald zum Ende kommen. Das Morgengrauen schreitet voran.« Niemand hob den Blick, niemand antwortete ihm.

Die Fackel in der Linken rutschte Schwester Eva auf den Knien durchs Stroh zu Jan hin. »Ihr habt viel Kummer erleben müssen in den letzten Wochen, Meister Otlin.« Tröstend legte die Nonne ihre Rechte auf Jans Schulter. Der stierte aus tränennassen Augen auf das schlafende Kind an der Brust seiner Frau. »Mehr, als ein Mensch ertragen kann.« Sie beugte sich zu ihm, hob die Fackel und leuchtete ihm ins Gesicht. »Doch verzweifelt nicht – am Ende dieses dunklen Talweges hat Gott Euch längst ein Licht der Hoffnung entzündet.«

Jan rührte sich nicht. »Ich sehe kein Licht, nirgends.« Ohne die Benediktinerin anzusehen, schob er ihre Hand von seiner Schulter. »Und nichts wird mich jemals trösten können, wenn meine Frau nicht zu mir und unserem Kind zurückkehrt.« Er ließ den Kopf hängen, und eine Woge dunkler Trauer ging durch Maria-Magdalenas Brust, sodass sie noch lauter weinen musste.

»Verzeiht, Meister Otlin, aber Ihr solltet zum Ende kommen.« Auf der Schwelle der Kerkertür trat der bullige Hauptmann von einem Fuß auf den anderen. »Die Sonne geht bald auf, und ...« Schulterzuckend schielte er von einem zum anderen. » ... und je heller es ist, wenn Ihr geht, um so größer wird die Gefahr sein, dass man Eure Gattin nachher ...«

»Er hat recht«, unterbrach ihn Militsch, der auf einmal mit einer Öllampe neben dem Hauptmann auftauchte. »Es ist Zeit zu gehen.«

»Von welcher Gefahr sprichst du da, Wächter?« Mathias von Nürnberg schien genauso wenig zu verstehen, worauf der bullige Mann hinauswollte, wie Maria-Magdalena selbst.

»Ja, es ist Zeit«, sagte nun auch Eva, bevor der Hauptmann antworten konnte. »Ihr müsst jetzt gehen.« Sie schluckte. »Bitte lasst mich einen Augenblick allein mit meiner Freundin.«

»Warum denn das?« Mathias von Nürnberg schüttelte unwillig den Kopf, und Jans tränennasser Blick flog fragend zwischen den beiden Frauen hin und her. Maria-Magdalena, die vom Schein der Fackel geblendet wurde, blinzelte verwundert zur Nonne hin, denn sie wusste nicht, was Eva im Sinn hatte.

»Fragt nicht!« Eva winkte ab. »Geht auf den Gang hinaus und wartet dort, ich bitte Euch herzlich.«

...

Jan und sein Schwiegervater wechselten einen traurigen Blick.

Schließlich seufzte Meister Mathias tief, richtete sich auf den Knien auf und beugte sich zu seiner Tochter, um sie zum Abschied noch einmal zu küssen. Doch Eva hielt ihn am Handgelenk fest.

»Nicht doch«, sagte sie. »Nicht jetzt schon. Geht bitte hinaus, Meister Mathias.«

»Gut«, flüsterte Jan und half seinem Schwiegervater auf die Beine. »Wir warten draußen, bis ihr uns wieder hereinruft.« Er wusste um die Herzensfreundschaft zwischen Maria-Magdalena und der Nonne und vermutete, dass Eva seiner Frau etwas anvertrauen wollte, das nur für ihre Ohren bestimmt war. Erschöpft beugte er sich zum schlafenden Kind hinunter und streckte die Arme aus, um es mit aus der Zelle zu nehmen.

»Nein.« Eva hob abwehrend die Hände. »Lasst es hier.«

Jan schaute seiner Frau fragend ins Gesicht; Maria-Magdalena nickte. »Na gut.« Jan Otlin wischte sich die Tränen aus den Augen und wankte hinter dem Wolfsauge her aus dem Kerker. Der Hauptmann der Kerkerwächter steckte seine Fackel in die Zellenwand und folgte ihnen.

Draußen begann Mathias von Nürnberg unruhig in der Zellenflucht auf und ab zu wandern. Gefangene sprachen ihn an, streckten die Hände durch die Gitter, flehten um Gnade, um Wein, um Brot, um den Liebesdienst einer Seelenmesse und wieder um Gnade. Ihre Stimmen schienen an dem Malermeister abzuperlen wie Wasser an Wachs. Jan verstand das Wolfsauge gut – dessen Gedanken kreisten in diesen Augenblicken wohl einzig und allein um seine todgeweihte Tochter.

Jan selbst blieb bei Militsch und dem Kerkerwächter neben dem Zelleneingang stehen. Drinnen flüsterten die Frauen, und Jan fiel auf, wie sie immer lauter wurden und ein Wort das andere gab.

»Es ist gut, wie es ist.« Militsch, der merkte, wie er aufhorchte, nahm Jans Hände und hielt sie fest. »Ich habe alles mit ihr besprochen und im Gebet vor Gott getragen, und du nimmst es, wie es kommt.«

Jan runzelte die Stirn. Sprach sein priesterlicher Freund von Eva oder seiner Frau? Der kleine Asket schien mehr zu wissen als er.

»Und ich hoffe und bete, und Maria-Magdalena wird es ebenfalls tun«, fügte Militsch hinzu.

Nun glaubte Jan zu verstehen – Militsch sprach von Maria-Magdalenas bevorstehendem Gang zum Richter. Er lehnte die Stirn gegen die des kleinen Predigers und fing von Neuem an zu weinen. »Nein!«, rief in der Kerkerzelle Maria-Magdalena auf einmal. »Niemals! Das werde ich niemals zulassen!« Jan stutzte und hob den Kopf. Was ging da drinnen vor sich?

»Du wirst, es ist Gottes Wille!«, hörte er Eva entgegnen. »Du musst es tun! Um des Kindes willen, du musst!«

»Niemals!«, wiederholte Maria-Magdalena und diesmal mit zitternder Stimme. Das Kind begann zu schreien. Jan machte sich von Militsch los und trat auf die Schwelle der Zellentür. Die Frauen umarmten einander, stritten und weinten, und im Stroh strampelte das plärrende Kind.

»Was ist denn mit euch? Ihr werdet doch nicht zänkisch sein?« Jan wollte hineingehen und seine Tochter an sich nehmen, doch Militsch packte ihn am Arm.

»Lass gut sein, Jan.« Der Priester zog ihn von der offenen Zellentür weg in den Gang hinaus. »Lass es gehen.« Er schloss die Arme um den Freund, drückte ihn an sich und hielt ihn fest. »Lass alles gehen, wie es will.« Durch Militschs Habit hindurch spürte Jan die dicken Ketten, die der kleine Mähre seit jeher um Brust und Hüfte trug.

Meister Mathias kam zu ihnen und schaute Jan fragend an,

doch der zuckte nur mit den Schultern und lauschte zur Kerkerzelle hin. Die Frauenstimmen darin wurden leiser und immer leiser. Irgendwann hörte man nur noch Eva flüstern, während Maria-Magdalena erstickt weinte. Schließlich rief Eva nach dem Hauptmann der Kerkerwächter. Der bullige Mann atmete scharf durch die Nase ein, bevor er einen Schlüsselbund aus dem langen Wams zog und zu den Frauen hineinging. Kurz darauf hörte Jan Ketten klirren.

Das Kind schrie inzwischen in höchsten Tönen, und er fragte sich, warum seine Frau ihm die Brust nicht gab. Kurz darauf huschte die Nonne aus der Zelle, das jämmerlich quäkende Kind an sich gedrückt.

»Will meine Tochter das Mariannchen nicht noch einmal stillen, bevor sie sich von ihm trennt?« Meister Mathias machte Anstalten, der Benediktinerin den Weg zu versperren, doch die schüttelte entschieden den Kopf und schlug hastig einen Bogen um ihn.

Militsch packte den Nürnberger am Arm und zog ihn mit sich, winkte auch Jan hinter sich her. Doch der stand wie festgewachsen und konnte sich nicht rühren. Fassungslos starrte Jan der Nonne hinterher. Warum hatte sie es auf einmal so eilig? Und weshalb nahm sie das hungrige Kind mit sich und ließ es sich nicht noch einmal satt trinken? Und war nicht etwas Fremdes in der Art, wie Eva den Gang hinunterhastete?

Nein, schoss es Jan durch den Sinn, und er schüttelte den Kopf. Nichts Fremdes war es, das ihn irritierte. Ganz im Gegenteil – die Bewegungen der davoneilenden Benediktinerin waren ihm vertraut, so sehr, als wären es die seiner eigenen Frau. Die Erkenntnis durchzuckte den ehemaligen Brückenbaumeister wie ein Blitzschlag, und im nächsten Moment sprang er zur Kerkertür, die der schielende Bulle gerade zu schließen im Begriff war. Obwohl der Hauptmann der Wächter versuchte, ihn zurückzudrängen, gelang es Jan, sich zwischen die Gittertür und die feuchte Wand zu schieben und ins Halbdunkle der Kerkerzelle zu spähen.

Auf dem Stroh konnte er die Umrisse der gefangenen Frau ausmachen. Sie hob ihre von Ketten schweren Arme und band ein Tuch um ihren kahl geschorenen Schädel, und obwohl nur das matte Licht der Morgendämmerung in den Kerker sickerte, erkannte Jan doch, dass es nicht seine Frau war, die dort angekettet im schmutzigen Stroh hockte.

...

Schweigend ritten sie kurz darauf durch den Frühlingsmorgen. Dem bulligen Hauptmann der Kerkerwächter war es ein Leichtes gewesen, Jan von der Gittertür wegzudrängen und ihn vor sich her aus dem Zellentrakt zu schieben.

Der ehemalige Baumeister fühlte sich willenlos, saß nun mit schlaffen Gliedern auf seinem Pferd und ließ sich davontragen. Die unerwartete Wendung machte ihn fassungslos. Währenddessen schrie das Kind unentwegt, sodass die Leute die Köpfe zu den Fenstern hinausstreckten oder in die Türen ihrer Häuser traten, um nach dem Schreihals Ausschau zu halten. Manche erkannten Jan und Militsch, und ihre Mienen hellten sich auf; einige riefen ihnen Segensgrüße zu.

Nicht zur Hausburg ritten sie, sondern zum Benediktinerkloster. Dort erwarteten die Nonnen sie bereits am offenen Tor, nahmen sie schweigend in Empfang und führten sie in die Klausur und dort in ein Gewölbe, in dem es warm war, weil ein Herdfeuer darin brannte. Die weinende Äbtissin und Agnes von Bur führten Mutter und Kind zu einem mit Fellen ausgeschlagenen Hocker neben der Feuerstelle, und kaum hatte der Säugling die Mutterbrust ins Schlündchen gesogen, da verstummte sein durchdringendes Geschrei endlich.

Jan sah, dass auch anderen Nonnen Tränen in den Augen blitzten, und da verstand er, dass alle eingeweiht waren. Nicht nur Militsch, auch Agnes und die Benediktinerinnen wussten Bescheid. Warum hatten sie ihm nichts verraten? Weil sie nicht sicher gewesen waren, ob Eva die Todgeweihte würde überreden können, den Platz mit ihr zu tauschen?

»Hört auf zu heulen!«, forderte Militsch schroff. »Heult über eure Sünden, wenn ihr unbedingt heulen müsst, aber weint nicht über Schwester Eva. Es war ihre Entscheidung, und es ist ihr Gottesdienst, für den sie sich entschieden hat. Und wahrlich, ich sage euch: Es ist ein Gottesdienst der Liebe, den sie erwählt hat.« Er bekreuzigte sich. »Ihr Leben liegt nun in Gottes Hand. Amen.«

Epilog

Prag, August 1380

Das Mädchen schnitt den Rosenstock mit der gleichen Hingabe und Zärtlichkeit, mit der es zu Hause die Pferde striegelte oder auf der Koppel die Ziegenlämmer streichelte oder im Zuber seinem Bruder Rücken und Ohren wusch. Maria-Magdalena lächelte glücklich in sich hinein, während sie ihm über die Schulter schaute. Ein wunderbares Mädchen! Den Rosenstock hatte es selbst auf das Grab gepflanzt, fünf Jahre war das her.

Auf einmal hob es den Kopf, strich sich eine kastanienrote Locke aus der Stirn und deutete auf den dunklen Marmor. »Schaut nur, Frau Mutter – ein Marienkäfer!« Das Tier krabbelte über den Schriftzug im Stein – *Jan Otlin, Baumeister des Kaisers* – und verharrte auf der Jahreszahl hinter dem Todestag: *Anno 1375*. Das Mädchen wandte den Kopf und lächelte vergnügt. »Wenn der Herr Vater jetzt aus dem Himmel herunterguckt, freut er sich bestimmt.« Die grünen Augen des Kindes leuchteten. »Glaubt Ihr nicht auch, Frau Mutter?«

»Er wird laut lachen, oh ja!« Maria-Magdalena strich ihrer Tochter über den Scheitel. »Er lacht jedes Mal, wenn er dich hier beim Rosenstock sieht. Ich kann's hören, denn der Himmel dröhnt von seiner Freude.« Sie kniff dem Kind in die roten Wangen. »Gieß noch die Rose, und dann komm, Marianne.«

Maria-Magdalena wandte sich ab und schlenderte den breiten Friedhofsweg hinunter zu Rübelraps Grab, wo eine Nonne bei einem spielenden Knaben stand. Der Rosenstock hinter ihr war mit Tränen angegossen worden – was hatten sie geweint damals, an jenem Tag, als Marianne ihn auf Jans Grab pflanzte! Und wie gründlich hatten sie das Lachen neu lernen müssen nach Jans Tod. Meister Mathias hatte es ihnen beigebracht. Er und Agnes und Meister Friedrich.

Ihr Sohn jauchzte laut, als er sie kommen sah. Sofort sprang er auf und rannte ihr entgegen. Maria-Magdalena ging in die Hocke und öffnete die Arme.

Agnes hatte Marianne damals geholfen, den Rosenstock zu pflanzen. Seitdem die Edelfrau ihr eigenes Kind wenige Tage nach seiner Geburt hatte begraben müssen, machte sie sich viel Mühe mit der Erziehung des Mädchens. Sie hatte es gelehrt, wie man die Blumen pflegte und schnitt. Und wie man einen Brief schrieb und einen Folianten las. Maria-Magdalena seufzte, denn leider hatte Agnes Marianne genauso beigebracht, sie *Frau Mutter* zu nennen. Und das hörte sie nicht gern.

Der Knabe sprang jauchzend in ihre offenen Arme. Maria-Magdalena hielt ihn fest, sprang auf und drehte sich dreimal um sich selbst, wobei sie das vor Vergnügen krähende Kind durch die Luft wirbelte. Schließlich küsste sie ihren Sohn auf die Stirn und ließ ihn hinunter.

Er hieß Jan und war sechs Jahre alt. Maria-Magdalenas Vater hatte ihn unter seine Fittiche genommen, und es verging kaum ein Tag, den Jan nicht mit seinem Großvater im Veitsdom oder einer anderen Prager Kirche verbrachte, wo Meister Mathias im Auftrag des böhmischen Königs Skulpturen und Decken bemalte.

»Hörst du die Glocken?« Eva lauschte zur Stadt hinunter. »Sie rufen zur Brückenweihe, wir müssen gehen!«

Maria-Magdalena nahm ihren Sohn bei der Hand und rief nach ihrer Tochter. Gemeinsam warfen sie einen letzten Blick auf Rübelraps Grabstein.

»Keine Ebene, auf die nicht ein Abhang folgt«, las Marianne murmelnd, »kein Hingang, auf den nicht die Wiederkehr folgt. Ohne Makel, wer beharrlich bleibt in Gefahr. Beklage dich nicht über diese Wahrheit, genieße das Glück, das du noch hast.«

Maria-Magdalena nickte, wandte sich ab und zog die Kinder mit sich in den großen Friedhofsweg, der zu den Weinbergen führte. Michael Parler hatte die Verse in kunstvoller Schrift in Rübelraps Grabstein gehauen; sie hatte ihn nicht lange darum bitten müssen.

Ihre Gedanken flogen in jenes Jahr zurück, als sie nach Prag gekommen war – ein streunendes Waisenkind, schmutzig und mager, ohne ein Dach über dem Kopf. Damals war sie ähnlich alt gewesen wie heute ihre Tochter und noch weit davon entfernt, auch nur ein einziges Wort lesen, geschweige denn schreiben zu können. Rübelrap stand ihr vor Augen und die Wachstafel, in die sie die ersten Worte einritzte, die er ihr beigebracht hatte. Dankbarkeit rührte ihr Herz.

Während des ganzen Weges zur steinernen Brücke hinunter erzählte Jan, was er in den Tagen zuvor mit dem Großvater auf den Baustellen der Stadt erlebt hatte. Und Marianne, die zwei Nächte auf der Ziegenkoppel verbracht hatte, schwärmte von den neugeborenen Lämmern. Die Frauen hörten meist schweigend zu und wechselten von Zeit zu Zeit liebevolle Blicke.

Sie redeten auch sonst nicht viel miteinander, brauchten nicht viele Worte. Beide hatten einander tief in die Herzen geschaut im Laufe der Jahre und dem Leben tief in die Augen; zu tief in manchen Zeiten. Heute musste eine die andere nur ansehen, um das Ungesagte zu verstehen, das in ihrem Schweigen lag.

Der Kaiser hatte damals nicht zulassen wollen, dass Eva zum Blutgerüst hinaufstieg. Als er hörte, dass die Nonne sich für ihre Herzensfreundin opfern wollte, habe er sich abgewandt, erzählte man sich. Kopfschüttelnd sei er zum Burgfenster gegangen, habe lange auf seine Stadt hinabgeschaut und sich die Augen ausgewischt. Schließlich hatte er befohlen, Eva freizulassen.

Unten am Brückenaufgang waren bereits Hunderte zusammengelaufen. Auch auf der alten Holzbrücke standen zahllose Menschen, um zu sehen, wie das erste Fuhrwerk über die neue Brücke rollen würde. Drüben, beim noch unvollendeten Brückenturm auf der Altstadtseite, drängten sich gar Tausende, die den feierlichen Augenblick nicht verpassen wollten. Genauso die Trockengruben unter der Brücke, der Brückensteg über der Moldau und die Flussauen: alles voller Männer, Frauen und Kinder.

Als sie ankamen, rückten die Leute beiseite und machten der Nonne, Maria-Magdalena und ihren beiden Kindern Platz, damit sie auf die neue Brücke treten konnten. Viele kannten die Frauen und hatten noch nicht vergessen, wem sie das steinerne Bauwerk verdankten.

Bauleute erkannten sie und winkten aus den Trockengruben heraus. Viele von ihnen hatten schon unter Jan Otlin an der neuen Brücke gebaut. Jetzt arbeiteten sie an den Pfeilervorsprüngen, an den Verzierungen der Wasserspeier und der Brüstungsmauer. Auch die Steinmetze klopften noch täglich an schmuckvollen Einzelheiten des Mauerwerks. Die Brücke war noch lange nicht fertig, doch bereits tragfähig genug, dass der Dombaumeister Peter Parler sie für Fuhrwerke freigegeben hatte.

Aus einer der Brüstungsnischen über den Pfeilervorsprüngen winkten einige Benediktinerinnen, die dort auf Maria-Magdalena und Eva warteten, und machten ihnen Platz. Gemeinsam hielten sie nach der angekündigten Prozession Ausschau.

Die schob sich nur wenig später von der Kleinseite aus auf die neue Brücke und näherte sich rasch. Der Erzbischof, dem Dutzende Priester folgten, führte sie an. Einer trug ein riesiges Kruzifix, die anderen schwenkten Weihrauchfässer oder tauchten Birkenzweige in Weihwasserschalen und bespritzten unter Gebeten und Segenssprüchen die Blumen werfenden Prager links und rechts und natürlich das Brückengemäuer.

Ihnen folgte ein großer, prächtig geschmückter und von acht weißen Pferden gezogener Reisewagen, in dem der kaum neunzehnjährige König Wenzel zwischen seiner Gattin Johanna und seiner Mutter Elisabeth saß, der Witwe des vor zwei Jahren verstorbenen Kaisers Karl. Die Kaiserin erkannte Maria-Magdalena in der Menge und nickte ihr freundlich zu. Maria-Magdalena winkte und verneigte sich.

Ihr, der Kaiserin Elisabeth, hatte sie es zu verdanken, dass sie anno 1370 mit ihrer Tochter aus dem Waldhof, in dem sie sich versteckt hielt, nach Prag zurückkehren konnte. Agnes von Bur, der jenes einen Tagesritt entfernte Gehöft gehörte, hatte der Kaiserin von Maria-Magdalena und ihrem Leben erzählt, woraufhin Elisabeth den Kaiser dazu bewegte, die ehemalige Mörtelmischerin zu begnadigen.

Karl – oder Wenzel, wie die Böhmen ihn nannten – sagten die Leute ein zartes Gemüt und ein sehr weiches Herz nach. Und weil die Prager Richter und Schöffen keinen Beweis für Jan Otlins Schuld an Giselhers Tod fanden, hatte der Kaiser seinen Brückenbaumeister gleich Anfang anno 1368 wieder in sein Amt eingesetzt, das der bis zu seinem Tod vor fünf Jahren leidenschaftlich ausfüllte.

Dem königlichen Reisewagen folgte ein mit Birkenzweigen

und Girlanden aus Sommerblumen geschmücktes Fuhrwerk, das von zwei blumengeschmückten Ochsen gezogen wurde und mit Weinfässern beladen war. Hinter dem Ochsenwagen liefen die Handwerksmeister, die mit an der Brücke gebaut hatten. Jeder trug ein Werkzeug seiner Zunft mit sich. Friedrich, als er vorüberkam, strich Jan über das Haar und schenkte ihm sein Senkblei, das der Junge strahlend entgegennahm und stolz seiner Schwester zeigte.

Den Handwerkern folgte eine Reiterschar kaiserlicher Ritter. An ihrer Spitze ritt jener blonde Ritter, der Jan dreizehn Jahre zuvor aus dem Wald und der Köhlerhütte zurück in die Stadt und ins Hospital in der Zöllnerstraße eskortiert hatte. Er war nur wenige Jahre älter als Maria-Magdalena, ebenfalls verwitwet und hieß Waldemar von Torgau, wie sie inzwischen wusste.

In den letzten zwei Jahren besuchte er Maria-Magdalena, wenn er sich in der Stadt aufhielt, und machte ihr Geschenke. Und neulich war er spätabends mit seiner Laute vor ihrem Haus auf der Kleinseite aufgetaucht und hatte ihr ein Liebeslied vorgetragen.

Auf dem Marktplatz erzählte man sich, dass der deutsche Ritter Waldemar von Torgau sich ein Haus am Altstädter Ring gekauft habe, um sich in Prag niederzulassen. Auch, dass er der Witwe des Baumeisters Otlin den Hof mache, hatte Maria-Magdalena am Stand des Knochenhauers eine Frau verbreiten hören, die nicht bemerkt hatte, dass sie hinter ihr stand.

Er sah elegant aus, wie er da auf seinem Schimmel an der Spitze der Ritter herangeritten kam. Ein Jagdbogen hing am Sattelzeug seiner Stute, und auf seinem blauen Wappenmantel und seinem schwarzen Schild prangte ein blütenweißer Schwan mit blutrotem Schnabel. Sein blondes Haar flatterte im Sommerwind.

Als er auf der Höhe des Pfeilervorsprungs ankam, auf dem Maria-Magdalena und ihre Kinder mit Eva und den Nonnen standen, zügelte er seinen Schimmel, griff unter seinen Mantel und zog eine rote Rose heraus. Lächelnd beugte er sich aus dem Sattel und reichte sie Maria-Magdalena.

Ihr Herz klopfte ein wenig schneller, als sie ihm in die Augen sah. Als hätte sie ihm eine wichtige Frage gestellt, nickte er ihr zu; und ritt auch schon vorüber.

»Warum schenkt er dir eine Blume?«, fragte Jan mit unwillig gerunzelten Brauen. »Was fällt dem ein?«

»Nun, er wird wohl hoffen, dass ich mir sein Gesicht merke.« Maria-Magdalena roch lächelnd an der Blüte, während sie dem blonden Ritter hinterherblickte.

»Die Moldau fließt jahraus, jahrein an Prag vorüber.« Eva beugte sich flüsternd an ihr Ohr. »Fließt und fließt und fließt. Und ist es nicht mit allem so? Auch unser Leben fließt jahraus, jahrein und fließt und fließt. Und immer auf Gott zu.«

ENDE

Nachwort und Dank

Bis vor etwa zwanzig Jahren galt Peter Parler als der Architekt und Erbauer der Karlsbrücke zu Prag. Für zahlreiche Bauwerke in Böhmen und dem Heiligen Römischen Reich deutscher Nation sind »Peter von Gmünd« und die Parlers als Architekten, Bildhauer und Bauleiter belegt. Viele Bücher sind im Laufe der Jahrhunderte über Parler und seine Familie geschrieben worden, aus zahllosen Quellen lassen sich Teile seiner Biografie rekonstruieren.

Genaues über die Todesumstände Gertrud »Druda« Parlers ist nicht bekannt. Verbürgt jedoch ist eine Reise ihres Witwers nach Köln Ende der Sechzigerjahre des vierzehnten Jahrhunderts, wo Peter Parler laut einiger Dokumente die Erbschaft seiner verstorbenen Frau regelte.

Über Jan Otlin weiß man nur wenig mehr, nämlich außer seinem Namen, seinem Beruf – Steinmetz – und seiner Herkunft von der Prager Kleinseite lediglich, dass er die Prager Brücke über die Moldau erbaut hat. Zumindest verantwortete er die Erbauung des erst seit dem neunzehnten Jahrhundert als »Karlsbrücke« bekannten Bauwerks von der Grundsteinlegung 1357 bis zu seinem Tod 1375.

Seine aufgrund der dürftigen Quellenlage kargen Lebensdaten kommen der vorliegenden Erzählung insofern zugute, als dass ihr

Autor seiner Fantasie, was Jan Otlins Charakter und Leben betrifft, relativ freien Lauf lassen konnte. Dafür ist er sehr dankbar.

Dankbar ist er außerdem folgenden Mitmenschen: der Lektorin Judith Mandt für die Idee zu diesem Buch; dem Magdeburger Kirchenoberbaurat i. R. Michael Sußmann für wertvolle Literaturtipps und Kontakte nach Prag; dem Prager Dombaumeister Petr Chotebor für wichtige Hinweise auf Jan Otlins Vita und Kontakte zum Prager Brückenmuseum; dem Direktor des Prager Brückenmuseums Zdeněk Bergman für überaus hilfreiche Aufsätze zu Jan Otlin, den Parlers und dem Bau der Karlsbrücke; der Astrologin Martine Ziebula für die Einführung in die Geheimnisse der Sternenkonstellationen und ihren Einfluss auf unser Trachten, Lieben und Hassen; dem Arzt Norbert Mierswa für seine ebenso unermüdliche wie unentbehrliche Betreuung meiner Schreiberexistenz; und meiner Lektorin Friederike Haller für ihre geduldige, Mut machende und aufmerksame Begleitung dieses Buches von der ersten Seite bis zum folgenden Punkt.

Wolf Hector, Juni 2021

Glossar

Asket Mensch, der sich strenge Enthaltsamkeit auferlegt hat
Äskulapstab ursprünglich Zeichen des griechischen Gottes Asklepios, später Symbol ärztlicher Heilkunst
Astrolabium scheibenförmiges Instrument, mit dem sich u. a. in der Seefahrt seit der Antike und bis ins achtzehnte Jahrhundert hinein Datum, Uhrzeit, Sternenpositionen oder Himmelsrichtungen bestimmen ließen
Atzel altes Schimpfwort für eine diebische Person

Blutgerüst bühnenartig erhöhte Hinrichtungsstätte
Böhmen das frühere Königreich Böhmen gehört heute zum tschechischen Staatsgebiet
Brakteat dünne, einseitig geprägte silberne Pfennigmünze, die im Hochmittelalter, abgesehen vom Rheinland, im gesamten deutschsprachigen Raum verbreitet war
Brummeisen altertümliche Bezeichnung für Maultrommel
Büttel Gerichtsbote, Gerichtsdiener, Henkersknecht

Chorraum vom Kirchenschiff abgesetzter Teil des Kirchenbaus, in dem sich Geistliche meist auf Stammplätzen zu den Stundengebeten versammelten

Dormitorium Schlafsaal eines Klosters
Drillbogen hölzerner Drehbogen zum Entfachen eines Feuers

Elle altes Längenmaß, das von der Unterarmlänge abgeleitet wurde (von den Knochen Elle und Speiche) und in Deutschland je nach Region zwischen fünfzig und siebzig Zentimeter maß; ein vorwiegend von Schneidern und Tuchmachern verwendeter Holzstab entsprechender Länge

Fettholz Kienspan; die brennenden Hölzer dienten neben Talg- und Öllampen zur Beleuchtung der Innenräume
Foliant gebundene Sammlung von Handschriften
Frauenwirtin Bordellmutter, Zuhälterin
Fuß altes Längenmaß; je nach Region bzw. Stadt 28 bis 32 Zentimeter

Gebände haubenartige Kopfbedeckung
Gemme Schmuckstein mit Bildmotiv
Gottseibeiuns früher gebräuchliche Bezeichnung für den Teufel, um seinen Namen nicht aussprechen zu müssen

Habit Mönchskutte, Priestergewand
Heller alte deutsche Münze im Werte eines Pfennigs, zuerst in Schwäbisch Hall geprägt
Hradschin Prager Burgstadt; das am linken Moldauufer auf dem Hügel gelegene Viertel rund um die Prager Burg; unter den deutschen Einwohnern Prags bürgerte sich der Name auch als Bezeichnung für die Prager Burg ein
Hübschlerin Hure

Kaplan geistlicher Würdenträger am Hofe Karls; einige der zahlreichen Kapläne mussten ständig bei Hof anwesend sein, um die Andachten in der Burgkapelle zu leiten, Tisch- oder Gutenachtgebete zu sprechen, Religionsunterricht zu erteilen o. Ä.
Kleinseite Prager Stadtviertel am Hang des linken, also westlichen Moldauufers unterhalb der Burgstadt, des Hradschins

Kleriker Angehöriger des geistlichen Standes
Knochenhauer Metzger
Komplet traditionelles Nachtgebet der christlichen Kirchen
Konjunktion in der Astronomie die Stellung der Sonne zwischen der Erde und einem Planeten
Kontor Geschäftsraum, Büro
Kotze Schimpfwort für eine Hure
Kreuzrippengewölbe eine von selbsttragenden Rippen getragene und gehaltene Gewölbekonstruktion

Laudes traditionelles Morgengebet der katholischen Christenheit
Lettner hölzerne, steinerne oder gusseiserne, meist kunstvoll gestaltete Trennwand oder Schranke zwischen Chorraum bzw. Hochaltar und dem Kirchenschiff

Mähren Markgrafschaft, heute Teil Tschechiens
Maßwerk kunstvolle Steinmetzarbeiten in Kirchenfenstern und Balustraden
Mitra hoher, dreieckiger Bischofshut

Palas Hauptgebäude einer mittelalterlichen Burg
Palimpsest altes Schriftstück, dessen ursprünglicher Text abgewaschen oder abgeschabt wurde, um es erneut beschriften zu können
Polier einerseits der Sprecher der Bauleute einer Baustelle gegenüber der Bauleitung, andererseits derjenige, der dafür zu sorgen hat, dass die Bauleute die Anweisungen der Bauleitung umsetzen

Reichstaler alte deutsche Silbermünze, 576 Heller
Rente früher auch eine Bezeichnung für Miete
Rute altes Längenmaß; den Längenangaben in diesem Roman

liegt die Waldrute zugrunde: Ihre Länge beträgt sechzehn Fuß = 4,80 Meter

Sakristei Nebenraum einer Kirche zur Vorbereitung des Gottesdienstes und Aufbewahrung gottesdienstlicher Gegenstände
Schabracke Pferdedecke
Scheitelkapelle mittlere Seitenkapelle eines Kapellenkranzes, der in Kirchen häufig den Chorraum umschließt
Schnapphahn mittelalterliche Bezeichnung für einen Wegelagerer
Schöffe ehrenamtlicher Richter
Scorpio Skorpion
Seitenkapelle Kapelle im Seitenschiff einer Kirche

Trommelkran seit dem dreizehnten Jahrhundert für den Kirchenbau nachgewiesene Holzkonstruktion für den Transport schwerer Lasten in große Höhen; bestehend aus Mastbalken, Schwenkarm, Flaschenzug und trommelartigem Laufrad, dem der Kran seinen Namen verdankt

Vesper traditionelles Abendgebet in der katholischen Kirche

Zerberus in der griechischen Mythologie ein schwarzer Hund, der den Eingang zur Unterwelt bewacht